清江都焦氏本雕菰樓易學三書

第一册

清　焦循　撰

山東省圖書館藏清嘉慶道光間江都焦氏雕菰樓刻《焦氏叢書》本

山東人民出版社·濟南

圖書在版編目（CIP）數據

清江都焦氏本雕菰樓易學三書 /（清）焦循撰 .— 濟南：山東人民出版社，2024.3

（儒典）

ISBN 978-7-209-14293-9

Ⅰ . ①清… Ⅱ . ①焦… Ⅲ . ①《周易》- 注釋 Ⅳ . ① B221.2

中國國家版本館 CIP 數據核字（2024）第 035841 號

項目統籌：胡長青

責任編輯：趙　菲

裝幀設計：武　斌

項目完成：文化藝術編輯室

清江都焦氏本雕菰樓易學三書

〔清〕焦循撰

主管單位　山東出版傳媒股份有限公司

出版發行　山東人民出版社

出 版 人　胡長青

社　　址　濟南市市中區舜耕路517號

郵　　編　250003

電　　話　總編室（0531）82098914

　　　　　市場部（0531）82098027

網　　址　http://www.sd-book.com.cn

印　　裝　山東華立印務有限公司

經　　銷　新華書店

規　　格　16開（160mm×240mm）

印　　張　138

字　　數　1104千字

版　　次　2024年3月第1版

印　　次　2024年3月第1次

ISBN 978-7-209-14293-9

定　　價　400.00圓（全七册）

《儒典》選刊工作團隊

學術顧問　杜澤遜　李振聚　徐　泳

項目統籌　胡長青

責任編輯　劉　晨　劉嬌嬌　張艷艷

呂士遠　趙　菲　劉一星

前言

中國是一個文明古國、文化大國，中華文化源遠流長，博大精深。在中國歷史上影響較大的是孔子創立的儒家思想，因此整理儒家經典、注解儒家經典，爲儒家經典的現代化闡釋提供权威、典范、精粹的典籍文本，是推進中華優秀傳統文化創造性轉化、創新性發展的奠基性工作和重要任務。

中國經學史是中國學術史的核心，歷史上創造的文本方面和經解方面的輝煌成果，大量失傳了。西漢是經學的第一個興盛期，除了當時非主流的《詩經》毛傳以外，其他經師的注釋後來全部失傳了。東漢的經解祇有鄭玄、何休等少數人的著作留存下來，其餘也大都失傳了。南北朝至隋朝興盛的義疏之學，其成果僅有皇侃《論語疏》幸存於日本。五代時期精心校刻的《九經》、北宋時期國子監重刻的《九經》以及校刻的單疏本，也全部失傳。南宋國子監刻的單疏本，我國僅存《周易正義》、《爾雅疏》、《春秋公羊疏》（三十卷殘存七卷）、《春秋穀梁疏》（十二卷殘存七卷），日本保存了《尚書正義》、《毛詩正義》、《禮記正義》（七十卷殘存八卷）、《周禮疏》（日本傳抄本）、《春秋公羊疏》（日本傳抄本）、《春秋正義》（日本傳抄本）。南宋兩浙東路茶鹽司刻八行本，我國保存下來的有《周禮疏》、《禮記正義》、《春秋左傳正義》（紹興府刻）、《論語注疏解經》（二十卷殘存十卷）、《孟子注疏解經》（存臺北『故宫』），日本保存有《周易注疏》《尚書正義》（凡兩部，其中一部被清楊守敬購歸）。南宋福建刻十行本，我國僅存《春秋穀梁注疏》、《春秋左傳注疏》（六十卷，一半在大陸，一半在臺灣），日本保存有《毛詩注疏》《春秋左傳注疏》。從這些情況可以看出，經書代表性的早期注釋和早期版本國内失傳嚴重，有的僅保存在東鄰日本。

鑒於這樣的現實，一百多年來我國學術界、出版界努力搜集影印了多種珍貴版本，但是在系統性、全面性和準確性方面都還存在一定的差距。例如唐代開成石經共十二部經典，石碑在明代嘉靖年間地震中受到損害，明代萬曆初年西安府學等學校師生曾把損失的文字補刻在另外的小石上，立於唐碑之旁。近年影印出版唐石經拓本多次，都是以唐代石刻與明代補刻割裂配補的裱本爲底本。由於明代補刻采用的是唐碑的字形，這種配補本難以區分唐刻與明代補刻，不便使用，亟需單獨影印唐碑拓本。

爲把幸存於世的、具有代表性的早期經解成果以及早期經典文本收集起來，系統地影印出版，我們規劃了《儒典》編纂出版項目。

《儒典》出版後受到文化學術界廣泛關注和好評，爲了滿足廣大讀者的需求，現陸續出版平裝單行本。共收録一百十一種元典，共計三百九十七册，收録底本大體可分爲八個系列：經注本（以開成石經、宋刊本爲主。開成石經僅有經文，無注，但它是用經注本删去注文形成的）、經注附釋文本、纂圖互注本、單疏本、八行本、十行本、宋元人經注系列、明清人經注系列。

《儒典》是王志民、杜澤遜先生主編的。本次出版單行本，特請杜澤遜、李振聚、徐泳先生幫助酌定選目。特此説明。

二〇二四年二月二十八日

目録

第一册

第二册

第三册

第四册

第七册

焦氏叢書總目錄

尚書補疏　二卷
詩經補疏　五卷
春秋補疏　五卷
禮記補疏　三卷
羣經宫室圖　二卷
禹貢鄭注釋　二卷
孟子正義　三十卷
以上計數一百二十二卷

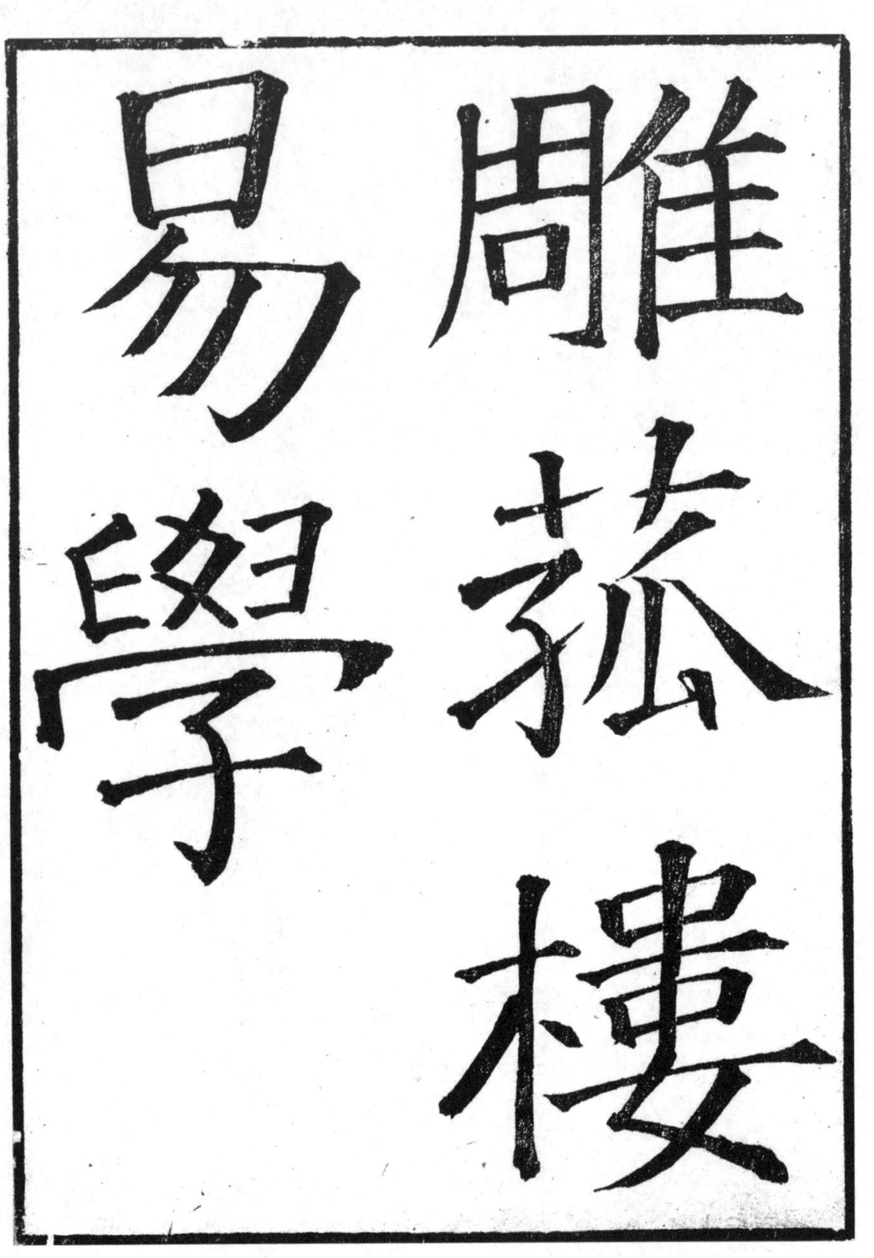

雕菰樓易學

江都焦氏雕菰樓易學序

古今易學無慮數千百家其大旨不外二端曰理與數而已荀爽虞翻之易言數王弼韓康伯之易言理言理者斥數其弊流爲莊老言數者置理其弊涉於方術是二者均失也顧後儒懲輔嗣之弊高談性命推論圖書立無極之名創先天之說支離附會去易彌遠曾不若言數者之失之猶未離乎易象也夫羣經皆可理釋而惟易必由數推易贊已明言之矣曰參天兩地而倚數又曰參伍以變錯綜其數蓋卦生於畫畫生於數陽奇陰偶內貞外悔生於數積於數成於數變通於數數實

而可據理虛而無憑也自言數者不知索解於易之中而別求端於易之外於是卦變卦氣半象兩象納甲爻辰以至太元潛虛皇極經世門分類別矜新立異跡其穿鑿亦閒有一二之脗合而不爲讖緯則爲陰陽甚且舉道家參同契坎離取譬之言以詮解伏羲文王周公孔子之易各執一說而非易之本數也於其說之所不可通又別遁一說而非易自然之數也以是言易易之數乃愈晦矣夫天之道不外陰陽寒暑然泛言陰陽寒暑之理非可以測天必實而驗諸三百六十之躔度易之道不外吉凶悔吝然泛言吉凶悔吝之理非可以測

易必實而證諸三百八十之爻位躔度數也爻位亦數也究之天之躔度卽天而具易之爻位卽易而具測天者未嘗於躔度外別創一法測易者奈何於爻位外別求他義乎焦子理堂深明洞淵九容之數因以測天之法測易其視易之爻位猶天之躔度凡山澤雷風水火若七政恒星之昭布一一可窺器而辨其方也其視爻位之往來猶躔度之交錯凡山澤雷風水火之變化若七政恒星之經緯遲速一一可布算而尋其緒也所著雕菰樓易學四十卷凡章句十二通釋二十圖略八其發揮精義備於通釋又以數之必緣象而顯也爲圖略

以表其象以數之皆附爻而著也爲章句以釋其文章句之辭簡而賅圖略之辭博而辨而通釋則舉卦辭彖辭象辭爻辭之一句一字無不條分縷析珠連繩貫以觀其通易之數得是書而明易之理亦即是書而備矣焦子爲余辛酉江南所取士今節使阮芸臺前輩曾以書賀余得人壬戌春計偕來都得遂款洽賦別以後愛而不見者十餘年聞其養疴北湖之濱杜門著書絕意進取今春以是書見寄且請弁言余趨公少閒舊學荒落披攬之下益以信易之非可理釋必由數推而數本自然求諸經文觸類引伸在在契合無取納甲爻辰之

奧解不襲圖書河洛之僞傳使古今言理言數諸家均心折其辭而無所置喙也豈非不朽之盛業哉芸臺前輩之序言曰有列國人之易有漢人之易有晉唐人之易有宋人之易今觀所學非列國非漢非晉唐非宋發千古未發之藴言四聖人所同然之言是直謂之周易可焉

嘉慶二十二年夏四月英和撰

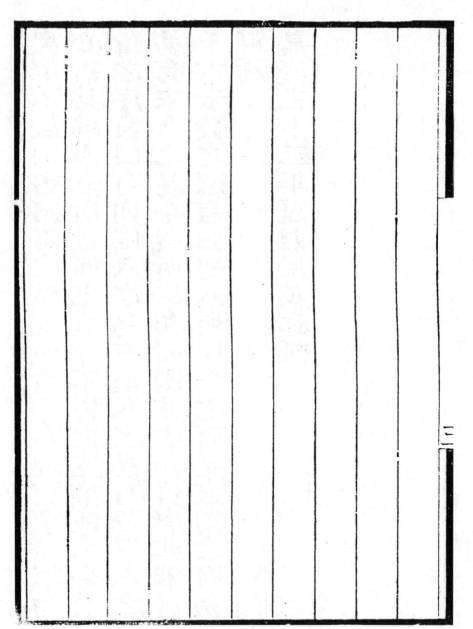

江都焦氏雕菰樓易學序

周易爲羣經之首古今治此學者獨多有列國人之易有漢人之易有晉唐人之易有宋人之易荀虞之易漢學也所存古法尚多自王輔嗣以老莊言易易全空矣靜而思之推而論之聖人之造易也象因卦生辭因象著大之天地元亨小之咷笑豚蒺豈如詞人屬文隨意摛藻乎是必有一定不易之辭與字存其中焉易有爻有位豈如今人幷互體亦不論乎是必有錯綜經緯千變萬化極變易之道存其中焉易有吉凶悔吝豈如今人三錢占蓍者能之乎是必有不盡之言與意隨所遇

之而取決焉乃今求之晉以後之易皆不能使易之經文語語有因字字有據然則空論而已古聖人造易必不若是江都焦氏居北湖之濱下帷十餘年足不入城市尤善於易取易之經文與卦爻反覆實測之得所謂旁通者得所謂相錯者得所謂時行者舉六十四卦三百八十四爻盡驗其往來之迹使經文之中所謂當位失道大中上下應元亨利貞諸義例皆發之而知其所以然蓋深明乎九數之正負比例六書之假借轉注始能使聖人執筆著書之本意豁然於數千年後聞所未聞者驚其奇見所未見者服其正卓然獨闢確然不磨

雖使義海以下諸賢衆咻之而不能折其說此我
大清文治之所以軼乎前也豈焦氏一人之所通哉焦
氏之易之爲書也曰章句十二卷曰通釋二十卷曰圖
略八卷其大旨見於圖略而旁通三十證尤爲顯據可
例其餘或曰比例爲圖因其末之同而遡其本如此則
所通不幾泛乎元曰此正可見聖人之易錯綜參伍化
裁推行聖人不能一一盡舉之但於各相通處偶舉一
隅以示其例而賅其餘若其因事而揲筮因卦而求象
必有一定之法亦必有無盡之言使象與事惟變所適
以決吉凶是以左傳筮辭更出於今易辭之外藉曰非

也何以折其三十證之所說哉或曰通釋多因假借而引申之不幾鑿乎元曰古无文字先有言有意言與意立乎文字未造以前伏羲畫☰☷立其言與意而口傳之至倉頡始依之以造乾坤之字故口言遯而遯與豚同意口言疾而疾與蒺同意傳謂書不盡言言不盡意即此道也淺識者立乎其後而分執之蓋未知聲音文字之本矣藉曰非也虞翻何以豚魚爲遯魚韓詩外傳何以蒺藜爲據疾哉元與焦君里堂少同遊長同學元以服官愧荒所學焦君乃獨致其心與力於學其初治易也亦不圖至斯久之如有所牖而此學竟成元於嘉

慶十九年夏速郵過北湖里中見君問易法君匆匆於
終食閒舉三十證語元元即有聞道之喜及至江西時
時趣其寫定寄讀讀竟而叙其本末如此傳曰君子居
則觀其象而玩其辭動則觀其變而玩其占自天祐之
吉无不利其是學之謂乎
嘉慶二十一年夏四月阮元撰

座主英煦齋師手札

春仲得書知足下閉戶著書動定淸吉爲慰不可言書中隱然以韓富范歐相許僕何敢當而足下之學之才以視孫明復李泰伯二公殆有過無不及也承寄示雕菰樓易學元本經文疏通引證使全易無一剩句賸字於焦京荀虞舊學補所未備而正其舛誤獨抒心得不爲隨聲附和之言卓然成家可以不朽矣昔朱子謂周官全部點水不漏僕於是書亦云屬爲序文勉成附寄所媿荒落不足以發揮足下造詣之所到耳僕近體頗健兩兒叨列詞垣學植淺薄尙望有以裨益之天時漸

煥諸惟珍重不宣生英和書奉理堂賢友足下原書奉
還刋成見寄是望附到墨刻三種聊侑空函希拾存丁
丑四月二十二日

阮芸臺先生手札

里堂老姊丈啟月來公事少閒之時讀大著易學大略實爲石破天驚昔顧亭林自負古音以爲天之未喪斯文必有聖人復起未免太過茲之處處從實測而得聖人復起洵不易斯言矣昨張古愚太守持去讀之亦極詫極嘆也惟望早爲勘成鄉塾中如有寫手乞代鈔一部所有紙筆錢若干在慕三兄處支取此屬弟前年在京曾作太極說一篇今以呈政乞爲改正近江西省中有翻刻宋十行本注疏之議未知能成否也愚弟阮元頓首

前接手書并梁公舊屋立祠事本欲卽爲修復緣常生回家已諭其至橋奉謁并致一切此舉兼數善焉先賢想必皆歡喜寒族亦有主入其中先大父亦與其列曷勝慼幸頃八兄回湖正將解纜得仲嘉寄到賜書并易學二本偶一抽閱已見豐解諸義及韓詩外傳之確據喜甚所有叙文久欲命筆緣此書局面正大未敢輕率爲之謹候夏閒務閒再擬稿本寄呈仍須大筆大加改正方可用也坎爲心弟向有釋心一篇今已刻出并雜釋數篇成一帙奉寄其中串貫假借之義大約尚能與易學中不相悖也弟阮元頓首

王伯申先生手札

引之頓首理堂先生執事日者奉手書示以說易諸條鑿破混沌掃除雲霧可謂精銳之兵矣一一推求皆至精至實要其法則比例二字盡之所謂比例者固不在他書而在本書也未知先生以爲何如惠定宇先生考古雖勤而識不高心不細見異於今者則從之大都不論是非如說周禮邱封之度傎倒甚矣他人無此謬也來書言之足使株守漢學而不求是者爽然自失經義述聞又增刻百七十條容俟覓便寄請教正布問動履書不盡意引之再拜十月初二日

雕菰樓易學總目

卷四十　通釋二十

易章句叙目

歲癸酉，所爲易通釋圖略兩稿粗就，而足疾時發，意殊倦。章句一編，未及整理之也。甲戌夏，宫保芸臺阮公自漕帥移節江西，過里中，問循所爲易何如，因節録其大略郵寄請教。宫保今歲書來，極承過許，且言質之張古愚太守，亦詫爲奇，索見完本。於是五月閒，令門人子弟寫通釋圖略，共二十八卷。既畢，因取章句草稿手葺之。凡五閱月始就，用爲初稿，俟更審正之也。時嘉慶乙亥冬十二月除夕燈下焦循記

卷一

上經章句弟一　雕菰樓易學之一

江都焦循學

䷀ 乾下乾上

乾 行之不已故健 元 二先之坤五爲乾元 亨 二先行四從之爲亨二先行上從之亦爲亨 利 四從二而亨乾成家人坤成屯屯變通於鼎家人變通於解不更以乾上之坤三上從二而亨乾成革坤成蹇蹇變通於睽革變通於蒙不更以乾四之坤初是爲利也其失道成小畜復夬謙而變通爲豫姤剝履亦然 貞 屯通於鼎鼎二之五而後屯三之鼎上爲貞革通於蒙蒙二之五而後革四之蒙初爲貞成兩既濟爲貞凶一成既濟一成咸益是爲終則有始利而後貞者也

初九潛龍 二不先之坤五而上之坤三故潛謙三互震爲龍 勿用 不可更以四之坤初也初四相之故在初言四餘放此

九二見龍在田 見則不潛矣謂成屯地已治故稱田 利見

大人承上在田而言坤成屯則變而通之於鼎見大人謂鼎二之五九三君子終日坤五本小人成屯則爲君子矣君子終日謂坤由屯而成既濟三成離日而終乾乾坤成屯乾成家人家人上之屯三成兩既濟則不復有乾惟屯通鼎鼎二之五成遯遯上仍有乾是乾而又乾也乾而又乾則屯雖終於日鼎成咸未終夕惕若夕謂鼎五柔也屯反爲鼎則陽易爲陰惕即惕出之惕讀如逖遠也謂旁通於鼎也厲乾成家人坤成屯不變通則成兩既濟終止道窮何危如之无咎能變通令鼎成咸則无咎

九四或躍在淵九三明四從二爲元亨屯三從鼎五爲利貞九四明上從二爲元亨革四從蒙五爲利貞乾成革坤成蹇蹇與革不相孚故疑疑則必變通於蒙蒙山下出泉淵即泉也躍上也蒙二在坎爲淵上行於五是躍此在淵者也无咎能變通也

九五飛龍在天離有飛象坤成屯則乾成家人家人下離故云飛龍在乾故在天利見大人承上在天而言九二之利謂坤成屯屯變通於鼎九五之利謂乾成家人家人變通於解

上九亢龍亢高也乾成家人上巽爲高坤成屯下震爲龍

有悔 九三謂屯變而通於鼎此謂家人變而通於解 用九 用乾之二四上入坤 見羣龍 屯見也用二四而不用上則坤成屯下震爲龍三陰爲羣不亂 无首吉 乾爲首坤見羣龍則乾成家人家人無乾也若坤成明夷乾成需需下乾則有首不可用

☷☷ 坤下坤上

坤元亨 乾元亨則坤成屯蹇坤承之而變通於鼎睽爲坤之元亨 利牝馬之貞 牝柔謂鼎五睽五也鼎睽二之五上皆成乾馬由牝而馬由牝馬而屯蹇成既濟是爲利牝馬之貞爲坤之元亨 君子有攸往 易言君子小人皆指五五得位爲君子失位爲小人成屯蹇則坤以小人化爲君子有攸往謂屯三蹇初也 先迷 鼎二不之五而屯三先往睽二不之五而蹇初先往如是則迷 後得主 謂鼎睽二先之五 利 得主則利 西南得朋 西南坤也乾二之坤五則得朋 東北喪朋 東北艮也以坤成蹇言之也蹇通於睽睽五喪馬即喪朋也知得而又知喪則能盡利 安貞吉 承上

喪朋言也。安猶定也。睽喪馬自復，而後蹇成既濟乃吉。舉東北以明蹇之貞吉，而屯可隅反矣。

初六履霜霜猶喪也。謂乾上之坤三成謙，如霜之殺物。謙通於履，故履霜。**堅冰至**乾爲冰。謂履上乾也。至卽至臨之至。履二之謙五，卽臨二之五。五成謙則薄，不薄故堅。**六二直方大**乾二之坤五爲直。坤成屯，變通於鼎爲方。方卽旁也，謂旁通也。由直而方，乃成其大。**不習**習，重也。重乾重坤。乾二先之坤五，故不習。**无不利**先霜後履，雖方而不直，雖利而非无不利。習以二五言，坎成需，仍爲習坎。**六三含章**章，文章。乾二之坤五也。含者，不盡也。坤成屯，舍之通於鼎，故含而不盡。**可貞**貞謂成既濟。屯通於鼎，乃可成既濟。**或從王事**舍屯三而從鼎，鼎二之五爲王事也。或者，疑而未信也。謂屯不與家人孚。**无成有終**乾之二四上皆之坤成兩既濟，是成在坤矣。惟坤成屯，含之使不盡，而變通於鼎，鼎二之五而後屯三之鼎上，屯成既濟而終，卽坤之終。坤終而鼎有始，是无成也。此申言六二直方之義。**六四括囊**有底曰囊。坤主受而先成復，一剛在下爲底，是囊之象。括，法也，亦至也。乾二不之坤五而成復。則無無法。復通姤。姤二之復五。無法改而有法矣。故括囊。**无咎无譽**復通於姤則无咎。坤先成則復則无譽。因无譽改而爲无咎。先言无咎者。經文每到言也。**六五黃裳**裳謂坤。乾二之坤五。則有以黃此裳。**元吉**此謂乾元。**上六龍戰于野**謂乾上之坤三成謙也。謙三互震。震爲龍。上之三爲凶事。故戰。野謂坤也。**其血元黃**坎爲血。震爲元黃。謙三互坎兼互震。故有此象。**用六**用坤之初三五。**利永貞**永。久也。成兩既濟則不可久。用九已見羣龍无首。則坤已成屯。此時所用者。坤三也。俟鼎二之五。而後三乃用之鼎上。則貞而永矣。

䷂ 震下坎上

屯元亨鼎二之五爲元。三往從之爲亨。**利貞**變通於鼎。而屯成既濟。**勿用有攸往**鼎二未之五。則三不可往。申明君子有攸往之先迷。**利建侯**建猶健也。謂鼎二之五。

初九磐桓磐桓。不進也。勿用故磐桓。申象義。**利居貞利建侯**以居貞明彖辭之建

侯。侯君也。居謂鼎二之五。貞謂三往成既濟。居而後貞。故利。**六二屯如邅如**邅。轉也。謂轉而變通。**乘馬班如**乘馬謂鼎成泰。坤乘乾也。班。旋也。謂泰通於否。**匪寇昏媾**匪猶非也。失是故非。昏代也。匪則寇矣。昏則媾矣。成泰則致寇。至昏媾則泰通否。**女子貞不字**女子。謂鼎也。字猶養也。女子貞則鼎與屯並成兩既濟。不復有始。故不字。**十年乃字**承上匪寇昏媾而言。鼎不成既濟而成泰。上坤為十年。謂成泰雖十年。尚可變通。愈於成兩既濟則不字也。**六三即鹿**即。從也。山足曰鹿。謂家人上從屯三。在艮山震足之閒。**无虞**虞。度也。无度即无權也。假其辭為田獵無虞人。易辭例如是矣。萃四已之初。而大畜成家人。仍以家人上之屯三。是不戒不虞也。**惟入于林中**林亦衆也。乾二之坤五為林中。乾四又之坤初成家人。上巽為入。鹿所以不可即者。惟其先入于林中也。**君子幾不如舍**君子知微。舍家人而變通於鼎。**往吝**往。謂三往鼎上也。舍家人而字於鼎。必侯鼎二之五。而後三往乃吉。不侯鼎二之五。而三遽往成恆。雖能變通。然已吝矣。**六四乘馬班如**鼎先成大畜後成泰故於六四發之求昏媾往吉无不利泰孚否既昏媾而後否四求之故往吉。九五屯其膏膏與高同謂家人上巽因其膏故三不進不使家人上分而來之屯三也小貞吉謂屯成既濟鼎成咸大貞凶謂屯三之家人上成兩既濟上六乘馬班如鼎或先成恆後成泰故於上六發之泣血漣如凝止而不行爲泣謂屯成既濟也三互坎因泣而有血也漣即往蹇來連之連恆變通於益則不必乘馬班如矣謂成泰而後旋不如成恆即變也初三五明當位之變通二四上明失道之變通

䷃坎下艮上

蒙亨革通於蒙則亨矣匪我我即觀我生之我革孚蒙蒙二之五成觀則有我上先之三成升則失是故爲匪我求童蒙也二之五爲童蒙求謂革四來之初應五革四不可之升初仍宜通蒙先成觀而後應也童蒙古有來字謂二已來之五求我童蒙來則有我而革四乃求我初筮告筮以

變動言謂二五也二五先初四三上而動爲初筮則謂之告告示也與觀同**再三瀆**瀆坎爲溝瀆初四先變二五後變則筮於再矣初四變三上又變而後二五乃變則筮於三矣再則先成損三則先成泰泰二之五上坎**瀆則不告**既瀆則不可爲告**利貞**革變通於蒙而成既濟

初六發蒙發猶著也謂二先之五**利用刑人**刑成也謂初之革四革成既濟發蒙故利**用說桎梏**說兌也用兌卽用革四也說讀如脫去之脫革去故而通蒙爲脫桎梏校也桎猶至也梏卽初筮之告也先二之五而後革四之蒙初是桎梏二而後用說也易辭例以假借爲引申其文法多用到故借梏爲告而到云說桎梏也**以往吝**不俟發蒙而遽往與屯不俟鼎二之五而三遽往同

九二包蒙吉包容也一云作彪文也**納婦吉**五納於二**子克家**五之二爲婦二之五則爲子觀革相錯爲家人克上之三也謂二先之五而後上克於三**六三勿用取女**取猶求也女謂革二女同居也取女謂革四之蒙初**見金夫**見謂革通蒙也雖通蒙而取女成泰下乾爲金謂所以不可取

女者取則見金夫矣取不成損而成泰明二不先之五而上已之三**不有躬**躬身也二之五而上之三從之成蹇為有躬先成泰泰二之五成既濟無有蹇矣**无攸利**革通蒙為利雖通而二不先之五仍非利也**六四困蒙吝**革蒙相錯為困金夫與困于金車同**六五童蒙吉**童猶子也易乎世而生故象童**上九擊蒙**擊謂上之三**不利為寇**先成泰泰二之五則坎為寇寇者上下無應者也故不利**利禦寇**蒙不成泰而成益不為寇矣益不能通恆使恆成泰致寇至則恆之為寇由益不能禦也恆二先之五有以禦之矣

䷄ 乾下坎上

需有孚孚即旁通也謂變而通於晉**光亨**光廣也有孚於晉則廣大廣大則上下皆應而亨**貞吉**需成既濟故貞亨則晉成益故吉**利涉大川**晉成益亨矣益通於恆則利益上之三為涉大川大川坎也

初九需于郊郊郎自我西郊之郊謂需由小畜上之豫三而成未能自我西郊故需于郊利用恆孚於晉故利恆二之五成咸爲用恆與晉成咸同无咎不利用恆則咎矣晉四不之初乃成咸故自初發之九二需于沙沙猶斯也旅斯其所成明夷則節成需小有言終吉小有言謂賁小而以上往節三成需也郎困之有言不信既變而孚於晉故終吉終謂成既濟九三需于泥豐四之井初爲井泥謂不孚於晉而犯難於明夷也致寇至豐成明夷井成需需二之明夷五成坎爲寇盜六四需于血出自穴坎爲血小畜上之豫三血不出矣故需于血需通晉二之晉五仍血去惕出穴亦坎也坎互於三爲血在二爲穴九五需于酒食謂二之晉五貞吉晉成否需成既濟上六入于穴需二先之晉五互坎爲穴而後晉四之初成益上巽爲入有不速之客三人來客對主而言謂二也二之晉五則爲主人據在需二故言客也速謂咸成咸則速矣不速者二之晉五不成咸而成益也凡二之五稱來客在需二三陽爲三人既來爲晉之

主人，亦三陽爲三人。**敬之**旅成明夷，節成需，不能敬之，无咎矣。需通晉，晉成益，仍與節二之旅五而旅四之初同。**終吉**需成既濟而吉。

䷅坎下乾上

訟有孚與明夷孚。**窒惕中吉**窒，謂二之明夷五，窒其欲。窒之即所以惕之。中，謂明夷五。**終凶**窒惕則訟成益，益上之三成兩既濟，終止，故凶。**利見大人**謂與明夷旁通，以二之明夷五。**不利涉大川**二不先行而成中孚，又上之三成需，故不利。

初六不永所事永，即恆也，謂成益未通於恆。所，即斯其所之所。事者，變而通之也。明夷斯其所，變通於訟，訟二之明夷五，則不失其所，所而能有事矣。**小有言終吉**小，謂明夷。有言，謂需。言不永，則已成益，成益則二必先有事於明夷五，明夷五既變通於訟，則雖失道，小有言，亦得終吉矣。明夷變通於訟，與需變通於晉同。**九二不克訟**不克，不以上之三也。訟，謂二之明夷五。**歸而逋**歸謂

二之明夷五。逋。猶遷也。謂成益。遷而通於恒。其邑人三百戶邑。益三互坤也。上之三。則邑有人。二行成否。一也。初行成益。二也。上行成既濟。三也。百爲定數。成既濟定。故言百。三行而定。故言三百。兩次行成益。又行以定之。而邑有人。故云邑人三百戶。凡初之四稱戶。无眚終凶則有眚。由戶而逋。由逋而定。終則有始。故无災眚。歸而不逋。不逋而邑人三百戶。則有眚矣。六三食舊德食即井泥不食之食舊。猶昔也。噬嗑成頤。又成明夷。在井爲舊井。在噬嗑爲腊肉。食舊德。猶噬腊肉。緣不食而舊。舊而食。則不舊矣德。謂二之明夷五。貞厲明夷成既濟而貞。訟成益而厲。益既濟即屯家人之相錯。故其危同。終吉或從王事无成益通恒。恒二之五。而後益上從之。與坤六三義同。九四不克訟上不克三。而二之明夷五。復即命即。從也。命。謂二之明夷五也。復則有命。上不克則初之四從之。渝安貞吉渝。變也。安。定也。益變通於恒。而後成既濟。其安而貞。乃吉也。九五訟元吉明夷之傷極矣。需二之明夷五。成兩既濟。則窮。變而通之於訟。則轉爲元吉。元在訟不在需。故訟元吉也。上九或錫之鞶帶二未之明夷五故或上之三成大過爲賁上之困三之比例困二赤紱鞶帶所繫也自上錫下不成益非馬蕃庶矣終朝三褫之褫猶奪也需二之明夷五盜奪之矣

☵☷坎下坤上

師貞丈人吉師貞謂師成既濟也丈長也長人而後貞則吉无咎先成泰則咎

初六師出以律師以出爲生入爲死律法也謂二先之五以爲之法否臧凶臧古藏字卽同人所謂伏也泰二不之五而否成既濟此否之所以爲否也師成升爲藏由升而成泰則同人成既濟是藏而且否矣

九二在師中吉无咎中謂五也三不先行故无咎王三錫命在師中則有命王謂乾也成屯而通於鼎鼎二之五上乾爲王鼎上之屯三故三錫

六三師或句輿尸凶或之者疑之也謂二不之五而同人上先之師三師成升升上坤爲輿尸尸猶施也謂上之三也二先之五則施而無坤輿二未之五而施故爲輿尸

六四師左句次无咎易以初四爲左

三上爲右，同人四之師，初成臨家人，故爲師左。卽夷于左股之左也。家人通解，解成咸，咸下艮，故次无咎。**六五田有禽**謂成屯。**利執言**變通於鼎，故利。四不之初，爲執，執則鼎成咸，咸上兌爲言。**无咎。長子帥師**震爲長子，謂師成屯，下震也。帥師，謂二之五。先以二之五成比，後以同人四之師，初成屯。**弟子輿尸**輿尸，先成升也。升不變通，而二之五成蹇，上坎下艮，故爲弟子。先輿尸，後弟子，文先言弟子者，易辭多用到也。**貞凶**田有禽，利執言，所以无咎者，長子帥師也。惟三未輿尸，而二之五，初從之成屯，爲長子。若先已輿尸成升，則二之五，初從之，不成屯而成既濟，故貞凶也。**上六大君有命**謂二之五。**開國**國謂上坤，二之五以開之。**承家**師成屯，則同人成家人。承謂三承之也。**小人勿用**屯宜通於鼎，鼎二未之五爲小人，則屯三未可承也。

䷇坤下坎上

比吉比之言輔也。但爲輔，則初三不先行自專矣。俟大有二先之五。**原筮**原，再也。筮，變也。一變通於大有再變通於鼎，每兩卦旁通，皆一筮再筮而後終，此爲例。**元永貞无咎**鼎二之五爲元，屯成既濟爲貞，終則有始，故永无咎。**不寧**寧，定也，不遽成既濟也。**方來**方，旁也，謂旁通大有，大有二來之五，又旁通鼎，鼎二來之五。**後夫凶**夫，謂大有二也，比成既濟而定，則大有成泰，泰二之五後於初三而成兩既濟，故凶也。

初六有孚比之有孚，旁通大有也，大有二之五而初比之。**无咎**初從二五，故无咎。**有孚**成屯又孚於鼎，所謂再筮。**盈缶**盈，謂屯也，缶所以節樂，謂鼎成咸，四不之初。**終來**成既濟則終，變通於鼎，鼎二之五爲來，終而來，終則有始也。**有他吉**他，謂鼎也，謂一孚而又再孚。

六二比之自內家人，內也，謂大有成家人。**貞吉**家人通解，解二之五而家人上比之，是比之自家人也，家人成既濟。

六三比之匪人大有二未之五而比初，比之三又比之，成泰，即否之匪人。王肅本有凶字。

六四外比之貞吉外，睽也，謂比成蹇，旁通於睽，睽二之五而四來比之。**九五**

顯比顯，代也，謂成屯，變通於鼎。王用三驅王，謂鼎二之五也。大有成同人，一驅；比成屯，大有成家人，二驅；屯通於鼎，鼎二之五，而上之屯三，三驅。失前禽前禽，比五已有之禽也，舍而變通於鼎，故失。邑人不誡既通鼎，鼎二之五，則鼎上之屯三為邑人，不必戒。吉上屯三之家人上，則不吉，宜戒也。

上六比之句无首凶比成屯，變通於鼎，鼎成遯，而後三比之，則鼎成咸，遯上乾為首。如是比之則有首，若比成屯，大有成家人，卽以屯三之家人上，成兩既濟，則无首矣。

䷈ 乾下巽上

小畜亨小，謂豫也；畜，有所含蓄而不盡。乾四之坤初成復，小畜；小畜二之復五，而三上從之，成兩既濟，無所含蓄矣。惟旁通於豫，豫成咸，則能畜而亨。密雲不雨自我西郊密，猶實也，謂二之豫五。雲雨皆謂坎也。二先之豫五，而後上之豫三，小畜上有坎雲，故為密雲；豫成咸，無坎，故不雨。郊，猶交也；西，謂兌也。小畜二之豫五，由交而有我，因而上有兌，故云自我西郊，申小畜亨之義也。

初九復自道何其咎吉小畜復乾四先之坤初之卦也初四先二五而行不免於咎失一陰一陽之道矣小畜變通於豫豫四未之初則小畜二之豫五仍初四不先二五而不失道矣失而復得故爲復復也坤成復而通於姤所以名爲復也小畜通豫豫與復通通姤同故以復明之可以知此例矣

九二牽復吉牽猶係也因係於豫豫乃得復也

九三輿說輻坤爲輿說謂兌也輻當作輹輿下伏莬也二之豫五豫四不之初上兌下坤如脫去輿底之輹夫妻反目夫謂小畜妻謂豫分居兩卦豫爲小畜之反小畜二之豫五成家人下離爲目因反而目則反復其道矣易辭有似不善而實吉者此與虎視眈眈是也

六四有孚小畜之咎在初四不可不有孚者也血去惕出无咎二之豫五成家人則三互坎爲血去猶行也二五先行三雖互坎爲血行也血何以去由於惕出惕遏也惕出者舍復而二先之豫五也

九五有孚攣如攣如謂豫成咸三陽相連富以其鄰鄰謂豫成咸也自初九至此一貫發明所以復自道者以牽於豫也牽於豫則二先之豫五爲反目因而上之豫三爲血去爲攣如

爲富以其鄰也**上九既雨**上之豫三而豫四之初也豫成咸不雨豫成明夷三互坎故既雨仍小畜上之復三也**既處**處謂二不出也小畜成需豫成明夷**尚德載**謂宜以需二載於晉五**婦貞厲**德載言小畜成需而通晉此言豫成明夷通訟豫五柔故爲婦也貞厲謂明夷成既濟訟成益與上句尚字貫謂既成需矣既成明夷矣則當以需通晉爲德載以明夷通訟爲貞厲貞厲者異於需二之明夷五貞凶也訟二之明夷五亦德載需成既濟晉成咸亦貞厲互文也**月幾望**謂小畜成需**君子征凶**征謂上之豫三惟成需爲月幾望則君子之征爲凶上先言其成需而通於晉此申言其所以尚德載者以征凶也

䷉兌下乾上

履虎尾虞仲翔謂坤爲虎是也剝上之三爲虎之尾謙變通於履則履虎尾**不咥人亨**在夬則咥人變通於履則亨

初九素履素猶空也謙五無實得履二實之則不素矣往无咎往謂四往謙初也素而履則謙五先實而後四往故无咎也若以夬四往則不勝爲咎矣

九二履道坦坦坦坦明也謙成明夷則不明明夷通訟故坦坦幽人貞吉四之謙初成明夷則幽明夷五通於訟二幽而有人明夷成既濟故貞吉

六三眇能視謂成革也既濟兩離革止一離故眇跛能履跛謂謙成蹇履虎尾咥人凶謙之虎尾既通於履履虎尾則不咥人矣履之而又咥人者履二不之謙五而上人之三仍成夬也先成夬而以夬二之謙五雖眇能視跛能履亦凶武人爲于大君二先之謙五爲大君卽師臨之大君也武人上之三成革也二先之謙五大君有命而後履上之三爲猶治也武人所以不跛叵而有制者以治於大君也不治於大君則咥人凶矣同一眇能視跛能履在先成夬則夬夬二之謙五爲履虎尾咥人凶在履二先之謙五而後上之三則武人爲于大君

九四履虎尾愬愬愬愬卽號號懼也終吉四從二之謙初故懼懼則上不之三謙雖成既濟而履成益故吉

九五夬

履謙通履，猶夬通剝。夬通剝為夬，夬謙通履為夬履。貞厲在夬與謙，貞則皆貞。履與謙係，則謙成既濟而貞，履成益，但危厲而已。上九視履能視能履。考祥考即有子考无咎之考，祥猶羊也。二先之謙五而後上之三成革，上兌為羊，故考而祥也。其旋元吉旋，運也。乾上之坤三，不元不吉，一轉運之，而謙孚於履，履二之謙五，上下皆應，故仍元吉。

䷊ 乾下坤上

泰小往大來泰，通也。地在天上，尊卑到置，鰥恤極矣。能通於否，則小往大來。五柔，故小。柔中進為剛中，是小者往而大者來矣。大來，謂二之五。吉亨泰二之五，而上下無應，則不亨矣。泰通於否，而否應之，其吉由於亨也。

初九拔茅否初拔於四成益，為拔茅。虞仲翔謂巽為茅，益上巽也。泰變通於否，乃成其為泰，故在泰初，而依否繫辭。茹以其彙征吉茹讀若挐，牽也。謂泰與否牽，否成益，又與恆牽。彙，類也。征，上之三也。泰牽否吉矣，益牽於恆而後上之三，乃吉。泰爲否之類，恆爲益之類也。**九二包荒**荒，妄也。二五未行，而三上初四先正，是虛妄也。孚於否，則有以包容之而爲泰。**用馮河**徒涉曰馮河。二之五成坎，初三已用師，二乃之五，如徒涉者之無舟楫。**不遐遺**遐，遠也。遺，饋也。謂二饋食於五也。馮河則遐遺矣。乃既包荒，則用馮河，有否之初三應之，仍不遐遺也。**朋亡**臨二之五爲朋至，成泰則朋不至，故朋亡也。朋亡故荒。**得尚于中行**中行，泰二之五也。泰雖朋亡，有以包之，仍得尚于中行也。**九三无平不陂**泰通否而二之五，則平。陂猶傾也。泰二未之五，則否上不傾於三。**无往不復**往，小往也。復，即大來也。**艱貞无咎**由艱而貞，與否旁通，故无咎。**勿恤其孚**艱而能復，則不恤。所以不恤者，以其孚於否也。勿恤，猶云不憂。**于食有福**食，即需于酒食之食。福，即受茲介福之福。失道成泰，猶失道成需。需失道而變通於晉，則需于酒食，受茲介福。泰失道而變通於否，則于食有福。其義一也。往而不來，故失道。自知其失道，則憂恤。憂而思違之，則艱。由艱而孚，則恤化爲福。卦至需、明夷、泰，失道而又失道者也聖人轉以泰名之爲其能變通也所以示人改過者切矣。六四翩翩不富以其鄰翩翩往來貌謂泰二之五而否四之初也泰成既濟否成益益不通於恆則不富鄰東鄰也恆二不之五而益上之三故不富。不戒以孚戒者戒益上之三也孚益孚於恆也益上之三所以不戒者以其已孚於恆而東鄰化爲西鄰也。六五帝乙歸妹歸妹夫征不復婦孕不育則成泰泰變通於否則二之五反者歸矣故與歸妹六五同辭。以祉元吉祉猶止也即疇離祉之祉。上六城復于隍城所以容民也池無水曰隍上坤不成坎是池之無水者也包容於否而二之五則隍化爲城矣。勿用師泰即同人四上之師初三也同人成既濟師成泰不變通於否而用二之五仍爲用師也。自邑告命初筮爲告用師成泰上有坤邑則潰而不告既變通於否而泰二之五仍爲初筮雖上成坤邑而命自此告矣未通於否仍是師不是泰故爲用師既通於否爲自邑告命乃可名泰故欲其不用師而變通於否也。貞吝雖能變通告命而已幾經艱恤矣故吝師不成泰先有命而告之何吝之有。

☷☰ 坤下乾上

否之句匪人否之謂不與泰通也泰二未之五而否初三之四上與比之匪人同不利君子貞泰五柔爲小人否五剛爲君子君子貞謂否成既濟也君子不與小人通則小人遂爲匪人君子雖自貞亦何利矣大往小來大謂君子否五已往則宜變通於泰是爲大往而小來大不往小不來所以否之匪人也

初六拔茅茹以其彚貞吉亨謂泰牽於否也泰與既濟係二之五則無類矣無類則貞而不亨故必與否牽係泰成既濟否成益既濟無類而益有類也六二包承泰與既濟本無所承孚於否否有所容則有所承矣小人吉泰五柔爲小人得否包之承之則吉大人否亨大人泰二之五也泰得否包則吉否得泰茹則亨泰之小人化爲大人在泰吉矣在否亦亨矣六三包羞恆四之初成泰則或承之羞無所包容也孚於否既包承卽包其羞矣九四有命无咎

師初四離先行成泰，孚於否，則泰二之五，仍大君疇離之有命也。泰二不之五，而否四之初，則有咎矣。疇離祉 疇，類也。謂否成咸，不成既濟也。離謂泰二之五也。泰成既濟，有類矣。否成咸，四不之初，則疇離於止。九五休否 休，嘉也，亨也。泰二之五，否所以吉者，以泰二之五，而後否應之。大人吉 先之五，爲大人也。其亡其亡，繫于包桑 其指泰而言。亡，謂朋亡也。師一亡成升臨，再亡成泰；歸妹一亡成大壯臨，再亡成泰，故疊言之。所以得尚于中行者，以其繫于包桑也。繫，繼續也。否成益，上巽爲桑，既孚於否，有以包之。由包而桑，此大人所以吉也。桑與穎，假借。巽爲廣穎，謂此。上九傾否 傾，陂也。謂上之三。先否 不俟泰二之五，而傾則否。後喜 俟泰二之五而後上之三，則不恤。

䷌ 離下 乾上

同人于野，亨 野，即龍戰于野之野。乾二先之坤五，乾成同人，則坤成比。然後以乾上之坤三，則是以同人上之比三，故不爲龍戰于野，而爲同人于野。在同人旁通於師，師二之五，而後同人上之師三，即上之

比三
也
利涉大川利君子貞
君子謂同人五已定也同人
成既濟則君子貞涉大川者
家人上之萃三也師二之五而四應之成家人家人又
通於解解成萃而後涉大川則利與否不利君子貞互
明亦與訟不利涉大川互明師同人相錯即訟明夷訟
二不之明夷五而四之初又上之三即泰二不之五而
否四之初又
上之三也
初九同人于門
艮為門師二之五而後上之師三成
蹇下卦為艮四不之初故无咎也
无咎
四先之師初
成臨則有咎
六二同人于宗吝
宗即睽厥宗噬膚之
宗謂无妄也同人上
之師三成升升變通於无
妄而後二之五所以吝也
九三伏戎于莽
同人下離為
戎師成升下
巽為伏故伏戎莽眾草也謂師
成升上坤為眾下巽為草木
升其高陵
言升以示師
成升也升下
巽為高升二之五下艮為山山而下則
陵也先成升後成蹇是由高而後陵
三歲不興
三歲
謂革
也成升宜通无妄无妄下無三歲與无妄通則升
二之五為興仍與革係則二五後於三上為不興
九四

乘其墉謂四先之師。初師成臨。同人成家人。墉即解上六高墉之墉。乘即解六三負且乘之乘。弗克申上乘墉之義。四既先二五而行家人上。不可又之臨三。攻吉攻猶功也。通於解解二先之五而後家人上克於解三則有功矣。

九五同人先號咷號咷號也。四上先於師五。師成泰則號。而後笑笑猶樂也。四上俟師二先之五。而後從之。則師先成比。故笑。大師克謂同人上先克於師三。成升。則號咷。相遇升孚无妄。相錯爲復姤。姤遇也。故相遇。克則號咷。能變通而相遇則笑矣。

上九同人于郊四之師初。成臨家人。家人通解成既濟。咸與小過西郊同。无悔人已成家人屯則有悔。解不成屯。故无悔也。

䷍乾下離上

大有元亨有猶親也。與比旁通。二之五爲元。比應之則亨。

初九无交句害二之五爲交。二不之五而四之比初。故害。匪句咎无交則爲匪。匪則有咎。大有成大壯爲匪，成六畜亦爲匪，合之則成泰。爲否之匪人。艱則无咎。自知艱難，則能變通。九二：大車，句以載。大車，一作大輿。比下坤也。大有二先之五，是爲德載。有攸往，无咎。往，上往比三也。大車在比，比下，上將往赳之，必先用載於五，而後往則无咎。九三：公用亨于天子。二之五爲天子，上之比三應之，爲公用亨。小人，句弗克。二未之五，則五柔爲小人，上之比三爲克。反言以申上爻之義也。九四：匪，句其彭，无咎。彭讀若旁，謂旁通也。四之比初成大畜爲匪，大畜旁通於萃則无咎，申明初九艱則无咎之義。六五：厥孚交如。厥孚，比與大有旁通也。孚而交，不致以无交而害矣。威如，吉。威猶儀也。交而成家人，上不遠行，俟通解而後行，是可用爲儀也。无交而匪，宜旁通，孚而交，亦宜旁通，承九四申言之。上九：自天祐之，此申九三之義也。祐，右也，謂上之比三，二先之五，上乾爲天，而後上之比三右之。吉，无不利。二不之五，上無乾，不能自天，則成大壯，爲小人害，非利也。二之五，四已應之，成家人，上亦無乾，不能自天，則家人上之屯三成兩既濟，亦非利也。

䷎艮下坤上

謙亨與履孚則謙，謙則亨矣。君子句有終君子謂成蹇也。履成益，謙成既濟，故有終。

初六謙謙君子乾上之坤三，輕蔑已極，變而通於履，以履之三上補救之，故得名爲謙。以履二之謙五，履上不遽之三，而讓初之履四，一謙也。謙成既濟，履成益，上仍不之三，而讓恆二之五，是又一謙也。一謙成蹇之君子，再謙成咸之君子。用涉大川吉涉大川，益上之三也。一謙再謙而後涉大川，故吉。

六二鳴謙履二先之謙五成无妄，下震爲鳴。夬二之謙五，下無震。貞吉謂謙成既濟，履成益。

九三勞謙勞於坎，謂蹇五。五勞而能謙，與履孚也。君子上成坎，則小人化爲君子。有終吉五先行而後成既濟，故終而吉。

六四无不利撝謙撝，古麾字。手指曰麾，謂履成益，益通恆，恆成咸，咸四不之初，下艮。

六五不富以其鄰謂益不旁通於恆，而東鄰殺牛也。利用侵伐侵漸也伐上之三也益通於恆而後伐故利无不利旣利於謙又利於益申六四无不利之義上六鳴謙利用行師征邑國不鳴則不可征旣鳴成益有邑國又以變而通之以盡利乃可以征邑國

䷏坤下震上

豫利建侯謂小畜二先之豫五而三上應之也乾當位成家人屯則屯通鼎爲建侯乾失道成小畜復則小畜通豫爲建侯建猶健也能變通則健鼎豫皆成咸三互乾爲侯行師明小畜上之復三則行師有災眚

初六鳴豫四之初下成震凶乾四之坤初成復小畜爲失道小畜變通於豫宜二之豫五乃豫四之初仍成復則猶失道也六二介于石艮爲石謂成咸不終日終日必乾乾者恐其成兩旣濟也家人上之屯三乃終於日豫四不之初則小畜二之豫五成萃不成屯不成屯則家人上之萃三不終

日矣**貞吉**豫不終日則小畜成既濟爲吉**六三盱豫悔**盱憂也謂小畜上之豫三成需**遲有悔**遲即遲歸有時之遲小畜上之豫三成需小過猶漸上之歸妹三成大壯蹇**九四由豫**由自也謂密雲不雨自我西郊**大有得**小畜二來之五成萃相親有**勿疑**相親有則不疑**朋盍簪**朋謂小畜二之豫五得其友也盍合也簪讀若戠謂相膠膩戠亦同職弋也豫成咸四不之初三陽相應如相黏合亦如簪連之也**六五貞疾**與明夷不可疾貞互明**恒不死**豫成小過不以需二之小過五而孚於中孚中孚二之小過五成咸即用恒也故不死恒與益孚疾而不貞**上六冥豫**冥迷也謂成明夷**成有渝无咎**成成既濟也渝變也豫成明夷則小畜成需需二之明夷五成兩既濟無有變通矣惟明夷變通於訟明夷成既濟訟則有變

䷐ 震下 兌上

隨始則隨乎蠱成屯則隨乎鼎**元**謂蠱二之五**亨**四之蠱初應之或三之蠱上**利**成屯變通

於鼎成革變通於彖**貞**變通而後成成既濟**无咎**隨於蠱之元以亨隨於鼎彖之利以貞隨故无咎

初九官有渝官吏事君也隨君之命以爲之主**貞吉出門交**句**有功**所以申上文官有渝之義也出門謂蠱成蹇先二五後三上故有功在初四從蠱五成屯家人若三上從蠱五成蹇革彖則初四不得又從之成兩既濟宜革通於彖而初四從彖五矣隨其所主以成變化故爲官有渝也初四從則三上渝而從鼎成既濟爲貞吉三上從則初四渝而從彖成既濟爲貞吉

六二係小子失丈夫丈夫五已定者也謂隨也小子五未定者也謂歸妹也漸係歸妹則不係隨故係小子則失丈夫也

六三係丈夫失小子既成隨則蠱與隨係不與歸妹之小子係矣六二六三皆發明官有渝之義爲全易之通例也**隨有求得**蠱二不之五而三之蠱上成升則無交而求是爲匪我蠱二先之五得中則不失道而後隨三求之因得而求故云求得**利居貞**求得則成革革通於彖則利彖二之五爲居革成既濟爲貞

九四隨有獲獲與獲同謂終**貞凶**不能利居貞革四之蹇初**有**

孚在道以明在，猶存也。存道，不失道也。孚於蠱成革，又孚於蒙，蒙二之五而後貞，則有所繼續述者之謂明。**何咎**發明象義。**九五孚于嘉吉**嘉會合禮，亨也。在道以明，則孚于嘉矣。**上六拘係之**艮爲拘，謂蠱二之五成漸。**乃從維之**維，邪交也。蠱成漸，隨三之蠱上，從之隨成革，蠱成蹇矣。上之三稱維。凡**王用亨于西山**與升通无妄同，或謂蠱成升，而升通无妄。

䷑ 巽下艮上

蠱蠱，事也。通變之謂事。**元**有事則二之五爲元。**亨**二先之五而上應之。**利涉大川**謂成漸，上之隨三。**先甲三日**承上涉大川而言也。甲，始也。二之五爲甲。先者，別乎後之稱也。上之隨三成革，革下離爲日。先甲則元也，三日則亨也。**後甲三日**先甲三日成蹇，蹇通於睽，睽二之五爲後甲，蹇初之睽四，蹇成既濟，下離亦三日，後甲亦元也，三日亦亨也。先甲後甲皆有事也，即比之原筮。比、大有爲乾坤坎離之比例，隨、蠱爲震巽兌艮之比例，故於此兩卦發明其例也。

初六幹父之蠱隨四之蠱初成大畜下乾爲父大畜通於萃以幹之有子句考句无咎考猶擊也亦成也大畜二之五有子而後上之萃三成既濟則无咎大畜不通萃則二之五成家人家人上之屯三成兩既濟終而無始是無子嗣之其上上之擊凶矣不稱擊稱考者以與有子貫也厲終吉蠱成大畜則危以變通而有子則終吉終謂大畜成既濟吉謂萃成咸九二幹母之蠱上之隨三成升上坤爲母升通无妄以幹之幹即旁通先甲後甲象言當位之變通幹父幹母爻言失道之變通皆所謂有事也不可貞升初之革四革成既濟而貞不能變通故不可九三幹父之蠱小有悔小謂成大畜也五不剛中故小變而通於萃乃大矣无大咎不通萃而大畜成家人則咎大即大貞凶之大也六四裕父之蠱裕解緩不急也謂成大畜不孚於萃往見謂屯也隨四之蠱初成屯又以大畜上往屯三是既見而又往也吝成泰始變通故吝六五幹父之蠱用譽初四先二五而行成大畜則無譽通於萃萃四不之初以用仍有譽上九不

事王侯以上五爻皆言失道之事此言當位也王侯皆君謂上之隨三成革互乾也不事則隨不成革蠱不成升無容幹矣高尚其事巽爲高尚謂二之五尚于中行也二之五上成巽謂不以上之隨三成革爲事而以二之五爲其事也

䷒兌下坤上

臨五柔本小二之五則大元亨利貞與遯旁通也二之五爲元遯上來之三應之爲亨元由利而生也貞由亨而成也至于八月有凶兌爲正秋八月謂下兌也解成臨不變通而二即之五是先有兌而後至也故凶若通於遯而臨二乃之五則至于八月無凶矣有凶者明其有無凶者也

初九咸臨二先之五爲臨遯上來之三應之成咸故咸咸臨貞吉遯成咸則臨成既濟若至于八月則家人上之屯三成兩既濟無咸而貞凶矣

九二咸臨吉无不利初九明象之貞此明象之利也

六三甘臨无攸利甘即甘節之甘緩也緩於臨則二不之五而遯上先之臨三是

咸而不臨矣。**既憂之无咎**憂，亦思也。失道而知憂，則可以改過矣。故既憂則无咎。臨成泰，泰變而通於否。憂則達之也。

六四至臨至，二之五也。至臨則不至于八月矣。**无咎**臨之咎在初，故於六四發之。

六五知臨知，崇禮卑。知，謂能變通。二先之五也。**大君之宜吉**臨遯相錯爲履謙，故以履之大君明之。宜，猶儀也。謂三上應。

上六敦臨敦，厚也。二先之五而後遯上來應於三，則厚而不輕蔑。**吉无咎**二先之五，故吉。遯四不之初，故无咎。

䷓ 坤下巽上

觀盥而不薦盥，澡手也。上之三，兩坎下盥於艮手，故爲盥也。薦，猶藉也。上之三，則初不之大壯四。**有孚顒若**孚，謂旁通大壯也。大壯二之五成君德之敬。盥與薦皆所以應大壯二之五也。盥則不薦，亦薦則不盥也。猶云不宜上宜下，爲凡卦通例。

初六童觀由童蒙而成觀。**小人无咎**小人，謂蒙也。由蒙二之五因而革四之蒙初成益則无咎。蒙雖二已之五，而自蒙言之，仍是小人，猶泰未通否，仍用師也。君子吝君子，謂觀也。觀通大壯，不俟大壯二之五，而大壯四即來觀初成泰，故吝。

六二闚觀承上君子吝而言。闚，小視也。大壯四闚於觀初，利女貞女貞，大壯二先之五，而後四之觀初成既濟。不成泰，則不爲闚觀；不闚觀，則君子不吝。所以利也。觀革相錯爲家人，解，故利女貞，與家人象同。

六三觀我生我，即童蒙求我之我。由我而生，謂大壯二之五。進退在蒙則進而成觀，在觀則退而爭大壯。

六四觀國之光光，廣也。國，即爲依遷國之國。大壯二先之五，而後觀成益，上不之三，故有國。利用賓于王賓，即不利賓之賓。大壯二之五成革，互乾爲王，初四應之，是爲用賓于王，此則薦而不盥。

九五觀我生君子无咎用賓于王，則先已觀我生矣。巽於闚觀，故不吝而无咎。

上九觀其生自觀旁通大壯，大壯二之五爲我生；自益旁通恒，恒二之五爲其生。其生亦我生也，別乎大壯，故云其耳。君子无咎大壯二之五，則觀无咎；恒二之五，則益无咎。觀成益，益之爲君子，即觀之君子也。

☲☳震下離上

噬嗑亨井得噬嗑則亨利用獄獄謂上之三也坎二不之離五而離上之坎三成井為用徽纆寘叢棘三歲不得凶是獄之不利者也井通噬嗑井二先之噬嗑五而後上之三為用獄則以利而亨

初九屨校謂成革也下震為足以革麗於足為屨校猶交也井二先之噬嗑五為交而後成革以屨之辭屬用刑加木為校耳滅趾无咎滅趾巽上之震三也變通於噬嗑離滅趾亦无咎

六二噬膚五柔稱膚井二來噬之滅鼻无咎滅鼻猶滅趾也凡三上先二五為滅

六三噬腊肉腊讀若昔酒之昔肉之久不噬者也肉謂五柔久不噬成腊謂其來緩遇毒腊肉有毒者也謂久不噬成明夷明夷變通於訟而後遇是遇毒也小吝无咎小謂明夷也成明夷而後遇故吝然能變通則无咎矣

九四噬乾胏謂井成需通晉晉成否上乾胏猶積也與德積載互明得金矢乾為金矢即矢得勿恤之矢謂需二之晉五利艱貞吉艱謂四之井初成需需頤相錯

為屯大畜即大有四之比初也需通晉猶大畜通萃**六五噬乾肉**腊肉肉而不乾乾胏乾而不肉肉久不噬至於腊毒柔久不進至於惡積雖噬亦晚矣不如井二即噬噬嗑五為噬乾肉也**得黃金**黃謂中金即乾**貞厲无咎**噬嗑成无妄井成蹇无妄四之蹇初成既濟故貞无妄成益未通恆故厲

上九何校滅耳凶何讀若荷負也先三上初四而後二五爻居其後故何校噬嗑成明夷井成需四互坎為耳上之三成豐以滅之豐不變通至於何校謂困何校故其先之滅耳凶也

䷕離下艮上

賁亨賁則亨矣謂困二來之五五而上應之**小利有攸往**小謂五柔為小人也往上往困三也小則上不可往惟賁亨則利耳

初九賁其趾趾即艮其趾之趾趾即止也艮初先五而行致成賁故賁其止也**舍車而徒**艮成賁而通困困先成萃下坤為車又舍此車以四之初下有震足為徒行此以初四應二五為亨賁之

當位者也。六二賁其須。須，需也。謂困二不之賁五，而賁上之節三成需，無車無徒。九三賁如濡如。濡，卽需也。承六二言之。永貞吉。謂需二之晉五，成既濟。六四賁如皤如。皤，卽錫馬蕃庶之蕃，承上濡如而言。白馬翰如。翰，幹也。困成需，幹而旁通於晉。需二之晉五，則上有乾馬，四之初成益，上巽爲白，下震爲蕃。匪寇昏媾。困成需，通晉則賁成明夷，通訟。需二之明夷五爲寇，至訟二之明夷五，則昏媾。六五賁于丘園。丘卽拂經于丘之丘。困成大過，四不之初，卽變通於頤。大過二之頤五成益，五艮爲山，艮在五，故稱丘也。園所以樊圃也。艮爲果蓏，巽爲草木。大過二之頤五，草木果蓏有所衛。束帛戔戔。帛卽白，巽也。戔戔猶殘殘，傷也。束，約也。謂賁上之困三，束成大過，下巽爲白。吝終吉。戔戔故吝，賁于丘園故吉。上九白賁无咎。白則困二先賁於賁五，卽賁其趾也。上先成巽，不必賁其須、賁于丘園矣。

䷖ 坤下艮上

剝不利有攸往夬方舍謙而變通於剝五未大三不可往

初六剝牀以足牀卽巽在牀下之牀壯字假借也夬二之剝五同於大壯二之五亦壯也夬二不壯於剝五而剝上之三是剝害其壯也夬四先之剝初成頤下震爲足上又之三成明夷蔑句貞凶蔑輕也上之三成明夷故蔑由明夷成既濟則凶

六二剝牀以辨辨卽履之辨上下也剝牀成謙宜通於履蔑句貞凶由辨而貞則吉由蔑而貞則凶

六三剝之无咎乾兌成夬有咎變通於剝則无咎義與訟元吉同釋文無之字

六四剝牀以膚凶與夬九四醫无膚互明

六五貫魚魚生水中貫通也謂成蹇五生坎中以宮人寵宮人宦寺也蹇下艮爲寺而宮則大壯所取夬二之剝五爲大壯二之五之比例上之三卽觀上之三之比例寵龍也成蹇而通睽睽成益下震爲龍无不利夬能變通於剝蹇又變通於睽

上九碩果不食碩卽往蹇來碩之碩艮爲果蓏蹇下艮也夬剝爲大畜萃之相錯夬二之剝五卽大畜成家人不家則食家故不食也

君子得輿 君子謂成觀也。觀下坤爲輿，五先正則得矣。輿卽曰閑輿衛之輿。夬孚剝，猶大畜孚萃，明夬二之謙五，則不得輿。小人剝廬 夬二雖來之五，未孚大壯，則仍是剝。剝之爲小人，猶童觀之小人，野之可止者爲廬。已成觀，孚於大壯，爲君子，必大壯用壯，壯于大輿之輹。觀上不可之三，故僅得輿而已。惟在剝爲小人，則夬二先之剝五，剝上之三成蹇，下艮可止爲廬，不徒輿矣。明云剝廬者，廬仍屬剝，不屬觀也。

䷗ 震下坤上

復亨 復謂姤二來之五，復則亨矣。出入无疾 姤二之復五爲出，姤四之初，上巽爲入，成咸四有疾。出而入成家人，故无疾。朋來无咎 朋來，姤二之復五也。无疾在小畜則有咎，出而後入，朋來在於先，何咎之有。反復其道 復而不反，非道也；反而不復，非道也。乾反其道爲坤，坤五不復，而以乾四之坤初，反而不復，爲失其道矣。變而通之於姤，姤二之復五，則由反而復，仍得乎道。震下坤上之卦，本反乎姤，姤二之復五，復仍由反而復，此復復所以名復也。七日來復 姤二之復五，二五合得七。姤上之屯三，則下有離日。**利有攸往** 先來復則三可往。姤上。姤成遯。復成屯。屯三不可往家人上。可往遯上也。

初九不遠復 遠。猶緩也。復更成明夷。而復於訟。則遠矣。不遠而復。謂不成明夷而通姤也。**无祇悔** 祇。讀若氐。本也。下也。乾四之坤初。其失在氐。變通於姤。姤四不先之初。則不以氐爲悔也。**元吉** 乾二之坤五。爲元。乾四先之坤初。成復。失道不可爲无。以變通而姤。姤四不先之初。則二來復於五。仍不異乾二之坤五也。變通補救在初。故於初發明之。元屬五。不屬初也。

六二休復吉 休。嘉也。嘉會合禮而亨。故爲休。

六三頻復 頻。卽頻巽之頻。謂巽初之震四。失道至此而復也。**厲无咎** 震成復則危。變通則无咎。

六四中行獨復 中行。姤二之復五也。獨復。不遠復也。乾四之坤初。不中行。以變通於姤。而以姤四未之初爲獨復。故於六四發之。

六五敦復 敦。厚也。姤上先之復三。則薄矣。五先於三。故厚。**无悔** 姤不成家人也。

上六迷復凶 不敦而薄則迷。**有災眚** 謂成明夷。**用行師終有大敗** 行師。謂同人上之師三。成升也。升无妄相錯爲復姤。姤二不之復五。而復成明夷，姤成需，卽升二不之五，而升成泰，无妄成既濟。所謂其匪正有眚也。用師而成升，升通无妄，升仍成泰，猶師成泰，故復成明夷，姤成需，爲用師，升成泰通否，則勿用師復成明夷，不變通，而以需二之明夷五，成兩既濟，終止，故有大敗也。**以其國君凶**承上言所以大敗也。明夷上坤爲國，需下乾爲君。以，用也。用其國君，謂需二之明夷五。**至于十年**十年，坤也。需二之明夷五，與訟二之明夷五，俱爲至于十年。**不克**句**征**先克征而後至，則是需二之明夷五，爲大敗凶矣。惟明夷通訟，訟二之明夷五，則未克而至，至而後征，同是至于十年。旣指其凶而戒之，又示以轉移之道也。

䷘ 震下乾上

无妄妄者，虛而不實也。五實則无妄。**元**升五虛，二之五爲元。**亨**四之升，初應之。**利**成益通恆，恆五虛，二又實之。**貞**謂益成既濟。**其匪**句**正有眚**匪謂升成泰，正謂无妄成既濟。**不利有攸往**升成泰，无妄成益，已匪矣。益三又往上，所以匪而正至於有眚也。

初九无妄謂升二之五有以實其虛往吉升五之邑不虛則四可往六二不耕穫不菑畬耕爲稼穡之始穫爲稼穡之成一歲曰菑三歲曰畬不耕不菑二不先之五也穫畬謂成既濟也不耕不菑升二未之五也升成泰无妄成益益上又之三則不耕而穫矣坊記引有凶字呂覽貴圓篇於穫字上加而字則利有攸往利則可往謂益通恒六三无妄之災象言匪正有眚眚即災也此爻言不匪而正亦災或繫之牛或疑而不孚也繫繼也无妄通升升二之五則爲繫无妄四之升初成益故繫之牛既成益又宜通於恒故或也行人之得行謂四從升五而行也四從升五而行不失是故得邑人之災邑謂益三互坤即所繫之牛也上之三爲邑人則成兩既濟爲災九四可貞无咎可謂益通於恒无妄成益無論不耕之匪繫牛之得皆以變通於恒爲可九五无妄之疾升二之五而四不從之升初則有疾勿藥有喜藥治疾者也不治四之疾則升二之五而上可從之之三而有喜與九四互明上九无妄行有眚无攸利

行而有眚。則匪而不得矣。發明彖義。

䷙ 乾下艮上

大畜 大。謂萃也。鼎四之初。折足覆餗。變通於萃。萃成咸。含蓄而不盡。故名大畜也。**利貞** 所畜在萃。則大畜成既濟。是爲利而後貞。**不家** 鼎四不之初。則二之五不成家人。**食吉** 食即雉膏。不食之食。成家人則不得爲食。不成家人則爲食。謂鼎二之五也。**利涉大川** 既不能爲鼎五之食。則宜變通於萃。家人上可之萃三。不可之屯三也。

初九有厲 厲。謂鼎四之初也。失道故危。**利已** 已。止也。謂萃四不之初成咸下艮也。鼎四之初則二之五成家人。上之屯三成兩既濟無攸利矣。故利於旁通萃。萃四不之初成咸也。**九二輿說輹** 萃四之初。則坤輿有輹。大畜二之五。而萃四不之初。猶小畜二之豫五。而豫四不之初也。**九三良馬逐** 乾爲艮馬。逐猶隨也。謂隨四之蠱初。**利艱貞** 蠱成大畜。猶大有成大畜也。大畜通萃。故利大畜成既濟則貞。**曰閑**曰，言也。謂萃上兌。閑，止之。不令萃四之初。**輿衛**輿，萃下坤也。二先之五則輿有衛。**利有攸往**輿既有衛，則可往萃三矣。上**六四童牛之牿元吉**童卽童觀之童。家人萃相錯，卽觀革也。牛謂萃下坤。初筮爲告。大畜初四已先行，二之五，不可爲初筮。惟孚於萃，則二之五卽蒙。蒙二之五，五之比例。蒙初筮告，故元吉也。**六五豶豕之牙**二之五成家人，猶困二之賁五，故云豶。豶猶賁也。家人上之萃三，上有坎豕，萃成咸，咸下艮，艮爲寺，豕而奄，故爲豶。豕牙猶芽也。芽，始也。以其屬頤，口稱牙，義亦取於蒙芽也。**吉**變通於萃，故吉。**上九何天之衢**何，荷也。負也。負在後，謂先以二之五，後以上之萃三。道之四達者爲衢。艮爲徑路，下乾上艮，而二達於五，是天行也。上達於萃三，是艮行也。先天行而後艮行，爲天之衢。**亨**不失尊卑之序，故亨。

䷚ 震下艮上

頤貞吉能養己養人，故終則有始。**觀頤**夬二之剝五爲觀，夬二不之剝五，而四之剝初，成頤。以頤通大過。大過二之頤五。是不觀於剝而觀於頤也。自求口實頤成益。而變通於恆。恆二之五。上成兌爲口。五由虛而實。然後益上求三。則有所所自而求矣。

初九舍爾靈龜靈龜。天龜也。夬二之剝五。夬下乾。決而爲離。故爲天龜。舍爾者。不以夬二之剝五也。觀我朶頤朶通作揣。動也。謂夬四下垂於剝初。成震。凶夬通剝。原所以觀我也。乃朶而成頤所以凶也。六二顛頤顛讀爲顛實之顛。塡也。謂既朶而爲頤。必與大過通。大過二來塡之。拂經于邱拂。弼也。經。常也。常。恆也。大過二之頤五。頤成益。五互艮爲邱。邱大過成咸。咸爲用恆。四又之初。弼之。頤征凶大過既成既濟。頤成益。益上又征於三。成兩既濟矣。稱頤征者。以未孚於恆。六三拂頤貞凶拂頤卽拂經。貞凶卽征凶。十年勿用大過二不來顛五。上之三。成明夷。坤數十。故云十年。拂頤明明其終止。十年明明其失是。无攸利所以不可用。以其不利也。拂頤既貞凶。用十年又无攸利。起下文顛頤所由吉。居貞所由吉也。六四顛頤吉大過四不之初。以補救朶頤之凶。故顛頤之吉。虎視眈眈眈眈下視貌夬二之剝五成觀則風從虎今以四之剝初夬成需四互離為目下視頤初其欲逐逐逐逐悠悠遠也既成頤始得大過二來顛之欲不窒於剝五而顛於頤五故遠猶云遠實也无咎夬四之剝初不能无咎能變通於大過雖遠而咎免矣六五拂經謂大過成既濟頤成益居貞吉益通於恆恆二居五而後益上之三成既濟則吉異乎頤征之凶矣不可涉大川謂未居也上九由頤由自也由頤猶云自養也厲吉大過成既濟頤成益益上之三則終凶故危上從恆五雖危而吉矣利涉大川利謂變通於恆也涉大川益上之三也自求口實而益上乃可之三

䷛巽下兌上

大過棟橈棟極也橈曲也姤上之復三而二未信故橈大所以過者棟橈故也利有攸往亨變通於頤則利利而有攸往謂初四應二五也此由利而亨者

初六藉用白茅藉薦也謂初四應二五也巽爲白初柔爲茅初先之四則無茅二先之頤五是用茅而後薦也无咎夬四之剝初則有咎頤變通於大過故无咎九二枯楊生稊楊澤木也讀如揚揚賡也賁上之困三成大過與明夷受其誅伐故枯枯而揚揚謂變通於頤也稊猶弟也二之頤五則生頤上之三應之大過成咸頤成既濟相錯爲蹇革與歸妹以娣同矣老夫句得其女妻老夫寉下乾也夬四之剝初成需頤不能生育是爲老夫頤通於大過頤五之大過二則得女妻女謂大過下巽大過五先定新得二爲妻故得妻无不利老夫則不利得其女妻則无不利九三棟橈凶棟之所以橈由姤上之復三也賁上之困三也訟上之三也故於九三發明之九四棟隆吉木經誅伐而成棟二之頤五則隆有他吝二不之頤五而四之初成需則必改而變通於晉故有他吝矣然而九五枯楊生華華即尃也二之頤五而初之四應之大過成既濟頤成益益下震爲尃干氏曰鋪爲花朶謂之尃頤成益而下有華猶剝成頤而下有朶也稊猶弟謂咸下艮尃猶長子謂益下震

老婦句得其士夫老婦明夷上坤也姤上之復三成明夷大過不能生育是爲老婦大過通頤則得上夫士謂頤上艮成益二得五爲夫故得士夫无咎无譽在大過四未之初則无咎在夬四先之剝初成頤則无譽

上六過涉句滅頂凶无咎訟上之三則滅頂而成大過變通於頤二之頤五而後頤上涉大川則仍以三應五故雖滅頂凶而无咎也凡卦名每兼兩義以姤上之復三而二撓曲不行爲過失以大過二之頤五爲陽剛行動此過謂二行而之頤五也

䷜ 坎下坎上

習坎有孚習重也重坎乃與離孚明未重不可孚維心亨既孚於離二之離五爲心三之離上以維之則亨行有尚二五先行故有尚

初六習坎二不行與五相重入于坎句窞句凶窞陷也離上之坎三成井下巽故入于坎離四又之坎初成需則陷矣

九二坎有險重坎故險承上入于坎窞也求小

得小謂離成明夷訟二之明夷五則小得求小得先小得而後求之也**六三來之坎坎**先成需需上有坎需二之明夷五上又有坎**險且枕**且薦也枕所以薦首也重坎則險二不之離五也入于坎下巽爲木又成需下乾爲首木在首是爲枕也**入于坎窞**所以來之坎坎者以險且枕也所以險且枕者以入于坎窞也**勿用**謂不可來之坎坎也宜求小得**六四樽酒**樽即尊也天尊謂二先之離五成乾也酒所以爲樂坎二之離五成比猶需二之晉五需于酒食故爲樽中有酒亦得所尊而樂也**簋貳**貳副也盈也謂初從二成屯也屯三互坤簋象也**用缶**缶所以節樂成兩既濟則不節以用而缶謂屯通鼎鼎成咸**納約自牖**納有所入而受之也約要也牖明也坎成屯而有束於三者爲要而屯三納之非徒納也以變通於鼎鼎二之五有以牖之使明而後上之屯三納之是爲納之自牖也申上用缶之義**終无咎**納約則終自牖則无咎**九五坎不盈**成屯則盈成節故不盈**祗既平无咎**祗即无祗悔之祗坎之成節猶坤之成復節非屯則下無震平猶辨也節變通於旅節二

之旅五.節成屯.盈且祇矣.祇與震通.上六係用徽纆不盈.謂離四先之坎初成節.此言離上先入坎三成豐.徽纆繫四黑索也.離上之坎三.成豐之用獄.井下巽爲繩.係.謂與離係也.係而用徽纆.猶見而金夫也寘于叢棘古議獄於棘下.以用獄成豐.而言叢棘.叢細也.細小也.棘與革通.離成豐.視革而五柔爲小.三歲不得凶成革則三歲而得.成豐五未來章.故不得.

☲☲離下離上

離利貞亨離.麗也.麗則已維心亨矣.故不言元亨.先言利貞.而後言亨者.利貞乃亨也.畜牝牛吉中上利貞.謂成家人.變通於解.解二之五成萃.卽大畜童牛之牛也.解五柔故稱牝.異乎坎成屯之牛也.解成萃爲牝牛.猶鼎成遯爲牝馬.

初九履錯然四之坎初成節.節通旅成屯遯.屯遯卽履二之謙五之所錯.敬之无咎謂節二之旅五.而旅四之初.六二黃離元吉黃.在中者也.坎二之中.行於離五.則元吉.九

三日昃之離謂成豐，昃，傾也。五未進，仍爲離日，而上先行，是日昃也。不鼓缶而歌鼓，謂坎成屯，缶，謂鼎成咸，歌，永也。坎成屯而鼎二之五，屯三乃行，故永久。則大耋之嗟耋，猶咥也。不俟成屯通鼎，而坎三先之離上，猶坤三之乾上，虎尾咥人也。三先先於五，故嗟。凶不歌而嗟，故凶。九四突如其來如突，不順也。坎成需，離成明夷，需二之明夷五，故不順。焚如焚與賁通，離成賁，猶旅成賁，旅焚其次，即此焚也。死如死者，澌也。成明夷，則斯其所。棄如死而棄於野，無棺槨也。成賁而通困，雖失道，令賁上之困三成大過，大過取棺槨，雖死不至於棄。賁不通困，而上之節三，不成大過，而成需，則死而棄矣。此言不能履錯然也。六五出涕沱若出，謂出中也。涕，猶弟也。沱，江之別也。謂離成豐，則通於渙，渙二之豐五，而渙上從之，舍井而別通於渙，故沱若。戚嗟若吉戚，親也。嗟，即大耋之嗟，謂成豐也。嗟而戚，故吉。上九王用出征申黃離而言也。五先成乾爲王，然後上征於坎三。有嘉句折首先出後征，則嘉會而亨矣。既有嘉，則折首矣。先成同人，上乾爲首，後以上之坎三成革上兌爲折。**獲匪**句**其醜无咎**獲卽隨有獲之獲，謂成既濟也。出征折首，離成革，坎成蹇。蹇之成既濟，必旁通於睽；革之成既濟，必旁通於蒙。若蒙二不之五，而上之三，則成升。革四之升初，革成既濟，爲獲。升成泰，則爲匪人。是爲獲匪。雖獲匪而泰能通否，則亦可醜。言匪而醜，尚能无咎。必不可當有嘉折首之時，以革四之蹇初，成兩既濟，無可悔也。

男廷琥孫授書授易授詩校字

下經章句弟二 雕菰樓易學之一

江都焦循學

☶☱ 艮下兌上

咸感孚即謂旁通**亨利貞**與損相感通損二之五而後初四應之故亨孚於損爲利咸成既濟爲貞**取女吉**女謂兌取女初取四也在姤勿用取女姤已成咸而變通於損則取女吉矣又蒙勿用取女取女則成損損通於咸亦取女吉

初六咸其拇拇將指也即解而拇之拇蒙革取女成損則上艮爲指故稱拇能變通於咸則咸其拇矣

六二咸其腓腓肥腸在足上即艮其腓之腓亦通於匪其彭之匪蒙睽成損下兌二隱於震足之上故稱腓**凶**承上拇與腓而言拇指損上艮腓指損下兌合腓腓爲未濟二不先之五而四先之初所以凶故互明之**居吉**損既通於咸咸四未之初而損二居五則吉

九三咸其股損二居五

成益。上巽爲股。執其隨益與咸相錯。卽隨也。執卽執言之執。謂執其四不使之初也。隨卽謂咸其股也。而執而後其隨。謂不以咸四之初。而先以損二之五。有所執。乃相錯爲隨也。往吝不執其隨。而損三往上成泰。則吝。九四貞吉悔亡咸與既濟則有悔。咸通於損。損二之五。而後四之初成既濟。則貞吉。貞所以吉者。以悔而變通於損也。憧憧往來憧憧。往來不絕也。益通恆。恆來成咸。益往成既濟。咸又通損。損來成益。咸往成既濟。初六六二明失道之感通。此明當位之感通。朋從爾思朋。謂咸五。爾指損。思謂損二之五也。恆五以朋卽朋盍簪之朋也。爾指損。思謂損二之五也。恆五以朋來而成咸。咸本爲益上所從。今則變通於損。而四從損五之思。所以往來不已也。九五咸其脢脢夾脊肉也。坎爲脊。損二之五而上從之。上成坎。无悔咸四未從。則損不必改悔。而上可之三從五。上六咸其輔頰舌輔頰。頤也。兌爲舌。損二在頤內爲兌。孚於咸。而二之五。故咸其輔頰中之舌。

巽下震上

恆亨二之五，而後益上之三則亨。无咎解成恆，有咎。通於益而亨，則无咎。利貞通利，謂通於益。通益而亨，故貞而无咎。利有攸往往，謂益上之三。

初六浚恆浚，濬也。謂四之初。貞凶无攸利恆二不之五，而四之初，則益成既濟，凶矣。雖孚，仍不利也。九二悔亡益於既濟則有悔，通於恆則悔亡。九三不恆其德謂二不之五。或承之羞或，謂成泰，不與益孚也。承之，謂益上之三也。羞猶辱也。姦禮為羞。貞吝泰通否，雖包承包羞，不免於吝。九四田无禽无禽，五未實也。五亡未復，則四不可浚於初。六五恆其德二之五。貞恆成咸，咸成既濟。婦人吉夫子凶婦人，謂恆也。恆通於益，則貞而吉。夫子，謂咸也。損二未之五，而咸成既濟，故凶。上六振恆凶振讀若震。五失道，上卦為震，何凶如之。

☶ 艮下
☰ 乾上

遯亨遯則去此而從彼故亨小利貞小謂臨也遯何以亨以臨與之通而成既濟也

初六遯尾厲上之臨三成咸泰為乾上之坤三之比例坤成謙為虎尾勿用有攸往其危如是初不可往矣六二執之用黃牛之革承上言之也上言勿用有攸往故執之不使四之初也用黃牛之革謂咸變通於損猶革變通於蒙也莫之勝句說莫之勝即夬初九之不勝也說謂脫去而變通也遯成咸臨成泰泰二之五猶夬二之謙五惟執咸之四不使之初而通於損雖莫之勝而能脫矣九三係遯與臨係有疾厲有疾四未之初也臨成既濟遯成咸咸四更之初則成兩既濟何危如之畜臣妾吉臣謂臨二之五妾謂遯上之臨三畜者遯四不之初不成兩既濟也九四好遯好猶愛也君子吉臨二之五則遯成家人為吉小人否小人謂臨成泰也遯四又之初成既濟則否九五嘉遯貞吉嘉會亨也謂臨二之五而上之臨三會之上九肥遯肥與腓同謂臨二也臨之腓通於遯猶損之腓通於咸肥而遯猶云咸其腓也或腓

即指損。謂遯成咸通於損。无不利腓不利。腓遯則利。

䷡乾下震上

大壯二之五成革。則大者壯。利貞革變通於蒙而後貞。

初九壯于趾二之五爲壯。趾止也。漸上之歸妹三成大壯。則漸成蹇下艮。征凶即漸上征歸妹三之凶。有孚謂變通孚於觀也。既征凶。則不得仍與蹇孚。九二貞吉承上有孚言之。謂孚於觀而成既濟。九三小人用壯小人謂五柔也。則宜用二壯於五成革。君子用罔已成革爲君子。則四之觀初爲用罔。罔卽罔罟之罔。貞厲謂大壯成既濟。觀成益。羝羊觸藩羝猶氐也。謂四之觀初成泰益。卽小畜復之相錯。羝與无祇悔之祇。祇同爲氐之假借也。藩蕃也。觀成益下震爲蕃。觸猶抵也。大壯二不之五而成泰。不爲革上之羊。而爲泰三互兌之羊。是羝羊也。羸其角羸弱也。不壯故弱。亦通作羸。離爲羸角。謂觀上大壯成泰。未壯也。觀成益。上又之三成離。則羸其角。九四貞吉悔亡通於觀而成既濟故貞吉觀成益而通恆則悔亡藩決不羸申上文而言大壯二之五成革與夬二之剝五同藩決謂二先決於五而後四之觀初爲藩也觀成益未通恆則上不之三故不羸其角藩決故貞吉不羸故悔亡貞吉悔亡由於藩決不羸然則觸藩羸角凶而有悔可知經文互見故九三不言凶耳壯于大輿之輹輹謂四之觀初觀下坤爲大輿輹爲輿底猶羝之假借也先壯而後輹不成泰不互兌巽於羝羊矣六五喪羊于易漸上之歸妹三故喪舍蹇而孚於觀爲易易而二之五成革上兌故羊于易也无悔漸成蹇歸妹成大壯大壯二之五成革革與蹇則有悔易而通於觀以二之五成革革係觀故无悔也上六羝羊觸藩下申言之不能退大壯成革乃可退今二不之五而成泰故不能退不能遂遂繼事也又戚也成而能繼謂泰通否而二之五也不能退則宜遂乃不通否則又不能遂无攸利卽歸妹之无攸利艱則吉卽泰之艱貞无咎謂能遂

䷢ 坤下離上

晉康侯（康，寧也。晉成益通。恒恒成成，爲建侯。）用錫馬蕃庶（需二先之晉五，成否，上乾爲馬。四爻之初，則爲錫馬。蕃，震；庶，坤。下本坤，錫而成益，則下震爲蕃。）晝日三接（荀慈明謂乾爲晝，是也。謂需二之晉五也。否成益，益上之三，則由晝而日矣。謂既濟下離爲日也。接，交也。益通恒，恒二交於五。三接者，上乾爲晝爲馬，一也；錫馬蕃庶，二也；由晝而日，三也。接而後日，則交而後求。）

初六晉如摧如（摧，擠也。擠，隊也。與隕下同義。謂夬四下之剝初，所以通於晉者，以摧隊而成需也。）貞吉（謂需成既濟。）罔孚（罔即君子用罔之罔。晉成益與觀成益同。）裕无咎（裕即裕父之蠱之裕。夬四之剝初爲隨，四之蠱初之比。例罔孚，則雖裕而无咎。）

六二晉如愁如貞吉（愁，猶憂也。小畜二不之豫五，而上之豫三，故憂。所以通於晉者，以憂愁而成需也。）受茲介福于其王母（王母，妣也。晉成否，上乾爲王，下坤爲母。受福，猶云並受其福。介即介于石之介。介明需由小畜上之豫三也。**六三衆允** 允，信也。信，孚也。明夷不與需孚，而晉孚之。大有，衆也。需與晉通，相錯爲大有。**悔亡** 允則悔亡矣。**九四晉如鼫鼠** 鼫，讀如碩。晉如，則先成否，否上之三成咸，咸下艮爲鼠。碩即石，石亦艮也。**貞厲** 謂需成既濟，晉成咸。**六五悔亡** 申六三也。**失得勿恤** 失當作矢，即得金矢之矢。五先得而後鼫鼠，故不恤。**往吉无不利** 往，謂三往上也。五先得而三後往，故利。**上九晉其角** 角，謂上也。晉其角，則從矢得而往。**維用伐邑** 上之三稱維，亦稱伐。申上晉其角之義。**厲吉无咎** 厲即鼫鼠貞厲之厲，吉即往吉之吉，總上而合言之，謂需成既濟，晉成咸，以其宜變通於損則厲，以其能補救需之失則吉。晉成咸與成益同，其无咎即裕无咎也。**貞吝** 貞謂需成既濟，雖吉无咎，而溯其失道成需，則不免於吝。

䷣ 離下坤上

明夷利艱貞 需二不可之明夷五，故以爲艱，而變通於訟，則利貞也。

初九明夷于飛謂小過四之初飛鳥離之五之明傷於鳥之飛也垂其翼翼所以輔也五未正而四先垂所以傷也君子于行三日不食君子中孚也中孚二原可食於小過五小過四行之初成明夷則下離爲三日而中孚二不可食於明夷五矣變通於訟乃食舊德有攸往主人有言往謂中孚上之三也中孚成需則小有言中孚二先之小過五則小過四之初不成明夷而中有主今成明夷以主人在需二小有言未至也六二明夷明夷之卦由五失道而名故於六二發之夷于左股巽爲股謙初之履四謙成明夷履成中孚四當巽股用拯拯即不拯其隨之拯中孚二之小過五爲兌二之艮五之比例也馬壯吉乾爲馬小過成咸互乾有所壯而爲馬也馬之壯由於用拯用拯由於明夷于股謙初之履四與渙初之豐四同故渙之辭同此主內難而言九三明夷于南狩南方離也狩以逐獸猶征伐也謂賁上之困三亦姤上之復三得其大首變通於訟訟成否否上乾爲大首不可疾貞姤成大過大過二之明夷五成咸咸有疾今改而通於訟

訟成否。不成咸。戒其宜通訟得大首。不可仍係姤成咸也。疾之言速也。此主大難而言。**六四入于左腹**履四之謙。初履上成巽爲入。謙成明夷上坤下離。皆腹也。凡卦爻初之四稱左。**獲明夷之心于出門庭**心。五也。出。訟二出中也。訟二出則明夷之五獲矣。訟成否。否上之三。下艮爲門。明夷五爲庭。成既濟稱獲。**六五箕子之明夷**箕古其字。與中孚其子和之同義。其子未和致成明夷。**利貞**謂通訟成既濟。**上六不明晦**不明而晦。謂上坤也。**初登于天**初卽初筮之初。謂訟二之明夷五也。訟二登於明夷五。上乾爲天。訟上未先之三。上仍是天。故登於天。**後入于地**後爲後。後號咷之後。訟未之明夷五。則明夷上仍是地。而訟上之三成大過。下巽爲入。故入于地。

䷤ 離下巽上

家人利女貞女貞。卽女子貞也。鼎成家人。舍屯而通解。則利。利則字矣。故稱家人。

初九閑有家閑卽曰閑之閑。大畜通萃而成家人。猶家人通解而成萃。萃四不之初爲閑。解四不之初而成萃。為有家。悔亡屯家人則有悔。家人通解。故悔亡。六二无攸遂遂即大壯。不能遂之遂。在中饋饋。猶歸也。漸成家人通於解。解二之五。是為中饋。若家人上之臨三成泰。則以通否為遂矣。今所以得无遂者。在解二之五故也。貞吉上之萃三成既濟。九三家人嗃嗃嗃嗃。猶亢也。悔亢則有悔。厲吉上不之屯三。舍而通解。則能改悔。雖危而吉。六二言失道。此言盈。皆宜悔而通解。悔則貞吉。與六二互明。婦子嘻嘻嘻嘻。悲嘆聲也。檀弓夫子曰嘻。董子云嘻嘻錄所痛之聲也。終吝解二不之五成恆。因又成泰。故嘻嘻而又嘻。泰雖通否而終。乃自邑告命吝矣。六四富家富以其鄰。謂解先成萃。後成咸。大吉嘻嘻則小。解先成萃則大。九五王假有家假。格也。格。至也。謂解二之五成萃。即萃之王假有廟。解成萃。乃有家也。勿恤吉解成恆則恤。上九有孚謂孚於解。威如威儀也。儀。猶宜也。雖有孚。若上先之解三成恆。則非宜。終吉威而後成既濟則吉。

䷥兌下離上

睽小事吉柔在五故小小而有事謂二之五

初九悔亡蹇通於睽猶革通於蒙喪馬蹇通睽則知喪據上未成乾故喪馬勿逐馬未得蹇初不可先之睽四自復二先之五見惡人上言蹇舍革而通睽此言蹇舍大壯而通睽也大有上之比三成蹇不能過惡故爲惡人見猶顯謂代也无咎蹇能變通於睽無論由盈而自復由失而見惡人皆无咎九二遇主于巷二之五爲姤二之復五之比例故稱遇剛自外來而爲主於內故稱主巷邑中所共道也二之五而四應之成益艮爲徑路艮坤相兼故爲巷无咎申初九无咎以此

六三見輿曳坤爲輿坎爲曳謂大有上之比三比下之輿互坎申初九見惡人之義其牛掣掣一角仰也爾雅作觢成益則互坤有牛益上不之三則角仰其人天且劓二之五上乾爲天蹇下艮爲鼻四之蹇初毀去其艮爲劓見輿曳言蹇變通於睽也其牛掣言睽成益上不之三也此則詳言

其二先之五而後四之蹇初蹇無艮鼻睽有坤牛申九二遇主于巷之義**无初有終**謂蹇成既濟也

據巽成蹇而言**九四睽孤**上言其當位此言其失道而睽也孤猶寡也二不之五而四先行成損失道而寡助故睽孤也**遇元夫**損有孚元吉**交孚**交謂二之五損孚於咸而交**厲无咎**能變通雖厲而无咎**六五悔亡**申初九之義**厥宗噬膚**宗卽尊也乾尊謂二之五成无妄上乾也所以宗者以噬膚故也與井二之噬嗑五同**往何咎**不噬膚而四往蹇初故成損而孤必變通而遇元夫仍得无咎則未遇元夫其往爲有咎矣若先噬膚而後往何咎之有**上九睽孤**九四之睽孤謂成損此謂成大壯**見豕負塗**豕謂蹇上坎蹇通睽故見豕震爲大塗雖見豕而不以二之五先以上之三成大壯上震**載鬼一車**大壯不能變通又以四之蹇初成泰柔居五爲鬼坤爲車不通觀不能神道設教上乃成坤車而載鬼也**先張之弧**睽成大壯大壯成泰泰二之五後於初三矣變通於否則二之五仍爲先弧弓也張猶揚也謂泰二之五上成坎改而更張於否故云張**後說之**

弧否上後之三成咸上兌故後說說者解脫也蹇成既濟上亦坎脫去既濟而通否是說之弧也匪寇

昏媾與屯六二同往謂三往上成大壯方負塗尚未載鬼遇雨則吉上謂往而成大壯不能變通以致成泰而後始通否此謂大壯不成泰即能通觀不必俟張弧說弧乃吉是時遇雨即已吉也大壯二之五而觀上之三與夬二之剝五而剝上之三同

䷦艮下坎上

蹇利西南西南坤也謂西南得朋不利東北東北艮也革四之蹇初則不利利見大人見大人謂通睽睽二之五貞吉睽成无妄初乃可往

初六往蹇睽二未之五往則成損睽之所以睽即蹇之所以蹇來譽來謂升二之五也升不來來則成蹇升通无妄而二之五成蹇猶蹇通睽而二之五成无妄升二之來即睽二之來也初四從五故有譽

六二王臣句蹇蹇王即利用賓于王之王臣即遇其臣之臣乾坤交而成蹇蹇通於睽則可

不蹇矣。乃睽二不之五，則蹇初之往蹇矣。睽二不之五而上又之三成大壯，則蹇初之往益蹇矣。是蹇而又蹇也。故大壯變通於觀，二之五爲王臣。所以王臣者，以其蹇蹇也。大壯、蹇相錯爲小過，需、大壯通觀爲小過通中孚之比例，故並言王臣明之。

匪躬之故 匪即匪其彭之匪。睽成大壯，猶大有成大壯也。躬謂蹇也。以大壯係蹇，所以蹇蹇，故謂變通。

九三往蹇來反 升、无妄相錯爲姤、復，升爲无妄之反，即復爲姤之反。

六四往蹇來連 連猶爛也。剝成謙通履，履二之謙五，爲升二之五之比例。

九五大蹇朋來 蹇五所以大，以朋來也。升二之五，猶姤二之復五。

上六往蹇來碩吉 碩猶石也。升二之五，則下之艮石著矣。

利見大人 既成蹇則必通睽，謂升成蹇、无妄成革也。

☳☵ 坎下震上

解利西南 解則二之五成萃，萃下坤，西南也。家人上來之三，則利西南也。

无所往 初不先往四。

其來復吉 先以二來復於五。

有攸往 謂三往家人上。

夙吉 夙猶速也。往即成咸。

則五先已來復矣。

初六无咎遯四之初成家人則有咎矣變通於解解初四不先行故无咎无咎在初四故於初發之。

九二田獲三狐猶田獲三品也巽成家人變通於解解二之五而家人上之解三故獲三狐狐通狐而爲黠喙之屬兼坎艮二象家人上成坎則解下成艮也得黃矢貞吉二之五得黃家人上來之三則得矢貞謂家人成既濟。

六三負且乘負卽見豕負塗之負乘卽乘馬班如之乘謂成恒又成泰致寇至泰不通否而二之五貞吝謂已昏媾成既濟。

九四解而拇家人通解宜以二先之五不以二之五而四之初成臨臨上坤爲母拇猶母也朋至斯孚臨通於遯猶復通於姤臨二之五爲朋至猶姤二之復五爲朋來斯漸也臨五空涸爲漸能變通使朋至則漸者有孚矣。

六五君子維有解吉成萃爲君子而後三維於家人上以解家人之悔有孚于小人小人解五柔也謂家人孚於解。

上六公用射隼句于高墉之上獲之

成咸互乾爲公射隼解二之五而後家人上之解三也高墉之上家人上九也獲之家人成既濟也不射隼而獲則成恆爲田无禽**无不利**家人變通於解不致成兩既濟

䷨ 兌下艮上

損有孚元吉无咎睽蒙成損咎在初四惟有孚於咸則元吉而无咎**可貞利有攸往**有孚元吉則損成益咸成既濟矣咸貞損未貞也乃貞必視乎其可貞而三乃可往上成既濟**曷之用**用卽用上之三也將申上可貞而設爲問**二簋可用亨**簋謂坤也損之簋在五與咸通而二之五此一簋之用也成益益之簋在三與恆通而後上之三此又一簋之用也

初九已事遄往已卽已日乃孚之已革四之蒙初成損不已者也損孚於咸咸四不之初則仍已已而有事謂孚於咸咸四不之初而損二之五也遄速也往謂三往上也孚於咸而二之五又上往三也**无咎**損有咎孚於咸則无咎**酌損之**酌猶約也謂益上之三咸四未之初則損仍與咸係酌損

非酌益也**九二利貞**酌損則貞矣通於咸則利**征凶**謂成泰**弗損益之**所以征凶者以革四之蒙初成損若不先成損而由觀成益何凶之有**六三三人行則損一人**上之三成泰則三陽相聚爲三人猶需下之三人也損猶失也二不之五五位空虛此一人爲失矣**一人行則得其友**一人行謂損二之五也得友則不失矣一人行猶云獨行**六四損其疾**四不之初爲疾損其疾謂革四之蒙初也**使遄**句**有喜无咎**遄速也速謂咸也使從也咎革而與咸相從則有喜**六五或益之**損成益咸成既濟則不相孚而疑或**十朋之龜**朋即所得友也坤之數十損五本互坤二之五是爲十朋咸四之初應之成既濟下離爲龜**弗克**句**違**益上不可之三宜去而通於恆**元吉**終則有始故元吉**上九弗損益之无咎**蒙二先之五而後革四之蒙初則无咎**貞吉利有攸往**不損而益則蒙成益革成既濟不變通而益上之三則貞凶矣若貞而吉則必變通於恆而後有攸往也**得臣无家**申上利有攸往之義既濟

益相錯爲家人，得臣，謂恒二之五，益通恒，而得臣成咸，而後益上之三，咸既濟相錯，不成家人，故无家也。

䷩ 震下巽上

益利有攸往往，上往三也，變通於恒則利，利乃可往也。益猶濟也，謂成既濟。利涉大川申上文。

初九利用爲大作爲大作，知大始也。元吉无咎知大始則元吉矣，謂恒二之五也。

六二或益之十朋之龜弗克違永貞吉損成益，十已朋矣。咸成既濟，已龜矣。恒二之五而後益上之三，則永久不已。王用亨于帝吉申言所以永貞也。恒上震爲帝，二之五，而後益上之三應之。

六三益之上之三。用凶事克伐之事，兵事也，故凶。无咎下申言之。有孚旁通於恒。中行恒二之五。告初筮爲告，蒙先成損，而後成益，不可爲告，有孚於恒，恒二之五，仍初筮也。公用圭恒成咸，互乾爲公，乾爲玉，本互於恒二，用於五，是用玉成圭也。二之五爲君公則王亦隨之而尊貴矣**六四中行告**恒二已之五**公從**成四之初從之**利用爲依遷國**互坤爲國國本在損依咸損成益咸成既濟則遷而依恒申上所以中行告由通恒而爲大作也**九五有孚**孚於恒**惠心**惠順也恒二之五則恒其心**勿問元吉**問猶遺也益五已定無俟問遺而以通恒爲元吉**有孚**謂恒孚於益**惠我德**鼎解成恒已失其德孚於益而二之五乃爲恒其德德由於益故云我德謂益之德也益孚於恒恒又孚於益故兩言有孚**上九莫益之**上之三成既濟爲益**或擊之**擊即擊蒙之擊不孚於恒而益上之三故疑或申上所以莫益也**立**句**心勿恒**句**凶**申上或擊之義擊則益成既濟而立矣未孚而立則恒二未之五故凶

䷪ 乾下兌上

夬揚于王庭揚猶顯也謂變通於剝王謂革互乾庭謂剝五**孚號有厲**乾上之坤三成

謙夬，則號咷矣。孚於剝，則有以孚其號矣。因其號而孚之，爲孚號有厲，故號號易，每用到也。**告自邑**夬二之剝五，與蒙二之五同，爲初筮告。剝成觀，下坤爲邑。**不利卽戎**四之謙初成明夷，下有離戎，而後二乃從之，成兩既濟，故不利。**利有攸往**能變通，則四可往。

初九：壯于前趾，夬成革，猶大壯成革，故稱壯。前趾，謂謙下艮也。不變通，故稱前。前，猶舊也。謂二之謙五。**往**句**不勝爲咎**往四，往謙初也。不勝，猶云莫之勝，謂乾上之坤三成夬，謙已不勝，而有趾，不能變通，而壯于前趾，成革。蹇革四又往蹇初，則成兩既濟。

九二：惕號，舍謙而孚剝，故惕。**莫夜**句**有戎，**莫，無也。不可四之謙初成明夷也。二之剝五，下卦成離，爲有戎。不可使成明夷，而卽戎，宜成革而有戎也。成明夷，晦爲夜。**勿恤**剝上不可先之三。

九三：壯于頄，有凶，頄，權也。居面之兩畔相等，謂剝上先之三成謙，與夬三兩剛相敵，如面之有權，而後夬二之剝五，後於三，故凶。凡言有凶者，謂有不凶者也。先壯後頄，則吉矣。**君子夬夬，**剝成君子，由夬有以夬。之需二之晉五，則夬需非夬夬也**獨行**四未行二先之剝五**遇雨**因遇而雨謂剝上從五成蹇**若濡**夬四先之剝初夬成需**有慍无咎**惟夬二可夬於剝五需二則不可夬於剝五矣慍之爲怒猶緼之爲綮宜以需二之晉五有衣綮也**九四臀无膚**臀謂三也剝五柔爲膚夬二先之剝五而後剝上之三則臀无膚矣**其行次且**次且不行也夬成革剝成蹇故四不可行**牽羊悔亡**革上兌爲羊牽而孚於蒙**聞言不信**成需上坎爲耳四互兌爲言故聞言謂二不行而四行也不信不孚也雖孚於剝失是猶不孚矣此與九三互明獨行遇雨則宜變通而牽羊悔亡聞言不信則宜變通而有慍无咎二未行而剝上先行則壯于頄二未行而四先行則若濡二先行而剝上從之爲臀无膚四猶宜次且待牽羊而後行況二未行而詎可聞言不信乎此君子所以夬夬也**九五莧陸夬夬**莧陸草名一名商陸陸卽鴻漸于陸之陸莧爲見之假借借商陸之名以明夬變通於剝而以二夬於剝五成觀觀上巽爲高高而平則陸也夬見而夬爲陸所以夬夬者如此申九三也**中行无咎**又以中行明獨行也夬二之剝五爲夬夬

爲中行則无咎若需則聞言不信爲有咎矣上六无號二之剝五而後剝上之三則孚號而惕號爲无號矣終句有凶无號仍有凶者以其終也剝成蹇夬成革革通蒙而終則不凶成兩既濟則凶故云有凶

☰☴ 巽下乾上

姤女壯姤則二之復五成遯女壯謂復三之姤上成咸咸上兌女也咸既濟相錯即革大壯二以剛加五爲大壯復三以柔加姤上成兌女爲女壯勿用取女既成咸未通於損不可取四之初

初六繫于金柅柅籆柄收絲者也乾金在巽繩之上初之四成小畜則繩旋於金上是柅也繫謂通於豫貞吉豫成咸則小畜成既濟爲吉有攸往謂初往四見凶成小畜不繫於金柅而仍以二之復五成屯爲見則不吉而凶贏豕成小畜若二不之復五而上之復三則小畜成需上坎爲豕復成明夷不離爲贏孚謂復孚姤蹢躅謂二不進也雖孚而二不先進致成贏豕金柅之見且凶

羸豕之凶，可知矣。九二包有魚，无咎。謂姤二先之復五也，五在坎中，如魚在水。不利賓。賓即利用賓于王之賓，小畜通豫爲大壯，通觀之比例，在用賓則利，而先成小畜則不利。九三臀无膚，其行次且，謂復成既濟，姤成咸，咸未通損，四仍不遽行。厲，无大咎。咸四之初，則成兩既濟，故厲；次且，故无咎。九四包无魚，與復旁通，宜有以包之矣。无魚，謂二不之復五。起凶。起謂復下震也。坤成復本凶，有姤包之，乃可補救；今包而无魚，則仍無解於坤成復之凶，益姤成小畜矣。九五以杞包瓜，杞柳可屈橈包物，猶萑葦也。借杞以爲起矣。艮爲果蓏，瓜蓏屬也。瓜又通弧，謂姤二之復五。復五有坎，姤下有艮，瓜兼坎艮，猶拇兼坤艮也。包无魚則起凶，包瓜則杞吉矣。含章，四不之初，不成兩既濟。有隕自天，上之復三也，自乾而下行，故自天。四不之初，故上有乾。上九姤其角，謂包有魚而後隕，與晉成咸同。吝，无咎。不以乾二之坤五，而以乾四之坤初，失道。變通於姤，然後復其道，功由困勉，故不免於吝；失道而能改悔變通，故无咎。

䷬ 坤下兌上

萃亨萃成咸，則大畜亨。**王假有廟**家人通解成萃，猶萃通大畜成家人。**利見大人**謂大畜變通於萃，而二之五。**亨**見大人，則假有廟。萃成咸，則王假，所以亨。**利貞**萃成咸，則大畜成既濟。**用大牲吉**大牲，牛也。萃下坤為牛，大畜上之萃三，殺之，故用大牲。**利有攸往**謂三往大畜上，以從二五。凡經文皆連貫，如此象辭謂萃則亨矣。萃何以亨，以與大畜通，王假有廟也。何以王假有廟，以大畜二先之五，見大人也。見大人由於能變通為利。利而見大人，故亨。利而亨，即是由利而貞。何以利貞，用大牲是也。何為用大牲，因利而有攸往也。凡易辭皆如是貫之。

初六有孚不終大畜初四失道，而有孚於萃。大畜成既濟則終，而萃成咸不終。**乃亂乃萃**亂，絕之，使不聚也。大畜成既濟則亂，萃成咸則聚。申上文。**若號**若，指大畜也。鼎二不之五，而四之初，故號咷。**一握為笑**握與渥同，鼎其形渥。渥，足也。足則終，終則亂。惟有孚於萃，不終，而乃亂乃萃。亂者渥矣萃不終則不渥萃不渥而僅大畜渥是爲一渥兩渥則凶一渥則號變爲笑矣勿恤往无咎恤即號也不號則大畜二先之五而二往大畜上爲无咎六二引吉與大畜相牽引无咎大畜有咎得萃相引則无咎孚乃利句用禴引則孚矣孚則利矣利則用禴矣禴與祠同猶約也謂大畜上之萃三六三萃如嗟如大畜上之萃三則萃矣大畜二不先之五故嗟无攸利嗟則雖旁通仍不利往无咎指初六勿恤往往无咎小吝大畜成泰其吝可知即往无咎而以鼎成大畜言之亦爲小吝九四大吉无咎鼎五小成大畜仍小故吝大畜通萃成家人小化爲大故往无咎九五萃句有位无咎萃謂萃成咸有位謂大畜二之五屯上往无咎之義匪孚匪即匪其彭之匪大有成大畜爲匪而變通與萃孚元永貞大有成大畜比成屯屯通鼎爲元永貞大畜通萃亦元永貞也悔亡萃成咸通於損上六齎咨齎猶齊也咨即嗟也涕洟无咎萃成咸大畜成泰則嗟如无攸利矣泰通於否則有以齊其咨故涕洟无咎涕出於目謂泰二

之五下離爲目也洟出於鼻謂否上之三下艮爲鼻也涕即出涕沱若之涕既濟咸相錯爲蹇與渙成蹇同

䷭巽下坤上

升元亨二之五爲元无妄上之三應之爲亨用見大人通无妄而二之五勿恤二五先於三上則不憂南征吉无妄上征三成革下離爲南

初六允升允信也師成升而二遽之五爲升其高陵三歲不與非允也允而升則與无妄孚矣大吉太謂二之五

九二孚乃利孚於无妄乃利用禴无咎禴謂无妄上之三

九三升虛邑五無實故虛二之五實之

六四王用亨于岐山岐山猶西山也升二之五而後无妄上之三猶蠱二之五而後上之隨三吉无咎明蠱上先之隨三有咎

六五貞吉升階階有等級謂二先之五而後无妄四之升初成既濟

上六冥升升成泰无妄成既濟相錯即小畜成需豫成明夷冥升之冥即冥豫之冥利于不息之貞明不可息故明夷通訟與

泰通否同

䷮坎下兌上

困亨賁通於困則亨貞困二之賁五賁上之困三應之亨也賁成既濟貞也大人吉賁小人則成家大无咎賁有咎孚於困以變通而无咎有言不信謂成需

初六臀困于株木三稱臀賁上之困三成大過下巽爲木賁成明夷明夷誅也木而誅故爲株木入于幽谷巽爲入大過下巽也谷窮也三歲不覿明夷下離爲三歲未之賁五故不覿

九二困于酒食謂成需朱紱朱大赤謂乾也紱所以揜也謂二成需下乾則朱其紱方來方旁也既成需乃旁通於晉需二之晉五爲來利用亨祀亨謂晉成否否上之三成咸也祀已也謂四時祭祀一說故通已止之已與損已事之已爲假借否成咸四不之初爲已也征凶无咎入于幽谷故征凶既利用亨祀雖征凶亦无咎

六三困于石成咸則下艮爲石二不先

行，而賁上來之三成大過，然後以大過二通於頤五，雖亦有艮石，而不免困矣。**據于蒺藜**據，引也。引賁通困，而不以困二之賁五，先以賁上之困三，是引之於蒺藜也。蒺藜之言疾也，雖成大過，四尚未之初，由此而通頤，則雖困仍可成咸，爲石，承上所以困于石者，以據於蒺藜也。**入于其宮**成咸則有宮，宮猶躬也。成大過下不爲艮，而爲巽入，故入于其宮。**不見其妻凶**大過變通於頤，則得其女妻；不通頤而成需，故凶。**九四來徐徐**徐徐，怠緩也。謂困二不之賁五成大過，又成需乃來。**困于金車**需二來之晉五成否，上乾下坤。**吝**徐而又徐，故吝。**有終**能變通而來成既濟。**九五劓刖**成咸則有艮鼻，不成咸而成大過，故劓；成屯則有震足，不成屯而成節，故刖。或刖爲滅趾，與滅鼻同，皆指賁成明夷上艮滅去。**困于赤紱**坎爲赤，所以無艮無震者，二損之也。**乃徐有說**徐徐即來徐徐也。有說，謂晉成咸上兌。**利用祭祀**祭祀，猶亨祀也。**上六困于葛藟**葛藟附木而生，謂成大過，上兌爲附，下巽爲木。古以葛藟束棺，賁上之困三成棺，以約束之也。**于臲卼**失道則趨於危。**曰**

動句**悔**曰言也動震也四之初成震則二必先之賁五成家人故悔**有悔**果能有悔則變通於鼎**征吉**如是而征則吉成大過則征凶也

䷯ 巽下坎上

井井之言法也失道以法制之使旁通噬嗑故謂之井也**改邑不改井**坎成井則宜改而通噬嗑是為改井若不改井而初之豐四豐成明夷則宜通於訟為改邑邑謂明夷上坤也先改井則不致成邑所以改邑者以其先不改井也**无喪无得**謂改井成蹇又宜知喪不知喪仍无所得**往來井井**井通噬嗑而成蹇此井往矣蹇又通睽此井又來也睽二之五同於井二之噬嗑五**汔至**汔涸也謂不改井**亦未繘井**繘汲綆也巽為繩井二之噬嗑五而初四從之噬嗑成益井下巽出於益上如繘出於井**羸其瓶凶**離為大腹瓶之象也井二不之噬嗑五而噬嗑四之井初則不繘而噬嗑上以之三成明夷為羸其瓶羸亦離也與羸同而義為弱二不之噬嗑五故羸弱也

初六井泥不食泥即需于泥之泥謂非成需也不食二不之噬嗑五也舊井无禽井不更新故舊二不之噬嗑五故无禽

九二井谷谷窮也舊井无禽故窮射鮒鮒猶附也井成需需而通於晉需二之晉五而晉上之三成咸上兌為附甕敝漏甕瓶也亦通於雍雍之言壅也需二之晉五壅窒之需下成離則敝也漏下滲也謂豐四之井初成需此井所由窮通於晉而射鮒則有以壅其漏而敝其漏

九三井渫不食渫同泄即漏也為我心惻我謂井也坎成井離成豐三先於五故憂惻所以成井為心惻也可用汲謂需通晉也汲及也及猶逮也謂水火相逮王明井成需則豐成明夷既變通於晉晉成否上乾為王則不與明夷係矣並受其福並猶旁謂旁通於晉而受茲介福

六四井甃无咎承上謂需通晉

九五井洌洌潔清也井泥成需需通晉則泥去寒泉食乾為寒謂需下乾也坎泉也入坎成井又井泥成需是寒其泉既變通於晉前之泥者改而洌矣泉而寒者亦變而食矣需有飲食之道謂此

上六井收勿幕收井成既

濟也勿冪噬嗑成益而上不之三也有孚元吉離上之坎三成井失道有孚於噬嗑有以補救三上之失故仍元吉

䷰離下兌上

革已日乃孚已止也止於日謂四不行而孚於蒙也元蒙二之五為元亨革四之蒙初

利謂變通於蒙貞謂革成既濟悔亡乾成革坤成蹇則有悔革變通於蒙故悔亡

初九鞏句用黃牛之革鞏固執之也黃牛蒙二之五下坤也執四不行於蹇初而用蒙二之五

六二已日乃革之據兌言也兌二之艮五艮上之兌三成革下離為日即止而通於蒙征吉溯辭也即无妄之南征吉惟革四不之蹇初斯漸上之隨三為吉无咎革四已變而通蒙故无咎

九三征凶戒辭也謂蒙成益革成既濟益上征三則凶貞厲惟征凶故貞厲革言三就有孚上兌為言革言革去其言也就成也蒙二之五一就革四之蒙初成益二就益通恆

而後上之三三就革既有孚於蒙益又有孚於恆則雖厲而不征凶**九四悔亡有孚**所以悔亡以孚於蒙**改命吉**有孚於蒙即改命也**九五大人虎變**大人蒙二之五也坤爲虎蒙成觀則風從虎**未占有孚**占亦變也未占未虎變也既變成觀則又不與革有孚矣**上六君子豹變**君子蒙已成益也豹猶約也益上之三納約必變通於恆**小人革面**小人謂蒙未成益也革面則以革四之蒙初成益也先言豹變者易之辭多用到其例如此**征凶**革面成益未通於恆益上征三則成兩既濟**居貞吉**居謂恆二之五居而後貞即豹變也

☲☴ 巽下離上

鼎鼎之言始也器能新物故謂之鼎**元吉**屯變通於鼎鼎二之五爲元**亨**謂屯三之鼎上應之

初六鼎顚趾顚填也二之五以填其虛成遯下艮爲止**利出否**出否則不致於否屯成既濟鼎成泰則否矣**得妾以其子**兌爲妾二之五稱子上之屯三得成兌妾者以二先之五而四

不之初也**无咎**否則有咎**九二鼎有實**五虛二之五以實之**我仇有疾**仇猶敵也上之屯三與鼎三兩剛相敵四不之初則成咸爲有疾**不我能卽吉**卽從也四從之則成家人不與屯孚矣四不從而屯三從之所以吉**九三鼎耳革**成家人則三互坎爲耳宜改而通解解成萃與家人相錯亦爲革**其行塞**行成家人則塞而不通**雉膏不食**離爲雉膏猶高也成家人上離爲巽家人上之屯三屯成既濟下離爲雉故爲雉膏屯鼎相錯爲井噬嗑則二之五爲食先成大畜大畜二之五不可爲食先以二食五則上之屯三雉而不膏雉而膏者由先不食也**方雨**方謂旁通於解解二之五而後家人上之解三旁通乃有坎雨**虧**家人屯則盈旁通於解不盈故虧**悔終吉**盈變爲虧則能悔而終吉**九四鼎折足**成大畜互震爲足互兌爲折**覆公餗**餗鼎實也覆猶悖也公君也折足則餗不在五而在二公不在上而在下故覆**其形渥**形乃謂之器已成器不復能神謂成既濟也渥猶滿也屯成既濟鼎亦成既濟盈而不虧悔矣**凶**一渥爲笑則吉**六五鼎黃耳**

二之五得中爲黃成遯上之屯三爲耳**金鉉**黃則上有乾金以上貫於屯三爲鉉之貫於耳**利貞**耳不在鼎而在屯三故利貞**上九鼎玉鉉**乾亦爲玉成咸猶益之用圭**大吉无不利**不成兩既濟則咸又通損

☳☳ 震下震上

震五柔故宜動**亨**巽二先來震五而後四應之**震來虩虩**來巽二來之五也虩虩猶愬愬四從五成屯而懼不敢三更行也**笑言啞啞**屯變通於鼎也鼎二先之五則笑上後之屯三上有兌言**震驚百里**驚亦懼也百里諸侯之象謂旁通於鼎利建侯也**不喪匕鬯**匕所以載鼎實鼎二之五則有實鬯香草猶其臭如蘭也

初九震來虩虩後笑言啞啞吉明象義增一後字則亨之義明矣**六二震來厲**巽二來之震五無所爲厲也震先成復而後通於姤而姤二來復五故厲**億喪貝**億猶

擬也。初辭擬之，謂四之巽初也。二貝相與爲朋，喪貝猶喪朋也。謂成復申上所以厲。**躋于九陵**躋猶升也。九猶仇，合三與六數亦爲九。姤二之復五，下艮爲陵，姤上之復三則九陵。**勿逐**勿先以姤四之初。**七日得**即七日來復。**六三震蘇蘇**蘇蘇猶生生，成明夷則死，明夷通於訟，故死而復生。**震行无眚**與訟九二无眚相發明。**九四震遂泥**泥即需于泥之泥。震成明夷則巽成需，明夷通訟則无眚，需通晉則有以遂其泥。先以巽上之震三，成豐井，而豐四之井初爲井泥，故三四兩爻互明。**六五震往來厲**往則成屯，來謂屯通鼎，鼎二之五也。震來厲，成復小畜以消，不久而危也。此以盈不可久而危也。**億无喪有事**變通之謂事，成復而通姤，是喪而後有事也。成屯而通鼎，是无喪而有事也。**上六震索索**索索空虛也，謂五喪未得。**視矍矍**矍矍視遽貌。五未來而三遽成離目。**征凶**五未來而三征，故凶。**震不于其躬于其鄰**征凶則成豐井矣。躬謂井二之豐五成蹇，不于其躬，不以豐五之井二也。豐變通於渙，渙爲豐之鄰，于其鄰謂渙二之豐五成革也。

无咎以其能變通。昏媾有言昏，代也。媾，交也。變通於渙，而渙二交於豐五成革，上兌故有言也。

䷳艮下艮上

艮其背背，猶脊也。謂成蹇。兩坎相貫，卽止不行。不獲其身身，謂蹇也。蹇初之革四成兩既濟，則獲其身。行其庭庭，謂五也。兌二行於艮五。不見其人无咎屯則見矣。謂兌不成屯而成革也。

初六艮其趾兌二之艮五而上從之成蹇。下艮爲趾，止其趾，待孚睽而後行。无咎謂不成賁而成蹇。利永貞謂蹇變通於睽。六二艮其腓腓，猶匪也。謂兌四之艮初成節。不拯其隨拯，升也。兌二升於艮五則成隨；不拯則不成隨也。其心不快謂兌成節而通旅。不快，謂遲緩。快亦夬也。成夬通剝，乃爲夬、節通旅，故不夬也。九三艮其限承上不夬而言成夬也。限，要也。

謂上行成謙列其夤列即剝也夤胂也在脊之下半成蹇兩坎相貫如脊背形列爲謙第有脊之下半耳厲薰心謙不勝故危薰香草也謙下有艮鼻通於履履二之謙五則薰其心猶升二之五其臭如蘭也六四艮其身无咎艮其身則不獲其身六五艮其輔輔頤也亦比也艮成家人則有輔頤之象止其輔不以上之屯三言有序悔亡謂家人通解解二之五成萃上兌有言序或作孚上九敦艮吉敦厚也上先於五則輕薄艮成家人通解解二之五而後家人上之解三故敦厚

䷴ 艮下巽上

漸女歸吉女即睽二女同居之女也成蹇而初從睽五而歸則吉不致承虛筐利貞謂蹇通睽成既濟

初六鴻漸于干鴻代也干空也歸妹二不之五而四之漸初成家人爲漸于干有以代之則通

於解小子厲歸妹五柔稱小子，五不勝，故危。有言无咎家人通解，解成萃，則有言。六二鴻漸于磐磐，即磐桓之磐，謂成屯也。飲食衎衎吉衎，樂也。謂歸妹二之五成屯，通鼎二之五，是衎而又衎，即食而又食也。九三鴻漸于陸陸，無水也。謂歸妹四之漸初，成家人、臨。夫征不復承上言漸于陸，而不能鴻也。夫，漸五也。征，上征於歸妹三也。不復，歸妹二不先復於五也。婦孕不育婦，漸二也。初之歸妹四，漸成家人，下離二在離中，爲大腹，故孕。育，生也。歸妹二不之五，故不生育，成臨。又不復則成泰。凶漸成既濟，歸妹成泰，故凶。利禦寇歸妹成泰，則致寇至矣。方成家人、臨，家人上不之臨三，而變通於解，解二先之五，則禦寇。六四鴻漸于木上巽爲木，上先征成蹇，則無木。此承婦孕不育而言，謂歸妹四之漸初，成家人也。或得其桷桷，猶角也。歸妹成臨，通遯爲姤，其角之比例。臨二之五，而遯上之臨三，故得其角。无咎臨不通遯，則有咎。九五鴻漸于陵謂成蹇。婦三歲不孕由大壯而成革，下離爲三歲，革四不之蹇初，故不孕。終句

莫之勝句**吉**莫之勝謂歸妹成大壯不孚觀而二之五成革與蹇即夬二之謙五之比例與往不勝互明革四不之蹇初而通於蒙故雖不勝而終吉

上九鴻漸于陸與九三同**其羽可用爲儀**羽猶翼也儀即兩儀之儀可用則爲儀不可用而用則夫征不復婦孕不育矣羽翼所以輔也兩儀所以羽翼大極也夫征不復婦孕不育則無太極即不成兩儀惟歸妹二之五則有太極而後夫征婦孕皆羽翼之爲兩儀繫辭傳易有太極是生兩儀之儀本此爻之爲儀而發也儀猶宜也歸妹二之五漸上翼之歸妹成革漸成蹇則革四不之蹇初而變通於蒙蹇初亦不之革四而變通於睽此一儀也歸妹二之五漸初翼之歸妹成屯漸成家人則家人上不之屯三而變通於解屯三亦不之家人上而變通於鼎此又一儀也此云可用爲儀承鴻漸于陸之下謂家人通解解二之五有太極也家人上之解三可用爲儀也以家人易爲解而有太極正易有太極之義舉一儀而彼一儀可推矣

吉不復不育則凶以其不可用爲儀也

䷵兌下震上

歸妹妹猶昧也，昧而後歸，謂先成泰。征凶三先征於漸上成大壯，故昧。无攸利二不之五，故不利。

初九歸妹以娣娣猶弟也，二之五而三從之成蹇，爲娣。歸妹以娣者，先昧而成家人臨，臨通遯，以歸之臨成既濟，遯成咸，咸相錯爲蹇革。跛能履臨通遯，即履通謙之比例。征吉與咥人凶互明也，三先五而征則凶，三從五而征則吉。

九二眇能視相錯爲蹇，則跛能履；相錯爲革，則眇能視。利幽人之貞幽謂明夷也。家人臨相錯爲明夷之內難，故幽。臨通遯，家人亦通解，幽而人矣。利而貞矣。

六三歸妹以須須即需也。歸妹成大壯，漸成蹇，相錯成需。反歸以娣歸妹成大壯，則反而不歸。大壯通觀，爲觀之反。大壯二之五成革，則反者歸矣。觀成蹇，亦歸妹以娣也。

九四歸妹愆期愆期，過期也。謂成大壯蹇有所待。遲歸有時遲，亦待也。歸妹二不之五，而漸上之。歸妹三成大壯蹇而後變通以趣時，故爲遲矣。

六五帝乙歸妹帝謂震甲，剛乙柔，二先之五，則稱甲先甲後甲是也二不之五而成泰則不甲而乙故云帝乙謂上由震而坤也泰通否則昧者歸初二言其成家人臨而變通三四言其成大壯蹇而變通不變通而家人上之臨三大壯四之蹇初故以漸成泰也其

君之袂句**不如其娣之袂良**袂猶決也成泰下乾爲君通於否而後決爲君之袂娣即反歸以娣之娣漸上之歸妹三成大壯蹇尚未成泰大壯即藩決爲娣之袂艮猶善也謂成泰而後通否不如成大壯即通觀之爲善也**月幾望吉**漸上之歸妹三與小畜上之豫三同當月幾望時即決艮於成泰而後決故月幾望非吉也較諸帝乙則吉帝乙歸妹非不吉也以較諸月幾望則不如月幾望爲吉也

上六女承筐无實歸妹已征凶成大壯蹇初之大壯四以承之大壯五虛而無實故爲承筐**士刲羊无血**漸上之歸妹三成大壯克伐歸妹下之兌故刲羊坎不見故无血是時能變通則反歸以娣不致又以初承之爲女承筐也先言承筐者易辭每用到也**无攸利**刲羊无血征凶也征凶而无攸利者女承筐而又无實也申彖義

䷶離下震上

豐亨王假之離成豐何以得亨以旁通於渙王假之也豐渙相錯爲家人解卽王假有家也勿憂謂噬嗑上不之三反言其未成豐也宜日中離在上卦爲日中離成豐坎成井不日中矣井變通於噬嗑仍爲日中惟井二先之噬嗑五不使成豐則不憂乃爲宜也噬嗑上已之三成豐則已憂必以變通於渙爲王假有廟乃亨也

初九遇其配主配卽以配祖考之配遇謂渙二與豐五遇雖旬无咎旬讀若均坤爲均豐五之渙二成觀觀下坤非成明夷故无咎四先行成明夷則坤在上往有尚往四往渙初也渙二先之豐五則四之往爲有尚矣

六二豐其蔀謂四之渙初日中見斗見謂噬嗑成豐而變通於渙明夷爲夜坤爲柄渙成中孚下兌爲口口中指噬嗑謂由噬嗑成豐又成明夷往得疑疾往謂噬嗑上往三豐與井不相孚故疑四未行故疾有孚發若吉有孚孚於渙也五之渙二

爲發與蒙二之五發蒙同往而有疾尚未成明夷是時
有孚於渙即遇其配主不致見斗矣反言以申上爻也
見即有孚也見而斗則凶有孚而發若則吉
九三豐其沛 承上有孚發若而言也沛大澤之中草木蔽茂也謂渙二之豐五成革上兌
日中見沬 沬酒面也與盥義同渙二之豐五而後渙上之三即大壯二之五而後觀上之三之比例也
折其右肱 革上兌爲折肱猶股也右謂上之三也先成革而後右其肱
无咎 不折而右渙上之巽成蹇肱則有咎
九四豐其蔀日中見斗 與六二五明
遇其夷主吉 夷明夷也明夷變通於訟訟二之明夷五則遇其主人矣既不能有
孚發若而日中見斗矣
六五來章 周術十九歲爲一章四章爲一蔀五來成
是時即宜變通於訟
革治秝明時
有慶譽吉 渙成觀而上之三應之則有慶成蹇有待故譽吉
上六豐其屋 渙二之豐五即大壯二之五之比例大壯取宮室故有屋屋亦渥也謂成既濟
蔀其家 蔀者齊同之也豐渙相錯爲家人解渙二之豐五即解二之五之
比例解二之五爲有家豐成革渙成觀亦爲有家四又

之觀初則有以齊其家而三歲覿矣豐未成革則無家無家而蔀是爲豐其蔀而已矣闚其戶闃其无人之闃小視也渙二不來亡五而四之渙初與困四之初同即節之出戶也闃无人貌謂不能蔀其家三歲不覿凶成明夷未遇夷主故凶

艮下
離上

旅小亨旅賁皆小旅孚節則小亨旅貞吉貞謂節成既濟也節通旅而貞乃吉

初六旅瑣瑣瑣而又瑣小而又小也謂成賁又成明夷斯其所斯同澌竭也其所謂五所以瑣瑣者以涸竭其五故也取災災謂明夷也取即取女之取謂初之四其上之節三所以成明夷者四之初所取也六二旅即次承上斯其所而言也旅成賁而通困困二之賁五賁上從之困三成咸下艮止爲次懷其資懷至也資猶利也困二至賁五故利即次者從此所懷也易文用到耳得童僕貞童即童蒙之童仕於家爲僕謂困二之賁五成家人即童蒙之錯也懷資故得童僕即次故貞

九三旅焚其次賁通困。困二之賁五。旅人卽次。則不取災。賁不通困。而上之節三。故焚也。**喪其童僕貞厲**明夷通訟。不成家人萃。卽不錯童蒙。故喪童僕。訟成咸。明夷成旣濟。故貞厲。**九四旅于處**處。節二伏而不之旅五。謂四之初成賁。**得其資斧**卽懷其資也。賁五之困二。困成萃。下坤。斧猶釜也。**我心不快**謂賁通困。不通節。二三兩爻已發明瑣瑣之義。此言賁通困。雖不取災。而亦異乎旅不成賁。卽通節也。起六五言旅之通節。**六五射雉**離爲雉。謂節二之旅五。而後上之節三。節鼎二之五。而後上之屯三。雉而不膏者也。**一矢亡**矢。謂上也。成咸。卽通於損。故一矢。卽知亡。若四亦之初。則兩翼齊動而窮。知存而不知亡也。**終以譽命**終。謂節成旣濟也。命。謂節二之旅五。譽謂旅成遯。四不之初。**上九鳥焚其巢**離爲飛鳥。艮止於巽木。是巢之象。焚其巢。謂成明夷。**旅人先笑後號咷**旅人謂明夷五。明夷訟相錯。卽師同人。故與同人九五互明。五先於初四三上則笑。五後於初四三上則號。同人五不動。先後據四上言之。旅成明夷五動。先後據五言之。**喪**

牛于易凶易謂節變通於旅也明夷上坤爲牛因喪而易易而成明夷是牛于易也故凶

䷸巽下巽上

巽小亨小謂震利有攸往利見大人亨則震成屯巽成家人利則屯通鼎家人

通解

初六進退巽成小畜通豫即觀通大壯之比例利武人之貞武人謂革也小畜二之豫五而後上之豫三成成既濟相錯即蹇革九二巽在牀下牀爲壯之假借初之四稱下震四之巽初爲豫四之初之比例即爲大壯四之觀初之比例用史巫史同使兌爲巫小畜二之豫五成萃上兌小畜上之豫三從之或史掌書書亦載言與巫同義紛若吉无咎紛亂也謂小畜成既濟不用史巫紛若則凶九三頻巽吝頻即頻復之頻巽二不之震五致震成復而後通姤爲頻復故吝六四悔亡上言失道之變通此言當位之變通田獲三品品即等也依等次而獲先成

家人、以通於解、故悔亡、先言悔亡者、到文也、**九五貞吉悔亡无不利**貞吉由於悔亡

悔亡而後无不利、六四言家人通解、此言蹇通睽、下申言之、**无初有終**巽五本定、不煩交接、故无

初、成蹇通於睽、睽二之五、而四之蹇初、故有終、所謂其人天且劓也、**先庚三日後庚三日**

吉庚、更也、更、改也、先庚、謂震成革、革下離三日、震成革則巽成蹇、後庚、謂睽成益、蹇成既濟、下離亦爲三日、

上九巽在牀下九二言其失道能變通、此言其失道不能變通、**喪其資斧**巽成小畜、

小畜通豫、猶賁通困、亦可得其資斧、乃豫四之初、既爲壯下、而小畜上又之復三、不成家人萃、而成需明夷、

貞凶謂需二之明夷五、成兩既濟、

䷹兌下兌上

兌亨利貞成革則亨、革舍蹇而變通於蒙則利、因而成既濟則貞、兌、說也、說、即脫也、即謂因亨而利、

初九和兌吉和、猶講也、朋友講習而說之、**九二孚兌吉悔亡**因孚而說、謂成

革而通蒙。**六三來兌凶**艮上先之兌三成夬。兌二後之艮五成蹇。兌成革。由變通而成蹇成革。則爲來。連來章來復。此來而即成蹇革。是來而即宜變通也。與弟子輿尸同。**九四商兌**商。秋之聲也。兌本爲正秋。二先行成隨。下震爲善鳴。**未寧**寧。定也。成既濟則定。成革而四不行。故未寧。**介疾有喜**四不行。故有疾。三從二之艮上。故云介。謂三爲二五之副也。此申上未寧。以明來兌之所以凶。先商後介則來而未即兌矣。**九五孚于剝有厲**謂成夬。不來。而即旁通於剝。所以孚于剝者。緣其成夬有厲也。**上六引兌**謂成夬。與剝相引。

䷺ 坎下巽上

渙亨豐與井不亨。旁通於渙。渙則亨。**王假有廟**渙二之豐五。爲王假之。成觀。神道設教。故有廟。**利涉大川**觀上之三。**利貞**成蹇。變通於睽。利而又利。

初六用拯馬壯吉豐四之渙初。猶謙初之履四。渙成中孚。用拯於小過成咸。**九二渙**

奔其机奔猶賁也机與几同惠氏謂机古文簋即二簋可用享之簋豐成革而渙成益不必奔而有簋矣既渙則渙上之三成蹇不得而有簋必革通蒙而蒙成益乃以奔而有簋也革蒙錯爲賁悔亡即革而當

六三渙其躬躬謂成蹇也方成觀未成益則上可之三成蹇无悔益上之三則有悔觀上之三故无悔

六四渙其羣元吉豐四先行成明夷則上三陰爲羣惟渙二先之豐五則豐四之渙渙初不成明夷爲渙其羣羣之渙由二先之豐五故元吉渙有丘謂渙成益五互艮匪句夷所思匪即匪其彭之匪夷明夷也二先之豐五而後豐四之渙初則元吉而有丘二不先之豐五而初之豐四豐成明夷上三陰爲羣矣夷所思猶云傷所思因其夷所思故匪亦惟其匪故夷所思也反其辭以申上文之義

九五渙汗其大號身之有汗鬱極而通也號即號咷之號其大號豐五失位也渙汗謂以渙旁通之渙王居无咎王謂革五互乾革四之渙初革成既濟爲渙王居

上九渙其血去逖出與小畜六四義同逖即惕也渙成蹇三雖互坎爲血而二先之豐五則血

非泣血之血，而爲血去之血。去者，行也。泣則止矣，去則通矣。所以血去，由於逖出；所以逖出，由於渙也。**无咎**明離震成豐有咎。

䷻ 兌下坎上

節亨節，止也。坎初不止則不亨，故通旅。旅四不之初，故名節。**苦節不可貞**苦，讀如河東鹽池之鹽。謂離四之坎初，不能變通，而以三之賁上成需明夷，苦而貞則成兩既濟矣。

初九不出戶庭无咎初四稱戶，兌四之艮初爲戶，賁五爲戶之庭。出戶庭，謂二之賁五也。

九二不出門庭凶出門庭，二之旅五也。旅下艮爲門，旅五爲門之庭。

六三不節若則嗟若不節，謂不通於旅，而以賁上之節三，爲大咥之嗟矣。**无咎**申初九之言无咎也。不出戶庭，所以无咎也。以不出戶庭，則出門庭也。出門庭則无咎，不出門庭則凶矣。不節若則嗟若矣。所以不出戶庭无咎也，不出戶庭則節矣，節則无咎矣。

六四安節亨變通於旅而成既濟，故安而亨。

九五

甘節吉不苦則甘。謂變通。以節二之旅五。往有尚即坎之行有尚也。坎初三從二之離五。則行有尚。坎二不行而三行。離成豐。坎二不行而初行。坎成節。節通於旅。猶豐通於渙。故渙二之豐五而後豐四之渙初。仍爲坎之行有尚。節二之旅五而後旅上之節三。亦仍爲坎之行有尚。與豐初九互明。上六苦節貞凶申象義也。所以不可貞。悔亡謂能變通也。惟貞則凶。故不可貞而變通也。苦節則節成需。需變通於晉。則悔亡也。

䷼兌下巽上

中孚孚謂與小過旁通。中謂二之小過五。豚魚吉豚讀爲遯。豐四之渙初成中孚。爲同人四之師初成臨之比例。中孚孚小過。猶臨孚遯。故借遯爲豚。以明之。二之小過五。小過四之初應之。上有坎水。魚在其中。利涉大川小過上坎已成既濟。而中孚成益。益上之三爲涉大川。又必變通於恒。而後涉乃利。利貞益通恒則利。益成既濟則貞。

初九虞吉虞即戒不虞之虞不令小過四之初而先以二之小過五也有他不燕他謂小過四之初改孚於他卦也燕猶宴也中孚二之小過五與蠱二之五同即隨之宴息也九二鳴鶴在陰鶴之爲禽猶隼之爲禽也鶴同雀雀高至也謂二至小過五雀然示人易雀今作確履二之謙五爲鳴謙履二不之五而四之謙初成中孚不能鳴矣通小過以二之小過五成益下震爲善鳴陰指小過五欲其鳴必雀然以二至小過五也其子和之和即履和而至之和其子即得妾以其子之其子和則其子之明不夷我有好爵好善也爵祿也二先之小過五而後上之三成既濟盡而不已故云好爵我我小過吾與爾靡之靡磑切也爾爾小過也與謂咸也吾與爾謂二之小過五成咸靡切之其有好爵晉上之三成小過訟四之初成中孚皆爲失道之卦故相靡切也六三得敵敵猶仇也上之三成需需三與小過三兩剛相敵或鼓需不孚於小過故或之鼓謂需通晉晉成益或罷罷敝也謂需成既濟下離或泣泣猶立也謂益上之三或歌歌永也益變通於恆恆成咸咸則永久六

四月幾望申上所以得敵，爲成需。馬匹亡无咎需下乾爲馬，匹，合也。亡，謂晉五需二之晉五成否，則以需下之馬，爲否上之馬，有以匹合其亡。若不變通而需二之明夷五，則無馬匹矣。

九五有孚攣如无咎晉上之三，猶小畜上之豫三，晉成咸，仍豫成咸也。

上九翰音登于天翰，猶幹也。音，即飛鳥遺之音之音，謂中孚成益，小過成既濟也。幹此音，則必登于天。登于天者，既濟通未濟，未濟二之五也。翰音爲雞，兼取益上巽之義也。貞凶不翰音登天，而以益上之三，故凶。益上之三，則無巽雞矣。

䷽ 艮下震上

小過亨利貞晉成小過，不可得而亨矣。所以亨者，以變通於中孚也。成咸，因而成既濟，故由利而貞。可小事小事，五有事也，謂中孚二宜來之五。不可大事大事，四之初也。飛鳥遺之音遺，即不遐遺之遺。音，即翰音之音。單出曰聲，雜比曰音。中孚成益，下震爲鳴，鳴但有聲耳。小過成咸四之初比之則同聲相應而成音謂中孚二遺於小過五而小過四四之初以比之也飛鳥謂下成離不宜上宜下小過成咸咸四之初為下中孚成益益上之三為上宜下則不宜上宜上則不宜下上下不兼行也大吉五柔本小成咸咸則吉

初六飛鳥以凶不遺之音而先飛鳥則成明夷六二過其祖祖謂豫五也小畜二不之豫五而上之豫三成小過不配其祖而過其祖矣遇其妣妣即晉之王母也小畜成需變通與晉遇謂需二之晉五不及其君需二之晉五上乾為君乃需二不之晉五而晉上之三亦成小過故不及其君遇其臣小過變通於中孚遇而成咸即損之得臣无咎明過其祖不及其君皆有咎

九三弗過防之小畜上不之豫三則不成小過故弗過當此不成小過時宜豫防之從或或疑而不孚也謂豫不能防而成小過戕之凶戕猶壯也小過需相錯為大壯不云過之而云戕之以相錯者言也能防則弗過亦弗戕從或則戕之即過之也當位則為壯失道則為戕壯之為戕猶賁之為焚

九四无咎不從或則无咎弗過遇之不成小過由於小畜二與豫五相遇也往厲
必戒往初往四也弗過遇之則不成小過而成萃萃四往初成屯是時小畜已成家人盈不可久故厲必
戒謂不可以屯三之家人上也勿用永貞勿用即屯之勿用有攸往也屯三不之家人上而變通於
鼎則永貞矣六五密雲不雨自我西郊中孚二之小過五而後上之三仍不異小
畜二之豫五而上之豫三也公弋句取彼在穴彼彼中孚也在穴謂中孚二也弋讀若杙
即朋盍戠之戠也中孚二之小過五成咸互乾爲公爲盍戠中孚成益益上之三成既濟二互坎爲穴上
六弗遇過之弗遇謂小畜二不之豫五也已成小過則欲其過之不欲其又成明夷飛鳥
離之凶小過孚於中孚中孚二雖之小過五而小過仍小過也不變通於中孚而小過四先之初成明
夷爲明夷于飛離之則不過之矣是謂災眚謂不止於過未過欲其弗過既過寧仍過之不可災
眚也

䷾ 離下坎上

旣濟亨句小利貞小謂未濟也既濟六爻皆定不可亨矣變通於未濟而後亨亨則未濟成益益變通於恒則利益成既濟則貞未濟成咸通損亦然初吉初即初筮之初未濟二五先初四三上而行也終亂未濟又成既濟不能變通

初九曳其輪曳輪皆坎也輪與倫通濡其尾无咎咸泰相錯爲謙之虎尾咸四又之初成既濟與泰相錯爲需故濡其尾惟泰通於否而二之五上坎爲輪則雖濡其尾亦得无咎泰不通否而二之五上亦爲坎然曳而不倫六二婦喪其茀茀首飾也與拂通未濟二之五成否上乾爲首五所以飾其首也婦即蒙納婦之婦未濟成損與蒙成損同婦未納故喪其茀也勿逐因逐成損而喪茀損通於咸咸四不之初仍勿逐也七日得損二之五亦七也九三高宗伐鬼方未濟二之五上乾爲天天尊宗猶尊也故爲宗四又之初成益上巽爲高益上之三爲伐陰在五稱鬼謂恒也

益旁通於恒，故爲鬼方。恒二之五，而後益上之三，爲伐鬼方。**三年克之**三年者，未濟成否，咸益，又成既濟，爲三也。伐之所以克之，申上文。**小人勿用**恒二未之五，爲小人。益上則不可用以之三。

六四繻有衣袽繻猶需也。袽，絜縕也。未濟二之五成否，與需二之晉五成否同。乾爲衣，五實成乾，如衣之有絮。**終日戒**否四之初成益，上又之三，則終於離日矣。戒之者，以其未乾乾也。**九五東鄰殺牛**謂終日不戒而用小人也。益通恒，恒二未之五，上震爲東方，益與之鄰，故爲東鄰。益三五坤爲牛，上之三殺之。**不如西鄰之禴祭**恒二之五成咸，上兌爲西，然後益上之三，則爲時行。禴當爲礿，礿猶約也。謂益上之三，恒二先之五，則先祭後約，故爲礿祭。**實受其福**受其福，謂未濟二之五也。未濟成否，成益受福矣。益不待恒二之五而成既濟，則仍爲虛受也。

上六濡其首濡即需也。泰既濟相錯爲需、明夷，泰下乾爲首，故需其首。承上東鄰殺牛而言。殺牛謂益，濡首則恒成泰矣。**厲**指未濡其首時言也。謂未濟成益，苟失是則濡其首矣，可不危乎。

䷿ 坎下離上

未濟亨既濟孚未濟而亨也**小狐汔濟**小謂二不之五而四之初成損也損通咸咸下艮故云小狐汔涸也謂損二仍不之五而上之三成泰上無坎水故涸**濡其尾**損既成泰咸四又之初成既濟**无攸利**未濟成損損又成泰何利之有

初六濡其尾吝咸四之初故於初六發之成泰而後通否故吝**九二曳其輪貞吉**承初六言之也泰孚否而乃成既濟故雖吝而貞吉**六三未濟征凶**二未之五而三征於上故凶**利涉大川**征凶謂成恒也成恒則凶孚益而涉大川則利**九四貞吉悔亡**申上利涉大川之義益通恒則悔亡恒二之五而後益上之三則貞吉即所謂利涉大川也**震用伐鬼方**恒上震恒二之五成咸則用震震用猶用震也用震而後伐鬼方謂恒二之五而後益上之三所以利涉大川而貞吉也**三年有賞于大國**震用而後伐則續終矣故其伐為有功未續終則小

人勿用。能續終則有賞于大國。國。謂益三五坤。恆二之五。故大。**六五貞吉无悔**此貞吉謂既濟孚於未濟。則既濟之貞爲吉。未濟成否未成益。則否上之三。無容改悔。**君子之光**光。即有孚光亨之光。謂成否。由否而成咸。咸故无悔。**有孚吉**惟二先之五爲君子之光。其有孚乃吉。若二不之五。雖有孚不吉。**上九有孚于飲酒无咎**申上有孚吉也。二之五成否。爲需于酒食之比例。**濡其首**否成益通恆。恆四之初成泰。益上之三成既濟。相錯爲需。則濡其首。**有孚失是**是猶時也。益雖孚恆。而恆二不之五。至於成泰。則失乎西鄰礿祭之時矣。凡卦皆有兩筮。故孚亦有二。初筮有孚飲酒。固无咎矣。再筮濡首。則仍失趣時之道。此全易之通義也。凡卦有孚則吉。然因有孚而飲酒則无咎爲吉。因有孚而濡首則失是。仍不爲吉。又全易之通義也。

男廷琥　孫授書　授易　授詩　校字

彖上傳章句弟三　雕菰樓易學之一

江都焦循學

大哉乾元乾知大始。故乾元稱大。萬物資始始。亦元也。資。猶利也。六十四卦之往來旁通。皆以乾二之坤五爲始。乃統天統。理也。治也。乾六爻皆剛。未治也。以二之坤五。通而理之。雲行坎爲雲。乾二先之坤五爲雲。四從之則雲行。雨施雨亦坎也。乾上之坤三爲施。品物流形品。等也。爻有等。謂之物。形。謂成既濟也。流。亦通也。品物則元而亨。流形則利而貞。承上文言之。四從二五爲雲行。則三上待利而後貞。上從二五爲雨施。則初四待利而後貞。大明終始乾二先之坤五則大。不成需明夷故明。成既濟則終。不俟其終。即變通以成一陰一陽之道。故終。終則有始。物不失其品則大明。有始而後終。即流而後形。六位時成六位皆定爲成。當其可之謂時。終則有始。故時成。時乘六龍此六即用六之六。六龍謂解上震乾成家人。通於解。解二之五。爲乘六龍。然後家人上之解三。以御天

乾成既濟爲天下治故云御天御天猶統天也時乘則非柔乘剛之无攸利矣不可曰陰龍柔龍故曰六龍

乾道變化承上時成時乘而申言之道猶行也乾行於坤成屯矣又變化通於鼎乾行於坤成蹇矣又變化通於睽生生不已所以爲利**各正性命**屯通於鼎而屯成既濟家人通於解而家人成既濟鼎解成咸又通於損損成益而咸成既濟益又通於恆恆成咸而益成既濟是爲各正各者一成既濟一不成既濟也正即貞也成兩既濟則終止矣乾成革坤成蹇其各正亦同此時成之義也**保合大和**保之言孚也孚則合矣合則和矣或盈或消或得或失皆以孚合和之**乃利貞**變化則利各正則貞**首出庶物**乾爲首二之坤五故首出庶物衆物也凡柔在五中未大者乾道變化之以知大始**萬國咸寧**寧定也萬國者不止於一也乾成家人坤成屯又通於鼎解生生不已故稱萬國鼎解成咸家人屯成既濟彼成咸此寧終則有始也申上文各正性命之義

至哉坤元有所自而至謂坤有所承也當位而成蹇屯則自蹇屯通睽鼎失道而成謙復則自謙復

通履姤同爲元而坤有所承故爲至也至卽堅冰至之至所謂知至至之也萬物資生始於乾二之坤五由坤而變通爲資生乃順承天乾當位而成屯家人革蹇坤承之變通以損其盈乾失道而成謙夬復小畜坤承之變通以補其過坤厚載物物爻有等也乾上先之坤三則薄而無等矣厚載物謂不使三先於五德合无疆乾二之坤五坤五與乾五皆剛中則天地合其德又變而通之以盡利以至於無窮含宏含者含而不盡也謂坤成屯卽含而變通於鼎惟能含斯寬宏而不阻狹光大光廣也讀如光被四表之光旁通則廣時乘則大品物咸亨鼎二之五爲坤元坤三之鼎上成咸則坤元而亨也牝馬地類非牝馬則終止於坤而無類矣地類謂坤之所似續也行地无疆乾二行於坤五鼎二又行於五柔順利貞君子攸行柔謂鼎五順謂屯通鼎以承乾也如是則利貞而爲君子所宜行先迷失道所以迷者以其失道後順得常常亦恒也謂屯三後於鼎五而鼎成咸先則迷矣後則順矣西南得朋乃與類行乾二先之

坤五爲類初四從之成屯三上從之成蹇東北喪朋乃終有慶蹇成既濟則終通於睽知喪故有慶安貞之吉應地无疆二五先行而後初四三上從之爲應舊以初之四二之五上之三爲應非也應地謂鼎二之五而屯三應之或睽二之五而蹇初應之鼎睽皆地類故云應地也

屯剛柔始交而難生剛柔始交謂鼎二之五也難謂大有四之比初也屯通鼎鼎二之五難乃得生所謂艱則无咎也歸妹四之漸初成家人臨爲內難臨通遯則臨二之五亦猶屯通鼎而鼎二之五動乎險中同人四之比初大有四之比初皆先有險而後動大亨貞大郎元也明屯之大亨貞皆本於利下申言之雷雨之動滿盈此指同人四之比初也成家人屯當位而盈天造草昧此指大有四之比初也大有二未之五故昧草猶早也早昧昧而未至於晦方成大畜屯大畜上未之屯三雖昧而猶早造亦始也鼎二之五上乾爲天是爲始交宜建侯而不寧宜郎利也寧猶定也無論滿盈草昧皆宜變通於鼎而建侯不可以家人上之屯三亦不可以大畜上之屯三是爲勿用

有攸往也

蒙山下有險謂蒙卦坎在艮下險而止蒙謂二之五而上之三蒙亨以亨行句時中也革通於蒙蒙爲時行蒙二之五爲中行蒙二之五而後革四之蒙初爲以亨行匪我求童蒙童蒙求我志應也應卽求也革四之升初則無所應初筮告以剛中也中謂五也二之五則剛在中再三瀆瀆則不告瀆蒙也不初筮而至於再三革雖通蒙而瀆矣蒙以養正革四之蹇初則窮變通於蒙以養之聖功也聖亦通也終則有始由於變通

需須也贊歸妹以須賁其須皆指需險在前也需小過相錯爲蹇大壯故傳與蹇同剛健而不陷陷卽窞也坎成需則陷需通晉則不陷其義句不困窮矣義猶利也變而通則利矣困尚口成需賁成明夷故窮既變通於晉而不陷則不困不窮需有孚光亨貞

吉位乎天位以正中也二之晉五成否上乾爲天故爲天位需成既濟則正晉成否則中利涉大川往有功也三從二五而往則有功

訟上剛下險明訟卦險而健訟訟二之明夷五卽乾二之坤五之比例訟有孚窒惕中吉剛來而得中也來謂二之明夷五得中道凡二之五稱來終凶訟不可成也明夷成既濟訟不可又成既濟利見大人尚中正也訟所以元吉不利涉大川入于淵也訟成需猶坎成需先成中孚上巽爲入先成大過下巽爲八

師衆也上下皆應則衆貞正也能以衆正可以王矣先成比衆應之矣比成屯通鼎又衆應之而後貞剛中而應二之五則剛中應謂上下應則能以衆正行險而順坎爲險二之五則行險衆正故順以此毒天下而民從之毒卽

遇毒之毒。噬嗑成明夷而通訟。則爲遇毒。訟明夷相錯。即師同人也。傳之贊易。錯綜如此。吉又何咎矣贊吉无咎。

比吉也贊比吉。謂比則吉也。比輔也輔則不能爲主矣。謂初三皆宜從人。下順從也下。謂下應成屯。屯又通鼎。則順從。原筮元永貞无咎以剛中也剛中。即大有之大中。不寧方來上下應也即大有之上下應。後夫凶其道窮也終止故窮。

小畜柔得位柔。謂豫。得位。謂小畜二之豫五。而上下應之曰小畜初四應二五爲下應。三上應二五爲上應。乾四之坤初。坤成復。乾成小畜。小畜二之復五。則上應而下不應。轉移於豫。而上下皆應矣。健而巽下乾用其健。則二之豫五。上巽用其巽。則上從二之豫三。凡傳舉上下卦之德非僅明卦。兼指其用。剛中而志行乃亨二之豫五爲志。上應之則志行於三上。故亨。密

雲不雨尚往也謂上從二而往猶云往有尚自我西郊施未行也施謂上之豫三也未行謂豫四未之初也未行故不雨而上有兌西

履柔履剛也柔謂謙謙孚於履則以五之履二為履剛說而應乎乾說指下兌即謂謙舍夬而通履也履二之謙五上乃有乾可應夬二之謙五則無乾矣是以履虎尾不咥人亨乾上之坤三說而不應故成虎尾變通於履履二之謙五則不咥人而亨卦本乾在上兌在下傳曲以明之剛中正謂二先之謙五而後四之謙初履帝位成无妄下震而不疚疚疾也四不行稱疾四從二之謙初故不疚光明也夬四之謙初則成明夷明夷則不能明旁通於履既廣矣則謙不成明夷

泰小往大來吉亨則是天地交而萬物通也二之五為交旁通於否為乾坤之相錯故天地交否成益又通於恆故萬物通上下交而其志同也上下謂二

五也。與否五同志。內陽而外陰，內健而外順，內君子而外小人。明下乾上坤。君子道長，小人道消也。消長以在五言之。泰五小人也，則宜進而爲君子。進而爲君子則道長，不進而長爲小人，則道消矣。進爲君子則道長，故大宜來也。

否之匪人，不利君子貞，大往小來，則是天地不交而萬物不通也，上下不交而天下无邦也。泰二之五成既濟，下離乃有邦。內陰而外陽，內柔而外剛，內小人而外君子，小人道長，君子道消也。孚於小人則道長，不孚於小人則不利君子貞，故道消。孚於小人則道長，故小宜來也。五己爲君子，則君子在外，君子在內，小人在外，則小人宜進爲君子。君子在外，小人在內，則君子宜變通於小人。小人化爲君子，君子孚於小人，此所以泰而不否也。

同人柔得位得中而應乎乾，曰同人。柔謂師也。師二之五，則得位得中，與乾二之坤五同，故同人四上應之，爲應乎乾。四上先行，則上無乾矣。**同人曰：同人于野，亨，利涉大川，乾行也。**同人成革而通於蒙，即乾成革通於蒙也。同人成家人而通於解，即乾成家人通於解也。**文明以健，**同人、師相錯爲明夷，師二之五，文在中而明不夷，故文明即爲乾行。健於坤五之比例，故健。**中正而應，君子正也。**謂同人成既濟。**惟君子爲能通天下之志。**通於師，又通於蒙、解。

大有，柔得尊位，柔謂六五，得尊位謂二之五。**大中，**大中即大極也。大指剛也，中指五也。謂二以剛交上行於五。**而上下應之，**比，比與大有旁通，則初四三上俱應二五，上下應是爲兩儀。**曰大有。**易有大極，故大有。**其德剛健而文明，**德謂五得成同人。**應乎天而時行，是以元亨。**上下皆應，而不可皆行，故宜時行也。時行謂二之五而四從之，或上從之，不皆從以成兩既濟也。

謙亨天道下濟而光明天道履也下謂履四之謙初也履四之謙初成明夷則不光明矣惟下而卽成既濟是履二先之謙五而後四之謙初也下而成既濟不成明夷故下濟而光明也地道卑而上行地道謙也上行初之履四也二五先行初四從之故卑天道虧盈而益謙已成益既濟則盈盈則虧之謂益通於恆也未成益既濟先君子有終而履成益故益謙地道變盈而流謙盈則變卽益通恆也流謂履二流於謙五鬼神害盈而福謙恆二之五爲鬼恆二之五則爲神鬼則害神則福人道惡盈而好謙惡由於害好由於福據福害則稱鬼神據好惡則稱人道謙尊而光坤成謙五失所尊旁通於履則尊尊以其光也卑而不可踰卑而上行故不可踰初不自卑先五而行則踰矣君子之終也明君子有終豫剛應而志行小畜通於豫上下乃應剛應者剛中而應也剛應則志行矣順以動豫順謂順承小畜復而變通時行坤方成復下震爲動不俟其成明夷而卽變通以順承之順以動則辨之

早矣故爲豫也豫順以動所以變通順承於豫者由乾四之坤初成小畜復也象傳舉上下卦德多用而字爲辭有用以字者則相呼應之辭也故天地如之後應之仍合乎乾坤而況建侯行師乎天地以順動故日月不過謂不成小過小畜上先之豫三則成小過不能順而動而四時不忒小畜豫相錯即觀大壯聖人以順動則刑罰清而民服成咸而民弗過則刑獄止息豫之時義大矣哉時義謂小畜能變通

隨剛來而下柔剛來巽二之震五亦歸妹二之五柔謂蠱五隨己剛中乃舍而從於蠱是下柔也動而說隨大亨貞无咎而天下隨時先贊元亨貞无咎然後以天下隨時贊利元亨貞所以无咎者以天下隨時而利也隨時之義大矣哉義猶利也

蠱剛上而柔下二剛上行之五五柔下行之二巽而止蠱蠱元亨而天

下治也凡稱天下稱四方萬民皆以再筮言之數紀於一協於十長於百大於千衍於萬也成蹇通睽於而成既濟爲天下治**利涉大川往有事也**二之五而後上往隨三是蠱二五有事而往也**先甲三日後甲三日終則有始**三日終也後甲有始也**天行也**蠱成蹇而通於睽猶坤成蹇而通於睽

臨剛浸而長浸漸也解成臨不致又失道成泰即通於遯則辨之能早辨矣**說而順剛中而應**二之五則剛中旁通於遯則上下應**大亨以正天之道也**盈虛消息得宜**至于八月有凶消不久也**消謂解成臨也臨不與遯通則二之五成屯家人上之屯三成兩既濟與盈不可久同

大觀在上大壯之失道在三上變通於觀而有以化其失在觀上之能補救也**順而巽中正以觀天下**中謂大壯二之五正謂大壯成既濟觀天下謂觀於大壯成益又觀於恆**觀盥**

而不薦有孚[illegible]若下觀而化也化，變化也。下觀，上之三也。上之三成蹇，則變化而通睽。觀天之神道而四時不忒變化不測，乃爲時行。聖人以神道設教蒙化爲觀，觀又孚於大壯，大壯化爲革，革又孚於蒙。神之不測也，而實即一陰一陽之道。聖人修道以爲教也。設，猶施也。大壯二先之五，而後觀上施於三，是爲設教。而天下服矣既通大壯成益，又通恆，故天下服。言非一服而止也。不旁通，雖成己不能成物。神道設教，可以通天下之志。

頤中有物曰噬嗑中謂五，中有物，則井二來之五。噬嗑而亨井不變通，於噬嗑則不亨。剛柔分謂噬嗑、井相孚，明井、豐剛柔不分。動而明雷電合而章先成豐而後來章，非合而章也。合而章，謂先成无妄，後成革。柔得中而上行得中，則柔進爲剛。上行，謂井二來之五。雖不當位謂坎巽成井。利用獄也利則可以用獄矣。

賁亨柔來而文剛故亨柔來，即小來也。以小孚大，所以文剛也。物相雜爲文，蒙通革則

雜而著。賁困者。革蒙之錯也。故傳於此贊之。或謂泰上來二。何得言亨。**分剛上而文柔故**

小利有攸往困成大過則羣陽相聚。困二先之賁五言分者。據困成大過言之也。據困成大過言則分剛。據賁成明夷言則文柔。或謂泰二之上爲分剛上而文柔。泰二不之五而之上。豈得爲利乎。**天文**

也賁成既濟。困成咸。爲天文。易以先甲爲天。後甲爲人。**文明以止**不成明夷而成既濟。故文明止。

謂困成咸。上先行。則困成大過無艮。**人文也**由此而既濟通未濟。咸通損。爲人文。**觀乎天文**

以察時變時變。時行而變通也。離艮失道成賁。變通於困。則不亨者亨。此天道之時也。**觀乎**

人文以化成天下一變通而賁成既濟。再變而困成既濟。是由變化而有成也。成之者性。故爲人文。

剝剝也剝。挩也。挩。猶脫也。剝卦之剝。即剝脫之義。**柔變剛也**以柔變夬之剛。謂與夬旁通。夬舍謙而通剝。即剝脫之謂矣。明剝脫以變爲義。**不利有攸往小人長也**小人方長。則宜進而爲君子．不可以上之三．順而止之觀象也夬二之剝五成觀象．謂變通．君子尚消息盈虛天行也乾上之坤三．不合天道．夬通於剝以補救之．仍合天之行．復亨剛反動剛謂乾．動謂乾四之坤初．乾二不之坤五．而坤成復．是爲剛反動．而以順行以順行．則變通於姤．與堅冰至之順同．是以出入无疾朋來无咎反復其道七日來復天行也復變通於姤．猶夬變通於剝．利有攸往剛長也三所以可往者．五之剛己長也．復其見天地之心乎天地．乾坤也．心謂乾二之坤五也．剛反動．則天地之心不存．以順行．則以見而復矣．无妄剛自外來外．謂睽也．睽二來五成无妄．而爲主于內睽成无妄則五爲主．卽遇主于巷之主也．動而健剛中而應剛中．謂升二之五．應．謂三四上下應．大亨以正天之命也變通則至于命．其匪正有眚不利有攸往无妄之

往何之矣 起下文 天命不佑 右謂上之三也升二不之五而无妄成益恆二又未之五故命不右 行矣哉 益上不可之三

大畜剛健 剛而行健則二之五 篤實 篤厚也實謂二之五也上先五而行則輕而不篤虛而不實矣 輝光 橫被四表則由發揮而廣大矣 日新其德 變通於萃而二之五下離爲日是由更新以成其德也 剛上而尚賢 賢謂五得中也二上行於五則賢矣 能止健 能止則上之萃三而萃四不之初能健則二先之五故云止健 大正也 大而後正五先於上 不家食吉養賢也 與鼎之養聖賢互明 利涉大川應乎天也 鼎成大畜上下無應既利而涉大川則應乎天天謂大畜下乾

頤貞吉養正則吉也 急於正則不吉 觀頤觀其所養也 其所養謂大過二之頤五 自求口實觀其自養也 自養謂頤也成兩既濟則無所養故大過成既濟頤

成益則養之以頤養大過之正是爲觀其所養若頤成益益上卽之三仍成兩既濟無所養矣故頤成既濟恆成咸咸以養之以恆養頤之正是爲觀其自養**天地養萬物聖人養賢以及萬民**養大過又養頤故云萬物萬民**頤之時大矣哉**能養正則爲時行

大過大者過也過者失也亦行也剛稱大姤二不行而上行則所失在剛變通於頤而二之頤五是爲大者行**棟橈本末弱也**本謂初四末謂三上姤上之復三賁上之困三成大過則末弱大過四之初成需則本弱**剛過而中**姤二不中行而上先行故爲過變通於頤二之頤五則中**巽而說**謂巽於頤而舍明夷**行**巽於頤而二行於頤五剛所以過而中也**利有攸往乃亨**剛過則不利有攸往不得爲亨矣利而有攸往則變通於頤也**大過之時大矣哉**大過以通頤爲時頤以通大過爲時

習坎重險也水流而不盈水流謂二之離五不盈謂初不之離四**行險而**

不失其信行險則流信即孚流則有孚而不失是維心亨乃以剛中也二流
於離五則剛中剛中而後維之故亨亦惟流而不盈維之乃亨盈謂先成屯傳補明其例行有尚往
有功也三從於五則有功天險不可升也離成同人同人上不可之師三成升地
險山川邱陵也謂坎成比比五坎爲川互艮爲山爲邱陵謂成蹇王公設險以
守其國乾爲君王公皆君也王指五公指三謂離成革三五互乾也上之三爲設三上從二五如公之
從王坎先成比下坤爲國離上設而守之謂成蹇而通於睽險之時用大矣哉時用謂坎
成蹇能變通
離麗也卽麗澤之麗日月麗乎天離成同人上乾爲天坎初之離四成家人互離日坎
月以麗之百穀草木麗乎土百穀草木猶云百果草木謂家人通於解解成萃下坤爲土家
人上之解三成咸以麗之重明以麗乎正乃化成天下申上文柔麗乎

中正故亨是以畜牝牛吉也重明.卽原筮也.解二之五.家人上.麗之成旣濟.

男廷琥孫授書授易授詩校字

彖下傳章句第四 雕菰樓易學之一

江都焦循學

咸感也寂然不動感而遂通柔上而剛下謂初四二氣感應以相與二氣剛柔也咸五剛損五柔以咸感損損二之五而咸四之初應之感在損應在咸故相與止而說止則四不之初說則舍此通彼男下女損上艮爲男下兌爲女二之五則上巽爲女下震爲男故男下女也咸通損猶益通恆恆本男上女二之五成咸則上兌下艮故男下女謂先男上以感而下也指恆成咸損成益皆可通易辭與孔子贊易之辭均以此例之是以亨利貞取女吉也損二不之五男不下女則女不可取天地感而萬物化生天地即剛柔也以剛感柔以柔化剛則萬物資生謂鼎解聖人感人心而天下和平失道則不和不平惟剛柔兩相感應則不和者和不平者平觀其所感而天地萬物之情可見矣由乾坤而變通

於鼎解。鼎解成咸。故云天地萬物。

恒久也剛上而柔下謂二五。雷風相與與謂成咸。巽而動剛柔皆應剛柔。二氣也。所以得皆應。上下應。恒。恒久。恒亨无咎利貞久於其道也天地之道恒久而不已也乾坤變化。而成損益咸恒四卦。反復不衰。利有攸往終則有始也益上之三則終。恒二之五則始。日月得天而能久照得天。得天行之健也。四時變化而能久成終則有始。莫如四時。日往則月來。月往則日來。寒往則暑來。暑往則寒來。繫辭傳用以贊咸。咸通損益通恒。所以往來不窮。故又於恒申明之。聖人久於其道而天下化成天下以變化而成。則不終止。觀其所恒而天地萬物之情可見矣凡言情志。皆謂旁通。

遯亨遯而亨也本卦五已定。無所爲亨。退而通於臨。上之臨三。以應臨五。故亨。剛當位而應與時行也剛當位。臨二之五也。應，謂遯上應之也。鼎五進而爲遯，遯則退而應於臨，故時行。小利貞浸而長也即臨之剛浸而長。遯之時義大矣哉時行則利，謂通臨。

大壯大者壯也壯，猶裝也。大，謂二。二之五，大加於大。剛以動故壯剛謂二之五，動謂上震。因上有震，故二之五，以剛加於剛也。四先動，無所爲大壯矣。大壯利貞大者正也大，謂已成革。正，謂成既濟。正大而天地之情可見矣

晉進也需二來進於五。明出地上五進則出。順而麗乎大明上成乾則大。柔句進而上行柔謂六五。五柔宜進爲剛，故需二上行。是以康侯用錫馬蕃庶晝日三接也

明入地中明夷賁上之困三，入于幽谷，故云入地中。內文明而外柔順以

蒙大難賁成明夷，困成大過，故云大難。大，謂大過也。明夷大過相錯爲革，明夷通訟，猶革通蒙。文王以之物相雜爲文，蒙雜而著，卽賁之文柔文剛，訟上乾爲王，訟而比例於蒙，是文是王，是蒙是訟也。傳之言文王，猶經之稱帝乙，易之曲而中，肆而隱者如此。執於周王，而實以羑里之事，失之矣。利艱貞晦其明也所以利艱貞者，以晦其明故也。內難家人，內也。小過四之初成明夷，明夷中孚相錯爲家人，故云內難。夷于左股，內難也；夷于南狩，大難也。凡卦之由往來而成者不一，卦經每分明其義，而傳贊之也。而能正其志，箕子以之明夷通訟，卽中孚通小過，鳴鶴在陰，其子和之，所以用拯馬壯吉也。

家人女正位乎內家人上巽下離爲女，二五本正位，故爲內。男正位乎外解上震下坎，男也。二之五，則男正位。男女正，天地之大義也與歸妹傳互明。漸成家人，通解，與歸妹成泰通否同也。推之，歸妹成臨，通遯，成大壯，通觀；漸成既濟，通未濟，成蹇，通睽，皆大義也。家人有嚴君焉嚴猶威也有孚威如而解成咸互乾爲君是由威如而得君也父母之謂也父母以有子而稱家人父孚解爲母解成萃則有子父父子子兄兄弟弟夫夫婦婦而家道正乾父坤母乾二之坤五爲有子乾成家人坤成屯爲兄乾成革坤成蹇爲弟家人通解父子相承又爲父子父有兄弟有夫婦子又有兄弟有夫婦似續不已乃成家道家道正謂家人成既濟正家而天下定矣既濟定也乾通坤而成家人家人又通解家人成既濟即乾成既濟也人人親其親長其長而天下平

睽火動而上澤動而下火動謂上離成震上之三成大壯也澤動謂下兌互震四下之蹇初成損也成損成大壯所以睽孤二女同居二女指五與三其志不同行三從二五則同行矣不同行者二之五而四從之蹇初成益上又別從恆五之三也說而麗乎明謂二五而四得所麗柔句進而上行與晉傳同得中而應乎剛二之五則得中柔進

爲剛而上下應，是以小事吉。柔小也，進而上行，小有事也。天地睽而其事同也，男女睽而其志通也，萬物睽而其事類也。不能小事吉，由大壯而成泰，則睽矣。泰與否通，故同而類。睽之時用大矣哉！

蹇，難也。蹇之難與屯同。險在前也。升二之五，則坎險方來。前即前禽之前，謂比上。舊有坎險，而大有上之比三，所以爲難。見險而能止，見險，謂變通於睽，即睽之見輿曳、見惡人也。能止，謂初不行。知矣哉！謂能變。蹇利西南，往得中也。坤五先得中，而後三往。不利東北，其道窮也。乾坤成革，蹇則宜變通。利見大人，往有功也。往有功，即宜旁通於睽。坤已得中，而乾上往，故有功。當位貞吉，以正邦也。當位即利見大人，睽二之五而後蹇初之睽四，是貞吉由於當位也。邦謂離也。蹇貞成既濟，則下離，故以正邦。往有功贊利西南，以正邦贊不利東北，及利見大人貞吉，而以往有功係利見大人之下者，互見之也。凡傳之贊經，多放是，拘於學

究訓詁之體。遂多扞格矣。蹇之時用大矣哉

解險以動所以險者以五未實上爲震也。動而免乎險解成咸則無坎。解利西南往得衆也師二不之五。而同人上之師三成家人。則師不衆。家人通解。解二之五。則得衆。謂上下皆應矣。而後三往家人上。是爲往得衆。其來復吉乃得中也二之五爲得中。有攸往夙吉往有功也五先之二。而三從之。故有功。天地解而雷雨作作。始也。乾坤成家人屯則窮。家人變通於解。故天地解。天地乾坤也。解二之五。又爲之始。雷雨作而百果草木皆甲坼雷雨既作則成咸。下艮與互巽相連。巽木艮果也。甲始也。坼終也。解成咸。有始。家人成既濟而終。解之時大矣哉

損損下益上下謂二。上謂五。其道上行謂二之五。損而有孚元吉无咎損則失矣。而有孚。則元吉无咎也。可貞利有攸往曷之用二簋可用

亨二簋應有時。損二之五，則咸四之初應之；恆二之五，則益上之三應之。當其可之謂時。損剛益柔有時。剛在五則損之，柔在五則益之，是爲時行。損益盈虛與時偕行。損剛則反盈爲虛，益柔則復虛爲盈。

益損上益下。上謂上，下謂三。民說无疆。民謂恆五也。恆二之五成咸，上兌爲說。損上益下則益成既濟而終，民說則變通於恆，終則有始，故无疆。自上下下其道大光。上謂上之三，下謂初之四。損二之五成益，益上不之三而讓咸四之初，然後通於恆，上乃之三，是上下於下也，猶云貴下賤。利有攸往中正有慶。恆二之五則中，益上之三則正，以三從二五則有慶。利涉大川木道乃行。木上巽也。木合於道乃行。道謂民說，行謂損上益下。益動而巽日進无疆。日謂上之三成離也，進謂恆二之五也，日因進而无疆。天施地生其益无方。申言日進无疆也。何以无疆，以天施地生也。天謂益施上之三也，地謂恆生二之五也。天施則終，地生則又有始，无方，言其神也。凡益之道與時偕行。凡卦成既濟，皆宜終則有始。

夬，決也，剛決柔也。柔指剝。健而說，決而和。二之剝五，則行健而決，夬舍謙而通剝，則說而和之謂。謙夬之失在三上，以剝之三上補救也。揚于王庭，柔乘五剛也。兌三之艮上，乃下有五剛相連，而上以一柔乘之，爲失道也。惟其下有五剛，未離其類，故揚于王庭以決之。決者，二之剝五，決斷其五剛也。或以柔乘五剛爲揚于王庭，失之。傳之贊經，每申述其所以然之故。孚號有厲，其危乃光也。旁通，故危厲而能廣大。告自邑，不利即戎，所尚乃窮也。尚，二之五也。需二之明夷五，成兩既濟，故窮。利有攸往，剛長乃終也。二長於剝五，而後四乃之剝初，夬成既濟，剝成益，終則有始，故利。

姤，遇也，柔遇剛也。柔謂復五，剛謂姤二。勿用取女，不可與長也。與謂咸也。不能成咸，則不可久長。天地相遇，品物咸章也。乾二之坤五爲相遇，乾四之坤

初天地不相遇矣復旁通於姤姤二之復五仍合乎乾二之坤五乾成小畜坤成復品叙紊失一經變通先二
五次三上姤成咸叙乃不紊剛遇中正姤二遇於復五而復成既濟乃中正天下大行
也姤成咸又旁通於損姤之時義大矣哉
萃聚也解二之五則二陽聚大畜上之萃三則三陽聚順以說順承以能變通剛中而
應故聚也謂大畜二之五而上應之王假有廟致孝亨也孝即畜也指旁通大
畜利見大人亨聚以正也萃聚而成咸由大畜成既濟用大牲吉利
有攸往順天命也天命謂大畜二之五萃三順之觀其所聚而天地萬
物之情可見矣
柔以時升虞仲翔曰柔謂五坤也升謂二坤邑無君二當升五巽而順剛中而應
二之五為剛中无妄上下應之是以大亨剛中則大應則亨用見大人勿恤有

慶也南征吉志行也志行於无妄之三上。

困剛揜也揜猶伏也。剛揜伏於二。險以說困坎成節則險。賁既變通於困，困仍成節，是變通而又險，故險以說也。此困所以名困。而不失其所亨剛揜則失其所，不失其所則二先之賁五。其唯君子乎賁成家人爲君子。貞大人吉以剛中也大人郎君子也。剛中郎不失其所也。由小而大爲大人。由柔而剛爲剛中。有言不信尚口乃窮也兌爲口。尚，加也。四之初成節，節下兌，賁上又加於節三，仍互兌，以兌加兌，故尚口。由節而需，則剛揜失其所。

巽乎水而上水井巽乎水，謂坎下成巽。上水，謂震三之巽上，巽上成坎爲井。井句養而不窮也坎巽成井則窮，所以名井者，以變通於噬嗑，得所養而不窮也。改邑不改井乃以剛中也改井剛中，改邑亦剛中。乃之云者，明不能剛中於噬嗑，而乃剛中於明夷，難辭也。汔至亦未繘井未有功也坎巽成井則無功，井通噬嗑可以有功。乃未繘井而成需，故未有功。羸其瓶，是以凶也。謂成需明夷。

革，水火相息。革四之蹇初，革上成坎水，蹇下成離火。息猶止也。相息，謂革四不之蹇初，蹇初止而不行，革四亦止而不行也。或以水指上兌，兌爲澤，不爲水也。二女同居，謂二上。其志不相得，曰革。二五不交，即不相得，所謂无喪无得也。已日乃孚，革而信之。志不相得，則宜革去故，然必孚信於衆，乃爲革。文明以說，文明，謂衆二之五，文明由於能變通。大亨以正，元亨貞。革而當，利其悔乃亡。悔而孚於衆，則有喪有得矣。天地革而四時成，寒變爲暑，暑變爲寒，有所革而時行。湯武革命，順乎天而應乎人，革變通於衆，承天時行也，故順乎天。應，謂衆二之五而四應之。天猶天文，人猶人文也。革之時大矣哉！

鼎，象也。見乃謂之象。以木巽火，亨飪也。木巽火，謂二先之五，亨飪所以調和之也。

調和之則不亢聖人亨以享上帝而大亨以養聖賢養則不窮巽而耳目聰明有耳有目屯成既濟也家人上之屯三則不巽不巽雖有耳目而不聰明惟鼎二之五而後上之屯三乃爲巽也柔句進而上行五柔故進而二上行若剛則宜退矣得中而應乎剛得中則柔變爲剛應乎剛上下應也屯通鼎猶蹇通睽故其傳同是以元亨得中故元應乎剛故亨

震亨震來虩虩恐致福也恐亦懼也懼則舍而通鼎故致福笑言啞啞後有則也後故有則震驚百里驚遠而懼邇也遠指鼎邇指震震成屯而懼以通鼎是由近驚及於遠也出可以守宗廟社稷以爲祭主也明其爲建侯也出謂出否

艮止也時止則止時行則行已成蹇則宜止未成蹇則宜行動靜不失

其時宜動則行，宜靜則止。其道光明二五宜行而不行則將成明夷，初四當止而不止則將成兩既濟，成兩既濟則不光，成明夷則不明。艮其止，止其所也止其所，故時。上下敵應兌二之艮五而上應之成蹇革，則下不可又應，下又應之，是與上應相匹敵。不相與也與謂咸也，蹇革相錯爲咸，故相與成兩既濟，則不相與，此爲終止，非止其所。是以不獲其身，行其庭不見其人，无咎也上下敵應則獲其身，欲其相與，故不敵應，不敵應故不獲其身。

漸之進也歸妹成大壯，漸成蹇，相錯爲需蹇，通睽，猶需通晉，故以進贊明之。女歸吉也睽五之歸，與晉同。進得位，往有功也以往有功，明其成蹇爲蹇之利見大人，蹇通睽，睽二之五而上之三，則往有功。進以正，可以正邦也贊利貞，睽成益，蹇成既濟，則可以正邦。其位，剛得中也申言所以得位，進即睽之柔進而上行，得中即睽之得中而應乎剛。止而巽，動不窮也止謂成蹇，巽謂變通於睽，不止則漸成既濟，歸妹成泰，辨之不早辨矣。睽成无妄，下震爲動，通睽，而睽二之五，則不窮。

歸妹天地之大義也由征凶以言也。成泰而通於否，故爲大宜。泰否相錯，仍乾天坤地也。義，猶利也。天地不交而萬物不興歸妹成泰，漸成既濟，猶泰二不之五而否成既濟也。不興，二不之五也。歸妹人之終始也泰二之五成既濟，則爲終，係否則爲始。說以動泰二之五，有否四之初以應之，乃爲解，說故說由於動也。彖傳贊經，依本卦上下德，而所指則不專在本卦也。由此可推耳。所歸妹也眛而脫，脫而後歸。征凶位不當也成泰，故不當。无攸利柔乘剛也謂泰坤乘乾，所以眛。

豐大也五得中，則大。明以動故豐不成明夷乃明，動則四之渙初，成益，與賁文明以止義同。賁上先行，則成明夷，賁上無艮止，困下亦無艮止，故文明由於止。豐四先行，則成明夷，豐上無震動，渙下亦無震動，故明由於動。王假之尚大也自渙二來尚於五。勿憂宜日中宜照天下也即大人繼明照於四方.離成家人通解.解二之五.爲渙二之豐五之比例也.日中則昃日中.離仍在上.柔中未剛中.而上即先行.是未照天下.而離日即已傾昃.月盈則食謂成明夷.而變通於訟.訟二之明夷五.食舊德.坎爲月.天地盈虛與時消息離之成豐.猶乾之成夬.豐通於渙.猶夬通於剝.而況於人乎況於鬼神乎人之變化亦同天地.義與文言傳同.

旅小亨柔句得中乎外柔.即小也.節二來則得中.節旅相錯爲睽.睽外也.故旅五爲外.而順乎剛柔得中.則化爲剛.上順而應之.成咸.止而麗乎明是以小亨旅貞吉也止.則四不之初.麗乎明.則不成明夷.凡彖傳舉下卦上卦之德.皆明其所之.非漫言也.旅之時義大矣哉

重巽以申命先庚後庚.重以申之.剛句巽乎中正而志行巽五剛宜退而

遜於震，故名爲巽。既巽於震五而成蹇，又巽於睽五而成既濟。震五、睽五得中，而志行於巽，巽乃得正。柔皆順乎剛，柔謂震與睽也，剛謂巽與蹇也。巽遜於震，而震順之；蹇遜於睽，而睽順之。是以小亨，利有攸往，利見大人。

兌，說也。說，脫也。剛中二之艮五。而柔外三之艮上。說以利貞，成革則宜去故，以變通成既濟。是以順乎天而應乎人，謂成革。說以先民，民謂艮五。先民，以民爲先，謂兌二先之艮五，而後三從之也。因先民而說，則成革而通蒙。民忘其勞；不先民而成謙夬，則必變通爲勞謙。說以犯難，犯難則成謙夬矣。因犯難而說，則成夬，夬而通剝。民忘其死；犯難而不說，則夬四之謙初成明夷，中亡而殞。先成節賁，節通旅，亦說以犯難。賁上之節三，與夬四之謙初同。說之大，民勸矣哉！艮、蒙、剝五柔，皆民也。說而通之，艮以先民而成漸，蒙以忘勞而成觀，剝以忘死亦成觀。小人皆進爲君子，故民勸。

渙亨舉經文剛來而不窮剛來二之豐五也來爲知來之來故在渙而以二之豐五爲來豐五得渙二之來所以不窮而亨也否四之二何以不窮柔得位乎外豐渙相錯爲家人解渙五剛得家人上半爲內豐五柔得解之上半爲外惟渙二之剛來於豐五故豐五之柔得位乎外申明上文剛來之義而上同同即同人之同也離不成同人而成豐其不同由於離上之坎三豐通渙渙二先之豐五而後渙上之三從之仍離成同人同人上之比三也王假有廟王乃在中也在豐五利涉大川乘木有功也上巽爲木三之上上爲乘木二先行三後乘故有功

節亨舉經文剛柔分而剛得中節賁剛柔不分剛柔分謂與旅孚也二之旅五則剛得中苦節不可貞其道窮也一陰一陽往來不已道也成兩既濟則往而不來終而無始故道窮說以行險坎不行險以失其信乃成節舍賁而通旅則說節二之旅五則行險當位以節二之旅五而後三之旅上則當位旅四不之初故節中正以通所以當位者以其節也所

以中正者，以其通也。天地節而四時成不能節，則非時行。節以制度離四之坎初，則失度，變通以制之。不傷財傷，夷也。賁上之節三成明夷，則傷財。不害民節賁相錯爲損，損通咸則遠害。節通旅，猶損通咸也。

中孚柔在內謂上不之三。而剛得中謂二之小過五。說而巽變通而巽於小過。孚乃化邦也孚於小過，小過成既濟，下有離，故化而爲邦。豚魚吉信及豚魚也因孚小過，乃有豚魚。利涉大川乘木舟虛也益三之上爲乘木。虛謂恆，恆成咸，以虛受人。中孚以利貞乃應乎天也中孚孚於小過成益，未貞也，利而後可貞。恆二之五成咸，互乾爲天，益上之三應之。

小過小者過豫小不能畜，而至於過。而亨也謂通中孚。過以利貞與時行也過而貞，不可者也，以變通盡利而後貞，則當其可矣。柔得中是以小事吉也柔在五，是以先有事於五。小，即柔也。有事於五，故得中。經言可小事，傳言小事吉，明小過通中孚，猶蹇通睽也。蹇大壯相錯，**剛失位而不中，是以不可大事也。**謂四失位爲小過需。**有飛鳥之象焉，飛鳥遺之音，不宜上宜下，大吉，上逆而下順也。**下應則上不得又應，下應上又應成兩既濟，則順在下，逆在上。坤成屯，必通鼎，而三乃可之鼎上，是爲順承。若坤初下應於乾四，坤三又上應於乾上，則不順而爲逆矣。

既濟亨，小者亨也。既濟何以亨？以未濟小利貞。利貞屬未濟，亨亦屬未濟，故以小贊亨。或讀經亨小爲句，非也。**利貞，剛柔正**未濟成既濟，**而位當也。**終則有始，則貞由於利，故位當。剛柔正贊貞，位當贊利。成兩既濟，則剛柔正而位不當，爲貞凶矣。或以剛柔正即是位當，非也。**初吉，柔得中也。**謂未濟二先之五，柔得中則位當。**終止則亂，其道窮也。**謂成兩既濟，道窮則剛柔雖正，而位不當。

未濟亨，柔得中也明未濟之亨，卽既濟之初吉。小狐汔濟，未出中也二未之五，猶坎二未之離五。濡其尾，无攸利，不續終也損二之五成益，而咸四之初成既濟，則有嗣續而終。損成泰，成成既濟，故終而無所續。雖不當位指不續終也。剛柔應也指柔得中。成雖成既濟不當位，而既濟通於未濟，未濟二之五成否，則剛柔應矣。

男廷琥孫授書授易授詩校字

象上傳章句弟五　雕菰樓易學之一

江都焦循學

天行健乾之健在行惟行故健君子以自彊不息剛居五稱君子以用也即用九用六也二五先行稱自憚於行則息不息則健也潛龍勿用陽在下也陽在二未升於坤五見龍在田德施普也上之三爲施坤成屯則乾上不可施變通於鼎鼎二之五而後施故云德施施也普謂旁通所以由德而施者以屯旁通鼎也終日乾乾反復道也反者陽通陰也復者陰變陽也坤爲乾之反乾二之坤五則復矣鼎爲屯之反鼎二之五則復矣一反一復所以乾而又乾也易重日新非反無由復也或躍在淵進无咎也革退而蒙進飛龍在天大人造也造聚也謂解成萃亢龍有悔盈不可久也坤成屯則盈成兩既濟故不可久用九天德不可爲首也天德謂乾

地勢坤 勢猶形也坤順也坤成既濟必承天時行 君子以厚德載物 厚則不輕薄謂不先成謙也乾二先之坤五則坤爲君子 履霜堅冰陰始凝也 堅冰故凝或謂無堅冰二字非也 馴致其道至堅冰也 馴亦順也成謙則輕薄通履以補救之仍堅厚矣此地勢所以順也不能自彊而爲潛龍不能厚載而爲履霜每傳首總贊與下正相貫 六二之動直以方也 動謂成屯下震履霜堅冰至不直而方者也成屯通鼎則直而方者也坤以方爲順 不習无不利地道光也 由坤及鼎故廣廣而大故不習 含章可貞以時發也 發謂變通屯通鼎猶革通蒙 或從王事知光大也 知者利仁故知則廣而大 括囊无咎慎不害也 初四先二五而行則害害而能慎仍不害矣霜則以履爲順囊則以括爲慎 黃裳元吉文在中也 乾二雜於坤五 龍戰于野其道窮也 盈則窮失道亦窮 用六永貞以大終也 大即元也以元而終終始相續故得永久

雲雷屯象傳稱雷雨，此云雲雷，雲亦雨也。但有雲雷而未變動，所以盈不可久也。君子以經綸經，即拂經之經。屯大畜相錯爲需頤，頤通於大過，爲屯通於鼎之比例。綸者，輪也，即曳其輪之輪，乘馬班如，則泰通否，否爲綸。經謂鼎成大畜，即變通；綸謂鼎成泰，始變通。雖磐桓志行正也承上經字而言。以經則雖磐桓而志行正，謂鼎五志行於屯三，而屯乃成既濟而正也。以貴下賤大得民也民謂鼎五。陽貴陰賤，屯五剛貴也，舍之而從鼎五之柔，鼎二之五，變小爲大，故得民矣。六二之難乘剛也謂鼎成泰，宜曳其輪。十年乃字反常也需二之晉五，成否，爲用恆，故不失常。鼎成泰通否，是爲反常。即鹿无虞以從禽也禽，謂屯五。從禽則不失前禽。君子舍之往吝窮也往所以吝，以鼎二不之五，而屯三往鼎上，其道窮。求而往明也鼎成泰，屯成既濟，則相錯爲明夷。明夷者，言不明也。不明則無應，今求而往，則不錯爲明夷。屯其膏施未光也家人上施於屯三，則不廣大。泣血漣如何可長也長猶久也。謂鼎成恒，何可久。所以漣如。

山下出泉，泉，即淵也。出，謂二之五。凡此多以變動言。蒙，惟出乃名爲蒙。君子以果行育德，果，即碩果之果。二之五成觀，爲夬二之剝、五之比例。育德猶云養正。利用刑人以正法也，以正，謂革成既濟，正由於法，故用刑人爲利也。法有制度，則蒙二先之五。子克家剛柔接也，接，猶交也。二五交成觀，乃相錯爲家人。勿用取女行不順也，二五未交而上之三成升，初宜變通承之，不能時行，故不順。困蒙之吝獨遠實也，二之五成觀，則近矣。童蒙之吉順以巽也，成觀，上巽下坤。謂革巽於蒙，而順承之。利用禦寇上下順也，二之五，而初應之，成益，下順也。益通於恒，恒二之五，而益上應之，成既濟，上順也。

雲上於天，雲，即密雲不雨之雲，謂小畜上之豫三。需，天未行健，故有所需。君子以飲食宴樂，宴與燕同。需于郊不犯難行也，晉四先之初成頤，晉上先之三成小過，皆

（犯難）利用恒无咎，未失常也。（犯難則失常。）需于沙，衍在中也。（衍，流也。中謂晉五。）雖小有言，以吉終也。（既衍在中，則不小有言矣。）需于泥，災在外也。（井成需，豐成明夷，所謂過旬災也。渙志在外，指豐。）自我致寇，敬慎不敗也。（寇當依鄭康成、王肅作戎，寇至敗矣。敬慎則不致寇而致戎，不致寇而致戎則不敗。戎謂離也。需二之晉五，有離而無坎，故不致寇而致戎。）需于血，順以聽也。（聽謂小畜成需，上坎爲耳，順謂變通以承之所以順者，由小畜成需而聽也。）酒食貞吉，以中正也。（與訟元吉同。）不速之客來，敬之終吉，雖不當位，未大失也。（不當位謂小畜成需也，來而敬之，故未大失。）

天與水違行，（憂則違之，明夷憂甚矣，宜違而通於訟。訟與容通，明夷通訟，亦泰之包荒也。）君子以作事謀始。（作，亦始也。明夷變通於訟，爲始事。訟成益，又謀始於恒。）不永所事訟不可長也所事.卽作事也.不永.則未謀始.不可長.卽不永也.明夷以作事而終吉.訟成益則不可終也.雖小有言其辯明也訟成益.未通於恆.而明夷己變通於訟.則上下辯而明不傷.不克訟歸逋句竄也竄.卽遷也.卽益之遷善.自下訟上患至掇也患.謂憂患成明夷也.掇讀若剟削也.二所以訟於明夷五者.以明夷憂患至於削蔑也.食舊德從上吉也恆二上行於五.而益三從之.復卽命渝安貞不失也二之明夷五.四從之.不失於始.變通於恆.而上從之.不失於終.訟元吉以中正也二之明夷五.則中.明夷成既濟則正.以訟受服訟仍成需.與未違行同.亦不足敬也需二之晉五.則爲敬之終吉.需二之明夷五.故不足敬.終不言凶.凶可知矣.

地中有水中.五也.中有水.謂二之五.師二先之五.乃得衆.君子以容民謂二之五.畜衆謂成屯通於鼎.師出以律失律凶也失律則無所容.在師中吉承

天寵也。師成屯通鼎，猶坤成。屯通鼎，所謂承天而時行也。贊王三錫命，寵與龍通。王三錫命懷萬邦也。懷，至也。鼎二至五，而後屯成既濟。師或輿尸大无功也。二不之五，而同人上之師三，故无功。左次无咎未失常也。同人于郊，猶需于郊。長子帥師以中行也。先二之五，而後四行之初，是以中而行，猶云志行也。弟子輿尸使不當也。使，從也。不以三從五，而先成升，升二之五而革四之升初從之，雖猶是從也，而先己不當矣。大君有命以正功也。以正，謂由屯而成既濟也。屯三從鼎五則有功。小人勿用必亂邦也。屯三不從鼎，鼎將成泰，不自邑告命，故亂邦矣。

地上有水比。水己在地之上，則五己定，而初三宜比輔大有。先王以建萬國。比大有成家人屯，為先王。先王，猶先甲也。傳以彖稱原筮，故贊之。屯通於鼎，利建侯。初筮再筮，故建萬國也。親諸侯。同人親也。侯即所建之侯。國既有萬，則侯亦稱諸。比之初六有他吉也。比之在初六，則成屯，建萬國親諸侯，故有他。比之自內不自失也猶云不失其所自也。大有二不之五，而比初比之，是則失矣。比之匪人不亦傷乎傷者，夷也。泰既濟相錯爲明夷。外比於賢以從上也睽二之五則賢。睽二上行之五，蹇初從之。顯比之吉位正中也屯成既濟，由鼎五得中。舍逆取順失前禽也仍從比五則逆，舍比五而從鼎則順。初四從之，三上則不可從而宜變通。所謂上逆而下順也。邑人不誡上使中也使從也。中謂鼎二之五。上謂屯三之鼎上，如是從則當。比之无首无所終也无所終，猶云不得其所終，終而有始，乃以大終。

風行天上謂二先行，而上應之。小畜宜變通於豫。君子以懿文德懿，深也。小畜二之豫五，即困二之賁五之比例。文德即賁傳所云文柔文剛也。復自道其義吉也義猶利也。變通故吉。牽復在中亦不自失也乾二不之坤五，而四之坤初，則失其所自矣。變

通於豫而二之豫五。仍爲自我西郊。故云亦也。夫妻反
乾成小畜。猶大有成大畜。故與比六二傳互明。
目不能正室也 小畜成既濟。豫成咸。與大壯成革觀成蹇同。大壯取宮室。革四之蹇初。則正室矣。咸四之初。卽革四之蹇初。惟不能正室。故咸四不之初。而豫乃畜。而不盡也。九家謂妻乘夫其道逆。非是。
有孚惕出上合志也 二之豫五。志也。上之豫三。合之。有孚攣如不獨富
也 謂必旁通乃得富。既雨既處德積載也 與大有積中不敗互明。比大有相錯爲需晉。小畜成需而通於晉。爲大有通比之比例。君子征凶有所疑也 勿疑則朋盍簪。
上天下澤履 明上澤下天之失乎禮。君子以辨上下定民志 乾上先之坤三。則上下之分乖。而民志不定。履二之謙五以定其志。而上下乃辨。素履之往獨行願
也 獨行。特行也。乾上先之坤三。則二五不可爲獨行。孚於履。履二之謙五。仍爲獨也。幽人貞吉
中不自亂也 先成需明夷。後以需二之明夷五。成兩既濟。則自二五之行而亂矣。亂謂成既濟。

眇能視不足以有明也跛能履不足以與行也咥人之凶位不當也位不當故雖能視能聽而不足以有明不足以與行武人爲于大君志剛也履二先之謙五則位當足以有明足以與行愬愬終吉志行也益通恆猶屯通鼎夬履貞厲位正當也夬二之謙五則位不當元吉在上大有慶也夬謙失道在三上變通於履履三不先之上所以元吉

天地交孚於否則泰二之五仍乾二之坤五泰與否通乃名爲泰后以裁成天地之道后繼體君也臨升損恆大畜大壯失道成泰變而通之於否乃相錯仍爲乾坤裁始也成終也猶歸妹稱人之始終輔相天地之宜宜猶利也泰二之五成兩既濟則無輔相矣孚於否而泰二之五有否初四三上輔相之故宜也以左右民柔在五稱民猶云小人也二之五而初四應之爲左三上應之爲右拔茅征吉志在外也外謂恆包荒得尚于中行以

光大也得否包之乃廣。廣而後大來。无往不復天地際也際。猶交也。翩翩不富皆失實也歸妹成泰。則承虛筐无實。益不通於恆。不能實受其福。故皆失實。不戒以孚中心願也謂恆心。以祉元吉中以行願也中。謂泰二之五也。行。謂否上之三也。泰之得中。以否上之三應之爲願。城復于隍其命亂也句命。謂二先之五。泰二之五。即成既濟。始於是。即終於是。所謂裁成。

天地不交否否不與泰通。不俟泰二之五。而否先成既濟。則否而不通。君子以儉德辟難儉讀若險。泰上成坎則儉。孚於否。儉爲德矣。泰朋亡有難。孚於否則難去。不可榮以祿榮讀若營。熒也。祿謂否上之三。泰二不之五。而否上之三。則虛華不實。難仍不可辟。拔茅貞吉志在君也君即歸妹。君之袂之君。大人否亨不亂羣也泰不與否孚。而係於既濟。則泰二之五成兩既濟。否不與泰孚。而係於既濟。則初三之四上。亦成兩既濟。亂絕也。絕其羣類。所以爲否。否既亨，故不亂。包羞位不當也。包之則當。有命无咎志行也。泰二之五爲志。否之初四應之，是志行於否上也。以志贊命，命卽志矣。大人之吉位正當也。位正而當，則不貞凶。否終則傾何可長也。需二之晉五，訟二之明夷五，皆成否。明夷需成既濟，否又成既濟，所以否也。惟與泰爭，泰二之五而後四之初，成益，又變通於恒，恒二之五而後益上之三，三四皆後二五而行，終則有始，所以可久。在泰以消而欲其長，在否既長又欲其消，長而能消，則知進知退，知存知亡，而不致亢龍之災。消而欲其長，小人必係於君子，此泰必爭於否而乃成泰也。長而欲其消，君子必通於小人，此否不爭於泰而遂爲否也。聖人盡己之性，又盡人物之性，所以通萬物而化萬邦。已爲君子而絕小人，非易道也。

天與火同人，天與水則宜違行。天與火，二五皆定，宜同於人。君子以類族，辨物。族，猶聚也。辨物，謂師二先之五，而後上之師三。能辨物，乃能類族。出門同人又誰咎也。出者，師出以律也。乾離成同人而通於師，猶震兌成隨而通於蠱，故皆以出門爲无咎也。同人于宗吝道也雖吝而能變通以合於道惟能合道乃爲吝若不合道則凶矣或以吝爲失非也伏戎于莽敵剛也同人上之師三師成升同人成革升三革三兩剛相錯明其不能相爭也三歲不興安行也革有三歲而升二不興惟通於蒙蒙二之五而革四從之與喪朋安吉同故宜安行也乘其墉義弗克也義者宜也其吉則困而反則也師二不之五而同人四之師初師成臨同人成家人家人之不爭於臨猶革之不爭於升也失道故困家人通解爲反身解二之五以爲之則同人之先以中直也同人內己中直則宜義以方外故四上先於師二五則號咷也大師相遇言相克也因相克成升所以相遇同人于郊志未得也志未得謂師成臨所以宜交

火在天上離在乾之上則二未之五大有有親有也火在上則五未大宜以二親於五君子以遏惡離在上上先之比三成大壯四先之比初成大畜皆爲惡也二先之五則遏止之不令成

大壯大畜。揚善，揚，續也。遏惡成革，成家人，已善矣。又續其善，令家人通解，革通蒙。順天休命二之五爲天之命，休，嘉也。謂上下應，以遏其惡，又順承之，謂揚善。大有初九无交害也无交則不能遏惡。大車以載積中不敗也積中則遏惡而無害。公用亨于天子小人害也不能積中則無交爲小人，無交而成大壯，與無交而成大畜，其害同。匪其彭无咎明辨晢也晢，虞仲翔作折，兌爲折，不明辨而折則折足爲匪人，以旁通而得明辨，是明辨其所爲折也。傳以鼎之折足贊此爻，匪字非謂彭爲折足，虞氏改彭爲尪，非也。厥孚交如信以發志也信，即孚也。發志，即交也。威如之吉易而无備也易，謂成家人變而通於解也。備，謂六爻皆定。无備，謂不遽成既濟。大有上吉自天祐也威如則成家人。不成大畜，自天右，則成革，不成大壯，皆遏惡而無害。

地中有山地卑而山高，今山爲地屈，失其道矣。謙地居山上，不謙已甚，宜改而謙。君子以裒多益寡裒當依鄭康成作捊引取也多謂上下皆應猶得衆也寡謂乾上之坤三成謙夬所應寡也謙通於履引履以孚謙則上下仍皆應矣地中有山爲寡裒多益寡則謙三則物之等衺而施不平矣變通於履有以稱其輕重而後施之稱物平施乾上之坤

謙謙君子卑以自牧也牧猶養也義同頤之自養謂引履成益益通恆而後施也

鳴謙貞吉中心得也中心謂五

勞謙君子萬民服也萬民非一民也旁通於履而謙五之民服履成益益旁通於恆而恆五之民又服

无不利撝謙不違則也謙成明夷履成中孚則天與水違行而入于地爲失則矣履二先之謙五爲中孚二之小過五之比例與用拯馬壯同不違者以其不失則也

利用侵伐征不服也謙夬失道在三上無所用其征伐變通於履履上乃可征三不服變而可征則漸而辨之早矣

鳴謙志未得也志未得所以鳴

可用行師句征邑國也謙通履爲臨通遯之比例師成臨則同人上不可之師三臨通遯而後三上可應二五猶同人成家人而通解

爲同人于郊也故傳以志未得與同人上九五明所以贊謙之言行師也

雷出地奮出則小畜二之豫五奮發也與出義同豫先五則能豫先王以作樂作始也樂者樂也謂小畜二之豫五崇德謂豫五得位殷薦之上帝殷衆也乾成小畜則寡小畜通豫則得衆故衆薦之帝指震四不先之初則上爲震也薦卽盥而不薦之薦小畜二之復五則無有薦之者矣無薦故寡也以配祖考配卽遇其配主之配祖卽過其祖之祖考卽考祥之考

初六鳴豫志窮凶也仍成復故志窮志窮所以凶不終日貞吉以中正也以豫五得中而小畜乃成既濟盱豫有悔位不當也位不當謂不成萃而成小過由豫大有得志大行也志大而後行謂三上從二五六五貞疾乘剛也小畜上之豫三豫成小過小畜成需爲漸上之歸妹三之比例所謂柔乘剛也恆不死中未亡也成明夷則中亡冥豫在上何可長也謂不能恆不死而成明夷

澤中有雷兌在上震在下二五已定三四未定隨宜隨人而行君子以嚮晦入宴息晦謂蠱上之隨三成升革相錯爲明夷嚮與鄉同廣雅云救也救止其晦則不晦矣謂蠱二先之五而後上之隨三隨成革蠱成蹇也宴同燕嚮晦則燕喜而不憂於是蹇通睽睽二之五四之蹇初睽成益上巽爲入蹇成既濟爲息謂蠱以宴成蹇而睽入之也官有渝從正吉也有所從而成既濟則吉出門交有功不失也不成升革錯明夷而晦係小子弗兼與也隨蠱相錯頤大過也蠱二之五爲大過二之頤五之比例大過成咸與也漸歸妹相錯中孚小過也歸妹二之五爲中孚二之小過五之比例小過成咸亦與也歸妹成隨則係蠱不係漸蠱成漸則係歸妹不係隨故不兼與係丈夫志舍下也蠱二之五隨三從之而上則隨四不得又從之而下是志舍初四不與同行也四不從蠱五故從蠱五而利居貞也隨有獲其義凶也其義謂革通蠱贊下有孚在道所以革通蠱爲義者以革四之蹇初則凶也有孚在道明功也明則有功孚于

嘉吉位正中也謂蒙二之五，而後革四之蒙初。拘係之上窮也上謂從維也。蠱二之五，下艮爲拘，上又從之成蹇，其窮在上。或成升，亦爲上窮。

山下有風蠱艮在上，巽在下，二五未定，自宜有事。君子以振民育德振，郎震也。謂成蹇通睽，睽二之五，下成震，蹇通睽則革通蒙，故以育德二字互明之。幹父之蠱意承考也意，郎億也。謂隨四之蠱初。幹母之蠱得中道也謂升通无妄，而升二之五。幹父之蠱終无咎也終則有始，故无咎。裕父之蠱往未得也成大畜，通萃，大畜二之五，而後上往，乃得。幹父用譽承以德也承以德，則往得矣。不事王侯志可則也二先之五以爲法，而三上法之。

澤上有地明其卦之小。臨以二臨五則大。君子以教思无窮澤上不可有地。澤上有地，則二五未行，而初四先行，失道者也。思容也。教之容之，謂變通於遯也。不變通則窮矣。容保民无疆容，即思也。保，猶孚也。孚之故能容之。容之故能教之，教之所以臨之也。咸臨貞吉志行正也臨通遯，猶屯通鼎。故傳與屯初九同。咸臨吉无不利未順命也解四之初，不能順承矣，故必旁通於遯，使遯成咸，乃吉无不利。甘臨位不當也既憂之咎不長也位不當則有咎，既憂而違之，則不終於有咎矣。至臨无咎位當也大君之宜行中之謂也二之五爲行中。敦臨之吉志在內也內謂遯旁通於遯，則志行於遯矣。臨二之五，亦睽二之五之比例。睽成无妄，則爲主于內。

風行地上觀觀，即設卦觀象之觀。風行天上則失道宜畜。風行地上，道不失，可以觀象。先王以省方省於四方，謂旁通大壯也。觀民柔在五稱民，謂大壯二之五。設教設教，即神道設教。

初六童觀小人道也小人則合乎道。闚觀女貞亦可醜也歸妹成大壯，則離羣醜。大壯能變通，類仍不失。觀我生進退未失道也童觀君子吝以其失道。

觀國之光尚賓也大壯二之之五而後觀初之革四是尚而後賓觀我生觀民也民謂大壯五因旁通而觀之故爲我所生觀其生志未平也觀成益則益上必從乎恆大壯五不能兼行觀上也

雷電噬嗑與豐互明先王以明罰勑法罰未成大惡也成明夷則不止於罰矣故明罰不使成明夷也勑猶飾也法謂井也井通噬嗑是爲勑法屨校滅趾不行也四不行噬膚滅鼻乘剛也鼻何以滅以柔乘剛也乘剛所以宜噬膚遇毒位不當也位不當故有毒謂未遇時也利艱貞吉未光也未廣故艱利則光矣貞厲无咎得當也三從於五故當何校滅耳聰不明也井井成需與夬成需同

山下有火賁與旅互明君子以明庶政庶政明不成明夷也无敢折獄无敢猶云不果成家人上巽爲不果也成家人巽乎噬嗑成革舍車而徒義弗乘也賁上

之困三爲乘剛，則不義矣。當位故義，義則不致負且乘矣。**賁其須，與上興也。**與，謂咸也。興，二之五也。困成需，需通於晉，需二之晉五則興，晉成咸爲與。需二上行，故與上興，謂需二興而晉與之也。**永貞之吉，終莫之陵也。**陵，即鴻漸于陵之陵。漸成蹇，歸妹成大壯，相錯爲需，需爲歸妹以須，需通晉，則不復漸于陵矣。**六四，當位疑也。**需二之晉五，而晉四之初，需成既濟，晉成益，故當位。益與既濟不孚，故疑。**匪寇昏媾，終无尤也。**晉成益，未孚於恆，則疑，而需成既濟，當位則无尤。**六五之吉，有喜也。**與大畜六四互明。**白賁无咎，上得志也。**謂上應五。

山附於地，附，即兌爲附決之附，謂夬二之剝五成革也。**剝。**不撓剝，則夬二之謙五，無地。**上以厚下**上，上九也。下，謂下行之三也。上不俟五而先之三，則爲謙之輕上；從於五，則不輕薄而敦厚矣。**安宅。**安，猶寧。宅，猶居也。剝成蹇，又必通睽，居而後寧。**剝牀以足，以滅下也。**滅，猶蔑也。以蔑下，則不以厚下。**剝牀以辨，未有與也。**明夷通訟，訟成咸，則有與。未有與，所以早辨也。

剝之无咎，失上下也（乾成夬，坤成謙，則失上下。因失上下，所以舍謙而通剝也。）剝牀以膚，切近災也（謂成明夷。）以宮人寵，終无尤也（謂蹇通睽成既濟。）君子得輿，民所載也（五本民也，以德載爲君子。）小人剝廬，終不可用也（剝廬成蹇，故可用。若已成益，則用上之三而終矣。）

雷在地中（五未出，剛反動。）復（反則宜復。）先王以至日閉關（至，謂姤二之復五，姤上又之復三，成既濟，下離爲日，是至而日也。姤成咸，下艮爲門，時止則止，故閉關。）商旅不行（申上閉關之義，謂姤四不之初。）后不省方（姤二之復五爲先王，復成既濟。姤成咸，咸通損，損二之五爲后。凡卦皆有先後兩筮，此傳詳之也。省方，觀通大壯也。姤成家人通解，解二之五，即大壯二之五之比例，爲觀之省方。今成咸通損，不相錯爲觀，故不省方。）不遠之復，以修身也（謂復成既濟，姤成咸。）休復之吉，以下仁也（仁即元也。復小畜失道在初四，不得爲元，變通於姤，姤之初四補救而復爲仁。是所以得仁者在下。下指姤初也。猶云元吉在上。**頻復之厲義无咎也**義故无咎。謂能變通。**中行獨復以從道也**從道，謂我不失道，而有從之者也。**敦復无悔中以自考也**考，猶擊也，又成也。謂姤上之復三，復成既濟。中行則考有所自矣。姤二之復五爲履，二之謙五之比，例考卽考祥之考。**迷復之凶反君道也**乾四之坤初，剛反動，宜復不復而成明夷，故反乎君道。君道，猶云君子道。姤二先之復五，則君子道矣。

天下雷行謂履二之謙五。**物與无妄**爻有等謂之物。與，謂咸也。升二先之五，四往應之，成益。益又通恒，恒成咸，爲與，而後益上之三。如是則有等，乃爲无妄。**先王以茂對時**茂，猶蕃也，亦滿也。對，猶應也。升二之五爲時，升无妄四應之，无妄成益，下震爲蕃鮮，故茂。升成既濟，无妄成益，又盈滿，不可久，宜通恒以應之。**育萬物**不獨育升，又育恒，申上物與之義。**无妄之往得志也**升五得中。**不耕穫未富也**與升消不富互明。**行人得牛邑人災也**邑人殺牛爲災可貞无咎固有之也恒德之固也无妄成益變通於恒終則有始无妄之藥不可試也上從升五成革則四不可試无妄之行窮之災也行人得牛則邑人災行人不災行人不得則行即爲災故窮

天在山中在山中謂二之五也大畜失在大則宜畜於小失在小則宜畜於大君子以多識前言往行識猶戠也論語默而識之多學而識之識有合聚之義故學以聚之前言萃上兌也往行謂上之萃三也萃五已定故稱前大畜通萃多助而聚以畜其德德謂五也不成兩既濟故能畜有厲利已不犯災也不變通而大畜上之屯三即爲匪正有眚輿說輹中无尤也不通於萃二之五雖中不能無尤利有攸往上合志也五先有志而上合之六四元吉有喜也屯大畜相錯爲頤頤通大過即大畜通萃之比例賁上之困三成大過大過通頤即頤通大過也故賁于邱園傳與此同六五之吉有慶也上從五則有慶

何天之衢道大行也謂二五之道，行於三上。

山下有雷頤義與復同。君子以慎言語困成大過而四又之初，則有言不信。大過未成需，尚未有言，節通於頤以養之，則不致有言，故慎言語。節飲食需，飲食之道也。節，止也。謂大過四不之初，不致成需。觀我朵頤亦不足貴也五先乃貴。六二征凶行失類也謂成兩既濟，不能續終。十年勿用道大悖也用則大悖，故不可用。顛頤之吉上施光也明无咎之義也。夬四之剝初，則上不可更施矣。變通於大過，大過四不之初，則頤上仍可施。所以上可施者，以其旁通而廣大也。居貞之吉順以從上也從恆五而上。由頤厲吉大有慶也三上能從五，故有慶。

澤滅木三上先五而行，爲滅。謂姤上之復三，賁上之困三也。大過二未行，故過。君子以獨立不懼立，猶成也。大過四不之初，而二特行於頤五，成益，益上可之三，成既濟。大過四未行，故不懼也遯世无悶遯世易世也因二捬伏乃成大過易而通頤故無悶伏也大過明夷相錯爲升皐大過通通頤猶升通无妄爲謙通履之比例即臨通遯之比例也藉用白茅柔在下也成需則柔不在下老夫女妻過以相與也相與謂成咸棟橈之凶不可以有輔也輔即頤也賁上之困三成大過係明夷未通於頤棟隆之吉不橈乎下也有他則橈乎下枯楊生華何可久也頤成益未通於恆老婦士夫亦可醜也大過明夷不可醜孚於頤則可醜過涉之凶不可咎也不可則有咎可則无咎賁上之困三不可者也

水洊至習坎洊習皆重也君子以常德行不失道則常德行謂二五習教事事通變也一筮再筮故習習坎入坎失道凶也習坎謂兩坎相重能變通習教事則不習坎矣不能習教事則習坎入入坎矣兩習字不同義明習相遠也求小得未出中也二未

之離五猶未濟二不之五來之坎坎終无功也成兩既濟而終故无功樽酒簋貳剛柔際也謂坎二交離五坎不盈中未大也未出中則剛柔未交故中未大

上六失道二不之離五而三先行故失道凶三歲也三歲謂離成豐凶及之

明兩作離作始也坎二之離五一始離成家人通於解又始大人即離成家人通解利見大人以繼明照於四方五先得則不成明夷成家人而旁通於解故照於四方而得繼續也

履錯之敬以辟咎也節二之旅五爲睽二之五之比例故傳與睽初九同黃離元吉得中道也坎二先之離五故得中而合乎道日昃之離何可久也豐井相錯爲恒既濟是坎二不之離五而離上之坎三爲恒二不之五而益上之三之比例突如其來如无所容也與恒九三傳互明六五之吉離王公也成豐王公不相麗矣豐通渙而成革仍麗也荀子榮辱云父子相傳以持王公王用出征以正邦也與蹇象傳

義同明坎成蹇通於睽則離成革通於蒙傳之贊經每以辭之同爲引申如此以正邦乃與蹇彖傳相鈎貫若執正邦之說以解王用出征則無聊矣

男廷琥授書
孫授易
授詩
校字

象下傳章句弟六 雕菰樓易學之一

江都焦循學

山上有澤咸上兌下艮二五己定則宜感人君子以虛受人損五無人而虛二之五則有人而五受之仁者人也受人卽體仁矣家語載孔子之言云夫學者損其自多以虛受人是爲咸旁通於損之證咸其拇志在外也外謂損益五自外來雖凶居吉順不害也蒙成損則害損通於咸咸四不之初而損二先之五則順以承之矣所謂損以遠害也咸其股亦不處也處不出也蒙成損則二處而不出與咸相應而二出中故不處處由變通而不處仍復乎蒙二之不處矣故亦之志在隨人志謂損二之五所執下也下謂咸四之初恐解者誤以執在隨故傳分別之謂所執在下而所志在隨非所執在隨也貞吉悔亡未感害也未感在損則害既感在咸則悔亡憧憧往來未光大也因未廣大所以往來咸其脢志

末也志謂五．末謂上．謂志行於末也．咸其輔頰舌滕口說也滕．乘也．與騰同．謂損二升於五．口說皆兌也．

雷風恆與風雷益相錯而孚．君子以立不易方立．卽立心勿恆之立．謂益上之三也．方．旁通也．恆與益旁通．恆二之五．益上卽可之三．浚恆之凶始求深也求．謂四之初．求必從五．不可爲始．始於求．則無交而求也．深．謂井也．恆四之初．卽豐四之井初之比例．九二悔亡能久中也所以能久．以其得中．不恆其德无所容也容．包也．无所容．則或承之羞．而成泰．泰通否．則又包承包羞矣．久非其位安得禽也非其位．喪而未得也．知得者固宜知喪．而喪則卽宜有得．久喪而不得．以至成泰．泰包羞於否．乃二之五爲得禽．成既濟爲安也．婦人貞吉從一而終也一者．元也．二之五爲元．而後四之初從之．夫子制義從婦凶也義．猶利也．謂變而通之也．恆成咸．已爲夫子．卽宜裁制之以義．不卽以四之初．而旁通於損．經之婦人指恆五也從婦之婦傳指損五也以恆通益則益夫也恆婦也恆成既濟而益仍是益也所謂婦人吉也以咸通損則咸夫也損婦也損二不之五婦未納而咸即成既濟而終是爲從婦所謂夫子凶也振恆在上大无功也謂心未恆而益上之三

天下有山遯二五定則宜退君子以遠小人小人謂臨也臨孚於遯而不成泰不惡而嚴同人四之師初則惡矣臨通遯則不惡解四之初則不嚴矣臨通遯仍有嚴君遯尾之厲不往何災也臨成泰遯成咸猶升成泰无妄成益益上之三爲匪正有眚此咸四之初亦匪正有眚矣四不之初而變通於損尚不致於災執用黃牛固志也咸四不之初而通損猶益上不之三而通恆係遯之厲有疾句憊也憊謂臨成既濟畜臣妾吉不可大事也大事謂四之初四之初則無兌妾矣君子好遯小人否也好則不惡矣不能遠小人則非好遯嘉遯貞吉以正志也臨二之五先有志而後遯上往正之

肥遯无不利，无所疑也。臨二不之五，五而遯上之臨，三則疑矣。

雷在天上，震在乾上，二宜之五。大壯。二之五，則大壯。君子以非禮弗履。非禮，謂失道也。歸妹四之漸初，成家人，臨。歸妹三之漸上，成大壯蹇，皆非禮。臨通遯，相錯為履。大壯通觀，錯不為履。故云弗履也。

壯于趾，其孚句窮也。所以舍蹇下之趾，而孚於觀者，以漸上征歸妹三，為壯于趾而窮也。承上非禮弗履言之。

九二貞吉，以中也。先五後四，故吉。

小人用壯，君子罔也。用壯則君子長，乃可用罔以從之。

藩決不羸，尚往也。尚而後往，則先用壯而後用罔矣。尚往二字，贊藩決不羸，即贊小人用壯，君子用罔。故小人用壯，君子罔，無贊辭，而通藩決不羸，統之以尚往也。然則羝羊觸藩，藩羸其角，為不能尚往，可知傳文簡妙如此。

喪羊于易，位不當也。因歸妹征凶，位不當，故易。

不能退，不能遂，不詳也。詳與祥同，謂兌羊也。二之五當位而吉，則稱祥。二不之五而成泰，四雖互兌，第稱羝羊，不可為吉祥。

艱則吉，咎不長也。

與臨六三傳同。歸妹成臨。臨成泰。則憂。歸妹成大壯。大壯成泰。則艱。既憂无咎。與艱則吉。皆指泰通否。傳明非禮弗履而變通實同也。

明出地上出謂需二先之晉五晉出猶進也君子以自昭明德五不進而四上之初三。則成明夷。晦而不昭。需二先來之五。則我有主。然後以四上之初三。則不成明夷。是明德自我而昭矣。或以離日在坤上爲昭。三陽皆失。何明德可昭乎。

晉如摧如獨行正也與夬獨行遇雨。五明夬四之剝初。不獨行矣。需二之晉五。則仍獨行。在需成既濟。是由獨行而正。

裕无咎未受命也摧如故裕。晉如故无咎。无咎以其獨行正也。裕以其未受命也。

受茲介福以中正也與訟元吉傳同。

衆允之志上行也志謂五。上謂三。

鼫鼠貞厲位不當也咸不通損而四卽之初。則位不當。所以危也。

失得勿恤往有慶也三從五則有慶

維用伐邑道未光也咸未通損。所以厲。

明入地中（履四之謙，初履成中孚，巽入在上。賁上之困三，困成大過，巽入在下。）明夷（坤在上，所以傷。）君子以涖衆（訟二來臨之，則應者衆。）用晦而明（用晦則能變通矣。）君子于行，義不食也（中孚與明夷不孚，故不食。明夷所以變通於訟者，以其不食改而爲食也。）六二之吉，順以則也（中孚不變通而上之三，則不順。）南狩之志，乃大得也（承上順以則言之。六即大難之大，其以順則而吉，其大難亦以順則而得也。）內難入于左腹，獲心（句）意也（意即意承考之意。履四之謙初，猶隨四之蠱初也。）箕子之貞，明不可息也（利而後貞，則不息。）初登于天，照四國也（猶云照四方。）後入于地，失則也（失則猶云失是。）

風自火出（出即坎二出中也，謂先有火後有風。）家人（乾已成家人，則宜變通。）君子以言有物而行有恆（謂解二之五也。解成萃，上兌爲言，物爻有等也。上之解三成恆，解二先之五則有恆矣。有恆猶云用恆也。**閑有家，志未變也。**解四不之初而二之五，則志與家人孚。若解四之初成臨，斯宜變而通遯矣。**六二之吉，順以巽也。**與漸六四傳同。**家人嗃嗃，未失也。**能因危而悔，則不失。**婦子嘻嘻，失家節也。**嘻嘻則解成恆，恆仍不能變通，而四之初成泰，故失節。失節由不閑也。**富家大吉，順在位也。**乾成家人，解以順承之，而二先之五，爲萃有位，順承在此。有孚失是，仍非順也。**王假有家，交相愛也。**愛猶好也。解二交於五，則相親愛。交卽同人于郊之郊。**威如之吉，反身之謂也。**反謂反家人爲解，身謂解成咸，相錯爲蹇。

上火下澤，明五柔二剛。**睽。**序卦傳以乖贊睽，謂睽二不之五而成損成大壯也，此失道之名也。此傳以異贊睽，謂睽與蹇孚爲一陰一陽之道也，則變通之名也。凡卦名每兼二義，由此可推。**君子以同而異。**兩剛則同，一剛一柔則異，皆謂五也。蹇革兩五皆剛，變通於睽，則一剛一柔，故同而異。同而不巽則成兩既濟巽而終巽則成損成大壯見惡人以辟咎也與離初九傳互明遇主于巷未失道也不致成大壯損泰見輿曳位不當也因位不當所以變通而更代之无初有終遇剛也蹇通睽而睽成无妄與升通无妄而升成蹇爲比例遇卽大師克相遇之遇蹇无初則遇在睽也交孚无咎志行也謂損二之五而後咸四之初厥宗噬膚往有慶也初四從五爲乃終有慶遇雨之吉羣疑亡也成大壯成泰皆不孚而疑泰通否則泰之疑亡大壯通觀則大壯之疑亦亡

山上有水明五剛二柔蹇初不可之革四亦不可之大壯四故蹇君子以反身修德上有坎水則五五已定反而爲睽睽二之五爲修德與家人反身於解同也往蹇來譽宜待也升二之五則初往无妄四爲有譽已成蹇則初不可遽往必待睽二之五而後乃可往也此往所以蹇王臣蹇蹇終无尤也大壯成革革四之觀初而終故无尤往蹇來反內

喜之也睽外也剛自外來而爲主于內則成无妄而反爲升升之來以无妄而有喜也往蹇來
連當位實也所以當位以升虛邑化虛而爲實也大蹇朋來以中節也蹇无
妄相錯爲屯遯師節二之旅五之比例往蹇來碩志在內也內指无妄利見大
人以從貴也升成蹇則貴在蹇五而无妄三上從之睽成无妄則貴在无妄五而蹇初從之易辭
每用到來碩而往蹇往蹇而利涉大人
雷雨作解作始也謂二之五解脫家人屯之盈若二不之五成臨成恆則解慢矣亦兼二義也君
子以赦過二之五成萃與小畜二之豫五同解不成恆師豫不成小過也宥罪家人解相錯爲
豐渙豐用獄有罪得渙以解之剛柔之際義无咎也明所以稱无咎以二交於五九
二貞吉得中道也得黃矢則得中得中則合乎道負且乘亦可醜也醜類
也失道至負且乘尚可變通令有類自我致戎又誰咎也泰通否猶需通晉惟能變通以

合道乃得稱吝傳申明其義也解而拇未當位也未當位則斯君子有解小人句退也家人孚於解則知退公用射隼以解悖也成恆則悖成咸即恆之不相悖

山下有澤明初四先二五損謂失道君子以懲忿忿盈也懲與徵同止也恆成咸益成既濟則盈不可久咸四宜止不之初也窒欲窒猶顛也損二之五與大過二之頤五同逐逐之欲窒矣已事遄往尚合志也尚同上九二利貞中以為志也明上所合之志謂二之五一人行三則疑也二先之五則無所疑損其疾亦可喜也損其疾則不可喜云亦可者以能變通使遄也與亦可醜之亦同六五元吉自上祐也自即頤自養之自損二之五而咸四之初即大過二之頤五而大過四之初也損成益通恆恆二之五而益上之三即頤成益通恆恆二之五而益上之三也弗損益之大得志也得志贊得臣也

傳之體例如此。

風雷益，與雷風恆互明。君子以見善則遷。損失道不善。通咸而二之五爲見善。見善則成益。益又變通於恆。故遷。有過則改。過即赦過之過。家人上之解三咸恆則有過。孚於益而過改矣。元吉无咎，下不厚句事也。下謂家人上之解三咸恆。故不厚。通變之謂事。因下不厚，所以有事。即所謂有過則改也。或益之自外來也。外謂損也。益自損來。仍與咸係，未變通於恆。故或之。益用凶事，固有之也。恆。德之固也。告公從，以益志也。恆二之五。而益上之三從之。恆之志。即益之志也。今恆二之五成咸。而咸四之初從之。本恆與益係。則亦益之志也。有孚惠心，勿問之矣。惠我德，大得志也。即損上九傳大得志。莫益之，偏辭也。未孚於恆故偏。既孚於恆則可益。或擊之，自外來也。義同六二傳。

澤上於天謂其失上下夬宜通於剝夬之君子以施祿及下施祿謂剝上之三也。及下。由三上而及初四也。居德則忌言居德則夬二先之剝五。而後剝上之三也。夬成革。剝成蹇。宜變通不居。若居而不遷。則其及下。爲革四之蹇初矣。忌。戒也。未變通。則不可以及下也。不勝而往咎也不勝指二五。往指初四。經文每用到。玆專玥之。有戎勿恤得中道也二先之剝五。則得中而合乎道。君子夬夬終无咎也贊若濡有慍无咎也謂需通晉。需成既濟。其行次且位不當也聞言不信聰不明也聞言不信。故位不當。聰不明。申言位不當之義。夬成革。四固不可之蹇初。夬二未之剝五。四亦不可之剝初。其行次且。上承臀无膚。下爲聞言不信張本。故傳以位不當屬於其行次且之下。明所以次且者。不獨爲牽羊之悔亡。兼爲聞言之不信也。中行无咎中未光也中行則光矣。无號之凶終不可長也終而無始。故不可長。

天下有風巽乎風行天上之失姤風在天之下可以補救風在天上之失故補遺后以施命誥四方二先之復五爲命而後上施於復三誥猶告也告四方謂成咸又通於損繫于金柅柔道牽也牽即小畜牽復之牽柔道謂豫包有魚義不及賓也義即利也包有魚則姤二先之復五不繫于金柅矣繫金柅乃及賓此不成小畜不必通豫即不相錯爲大壯通觀故不及也其行次且行未牽也未成小畜牽復故不及賓无魚之凶遠民也遠民遠復也九五含章中正也以中而正有隕自天志不舍命也屯三則不如舍矣復成屯不舍者志不舍也志所以不舍以五有命也屯五已定宜改而變通姤其角上窮吝也上窮即序卦傳之窮上震成復則上窮於行窮而行則凶窮而變通則吝而已

澤上於地萃澤上有地則宜以二臨五澤上於地則不可以四分於初君子以除戎器除謂除去也戎器謂成既濟下有離戒不虞初之四爲屯屯即鹿无虞故戒其不虞乃亂

乃萃其志亂也其志，謂大畜二先之五，五而後成既濟。大畜亂，明萃不亂。引吉无咎中未變也中，即志也。與家人初九傳義同。往无咎上巽也謂大畜成家人。大吉无咎位不當也鼎成大畜，故位不當。萃有位志未光也所以贊匪孚也。大有二之五爲需，二之晉五之比例。大有成大畜，故未光。齎咨涕洟未安上也未安，未寧也。謂大畜二不之五而上之萃三，大畜未成既濟。

地中生木木生則二之五。升生則升矣。君子以順德升通无妄，猶謙通履。履霜堅冰，蓋言順也。積小以高大師卦本小，又成升，故積小，猶云積不善也。惟積小下有巽，高以巽之高，易五之小，小乃化爲大。允升大吉上合志也與革係，則無三上以應五。孚於无妄，則二之五，无妄上之三應之。九二之孚有喜也即蹇九三內喜之。升虛邑无所疑也无妄四之升初，與恆四之初同。或承之羞，或之者，疑之也。升二先之五，則不或矣。王用亨于岐山順事也順承而二先有事於五。貞吉升階大得志也以損上九益九五傳通之謂升成既濟，无妄成益。益變通於恆，與下消不富相貫。冥升在上消不富也不富，即不耕穫之未富。升成泰，无妄成益，則消。益不通恆而成既濟，則不富。

澤无水困困下坎，何以無水？謂成大過。君子以致命致，至也。致命，至於命也。遂志大過又成需，需通晉則遂泥也。若困二先之賁，五成家人，則无攸遂矣。入于幽谷幽不明也賁成明夷，故不明。困于酒食中有慶也不得中，所以成大過，成需而爲困也。需二遂志於晉五則得中，而晉上之三爲有慶矣。據于蒺蔾乘剛也五乘二之剛。入于其宮不見其妻不祥也祥，猶羊也。大過四之初，則上無兌羊。來徐徐志在下也下，謂下應也。賁節本初四失道，故通於困。困成大過，大過通頤，仍可下應，而大過四又之初，下仍無應矣。需通晉，晉四不之初，所以來者志在此也。雖不當位有與也困成需則不當位，晉四不之初而成咸故有與劓刖志未得也困二之賁五爲解二之五之比例故傳與同人上九同乃徐有說以中直也利用祭祀受福也即晉受茲介福以中正也

困于葛藟未當也成大過位不當則征凶動悔有悔吉行也吉行以位當也與上互明

木上有水言其失道井宜二之噬嗑五爲法君子以勞民勸相坎巽成井猶坤艮成謙謙通履成蹇爲勞謙即井二之噬嗑五之比例也民謂噬嗑五也變通故民勸豐井三上不應噬嗑三上應故相也井泥不食下也二不之噬嗑五而豐四之井初下猶底也舊井无禽時舍也舍豐而通噬嗑則爲時行矣井谷射鮒无與也无與謂成需因无與而射鮒射鮒則有與矣井渫不食行惻也樂則行之憂則違之故乾成夬坤成謙即宜違而不行坎離成井豐亦宜違而不行者也乃離上既之坎三爲憂惻而豐四又之井初是不能違憂而行憂矣求

王明受福也需二之晉五受茲介福而晉上求之成咸井甃无咎修井也凡失道而能改者爲修寒泉之食中正也謂需二之晉五元吉在上大成也大成猶云大終

澤中有火革中謂五也凡坤在上則稱地中師升明夷謙是也艮在上則稱山中大畜是也兌在上則稱澤中此與隨是也兌在上而剛中下又有火有雷則柔在二二五俱定是宜隨宜革矣君子以治厤明時下三爻爲三歲四重剛於日上爲閏五爲章四齊同於彖爲蔀彖成益益恆咸損往來成日月寒暑義備諸卦傳贊於此鞏用黃牛不可以有爲也俟彖二之五革四不可有爲猶蹇宜待也己日革之行有嘉也郎隨之孚于嘉革言三就又何之矣益未通恆三上何之改命之吉信志也孚於彖而得志大人虎變其文炳也物相雜曰文炳猶著也彖雜而著君子豹變其文蔚也蔚讀若尉安也革通

蒙爲安行，革成既濟，則蒙成益，益通恆，乃豹變。**小人革面，順以從君也。**以猶云，順以從上。**木上有火，**離在上，巽在下。二五未定。**鼎。**凡二五未定，皆新之所取也。呂覽愼勢云：周鼎著象，爲其理之通也。理通，君道也。**君子以正位**位，謂鼎二之五。正，謂屯成既濟。**凝命。**凝，堅也。堅，厚也。二先之五，而後上之屯三，故堅厚。**鼎顛趾，未悖也。**上先行成恆，則悖。**利出否，以從貴也。**屯從鼎，猶蹇從睽。**鼎有實，愼所之也。**不以初之四，而以二之五。**我仇有疾，終无尤也。**屯成既濟而終，鼎成咸則无尤。**鼎耳革，失其義也。**屯舍家人而通鼎，所謂義也。鼎仍成家人，則猶未嘗通矣。**覆公餗，信如何也。**屯與鼎孚，所以續其終，茲仍形渥成兩既濟，何取此孚乎。**鼎黃耳，中以爲實也。**明有實爲二之五。**玉鉉在上，剛柔節也。**屯通鼎，鼎二之五，與節二之旅五同。**洊雷，**洊猶薦也。**震。**初四行爲震，在重卦當位成屯，失道成復。**君子以恐懼**謂屯也。即震來虩虩修省謂復也修卽不遠復所以修身省卽省方之省謂巽成小畜通豫震來虩虩恐致福也笑言啞啞後有則也謂恐懼震來厲乘剛也謂成復宜修省震蘇蘇位不當也云蘇則先將絕矣震遂泥未光也光亨由於遂之震往來厲危行也因危而時行其事在中大无喪也復小則喪貝成屯大故无喪震索索中未得也明索索爲空虛雖凶无咎畏鄰戒也戒故不于其躬因畏鄰而戒畏之故從之矣

兼山艮兼亦重也成蹇當止成謙亦當止君子以思不出其位不出其位卽不出戶庭不出門庭也思容也不出其位而初四先行則成節賁卽旅四之初之比例節通旅則有所容旅四之初則无所容故君子當不出其位時以思爲容也論語不在其位不謀其政曾子引此以實之不出其位故不在其位謂五未有位也不謀其政故止而變通也艮其趾未失正也未失道而成既濟故

永貞此爲當位不拯其隨未退聽也兌成節未通於旅旅不成遯故未退也聽謂兌四之艮初兌上成坎未退未思也聽則已不出其位也艮其限危薰心也以危釋厲艮其身止諸躬也艮其限艮其身皆宜止而變通不獨以躬釋身也艮其輔以中正也解五得中而後家人貞敦艮之吉以厚終也解成咸家人成既濟故以厚終先成謙則輕薄矣

山上有木巽在上艮在下二五已定初上未定漸初行上不可遽行上行初不可遽行君子以居賢德當位則歸妹成屯革漸成家人蹇失道則歸妹成大壯臨漸亦成家人蹇失在臨大壯故漸居賢德也善俗俗習也謂變通小子之厲義无咎也小子厲俗之不善也有言无咎則以變通而善其俗矣傳與解初六同明漸成家人變通於解爲有言无咎也飲食衎衎不素飽也素即素履之素歸妹二先之五爲兌二先之艮五之比例歸妹成大壯猶艮成謙是爲素矣

夫征不復離羣醜也婦孕不育失其道也互文也夫征婦孕則漸成既濟故離羣醜不復不育則歸妹二不之五故失其道利用禦寇順相保也家人通解臨亦通遯謂容保民无疆或得其桷順以巽也與蒙六五傳同終莫之勝吉得所願也得素履獨行之願其羽可用爲儀吉不可亂也亂謂終止也兩儀各有所從則不亂

澤上有雷澤中有雷宜隨人澤上有雷宜自新歸妹二五未定所以失道至於昧君子以永終知敝謂泰通否而成既濟知敝敝猶罷謂成既濟也知卽知大始之知有以知其敝卽有以始其終也歸妹以娣以恆也以恆用恆也用恆則成咸謂咸臨也跛能履吉相承也漸成家人歸妹成臨家人上之臨三則相承以凶矣變通故吉利幽人之貞未變常也咸臨卽通遯遯成咸故未變常歸妹以須未當也申象征凶位不當愆期

之志有待而行也待，即遲也。帝乙歸妹不如其娣之袂良也以帝乙歸妹，即君之袂，故不言君之袂。其位在中以貴行也娣之袂，雖良於君之袂，乃泰通否而二之五，與大壯通觀而二之五，皆其位在中，泰有否以應之，大壯有觀以應之，皆以貴行，以貴行猶云志行也。上六无實承虛筐也以无實係上六，明征凶成大壯。

雷電皆至至，謂渙二之豐五，坎二不至離五，則電不至，巽二不至震五，則雷不至。今變通而豐成革，渙成蹇，仍不異離震成革，坎巽成蹇也。故皆至。豐至則化小爲大。君子以折獄致刑渙二之豐五成革，革上兑爲折，而後渙上之三爲獄，刑即利用刑人之刑，致猶至也，謂革通蒙，蒙二之五爲至，革成既濟爲刑。雖旬无咎過旬災也四之渙初，爲小過四之初之比例，故災。有孚發若信以發志也渙二之豐五，猶解二之五，故與大有六五傳同。豐其沛不可大事也用小過彖辭明上過旬災。折其右肱終不可用也渙先成益，則上之三成兩既濟而終矣。**豐其蔀位不當也**謂五不先行，而四先行。**日中見斗幽不明也**成明夷，故不明。**遇其夷主吉行也**明日中見斗，非吉行。**六五之吉有慶也**不言譽者，明慶即譽。**豐其屋天際翔也**際猶接也。翔當依孟喜作祥，即視履考祥之祥。渙二交於豐五成革，互乾爲天，上兌爲祥。**闚其戶闃其无人自藏也**藏即否臧凶之臧。明夷中孚相錯爲家人臨，即同人四之師初之比例，自指五，五不覿而藏，故爲自藏。

山上有火與木上有火同。**旅**當位則爲旅之親寡，失是則爲旅之无所容。**君子以明愼用刑**不成明夷，故明；愼謂節二先之旅五，用刑謂節成既濟。**而不留獄**易以上之三爲用獄，不留謂節二先之旅五，則旅上不必留，即之節三應之成咸，惟不留獄，故四不可遽之初，宜上則不宜下也。旅爲舍止之名，四不之初，則咸下有艮，詩公劉云"于時廬旅"。**旅瑣瑣志窮災也**不能明愼用刑，而志窮矣。**得童僕貞終无尤也**賁成既濟而終，先得童僕，故无尤。**旅焚其**

次亦以傷矣傷夷也謂瑣瑣志窮以旅與下其義句喪也明夷通訟訟成咸如是雖喪而宜謂所以變通盡利者以其喪也旅于處未得位也節二處而不出故未得位得其資斧心未快也若旅五先得則所得者非資斧終以譽命上逮也逮及也五先有命而後及上以旅在上旅之所以名旅以五不歸也既初之四成賁又上之節三成明夷節成需明夷主人客於需二而成旅人者上先行故也其義焚也旅成明夷明夷變通於訟為義所以義者以其焚也明旅人先笑後號咷指明夷通訟喪牛于易終莫之聞也先成需明夷則莫之聞後成兩既濟則終聞讀勿問之問謂莫之問而終也

隨風二之震五成隨巽之隨震猶隨之隨蠱也巽巽與遜同巽於人故隨人君子以申命行事申重也節謂先庚後庚進退志疑也震四之巽初同於恆四之初疑猶或也利武人之貞志治也治猶為也謂武人為于大君紛若之吉得中也謂小

畜二之豫五。頻巽之吝志窮也卽鳴豫凶之志窮。謂二不之震五。而成復小畜。田獲三品有功也悔亡而後獲。故有功。九五之吉位正中也蹇成既濟由睽得中。巽在牀下上窮也卽姤上上九傳之上窮。明成小畜復。喪資斧。故上窮。喪其資斧正乎句凶也上窮而喪資斧矣。宜變。不可貞也。乃貞乎。貞則必凶矣。

麗澤麗。離也。謂成革。革下離。兌成革而說於蒙。君子以朋友講習二之艮五。則得友。講。猶媾也。習。重也。講而又講。得友而又得友。謂一交而艮成漸。再交而蒙成觀。和兌之吉行未疑也一人行故不疑。孚兌之吉信志也與革九四傳同。來兌之凶位不當也三先於五。九四之喜有慶也喜。謂蒙二之五也。慶。謂革凶之蒙初也。與乃終有慶互明。孚于剝位正當也夬能變通則不來兌凶矣。上六引兌未光也夬孚號乃光。

風行水上與小畜互明。渙通豐猶小畜通豫。與血去惕出義同。渙二先行而後上之三。故渙散。先王以享于帝豐上震爲帝。二之豐五享之。立廟豫之薦上帝配祖考。與此互明。初六之吉順也渙成中孚。即變通於小過以順承之。渙奔其机得願也與漸上九得所願義同。謂豐成革。變通於蒙也。渙其躬志在外也即柔得位乎外也。渙其羣元吉光大也旁通於渙。而豐乃大。王居无咎正位也正謂豐成既濟。豐先成革。革四之渙初。渙其血遠害也與損以遠害同。

澤上有水兑四之艮初。故上有水。節澤在下宜孚艮。故舍賁而通旅。君子以制數度數度有品第者。兑成節。數度紊矣。變通於旅以制之。議德行二之旅五爲德行。議猶儀也。不出戶庭知通塞也出戶庭則塞。出門庭則通。知之則行其通。不窮於塞矣。不出門庭凶失時極也時極時中也。失時極。何以儀德行。不節之嗟又誰咎也與同人解傳同。安節之亨，承上道也。承，即或承之羞之承。兌四之艮初，成節；賁賁上又之節三，則承之羞矣。變通於旅，故合乎道。甘節之吉，居位中也。居而位於旅五，即屯之利居貞。苦節貞凶，其道窮也。申明不可貞之義。澤上有風，謂履四之謙初。中孚，與明夷不孚，宜旁通小過。君子以議獄履四之謙初，亦豐四之渙初也。獄，謂豐渙成中孚，豐成明夷，獄之不宜者也。中孚二之小過五，而後三上儀之。緩死緩，即解也。解成臨，猶履成中孚。死，即恆不死之死。小過遇中孚，有以解緩其死也。初九虞吉，志未變也。小過四不之初，則不必變通於他卦。其子和之，中心願也。謂二之小過五，即恆二之五之比，例與泰六四傳同。或鼓或罷，位不當也。謂成需不當，所以或。馬匹亡，絕類上也。絕，決也。類，似續也。需二之晉五，需成既濟，晉成否，絕而能續也。上，即晉之柔進而上行也。絕類，猶云乃亂乃萃。有孚攣如，位正當也。需通晉而成既濟，故正而位當。翰音登于天何可長也益不通恆而成既濟何可久長。

山上有雷小過不能雷出地奮所以過。君子以行過乎恭此過爲行過之過言德行則行乎恭也恭猶共也共即我與爾靡也。喪過乎哀喪謂五未得也哀猶愛也愛即好也。用過乎儉儉險也謂中孚二之小過五小過四之初應之上成坎因喪而用因用而行互言之。飛鳥以凶不可如何也不可謂不可大事。不及其君臣不可過也君已不及臣又過則成明夷矣不可過故遇遇則不過也。從或戕之凶如何也弗過遇之位不當也兩如何皆起下之辭惟飛鳥以凶故彖言不可大事所謂不可者如何以不及其君則臣不可又過也從或戕之凶所謂凶者如何以小畜二不之豫五而上之豫三爲位不當也惟位不當所以弗過防之防之斯能遇之也弗過遇之即申言弗過防之經本於弗過防之下反言其不防則凶以明其不可不防即不可不遇傳故以位不當反言以明弗過遇之與經反言從或戕之凶以明弗過過之適相印合。

傳之贊經，神妙无方，而按之實一以貫之也。學者體味自見。往厲必戒，終不可長也。不戒，則益上之三成兩既濟，而終不可久長。密雲不雨，已上也。已，止也。四不之初也。小過成咸，咸四不之初，則中孚成益三，可之上。弗遇過之，已亢也。四不之初爲已，已則不成明夷，仍爲小過，旁通中孚，上巽，故亢。

水在火上，明六爻皆定。既濟，既，猶終也。君子以思患，患，憂也。失道則憂，思，容也。有患而變通以容之，如明夷通訟、泰通否是矣。而豫防之。即弗過防之也。小畜二先之豫五，而後成既濟，則能豫防。曳其輪，義无咎也。濡尾有咎，變通而曳其輪，則義。七日得，以中道也。不通咸，雖中不合道。三年克之，憊也。憊，猶罷也，謂成既濟。終日戒，有所疑也。益不與既濟孚。東鄰殺牛，不如西鄰之時也。西鄰礿祭，則時。實受其福，吉大來也。未濟二之五成否，猶泰通否，而二之五成既濟，即小往大來也。濡其首厲何可久也西鄰礿祭則可久。濡其首，不能爲西鄰之礿祭矣。

火在水上明與既濟反。未濟不成既濟。君子以愼辨物爻有等，爲物有以辨之而不紊，則兩既濟而終止矣，不致成，故爲愼。居方方，旁也。謂與既濟旁通，而二居於五。濡其尾亦不知極也極，中也。不知大中之道，故不以二先之五。方而不能居，卽不能愼而辨物也。

九二貞吉中以行正也與泰六五傳中以行願互明。

未濟征凶位不當也二未之五，而上征於三，是爲位不當。傳之言明矣。

貞吉悔亡志行也恆五之志行於益上。

君子之光其暉吉也暉，猶揮也。謂旁通。

飲酒濡首亦不知節也恆成咸則知節。恆成泰，益成既濟，故不知節也。

男廷琥 孫授書 授易 授詩 校字

繫辭上傳章句弟七　雕菰樓易學之一

江都焦循學

天尊地卑乾坤定矣　明易首乾坤而乾又先於坤有地必有天故有母必有父有民必有君夫婦定而後父子親君臣定而後上下辨伏羲本天地以定夫婦父子君臣因定乾坤二卦三綱自是始立爲萬古不易之道也

卑高以陳貴賤位矣　爻自初而上故云卑高陽尊於陰五貴於初三

動靜有常剛柔斷矣　剛柔以五言剛在五則靜柔在五則動動靜之有常以五之剛柔爲斷二四上從乎五初三尊卑之義也初四三上從乎二五貴賤之義也二五已定則靜而不動二五未定則動而不靜剛柔之義也諸爻以五爲主故卦之剛柔以五爲斷舊說陽動陰靜失其義矣

方以類聚物以羣分吉凶生矣　方旁也謂旁通也類猶似也成兩既濟則絕而無類分而不聚屯三之家人上革四之蹇初是也故家人旁通解屯旁通鼎革旁通蒙蹇旁通睽此方也鼎成遯解成萃蒙成觀睽

成无妄此類也於是鼎解成咸蒙睽成益則以類而聚也物者爻有等也聚則羣矣分謂成既濟也先二五次初四終三上此物也成屯家人而旁通於鼎解鼎解類聚成咸此羣也屯家人乃成既濟則以羣而分也先二五次三上終初四亦物也成革蹇而旁通於蒙睽蒙睽類聚成益此羣也革蹇乃成既濟則以羣而分也如是則當位而吉不如是則位不當而凶故方而聚不以類則有孚失是也物而分不以羣則无號終有凶也

在天成象在地成形變化見矣此承上類聚羣分而申言之也象即類也二五時行以成象見乃謂之象也初四三上從二五而終形乃謂之器也變謂陽變爲陰化謂陰化爲陽變則旁通矣化則類聚矣類聚以成象矣羣分以成形矣見猶顯也顯猶代也謂變化而更代似續之也

是故剛柔相摩摩猶索也剛柔乾坤也摩而成六子**八卦相盪**盪猶相錯也謂因而重之**鼓之以雷霆**霆電也雷震電離也鼓動也震離柔中宜動而爲剛中小過柔得中睽柔進而上行是也不言艮者例此**潤之以風雨**風巽也雨坎也潤者漸漬也巽坎剛中不動而感通於他卦目此而光潤及彼

如家人反身於解。屯從王事於鼎。是也。兌亦例此。**日月運行，一寒一暑。**日離月坎。寒乾暑坤。運行謂咸損益恆既濟未濟否泰。八卦相往來反復不已也。損成益。而咸四應之成既濟。恆成咸。益上亦應之成既濟。既濟通未濟。未濟成否。初三應之成咸益。否通泰。泰成既濟。否應之亦成咸益。既濟未濟。日月運行也。否泰。一寒一暑也。**乾道成男，坤道成女。**道。行也。乾二四行。則坤成屯。二上行。則坤成蹇。皆男也。坤五四行。則乾成家人。五三行。則乾成革。皆女也。不失道。**乾知大始，**知猶爲也。爲猶治也。大始。元也。乾有爲乃行健而體元。謂乾二之坤五。**坤作成物。**作當依虞翻姚信作化。謂變化於鼎睽。而屯蹇乃成既濟也。**乾以易知，**易。交易也。乾何以知。交易即知也。**坤以簡能。**能。姚信作從。坤初從則三不從。三從則初不從。所以簡而不煩。若初從三又從。成兩既濟。則不能變化。**易則易知，**下易字去聲讀之。**簡則易從。**不交易而從。是爲從。或從或則位不當。位不當則艱難危困。改而有爲。其悔吝之餘。所知所從。殊非易易矣。**易知則有親，**如乾成同人。通師。坤成比。

二

通大有易從則有功如隨成革蠱成蹇則出門交有功家人成既濟解成咸則田獲三品有功有親則可久二五必得上下應之乃有親而可久若需二之明夷五則不親亦成兩既濟而絕有功則可大三上必得二五乃大先二五而行則小矣大有成大壯則小人害是也可久則賢人之德君子孚於小人是爲德自彊不息二五之行也可大則賢人之業業必期其成謂成既濟也如益通恒爲賢人之德恒二之五而後益上之三爲賢人之業易簡而天下之理得矣此易爲乾以易知之易鄭康成荀慈明董季直皆音亦能易則簡矣天下之理得而成位乎其中矣中謂五也明有親有功可久可大皆視乎二五以上總言易之大義天下之理不外易簡而簡由於易此易所以名聖人兼指伏羲文王周公設卦觀象設卦伏羲也設六十四卦卽示人以變通之象繫辭焉而明吉凶也繫辭文王周公伏羲設卦必指畫口授其象俾民知吉凶久而其象不明故文王周公繫辭以明之剛柔相推而生變

化相推反復其道也五之已剛者反而爲柔既反爲柔又復而爲剛轉相推致以變而通伏羲觀象以此文王周公繫辭亦以此也

是故吉凶者失得之象也失道則凶由失而得則吉

悔吝者憂虞之象也能憂之虞之則悔悔則雖吝不失道

變化者進退之象也由反而復爲進由復而反爲退如坤成屯則退而通於鼎鼎二之五成遯在屯爲退在鼎爲進遯又退而通臨臨又進而成屯所謂相推而生變化也吉凶悔吝所繫之辭也象則伏羲所觀也所繫之辭無非言相推之變化即象所示之進退也

剛柔者晝夜之象也晝亦反而爲夜夜必復而爲晝此迭用剛柔之象

六爻之動三極之道也兩卦旁通十二爻所動者六二五之動固爲大中初四三上之動亦視乎大中而從之故爲三極明設卦示人以動

是故君子所居而安者易之序也居而安未酬接時也易之序即六十四卦自乾坤至未濟之序

所樂而玩者爻之辭也玩習也宴樂講習皆以動言辭指爻之動君子之動似之

是故君子居

則觀其象而玩其辭動則觀其變而玩其占易之序以未動爻之辭以動．似文王之繫辭．殊乎伏羲之設卦矣．不知伏羲設卦．其未動如君子之居而安．其動即如君子之樂而玩．文王周公之辭所以占其象之變．君子非徒居而不動．伏羲之設卦．非徒序而不旁通．象即變也．辭即占也．居之觀象玩辭．即動之觀變玩占．傳以君子之居而動．明卦象之居而動也．是以自天祐之吉无不利大有二之五．爲乾二之坤五之比．例舉此以明伏羲設卦之以旁通爲觀象也．自天祐之．斯吉无不利．若設卦而不旁通．何以爲吉利．大有不旁通比．何以言祐．文王繫辭．所以述伏羲所示之象．孔子反復以明文王之爲述也．寧孔子轉不述文王周公哉．彖者言乎象者也仍申言上文之義．彖．文王所名也．乃文所繫之彖．即伏羲所觀之象也．象之言遯也．象之言似也．似者嗣也．遯者退也．此退而彼進．即嗣續不已之義．爻者言乎變者也周公所繫之爻辭．即發明卦之變化也．吉凶者言乎其失得也象之得失．辭以吉凶明之．悔吝者言乎其小疵也。象之小疵。辭以悔吝明之。无咎者善補過也。伏羲設卦觀象。教人改過。辭以无咎發明之。言玩辭玩占。即觀象觀變。是故列貴賤者存乎位。自初而上之位。伏羲所設。齊小大者存乎卦。卦之序。小大不齊。旁通以齊之。即此所設之卦。辨吉凶者存乎辭。卦動而後見吉凶。伏羲所設之卦雖存。而象之變久而漸晦。文王以辭存之。吉凶本乎貴賤小大。則辭本乎卦耳。憂悔吝者存乎介。因憂虞而悔吝。介即介福介疾之介。震无咎者存乎悔。震。動也。本有咎。因動而悔則无咎。承上文存乎辭而申言之。謂辭之言无咎。即於言悔見之。辭之言悔吝。即於言介見之也。是故卦有小大。辭有險易。辭也者各指其所之。小大兼貴賤而言。險易統吉凶悔吝而言。伏羲之卦。所可見者。但有小大而已。其中險易存乎變動者。不可見。必待辭以明之。辭所指之變化。非伏羲設卦之外別有吉凶悔吝也。即指伏羲設卦之所之也。所之謂二之五。初之四。上之三。當位失道。皆視乎所之。伏羲之卦。其觀象本有所之。而文王周公以辭指之也。易與天地準故能彌綸天地之道準等也彌徧也綸倫也天地之道一陰一陽之道也彌則廣大不已綸則品次不越仰以觀於天文天文日月星辰之運行也俯以察於地理地理水土草木之枯榮也是故知幽明之故先二五則明先初四三上則幽原始反終原猶復也卽原筮元永貞之原反其道而後終終則始而又始故知死生之說世人以形存爲生形喪爲死此非易所言生死也原始反終則積善有餘慶終則有始形喪而中未亡是但爲終而不爲死故君子曰終也惟不能原始反終積不善有餘殃乃謂之死死者澌也故小人曰死說解說也傳示人易之言生死其解說如此精氣爲物精靜也謂定而不動氣歸於形魄之中而靜則爲物遊魂爲變遊行也魂陽神也性情知識不爲形拘是能變化此言鬼神之情狀舊說以遊爲散變爲死非是是故知鬼神之情狀禮記孔子答宰我曰氣也者神之盛也魄也者鬼之盛也又曰衆生必死死必歸土此之謂鬼骨肉斃于下陰爲野土其氣發揚于上爲昭明焄蒿悽愴此百物之精也

神之著也鄭氏注禮運曰鬼者精氣所歸神者引物而出人之死也骨肉爲鬼靈爽爲神人之生也形魄爲鬼性識爲神魂遊而能變故人性善人卽神也其氣拘於形而不能變雖生亦鬼也睽成泰蹇成旣濟是成形物而不能生生故載鬼一車觀通大壯大壯二之五則觀我生爲神道設教阮嗣宗曰情者遊魂之變欲也

與天地相似故不違似繼續也憂則違之與天地相似續則不憂故不違也

知周乎萬物而道濟天下故不過知者利仁周至也周乎萬物時行而不已也道者一陰一陽反復其道也濟天下成旣濟而終也終則有始是以道濟故不致有咎也

旁行而不流樂天知命故不憂旁行旁通也流讀如樂勝則流之流謂失禮也先二五則不流孟子曰樂天者保天下知命者爲生民立命也天不能無治亂命不能無窮通聖人樂天則亂復爲治知命則窮復爲通天自聖人而樂命自聖人而立又何憂乎需通於晉則飲食宴樂此樂天也明夷通訟則復卽命此知命也未有命則師憂旣有命則比樂矣天下之命聖人立之故保天下或以任運不能幹旋爲知命非也

安土敦

乎仁故能愛安土。坤成既濟而安也。敦厚也。二先之五爲元。即仁也。敦乎仁。如艮成家人而通解也。解二之五。而後家人上之解三。故敦乎仁。家人成既濟則安土。安土則終。敦仁則有始。能愛。即家人之交相愛也。範圍天地之化而不過範。有以規之不違者也。圍環而周之也。天地之化。非有以範圍之。則或過矣。如飲食男女。天性也。必教漁佃以各食其力。民知母不知父。必定人道制嫁娶以教之。以曲成萬物而不遺曲讀如中庸曲能有誠之曲。天地之化有所過。則萬物不能齊。如乾成小畜需。坤成復謙明夷是也。聖人皆通之。使變化以合於道。皆知有夫妻父子君臣之倫。通乎晝夜之道而知晝夜之道。即一陰一陽之道。所以能周乎萬物者。以通乎此道也。知故神无方而易无體此謂設卦觀象也。聖人以先知覺後知。故準天地以作易。如此。惟易故神。非无方也。方而類聚。故不見其方也。非无體也。物而羣分。故不見其體也。旁通爲方。隨方隨類。成物爲體。即分即羣。惟往來不已而已。一陰一陽之謂道以下承上文申言之也。一陰一陽者。陰即進爲陽。陽即退爲陰也。道行也。往來不窮，故陰陽互更。陰進而爲陽，則无方；陽退而爲陰，則无體矣。**繼之者善也**此往彼來，相繼不已，是爲揚善，亦爲遷善。**成之者性也**成謂成既濟也，謂各正性命。**仁者見之謂之仁，知者見之謂之知**乾二之坤五，仁也；因而旁通變化，以敦其仁，則知也。仁者安仁，知者利仁，則繼者善矣。**百姓日用而不知，故君子之道鮮矣**百姓，萬民也。日用，有使之用者，仁者知者是也。仁者知者知之，有以使百姓日用，而百姓未仁未知，故不自知也。如既定人道，各以夫妻父子爲日用之常，雖日處道中，而不自知其何以合於道也。百姓但能成性，不能繼善。繼善者，必通乎晝夜之道而知者也，是君子之道。道也，民可使由，不可使知，故知者鮮矣。**顯諸仁**聖人之於民，養之教之，顯諸外者，惟見其仁而已。**藏諸用**用卽百姓日用也，用而不自知，故藏。**鼓萬物而不與聖人同憂**鼓萬物，所以顯也。聖人憂之，而後萬物得所樂；萬物自樂其樂，聖人自憂其憂，以憂憂爲樂之地，而萬物不與同憂，所以藏諸用也。樂在萬物，而憂在聖人，故日用而不知也。**盛**

德大業至矣哉聖人獨憂之。此盛德大業。獨歸於聖人。聖人能變通以鼓萬物。所以至至。故德盛而業大。富有之謂大業，日新之謂盛德富有日新。皆謂能變通。生生之謂易生而又生。往來交易。此易所以名易也。成象之謂乾行健則在天成象。謂二五也。變通不已。即聖人鼓萬物以顯諸仁。效法之謂坤法。即象也。乾以行健成象。坤順而效之。凡諸卦初四三上相承以應者是也。乾君也。坤民也。百姓日用而不知所以藏諸用。順聖人轉移變化以成性。極數知來之謂占極數知來。終則有始也。是之謂占。然則謂占爲占吉凶者非也。通變之謂事極數知來。即通變也。事。即業也。不通變不能成大業。陰陽不測之謂神通變則陰陽不測。專於陰專於陽則可測度矣。可測則民倦。聖人神道設教。所憂在是。所以鼓萬物者。即在是。夫易廣矣大矣旁通則廣。有始則大。由生生而致也。以言乎遠則不禦由此卦旁通彼卦。故遠。反復不盡。自無止境。以言乎邇則靜而正邇。本卦也。二五已定。故靜。因遠之不禦而成既濟，故正。曾子曰：陰陽之氣，各從其所，則靜矣。

以言乎天地之閒則備矣。天地，乾坤也。天地之閒，一乾一坤之交際也。備謂成既濟也。乾坤交而成屯、蹇、家人、革，既家人革通解蒙、屯蹇通鼎睽，遠已不禦，則適可靜而正，故屯蹇家人革成既濟。屯蹇家人革之成既濟，卽乾坤之交而成既濟也。

夫乾其靜也專，謂五也。五已定，故靜。二未之坤五，故專。其動也直，謂二也。剛在二，必動而之五，故直。是以大生焉。以生生而成象則大，所以言遠則不禦也。

夫坤其靜也翕，翕，合也。五已受乾則靜，乾成同人，坤成比，兩五皆剛，合德，故翕。其動也闢，闢猶分也。柔在五，故動，旁通於乾，陰陽分，故闢。闢則專，專則不翕直，則翕，翕則不專。由專而翕，由直而闢，一陰一陽之道也。

是以廣生焉。以生生而效法則廣，因遠不禦而效之，所以靜而正。

廣大配天地，天尊地卑，故坤視乾之動靜爲翕闢。

變通配四時，一寒一暑，四時之盈虛消息也。亢則悔而虧之，害則承而制之，如寒往則暑來，暑往則寒來，是爲時行。

陰陽之義配日月，日月運行，晝夜

之道也。義，即變通也。一日之變通爲日月，一歲之變通爲寒暑，易之陰陽變通準此。**易簡之善配至德**易簡則能變通而似續，故善。聖人明明德、新民、止於至善，是爲德之至也。乾坤以變通爲易簡，即格物以修身，絜矩以平天下也。**子曰：易其至矣乎！**承上至德，贊明至字。**夫易，聖人所以崇德而廣業也。**以五爲尊，故崇德；反復不已，故廣業。**知崇禮卑，**知屬元，禮屬亨。知所以始條理，故崇；禮所以承尊，不紊次序品節，故卑。**崇效天，**凡諸卦之先二五，皆效乎乾二之坤五也。**卑法地。**凡諸卦之上下應，皆法乎坤之初三也。**天地設位，而易行乎其中矣。**天地，乾坤也。其中，謂五也。變易之行，皆在二五。**成性存存，**成性，終也。存存，猶生生，有始也。**道義之門。**終則有始，爲反復其道；變通以盡利也。**聖人有以見天下之賾，**賾之言積也，言萬物之衆多。**而擬諸其形容，**形，已成者也；容，成之不盡者也。擬，度也。**象其物宜，**物有等者也。宜，變通以盡利也。象，猶類也。成形而終，又有所容而始，則物得其宜矣。有以擬之俾不失其類也是故謂之象明設卦所觀之象以此所繫之辭所以名象也聖人有以見天下之動萬物皆動而觀其會通會謂初四三上嘉會於二五通謂旁通於他卦以行其典禮典禮等禮也依等禮而行則不致失道不致終止繫辭焉以斷其吉凶是故謂之爻爻一卦六畫中之一畫也伏羲設卦而名此爲爻則會通典禮已觀而行之非文王繫辭始有動也言天下之至賾而不可惡也積善積惡皆積也象物宜行等禮則取類於善以善可積惡不可積也言天下之至動而不可亂也終止則亂形而有容會而能通則不成兩既濟擬之而後言言謂繫辭議之而後動議儀也謂謀而擇其宜也動爻所之也謂繫辭所指擬議以成其變化不能虞度則不可用爲儀擬之議之而後變化見也鳴鶴在陰其子和之我有好爵吾與爾靡之中孚九二爻辭子曰君子居其室出其言善則千里之外

應之況其邇者乎居謂五也室卽不能正室之室也居其室小畜二之豫五也出其言小畜上之豫三成咸咸又通損損二之五也是爲千里之外損二之五而咸四之初應之則小畜上應豫五成咸可知矣居其室出其言不善則千里之外違之況其邇者乎居其室不善不能居其室也出其言不善不能出其言也不能居其室則豫成小過三不應五也小過通中孚中孚二之小過五猶損二之五也不能出其言則小過四之初成明夷千里之外謂明夷違中孚而通訟言出乎身加乎民中孚下兌言也身中孚二之小過五成咸也民謂爾小過五柔稱民行發乎邇見乎遠中孚二之小過五爲行邇指中孚二遠指小過五見猶更代也言行君子之樞機樞機所以運也謂變通二不之五則無行非變通也樞機之發榮辱之主也榮辱猶言得失言行君子之所以動天地也可不愼乎中孚成益互坤小過成咸互乾益下動故動天地動天地由於兌言之行愼實也中孚下動則小過五實同人先

號咷而後笑同人九五爻辭子曰君子之道或出或處或默或語同人旁通於師出謂師二之五出門同人在師爲師出以律處伏也謂伏戎于莽師成升也出則師下無兌言故默處則成臨成升皆有兌言出而默則笑處而語則號咷二人同心其利斷金以號咷言之也師成升通无妄故利升二之五則與无妄同心无妄上乾爲金上之三成革爲斷金同心之言其臭如蘭同人上之師三師成升同人成革不同心之言也升變通於无妄升成蹇无妄成革斯爲同心之言升下巽爲臭蘭草之香者升二之五香始升矣初六藉用白茅无咎大過初六爻辭子曰苟錯諸地而可矣錯讀如捫錯之錯廢而去之也地謂明夷上坤訟上之三入于地則成大過不可與明夷通故舍之而通頤也藉之用茅何咎之有愼之至也愼至謂二之頤五夫茅之爲物薄而用可重也訟二不之明夷五而上之三成大過故輕薄用謂變而通於頤愼斯術也以往術猶道也其无所失

矣无所失即无咎勞謙君子有終吉謙九三爻辭子曰勞而不伐履二之謙五成蹇上坎爲勞履上不之三故不伐有功而不德履成益而通恒益上從恒五故有功德在恒五不在謙五故不德厚之至也謙輕變通於履則厚前以重對薄此以厚對輕互明也語以其功下人者也下人謂益不伐而通於恒德言盛謙通履履又成益通恒日新不己禮言恭履三上不先初四而應恒二之五恭甚矣謙也者致恭以存其位者也謙卦本輕薄不恭所以名之爲謙者以能通履致而恭也存生也輕薄則位亡致恭則位復亢龍有悔乾上九爻辭子曰貴而无位高而无民賢人在下位而无輔是以動而有悔也詳見文言傳不出户庭无咎節初九爻辭子曰亂之所生也則言語以爲階坎成節下兌爲言節成需兌之在三者加而互於四如階然君不密則失臣密猶實也坎二之離五離上成乾爲君而坎下

亦成坤爲臣今坎二不之離五而離四之坎初成節則離五虛而不實既不成乾坎下亦不成坤也**臣不密則失身**離成賁坎成節離上又之坎三則坎成需離成明夷明夷上坤爲臣五虛不實故臣不密身謂蹇革坎二先之離五君既密而得臣離上之坎三應之成蹇革則有身今不成蹇革而成需明夷故臣不密則失身也與困四之初又賁上之困三同尚口乃窮故言語以爲階也**幾事不密則害成**臣不密謂節不通旅旅而賁上之節三也若節舍賁而通旅則能見幾而作是爲幾事卽宜以節二之旅五而乃旅四之初仍成賁矣是不出門庭而出戶庭其害成矣**是以君子愼密而不出也**愼謂旅四不之初而節二之旅五不出謂不出戶庭**子曰作易者其知盜乎**盜猶寇也

易曰負且乘致寇至解六三爻辭**負也者小人之事也**柔宜負在二事謂自五之二**乘也者君子之器也**剛宜乘在五器以定位言與事互明柔自五之二而定剛自二之五而定**小人而乘君子之器**解二之五則小人負君子乘是爲時乘解

成泰，則小人乘於上，君子負於下，以柔乘剛，是以小人乘君子也。**盜思奪之矣**至於成泰而二之五，上坎爲盜，此盜起於內。**上慢下暴**上，五也。下，三也。暴，急也。五緩於成萃，三急於成恆。**盜思伐之矣**伐，謂家人上來克三，家人上亦成坎，此盜起於三，而肆於外，由解五怠慢，無以制之也。**慢藏誨盜**二不先之五，故自藏於二。**冶容誨淫**冶，銷也。或作野，亦不修飾之義也。容，包也。銷滅其容，卽不恆其德，或承之羞，无所容也。淫，水溢也。謂坎溢於上，與盜同義。嚴飾其容，則儼然人望而畏之。不嚴而慢，銷滅其容，以爲柔媚，[illegible]爲冶容也。家人與解孚，爲夫婦，解成萃，則夫夫婦婦，[illegible]道由是而正矣。今解成泰，家人成旣濟，非偶也。泰二[illegible]不以偶，所以爲淫矣。容經所載，正用以[illegible]淫。**易曰：負且乘，致寇至，盜之招也**以上七舉爻辭，所以申明擬議以成變化之義。中孚通小過，同人通師，師成升，通无妄，大過通頤，謙通履，履成益，通恆，乾成家人，家人通解，坎成節，節通旅，六者皆能成變化者也。家人通解，解成泰，則不能成變化者也。爻象所繫之辭，其義已明，下言揲蓍事。**大衍之數五十，其**

用四十有九五十者一二三四連乘之數也互相推衍故爲大衍四十有九者一一數之二二數之三三數之四四數之皆奇一之數也奇皆一乃可爲用數**分而爲二以象兩**象兩象兩地也**掛一以象三**掛當作挂取一策挂於季指也三謂參天**揲之以四以象四時**揲積也四四數之或積以六或積以七或積以八或積以九也天一水象冬地二火象夏天三木象春地四金象秋以象四時故不揲五而衍數用數皆以四也**歸奇於扐以象閏**奇所挂一也四十九數一一數之二二數之三三數之四四數之皆奇一故所挂之一即此奇也扐揲之餘也四四揲之其餘或一或二或三或四也歸奇於扐則或十三或二十五或二十一或十七扐十三則得三十六老陽九揲之數扐二十五則得二十四老陰六揲之數扐二十一則得二十八少陽七揲之數扐十七則得三十二少陰八揲之數扐之數象閏則所得之數爲正策矣**五歲再閏故再扐而後掛**此謂未歸奇於扐之前其數有五其扐有二象五歲再閏也分而爲二各揲之各有扐故再扐既揲之後正策二扐二奇一共

數爲五。五數之中，爲扐者二，故象五歲之中，爲閏者二也。既象五歲再閏，然後歸奇於扐，置之以象閏餘不在正策之內也。乃合正策，又掛之，分之，揲之，以象五歲再閏也。言再扐而後掛，不言再扐而後分者，明先掛後分也。於四十九數中掛其一，然後分四十八策爲二，前言掛一於分二之下者，明其以一合二爲三也。故此申明之。歸奇於扐，則亦歸兩正策而合之，又於正策中掛一而後分也。掛一所以象一，象一乃象二，象二象三，此其次也。傳文參伍錯綜，而義指詳明，掛一合二爲三，又合二扐爲五，五分於三之中，即寓於四之內，極用數之妙也。

天數五五奇數，一三五七九。**地數五**五偶數，二四六八十。**五位相得**謂一與六，二與七，三與八，四與九，五與十。**而各有合**六即一合五，七即二合五，八即三合五，九即四合五，十即五合五。惟各有合，所以相得也。一二三四生六七八九，六七八九之中自有五數合之，故衍數用數不用五，而五自合也。**天數二十有五**五奇積數。**地數三十**五偶積數。**凡天地之數五十有五**奇偶總積數。**此所以成變化而行鬼神也**此承五歲再閏之下。

而發明五數之運乎其中也上言衍數五十用數四十九所衍所用皆生數之一二三四也下言乾坤之策所求得之成數六七八九也以四十九掛之分之揲之扐之以合乎數之五而後六七八九乃成是由生而成之所以運乎其中以爲之樞者五也故既以五歲再閏明之此則暢言用五之義一二三四合五而成六七八九此由四十九得六七八九所以必用五歲再閏所以必掛之分之扐之而五歲再閏之象乃合非掛一則五歲之數不完即不能成變化行鬼神故謂後二變不掛者非也既言相得有合又言天地之積數者明五之爲用也二十有五以五爲等三十亦以五爲等五十有五無非以五爲等四十有九以一一二二三三四四數之皆奇一用一二三四正用一也六七八九以五約之奇一奇二奇三奇四則得六七八九即是得五非奇一無以成變化行鬼神非用五亦無以成變化行鬼神有奇一而後有五歲是用奇一正用五也筮之用五即易之用五故傳詳言之於此傳不明言一二三四而言衍數五十用數四十有九即言一二三四也傳不明言六七八九而言乾之策二百一十六坤之策一百四十四即言六七八九也其間則明言天地之數無不用五舉一反三

其義昭然也舊說謂略去其五不用又謂減五十爲四十九失其義矣乾之策二百一十有六坤之策百四十有四揲得二十八爲少陽七揲得三十二爲少陰八皆不用揲得三十六爲老陽九揲得二十四爲老陰六皆用乾六爻用九每爻三十六總爲二百一十六坤六爻用六每爻二十四總爲百四十四舉乾坤之策以明六九而七八可隅反矣凡三百有六十當期之日期之日歲實也歲實古今不同此舉統數言之二篇之策萬有一千五百二十當萬物之數也三百八十四爻陰陽各半陽爻得六千九百一十二陰爻得四千六百八是故四營而成易營求也四營謂分二挂一揲四歸奇三變而成一爻四營僅有一變故謂之易十有八變而成卦變卽易也其七十二營成六爻八卦而小成當九變時成三畫之卦爲小成引而伸之引卽引兌之引謂旁通也引而旁通則屈者伸觸類而長之觸進也既旁通有孚則進以取類故生生不已天下之能事畢矣明揲蓍成卦其

山之之法不外引伸觸類而已周禮九筮皆引伸觸類與春秋左氏傳所載占法不同詳見圖咯**顯道**一陰一陽之道易道也筮以顯之**神德行**盈者變而使之虛凶者化而使之吉故神也**是故**

可與酬酢可與祐神矣酬酢與占筮者相問答也如與臣言忠與子言孝是也祐助也以筮助神之不測**子曰知變化之道者其知神之所爲乎**神能變化聖人知之故作易以教天下

易有聖人之道四焉以言者尚其辭以動者尚其變以制器者尚其象以卜筮者尚其占辭變象占易所有也以言以動以制器以卜筮聖人所制之事也因上專言揲蓍之事故此推廣言之有易而後有卜筮聖人之道之一而已或謂易爲卜筮之書非矣

是以君子將有爲也將有行也尚未爲未行**問焉而以言其受命也如嚮**嚮謂易辭所指也受命君子受易之命**无有遠近幽深**遠近當位幽深不當位**遂知來物**物謂爻有等有等故有本

末。來物。卽格物也。知來物。則知變通。**非天下之至精其孰能與於此**精靜也。知來物則動矣。至精由靜而動。一陽而一陰也。**參伍以變**參伍。言不齊也。如乾坤變爲蹇革。則疑或不信。**錯綜其數**錯。謂較。兩數相差也。綜。謂和。兩數相合也。或差或合。所以不齊。**通其變遂成天地之文**參伍。不齊。有以通之則齊。齊則有品叙而成文。**極其數遂定天下之象**極。中也。數雖錯綜。而變通以得其中。而後定以正其性。**非天下之至變其孰能與於此**變。動也。成文定象。則靜矣。至變由動而靜。一陰而一陽也。**易**句**无思也无爲也**无思則无爲。**寂然不動**據思時言之。**感而遂通天下之故**感則易矣。易則變通往來而不窮。不動而後感。故思而後爲。不思而爲。非易也。卽不能通天下之故。思。猶容也。无所容而爲。則或承之羞矣。**非天下之至神其孰能與於此**靜而動。動而靜。反復其道。故神。**夫易聖人之所以極深而研幾也**深。藏伏不顯也。變通而有大中。

則顯矣研猶靡也謂知幾而靡切之**唯深也故能通天下之志**精謂五已定成剛中旁通於柔中故深精而深則能通此以深明至精**唯幾也故能成天下之務**變則柔中已變爲剛中幾則旁通尚未變也由知幾而變由變而成此以幾明至變**唯神也故不疾而速不行而至**不疾不行寂然不動也速而至感而遂通也伏於二乃能通於五深以通天下之志也通於五而後成於初三幾以成天下之務也失於此不妨孚於彼定於彼不難始於此不疾而速不行而至之神也易之道備於此矣**子曰易有聖人之道四焉者此之謂也**尚辭尚變尚象尚占皆不外一陰一陽之道

天一地二天三地四天五地六天七地八天九地十自大衍之數至此爲一段故於段末明天地之數如此天一則知掛一者象天始於一也地二知象兩者象地二也天三知象三者象天三也天五知天數二十五爲五五也地六知地數三十爲六五也非徒明五十五爲總數而已如後闔戸闢戸以下訓釋乾坤變通象器法神等名義又

通前天尊地卑以下而爲之節參伍錯綜而脈絡貫通洵聖文也**子曰夫易何爲者也**

夫易開物成務開始也成終也務猶事也開物而後成務終則有始也**冒天下之**

道如斯而已者也冒包括也天下之道不外開物成務而已易包括之**是故聖人**

以通天下之志開物**以定天下之業**成務**以斷天下之疑**通而

後定則無所疑**是故蓍之德圓而神**謂掛一分二揲四歸奇陰陽老少變化不測**卦**

之德方以知已成卦則旁通往來以爲知知者利仁也**六爻之義易以貢**義利

也易交易也貢獻功也爻之所以盡利由交易而獻其功然則卜筮尙占亦依旁通交易也**聖人以**

此洗心句**退藏於密**句**吉凶與民同患**洗讀爲先心謂五也六爻之義

先五聖人以之故先心六爻五先得中則退而通於外

以反反復其道密實而不妄也先心則密矣聖人以之故

退藏於密反其道柔在五稱民反而不復則憂患聖人

憂天下之憂使天下之民無一物不得其所民之休戚

不忘於心所以與民同患也神以知來變而通之以日新其道故知來知以藏往往法之已定者也不變通則民倦故藏而更之其孰能與於此哉呼下文古之聰明叡知神武而不殺者夫睿通也武行健也聰明睿知則能知法之過不及與民之情僞不待其倦而變通之以行健天下皆默運於聖人之心不用刑殺而天下之過自寡矣是以明於天之道而察於民之故天之道天行也民之故吉凶憂患也是興神物以前民用神物蓍也民可使由之不可使知之故作卜筮之法以教民使民日用其道聖人以此齊戒謂先心以神明其德夫謂用於民民之德假神道以明之是故闔戶謂之坤闔合也謂初四三上順二五成旣濟闢戶謂之乾闢開也謂二行健於五一闔一闢謂之變乾坤合德爲易之門專卽坤言其闔專卽乾言其闢故以戶言之闔則終闢則始此闔則彼闢故終則有始往來不窮謂之通不俟其闔卽旁通以闢之故不窮

見乃謂之象雜卦傳以屯爲見，彖傳以鼎爲象，此云見乃謂之象，然則屯通於鼎爲觀象之例矣。形乃謂之器成形謂既濟。制而用之謂之法制，裁也。損剛益柔，爲民裁成輔相，是乃爲法。舜執其兩端，用其中於民，是裁制而用之也。國奢示之以儉，國儉示之以禮，寬以濟猛，猛以濟寬，惟能變通，法乃不弊，故有治人無治法也。利用出入民咸用之謂之神謂反復其道，旁通不已，民日用而不知。是故易句有大極易謂變而通之也。大極猶言大中也。民雖不知變而通之，皆有大中之道，謂旁通而二五先交。是句生兩儀是節有孚失是之，是旁通而大中，則有孚而不失是矣。儀，宜也。節其羽可用爲儀之儀，得大中，或以初四下應之爲儀，或以三上上應之爲儀。宜下，成家人、屯，則不宜上；宜上，成蹇、革，則不宜下。兩儀生四象有兩儀則有屯、家人、蹇、革四卦。見乃謂之象，明指屯之通鼎，則家人通解，革通蒙，蹇通睽，亦象也，故生四象矣。四象生八卦屯通鼎爲象，是一象有二卦，四象故有八卦。兩儀、四象、八卦，通變化而言，故稱生。八卦定吉凶既生八卦則鼎解成咸咸睽蒙成益家人屯蹇革成既濟方以類聚物以羣分故吉凶生矣終則有始爲吉反是爲凶**吉凶生大業**富有謂之大業富以其鄰吉而成咸成益益又通恆咸又通損此吉生大業也或鼎解成恆睽蒙成損甚至成泰失道而凶矣一能改易則恆通益損通咸泰通否否成咸咸益咸益又通恆損則凶生大業也大業本於大極大極本於易**是故法象莫大乎天地**制而用之爲法法亦儀也凡卦之易皆有儀有象而莫大於乾坤即謂成屯家人蹇革爲儀通鼎解睽蒙爲象也如人能變通皆有法有象而不如天地之爲著也**變通莫大乎四時**謂寒暑往來**縣象著明莫大乎日月**謂日月運行**崇高莫大乎富貴**五剛中則貴旁通反復則富**備物致用立成器以爲天下利莫大乎聖人**謂治器尚象備物立成器即卦之成既濟而定也致用以爲天下利即卦之旁通而變化也治器而不尚象則備物而不能致用成器而不足以爲天下利也故用器不中度不粥於市禁奇技奇器以疑衆**探賾索隱鈎深致遠**

以定天下之吉凶，成天下之亹亹者，莫大乎蓍龜。謂卜筮尚占。亹亹猶勉勉。百姓不知自勉。假卜筮使之變通悔過。以自彊而進於道也。是故天生神物，聖人則之。謂天生蓍草。聖人取以爲卜筮之用。天地變化，聖人效之。易所以與天地準。天垂象，見吉凶，聖人象之。天垂象以示人。易亦垂象以示人。河出圖，洛出書，聖人則之。未詳。易有四象，所以示也。惟變易而後有四象。所以示人知變通也。繫辭焉，所以告也。伏羲以象示人。未以辭明之。文王繫辭。卽以變通之法告人。定之以吉凶，所以斷也。如是則吉。如是則凶。所以告人者如此。易曰：自天祐之，吉无不利。再引大有上九爻辭。子曰：祐者，助也。前舉自天祐之吉无不利。至此釋之。天之所助者，順也。大有二之五成同人。同人上有乾天。則上之比三爲順。此宜上則不宜下。申明是生兩儀之義。人之所助者，信也。信有孚也。易以初筮爲天原筮爲人大有成革有孚於蒙而蒙上下應之此申明兩儀生四象之義也**履信思乎順**履者禮也思者容也信則有禮而亨順則有容而元**又以尚賢也**義者宜也尊賢爲大謂革通蒙而蒙二之五原筮故稱又**是以自天祐之吉无不利也**如是則吉不如是則凶易有大極而生兩儀四象伏羲設卦所示也文王周公繫辭卽依此以斷吉凶此象卽言乎象爻卽言乎變而君子之觀變玩占卽所以觀象玩辭也**子曰書不盡言言不盡意然則聖人之意其不可見乎**著於竹帛者爲書言辭多竹帛書之不能盡則意不詳設問以起下**子曰聖人立象以盡意設卦以盡情僞**謂伏羲也旁通而當情也不能旁通而位不當僞也**繫辭焉以盡其言**謂文王周公**變而通之以盡利**立象設卦繫辭皆所以明變通之利**鼓之舞之以盡神**鼓所以進舞所以節民不知進假卜筮以進之民不知節假卜筮以節之**乾坤其易之緼邪**緼讀如地緼於晉之緼謂乾坤交易乾爻入於坤中

坤交入於乾中相閒。乾坤成列，而易立乎其中矣。立，定也。其中，謂二五。乾坤毁，則无以見易。易不可見，則乾坤或幾乎息矣。毁，謂成兩既濟也。見，卽屯見之見。終止而不續，故無以見易。息，止也。易則不息，息則不易。是故形而上者謂之道，以下又詳釋通篇名義，以爲之結。形而下者謂之器。形，謂成既濟定也。形而上未成既濟，一陰一陽往來於二五，故爲道；形而下則已定而成既濟，故爲器。化而裁之謂之變，裁，猶始也。或盈或害，以變化而有始。推而行之謂之通，剛柔相推，往來不已。舉而措之天下之民謂之事業。舉，猶拯也。措之天下之民，謂二五行健不已，終則有始，乃成大業。是故夫象，句聖人有以見天下之賾，而擬諸其形容，象其物宜，是故謂之象。聖人有以見天下之動，而觀其會通，以行其典禮，繫辭焉以斷其吉凶，是故謂之爻。

複前文以爲脉絡而冠之以象明繫辭即述伏羲之象也極天下之賾者存乎卦極中也天下雖賾聖人用中於民兩卦相孚其大中所在可指而示鼓天下之動者存乎辭動而不知進退則亂以辭鼓之不言舞者省文化而裁之存乎變推而行之存乎通此據鼓之於民者言也以易之變通用爲民之變通神而明之存乎其人神以神道設教也民本不明以易道神之則愚者明其人用易道以牖民之人也默而成之不言而信存乎德行所以神而明之者德行也夫婦之愚語以變通之道不能家喻而戶曉且民未遽信也故寓於卜筮之中以吉凶鼓舞其德行此聖人設教所以神而化也

男廷琥孫授書授易授詩校字

繫辭下傳章句弟八 雕菰樓易學之一

江都焦循學

八卦成列，象在其中矣；因而重之，爻在其中矣。互文也。八卦成列，因而重之，則象爻已在其中，非文王繫辭始有也。剛柔相推，變在其中矣。申言上文重八卦爲六十四，以爻相推變化成象。繫辭焉而命之，動在其中矣。相推則動矣。繫辭所以明其動也。如辭云見龍在田，則知乾二動而之坤成屯；辭云潛龍勿用，則知乾二未動而上動之坤成謙。吉凶悔吝者，生乎動者也。吉凶悔吝，所繫之辭也。不以一卦見在之爻爲吉凶悔吝，而視乎爻之往來變動，以指其所之。訟五元吉，夬上終凶，皆以動言。剛柔者，立本者也。或一卦六爻，或剛或柔，以五爲本。變通者，趣時者也。立本，以未變通言也。剛反爲柔，柔復爲剛，所謂變通也。當位者以變通而不致於亂，失道者以變通而能改爲吉。由不當趣而之當，由不利趣而之利，故趣時。吉凶者貞勝者也。貞謂成既濟也，勝謂剛中也。貞勝謂終則有始也。貞而不勝則不可貞。天地之道貞觀者也。申言貞勝所以吉也。觀，示也。天示以象，而後地乃成物而貞。日月之道貞明者也。觀則明矣。天下之動貞夫一者也。一者始也，貞者終也。貞於一，則終而始矣。天地貞於觀，日月貞於明，故易必貞於勝，而天下之動可不貞於一乎。夫乾確然示人易矣。確，堅也。說文作隺，高至也。惟易乃貞勝、貞觀、貞明、貞一。夫坤隤然示人簡矣。隤，孟喜作退，順也。坤成屯不通，鼎而以三之家人，上則知進不知退，惟退而從鼎，故簡而不煩，而上下順矣。爻也者效此者也。諸卦之爻皆效此乾坤之易簡，以爲往來。象也者像此者也。像，似也。與乾坤相似續。爻象動乎內，吉凶見乎外。爻象動則吉凶見。內卽家人內之內，外卽睽外之外。由內而外，此爻象所由動也。如家人通解，蹇通睽，是矣。解成萃，睽成无妄，則吉；解成恆，睽成損，則凶。外勝則內可貞。功業見乎變。功業皆由變化而成。

聖人之情見乎辭情謂旁通。聖人治天下不過旁通情而已矣。繫辭明之。天地之大德曰生聖人之大寶曰位何以守位曰仁仁。釋文作人。何以聚人曰財理財正辭禁民爲非曰義天地之生機在人。聖人成天地之能。亦惟生人而已。人所以生在財。聖人生人。故理財。財能生人。亦能害人。以義制之。則不爲非。聚人以財。理財以義。聖人所以成天地之德也。然必聖人在天子之位。乃能裁成輔相以左右民。故重之以大寶曰位也。此申明聖人之情。如乾五大寶也。坤五財也。民也。乾二之坤五。仁也。坤成屯通鼎。義也。屯成既濟。正辭也。鼎成咸。聚人也。鼎成恆。恆成大畜。成泰。則非矣。不使成大畜恆泰。則禁民爲非也。此情之見乎辭也。古者包犧氏之王天下也包犧。伏羲。太昊氏。仰則觀象於天天行健。俯則觀法於地地順天。觀鳥獸之文陸績謂朱鳥元武白虎蒼龍四方二十八宿經緯之文。申觀象。與地之宜謂地所生。申觀法。近取諸身本諸己。遠取諸物推以驗之於物。**於是始作八卦**首乾父坤母，以生六子。**以通神明之德**伏羲察天地萬物。又推己以絜人，而知人之性善，可以先覺覺之，故爲之畫八卦，示以有母必有父，而後有六子，使男女有定偶。民知父子、長幼尊卑，緣是而序，三綱五倫由是而建。其先民知有母不知有父，與禽獸同。畫八卦示之，而民遂悟，以示禽獸，禽獸則不悟也。是以人性之善異乎禽獸，所謂神明之德也。**以類萬物之情**類，似也。旁通之，似續不已也。人性皆善，則人之情無不同，各有情，即各有欲，以己之情通人之情，以己之欲度人之欲，則不致相争相噬，而天下之情類聚而不乖矣。聖人人與人同此性情，所異者智愚耳。聖人自度因以及人，故人萬物之情，可以聖人之情類之也。人之情欲男女飲食而已。既定人道，制嫁娶，使人各有偶，而男女不紊。又教漁佃，使民各食其力。嫁娶制則人倫之教興，漁佃作則利濟之政起，通其德，類其情，故作八卦，又重爲六十四，以示旁通往來，此伏羲之情也。而文王之辭，所以明旁通情者，即述乎此也。**作結繩而爲網罟**網與罔同。罟，猶罔也。**以佃以漁**佃與田同。**蓋取諸離**作，始也。結，交也。結繩謂離與坎交成家人上巽爲繩也坎成屯初九爲囊之底五魚在坎水之中囊以貯之故爲罔罟屯五爲包有魚亦爲田有禽故以田以漁魚在坎水中亦禽在坤野中也以下十三蓋取皆明制器尚象之事備物制用立成器以爲天下利變通乃盡利舊說離爲目互巽爲繩則離未變通矣非也包犧氏没神農氏作神農氏炎帝姜姓斲木爲耜揉木爲耒耒耨之利以教天下揉與輮同考工記耒中直者三尺有三寸上句者二尺有二寸句曲必揉耜耒頭金也耨芸草器蓋取諸益本无妄不耕穫言之也不耕而穫則升成泰无妄成既濟泰下之金不連巽木則不可爲耜方无妄成益尚未穫也則變通於恆恆下巽木連乾金以二之五是斲木爲耜以耕也益上之三應之益上巽爲坎是揉木爲耒而穫也於是不耕者變而爲耕无妄爲益故取諸益也日中爲市市所交易之地致天下之民聚天下之貨交易而退各得其所遯則退蓋取諸噬嗑離上本日中離成豐則坎成井井舍豐而通噬嗑離仍在上爲日中是日中爲交易也井二之

噬嗑五成无妄蹇相錯爲遯遯故交易而退也井既居其所而遷豐亦不致窮人而失居故各得其所以井舍豐五之民而通噬嗑五之民噬嗑成益又通恒五之民故致天下之民聚天下之貨皆得所也神農氏沒黃帝堯舜氏作黃帝有熊氏通其變使民不倦倦罷也法久則民玩神而化之使民宜之民無能名之謂神用柔用剛不能變易則民有以測之而因我之刑賞喜怒以行其智相害而無攸利矣故以無能名者變化之使之各正性命保合太和易窮則變變則通通則久明聖人治天下通變神化皆合於易是以自天祐之吉无不利大有成革則窮變通於蒙蒙成益則窮又變通於恒大有二之五即乾二之坤五之比例故三引其上九辭也黃帝堯舜垂衣裳而天下治蓋取諸乾坤上乾下坤否也否上衣下裳垂謂四之初也大有不能自天祐之而爲比之匪人則比成既濟大有成泰泰二之五成兩既濟窮矣惟泰通否泰二之五有否初四應之則治而不亂故垂衣裳而天下治也羲農以前民苦於不知故通德

類情以牖其知黄帝堯舜時民知識已開故變通神化使民日遷善而不知爲之者不知爲之故民無能名所謂無爲而治篤恭而天下平此垂衣裳之治也不言取諸否者否與泰孚則已通而不否也**刳木爲舟**刳猶判也謂剖渙上之巽利涉於三**剡木爲楫**楫所以行舟也剡銳利也謂渙二先之豐五成革上兌連於巽木爲木之銳者也有楫舟乃行**舟楫之利以濟不通致遠以利天下蓋取諸渙**巽成井震成豐不能通矣豐舍井而通渙則井下之木浮於坎上故爲舟致至也致遠謂旁通**服牛乘馬**在轅曰服**引重致遠以利天下蓋取諸隨**乘馬卽屯之乘馬隨四之蠱初爲鼎四之初之比例隨三又之蠱上卽屯三之大畜上蠱成泰下乾爲馬而坤乘於上坤爲牛亦爲車故服牛先三後五則輕泰通於否是舍其輕而引其重也亦卽舍其近而致於遠也變通故利天下**重門擊柝以待暴客**暴客盜也**蓋取諸豫**民爲門小畜二之豫五成萃小畜上又之豫三成咸下民門也艮門之上三剛相重故爲重門上之三爲擊小畜上巽木也之豫三

互巽亦木也以木擊木故爲柝咸四之初成既濟上坎爲盜四不之初待通損而後行故云待斷木爲杵掘地爲臼臼杵之利萬民以濟蓋取諸小過小畜上巽爲木豫下坤爲地斷小畜上之豫三成小過木斷地掘亦窮矣變通於中孚則用斷木爲杵用掘地爲臼杵臼相靡切而毇以精熟所謂吾與爾靡之也弦木爲弧剡木爲矢弦木所以張之也卽先張之弧謂泰二之五也剡木謂否上之三成咸與豐成革同弧矢之利以威天下蓋取諸睽睽成泰泰二之五則寇至矣故以弧矢威之使匪寇化爲昏媾上古穴居而野處後世聖人易之以宮室上棟下宇以待風雨蓋取諸大壯棟極也謂大壯二之五居中也觀上之三成艮爲人所止下宇也蹇革初四宜待故待風雨謂革旁通於蒙蒙二之五上巽爲風革四之蒙初應之上坎爲雨古之葬者厚衣之以薪葬之中野不封不樹衣被也薪萑葦之屬謂不棺也不封不聚土不樹不植木喪期无數隨哀

至則哭無卒哭虞葬之制後世聖人易之以棺槨蓋取諸大過困於株木則棟橈於澤下二藏巽木中棺槨之象也不雖橈亦因而利用之上古結繩而治古無文字其有誓約之事事大大結其繩事小小結其繩結之多少隨物衆寡各執以相考後世聖人易之以書契言載於冊謂之書刻兩札而合之一持左札一持右札合其刻處以爲信謂之契有書又有契乃可以交孚也百官以治萬民以察蓋取諸夬結繩謂夬二交於剝五成觀上巽爲繩也治則夬成既濟剝成益易之以書契謂益變通於恆恆上震爲竹二之五成咸咸上兌爲言言載於竹書也恆益相孚恆二之五載書益上之三約之契也既通剝又通恆故百官治萬民察是故易者象也上言制器尚象此申言惟變易乃爲尚象象也者像也像似也謂似續不窮改易似更端矣不知惟變通乃克久長故易即象也彖者材也彖即遯材即才舍此通乎彼賴於才也爻也者效天下之動者也是故吉凶生而悔吝著也以爻

之動。效天下之動。觀於爻則知吉凶悔吝。陽卦多陰陰卦多陽陽卦之中多陰則陰卦之中多陽兩相孚合。捋多益寡之義也。如萃。陽卦也。而有四陰。是陰多於陽。則以大畜孚之。大有陰卦也。而有五陽是陽多於陰。則以比孚之。設陽卦多陽。則陰卦必多陰以旁通之。如姤與復。遯與臨是也。聖人之辭每舉一隅。而己。其故何也故。事也。即隨无故豐多故之故陽卦奇陰卦偶奇偶指五。奇在五則爲陽卦宜變通於陰偶在五則爲陰卦宜進爲陽。其德行何也即神德行之德行。陽句一君而二民君子之道也陰句二君而一民小人之道也此申明一陰一陽之道也。陽謂陰變爲陽。即君子道也。陰謂陽變爲陰。即小人道也。一君二民失道而害矣。民盛於君。宜變通令君子道長小人道消。二君一民當位而盈矣。君盛於民。宜變通令小人道長君子道消。如既濟一君也。未濟一民也。未濟成否。亦一君也。則宜變通於泰。爲小人之道。益一君也。恆一民也。恆成泰。亦一民也。則宜變通於否。爲君子之道。下文申言之。易曰憧憧往來朋從爾思

咸九四爻辭　子曰天下何思何慮天下同歸而殊途一致而百慮言何以有思有慮以功業之成雖同歸一致而所以起之者則殊途百慮所以宜思宜慮也柔中必同化爲剛中故同歸剛中必反爲柔中故殊途一陰一陽故一致反復不已故百慮俗說何思何慮爲不煩思慮且據老莊抱一之指謂殊途而同歸百慮而一致與經文反戾矣　天下何思何慮又設問以起下文

日往則月來月往則日來日月相推而明生焉卽日月運行　寒往則暑來暑往則寒來寒暑相推而歲成焉卽一寒一暑寒暑日月迭相往來故君子小人互爲感應無君子莫治小人無小人莫養君子此一君二民所以宜益之以陽二君一民所以宜益之以陰也　往者屈也來者信也屈信相感而利生焉陰氣盛則宜屈陰以信陽陽氣盛則宜屈陽以信陰損通咸爲利益通恆亦爲利　尺蠖之屈以求信也尺蠖狀如蠶絕小行則促其要使首尾相就乃能進步　龍蛇之蟄

以存身也蟄伏也。存，生也。陽伏於二，升於五則生矣。若已定於五，則往而不來，又宜屈矣。精義入神以致用也精，靜也。義，謂變通以盡利也。靜而後動，入而後出，故以精而義，以入而神，但陽而不陰，非所以致用也。利用安身以崇德也利用反而復也。利用而後安身，終則有始也。如咸通損，損二之五爲利用，咸四之初成既濟爲安身。咸爲君子，舍己而從損之小人，損二之五爲德，咸以貴下賤，以修損五之德，故爲崇德也。過此以往未之或知也此，今也。物既殊途，理非一致，未來之事，千變萬化，何由得知。窮神知化德之盛也民無能名，故窮於神，曲能有誠故知所化。惟窮神乃能知化，亦由屈而信也。不動而敬，不言而信，不賞而勸，不怒而威，故爲德之盛。傳舉此爻專發明小人之道。有日必有月，有寒必有暑。舊說以君子之道當黃帝堯舜時，小人之道當三代之末，謂小人之道不可長，君子之道不可消，是日不可往，月不可來，寒不可往，暑不可來也。學者察之。易曰困于石據于蒺藜入于其宮不見其妻凶困六三爻辭。子曰非所困而困焉名必辱（非所困謂失道也名之爲困故辱）非所據而據焉身必危（困成大過賁成明夷故危）旣辱且危死期將至（大過所取棺槨）妻其可得見邪（此君子雖孚於小人而小人不能化爲君子）易曰公用射隼于高墉之上獲之无不利（解上六爻辭）子曰隼者禽也（禽謂解二之五得禽也解成恆則田无禽）弓矢者器也（謂家人成旣濟）射之者人也（解五無人得禽則有人）君子藏器於身待時而動何不利之有（家人上往則成旣濟藏之不卽發也家人成旣濟器也解成咸身也動震也咸通損損成益下震則爲時行謂不可解成屯也咸旣濟相錯爲革蹇待時卽蹇之宜待也）動而不括是以出而有獲（動則解成屯家人上不可獲矣括至也屯通鼎鼎二至五而後屯三可獲於鼎上若不括則獲而成兩旣濟矣出謂解二之五解出而獲非利也）語成器而動者也（語猶言也成器而動卽動而成器到言之也謂先成屯而家人）

上之屯三也反言以明經義此小人化爲君子君子又宜通於小人子曰小人不恥不仁恥而後仁不畏不義畏而後義不見利不勸不威不懲小懲而大誡此小人之福也易曰屨校滅趾无咎此之謂也噬嗑初九爻辭也小人謂六五仁義勸懲皆謂井二來之五離上之坎三離成豐坎成井失道不能无咎惟知過而改舍豐變通於噬嗑豐五爲失道之小人噬嗑五爲改過之小人故化禍而爲福若不懲而豐四又之井初則不能大誡矣小人之懲由君子之變通也善不積不足以成名惡不積不足以滅身小人以小善爲无益而弗爲也以小惡爲无傷而弗去也故惡積而不可掩罪大而不可解坎巽成井離震成豐小惡也未成明夷故无傷弗去不去而變通於噬嗑也始而小惡爲井豐不變通而以豐四之井初成明夷需則惡又加之以惡故爲惡積明夷誅也誅猶滅也故惡積成明夷則滅身滅身而名之以明夷則名辱矣揜伏也既

成需明夷而需二之明夷五故不可揜成兩既濟終止故不可解井已滅趾滅鼻改而履校尚得无咎不履校而何校滅耳故惡積罪大而凶也易曰何校滅耳凶噬嗑上九爻辭子曰危者安其位者也亡者保其存者也亂者有其治者也是故君子安而不忘危存而不忘亡治而不忘亂是以身安而國家可保也未濟成泰危亡所在也泰不變通而二之五則成兩既濟終止則亂矣故與否通否君子也二五定位即宜舍而爭於泰之小人泰二不先之五而否成既濟則安忘危存忘亡治忘亂矣泰二之五而否初應之成益益三互坤國也既濟益相錯爲家人則家也易曰其亡其亡繫于包桑否上九爻辭子曰德薄而位尊知小而謀大力小而任重鮮不及矣薄小皆謂柔尊大重皆謂居五也四未之初則柔在五爲小人之道四先之初而五猶未進是小人據尊位而初四失道也易曰鼎折足覆公餗其形渥凶

言不勝其任也柔中故不勝不勝則危故鮮不及子曰知幾其神乎神謂變通君子上交不諂下交不瀆其知幾乎交謂小畜二之豫五上交則成既濟咸下交則成家人屯諂猶陷也瀆卽再三瀆之瀆幾者動之微吉之先見者也謂變通而二先之五君子見幾而作不俟終日作始也先作後終故終則有始終日謂成既濟易曰介于石不終日貞吉豫六二爻辭介如石焉寧用終日斷可識矣咸下成艮石而四不之初則不爲離日斷謂小畜上之豫三識猶戠謂聚也君子知微知彰知柔知剛萬夫之望反其道則知微知柔復其道則知彰知剛知微知柔卽不忘危不忘亡也然又必使危者安亡者存知微又必知彰知柔又必知剛柔中稱民剛中稱夫不忘萬民而皆得所利故爲萬民之望也子曰顏氏之子其殆庶幾乎言近於知幾有不善未嘗不知知之未嘗復行也不善謂乾二不之坤

五而四先之坤初知其過而改之謂復旁通於姤是爲君子之道也易曰不遠復无祇悔元吉復初九爻辭天地絪緼萬物化醇絪緼紛紜不齊也歲實有消長日行有盈縮故不齊也醇與淳同不偏化一物也素問曰化淳而守誠史記言淳化鳥獸蟲蟻亦此義男女構精萬物化生搆合也穀梁傳曰獨陰不生獨陽不生獨天不生易曰三人行則損一人一人行則得其友損六三爻辭言致一也一謂一陰陽也致至也由不一而歸於一故爲致一二君二民則不一矣變通而仍合於一陰一陽之道也損一民也成泰則二民故損一損一者失其一也子曰君子安其身而後動易其心而後語定其交而後求君子修此三者故全也危以動則民不與也懼以語則民不應也无交而求則民不與也莫之與則傷之者至矣君子孚於小人爲易小人進於君子爲交求猶應也二五交易而後

初四三上應之，是爲易而後語，交而後求也。益五剛中，恆五柔中。爲易其心，恆二之五，則定其交。語猶言也。益易爲恆，而二之五成咸，上兌爲言。既成咸，而益上求三可也。恆二不之五則危，恆不成咸，故勿與也。恆二不之五成咸，而四之初成泰，泰爲懼，既濟泰相錯爲明夷，故傷之者至也。易曰：莫益之，或擊之，立心勿恆，凶。益上九爻辭也。以上十一舉爻辭，所以申明君子小人相交易而爲道也。或謂文言非矣。

子曰：乾坤其易之門邪？二戶爲門。乾陽物也，坤陰物也，陰陽本分。陰陽合德，乾二之坤五則合。而剛柔有體，體猶禮也，有體則次序不紊。以體天地之撰，撰數也。以通神明之德，民之德。其稱名也雜而不越，名，卦名也。雜謂物相雜，卽陰陽合德也。雜而當則名榮，雜而不當則名辱。名視當不當而稱，不踰其度也。於稽其類，其衰世之意邪？於，語辭。衰而能變通則盛，易以窮則變爲教，窮則衰，明易爲改過之書也。夫易彰往而察來，而微顯闡幽，微顯，微其顯也，謂反其道闡幽闡其幽也謂復其道開而當名辨物正言斷辭則備矣當名辨物正言斷辭皆本於開開猶闢也謂二之五柔中變爲剛中諸善皆具於此其稱名也小失道故小其取類也大能旁通則小化爲大其旨遠其辭文其言曲而中其事肆而隱皆指易辭也遠中肆辭之所以明道也文曲隱不直言而引申比例於辭中也鳴鶴枯楊可謂文矣不知其旨在明變通之義非言鶴之鳴楊之枯也故遠本明變通之義而假借以文之可謂曲矣不知按而求之道貫於一故中吉凶悔吝直以陳之可謂肆矣乃辭則晦爲他說令觀者尋玩乃得故隱文王周公所繫之辭數語最明是以不事王侯似稱高逸匪躬之故若表貞臣帝乙歸妹寄托於成湯之嫁女箕子明夷假迹於父師之陳疇甚至見豕負塗載鬼一車且爲悠謬不可知之言若望文生意則文士之摛華匪經生之述業矣因貳以濟民行貳疑也民愚不可正以易道告因其疑制爲卜筮高允筮論云昔明元末起白臺其高二十餘丈樂平王嘗夢登其上四望無所見王以問日者董道秀筮之曰大吉王默然而有喜色

後事發王遂憂死而道秀棄市道秀若推六爻以對王曰易稱亢龍有悔窮高曰亢高而无民不爲善也夫如是則上寧於王下保於己福祿方至豈有禍哉如允之說所謂因貳以濟民行也吉凶本於善不善吉以趣吉避凶正使之爲善去不善也聖人裁成輔相所以爲神而卜筮之用所以爲大易道不明佛氏乃以禍福轉移愚民之行而卜筮者舍善不善而專言吉凶遂成術數小道至火珠林並舍易辭別爲占法其術益賤聖人所以濟民行者豈如是哉

以明失得之報

失則報之以凶得則報之以吉民疑於吉凶則明之以失得所以濟民行者如此

易之興也其於中古乎作易者其有憂患乎

中古包犧時也天地不能正人之性命聖人憂天地之憂易所以作也伏羲以前無三綱五常臥之詓詓起之吁吁知識未開雖抱善性而莫能自覺是爲上古天生伏羲以先覺覺萬民使男女有別以定君臣父子尊卑上下而天地之化育以贊人物之性以盡是爲中古其先性命不正未有憂患之人至此以憂患而立教以開王道性命正而人乃尊於物亦田漁興而人之力乃勝於物故伏羲爲百王先首莊子之徒重上古

混茫而以伏羲氏爲順而不一未能知道者也是故履德之基也德四德元亨利貞也基始也謂二五謙德之柄也柄末也謂三上復德之本也本謂初四恒德之固也久則堅固謂終則有始損德之修也有所失則修益德之裕也得則宜退而待困德之辨也不憚於困乃能明辨井德之地也井猶法也地謂順承巽德之制也遜則不拘執而有裁度履和而至至即堅冰至之至履字絕句有禮則其至也和謙尊而光失在三上忘所尊矣何以得廣復小而辨於物失在初四則小出小復爲大故辨物恒雜而不厭厭止也雜謂剛柔相雜損先難而後易失道故難修故易益長裕而不設長即恒也爲長久之道則設施不得不緩也困窮而通不辨不已故雖窮而能通井居其所而遷居其所謂五已定也遷謂變通能遷則順天而時行故爲德之地巽稱而隱盈虛消息稱而平之隨時適變化在物先故隱而不見其迹其堯之民無能名

舜之無爲而治歟。**履以和行**，行非禮不和，故聖人治天下以禮。**謙以制禮**，禮以讓爲度。**復以自知**，制禮使小大由之，以復於道，不可使知之，故自知。**恒以一德**，聖人自知，以通天下之志，使其由之，故天下歸仁。**損以遠害**，不變通則害，故修修以遠之。**益以興利**，已利益廣其利。**困以寡怨**，寡怨猶辟難也，辨怨之所在而寡之，則窮而通。**井以辨義**，困何以辨小懲大戒，至於教刑，惟其宜而已。呂刑曰：伯夷降典，折民惟刑，士制百姓于刑之中，以教祇德。伏生書傳曰：古者有禮而後有刑，蓋禮以制之，德以一之，遠害使無眚災，興利使有恒產，而民猶有爲非者，則侯明撻記，威以懲之，以期其改悔而並生，不至罪大惡極。聖人用法，所以辨之於困也。**巽以行權**，巽則能變通，盈者濟之以虛，輕者平之以厚。帝王治世，聖人教人，所以因之革之，文之質之，退則進之，兼人則退之，皆權也。故孔子言可與立，未可與權；孟子言子莫執中，執中無權，猶執一也。伏羲以前，人道未定，患在不知；既知之後，患又在知。故偏於剛，偏於柔，皆足使民怠玩而不可以久，必本之以德禮，而隨時左右之，自知其故，民莫能窺乃可一德遠害興利而寡怨而歸之於辨義行權聖人既示人以人道之常又諄諄於變則通通則久之義蓋不獨爲一時計且爲萬世計一患解又憂一患無時不憂故無時不敬特舉此九卦再三明之也易之爲書也不可遠猶云不可離爲道也屢遷道一陰一陽也反復不已故屢遷變動不居居謂陽居五五本陽之所也故稱居不居則陽易而孚陰惟其變動所以不居居則終止矣周流六虛旁通兩卦十二爻六爻定者實六爻未定者虛也終則有始故周流常使有六虛也上下无常宜上則不宜下宜下則不宜上謂六虛中之初四三上也剛柔相易謂六虛中之二五不可爲典要唯變所適典要謂已定者也不可定止宜趣時以盡利適猶之也其出入以度度制度有次序不容紊也變動無常而制度則有常外內使知懼本卦爲內所通之卦爲外使從也外內從則能時行矣如初四從二五爲家人爲內從家人通解三上乃從解之二五成既濟爲外從猶云內比外比也知懼則不成兩既濟有所節止又明於憂患與故

失道則憂患也故事也通變之謂事於失道知憂憂患而變通之无有師保如臨父母如讀若而无師保所以憂患臨父母謂能變通初率其辭而揆其方初卽初筮之初率帥也繫辭視乎爻率其辭謂二五為諸爻率揆度也方旁通也既率其辭而元亨矣又揆度之以旁通為利也既有典常无師保而臨父母失道能變通也初率辭而揆其方當位能變通也既盡也如是則盡有典常苟非其人道不虛行有人則實所以反其道使虛者正將復其道使實也若非因實之則先不虛之矣明非徒尚虛也易之為書也原始要終原再也一始又始乃終要約也謂三之上再筮而三之上以終則初筮初四應之也以為質也質本也易之本義如此六爻相雜唯其時物也時者能變通物者依品等相雜以時物則出入以度其初難知其上易知本末也初初爻上上爻初辭擬之卒成之終申言所以難知易知也兩卦旁通行則先二五而後初四三上辭則以初爻為始至上爻為終在初未歷二五未知其得失故

擬其辭上則已歷二五得失已明也若夫雜物撰德辨是與非則非其中爻不備雜物六爻相雜也撰選也於衆爻雜錯之中而選其德以辨是非中爻謂二五也諸爻之是非覩乎二五此初所以難知上所以易知也舊說謂中四爻未是噫亦要存亡吉凶則居可知矣噫辭也與抑同居謂五也剛中則存柔中則亡知存又知亡則吉反是則凶惟其變動不居故居可知知者觀其彖辭則思過半矣彖辭爻辭皆發明雜物撰德之指而爻辭又發明彖辭者也二與四同功而異位二為中爻四宜從之其善不同二多譽四多懼二先之五而四之初應之故多譽然四從二則三上不可又從故多懼也近也譽懼不同而皆善者以二先之五為近也柔之為道不利遠者遠近猶言緩急四從二則近四不從二而先行二緩於之五則柔不能進故不利如包无魚為遠民是也其要无咎其用柔中也要約也謂上之三也用謂變通如屯通鼎也初四己從二五則上不可之三四從五而上之三

所以得无咎者。以變通故也。用柔中。謂五剛。易爲五柔。三與五同功而異位五爲中爻。而三從之之上。三多凶五多功貴賤之等也五貴三賤。三從五則有功。三先五則有凶。其柔危其剛勝邪危。厲也。五柔則危。五剛則勝。勝猶當也。危而能改則无咎。三五二四。互相明也。易之爲書也廣大悉備廣則陽易爲陰。大則陰進爲陽。有天道焉有人道焉有地道焉兼三才而兩之故六六者非它也三才之道也總言六爻道有變動故曰爻一陰一陽。故有變動。爻有等故曰物等。節品也。謂有次序。物相雜故曰文乾坤本不雜。乾二之坤五。四之坤初。上之坤三。皆雜也。文不當故吉凶生焉當則吉。不當則凶。謂宜各依其等也。四不俟二而先行。三不俟五而先行。皆不當也。易之興也其當殷之末世周之盛德邪當文王與紂之事邪伏羲之教。歷神農黃帝堯舜述而宗之。殷末邪說暴行有作。易道不明文王繫辭以明伏羲之教故興於是時是故其辭危危卽厲也失道而害者以厲示之當位而盈者亦以厲示之危者使平因危而使之變通害者先之以大中盈者悔之而上下皆應故平易者使傾易卽平也傾卽傾否之傾其道甚大甚猶勝也易則勝勝則大百物不廢謂時行懼以終始因懼而變易故終則有始其要无咎申前其用柔中之義此之謂易之道也伏羲作易文王發明之其道如此夫乾天下之至健也德行恒易以知險易爻易也乾二行健於坤五成坎故知險夫坤天下之至順也德行恒簡以知阻阻有所止而不行也初四下應則上阻三上上應則下阻下應而上又應是下順而上逆推之上應而下又應卽是上順而下逆惟下應則上不應以待變通上應則下不應以待變通斯上下順是爲知阻而簡則易從之義於是明矣簡以承乾之易易以成坤之簡是爲德行易而爲柔則小人之道也易而爲剛則君子之道也能說諸心能研諸侯之慮說卽脫也

以剛易柔爲說諸心，如屯通鼎是也。研，猶靡切也。以柔交剛爲研諸慮，如鼎二之五是也。心慮皆指五，慮而稱侯之慮者，明二交於五爲利建侯也。**定天下之吉凶，成天下之亹亹者**此前所云卜筮尚占也。探賾索隱，鉤深致遠，即此說心也。研慮也。易以知險也，簡以知阻也。說心研慮，知險知阻，此危者所以使平，易者所以使傾，而懼以終始，其要无咎也。然則易之道如此，卜筮之占亦如此。春秋時舍九筮之法，遂昧乎易教也。**是故變化云爲**云即言也，爲即動也。謂變化其言動，君子不待卜筮而言尚辭，動尚變；愚民之言動，必假卜筮變化之。**吉事有祥**吉事猶云吉行也。言尚辭，動尚變，以吉行則得吉也。**象事知器**制器尚象，前十三蓋取是也。**占事知來**謂卜筮尚占。**天地設位，聖人成能，人謀鬼謀，百姓與能**天地所不能盡，聖人成之，於是百姓日用而不知者，既人謀而又鬼謀，說心研慮，成天下之亹亹，皆與能矣。聖人成百姓之能，即所以成天地之能也。成能兼制器言之，此申言成天下之亹亹者，故下專言百姓與能之故。**八卦以象告**伏羲設卦以象之變化告人。爻彖以情言文王周公繫辭以明旁通之情。剛柔雜居而吉凶可見矣雜居謂卦，觀卦象吉凶已可見。變動以利言吉凶以情遷繫辭者，本卦之剛柔變動以利言之，乃知卦之吉視乎情之旁通，旁通而當則吉，不當則凶。是故愛惡相攻而吉凶生攻猶確也，謂相變易，愛易爲惡則凶，惡易爲愛則吉，愛則當，惡則不當也。遠近相取而悔吝生遠近猶緩速也，取猶求也，速於悔則不吝，緩於悔則吝。情僞相感而利害生情實也，僞反乎情者也，感即旁通也，旁通而情則利，旁通而僞則害。愛惡遠近情僞百姓所有也，欲其愛而不惡，近而不遠，情而不僞，故以卜筮之吉凶悔吝利害鼓舞之，危懼之，使民亹亹而假以卜筮，所謂鬼謀也。卜筮之吉凶悔吝利害必因其貳以濟之，仍存乎其人，故人謀也。凡易之句情句近申言百姓之愛惡遠近情僞易中皆示之，易之謂旁通也，旁通而二先交五，則情而不僞，亦即近而不遠，情則近矣，近則吉矣，此愛而不惡者也。而不相得句則凶不相得則惡而不愛故凶謂旁通而二五不先交如屯通鼎而覆餗形渥節通旅而瑣瑣取災是也惡而不愛則僞而不情僞則害矣害則凶矣非徒遠吝而已**或害之**或即僞也凡疑或生於僞**悔**句**且吝**僞而害雖凶苟能悔則凶化爲吉但遠而不近不免於吝而已亦歸於吉也人惟生知之聖無悔無吝以下雖顏子不貳過其先已不免於過由不善改而爲善即是悔吝聖人教人改過以悔爲善吝者勉强而行困而知之者也人一己百人十己千愚必明柔必强中人以下正患不能吝耳文王繫辭以元亨利貞吉凶悔吝孚厲无咎十一事爲之綱元亨利貞則吉不能元亨利貞則凶不能元亨利貞改而元亨利貞則悔吝未悔未吝而恐其凶則厲因其厲而悔一悔不已至再至三而終於能改爲吝悔吝則无咎悔而无咎由於旁通旁通爲有孚元亨利貞之義爻言傳明之此則詳其吉凶悔吝也**將叛者其辭慙中心疑者其辭枝**枝岐也**吉人之辭寡躁人之辭多誣善之人其辭游**游浮而不定也**失其守者其辭屈**此申明以言者尚其辭之義叛疑誣失皆動之不善也而辭著之然

則欲免其慙必改其叛欲免其枝必改其疑欲免其多必改其躁欲免其游必改其枝欲免其屈必改其失改其動之失則爲吉人吉則辭寡而不慙不枝不多不游不屈矣聖人作易教人改過也改過者改言動之過也知者仁者觀於易之辭而言動之過可改百姓之愚以卜筮濟之亦寡言動之過焉聖人之易爲君子小人言動而作也

故終詳焉

男廷琥孫授書授易授詩校字

文言傳章句弟九 雕菰樓易學之一

江都焦循學

文言曰元者文文王元亨利貞文王所言文言曰元猶云初九曰潛龍勿用善之長也長謂自此始此孔子釋文王之言亨者嘉之會也嘉嘉亦善也覩善之所始而初四三上往會合之利者義之和也或亢或匪陰陽不孚則不和矣變通盡利使民宜之貞者事之幹也通變之謂事貞之爲幹猶楨之爲幹幹者築牆立於旁者也立於此而有事於彼所以重有幹也徒有幹而無事幹爲無用矣君子體仁足以長人長人長乎人也以仁爲體則有以造天下萬物之命天下待命於一人故可以爲人之長嘉會足以合禮禮有等殺二五尊貴初四三上卑賤初四三上從二五不踰越故合禮利物足以和義專其利於己乖戾不和矣利爲義之和以其及物也貞固足以幹事固則有恆矣築非幹不成貞非通不固有事於始乃可以終

君子行此四德者故曰乾元亨利貞四德皆以行言君子行此則自强不息不俟卜筮自合易道以爲德初九曰潛龍勿用何謂也子曰龍德而隱者也龍謂謙三互震德而隱則乾二未之坤五不易乎世不成乎名父子相繼爲世易乎世謂變通也德隱而不能變通則名必辱遯世无悶謙通於履相錯爲遯臨悶猶隱也易乎世則不隱伏不見句是而无悶不見不成屯而成謙也是卽有孚失是之是是則有孚於履履二先之謙五不隱伏矣樂則行之乾二先之坤五則樂二五先動初四從之而行憂則違之三上先於二五則憂違去也坤成謙則去而通履確乎其不可拔確乎示人易謂宜易乎世也初之四爲拔謂不可以謙初之夬四潛龍也所以宜確乎變易而不可拔者以乾二尚潛也九二曰見龍在田利見大人何謂也子曰龍德而正中者也龍謂屯下震德而正中則乾二已之坤五庸言之信庸行之謹庸用也常

也以更代而有常也坤成屯則乾成成家人用言謂家人通解解二之五成萃信孚也謂解成萃與家人孚也用行謂家人上之解三謹猶嚴也家人有嚴君謂解成咸四不之初也閑邪存其誠閑即閑有家之閑存生也誠實也家人孚於解解成萃不成臨善世而不伐善世則易乎世而存誠矣不伐家人上不先之解三也謂家人孚於解解成萃不成恆德博而化博猶普也化變化也家人旁通於解乃能變化易曰見龍在田利見大人君德也君宜行健乾道所爲變化見龍在田謂坤成屯利見大人謂屯通鼎坤成屯則乾成家人屯通鼎則家人通解故此傳以家人通解贊之九三曰君子終日乾乾夕惕若厲无咎何謂也子曰君子進德修業不已則德進无咎則業修忠信所以進德也屯旁通於鼎則信鼎二先之五則忠修辭立其誠所以居業也辭言也鼎成咸則修辭立猶成也鼎先有實而後屯成既濟故立其誠居即利居貞之居知至至之屯通於鼎鼎二之五爲至哉坤元可與

幾也君子幾不如舍知終終之終謂屯成既濟知者知其當至知其當終可與存義也終則有始故利物而和義是故居上位而不驕驕猶亢也居上位則成家人剛在上九知幾而變通之則不致驕亢在下位而不憂在下位剛在坤三成謙也成謙則憂通履則不憂故乾乾因其時而惕雖危无咎矣惕則不危九四曰或躍在淵无咎何謂也子曰上下无常非爲邪也進退无恆非離羣也上上應也謂上從二之坤三下下應也謂四從二之坤初或上應成屯家人或下應成蹇革家人屯蹇革退則解鼎睽蒙進上應成革則必變而通蒙革四乃下應於蒙五故无常无常卽无恆也二不先之五則邪成兩既濟則離羣所以无常无恆者恐其邪也恐其離羣也變而後能恆恆而不變遂不可恆也故无恆而後恆君子進德修業欲及時也故无咎革之通蒙猶屯之通鼎其趣時同故其進德修業同九五曰飛龍在天利見大人何謂也曰

同聲相應，同氣相求。同，通也。求，猶應也。同聲，四從二之坤初成屯家人。屯下震，家人上巽，雷風相薄，故聲應。同氣，上從二之坤三成蹇革。蹇下艮，革上兌，山澤通氣，故氣求也。水流溼，乾二之坤五，坤成比，上坎爲水，震爲塗，塗泥沮洳之地，下溼者也。凡四之初稱下，溼之義下也。流溼，以坎流震，坤成屯也。火就燥，乾成同人，下離爲火，兌爲正秋，秋氣燥。就燥，以離就兌，乾成革也。雲從龍，上言當位而盈，此言失道而改。乾四之坤初成復，有溼而水不流，則通於姤。姤二之復五，上坎爲雲，下震爲龍，故雲從龍。風從虎，乾上之坤三成夬，有燥而火不就，則通於剝。夬二之剝五，上巽爲風，下坤爲虎，故風從虎。聖人作而萬物覩。作，始也。覩，見也。萬物覩，猶云萬物相見也。乾知大始以生萬物，當位而成屯家人蹇革，其通鼎解睽蒙，固覩；失道而成復小畜夬謙，其通姤豫剝履，亦覩也。本乎天者親上，乾二之坤五，是坤五本乎乾也。親上，即比之親萬國。本乎地者親下，坤五之乾二，是乾二本乎坤也。親下，即同人親也。則各從其類也。同人通師，師二之五爲類，同人四上從之，比通大有。

大有二之五爲類比初三從之申上萬物覩之義上九曰亢龍有悔何謂也子曰貴而无位陽貴成兩既濟兩五皆剛故貴萃有位解不成萃故无位高而无民家人上巽爲高反其道使孚於小人爲民家人不通解而上之屯三成兩既濟故无民賢人在下位而无輔賢人在下位謂解二也家人上宜輔解五而行解二伏藏未見於五而家人上仍之屯三故解无輔家人通解爲利利者義之和義者宜也尊賢爲大故屯通鼎鼎二先之五則養賢家人不通解則賢人在下位不能尊賢不可爲義也是以動而有悔也動則變通於解潛龍勿用下也乾四之坤初爲下明所云勿用謂不以乾四之坤初見龍在田時舍也可舍則舍謂成屯舍而通鼎傳贊利見大人也井初六九二傳與此同終日乾乾行事也時行則行通變之謂事或躍在淵自試也試謂革四之蒙初童蒙有我而後求之是有所自而試也飛龍在天上治也亦贊利見大人上謂家人上從解五而成既濟爲天下治亢龍有悔

窮之災也不悔而家人上之屯三成兩既濟是窮而至於災乾元用九天下治也不亂故治潛龍勿用陽氣潛藏以藏釋潛明與否臧同見龍在田天下文明相雜故文不傷則明謂屯通鼎成既濟不成明夷終日乾乾與時偕行明行事爲時行或躍在淵乾道乃革自試言革通蒙此明乾成革飛龍在天乃位乎天德天德謂乾成家人位謂萃有位以孚之亢龍有悔與時偕極極中也悔則通於解爲時行解二之五則得中乾元用九乃見天則天下所以治以有法制也乾元者始而亨者也有元而後有亨亦有亨而乃得爲元初四三上先二五而行則二五後於初四三上不可爲始二五不可爲始則初四三上不可爲亨故有始而後亨也利貞者性情也性情之善人與己同盡其性以盡人物之性故利物而後貞乾始能以美利利天下乾始乾元也元之不已則利矣戰國策稱善爲元元元元而又元謂利天下也不言所利

大矣哉其利至大故不見其利大哉乾乎剛健中正剛謂乾五健謂二行於坤五五既成家人又通解而解五得中乾成既濟爲正純粹精也申上文而言也純即屯也粹即萃也乾成家人通解解成萃坤成屯通鼎鼎成咸亦萃也純猶厚也先二五而後三上應之則厚精靜也靜猶定也家人通解解二先之五則粹家人後成既濟則精六爻發揮旁通情也發謂由此之彼也揮動也全易之義惟在旁通聖人於此特表出之六爻發揮易卦之旁通也已欲立而立人已欲達而達人人情之旁通也惟旁通乃知來物所謂格物所謂絜矩所謂彊恕也時乘六龍以御天也謂乾成家人通於解雲行雨施天下平也謂坤成屯通於鼎以上申彖義君子以成德爲行德謂元亨利貞也成此四德而行則無失道之凶矣日可見之行也二先動成離日而後坤可成屯潛之爲言也隱而未見謂成謙不成屯行而未成坤先成屯通鼎而後三從鼎五而行乃成元亨利貞之德今三先行故未成是以君子弗用

也申初九之義。君子學以聚之學而時習，則方以類聚。謂家人通解，解成萃。問以辨之問，師益勿問之問。問則與人酬接。謂旁通也。反復其道以辨上下。寬以居之寬，含宏也。居，師居貞。仁以行之乾二行於坤五，又通於解鼎，則仁覆於天下。四者皆本利見大人而引申之。

易曰見龍在田利見大人君德也申九二之義。九三重剛而不中謂家人三上。上不在天謂五。下不在田謂初。故乾乾因其時而惕雖危无咎矣申九三之義。九四重剛而不中謂革初四。上不在天下不在田未之坤初。中不在人謂三，侯果曰：易有天道，有地道，有人道，兼三才而兩之，謂兩爻爲一才也。初兼二，地也；三兼四，人也；五兼六，天也。四是兼才非正，故言不在人也。故或之或之者疑之也故无咎申九四之義。夫大人者與天地合其德經稱大人，謂鼎解睽蒙二先之五也，傳舉以贊之。乾成革家人，坤成蹇屯，本於乾二先之坤五。此天

地之德也今變通於鼎解睽蒙其德亦同於乾坤

與日月合其明

乾下成離坤上成坎即坎二之離五之比例乾坤不成需明夷即鼎解睽蒙不成泰既濟

與四時合其序

初四應成家人屯則三上時行通於解鼎三上應成蹇革則初四時行通於睽蒙

與鬼神合其吉凶

乾成革通於蒙蒙成觀又通大壯則神道設教而吉坤成蹇通於睽睽成大壯又成泰則載鬼一車而凶

先天而天弗違

先天即先甲也謂乾二之坤五二五先行而上下應之不憂故不違也

後天而奉天時

後天即後甲也乾成家人又通於解坤成屯又通於鼎隨時以應而不失其次序

天且弗違而況於人乎況於鬼神乎

乾且不可違鼎解睽蒙豈可有違乾坤違則成復小畜謙夬以至於需明夷鼎解睽蒙違則成大畜臨大壯升以至於既濟泰天弗違乾坤成家人屯蹇革也奉天時鼎解睽蒙奉天之弗違而亦不敢違先以二之五成遯萃无妄觀爲利見大人也天指乾人指鼎解睽蒙人奉天時則神人違而不奉天時則鬼鬼則爲匪人神則爲大人人奉天乃大舊說以天乃在後天且不違人

大人矣失之以上申九五之義亢之爲言也知進而不知退知存而不知亡知得而不知喪乾坤成家人屯知進知存知得也不變通於解鼎則不知退不知亡不知喪也其唯聖人乎知進退存亡而不失其正者其唯聖人乎由進知退由存知亡由得知喪則不亢由退知進由亡知存由喪知得則不失其正以上申上九之義

文言曰釋文云本或有文言曰者本卽指孔穎達正義本然則陸德明所依本無此三字是也

坤至柔而動也剛震動謂成屯至靜而德方方旁也坤成屯寂然不動惟旁通以爲德後得主而有常屯三得鼎五爲主而後之鼎上成咸含萬物而化光含而不盡則變化光明坤道其順乎承天而時行初應乾成屯則三時行於鼎三應乾成蹇則初時行於睽以上申坤象之義積善之家必有餘慶旣善於坤五成屯又善於鼎五成咸故積積不善之家必有餘殃不善而坤成謙又不善而謙成明夷故有

餘殃。臣弑其君，子弑其父，非一朝一夕之故，君父謂五。五不先行，而初四三上踰越，則尊卑上下紊，而致寇至矣。其所由來者漸矣，由辨之不早辨也。當成復成謙時，卽改悔而變通，上下尊卑尚可辨也。至剝牀而後辨，則辨已遲，乃仍不辨，蔑貞凶矣。易曰「履霜堅冰至」，蓋言順也。乾行成屯蹇則盈，坤卽通鼎睽以順之。乾行成謙復則失，坤卽通履姤以順之。如冬甚寒，則承之以春；夏甚熱，則承之以秋，是爲時行，此之謂順。若夏而益之以溫，冬而益之以凉，同而不和，非順之道也。故褚遂良、陸贄爲順，李勣、裴延齡則諂而已矣。直其正也，正卽貞也。乾二之坤五則直，卽坤由屯而成既濟，故正。方其義也，坤成屯而旁通於鼎，利物所以和義也。君子敬以直內，家人內也，謂乾坤成家人、屯、革、蹇。義以方外，睽外也，謂變通於解鼎睽裳。敬義立而德不孤，敬立而上下應，義立而上下又應，故不孤。惟上下無應，所謂睽孤也。直方大不習无不利，則不疑其所行也。家人與屯疑，通於解鼎則不疑，蹇與革疑，通於睽蒙則不疑，疑則危，危則孤矣。陰雖有美，乾二先之坤五爲美。含之以從王事，弗敢成也。地道也，妻道也，臣道也。猶云小人道也。地道无成而代有終也。代，猶嗣續也。坤成屯，三不遽終，嗣續於鼎而後終。天地變化，乾成小畜，坤成復，復變通於姤，姤復上坤，姤上仍乾。草木蕃，復下震爲蕃鮮，姤下巽爲草木，是變化而有孚也。復通於姤，則无咎矣。天地閉，乾二不之坤五，而四先之坤初。賢人隱，坤成復，五隱不復見，故无譽也。易曰：括囊，无咎无譽，蓋言謹也。乾四之坤初，失道，坤變通於姤，姤四不之初，以補救小畜復之失，惟能變通，乃爲謹慎，與初六互明。君子黃中通理，以中釋黃，明乾二之坤五，乾與坤通，而天下自此治。正位居體，黃中則正位，體猶禮也，五居其先，則品叙不越。美在其中，而暢於四支，二五爲中，初四三上爲四支。發於事業，成屯，又發揮於鼎而後成。美之至也。既美於坤五，又美於鼎五，所以至哉坤元。陰疑於陽必戰乾二不之坤五，故疑乾上之坤三，故戰謂坤成謙。爲其嫌於无陽也。嫌當依荀虞陸董諸家作嗛，嗛古謙字，謂乾上之坤三成謙卦也。乾二先之坤五，故坤尚無陽。故稱龍焉。震爲龍，坤五先有陽，則乾上之坤三成蹇，無震。唯其謙於无陽，三互震，乃有龍。猶未離其類也。乾二之坤五，乾下成離，乃離其類。故稱血焉。血猶恤也，三先於五，故恤。夫元黃者天地之雜也，天元而地黃。雜於五則黃，此雜於三，三中而不中，故以黃兼元，元黃之色蒼，故爲震象。

男廷琥孫授書授易授詩校字

說卦傳章句弟十 雕菰樓易學之一

江都焦循學

昔者聖人之作易也聖人伏羲也幽贊於神明而生蓍蓍筮所用也神而明之使民不倦而假卜筮因貳以濟民行是贊之於幽隱之中所謂不可使知之也參天兩地而倚數倚依也參即奇兩即偶也天地之數不外於奇偶而易之剛柔依之其變化旁通亦不外九數之齊同比例也管子言伏羲作九九之數以合天道而天下化之觀變於陰陽而立卦獨陰不生獨陽不生有陰必偶之以陽有陽必配之以陰立卦以明其變由乾坤以至既濟未濟如屯之於鼎蒙之於革皆陰陽兩兩兩兩相孚發揮於剛柔而生爻卦既兩兩相孚則旁通往來六爻發揮旁通情也立卦以未變動言生爻以變動言生生之謂易和順於道德而理於義反復往來者道也五當位於中德也當位則和時行則順理分也義宜也如屯通鼎家人通解則陰陽以

盡利而分。**窮理盡性以至於命**變通以盡利則分窮理窮其所分也盡性至命所以窮理也在屯家人成既濟則盡性矣在鼎解成咸則至於命申上文發揮生爻之義**昔者聖人之作易也將以順性命之理是以立天之道曰陰與陽立地之道曰柔與剛立人之道曰仁與義**自陰柔進爲陽剛爲仁自陽剛退而通於陰柔爲義**兼三才而兩之故易六畫而成卦分陰分陽迭用柔剛故易六位而成章**分陰分陽旁通兩卦相孚所謂觀變於陰陽而立卦也一陰一陽反復其道故迭用柔剛所謂發揮於剛柔而生爻也六畫者一卦之六畫也六位者旁通十二爻之六也於此六爻相交易成章**天地定位**否上天下地二五之位已定**山澤通氣**損上山下澤二五交爲通氣**雷風相薄**恒上雷下風二五交則相薄**水火不相射**既濟上水下火六爻皆定不相往來故不相射**八卦相錯**六十四卦皆此天地山澤雷風水火相錯也**數**

往者順數計也。二五先定。則初四三上宜往。或以初四往。或以三上往。皆自二五順計之。故爲順也。知來者逆初四順二五往矣。舍三上而旁通於他卦。更以二五爲始。三上順二五往矣。舍初四而旁通於他卦。更以二五爲始。由終而更始。故爲逆。是故易逆數也二五變通爲易。初四三上相從爲應。易爲逆數。則應爲順數也。以上明旁通相錯變化時行。皆伏羲制之。雷以動之風以散之震巽旁通。雨以潤之日以烜之坎離旁通。艮以止之兌以說之艮兌旁通。乾以君之坤以藏之乾坤旁通。此明分陰分陽也。動散潤烜止說君藏。則迭用柔剛矣。京房以甲乙丙丁戊己庚辛。自下配而上。道家傳會爲納甲。非易義也。帝出乎震齊乎巽相見乎離致役乎坤說言乎兌戰乎乾勞乎坎成言乎艮伏羲既以旁通迭用教人順性命之理。又以八卦明四時之運行。以始終於艮。故干令升以此爲連山之易。而杜子春乃以連山屬伏羲。萬物出乎震震東方也齊乎巽巽東南也齊也者言萬物之絜齊也絜讀如姑洗修潔百物之潔韋昭謂洗濯枯穢改柯易葉也離也者明也萬物皆相見南方之卦也聖人南面而聽天下嚮明而治蓋取諸此也立於坎而嚮離故聽凡卦成既濟爲天下治既濟上坎爲耳下離爲目以聽嚮離以見相坎也故目不相聽則睽坤也者地也萬物皆致養焉故曰致役乎坤坤不言西南者以諸卦之方互見之地即土也坤爲土則震巽爲木乾兌爲金離爲火坎爲水艮爲山山屬於地亦皆互見之無君子莫治野人無野人莫養君子治人者食於人治於人者食人故坤養乾即役於乾兌正秋也萬物之所說也故曰說言乎兌兌不言西方亦互見之言正秋明震爲正春離爲正夏坎爲正冬亦互見也說解脫也謂萬物至秋而解落戰乎乾乾西北之卦也言陰陽相薄也陰謂坤坎者水也正北方之卦也勞卦也萬物之所歸也故

曰勞乎坎事功曰勞艮東北之卦也萬物之所成終而所成始也故曰成言乎艮東北當冬盡春初之地爲終則有始貞元相續之際也文王繫辭言西南得朋東北喪朋又言蹇利西南不利東北又言解利西南南征吉故傳詳言八卦方位明南征指離西南指坤東北指艮西郊西山指兌也以正秋即八月明至於八月有凶指解成臨下兌也以帝出屬震明帝乙享于帝皆指震也睽見惡人則上有離故於離言相見龍戰于野謂坤通於乾故言戰乎乾以明之勞謙謂謙上成坎故言勞乎坎以明之傳之贊經隨在發明如此黃岡萬氏年茂云天三百六十五度奇地之上下各百八十二度半奇地上四分之各九十一度奇地之顛在域中西北北極出其上南北去地上各九十一度奇北極縱則七政橫日月平列而寒暑皆不相推故域中迤北薄北極下地恒陰迤南薄中衡見南極恒陽若迤顛西北出其背北極南昜陰陽俱反唯迤東南入域中北極北半下而四序推五行出矣故地自顛東南行萬一千二百五十里天移四十五度奇又東南萬一千二百五十里北極不見轉入地下故北極北上南極南下各四

十餘度者。域中之中也。域中之地。萬里而遥。以廣南北極之度。度之過域中之中約二十度奇。其西北域不及中者。亦可以是準之。此域中之徼也。夫生土爲山。北極北上。則位山東北矣。成土爲地。南極南下。則地位西南矣。地之氣陽回於艮出震者。日升乾也。陰轉於坤入兌者。日下巽也。惟乾巽之交陰陽和會。五氣順布。然後人受天地之中以生。而五性具備。聖人體天在域中。天地之中也。先儒以乾坤退處西北西南隅者。孰是天地而退處。孰是乾而不位西北隅。坤而不位西南隅也。

神也者妙萬物而爲言者也。妙。好也。好猶善也。動萬物者莫疾乎雷。雷所以啓蟄。橈萬物者莫疾乎風也。橈。屈。燥萬物者莫熯乎火。熯猶烜也。說萬物者莫說乎澤。兌之爲澤。猶解脫之爲釋。潤萬物者莫潤乎水。終萬物始萬物者莫盛乎艮。六子各成其用。時而行之。則神所以神其用者乾坤也。故不言乾坤。故水火相逮。逮。及也。相逮。謂既濟。變通於未濟。雷風不相悖。恒與益旁通。山澤通氣。損與咸旁通。然後能變化既成萬物也既盡也，盡成則不遺矣。能變化，神也。妙萬物乃能成萬物矣。水火雷風山澤各執一端，則不能神。聖人通其變，使民不倦，亦如天地之用水火雷風山澤耳。

乾健也所以名乾者，以行健，初筮再筮不已。坤順也所以名坤者，以承天時行。震動也震之義為動，柔中二宜之五。巽入也巽剛中，宜遜以隨人。凡二五稱出，初四三上稱入。坎陷也坎之義為陷，謂二不先行。離麗也初四附五成家人，三上附五成革。艮止也名艮者，以成蹇成咸，則初止不行。兌說也兌猶解脫也，以成革則舍而通蒙。八卦之名各明一義，而實互相通。

乾為馬凡辭稱馬者皆指乾，乘馬、喪馬、馬壯是也。坤為牛凡稱牛皆指坤，牝牛、童牛是也。震為龍凡稱龍皆指震、乾、坤，言潛龍、龍戰是也。巽為雞經不言雞，中孚上巽稱翰音。坎為豕凡稱豕皆指坎，羸豕、豶豕是也。離為雉凡稱雉皆指離，雉膏、射雉是也。艮為狗狗猶拘也，與牛羊並舉，則為狗耳。兌為羊凡稱羊皆指兌，刲羊、喪羊是也。乾為首明辭稱无首、折首、得大首濡其首坤爲腹明左腹腹亦厚也震爲足明剝牀以足鼎折足巽爲股明咸其股夷于左股坎爲耳明鼎耳滅耳及諸言聽聽離爲目明反目及盱眇艮爲手巽順於震爲股巽順於艮爲肱兌爲口明咸其口舌自求口實及諸稱言語者乾天也故稱乎父坤地也故稱乎母有地必承乎天有母必齊乎父八卦之作爲民知母不知父也

乾坤定位設卦之原震一索而得男故謂之長男索猶靡也彼此相靡切也巽一索而得女故謂之長女乾初坤初相索即乾四之坤初坎再索而得男故謂之中男離再索而得女故謂之中女乾二坤二相索即乾二之坤五艮三索而得男故謂之少男兌三索而得女故謂之少女乾三坤三相索即乾上之坤三乾坤生六子父母定而後男女之少長叙焉叙少長則自初而二而三兩卦旁通以中爲始其索同而爲叙異親親尊賢其趣有不同也乾爲天經凡稱天皆指乾

為圜天圜周環不已為君經言不及其君又稱大君國君為父經稱幹父之蠱為玉為
金經稱玉鉉金鉉金夫金柅金車又稱用圭為寒經稱寒泉為冰經稱堅冰至為大赤
經稱朱紱朱為大赤也為良馬良善也大畜良馬逐為老馬老馬猶云老夫老亦考也為
瘠馬瘠羸也馬指需下乾羸指明夷下離為駁馬駁雜也謂二四上與坤相雜為木果
巽為木艮為果夬下乾夬二之剝五成巽木剝上之三成蹇下艮為果皆自夬下乾所生所以贊碩果也坤
為地為母經稱幹母之蠱受茲介福于其王母為布布猶溥也坤廣生故溥為釜釜所
以受舉一釜而凡筐篚能受之物視此釜亦為斧之假借在萃則得在明夷則喪為吝嗇謂泰上坤
明夷上坤嗇亦吝也為均豐雖旬无咎旬讀均為子母牛子所以嗣續謂乾二之坤五為
大輿大壯大有皆稱大輿睽小畜大畜師剝皆稱輿其稱車者亦輿也為文於乾言圜知坤為方
矣於坤言文知乾為武矣為衆衆亦輿也與師為衆互明師二之五則以衆正解成萃則得衆晉成否則

衆允為柄柄本通作枋枋亦方也豐日中見斗斗有柄謂成明夷上有坤也柷為籊柄亦以復上有坤其於地也為黑黑則幽不明謂成明夷震為雷為龍前後複言之猶乾為父坤為母也舊破字為駹解為雜色蒼蒼色非是為元黃其血元黃互坎兼互震也為旉即枯楊生華之華為大塗騤見豕負塗謂大壯上震為長子師長子帥師謂成屯下震為決躁決即大壯藩決之決躁同燥大壯上震決二以之五下成離火就燥為蒼筤竹竹所以為書契方策所用也蒼筤猶滄涼也別於扁竹之竹為萑葦萑葦所以包魚包有魚則復成屯震在下其於馬也為善鳴馬謂乾也雷故鳴善鳴謂乾二先之坤五為善而後成屯也為馵足馬後左足白為馵左為乾四之坤初坤初成震足乾四成巽白後左足白則乾二先之坤五矣與善鳴同義為作足作始也謂乾二不之坤五而四之坤初以足為始則不後矣為的顙的猶白也顙首之上半也乾四之坤初以乾為巽故白其顙其於稼也為反生稼猶家也巽必旁通於震震為巽之

反家人觀上巽反爲解大壯乃生也卽明家人之反身**其究爲健**健指乾申上反生而言究也家人反而通解解上震因而解成咸是爲究也健卽利建侯之建**爲蕃鮮**晉錫馬蕃庶蕃如大壯羸藩皆蕃也

巽爲木經凡言木皆指巽**爲風爲長女爲繩直**凡稱徽纆繘井有闔於繩者準此**爲工**攻猶工也同人成家人上巽攻吉**爲白**經稱白馬白賁**爲長**益上不之三而通於恆則長久**爲高**經言高宗高墉高陵皆謂巽**爲進退**觀巽皆言之**爲不果**艮爲果蓏夬二之剝五艮變爲巽上亦未之三故不果**爲臭**臭所以實鼻艮爲鼻鼻中有實是爲臭也

其於人也爲寡髮乾四之坤初成小畜上巽巽寡卽小畜寡也髮猶拔也不可拔而拔故寡**爲廣顙**廣而旁通成益巽在上也廣顙猶云包桑**爲多白眼**謂成家人下離爲眼上巽爲白成小畜則寡成家人則多**爲近利市三倍**益與利則上不之三而爲巽也市者交易之地益易爲恆恆交爲咸咸三剛相聚爲三倍也**其究爲躁卦**與震其究爲健互明也解成咸大壯成革

（互乾爲健。上兌爲躁卦。）坎爲水，爲溝瀆，（溝，猶媾也。蒙再三瀆。）爲隱伏，（坎在上則見，在下則伏。同人伏戎，謂師二也。）爲矯輮，（直者使屈，曲者使信，即反復其道之義。）爲弓輪，（弓即弧也。睽稱張弧、說弧。輪猶倫勞也。既濟、未濟稱曳其輪。）其於人也，爲加憂，（謂乾成需也。）爲心病，（乾二之坤五，坎在坤上，則心亨。坤成明夷，乾成需，坎在乾上，則心病矣。心以加憂而病也。）爲耳痛，（與心病同義。）爲血卦，（坎不先在五，而先互於三，則恤。血猶恤也。經稱泣血、血去、无血、其血元黃，皆謂坎在三也。）爲赤，（困于赤紱。）其於馬也，爲美脊，（馬謂乾也。美謂善也。脊即背也。乾二先之坤五，坤成蹇，兩坎相貫，故脊美。）爲亟心，（亟，極也。乾二之坤五爲心。）爲下首，（謂需坎在乾上。）爲薄蹄，（薄，輕也。蹄，足也。謙輕，故薄。三互坎爲血，互震爲元黃，坎震合一，故有蹄而薄也。爲美脊則亟心矣，爲下首則薄蹄矣。）爲曳，（睽見輿曳，未濟、既濟曳其輪。）其於輿也，爲多眚，（坤爲輿。升成泰，上坤。无妄又成既濟，上坎，則其匪正有眚。）爲通，（泰孚否而二之五，則通。）爲月，（經稱月幾望。爲盜卽寇也。泰不孚否。而二之五。需不孚晉。而二之明夷五。皆致寇至。其於木也爲堅多心木謂巽也。巽二之震五。而上從之成蹇。不薄故堅。不寡故多。堅多則心不病。離爲火爲日經稱日中。終日。不終日。爲電與彖傳互明。爲中女爲甲胄先甲三日則隨成革下離。後甲三日則蠱成既濟下離。爲戈兵皆戎器也。凡經稱戎皆指離。其於人也爲大腹腹可受者也。坤五受乾二。離五受坎二。皆象腹。坤之受象釜象輿。侈口者也。離象甁象樽。有頸而腹故大也。婦孕不育。婦三歲不孕。稱孕亦指此。爲乾卦乾行健。二之坤五。下成離。坎二之離五。上成乾。爲鼈鼈猶敝也。井九二甕敝漏。爲蟹爲蠃爲蚌蟹猶解也。蠃猶羸也。蚌猶邦也。邦蚌皆从丰。丰亦豐也。皆以假借明之。爲龜經稱靈龜十朋之龜。其於木也爲科上槁槁猶枯也。賁上之困三成大過。明夷爲株木。爲枯楊。槁一作折。謂上兌。艮爲山經稱岐山西山及邱陵。皆是。爲徑路經稱衢巷。取此。爲小石經稱介于石。爲門闕經稱同人于門。不出門庭闕觀也明觀以成蹇下艮爲盌而不薦爲果蓏經稱以杞包瓜瓜蓏也又稱卭園園圃所以樹果蓏爲閽寺經稱厲熏心熏即閽也寺奄人猶豕之豶者也剝成蹇下艮稱宮人宮人宦寺也爲指手指曰㧑岐爲枝指岐山猶岐指也爲狗狗當作拘經稱拘係之爲鼠經稱碩鼠爲黔喙之屬豹變指此其於木也爲堅多節節止也謂巽成蹇初止不行兌爲澤爲少女坎艮不言中男少男而離兌言中女少女者既明經之稱妹稱娣又與二女同居相發明也爲巫經稱史巫紛若爲口舌經稱咸其輔頰舌爲毀折經稱折足爲附決與震爲決躁互明謂大壯二之五以震化兌在震爲決躁在兌爲附決附麗謂下離其於地也爲剛鹵鹵苦也離四之坎初成節下兌節通旅則甘係賁則苦也節三之賁上賁成明夷上坤爲地坎剛故剛鹵爲妾經稱畜妾得妾皆指兌爲羊九家作常常即恆也恆二之五乃爲有恆則上成兌也孔子作傳所以翼經皆釋經爻所繫也如附決決躁多節多心顯然可見或以此爲孔子所廣虞仲翔因更廣之

非其義也。

男廷琥孫授書授易授詩校字

序卦傳章句第十一　雕菰樓易學之一

江都焦循學

有天地然後萬物生焉明所以首乾坤。盈天地之閒者唯萬物故受之以屯屯者盈也唯物盈於天地之閒。故宜通於萬物。而不可自盈。自盈則不可久。經云盈缶。又云坎不盈。皆謂成屯也。屯者物之始生也天地所生非一物。則乾坤所生一不能自屯而止。故又旁通於鼎。而始生焉。物生必蒙故受之以蒙屯通鼎而始生。猶革通蒙而始生。以屯例革。以蒙例鼎。序則反對。而用則旁通也。蒙者蒙也物之穉也始生不已乃盈。㓜穉必蒙昧。二名俱兼兩義。物穉不可不養也故受之以需屯雖通鼎。革雖通蒙。然必鼎二先之五。乃爲養賢。蒙二先之五。乃爲養正。若不俟二五。而初上先行。則失所養矣。蒙二先之五。猶需二先之晉五也。序卦之義相受以名。需者飲食之道也需二之晉五爲食。鼎二之五亦爲食。飲食必有訟，故受之以訟。在需則通晉，在明夷則通訟，訟乃食舊德也。一行引孟喜曰：陰陽養萬物，必訟而成之，君臣養萬民，亦訟以成之。訟必有衆起，故受之以師。明夷需失衆，明夷通訟，則得衆。師者，衆也。師同人相錯，即明夷訟，故明夷莅衆。衆必有所比，故受之以比。得衆則上下皆應，而有以輔之。比者，比也。比卦之比，取比輔之義。比必有所畜，故受之以小畜。需二之明夷五，則無所畜，即無有比輔者。物畜然後有禮，不能畜則紊尊卑之等。故受之以履。履者，禮也。履而泰然後安，故受之以泰。泰者，通也。履而不能通，則成兩既濟而止，通然後安，終則有始也。物不可以終通，故受之以否。否者，窒也，以陽孚陰則通，以陰化陽則窒，皆指五也。通則虛受人，窒則中有實，虛實相濟，通窒互根，不可偏執如此。物不可以終否，故受之以同人。同亦通也。需二窒於晉五爲否，否五孚於泰五則通，同人孚於師，猶明夷孚於訟。與人同者物必歸焉，帝乙歸妹於泰，則上下交而其志同。故受之以大有。物歸則富有，以其鄰。有大者不可以盈，故受之以謙。有大而能謙必豫，故受之以豫。盈則亢，而不能有序。謙則不亢，而有序矣。豫必有隨，故受之以隨。有序則有先後，依序而行，則有隨者。以喜隨人者必有事，故受之以蠱。蠱者事也。通變之謂事，事在二五，而後初四三上隨之，是爲以喜隨人，若以初四三上先二五，則憂矣。有事而後可大，故受之以臨。臨者大也。柔中則小，變通則柔中化爲剛中，故大。物大然後可觀，故受之以觀。觀，示也。小變爲大，乃可示。本大不能變通者，非觀也。可觀而後有所合，故受之以噬嗑。嗑者合也。二五先有以示之，而後初四三上與之合。物不可以苟合而已，故受之以賁。賁者飾也。已止也，質勝文，無以著尊卑上下，而禮不可行，則爲苟合而止。致飾然後亨則盡矣盡者窮也苟合則止於質致飾則窮於文謂宜變故受之以剝剝者剝也剝卦之剝爲剝削之剝剝削之義爲盡物不可以終盡剝窮上反下故受之以復窮上有二一以當位而窮剝成蹇是也一以失道而窮剝成明夷是也剝成蹇猶蠱成蹇即拘係之上窮剝成明夷猶復成明夷即巽在牀下之上窮震成復復成明夷皆是上窮未成明夷而即通於姤則窮上而反下雖吝无咎矣是剝復皆有上窮蹇通睽明夷通訟亦皆爲復復則不妄矣故受之以无妄妄虛也致飾則虛而不實故至於剝盡窮上變通而復其道故實而不妄妄謂柔中也復姤所反在下蹇睽所反亦在下睽五自復猶復五來復也有无妄然後可畜故受之以大畜畜猶容也二五實能容之初四三上乃相比輔亦惟中無僞妄者乃可容之物畜然後可養順於道不逆於倫爲畜上畜下容也下畜上順也畜係於物謂物之順者乃可養故受之以頤頤者養也不養則不可動故受之以大

過以動贊過物不可以終過，故受之以坎。坎者，陷也。過猶踰也。有險阻則過，其踰養而動則過，爲過度之過。不養而終於過，則過爲過失之過。失則陷矣，君子不可陷也。陷必有所麗，故受之以離。離者，麗也。既陷非有所附麗不可。以爲變通，初四三上先二五則陷，初四三上後二四則麗，坎陷離麗，互明其義也。有天地然後有萬物，于寶謂物有先天地生者，妄說也。有萬物然後有男女，有男女然後有夫婦，有夫婦然後有父子，有父子然後有君臣，有君臣然後有上下，有上下然後禮義有所錯也。此贊伏羲作易之功。父子君臣上下禮義皆本於夫婦，伏羲定人道，制嫁娶，其教切矣。乾坤，父母也。父母爲己定之夫婦，六子一父母所生，不可以合，故必相錯旁通。巽長女，震長男，不可配，相錯爲恒益則可配矣。兌少女，艮少男，不可配，相錯爲咸損則可配矣。故咸與恒相次，而咸必旁通於損，恒必旁通於益。恒咸男女也，非其匹也；損益亦男女也，非其匹也；必旁通而後孚此男女必待嫁娶而後合也故孔子暢發此指於咸而伏羲之功著矣夫婦之道不可以不久也故受之以恆恆者久也咸通損猶益通恆咸通則長久物不可以久居其所宜變動不居惟不久而道之用乃久猶不盈而物之生乃盈故受之以遯遯者退也鼎成遯已居其所宜退而變通物不可以終遯故受之以大壯退則陽孚於陰壯則陰化爲陽物不可以終壯大壯則止故受之以晉晉者進也終壯則一進不更進矣故大壯而又欲其進進必有所傷故受之以明夷夷者傷也壯而又進以至於傷與下升而不已義同傷於外者必反其家故受之以家人自家人通解爲反身自解通家人爲反其家凡柔中之卦爲剛中之反家人內也凡剛中爲內皆可稱家明夷柔中而失道故傷於外旁通於訟則反其家家道窮必乖故受之以睽睽者乖也解失節成恆成泰猶睽孤成大壯成泰乖必

有難故受之以蹇蹇者難也睽孤則蹇不可往物不可以終難故受之以解睽成泰則艱難泰通否則解解者緩也緩必有所失故受之以損難而能通則解矣解而怠緩則仍失如泰通否而泰二不先之五亦睽通蹇而睽四先之蹇初損而不已必益故受之以益暑往則寒來寒往則暑來益而不已必決故受之以夬夬者決也益而不已謂不終止變通反復乃決也決必有所遇故受之以姤姤者遇也二決則與五遇物相遇而後聚故受之以萃萃者聚也大畜二五先遇而後上聚於萃三姤二先遇於復五而後聚而成咸聚而上者謂之升故受之以升萃聚於上則五己由豫解而升升聚於下又自二而升五升而不已必困故受之以困困猶窮也失道固困窮當位而盈亦困窮困乎上者必反下故受之以井困乎上卽窮上也井深也深亦下也故取

義於下。井道不可不革故受之以革井法也。立法之道，隨時補救，所謂制而用
之也。革物者莫若鼎故受之以鼎鼎所以熟物。物經亨飪則新。主器者
莫若長子故受之以震卦有兩義。如蹇難受以解，謂解脫其難。而下又以緩慢懈怠言
之。震爲長子，又取於動，亦其類也。成器則終，主則有始矣。震者動也物不可以終動
止之故受之以艮艮者止也物不可以終止故受之以
漸漸者進也止則靜。由動而靜也。靜則退，猶退而進也。進必有所歸故受之
以歸妹退則反，進則復。得其所歸者必大故受之以豐豐者大
也與臨受蠱同義。窮大者必失其居故受之以旅大而窮，成兩既濟，則貞而
不居。如鼎二不居五，而家人上之屯三也。旅而无所容旅成賁，又成明夷，故无所包容。故受
之以巽巽者入也入則有所容。入而後說之故受之以兌兌

者說也入而又變通脫去。說而後散之，故受之以渙。入則聚，聚而又散。渙者，離也。物不可以終離，故受之以節。離有麗義，亦有散義。渙成蹇，三附於五，而三即判於五。革四之蹇，初成兩既濟，則終離散矣，故止之以變通也。節而信之，故受之以中孚。止非徒止，所以有孚於彼也。有其信者必行之，故受之以小過。大過與頤孚，則二動而行於頤五。小過與中孚孚，則五動而行於中孚二。有過物者必濟，過亦渡也，故與濟義合。故受之以既濟。物不可窮也，既，盡也，故窮。故受之以未濟終焉。既濟終矣，變通於未濟則有始。受之以未濟而後終，則終而不終矣。名之相次，所以寓消息明變通也。伏羲畫八卦，重爲六十四卦，各命以名而次序之，示萬世以因時變化之妙，故孔子作傳以贊之。韓氏謂非易之緼，妄矣。

男廷琥 孫授書 授易 授詩 校字

雜卦傳章句弟十二　雕菰樓易學之一

江都焦循學

乾剛坤柔舉乾坤以例諸卦之剛柔也。諸卦剛中卽爲剛。柔中卽爲柔。比樂乾二之坤五也。凡二先之五爲樂。師憂謂二未之五。臨觀之義或與或求咸二氣感應以相與臨之與。謂咸臨也。凡經稱與者準此。童蒙求我則成觀。故觀爲求。求。猶應也。凡經稱求者準此。屯見而不失其居見乃謂之象。鼎。象也。屯通鼎而鼎二之五。則利居貞。蒙雜而著著。謂著於五。先五後三。是雜而著也。震起也明姤九四起凶。艮止也與革已日互明。損益盛衰之始也損五虛。由虛而進於盈。故爲盛之始。益五實。由實而反爲虛。故爲衰之始。大畜時也謂萃之用禴與西鄰禴祭之時互明。无妄災也謂成兩既濟。知存不知亡。萃聚解二之五則分者聚。而升不來也升二之五成蹇。爲來譽來反來連來碩。不來。來未成蹇也。謙輕輕。猶薄也。謂乾上之坤三**而豫怠也**乾二不急之坤五而四之坤初成小畜而旁通豫故怠緩**噬嗑食也**井不泥則食**賁无色也**无色素也五空素无色故宜飾**兌見**謂成革通蒙猶成屯通鼎革上兌見猶顯代也**而巽伏也**坎伏於師下同人上之師三成升爲伏戎**隨无故也**故猶事也隨五已定不復有事**蠱則飭也**飭同飾二之五爲飾與困二之賁五義同**剝爛也**爛蘭也與往蹇來連之連同剝成謙通履猶師成升通无妄升二之五成蹇蹇爲往蹇來連在升爲其臭如蘭**復反也**復於姤爲反姤二之復五乃復**晉晝也**明明夷爲夜**明夷誅也**誅即滅也與株木之株同**井通**謂井養不窮**而困相遇也**師成升通无妄即姤通復之比例故經云大師克相遇賁上之困三成明夷大過即升革之相錯謂不能以二之賁五致成大過而後通頤爲師成升而後通无妄之比例此所以困也**咸速也**速猶疾謂四不之初**恆久也**益變通於恆則永久**渙離也**離成豐而通於渙仍與離麗同**節止也**艮初不能止而兌成節節通旅則仍艮止**解緩也**緩猶

漫也謂負且乘**蹇難也**謂睽上之三猶觀上之三與大壯之艱互明**睽外也**柔中爲外睽外則蹇內也**家人內也**家人通解猶蹇通睽家人內則解外**否泰反其類也**否反爲泰泰二之五爲否之類**大壯則止**謂成革已日乃孚已者止也大者壯謂二之五**遯則退也**謂退而孚於臨自柔變剛爲進自剛易柔爲退**大有衆也**與師衆互明**同人親也**乾二之坤五爲比親上坤五之乾二親下爲同人**革去故也**革蹇已盈宜去而從蒙**鼎取新也**屯之盈同於革革去故卽屯之知幾而舍革通蒙卽舍屯通鼎鼎之養聖賢卽蒙之養正傳之贊經互發如此**小過過也**小畜上之豫三晉上之三皆三先於五尊卑越上下失斯爲過矣**中孚信也**旁通兩卦剛柔兩兩相孚故爲信凡卦之失道而有過者一經轉移則旁通相孚孚則過改矣過則疑改則信補救其過卽信其所疑**豐多故也**革五已定則去故革五未定爲豐豐爲失道之卦非特蠱之有事而已故多故也荀慈明本無也字**親寡旅也**得道者多助失道者寡助寡謂寡助也謂坎兌

成節旅與節孚則有以親節之寡**離上而坎下也**離上謂本坎二以親離五坎下謂本離五以親坎二坎屬乾離屬坤**小畜寡也**乾四之坤初與離四之坎初同故寡助也小畜通豫亦有以親寡矣**履不處也**君子之道或出或處二之五為出二不之五為處乾成夬二潛伏不出謙孚於履則二之謙五為出也**需不進也**二不可進於明夷五**訟不親也**以二未通於明夷言卽師二未之五之比例**大過顛也**謂顛頤**姤遇也柔遇剛也**復五遇姤二**漸女歸待男行也**成蹇宜待睽五之二而行**頤養正也**大過明夷相錯為革革通蒙猶大過通頤故頤養正亦蒙以養正與明夷蒙大難互明**既濟定也**六爻皆定不復動**歸妹女之終也**漸上巽為女成家人下離亦女漸上又之歸妹三歸妹成泰則漸成既濟而終**未濟男之窮也**既濟上坎為男既濟窮故易為未濟**夬決也剛決柔也**柔謂剝五**君子道長小人道憂也**憂當依李氏集解作消夬通剝以陽孚陰為小人夬二之剝五以陰

化陽爲君子。君子小人迭爲消長。惟旁通有然。師比以下。雖仍序卦之反對。而已不依屯蒙需訟之序。明序卦以名。不拘卦之先後也。大過以下。不依反對。明序雖用反對。必散别以旁通他卦。爲反復消長。故未直以君子道長小人道消明之。非僅言夬而已也。

男廷琥孫授書授易授詩校字

清江都焦氏本雕菰樓易學三書

第二册

清 焦循撰

山東省圖書館藏清嘉慶道光間江都焦氏雕菰樓刻《焦氏叢書》本

山東人民出版社·濟南

易圖略卷一 雕菰樓易學之二

江都焦循學

旁通圖第一

☰ 乾 二之坤五 四之坤初 上之坤三

☷ 坤 五之乾二 初之乾四 三之乾上

☳ 震 五之巽二 四之巽初 上之巽三

☴ 巽 二之震五 初之震四 三之震上

☲ 離 二之離五 初之離四 三之離上

☵ 坎 五之坎二 四之坎初 上之坎三

☲ 離 五之兌二 初之兌四 上之兌三

☶ 艮 二之艮五 四之艮初 三之艮上

同人　四之師初　上之師三

師　二之五　五之二　初之同人四　三之同人上

比　初之大有四　三之大有上

大有　二之五　五之二　四之比初　上之比三

隨　四之蠱初　三之蠱上

蠱　二之五　五之二　初之隨四　上之隨三

漸　初之歸妹四　上之歸妹三

歸妹　二之五　五之二　四之漸初　三之漸上

屯　三之鼎上

鼎　二之五　五之二　初之四　四之初　上之屯三

家人　上之解三

解　二之五　五之二　初之四　四之初　三之家人上

革　四之蒙初

蒙　二之五　五之二　初之革四　三之上　上之三

蹇　初之睽四

睽　二之五　五之二　四之蹇初　三之上　上之三

小畜　二之豫五　上之豫三

豫　五之小畜二　初之四　四之初　三之小畜上

復　五之姤二　三之姤上

姤　二之復五　初之四　四之初　上之復三

夬　二之剝五　四之剝初

剝　五之夬二　初之夬四　三之上　上之三

謙　五之履二　初之履四

履　二之謙五　四之謙初　上之三　三之上

節　二之旅五　三之旅上

旅　五之節二　初之四　四之初　上之節三

賁　五之困二　上之困三

困　二之賁五　初之四　四之初　三之賁上

豐　五之渙二　四之渙初

渙　二之豐五　初之豐四　三之上　上之三

井　二之噬嗑五　初之噬嗑四

噬嗑　五之井二　四之井初　三之上　上之三

臨　二之五　五之二　三之遯上

遯　初之四　四之初　上之臨三

升　二之五　五之二　初之无妄四

无妄　四之升初　三之上　上之三

大畜　二之五　五之二　上之萃三

萃　初之四　四之初　三之大畜上

大壯　二之五　五之二　四之觀初

觀　初之大壯四　三之上　上之三

需　二之晉五

晉　五之需二　初之四　四之初　三之上　上之三

明夷　五之訟二

訟　二之明夷五　初之四　四之初　三之上　上之三

泰　二之五　五之二

否　初之四　四之初　三之上　上之三

損　二之五　五之二　三之上　上之三

咸　初之四　四之初

恒　二之五　五之二　初之四　四之初

益　三之上　上之三

中孚　二之小過五　三之上　上之三

小過　五之中孚二　初之四　四之初

大過　二之頤五　初之四　四之初

頤　五之大過二　三之上　上之三

既濟

未濟　二之五　五之二　初之四　四之初　三之上　上之三

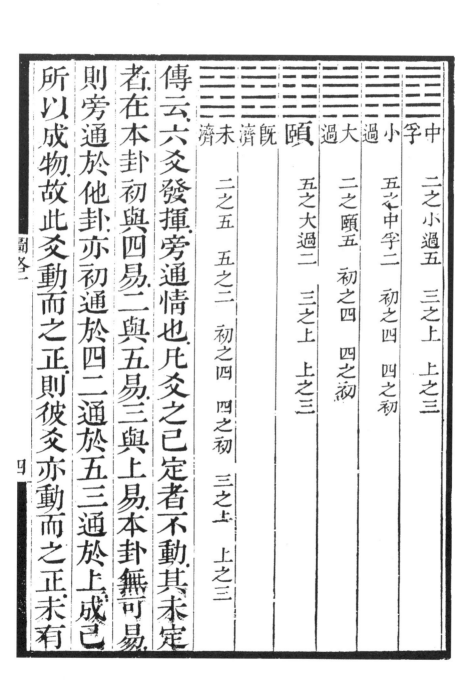

傳云六爻發揮旁通情也凡爻之已定者不動其未定者在本卦初與四易二與五易三與上易本卦無可易則旁通於他卦亦初通於四二通於五三通於上成已所以成物故此爻動而之正則彼爻亦動而之正未有

無所之自正不正人者也枉己未能正人故彼此易爻而各正未有變已正之爻爲不正以受彼爻之不正者也虞仲翔三變受上之說其悖道甚矣初必之四二必之五三必之上各有偶也初不之四二不之五三不之上而別有所之則交非其偶也虞仲翔謂過以相與爲初與五應二與上應無是義矣卦始於乾坤初與初索成震巽二與二索成坎離三與三索成艮兑此乾坤平列也若乾與坤重爲否泰則否四之初卽一索也泰二之五卽再索也否上之三卽三索也若乾與乾重坤與坤重則乾四之坤初卽否四之初也乾二之坤五卽泰二

之五也，乾上之坤三，卽否上之三也。故旁通之義，卽由一索再索三索之義而推。索卽摩也，剛柔相摩，卽吾與爾靡之靡，一以貫之者也。凡旁通之卦，一陰一陽，兩兩相孚，凡易稱孚稱有孚，皆指旁通，詳見通釋。共十二爻，有六爻靜，必有六爻動。既濟六爻皆定，則未濟六爻皆不定。六爻發揮，六位時成，謂此十二爻中之六爻也。

升降之說見於荀爽，解雲行雨施云：乾坤二卦成兩既濟，陰陽和均而得其正。解日月合其明云：坤五之乾二成離，乾二之坤五爲坎。解或躍在淵云：欲下居坤初。解行而未成云：謂行之坤四。解含宏光大云：乾二居坤五爲含，坤五居乾二爲宏，坤初居乾四爲光，乾四居坤初爲大。旁通之說見於虞翻。翻謂比與大有旁通，小畜與豫旁通，履與謙旁通，同人旁通師卦，蠱與隨旁通，臨與遯旁通，剝與夬旁通，大畜與萃旁通，頤與大過旁通，坎與離旁通，恒與益旁通，姤與復旁通，革與蒙旁通，鼎與屯旁通。但荀氏明升降於乾坤二卦而諸卦不詳。虞氏以旁通解易，而不詳升降之義，顧乾坤之升降，即乾坤之旁通，而諸卦之旁通，仍乾坤之升降也。試舉經文證之：同人九五、大師克相遇，若非師與同人旁通，則師之相克，師之相遇，與同人何涉？其證一也。艮六二不拯其隨，兌二之艮五，兌成隨，兌二之拯，正是隨之拯。若非艮兌旁通，則不拯其隨之義不可得而明。其證二也。渙初之豐四，豐成明夷，故豐九四言遇其夷主，與渙六四匪夷所思互相發明。若非豐渙旁通，則匪夷所思，遇其夷主，何以解説？其證三也。屯九五屯其膏，即鼎九三雉膏之膏。屯鼎旁通，其證四也。需不進也。晉者進也。惟需晉旁通，故進不進相反。其證五也。

解上六射隼于高墉之上，謂六三旁通於家人，家人上

巽爲高墉。同人四之師初成家人，亦云乘其墉。家人與

解旁通，一墉字明之。其證六也。噬嗑食也，井泥不食，井

渫不食，謂未旁通於噬嗑。其證七也。屯見而不失其居，

蠱六四往見，謂初六旁通於隨四，隨卽成屯，是爲隨蠱

旁通。其證八也。同人九三升其高陵，上九通於師三，師

成升。其證九也。明夷六五箕子之明夷，箕子卽其子，中

孚九二鳴鶴在陰，其子和之，謂九二旁通小過六五。惟

小過六五不和中孚之九二，而以四之初成明夷，故云

其子之明夷，苟其子與鶴鳴相和，則明不傷夷，是中孚小過旁通，其證十也。旁通自此及彼，自近及遠，故取義於射。既濟六爻皆定，不用旁通，則水火不相射，其證十一也。困成需，賁成明夷，則有言不信，以賁之小而合困之有言，爲小有言。需旁通於晉，明夷旁通於訟，則雖小有言而終吉，故需訟稱小有言，明夷稱主人有言，其證十二也。明夷三日不食，旁通於訟則食舊德，其證十三也。物畜然後有禮，故受之以履。祭義、仲尼燕居皆以禮爲履。履旁通於謙，故謙以制禮，其證十四也。井泥不食，謂豐四之井初成需，故需于泥。豐成明夷，需二之明夷五為致冠至傳云災在外即豐過旬災之災其證十五也小畜密雲不雨自我西郊其辭又見於小過六五小畜上之豫三則豫成小過中孚三之上則亦成需以小過為豫之比例以中孚為小畜之比例解者不知旁通之義則一密雲不雨之象何以小畜與小過同辭其證十六也家人何以行有恒上旁通於解三則解成恒其證十七也大畜時也隨四之蠱初即大畜是為天下隨時其證十八也雜卦傳大過顛也而大過經文不稱顛頤六二六四兩稱顛顛即顛實揚休之顛謂頤五空虛大過二往填實之非大過與頤旁通何以經之顛在頤

而傳之顚在大過其證十九也臨初九九二皆云咸臨惟遯上之臨三則遯成咸其證二十也兌九五孚于剝兌三之艮上成夬夬與剝旁通故孚于剝有厲卽夬之孚號有厲其證二十一也益上九立心勿恒凶向非恒益旁通恒之有心何與益事其證二十二也同人四之師初同人成家人是以承家其證二十三也師衆也又以大有爲衆何也師二之五成比比則旁通於大有大有二之五成同人同人則旁通於師其證二十四也賁上之困三困成大過爲棺椁所取賁成明夷中心滅亡故云死期將至其證二十五也革治秝明時章蔀秝法

也，惟渙二之豐五，豐成革，五來章，四豐蔀，所以治秝明時，不知旁通之義，則不知豐之章蔀，即革之治秝，其證二十六也，或躍在淵，乾道乃革，謂乾成革而旁通於蒙，淵即泉也，躍在淵，猶云山下出泉也，其證二十七也，豐四之渙初，渙成中孚，豐成明夷，故明夷渙皆稱用拯馬壯吉，其證二十八也，夬二旁通剝五成觀，故剝傳云，觀象也，若非旁通，剝之象何以有觀，其證二十九也，巽二旁通震五，震成隨，故巽稱隨風，其證三十也，易之繫辭全主旁通，略舉此三十證以例其餘。

男廷琥校字

易圖略卷二　雕菰樓易學之二

江都焦循學

當位失道圖第二

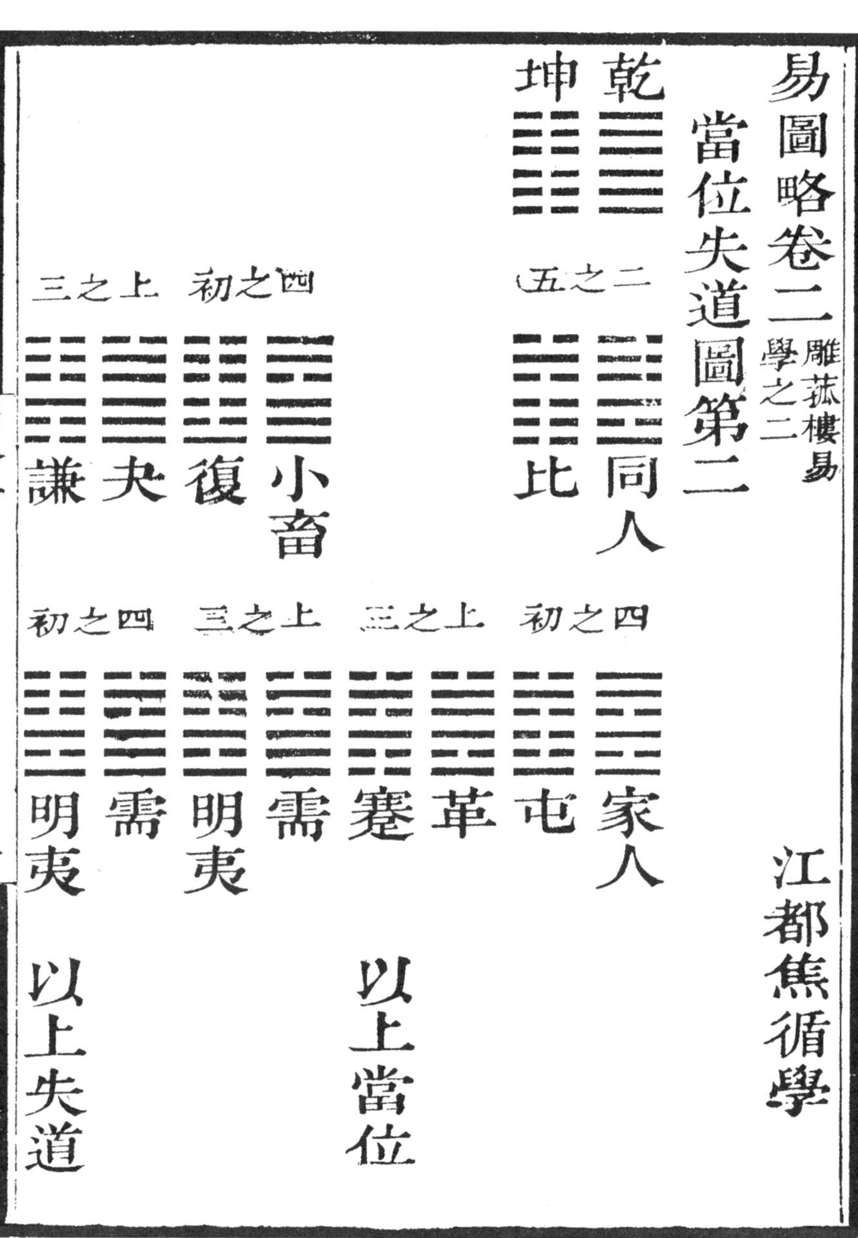

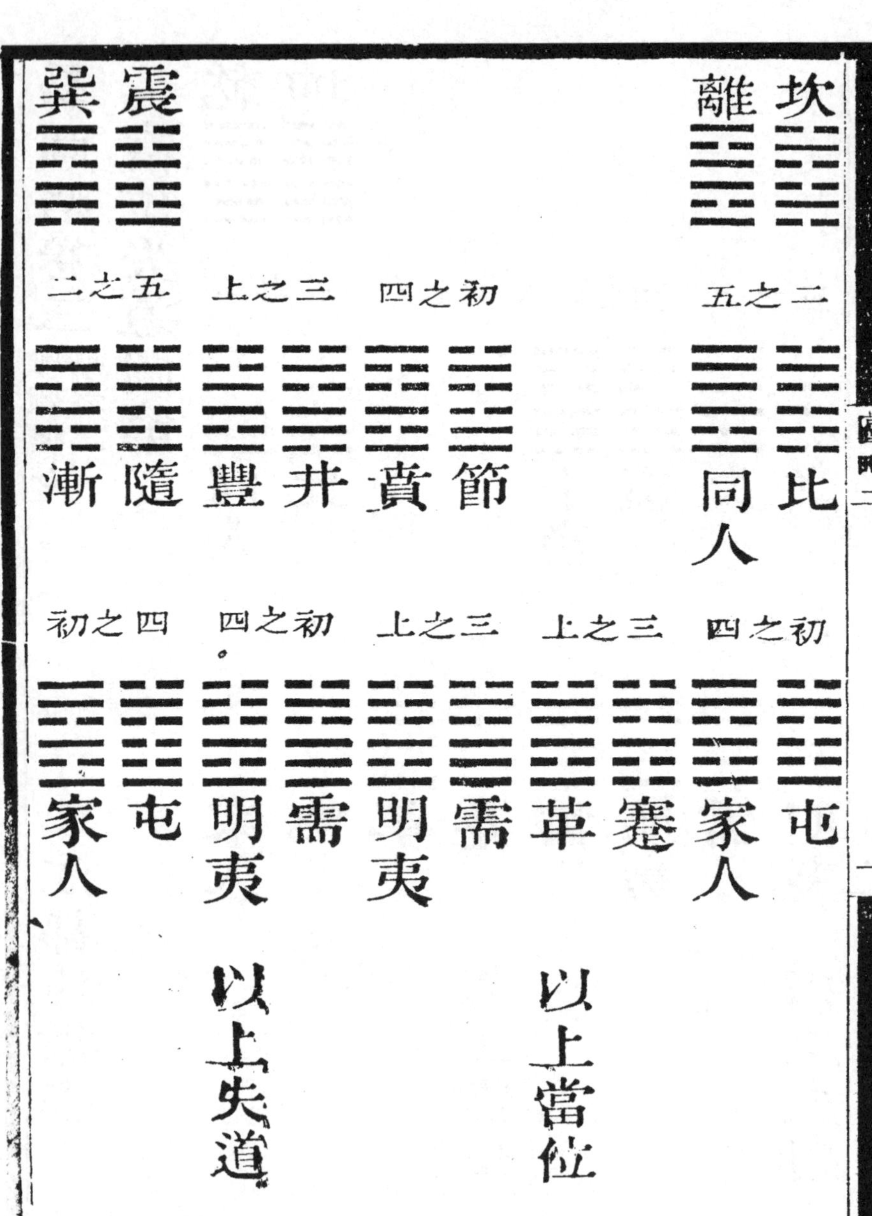
坎
離
震
巽
二之五
比
同人
初之四
節
賁
三之上
井
豐
五之二
隨
漸
初之四
屯
家人
三之上
蹇
革
以上當位
三之上
需
明夷
初之四
需
明夷
以上失道
四之初
屯
家人

艮䷳
兌䷹

四之初
復 小畜

三之上
豐 井

五之二
漸 隨

三之上
革 蹇
以上當位

三之上
明夷 需

四之初
明夷 需

初之四
家人 屯
以上失道

上之三
蹇 革
以上當位

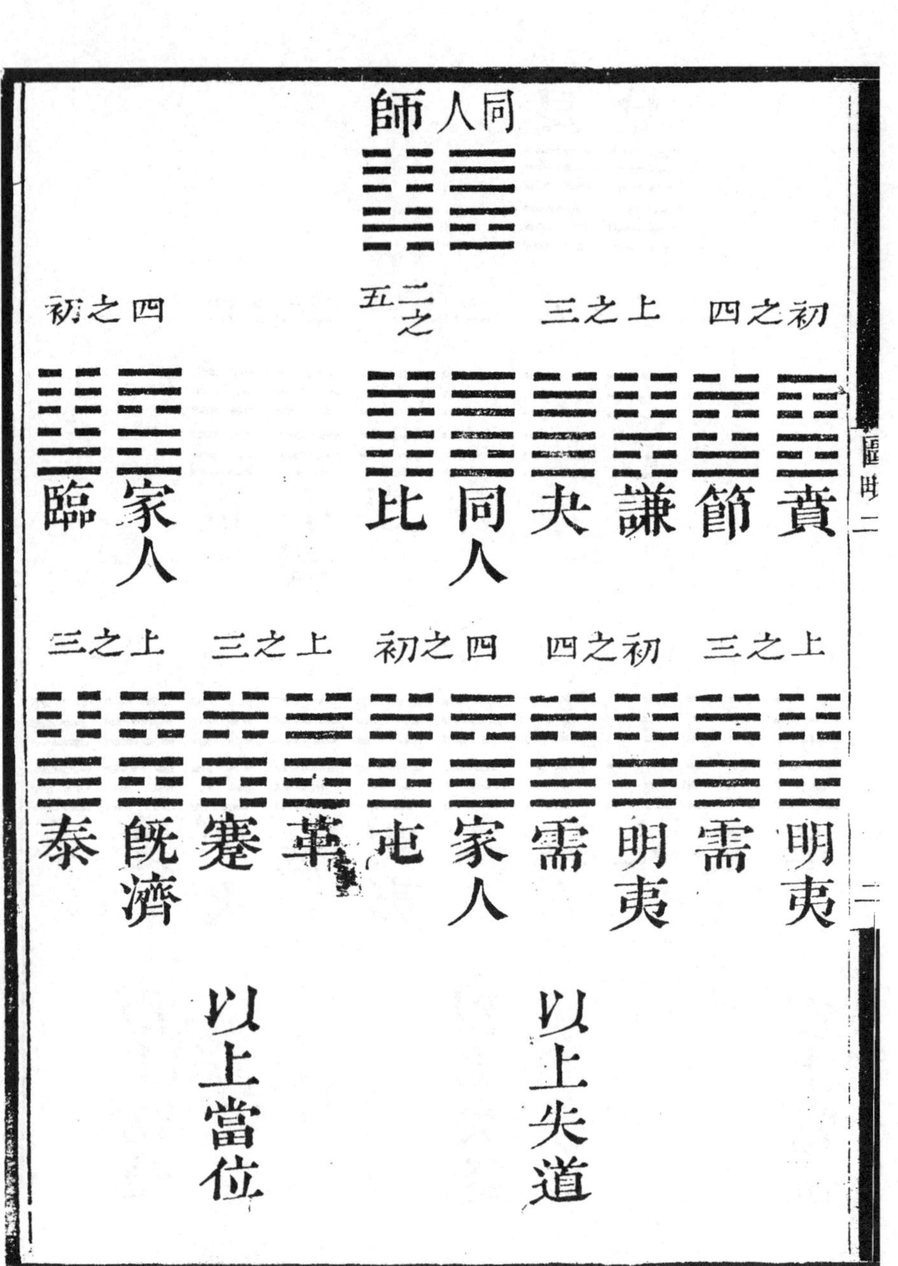

同人
師
初之四
賁
節
上之三
謙
夬
二之五
同人
比
四之初
家人
臨
上之三
明夷
需
初之四
明夷
需
四之初
家人
屯
上之三
革
蹇
上之三
既濟
泰
以上失道
以上當位

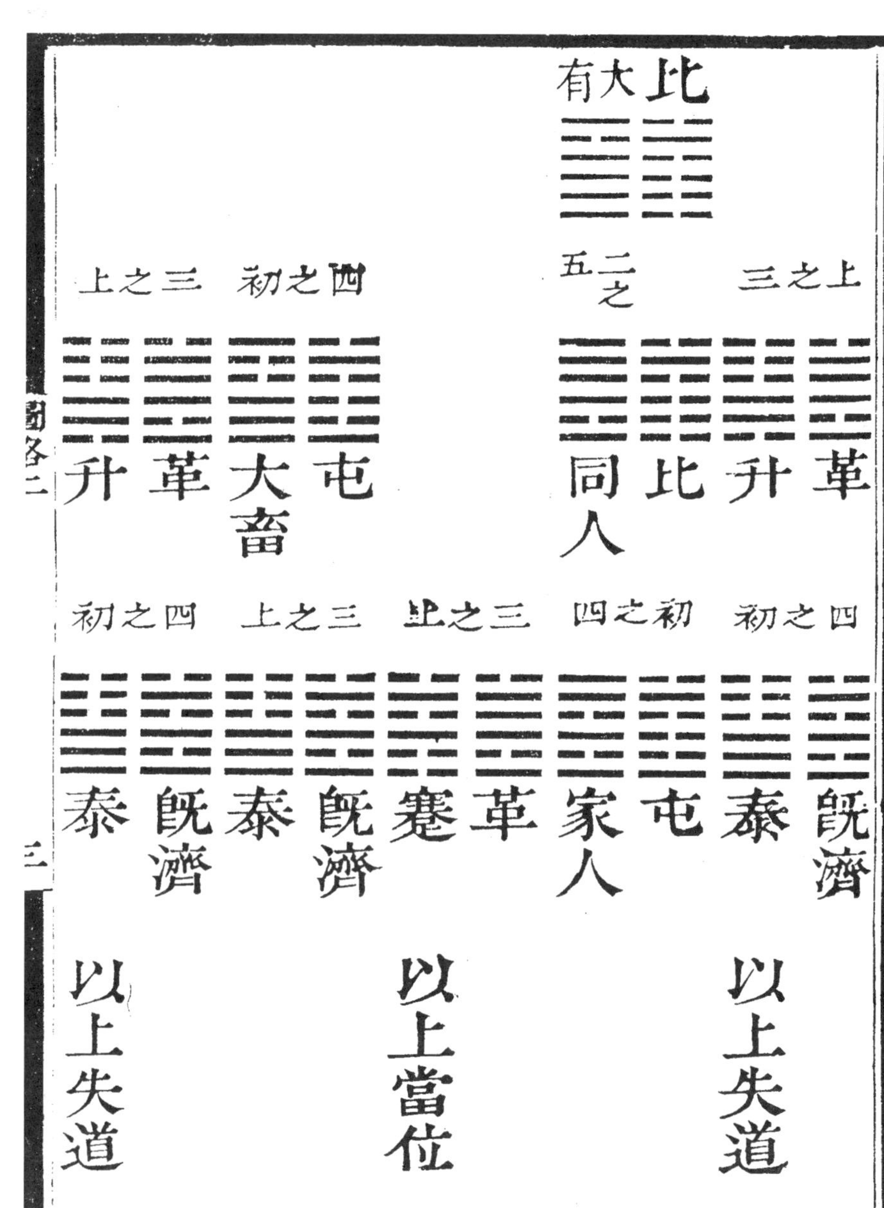

比
大有
上之三
革
升
二之五
比
同人
四之初
屯
大畜
三之上
革
升
四之初
既濟
泰
初之四
屯
家人
上之三
革
蹇
三之上
既濟
泰
四之初
既濟
泰
以上失道
以上當位
以上失道

隨
蠱
二之五
隨
漸
漸
歸妹
四之初
屯
大畜
三之上
革
升
二之五
漸
隨
四之初
屯
家人
三之上
革
蹇
三之上
既濟
泰
四之初
既濟
泰
初之四
家人
屯
以上當位
以上失道

家人 解

初之四 上之三 二之五

家人 臨 蹇 大壯 家人 萃

上之三 上之三 初之四 初之四 上之三

蹇 革 既濟 泰 既濟 泰 家人 屯 既濟 咸

以上當位 以上失道 以上當位

屯
鼎
初之四
家人
臨
上之三
既濟
恒
二之五
屯
遯
四之初
屯
大畜
上之三
既濟
泰
四之初
既濟
泰
以上失道
四之初
屯
家人
三之上
既濟
咸
以上當位
三之上
既濟
泰
圖略二
四

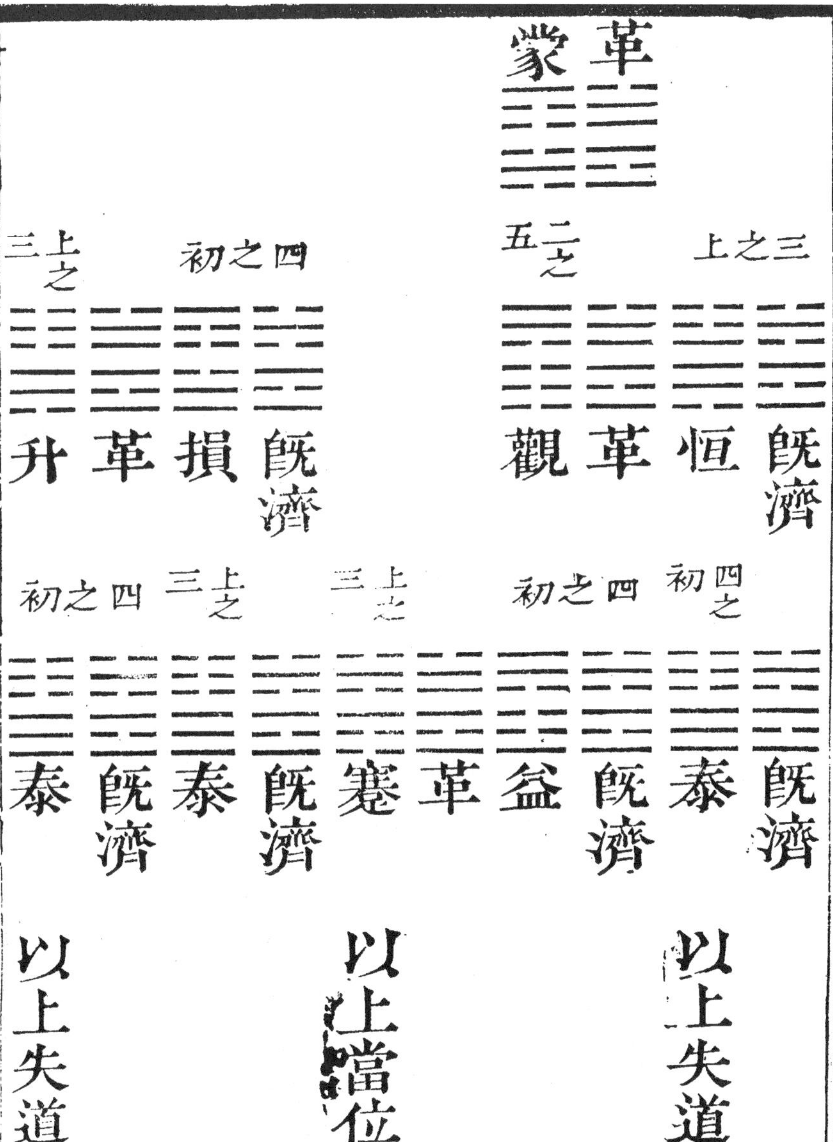

革
蒙

三之上
既濟
恒

二之五
革
觀

四之初
既濟
損

上之三
革
升

四之初
既濟
泰

四之初
既濟
益

上之三
革
蹇

上之三
既濟
泰

四之初
既濟
泰

以上失道

以上當位

以上失道

蹇 睽

小畜 豫

二之五

蹇 无妄

初之四

既濟 損

上之三

蹇 大壯

二之五

家人 萃

初之四

既濟 益

上之三

蹇 革

以上當位

上之三

既濟 泰

初之四

既濟 泰

初之四

家人 屯

以上失道

復

姤

小畜

四之初
復

需

上之三
小過

屯

五之二
遯

上之三
既濟

咸

以上當位

上之三
需

明夷

四之初
需

明夷

以上失道

屯

四之初
家人

既濟

三之上
咸

以上當位

夬剥

復 四之初
小畜
明夷 三之上
大過
革 二之五
觀

需 四之初
頤

明夷 三之上
需
明夷
需 四之初
既濟
益 四之初
革
蹇 上之三
需
明夷 上之三

以上失道

以上當位

謙

履

上之三 夬

謙

五之二 蹇

无妄

初之四 明夷

中孚

上之三 謙

夬

四之初 需

明夷

初之四 旣濟

益

蹇

上之三 革

以上當位

明夷

上之三 需

明夷

四之初 需

以上失道

以上失道

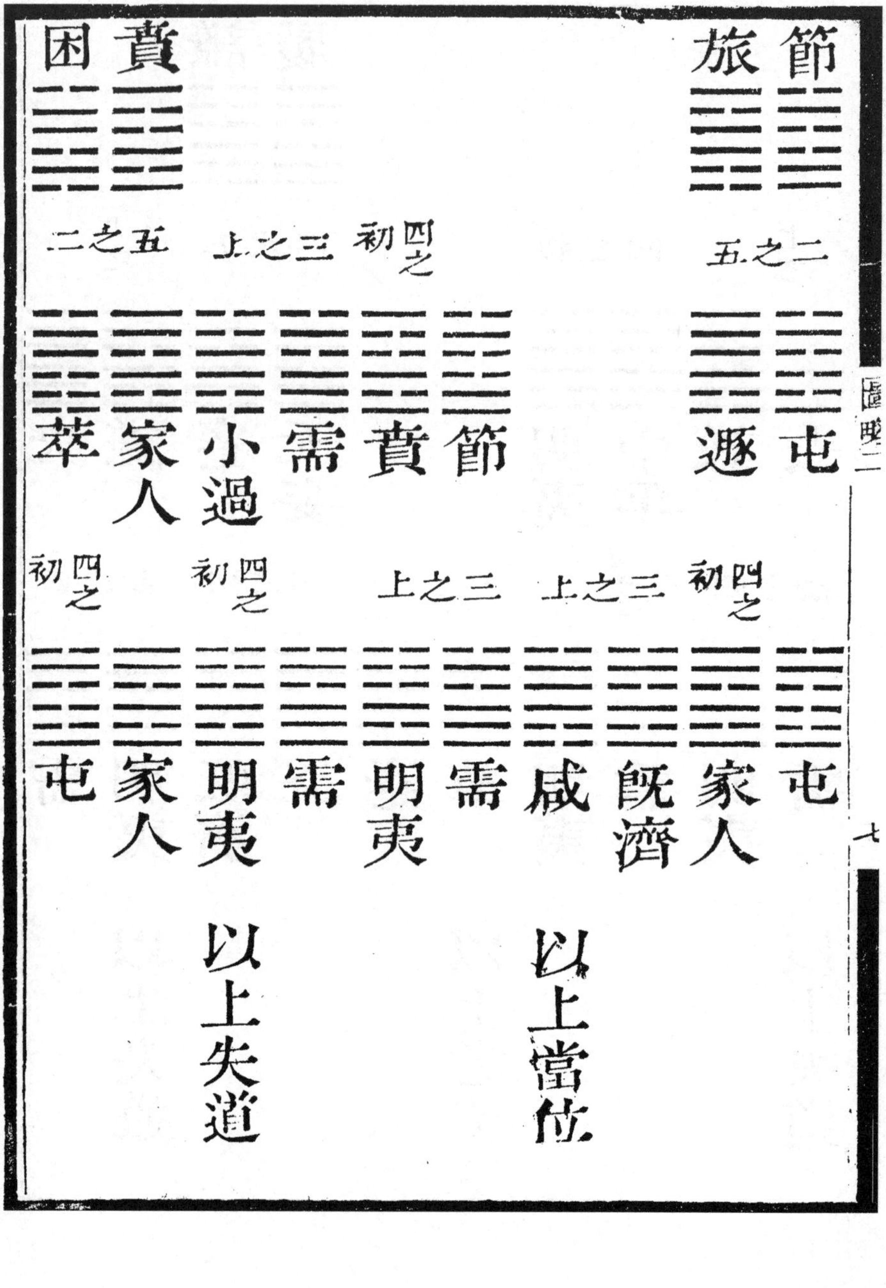

節　旅　　　　賁　困

二之五　　　四之初　三之上　五之二

屯　遯　　　節　賁　需　小過　家人　萃

四之初　三之上　三之上　四之初　四之初

屯　家人　既濟　咸　需　明夷　需　明夷　家人　屯

以上當位

以上失道

豐

渙

賁

四之初

節

上之三

明夷

大過

五之二

革

觀

上之三

既濟

咸

以上當位

上之三

明夷

需

四之初

明夷

需

以上失道

上之三

革

蹇

四之初

既濟

益

以上當位

井噬嗑

明夷 四之初
中孚
豐 上之三
井
蹇 二之五
无妄

需 初之四
頤

明夷 上之三
需
明夷 四之初
需
蹇 上之三
革
既濟 初之四
益
需 上之三
明夷

以上失道

以上當位

臨　遯

上之三　二之五

井　豐　屯　遯

四之初　三之上

臨　家人　泰　咸

初之四　三之上

需　明夷　既濟　咸

四之初　三之上

屯　家人　泰　既濟

四之初

泰　既濟

以上失道

以上當位

以上失道

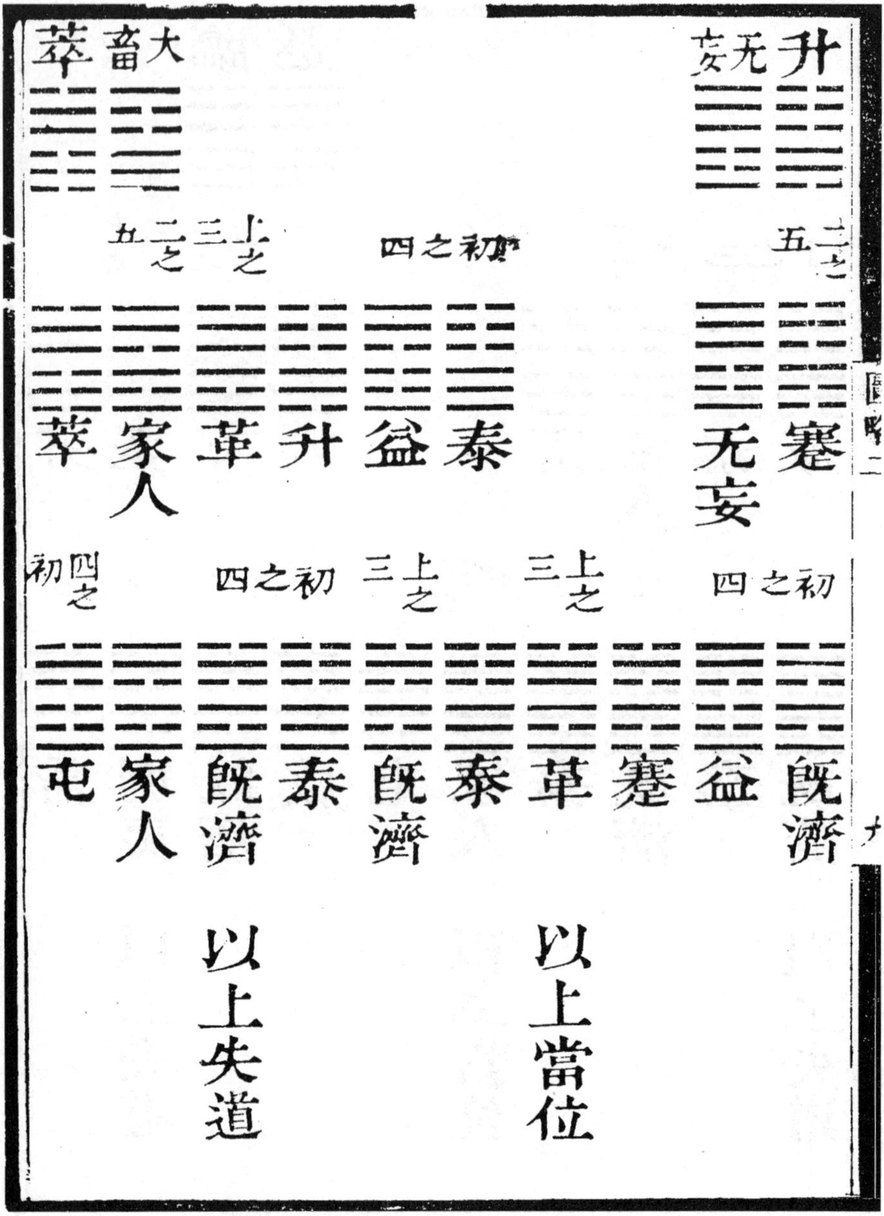

升　无妄　大畜　萃

二之五
蹇　无妄

初之四
泰　益
上之三
升　革
二之五
家人　萃

初之四
既濟　益
上之三
蹇　革
以上當位

上之三
泰　既濟
初之四
泰　既濟
以上失道
四之初
家人　屯

大壯

觀

大畜

四之初屯

上之三泰

咸

二之五革

觀

上之三既濟

上之三咸

泰

上之三既濟

泰

四之初既濟

四之初既濟

益

革

上之三蹇

以上當位

以上失道

以上當位

需
晉

四之初
泰
益

上之三
大壯
蹇

二之五
既濟
否

四之初
需
頤

上之三
泰
既濟

四之初
泰
既濟

以上失道

既濟

四之初
益
既濟

上之三
咸

以上當位

上之三
需
明夷

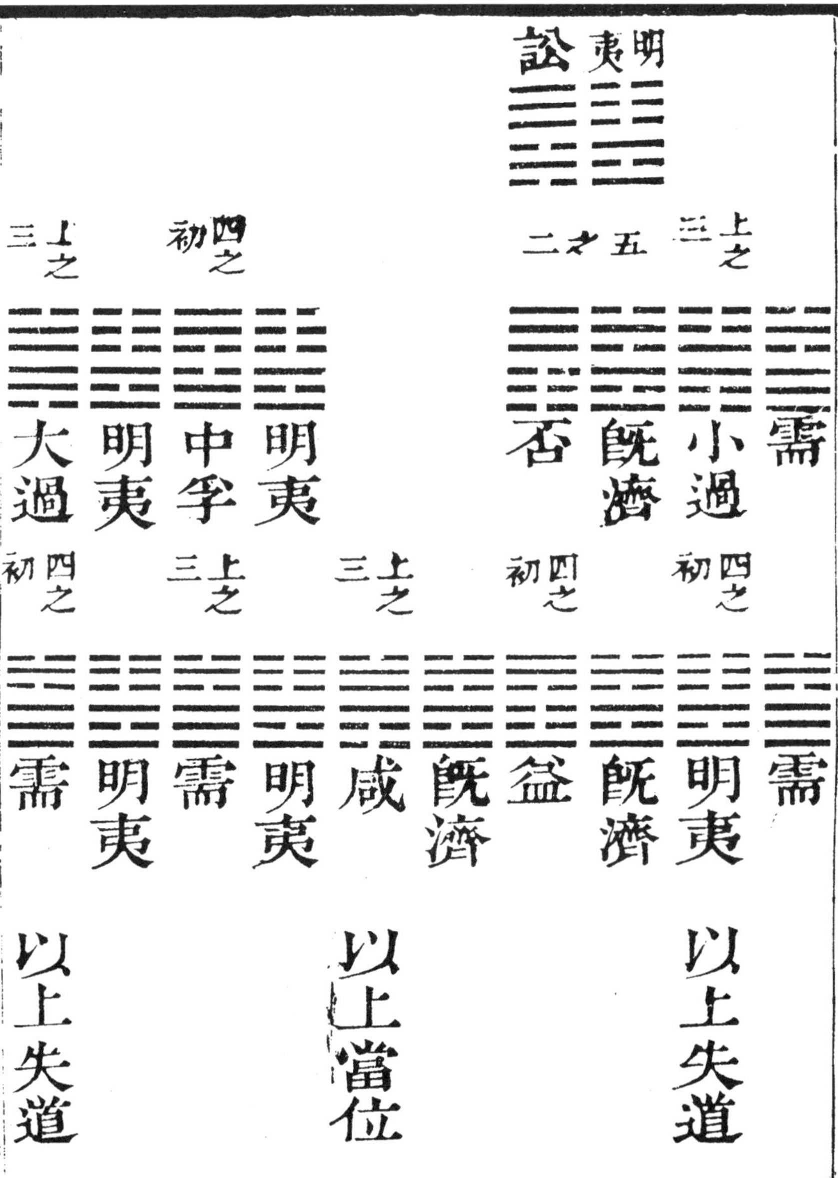

需

小過 上之三

既濟 五

否 之二

明夷

訟

需

明夷 四之初

既濟

益 四之初

既濟

咸 上之三

明夷

需 上之三

明夷

需 四之初

明夷

中孚 四之初

明夷

大過 上之三

以上失道

以上當位

以上失道

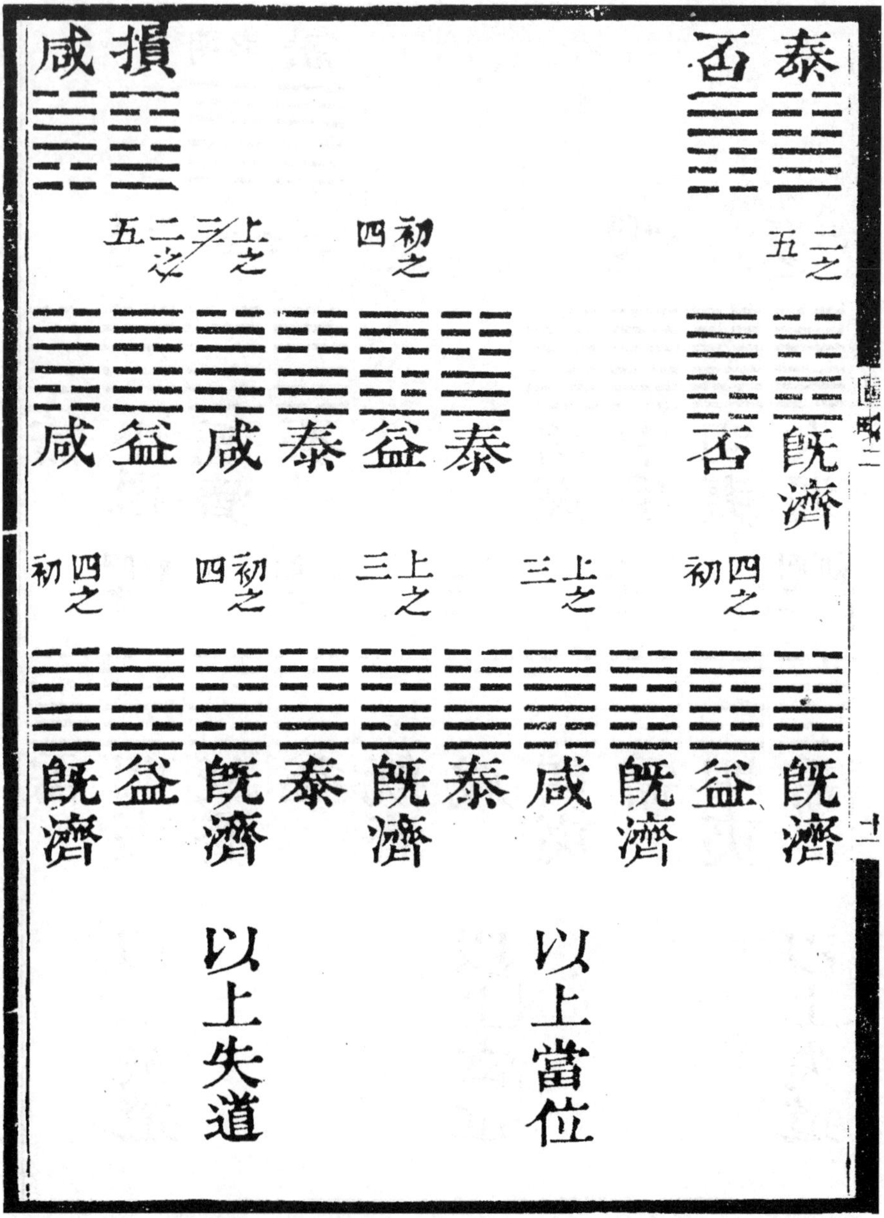

泰　二之五　既濟　既濟

否　否　四之初　益

既濟

泰　上之三　咸

初之四　益　既濟

泰　上之三　泰

以上當位

損　二之五　益　四之初　既濟

咸　上之三　咸　初之四　既濟

泰　泰

以上失道

恒　益

損　四之初既濟　上之三泰　咸　二之五咸　益

上之三既濟　咸　上之三泰　既濟　泰　四之初既濟　四之初既濟　益　咸　上之三既濟

以上當位　以上失道　以上當位

中孚小過

四之初 泰
上之三 益
恒
既濟
二之五 益
咸

中孚
四之初 明夷

上之三 泰
既濟
四之初 泰
既濟
以上失道
益
四之初 既濟
上之三 既濟
咸
以上當位
上之三 需
明夷

大過 頤

上之三 需 小過
二之五 咸 益
四之初 需 頤
上之三 大過 明夷

需
四之初 明夷
四之初 既濟 益 咸
上之三 既濟 需
上之三 明夷
四之初 需 明夷

以上失道

以上當位

以上失道

既濟　未濟

既濟　二之五　否

既濟　四之初　損

既濟　上之三　恒

既濟　四之初　益

既濟　上之三　咸

以上當位

既濟　上之三　泰

既濟　四之初　泰

以上失道

易之動也，非當位，卽失道，兩者而已。何爲當位？先二五後初四三上是也。何爲失道？不俟二五而初四三上先行是也。當位則吉，失道則凶。然吉可變凶，凶可化吉。吉何以變凶，乾二先之坤五，四之坤初應之，乾成家人，坤成屯，是當位而吉者也。若不知變通，而以家人上之屯三，成兩既濟，其道窮矣，此亢龍所以爲窮之災也。此吉變凶也。凶何以化吉，乾二不之坤五，而四先之坤初，乾成小畜，坤成復，是失道而凶者也。若能變通，以小畜通豫，以復通姤，小畜復初四雖先行，而豫姤初四則未行，以豫姤補救小畜復之非，此不遠復所以修身也。此凶變吉也。惟凶可以變吉，則示人以失道變通之法，惟吉可以變凶，則示人以當位變通之法，易之大旨，不外此二者而已。特撰此圖於旁通之後。乾坤坎離震巽艮兑八卦兩兩旁通。二五先行。成同人比隨漸四卦。是之爲元。初四應之成家人屯。三上應之成蹇革。是之爲亨。家人上不可之屯三蹇初不可之革四。則變而通之。家人通解。屯通鼎。蹇通睽。革通蒙。或同人比隨漸不俟亨而卽變通。則同人通師。比通大有。隨通蠱。漸通歸妹。所謂變而通之以盡利。是由元亨而利者也。八卦二五不先行。而初四先行成小畜復節賁。三上先行。成夬謙豐井。初四先行。而又以三上行之。三上先行。而又以初四行之。皆成需明夷二卦。八卦成此十卦。則不元不亨。變而通之、小畜通豫、復通姤、節通旅、賁通困、夬通剝、謙通履、豐通渙、井通噬嗑、需通晉、明夷通訟、於是小畜豫賁困、二五先行、成家人萃兩卦、復姤節旅、二五先行、成屯遯兩卦、夬剝豐渙、二五先行、成革觀兩卦、謙履井噬嗑、二五先行、成无妄蹇兩卦、以變通而仍得元、或以初四應、或以三上應、成家人屯蹇革既濟咸既濟益、而仍得亨、是由不元不亨以利而復得元亨者也、然變而通之、不能盡利、又不以二五先行、而或先初四、或先三上、則同人師大有比隨蠱漸歸妹家人解屯鼎蹇睽革蒙十六卦、失道、而成臨升大畜大壯恒損六卦、小畜豫復姤夬剝謙履節旅賁困豐渙井噬嗑十六卦。失道而成頤大過中孚小過四卦。又變而通之。則臨通遯。升通无妄。大畜通萃。大壯通觀。恒通益。損通咸。頤通大過。大過通頤。中孚通小過。小過通中孚。於是臨成屯。升成蹇。大畜成家人。大壯成革。損頤中孚成益。恒大過小過成咸。仍爲元亨。其失道而又失道者。非成明夷需。即成既濟泰。然泰通於否。既濟通於未濟。無論當位失道。一經變通。則元亨者更加以元亨。不元不亨者改而爲元亨。元亨非利則窮。利而後貞。乃終則有始。成兩既濟則貞而不利。凡元亨必成家人屯蹇革。或既濟咸。或既濟益。而家人通解，則解成咸，家人成旣濟，屯通鼎，則鼎成咸，屯成旣濟，蹇通睽，則睽成益，蹇成旣濟，革通蒙，則蒙成益，革成旣濟，益通恒，則恒成咸，益成旣濟，咸通損，則損成益，咸成旣濟，成旣濟則終，成咸益則有始，故恒象傳特明之云終則有始，六十四卦本諸乾坤坎離震巽艮兑之八卦，而八卦之生生，不外元亨利貞四字，而所以元亨利貞則窮則變，變則通，通則久，九字盡之，括以一言，則謂之易而已矣。

昔人謂伏羲作十言之教，曰乾坎艮震巽離坤兑消息，余謂文王作十二言之教，曰元亨利貞吉凶悔吝厲孚无咎。元亨利貞。則當位而吉。不元亨利貞。則失道而凶。
失道而消不久。固厲。當位而盈不可久。亦厲。因其厲而
悔則孚。孚則无咎。同一改悔。而獨歷艱難困苦而後得
有孚則爲吝。雖吝亦歸於无咎。明乎此十二言。而易可
知矣。

男廷琥校字

易圖略卷三 雕菰樓易學之二

江都焦循學

時行圖第三

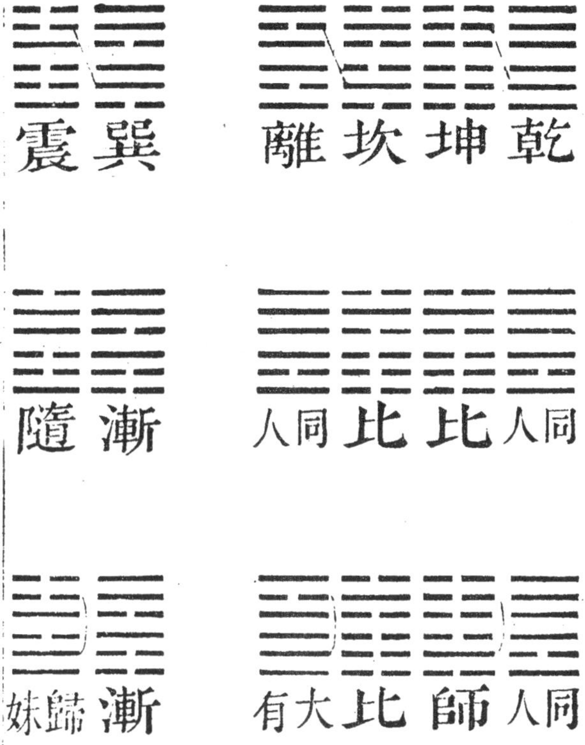

乾 坤 坎 離

同人 比 比 同人

同人 師 比 大有

巽 震

漸 隨

漸 歸妹

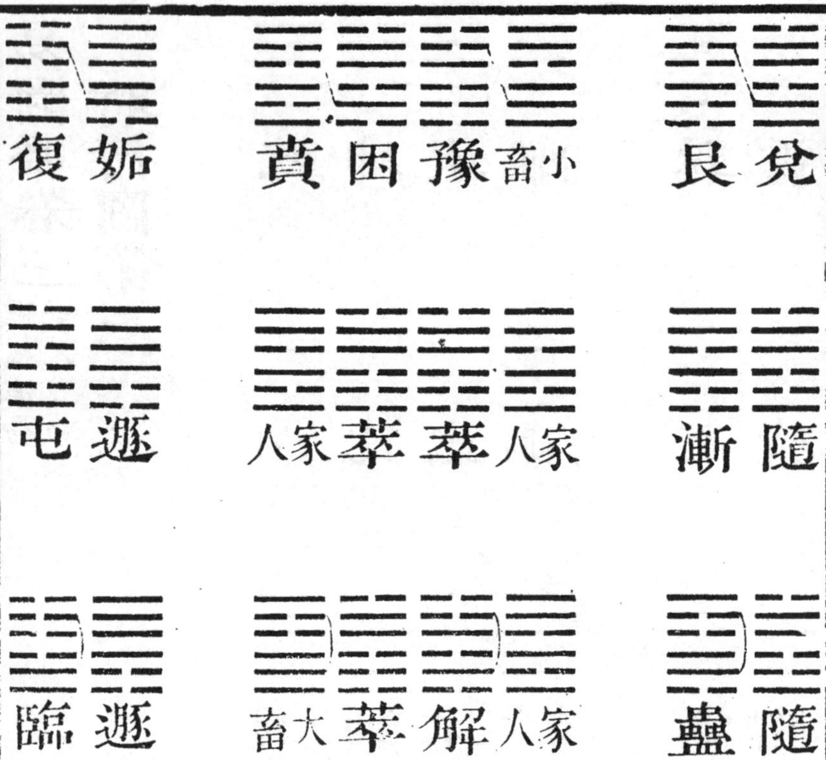

兌　艮

小畜　豫　困　賁

姤　復

隨　漸

家人　萃　萃　家人

遯　屯

隨　蠱

家人　解　萃　大畜

遯　臨

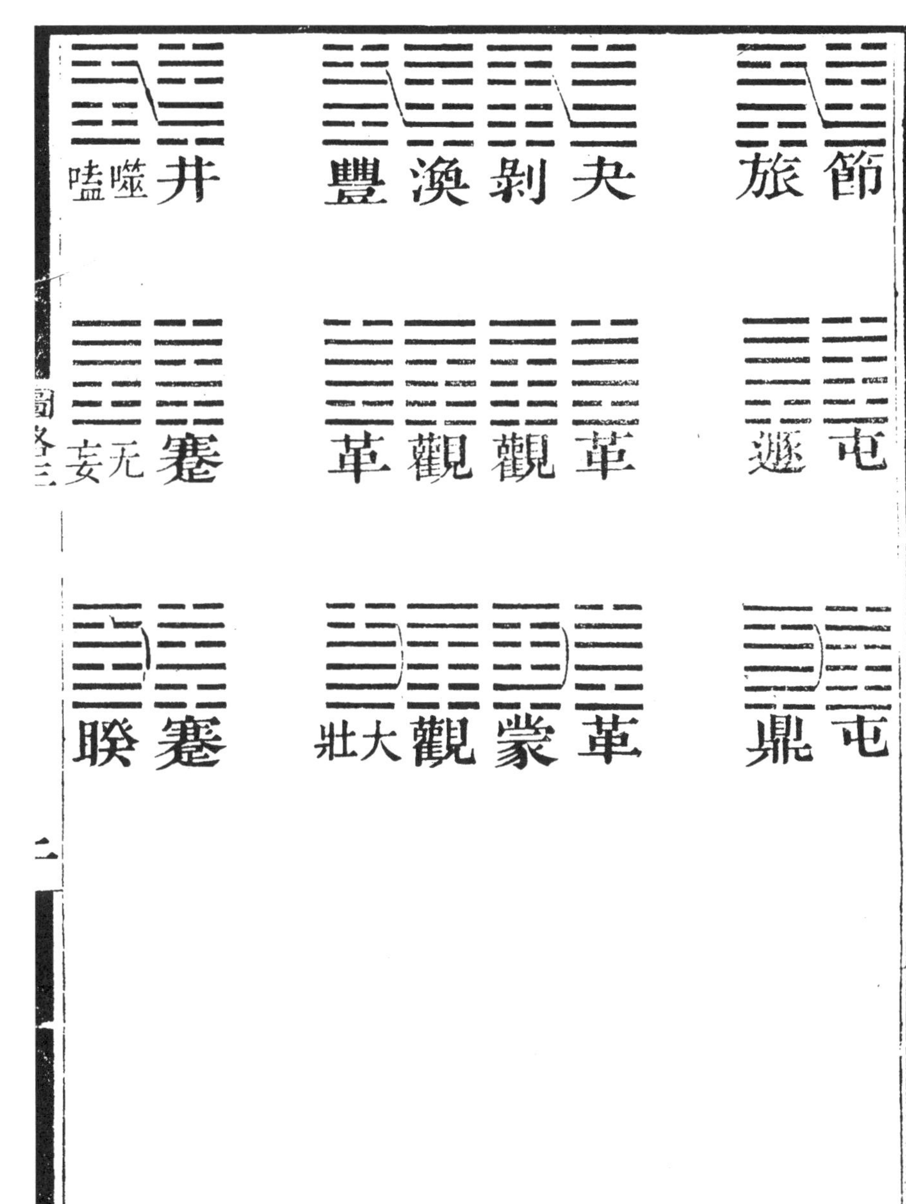
節 旅
夬 剝
渙 豐
井 噬嗑
屯 遯
革 觀
觀 革
蹇 无妄
屯 鼎
革 蒙
觀 大壯
蹇 睽
圖 卷三
二

履　謙

无妄　蹇

无妄　升

中孚　小過　大過　頤

益　咸　咸　益

益　恒　咸　損

訟　明夷

否　既濟

否　泰

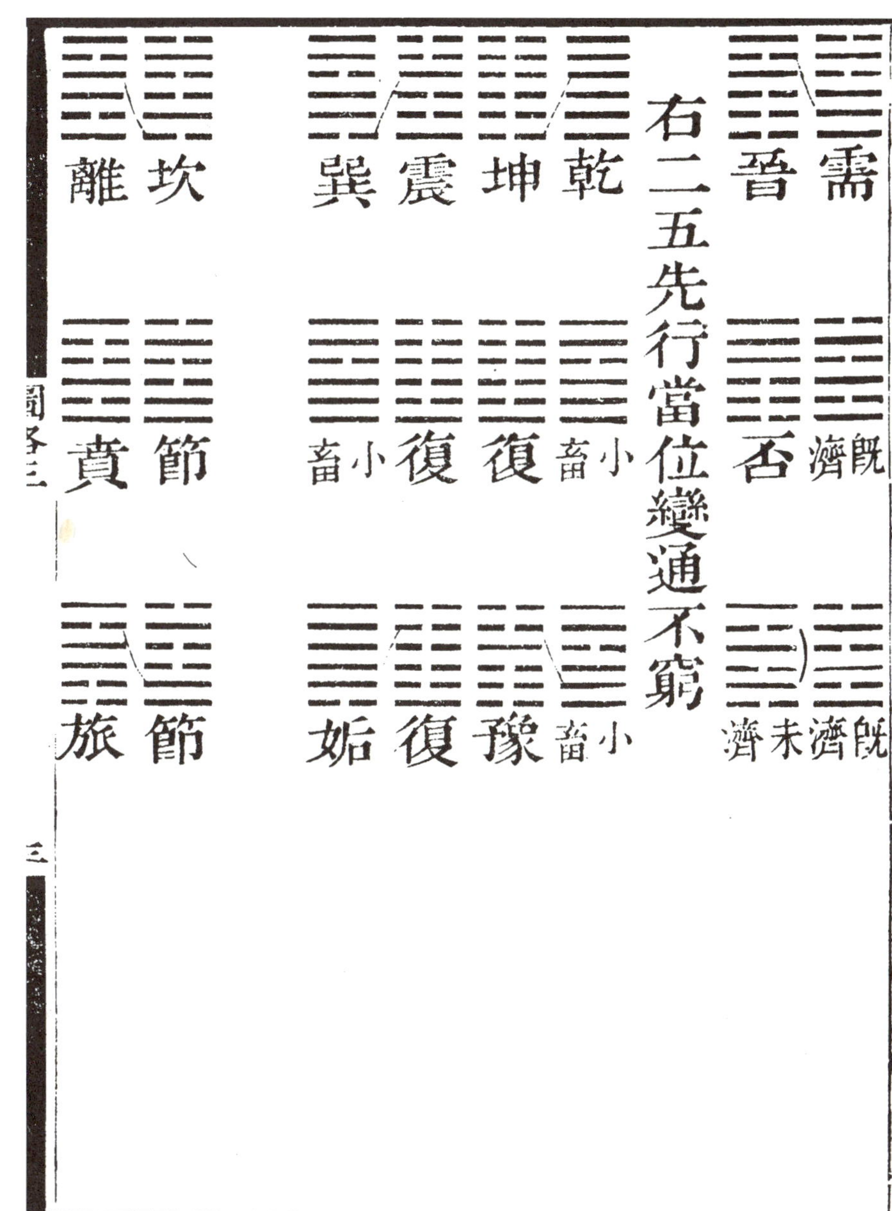
需
既濟
既濟
晉
否
未濟
右二五先行當位變通不窮
乾
小畜
小畜
坤
復
豫
震
復
復
巽
小畜
姤
坎
節
節
離
賁
旅
圖略三
三

艮　兌　　同人　師　歸妹　漸　　比　大有

賁　節　　家人　臨　臨　家人　　屯　大畜

賁　困　　家人　解　臨　遯　　屯　鼎

蠱　隨

大畜　屯

大畜　萃

革　蒙

既濟　損

既濟　未濟

睽　蹇

損　既濟

損　咸

无妄　升

益　泰

益　恒

大壯　觀

泰　益

泰　否

豐　渙　履　謙

明夷　中孚　中孚　明夷

明夷　訟　中孚　小過

井　噬嗑

需　頤

需　晉

剝　頤　頤

夬　需　大過

右初四先行不當位變而通之仍大中而上下應

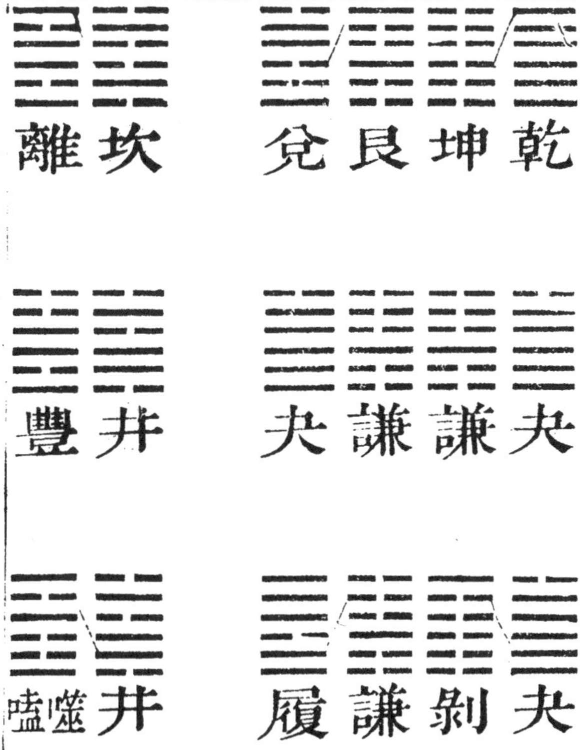

乾　夬　夬

坤　謙　剝

艮　謙　謙

兑　夬　履

坎　井　井

離　豐　噬嗑

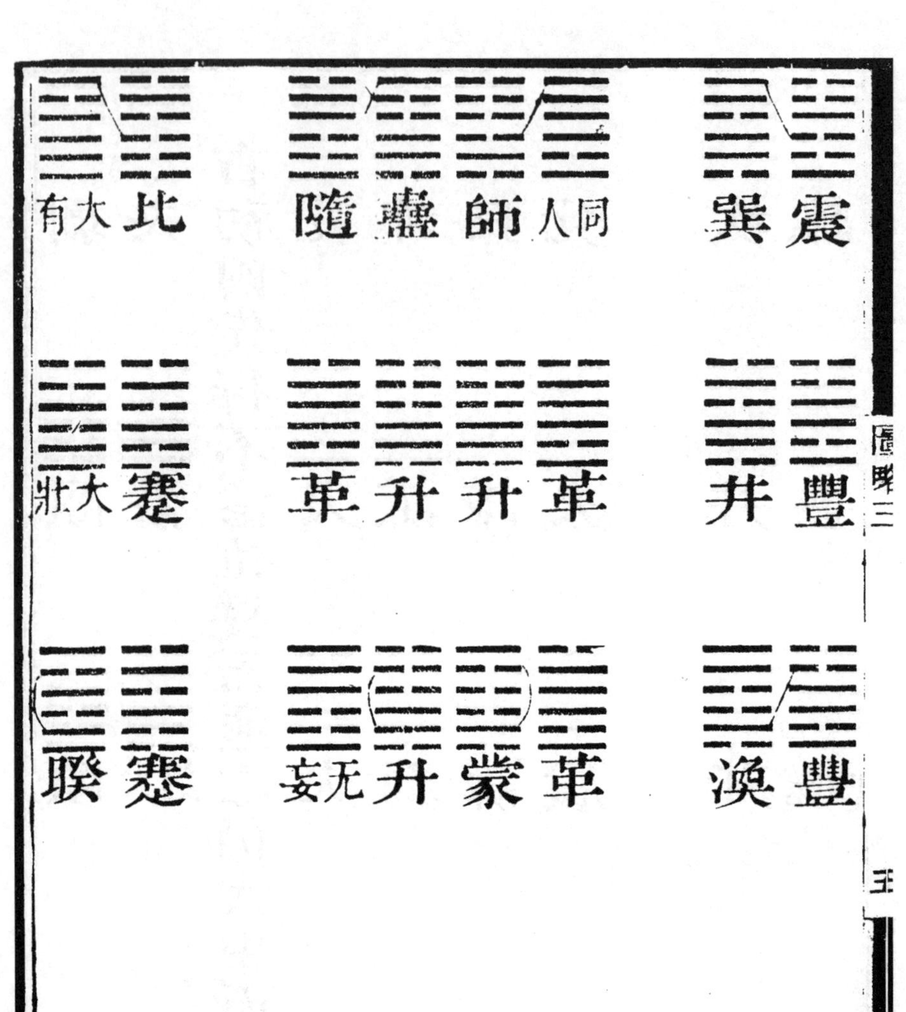

震
巽
同人
師
蠱
隨
比
大有
豐
井
革
升
升
革
蹇
大壯
豐
渙
革
蒙
升
无妄
蹇
睽

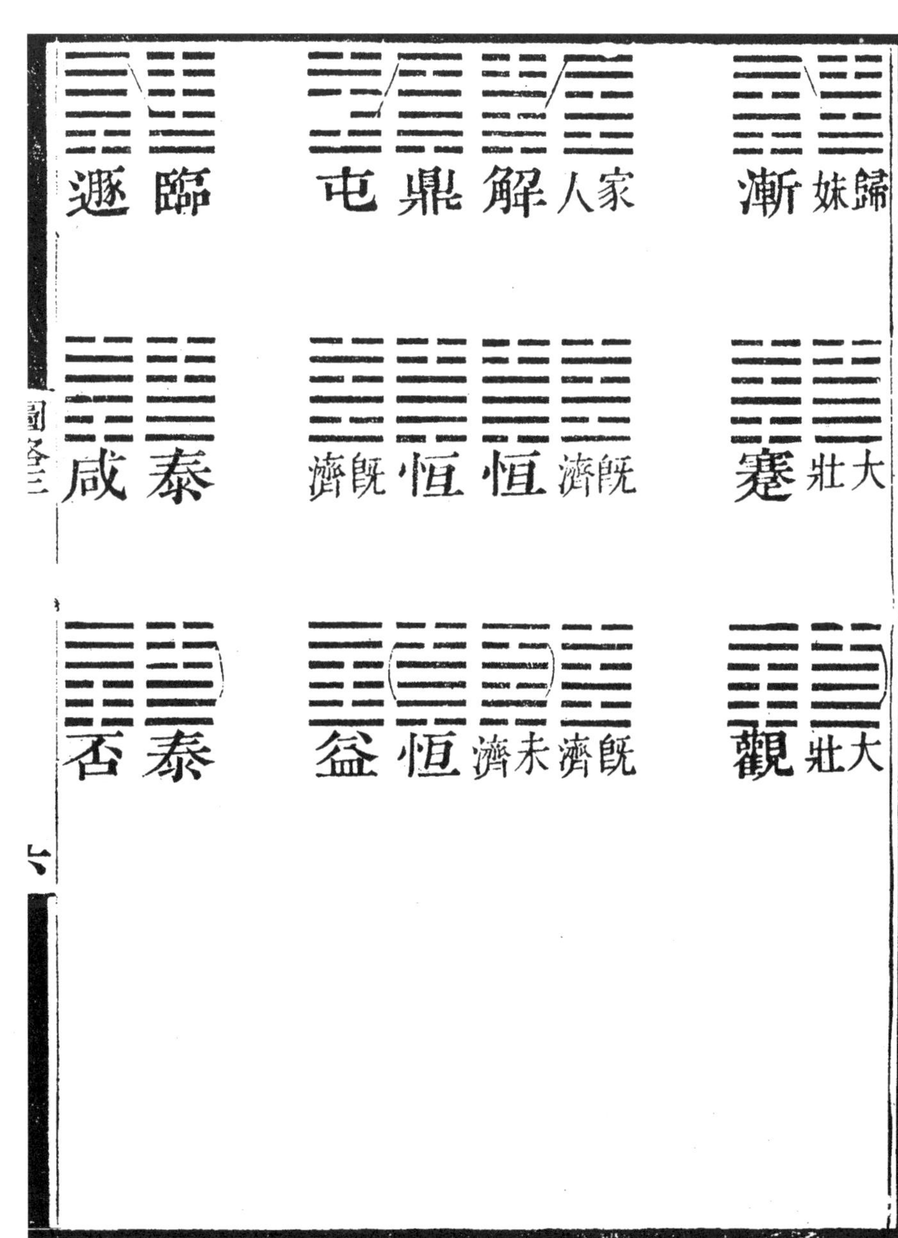

歸妹
漸
家人
解
鼎
屯
臨
遯
大壯
蹇
既濟
恒
恒
既濟
泰
咸
大壯
觀
既濟
未濟
恒
益
泰
否

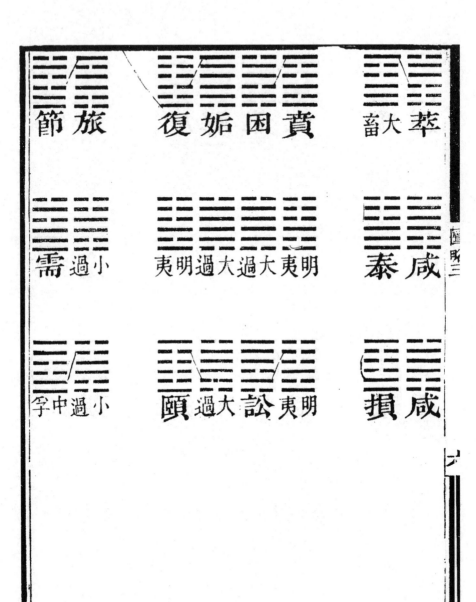

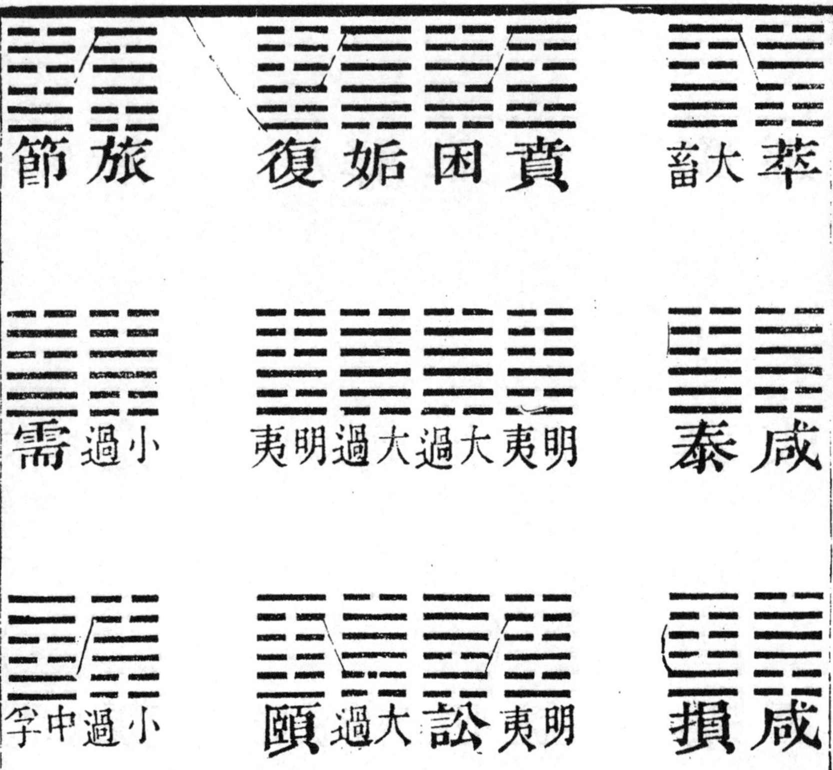

萃　大畜　賁　困　姤　復　旅　節

咸　泰　明夷　大過　大過　明夷　小過　需

咸　損　明夷　訟　大過　頤　小過　中孚

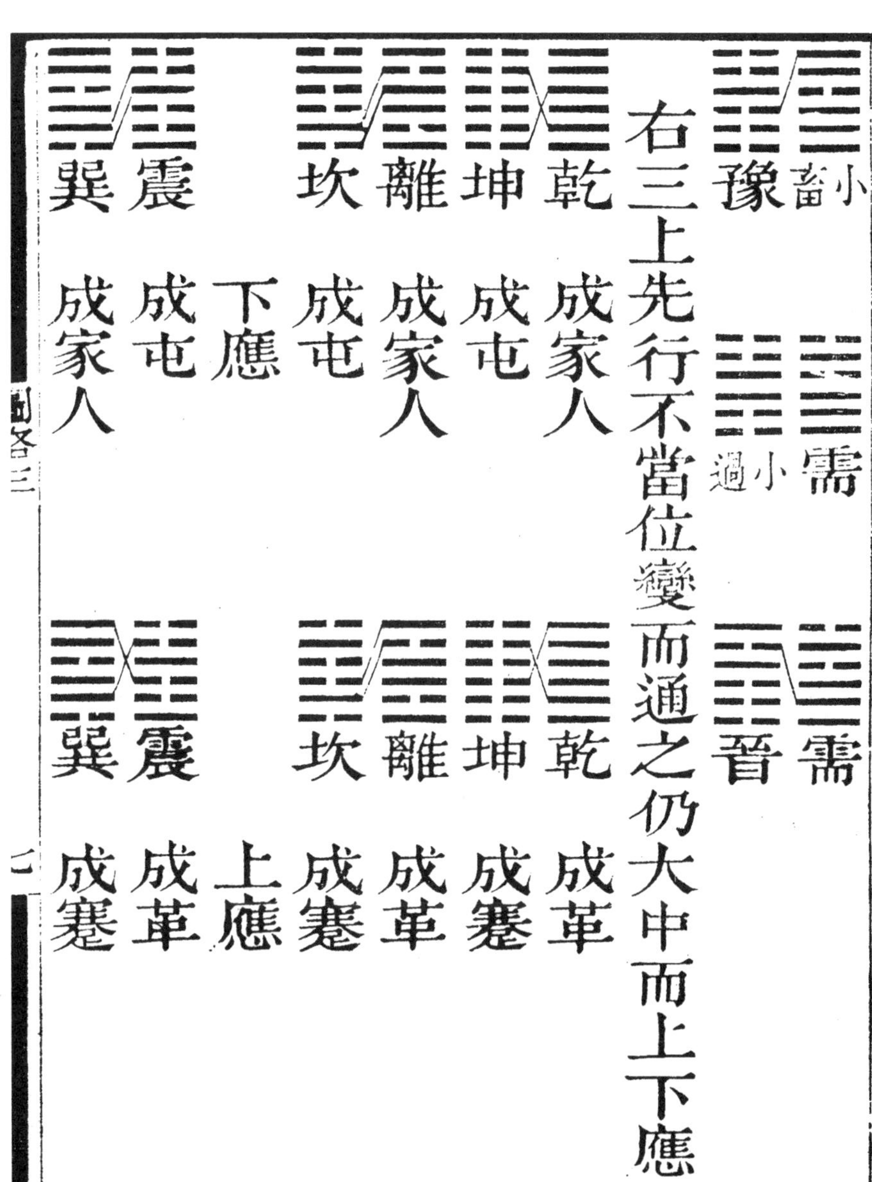

右三上先行不當位變而通之仍大中而上下應

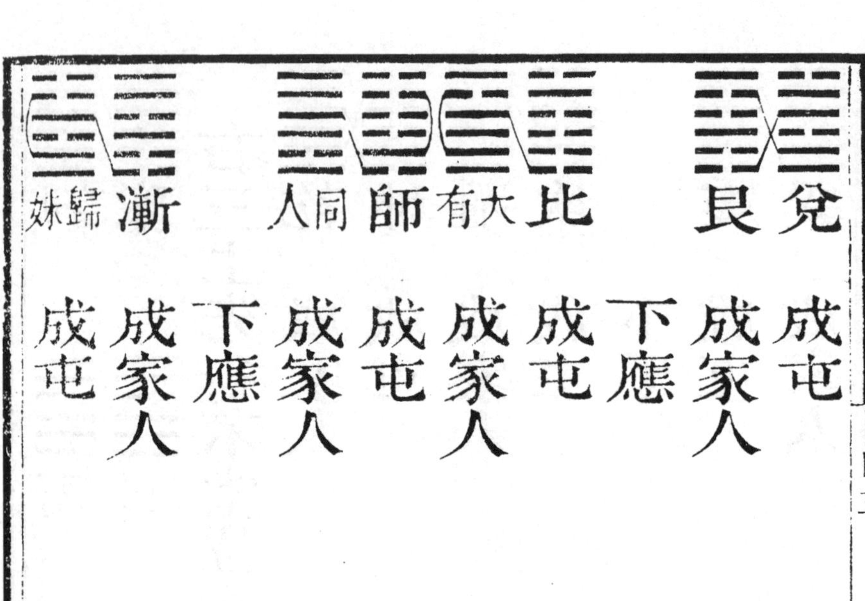

兌　成屯
艮　成家人
下應
比　成屯
大有　成家人
師　成屯
同人　成家人
下應
漸　成家人
歸妹　成屯

兌　成革
艮　成蹇
上應
比　成蹇
大有　成革
師　成蹇
同人　成革
上應
漸　成蹇
歸妹　成革

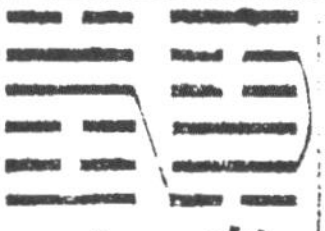

蠱　隨　成家人　成屯

下應

需　晉　成既濟　成益

明夷　訟　成既濟　成益

下應

中孚　小過　成益　成既濟

蠱　隨　成蹇　成革

上應

需　晉　成既濟　成咸

明夷　訟　成既濟　成咸

上應

中孚　小過　成既濟　成咸

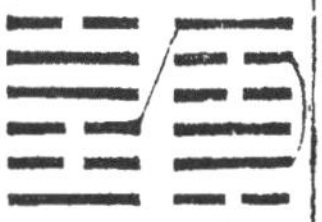

大過 成既濟
頤 成益
下應
姤 成家人
復 成屯
旅 成家人
節 成屯
下應
賁 成家人
困 成屯
大過 成咸
頤 成既濟
上應
姤 成咸
復 成既濟
旅 成咸
節 成既濟
上應
賁 成既濟
困 成咸

小畜　成家人
豫　成屯
下應
井　成既濟
噬嗑　成益
謙　成既濟
履　成益
下應
夬　成既濟
剝　成益

小畜　成既濟
豫　成咸
上應
井　成蹇
噬嗑　成革
謙　成蹇
履　成革
上應
夬　成革
剝　成蹇

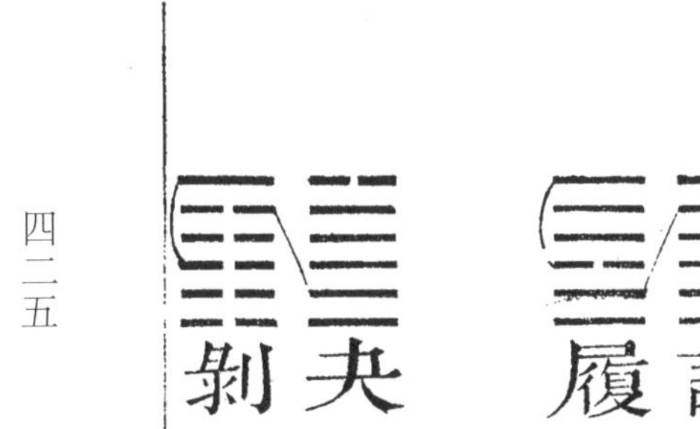

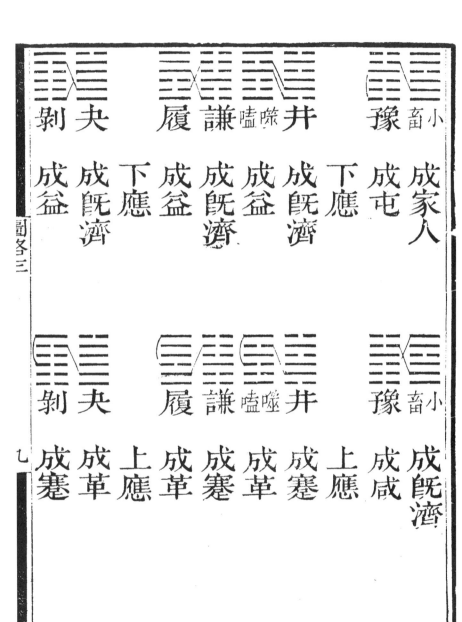

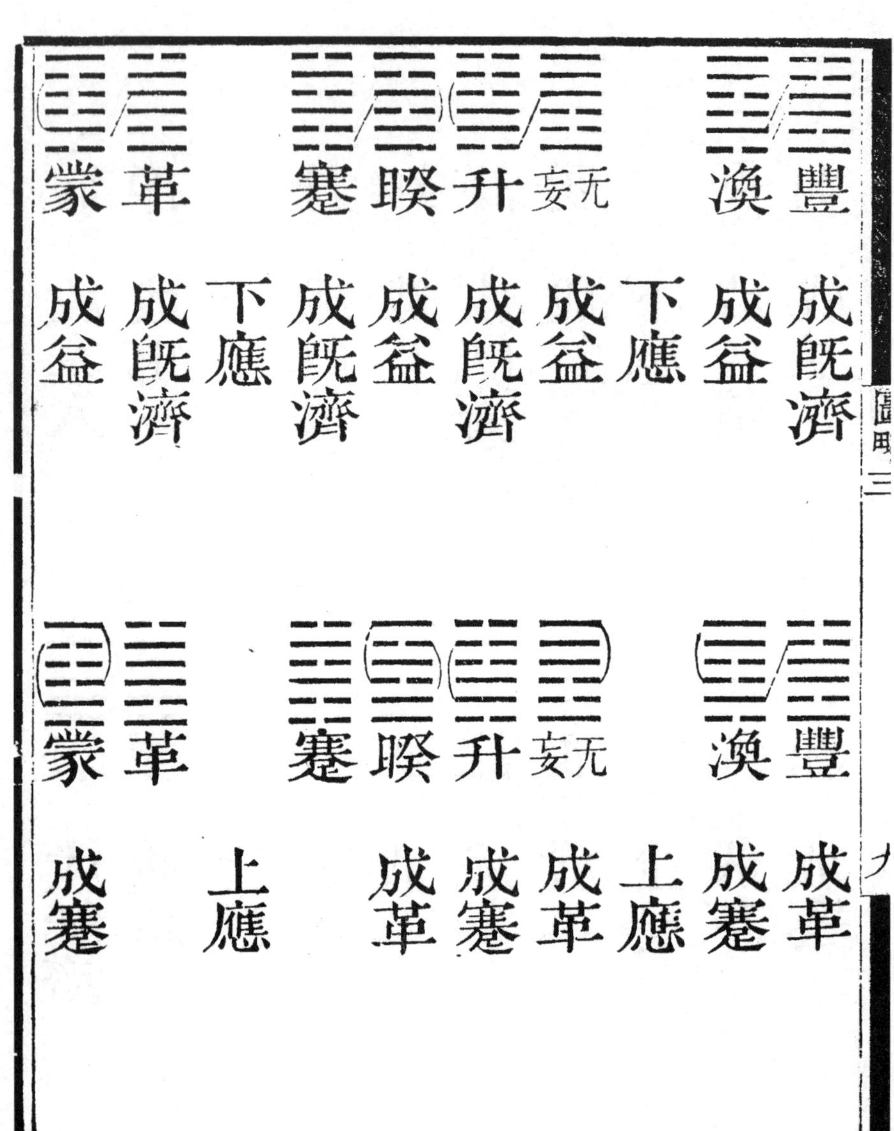

豐　成既濟

渙　成益

下應

无妄　成益

升　成既濟

睽　成益

蹇　成既濟

下應

革　成既濟

蒙　成益

豐　成革

渙　成蹇

上應

无妄　成革

升　成蹇

睽　成革

蹇

上應

革

蒙　成蹇

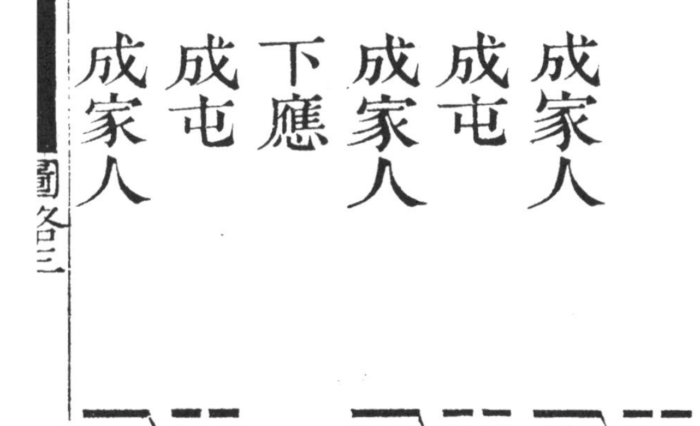

觀 成益

大壯 成既濟

下應

屯

鼎 成家人

臨 成屯

遯 成家人

下應

萃 成屯

大畜 成家人

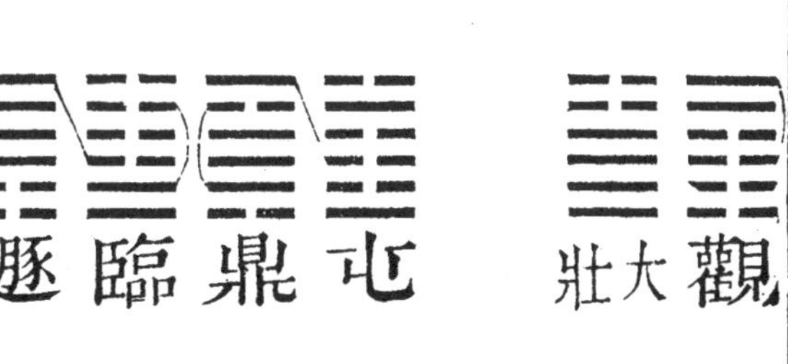

觀 成蹇

大壯 成革

上應

屯 成既濟

鼎 成咸

臨 成既濟

遯 成咸

上應

萃 成咸

大畜 成既濟

解
成屯
家人
下應
泰
成既濟
否
成益
既濟
未濟
成益
下應
恒
成既濟
益
解
成咸
家人
成既濟
上應
泰
成既濟
否
成咸
既濟
未濟
成咸
上應
恒
成咸
益
成既濟

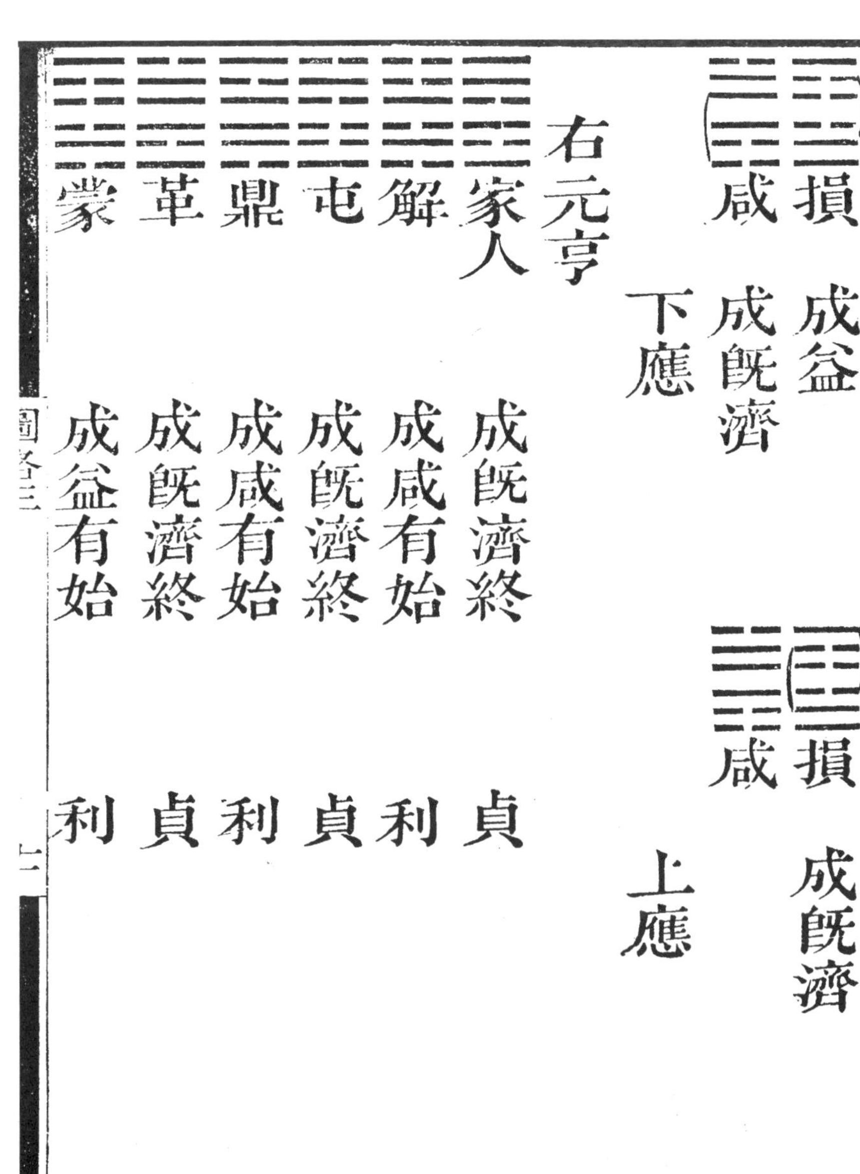
損　成益
咸　成既濟
下應
損　成既濟
咸
上應
右元亨
家人　成既濟終　貞
解　成咸有始　利
屯　成既濟終　貞
鼎　成咸有始　利
革　成既濟終　貞
蒙　成益有始　利

蹇　成既濟終　貞

睽　成益有始　利

益　成既濟終　貞

恒　成咸有始　利

咸　成既濟終　貞

損　成益有始　利

右利貞

傳云：變通者，趣時者也。能變通卽爲時行。時行者，元亨利貞也。更爲此圖以明之，而行健之不已，教思之无窮，孔門貴仁之旨，孟子性善之說，悉可會於此。大有二之五，爲乾二之坤五之比例，故傳言元亨之義於此最明，云大中而上下應之，大中謂二之五，爲元，上下應則亨也，蓋非上下應，則雖大中不可爲元亨，既濟傳云，利貞剛柔正而位當也，剛柔正則六爻皆定，貞也，貞而不利，則剛柔正而位不當，利而後貞，乃能剛柔正而位當，由元亨而利貞，由利貞而復爲元亨，則時行矣，一陰一陽之謂道，乾二之坤五，成同人比，兩五皆剛，同人孚於師，比孚於大有，又爲一陰一陽，陰變陽爲得，陽通陰爲喪，自陽退而易爲陰，謂之反，自陰進而交爲陽，謂之復，是爲反復其道，復而不反則亢，反而不復則迷，乾坤坎離生同人師比大有。震巽艮兌生漸歸妹隨蠱。上應之成蹇革。下應之成家人屯。而家人屯又變通於鼎解。而終於既濟咸。蹇革又變通於睽蒙。而終於既濟益咸損益恒四卦。循環不已。此二十四卦。元亨利貞。所謂生而知之安而行之者也。自乾坤坎離震巽艮兌。初四先行。成小畜復節賁。則失道矣。小畜之失在四。通於豫以補之。復之失在初。通於姤以補之。節賁通旅困同。三上先行成夬謙豐井。則失道矣。夬之失在上。通於剝以補之。謙之失在三。通於履以補之。豐井通渙噬嗑同。凡二五先行。初四應之爲下應。三上應之爲上應。二五得中。而上下應之，乃爲元亨。今初四先行，則小畜二之復五，成家人屯。屯三再之家人上，應之，已成兩既濟，有上應無下應矣。故補之以豫姤，則姤二之復五，復初不能應，姤初則能應也。小畜二之豫五，小畜四不能應，豫四則能應也。今三上先行，則井二之豐五，成蹇革。蹇初再之革四應之，已成兩既濟，有下應無上應矣。故補之以渙噬嗑，則豐五之渙二，豐上不能應，渙上則能應也。井二之噬嗑五，井三不能應，噬嗑三則能應也。此學而知之、利而行之者也。然姤四之初，仍成小畜，豫四之初，仍成復。噬嗑上之三，仍成豐，渙上之三，仍成井，則變而仍不通也。

小畜復不能變，而且以小畜上之復三，豐井不能變，而且以豐四之井初，小畜井成需復豐成明夷，爲凶爲災爲焚爲死，上下皆無所應，失而又失矣。然明夷可變通於訟，需可變通於晉，在明夷失在初三，而訟之初三可應也，在需失在四上，而晉之四上可應也，一轉移而元亨利貞，與同人比漸隨等，此困而知之，勉而行之，及其成功一也。睽蒙鼎解師大有蠱歸妹咸泰泰轉移通於否同此。惟不能時行，致成兩既濟，則終止道窮，所謂困而不學者矣。易之一書，聖人教人改過之書也。窮可以通，死可以生，亂可以治，絕可以續，故曰爲衰世而作。達則本以治世，不得諉於時運之無可爲窮則本以治身不得謝以氣質之不能化孔子曰假我數年五十以學易可以無大過矣此聖人括易之全而言之又舉恒九三不恒其德或承之羞斷之云不占而已矣占者變也恒者久也羞者過也能變通則可久可久則無大過不可久則至大過所以不可久而至於大過由於不能變通變通者改過之謂也此韋編三絕之後黙契乎羲文之意以示天下後世之學易者舍此而言易詎知易哉

男廷琥校字

易圖略卷四 雕菰樓易學之二

江都焦循學

八卦相錯圖第四

乾 坤

否 泰

坎 離

既濟 未濟

震 巽

恒 益

艮　損

兌　咸

同人　訟

師　明夷

比　需

大有　晉

隨　大過

蠱　頤

漸　中孚

歸妹　小過

小畜　觀

豫　大壯

復　升

姤　无妄
夬　萃
剝　大畜
謙　臨
履　遯
屯　井
鼎　噬嗑

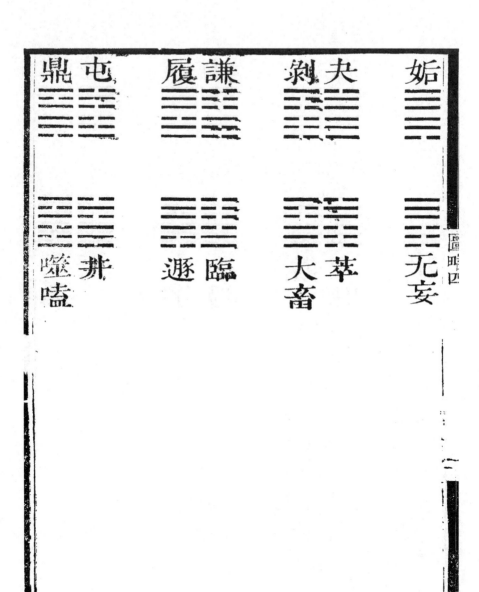

家人　渙

解　豐

蹇　節

睽　旅

革　困

蒙　賁

右八卦相錯一

同人　否

比　旣濟

隨　咸

漸　益

革　萃

觀　家人

遯　无妄

屯　蹇

右八卦相錯二

小畜　益

復　泰

夬　咸

謙　泰

節　既濟

賁　損

井 ䷯ ䷾ 既濟

豐 ䷶ ䷟ 恒

大畜 ䷙ ䷚ 頤

屯 ䷂ ䷄ 需

大壯 ䷡ ䷽ 小過

蹇 ䷦ ䷄ 需

家人　中孚

臨　明夷

革　大過

升　明夷

右八卦相錯二

家人　益

屯　既濟

革　咸

蹇　既濟

需　既濟

明夷　泰

右八卦相錯四

說卦傳云天地定位山澤通氣雷風相薄水火不相射天地乾坤也山澤艮兌也雷風震巽也水火坎離也天地相錯上天下地成否二五已定爲定位山澤相錯上山下澤成損二交五爲通氣雷風相錯上雷下風成恒二交五爲相薄水火相錯上水下火成既濟六爻皆定

不更往來故不相射此否則彼泰此損則彼咸此恒則彼益此既濟則彼未濟而統括以八卦相錯一語六十四卦皆此天地山澤雷風水火之相錯也傳又自發明之云水火相逮雷風不相悖山澤通氣然後能變化而成萬物變不相射而云相逮不相射謂既濟相逮謂既濟變通於未濟也不相射則寂然不動相逮則感而遂通矣（爾雅逮與也即謂感應相與）變相薄而云不相悖五失道則悖恒二之五而後益上之三則不相悖不相悖由於相薄也水火不相射之射即射鮒射隼射雉之射雷風不相悖之悖即解傳所稱解悖頤傳所謂道大悖大過二之頤五

與恒二之五等恒二之五成咸大過二之頤五亦成咸

大過二不之頤五而頤上之三則道大悖其既成咸則

不相悖可知家人上之解三成恒解二先之五則不成

恒而成咸故解悖解悖則不相悖傳以解悖道大悖與

雷風不相悖贊明知雷風指恒則知其爲震巽所錯知

雷風爲震巽所錯則知天地爲乾坤所錯山澤爲艮兌

所錯水火爲坎離所錯也試舉其最顯者蒙革爲困賁

之相錯故蒙稱困蒙睽蹇爲旅節之相錯故蹇稱中節

家人解即豐渙之相錯故豐稱蔀其家鼎屯相錯爲噬

嗑噬嗑食也故鼎稱雉膏不食比大有相錯爲需晉大

有衆也，則晉稱衆允，比樂也，則需稱飲食燕樂，大壯觀相錯爲小畜，故小畜輿說輹，大壯壯于大輿之輹，臨遯相錯爲履，故履虎尾，遯亦云遯尾，歸妹漸相錯爲小過中孚，隨蠱相錯爲大過，頤大過二之頤五成咸，則過以相與，中孚二之小過五成咸，則與爾靡之，所謂與，即咸之感應相與，而歸妹既成隨，則係於蠱，蠱既成漸，則係於歸妹，故蠱二之五，即大過二之頤五，歸妹二之五，即中孚二之小過五，漸係歸妹，不能兼隨，即不能兼大過之過以相與，隨係蠱，不能兼漸，即不能兼中孚之與爾靡之，故云不兼與，非相錯，則兼與之義未易明也，而咸艮兩卦之辭，發明咸損爲艮兌之相錯，尤爲明了。艮六五艮其輔，即咸上六咸其輔頰舌；咸六二咸其腓，即艮六二艮其腓。損傳一人行三則疑也，兌傳云行未疑也，行未疑之行，即一人行之行。兌以朋友講習，正發明損之得其友。非明乎八卦相錯之比例，咸艮兩卦取象之同，將莫能知其妙也。凡此以旁通相錯爲旁通，皆未經行動者如第一圖。其既行動，或得或失，亦以相錯之卦爲比例。傳於蠱稱終則有始，於恒亦稱終則有始，所以明隨漸相錯即咸益，咸益相錯即隨漸也。恒上震下巽，二之五即巽二之震五也，猶隨也。損上艮下兌，二之五，即兌二之艮五也。猶漸也。惟損二之五，卽兌二之艮五。故在艮稱不拯其隨。在咸稱執其隨。兌二之艮五。兌成隨。艮以隨稱之。以旁通知之也。咸通於損。損二之五成益。損之成益。卽兌之成隨。咸以隨稱之。則以相錯知之也。家人利女貞。謂解二之五。觀六二利女貞。謂大壯二之五。大壯二之五成革。解二之五成萃。萃與家人相錯成革。觀革與觀相錯成萃。家人。故解二之五與大壯二之五相比例也。蒙子克家。上之三稱克。二之五爲子。蒙二之五成觀。觀革相錯成家人。萃。則觀三克上。卽萃三克家人上。故云子克家也。歸妹初九傳云。歸妹以娣。以恒也。歸妹何得有恒。知咸益與隨漸相錯。而歸妹之以恒乃明。歸妹二之五成隨。即恒二之五成咸。故以恒二之五。爲歸妹二之五之比例也。既濟否相錯爲比同人。故比之匪人。亦否之匪人。否不利君子貞。謂泰不成既濟而否成既濟。同人則利君子貞。謂師先成比也。泰二之五則于食有福。訟二之明夷五則食舊德。訟二不之明夷五則三日不食。需二之晉五。在需則飲食。在晉則受福。未濟二之五。則實受其福。訟晉未濟成否。明夷需泰成既濟。既濟需有衣袽。需二之晉五成既濟否也。師否臧凶。師二之五成比。比同人相錯成否也。屯勿用有攸往。臨

二之五成屯，則通於鼎，不可以三往也。遯勿用有攸往
鼎二之五成遯，則通於臨，不可以上往也。此屯鼎遯臨
之時行也。乃无妄不利有攸往，傳云，无妄災也。遯傳云，
不往何災也。遯屯相錯成无妄蹇。蹇九五朋來，謂升二
之五也。復朋來，謂姤二之復五也。姤二之復五，復成屯，
姤成遯。遯屯相錯成蹇，故升之成蹇，猶復之成屯。小畜
豫相錯爲觀大壯。觀后以省方，謂大壯二之五，即小畜
二之豫五之比例。豫四之初成復，故后不省方，謂不能
相錯爲觀也。此皆以二五之行爲比例。如第二圖損以遠害，而
節不害民。革四之蒙初成損，猶困四之初成節。節通旅

損通咸則遠害遠害故不害民損二不之五而咸四之初成旣濟相錯卽節賁故傳云未感害也姤上之復三復成明夷姤成大過故爲大難大者大過難者明夷也大過明夷相錯爲革明夷通訟與革通蒙同故云以蒙大難非明乎相錯不知蒙大難之義也豐四之渙初渙成中孚豐成明夷中孚明夷相錯爲家人家人內也故云內難而能正其志非明乎相錯不知內難之何以爲內也如第三圖需致冠至謂晉成明夷需二之明夷五爲冠也解致冠至謂解成泰家人成旣濟而泰二之五爲冠也泰旣濟相錯卽需明夷屯見而益亦見善損成益而後

咸四之初爲居吉。與屯之利居貞互明。益旣濟相錯爲屯家人也。如第四圖經於離初九明示云。履錯然。遯屯相錯爲蹇无妄。與履二之謙五同。傳云以辟咎也。睽初九傳亦云以辟咎也。睽二之五成无妄。爲見惡人。正與履二之謙五等。蓋離四之坎初成節。不能无咎。節通於旅。節二之旅五。旅成遯。節成屯。爲履二之謙五之相錯。故直云履錯然。明指出錯字。而八卦相錯之錯。正由此而暢述其旨。比例之用相錯。其義最爲微妙。如蒙稱困蒙。知其爲革所孚也。蓋革蹇相錯不能成困。革蒙相錯乃成困也。惟革蒙爲困賁。而旅得稱童僕。童卽童蒙之童。僕爲仕于家之名。見禮記知旅四先之初成賁，變通於困，困二之賁五成家人爲僕，即蒙二之五之比例，故云童僕。若賁與節錯則不成蒙革，遂不得云童僕也。履六三武人爲于大君，大君履二之謙五也，解四之初爲臨，不宜矣。乃旁通於遯則宜臨遯相錯爲謙履，臨二之五即履二之謙五之比例，故云大君之宜，謂旁通於遯爲宜也。非旁通於遯則不錯爲履謙，即不得云大君之宜也。屯通於鼎，鼎四之初成大畜，大畜不孚屯而孚萃，萃與大畜錯爲夬剝，大畜二之五爲夬二之剝五之比例，夬成革，剝成觀，與蒙二之五同，故大畜云童牛之告，童即童觀之童告即初筮告之告非孚於萃則家人與屯不能相錯爲觀即不得稱童稱告也晉需相錯爲大有比需與晉孚乃錯大有故六三衆允之需與明夷則不錯大有即非衆允之矣睽四之蹇初革四之蒙初皆成損而蹇革成既濟損二之五成益益既濟相錯爲家人屯無隨也惟損通於咸而二之五則益咸相錯乃成隨漸咸九三咸其股執其隨所以明損之通咸又所以明損之成益錯隨則不錯家人故損得臣无家也

男廷琥校字

易圖略卷五雕菰樓易學之二

江都焦循學

比例圖第五

乾䷀

否泰錯

坤䷁

泰否錯

屯䷂

井噬嗑錯　蹇无妄錯　需頤錯　既濟益錯

臨二之五　萃四之初　旅五之節二　姤二之復

五　大有四之比初　蠱初之隨四

乾二之坤五四之坤初　離五之坎二四之坎初

巽二之震五初之震四　艮五之兌二初之兌四

師二之五同人四之師初　歸妹二之五漸初之歸妹四　解二之五四之初　困二之賁五四之初

蒙䷃

賁困錯

需䷄

比大有錯　屯大畜錯　蹇大壯錯　既濟泰錯

大過四之初　中孚上之三　剝初之夬四　豫三之小畜上　噬嗑四之井初　旅上之節三

坤初之乾四三之乾上　離四之坎初上之坎三

震四之巽初三之巽上　艮初之兑四上之兑三

謙初之履四履上之三　豐四之渙初渙上之三

復三之姤上姤四之初　賁上之困三困四之初

訟四之初上之三

訟䷅

同人師錯　否未濟錯

師䷆

明夷訟錯

比䷇

需晉錯　既濟否錯

乾二之坤五　離五之坎二　師二之五

小畜䷈

觀大壯錯　益泰錯

坤初之乾四　巽初之震四　姤四之初

履䷉

遯臨錯

泰䷊

坤乾錯　復小畜錯　謙夬錯　明夷需錯

恆四之初　損上之三　无妄四之升初　遯上之

臨☳ 觀初之大壯四 萃三之大畜上
比初之大有四三之大有上 同人四之師初上之
師☳ 隨四之蠱初三之蠱上 漸初之歸妹四上
之歸妹三 家人上之解三解四之初 屯三之鼎
上鼎四之初 革四之蒙初蒙三之上 蹇初之睽
四睽上之三 未濟四之初上之三
否☷☰
乾坤錯 同人比錯
未濟二之五 需二之晉五 明夷五之訟二
同人☰☲

訟明夷錯　否既濟錯

坤五之乾二　坎二之離五　大有二之五

大有䷍

晉需錯

謙䷎

臨遯錯　泰咸錯

剝上之三　乾上之坤三　兌三之艮上

豫䷏

大壯觀錯

隨䷐

大過頤錯　咸益錯

巽二之震五　艮五之兑二　歸妹二之五

蠱䷑

頤大過錯

臨䷒

謙履錯　明夷中孚錯

解四之初　同人四之師初　漸初之歸妹四

觀䷓

小畜豫錯　家人萃錯

蒙二之五　夬二之剝五　豐五之渙二

噬嗑䷔ 鼎屯錯

賁䷕ 蒙革錯 損旣濟錯

旅四之初 坎初之離四 兌四之艮初

剝䷖ 大畜萃錯

復䷗ 升无妄錯 泰益錯

豫四之初 乾四之坤初 巽四之震初

无妄

姤復錯　遯屯錯

睽二之五　謙五之履二　井二之噬嗑五

大畜

剝夬錯　頤需錯

鼎四之初　比初之大有四　隨四之蠱初

頤

蠱隨錯　大畜屯錯

晉四之初　夬四之剝初　井初之噬嗑四

大過

隨蠱錯　萃升錯

訟上之三　賁上之困三　復三之姤上

坎

既濟未濟錯

離

未濟既濟錯

右上經

咸

兌艮錯　隨漸錯　夬謙錯　革蹇錯

恆二之五　否上之三　頤五之大過二　中孚二

之小過五　大畜上之萃三　臨三之遯上
解二之五家人上之解三　鼎二之五屯三之鼎上
小畜二之豫五上之豫三　復五之姤二三之姤
上　節二之旅五三之旅上　賁五之困二上之困
三　明夷五之訟二訟上之三　需二之晉五晉上
之三　未濟二之五上之三

恒䷟

震巽錯

未濟上之三　家人上之解三　屯三之鼎上

遯䷠

履謙錯　无妄蹇錯

大壯䷡

豫小畜錯　小過需錯

睽上之三　比三之大有上　漸上之歸妹三

晉䷢

大有比錯

明夷䷣

師同人錯　臨家人錯　升革錯　泰旣濟錯

履四之謙初　渙初之豐四　姤上之復三　困三之賁上　小過四之初　頤上之三

乾四之坤初上之坤三　坎初之離四三之離上
巽初之震四上之震三　兌四之艮初三之艮上
豫四之初小畜上之豫三　旅四之初節三之旅上
井初之噬嗑四噬嗑上之三　夬四之剝初剝上之三　晉四之初上之三

家人䷤

渙豐錯　觀革錯　中孚明夷錯　益旣濟錯
大畜二之五　遯四之初　困二之賁五　豫五之小畜二　歸妹四之漸初　師初之同人四
坤五之乾二初之乾四　坎二之離五初之離四

震五之巽二四之巽初　兌二之艮五四之艮初

大有二之五四之比初　蠱二之五隨四之蠱初

復五之姤二姤四之初　節二之旅五旅四之初

鼎二之五四之初

睽䷥

旅節錯

蹇䷦

節旅錯　屯遯錯　需小過錯　旣濟咸錯

升二之五　觀上之三　噬嗑五之井二　履二之

謙五　歸妹三之漸上　大有上之比三

乾二之坤五上之坤三　離五之坎二上之坎三

震五之巽二三之巽上　兌二之艮五三之艮上

師二之五同人上之師三　蠱二之五隨三之蠱上

夬二之剝五剝上之三　豐五之渙二渙上之三

蒙二之五三之上

解䷧

豐渙錯

損䷨

艮兌錯　賁節錯

未濟四之初　蹇初之睽四　革四之蒙初

益䷩

巽震錯　漸隨錯　小畜復錯　家人屯錯

損二之五　否四之初　小過五之中孚二　大過

二之頤五　大壯四之觀初　升初之无妄四

蒙二之五革四之蒙初　睽二之五蹇初之睽四

夬二之剝五四之剝初　豐五之渙二四之渙初

井二之噬嗑五初之噬嗑四　需二之晉五晉四之

初　明夷五之訟二訟四之初　未濟二之五四之

初

夬䷪

萃大畜錯　咸泰錯

履上之三　坤三之乾上　艮上之兑三

姤☰☴

无妄升錯

升☷☴

復姤錯　明夷大過錯

蒙上之三　同人上之師三　隨三之蠱上

萃☱☷

夬剝錯　革觀錯

解二之五　賁五之困二　小畜二之豫五

困䷮

革蒙錯

井䷯

屯鼎錯　既濟恒錯

渙上之三　離上之坎三　震三之巽上

革䷰

困賁錯　萃家人錯　大過明夷錯　咸既濟錯

大壯二之五　无妄上之三　剝五之夬二　渙二之豐五　師三之同人上　蠱上之隨三

坤五之乾二三之乾上　坎二之離五三之離上

巽二之震五上之震三　艮五之兌二上之兌三

大有二之五比三之大有上　歸妹二之五漸上之

歸妹三　謙五之履二履上之三　井二之噬嗑五

噬嗑上之三　睽二之五上之三

鼎䷱

噬嗑井錯

震䷲

恒益錯

艮䷳

損咸錯

漸䷴

中孚小過錯　益咸錯

蠱二之五　震五之巽二　兌二之艮五

歸妹䷵

小過中孚錯

豐䷶

解家人錯　恒旣濟錯

噬嗑上之三　坎三之離上　巽上之震三

旅䷷

睽蹇錯

巽䷸

益恒錯

兌䷹

咸損錯

渙䷺

家人解錯

節䷻

蹇睽錯　既濟損錯

困四之初　離四之坎初　艮初之兌四

中孚䷼

漸歸妹錯　家人臨錯

訟四之初　謙初之履四　豐四之渙初

小過 ䷽

歸妹漸錯　大壯蹇錯

晉上之三　節三之旅上　小畜上之豫三

既濟 ䷾

坎離錯　節賁錯　井豐錯　屯家人錯　蹇革錯

需明夷錯　比同人錯

泰二之五　咸四之初　益上之三　晉五之需二

訟二之明夷五　解三之家人上　鼎上之屯三

蒙初之革四　睽四之蹇初

師初之同人四三之同人上　大有四之比初上之

比三　蠱初之隨四上之隨三　歸妹四之漸初三

之漸上　豫五之小畜二三之小畜上　姤二之復

五上之復三　剝五之夬二初之夬四　謙五之履

二初之履四　噬嗑五之井二四之井初　渙二之

豐五初之豐四　旅五之節二上之節三　困二之

賁五三之賁上　臨二之五遯上之臨三　遯四之

初臨三之遯上　升二之五无妄四之升初　升初

之无妄四无妄上之三　萃四之初大畜上之萃三

大畜二之五萃三之大畜上　大壯二之五觀初之大壯四　大壯四之觀初觀三之上　中孚二之小過五小過四之初　小過五之中孚二中孚上之三　大過二之頤五頤上之三　頤五之大過二大過四之初　否四之初上之三　恒二之五四之初損二之五上之三

未濟䷿

離坎錯

右下經

乾隆丁未，余始習九九之術，既明九章，又得秦道古李仁卿之書，得聞洞淵九容奧義，讀測圓海鏡卷首識別一冊，而其所謂正負寄左，如積相消者，精微全在於此，極奇零隱曲之數，一一比例之，無弗顯豁可見，因悟聖人作易，所倚之數，正與此同。夫九數之要，不外齊同比例，以此之盈補彼之朒，數之齊同如是，易之齊同亦如是。以此推之得此數，以彼推之亦得此數，數之比例如是，易之比例亦如是。說易者執於一卦一爻，是知五雀之俱重，六燕之俱輕，而不知一燕一雀，交而適平，又不知兩行交易，偏乘而取之宜乎，左支右詘，莫能通其義也。余既悟得旁通之旨，又悟得比例之法，用以求經，用以求傳而經傳之微言奧義乃可得而窺其萬一既撰通釋以闡明之復仿李仁卿識別列爲此圖如睽二之五爲无妄井二之噬嗑五亦爲无妄故睽之噬膚即噬嗑之噬膚坎三之離上成豐噬嗑上之三亦成豐故豐之日昃即離之日昃豐之日中即噬嗑之日中晉上之三爲小過小畜上之豫三亦爲小過故遇其妣即晉受福之王母過其祖即豫所配之祖考一家人也見於蒙以蒙革相錯爲困賁困二之賁五成家人爲蒙二之五之比例故子克家見於大畜以大畜二之五成家人故不家食吉見於豐以豐渙相錯爲家人故蔀其家一屯見

也乾二之坤五四之坤初成屯則見龍在田蠱二不之五而初之隨四成屯則往見吝姤四先之初而後二之復五成屯則有攸往見凶兌二之艮五四不之艮初而艮上之兌三成革不成屯則不見其人无咎漸上之歸妹三歸妹成大壯漸成蹇蹇大壯相錯成需故歸妹以須須即需也歸妹四之漸初漸成家人歸妹成臨臨通遯相錯爲謙履故眇能視跛能履臨二之五即履二之謙五之比例也以此類推可得引申觸類之義矣洞淵九容之數如積相消必得兩數相等者交互求之而後可得其數此即兩卦相孚之義也非有孚則不相應非

同積則不相得傳明云哀多益寡又云參伍以變錯綜其數又云引而申之觸類而長之其脈絡之鉤貫或用一言或用一字轉相牽繫似極繁賾而按之井然不啻方圓弦股以甲乙丙丁之字指之雖千變萬化緣其所標以爲之識無不瞭然可見是故不雨西郊見於小畜亦見於小過用拯馬壯見於渙亦見於明夷富以其鄰不富以其鄰謙泰與小畜互明輿說輹壯于大輿之輹大畜小畜與大壯並著箕子帝乙微意寓於人名鳴鶴枯楊古訓藏於物類以六書之假借達九數之雜糅事有萬端道原一貫義在變通而辭爲比例以此求易庶

乎近焉。

比例之用。隨在而神。姑條其大略。泰否爲乾坤之比例。旣濟未濟爲坎離之比例。益恒爲巽震之比例。損咸爲艮兌之比例。一也。小畜二之豫五成家人。萃。爲夬二之剝五成觀革之比例。姤二之復五成屯遯。爲履二之謙五成无妄蹇之比例。二也。升通无妄。而二之五成蹇。爲睽通蹇。而二之五成无妄之比例。大畜通萃而二之五成家人。爲解通家人。而二之五成萃之比例。三也。乾四之坤初成復小畜。爲離四之坎初成節賁之比例。兌三之艮上成謙夬。爲巽上之震三成豐井之比例。四也。乾坤成家人屯爲成蹇革之比例乾坤成復小畜爲成謙夬之比例五也乾四之坤初成小畜復小畜通豫爲復通姤之比例坎三之離上成豐井豐通渙爲井通噬嗑之比例六也乾二之坤五乾成同人坤成比爲師二之五之比例亦爲大有二之五之比例巽二之震五巽成漸震成隨爲蠱二之五之比例亦爲歸妹二之五之比例七也履四之謙初成中孚明夷豐四之渙初亦成中孚明夷皆爲小過四之初之比例同人上之師三成升革蠱上之隨三亦成升革皆爲蒙上之三之比例八也小畜上之豫三成小過小過通中孚仍小畜通豫之比

例。姤上之復三成大過。大過通頤。仍復通姤之比例。九也。豐渙相錯爲家人解。解二之五同於小畜二之豫五。則小畜二之豫五爲渙二之豐五之比例。賁困相錯爲蒙革。蒙二之五同於夬二之剝五。則夬二之剝五爲困二之賁五之比例。十也。歸妹三之漸上。成大壯蹇。相錯爲需小過。則需通晉。小過通中孚。即蹇通睽。大壯通觀之比例。同人四之師初。成家人臨。相錯爲中孚明夷。則中孚通小過。明夷通訟。爲家人通解。臨通遯之比例。十一也。乾二之坤五。旣同於師二之五。亦同於大有二之五。則師成臨。大有成大畜。爲坤成復之比例。巽二之震

五既同於歸妹二之五亦同於蠱二之五則蠱成升歸妹成大壯爲震成豐之比例十二也

辭之引申尤爲神妙無方條而別之亦約有數類其一易之爲書本明道德事功則直稱其爲道爲德爲事爲功是也其二立十二字爲全書之綱元亨利貞吉凶悔吝厲孚无咎是也其三由綱而爲之目如遇交求與艱匪笑譽等是也其四於卦位爻位標以辨之如大小內外遠近新舊君子小人是也其五卽卦名爲引申如夬履困蒙觀頤咸臨是也其六以卦象爲引申如冰卽乾龍卽震說卦傳所云是也其七以一辭兼明兩義如坤

爲母．母從手爲拇．則兼取艮．巽爲雞．既別其名爲翰音．則兼引申飛鳥遺之音之音．是也．其八．以同辭爲引申．如用拯馬壯．明夷與渙互明．是也．其九．以同辭而稍異者爲引申．如蠱彖先甲三日後甲三日．巽九五稱先庚三日後庚三日．是也．其十．以一字之同爲引申．如頻復頻巽．甘節甘臨．是也．其十一．以一字之訓詁爲引申．迷之訓爲冥．爲晦．久之訓爲永．爲長．成之訓爲定．爲寧．是也．其十二．以同聲之假借爲引申．如豹爲約之假借．羊爲祥之假借．祀爲已之假借．牀爲戕之假借．是也．

史記孔子世家．稱孔子讀易韋編三絶．非不能解也．正是解得其參伍錯綜之故讀至此卦此爻知其與彼卦彼爻相比例遂檢彼以審之由此及彼又由彼及彼千脈萬絡一氣貫通前後互推端委悉見所以韋編至於三絕即此韋編三絕一語可悟易辭之參伍錯綜孔子讀易如此後人學易無不當如此非如此不足以知易也若云一見不解讀至千百度至於韋編三絕乃解失之矣

男廷琥校字

易圖略卷六 雕菰樓易學之二

原卦第一

江都焦循學

伏羲氏之畫卦也，其意質而明，其功切而大，或以精微高妙說之，則失矣。陸賈新語云：先聖乃仰觀天文，俯察地理，圖畫乾坤，以定人道，民始開悟，知有父子之親、君臣之義、夫婦之道、長幼之序，於是百官立，王道乃生。白虎通云：古之時未有三綱六紀，民人但知其母，不知其父，於是伏羲仰觀象於天，俯察法於地，因夫婦，正五行，始定人道，畫八卦以治下。商子開塞篇云：天地設而民生之，當此之時也，民知其母而不知其父。呂氏春秋恃君篇云：昔太古嘗無君矣，其民聚生羣處，知母不知父。譙周古史考云：伏羲制嫁娶以儷皮爲禮。見史記索隱伏羲之前，有男女而無定偶，則人道不定。伏羲定人道而夫婦正，男女别。繫辭傳云，天尊地卑，乾坤定矣。序卦傳云，有天地然後有萬物，有萬物然後有男女，有男女然後有夫婦，有夫婦然後有父子，有父子然後有君臣，有君臣然後有上下，有上下然後禮義有所措。所以明伏羲定人道之功也。知母不知父，則同於禽獸。父子君臣上下禮義，必始於夫婦，則伏羲之定人道，不已切乎。以知識未開之民，圖畫八卦以示之，而民即開悟，遂各遵用嫁娶，以别男女，而知父子。非質而明能之乎。故在後世觀所畫之卦，陰陽奇偶而已，而在人道未定之先不知有夫婦者知有夫婦不知有父子者知有父子人倫王道自此而生非聖神廣大何以能此然則伏羲之卦可知矣爲知母不知有父者亦也故乾坤定位而後一索再索三索以生六子有父子而長少乃可序吾知伏羲之卦必首乾而次坤或謂伏羲之卦爲連山連山首艮是仍無父之子矣伏羲不爾也故傳云天尊地卑乾坤定矣明伏羲之卦首定乾坤也乾坤生六子六子共一父母不可爲夫婦則必相錯焉此六十四卦所以重也猶是巽之配震也坎之配離也兌之配艮也在三畫則同一父母之所生在六畫則已爲陰陽

之相錯相錯者以此之長女配彼之長男以彼之中男少男配此之中女少女一相錯而婚姻之禮行嫁娶之制備八卦成列因而重之吾於此知伏羲必重卦爲六十四或謂伏羲但作八卦不重卦則所以制夫婦之禮即用一父母所生之男女矣伏羲必不爾也故傳云有男女然後有夫婦不贊於乾坤而贊於咸恆明伏羲之定人道制嫁娶在相錯爲六十四也孔子於序卦明男女之有夫婦而於伏羲作八卦統其辭云通神明之德類萬物之情六爻發揮旁通情也旁通情即所以類萬物之情可知卦之旁通自伏羲已然非旁通無以示八

道之有定而夫婦之有別也情性之大莫若男女（見白虎通）人之性孰不欲男女之有別也方人道未定不能自覺聖人以先覺覺之故不煩言而民已悟焉民知母不知父與禽獸同伏羲作八卦而民悟禽獸仍不悟也此人性之善所以異乎禽獸所謂神明之德也民之性在飲食男女制嫁娶使民各有其偶也教漁佃使民自食其力也聖人治天下不過男女飲食爲之制嫁娶教漁佃矣人倫正而王道行所以參天地而贊化育者固無他高妙也神農黃帝堯舜踵此而充擴之文王周公孔子述此而闡明之彼先天心法之精微豈伏羲氏之教哉

原名第二

六十四卦之名非據見在之畫而名之也雷風何以恆風雷何以益山上有水何取乎蹇山上有火何取乎旅傳云不易乎世不成乎名然則名之成成於易也易乎世則有始是爲開開而當名名當則榮名不當則辱非所困而困焉名必辱謂不當也乾上之坤三輕而不當者也與履通則開而當名爲謙謙以通履而得名不通履不可名謙也恆四之初浚而不當者也與否通則開而當名爲泰泰以通否而得名不通否不可名泰也賁變通於困賁五之困二則開而不名爲困矣惟困二不

之賁五而賁上之困三成大過大過又不變通於頤而四之初此困之所以名困而名辱矣困之名以其不能須待倘能須待而通於晉則不困窮而名即爲需需明夷相錯爲泰既濟需晉相錯爲大有比故需二之晉五爲大有二之五之比例其名則榮否不俟泰二之五而成既濟即比不俟大有二之五而成既濟比之匪人即爲否之匪人此否之所以名否其名則辱夫否即需二之晉五者也何以名晉者改而名否以其不能開而當也泰即睽上之三而又四之蹇初者也何以不名睽而轉名爲泰以其能開而當也物相雜爲文文不當故吉

凶生。當則吉。不當則凶。而皆本於相雜。雜而當。則名大有同人豐豫頤泰中孚諸名而爲榮。雜而不當。則名大過小過明夷困否諸名而爲辱。故云。其稱名也雜而不越。雜以其旣動也。不越。不以當而辱。不以不當而榮也。又云。其稱名也小。其取類也大。稱名小。謂不能開而當名者。小猶辱也。取類謂旁通也。明夷小過。以不當而小其名。明夷取類於訟。則得大首。小過取類於中孚。則宜下大吉。其名雖辱。一能變通。則小化爲大。凶變爲吉。名亦且轉辱而爲榮矣。執見在之畫以核其名。則剛不行。何以爲乾健。而純柔者。烏知其爲坤順哉。

原序第三

易重旁通。乃卦之序。不以旁通而以反對。用反對者。正所以用旁通也無反對卽用旁通爲序。見反對有窮而旁通不窮也。伏羲通神明之德。類萬物之情。萬物之情。非生而卽類者也。神明之德。非生而卽通者也。自然而定位者。天地也。自然而變通者。寒暑日月也。生而知之者。聖人也。其賢人以下。則必待於教。反對者。自然者也。一陰一陽之謂道。反對之卦。不能一陰一陽。卽不能合於道。故必旁通以爲道焉。如震反爲艮。男仍是男。巽到爲兌。女仍是女。男女長幼。皆父母一氣所生。生而相聚。

故列以爲序。夫婦必由嫁娶，不容任其自然，故不以旁通序也。卦之有旁通，如人之有夫婦也。序以反對，而辭則指其所之所之者，旁通也。且易之爲書也，參伍錯綜，引申觸類，其辭每以比例互明反對於旁通，亦比例互明者也。屯旁通鼎，革旁通蒙，屯猶革也，鼎猶蒙也，故屯蒙與鼎革互爲比例。豐旁通渙，節旁通旅，豐猶節也，旅猶渙也，故豐旅與節渙互爲比例。反對旁通四卦交互，如九數之維乘。序卦一傳，全明乎變通往來之義，而雜卦傳前用反對，自大過以下顛破之，而明之以君子道長，小人道消，所以示反對之序，必散而旁通以合消長之道也不特此也離四之坎初成節賁猶離上之坎三成豐井賁旁通困豐旁通渙經於困初六稱三歲不覿明賁上之困三於豐上六稱三歲不覿明渙初之豐四豐可例賁則例節可知矣困可例渙則例噬嗑可知矣屯旁通鼎猶蹇旁通睽經於屯六二言匪寇昏媾明屯通鼎而鼎成泰於睽上九言匪寇昏媾明蹇通睽而睽成泰屯可例蹇則例革可知矣睽可例鼎則例解可知矣小畜二之豫五而後上之豫三爲中孚二之小過五而後中孚上之三之比例經於小畜彖稱密雲不雨自我西郊爲中孚成既濟之例於小過六五稱密雲不雨

自我西郊、爲豫成咸之例、小畜可例中孚、則例謙可知矣、豫可例小過、則例履可知矣、小畜上之豫三、即小過也、履四之謙初、即中孚也、凡此經文互相比例、明白顯然、於是傳之贊經、亦每以互明之、家人旁通解、猶革旁通蒙、傳於家人六二云、順以巽也、於蒙六五云、巽以順也、一以家人例革、則例蹇可知矣、一以蒙例解、則例鼎可知矣、井旁通噬嗑、猶謙旁通履、傳於井上六云、元吉在上、於履上九亦云、元吉在上、一以井例謙、則例賁可知矣、一以履例噬嗑、則例豫可知矣、然則以反對爲序者、示人以比例之端也、若序卦如是、辭之義即如是、則易之爲書，亦何刻板而不靈，且有何難知，而韋編三絕哉？至於屯蒙需訟之相次，則孔子特爲序卦作傳，卦麗於名，緣名以立義，傳已詳言之，後人惟當體傳之義，不宜更益一辭。自宋人有三十六宮之說，於是謂上經反對十八卦，下經反對十八卦，而元人蕭漢中（太和人，著讀易考源）明人來集之（蕭山人，著易圖親見）別爲卦序，其用心非不苦，然而序卦之指不如是也。（詳見易廣記）

原彖象第四

孔子十翼，於卦辭稱彖傳，於爻辭稱象傳，然則文王之卦辭謂之彖，周公之爻辭謂之象，繫辭傳言彖者四，一云。彖者。言乎象者也。爻者。言乎變者也。一云。易者。象也。象也者。像也。彖者。材也。爻也者。效天下之動者也。一云。八卦以象告。爻彖以情言。一云。知者觀其彖辭。則思過半矣。旣以象彖爻分爲三。又以象屬彖而別乎爻。又以爻合象而別乎卦。其論象也。云在天成象。在地成形。變化見矣。則以變屬象。云聖人設卦觀象。繫辭焉以明吉凶。剛柔相推而生變化。則以象屬卦而別乎辭。云君子居則觀其象而玩其辭。動則觀其變而玩其占。則以象屬辭而別於變。云聖人有以見天下之賾。而擬諸其形容。象其物宜。是故謂之象。聖人有以見天下之動。而觀其會通以行其典禮繫辭焉以斷其吉凶是故謂之爻則繫辭以明吉凶者謂爻也云爻也者效此者也象也者像此者也爻象動乎內吉凶見乎外功業見乎變聖人之情見乎辭則吉凶之見又爻彖所共也旣云八卦以象告爻彖以情言又云立象以盡意設卦以盡情僞旣云八卦成列象在其中剛柔相推變在其中又云觀變於陰陽而立卦發揮於剛柔而生爻凡此者參差錯綜說之殊不易了思之旣久乃知其爲互言也合六爻而爲卦分一卦而爲爻文王雖總一卦以繫辭而其辭不外乎爻周公雖分六爻以繫辭而其辭實本乎卦其

名彖者何義也彖之言捝也讀如遯廣雅疏證云彖捝也說文彖豕走捝也捝與脫通脫彖聲相近彖猶遯也遯或作遂漢書匈奴傳贊遂逃竄伏字从辵彖聲彖遯聲亦相近文王爲知進而不知退者戒也示其義曰彖遯則退也示天下後世以安不忘危存不忘亡治不忘亂孔子於乾贊之云遯世无悶於大過又贊之云遯世无悶亢而能遯則悔亡過而能遯則无咎乾旁通於坤而成屯屯遯而通於鼎君子幾不如舍故以鼎二之五之卦名之爲遯惟遯乃易易乃元亨利貞舉一遯而全易之義括焉矣此彖之所以爲彖也然而文王之意爲不知退者言也退於此必進於彼非徒退而已也周公述文王之意分繫其辭於爻而名

之曰象孔子贊之一則云象也者像此者也再則云易者象也象也者像也像之言似也似者繼續也陽退而爭於陰遯也象之謂也陰進而化爲陽續也象之謂也孔子以屯爲見以鼎爲象而云見乃謂之象明以屯通於鼎爲象矣蓋乾成家人坤成屯屯三往家人上爲亢龍盈不可久所謂知進而不知退聖人知進知退則舍家人而通於鼎在屯爲退在鼎爲進鼎進而以遯名而傳則贊云鼎象也如是爲似續之不已即如是爲遯退之不亢孔子又贊於剝云觀象也剝成觀猶嘗成觀革去故即退也革退而嘗進成觀猶屯退而鼎進成遯孔

子於彖傳特指鼎觀兩卦爲象，又以兩像字訓之，象之取義於似續，所謂與天地相似也，男下女，貴下賤，則遯於是上下交而事成，夫婦和而有子，則象矣，象辭所以發明彖辭，故知者觀彖辭，即思過半，言不待觀彖辭即明也，故彖言變，本於象之言變也，彖言情，先乎象之言情也，彖有吉凶，象亦有吉凶，爻之變化，即卦之變化，王弼謂彖者統論一卦之體，象者各辨一爻之義，豈知彖象者哉，孔子以像贊象，又以材贊彖，云彖者材也，何爲材，材即才也，易之爲書也廣大悉備，有天道焉，有人道焉，有地道焉，兼三才而兩之，故六，六者非它也，三才之道也。立天之道，曰陰與陽。立地之道，曰柔與剛。立人之道，曰仁與義。分陰分陽，迭用柔剛。迭用者，陽退而反其道爲陰，陰進而復其道爲陽，卽所云化而裁之謂之變也。卽所云財成天地之道也。裁財與材，其義一也。材取其用，用九用六，以知大始而成變化，如是而爲彖，亦如是而爲象，卽如是而爲易。故云易者象也，象者言乎象者也。彖象一而二，二而一者也。說者或以天地風雷山澤水火爲象，失之矣。

原辭上第五

伏羲設卦，辭自文王始繫之。孔子作繫辭傳云：聖人設卦觀象繫辭焉以明吉凶。伏羲設卦以觀變通之象。觀象者。卽觀其當位失道之吉凶也。文王之辭。卽明所觀之象之吉凶也。故申之云。剛柔相推而生變化。觀象者觀此也。明吉凶者明此也。故云辭也者。各指其所之。所之者何。卽剛柔之相推者也。剛柔者。爻也。就其反對而序之。無以見其變化也。推而使有所之。乃生變化。生變化乃辨吉凶。所所之者。初之四。二之五。上之三也。六十四卦之序不動。而有所之乃動。伏羲設卦觀象。全在旁通變化。所謂天地變化。聖人效之。當時旁通行動之法。必口授指示。而所以通德類情者。乃人人易知。歷千百年而口授指示者不傳但存卦之序當日所推而有所之者不可見文王慮學者僅見其以反對爲序而不知其以旁通者爲所之之變化也而指之以辭告之以辭故旣云各指其所之又云繫辭焉所以告也夫文王之所指卽伏羲之所指文王之所告卽伏羲之所告伏羲以手指之文王以辭指之伏羲以口告之文王以辭告之君子所居而安者易之序也明序以言乎其未有所之也所樂而玩者爻之辭也明辭以言乎其有所之也說卦傳云發揮於剛柔而生爻文言傳云六爻發揮旁通情也而聖人之情卽見乎辭譬之說句股割圓者繪方

圓弧角之形。此伏羲所設之卦也。爲天元爲羃。則卦之爻也。使不標以正負之目。明以甲乙丙丁之名。則其比例和較之用。不可得而知。此六爻發揮之所之。必賴文王繫辭以明之也。故讀文王周公之辭。如讀洞淵九容之細草。細草所以明天元之法。彖辭爻辭所以明卦之變通。可相觀而喻也夫。

原辭下第六

夫學易者。亦求通其辭而已矣。横求之而通。縱求之而通。參伍錯綜之而無不通。則聖人繫辭之本意得矣。如比初六有孚比之。无咎。有孚盈缶。終來有他吉十五字。

何以一氣貫注須字字承接講明此縱之能通也上顧彖辭下合諸爻之辭皆一貫此橫之能通也有孚便與全經諸有孚一氣相貫盈字便與全經盈字一氣相貫缶字便與全經缶字一氣相貫終字來字有他字便與全經終字來字有他字一氣相貫此參伍錯綜之無不通也漢魏以來說易諸家最詳善者莫如仲翔虞氏非不鏤心刻骨求合聖經乃求之於辭鮮能畫一如小畜稱密雲不雨自我西郊小過六五亦稱密雲不雨自我西郊此不容不貫之顯然者也虞氏解小過云密小也晉坎在天為雲墜地成雨上來之三折坎入兌小為密

坤爲自我兌爲西。五動。乾爲郊。故密雲不雨自我西郊。解小畜云密小也。兌爲密。需坎升天爲雲墜地爲雨。上變爲陽。坎象半見。故密雲不雨。上往也。豫坤爲自我兌爲西。乾爲郊。雨生于西。故自我西郊。九二未變。故施未行矣。依翻之說。晉下坤爲自我。晉四互坎爲雲。上之三成小過。則坎雲變爲互兌。故云密雲。坎在上爲雲。在下爲雨。上謂五。下謂三。小過五變成咸。三五皆無坎。雲既密亦不雨矣。咸互乾爲郊。是晉下坤變爲互兌。又變爲互乾。故自我西郊。此於辭非不達也。乃通之小畜則不可通。何也。晉變小過。需變小畜。同爲密雲不雨。固矣。然晉下有坤爲自我由坤變兌變乾爲自我西郊而需無坤自我二字遂無著不得不以豫坤言之乃坤在豫而小畜需本有乾兌非由豫坤所變其需之變小畜何有於自我西郊此達於小過必不達於小畜也又如蠱彖先甲三日後甲三日巽九五先庚三日後庚三日亦不容不貫之顯然者也虞氏以納甲說之解蠱彖云初變成乾乾爲甲至二成離離爲日謂乾三爻在前故先甲三日賁時也變三至四體離至五成乾乾三爻在後故後甲三日无妄時也解巽九五云震庚也變初至二成離至三成震震主庚離爲日震三爻在前故先庚三日

謂益時也動四至五成離終上成震震爻在後故後庚三日也依翻之說巽初與二同變成離爲三日三變成震爲先庚四與五同變又成離爲三日上變成震爲後庚熊朋來謂先指內卦後指外卦似矣陽湖孫氏刻周易集解於虞氏巽九五注作震三爻往在前若然則是謂三成震在初二成離之前與蠱初變成乾二變成離爲先甲者尤爲不合因偏考諸刻本虞氏此注俱無往字未知孫氏所依何本今仍熊氏所解辨之乃蠱用初與二同變不能得乾不得不變其說爲初變成乾爲先甲二變成離爲三日三爻之變遂無所著直謂三變至四體離體離者成噬嗑上離也與巽之初二同變爲離三變爲震已自不合且巽則先下卦成震後上卦亦成震矣乃蠱則先下卦成乾旋變爲離及

上卦成乾，下卦則已成震，或初二同變以就離，或初爻獨變以就乾。就乾則乾先於離，就離則離先於震，就乾於初，則離之變在二，就離於四，則乾之變在五。此不特先甲後甲，不能達於先庚後庚，並先甲三日，且不能達於後甲三日也。余求之十餘年，既參伍錯綜以求其通，而撰通釋，又縱之橫之以求其通，而撰章句，非敢謂前人之説皆不合，而余之説獨合，第以求通聖人之經宜如是。願核吾説者，即以是核之也。

原翼第七

孔子晚而好易，讀之韋編三絶，而爲之傳，名之曰十翼。

亦謂之贊易說者謂孔子之易非文王之易文王之易非伏羲之易近世儒者多知其說之非而欲於孔子十翼爲彖辭爻辭之義而不俟他求然文王之彖辭即伏羲六十四卦之注而非如學究之所爲注也周公之爻辭即文王彖辭之箋孔子之十翼即彖辭爻辭之義疏而非如經生之所爲義疏也何也學究之注經生之義疏就一章一句枝枝節節以爲之解而周公孔子之箋疏則參伍錯綜觸類引申以學究經生之箋疏視之孔子之十翼仍不可得而明文王周公之辭仍不可得而通試言其略屯六三君子幾不如舍謂坤成屯乾成家

人。則屯三不宜之家人上。當舍而旁通於鼎。傳則於乾九三贊云。知至至之。可與幾也。明屯三之幾謂坤三乾上也。乾九三言終日乾乾。因於豫六二不終日。贊云。君子見幾而作。不俟終日。明豫成咸。四不之初。宜舍而通損。即乾成革。四不可之蹇初。宜舍而旁通於蒙。革通蒙。即咸通損之比例。經止於屯明坤三乾上之知幾。傳則於豫明乾四坤初之知幾。經以不終日與終日乾乾互明之意。昭然可見矣。歸妹九四遲歸有時。傳云。有待而行也。遲之義爲待。故以待贊遲。謂漸上之歸妹三。歸妹成大壯。漸成蹇。蹇初不可之大壯四。宜旁通於睽。故待之乃爲時行，於是蹇初六贊之云宜待也。一待字如蛛絲馬跡，脈絡貫通，不然宜待二字於往蹇來譽果何謂也。坎彖稱行有尚，謂坎二先之離五，則初行之離四，坎不致成節，三行之離上，離不致成豐，節九五、豐初九皆言往有尚，此爻辭贊彖辭也。傳之贊坎云行有尚往有功也，以往贊行，明坎彖之行有尚，卽節九五、豐初九之往有尚，乃一則於小畜彖贊之云密雲不雨，尚往也；一則於大壯九四贊之云藩決不羸，尚往也。豐通渙成既濟益，猶大壯通觀成既濟益，卽猶坎成屯，離成家人（屯家人節既濟益之相錯），以大壯之尚往贊豐之往有尚，則知坎二之離五。

而坎初之行爲有尚也節通旅成既濟咸猶小畜通豫成既濟咸即猶坎成蹇離成革革蹇即既濟咸之相錯以小畜之猶往贊節之往有尚則知坎二之離五而坎三之行爲有尚也尚往二字似極平泛無深意集而觀之其所以贊經者簡妙如此離上九傳王用出征以正邦也驟觀之不知其所謂及求之蹇彖傳亦云當位貞吉以正邦也當位謂睽二先之五而後以蹇初之睽四則蹇成既濟而貞睽成益不成兩既濟故吉乃知離之王用出征有嘉折首謂成革詳見通釋離成革則坎成蹇蹇通睽即當位貞吉也又求之漸彖傳云進以正可以正邦也則亦知漸

成蹇而通於睽。漸之所以進謂睽二之五矣。解六三傳。負且乘亦可醜也。睽觀之不知其所謂及求之大過九五傳。亦云老婦士夫亦可醜也。又求之觀六二傳闚觀女貞。亦可醜也。大過頤相錯爲隨蠱。大過二之頤五爲蠱成漸之比例。亦歸妹成隨之比例。大過通頤爲可醜則歸妹通漸亦可醜。惟歸妹二不之五而成泰。則漸成既濟爲離羣醜。離羣醜則不可醜。大過之亦可醜與漸之離羣醜互相發矣。而歸妹未成泰。在夫征不復則歸妹成大壯。漸成蹇。在婦孕不育則歸妹成臨。漸成家人。惟家人通解。則離羣醜者亦可醜。故於解贊之云亦可醜也惟大壯通觀則離羣醜者亦可醜故於觀贊之云亦可醜也而解之亦可醜則贊於負且乘負且乘解成泰也解成泰泰猶歸妹成泰泰通否則亦可醜於解贊之則不獨明歸妹成臨漸成家人之可醜並明漸成旣濟歸妹成泰之亦可醜矣漸九五傳終莫之勝吉得所願也騤觀之不知其所謂及求之渙九二傳云渙奔其机得願也奔即賁謂渙成蹇豐成革革通於蒙蒙革相錯爲賁故賁其机乃知漸上之歸妹三成蹇歸妹成大壯則莫之勝惟大壯成革以通於蒙則三歲不孕而終吉以得願與得所願爲之樞紐則豐成革而通蒙與歸妹

成革而通蒙可得明矣夬九三君子夬夬終无咎也騤觀之不知其所謂及求之蠱九三傳亦云幹父之蠱終无咎也幹父之蠱謂隨四之蠱初成大畜下乾爲父大畜變通於萃則大畜二之五而上之萃三大畜成既濟而終萃成咸得无咎大畜萃之相錯即爲夬剝傳用終无咎三字既明夬之孚於剝同於大畜孚於萃而夬四之剝初剝成頤夬成需頤需相錯正是屯大畜即爲隨四之蠱初之比例故云若濡有慍无咎知濡即需謂夬成需也夬成需猶蠱成大畜也凡此散視之極平極泛而所以贊經者極神極妙者也蓋經以辭之同者爲識

傳亦以辭之同者贊之彖象之辭含而未明則補其所未言以申其所已言譬如已有左翼而增以右翼或章此翼以見彼翼或反彼翼以見此翼贊之以彖傳象傳猶恐其未明又贊之以繫辭傳說卦傳文言序卦雜卦諸傳乾爲冰贊堅冰也坤爲腹贊左腹也震爲元黃贊其血元黃也巽爲白贊白賁无咎也坎爲溝瀆贊再三瀆也離爲龜贊十朋之龜也艮爲拘贊拘係之也兌爲毀折贊折首折足也臭受於鼻果蓏生於園竹以爲書契萑葦以包魚文不必爲經所有而無非贊經（以上說卦傳）罔罟即括囊之變杵臼即好爵之靡楫棹本於棟橈書契

由於納約。以上繫辭傳於觀求而知蒙之求我。於屯見而知姤之見凶。於噬嗑食而知井之不食。於咸速而知需之不速。於睽外知外比之指蹇通於睽。於升不來。知來譽來連來反來碩指升進爲蹇。謙輕卽剝之蔑。豫怠卽困之徐。困相遇。比例於同人。則困而反則。大師相遇。而旅處顚頤。取災。衆允。無不宛轉屈曲。以一字贊明。以上雜卦傳經稱虎變。虎視。虎尾。而贊之以風從虎。文言傳經稱盈缶。坎不盈。而贊之以屯者盈也。序卦傳譬如象舉一隅。象則增以一隅。傳則又增以一隅。舉一以反三。或猶以爲難。有三卒以知一卒。則庶乎易悉。此孔子贊易之功。所以廣大而通神也。惟其參伍錯綜，觸類引申，不似學究經生枝枝節節以爲之解，而學者以學究經生之箋疏例之，所以爲贊爲翼者不可見，而彖象之本意亦不明，遂覺孔子之傳無當於文王周公之辭。夫孔子之傳，所謂翼也，贊也，文在於此而意通乎彼，如人身之絡與經聯貫互相糾結，鍼一穴而府藏皆靈。執一章一句以求其合，宜乎三隅雖舉，仍不能以一隅反也。明乎其所爲翼所爲贊，則以彖象序雜諸傳分割各係經句下者，非也。（李鼎祚割序卦傳附於每卦，錢士升周易揆又割雜卦傳分係。）疑說卦雜卦兩傳非孔子作者，非也。觀傳可以知經，亦觀經乃可知傳。不知經與傳互相參補，含經文而但釋傳者，亦非也。

原筮第八

夫以聖人作易，而僅以供人之筮，吾疑焉。及觀春秋傳諸筮法，又與聖人作易迥乎不同，吾益疑焉。春官筮人掌三易以辨九筮之名：一曰巫更，二曰巫咸，三曰巫式，四曰巫目，五曰巫易，六曰巫比，七曰巫祠，八曰巫參，九曰巫環。鄭氏注謂九巫讀皆當作筮，其說更咸等義，傳會未合。周禮訂義引黄氏云：九筮，占法也，猶龜之四兆。如鄭康成說，則與大卜八命何異？大卜以八命贊筮兆之占，占人以八筮占八頌，國之占不出此八事者，大卜通掌之矣，筮人不應重出。且其職曰掌三易以辨九筮之名，則九筮出於三易，其爲筮法無疑矣。薛氏曰：鄭氏改巫爲筮，不可考。自巫更以至巫環，其義不可知，又以意而傳會其說，鑿矣。黄氏度，字文叔；薛氏季宣，字士龍。余既悟得變通之指，乃知聖人作易之義如是，九筮占易之法亦如是。夫易者，聖人教人改過之書也。更者，改也。極孤危凶困，一經改過，遂化爲吉而无咎，故首曰更。已有過宜更，人有過宜感，以我感孚乎人，使之亦無過，所謂寂然不動，感而遂通。感者，感也，故次曰感。式者，法也，謂先二五以爲之則也。目者，條目也，謂初四三上從乎二五以爲之應也。何以更？何以感？則必以二五交易之，故曰易。二五交易，可爲式法矣，而初四從之，則爲比。比即輔相之也，故易之次爲比。初四比之，而三上又從之，則終止窮矣，必使終則有始，乃爲續終，故謂之祠。祠者，猶繼嗣也。公羊桓八年傳春曰祠，何休注云猶繼嗣也謂不成兩既濟也參猶驂也兩旁曰驂謂旁通也環猶周也謂反復其道周回不已也此九者作易之指也而卽筮易之法也然則筮易之法與聖人作易之指一以貫之矣聖人作易非爲卜筮而設也故易有聖人之道四卜筮僅居其一而已君子居則觀其象而玩其辭動則觀其變而玩其占所謂以言者尚其辭以動者尚其變不必卜筮而自合乎易之道惟是百姓日用而不知未可以道喻也而人謀鬼謀百姓與能其所欲者吉與利其所忌者凶與災欲與忌交錮於胸而不能無疑聖人神道設教卽以所作之易用爲卜筮因其疑而開之

卽其欲而導之緣其忌以震驚之以趨吉避凶之心化而爲遷善改過之心此聖人卜筮之用所以爲神而化也君子言尚辭動尚變不必假諸卜筮百姓言尚辭動尚變則假諸卜筮故尚辭尚變而又尚占也傳云探賾索隱鈎深致遠以定天下之吉凶成天下之亹亹者莫大乎蓍龜又云鼓之舞之以盡神又云極天下之賾者存乎卦鼓天下之動者存乎辭化而裁之存乎變推而行之存乎通神而明之存乎其人默而成之不言而信存乎德行又云因貳以濟民行以明失得之報貳卽疑也因民之疑而使之遷善改過以從於德行所以默而

成之不言而信亹亹勉也民不能自喻於善因其疑而轉移於吉凶之際乃勉强以自改過則所以鼓之舞之者在此卜筮也即在此易也天下之賾天下之動謂百姓也假卜筮之事而易之教行乎百姓矣易之教行乎百姓而吉凶乃與同患傳云是以明於天之道而察於民之故是與神物以前民用聖人以此齊戒以神明其德夫察於民之故知民疑於吉凶也知民疑於吉凶而以神道設教其道神其物亦神故稱蓍策爲神物神明其德所謂濟民行也君子自明其德百姓不能自明其德而神道設教以明其德所爲神而明之也夫云德云

行云亹亹而筮以濟之則易之用於筮者假筮以行易非作易以爲筮也易爲君子謀用易於卜筮則爲小人謀此筮之道卽易之道也而寧有二哉善乎顧氏亭林之言曰卜筮者先王所以教人去利懷仁義也是以嚴君平之卜筮也與人子言依於孝與人弟言依於順與人臣言依於忠而高允亦有筮者當依附爻象勸以忠孝之論君子將有爲也將有行也問焉而以言其受命也如嚮告其爲也告其行也死生有命富貴在天若是則無可爲也無可行也不當問亦不必告也易以前民用也非以爲人前知也求前知非聖人之道也顧氏之

說，得乎因貳以濟民行之指矣。詳見日知錄然則古之筮者，必深明乎九筮之義，而所謂化而裁之，變而通之，皆筮法，即皆鼓舞神明之用。民之求筮者，不必通乎易，而非通乎易，則不可以應人之筮。蓋聖人之教人也，不憤不啓，不悱不發。求筮者，心怦怦於吉凶成敗之際，則憤悱所不可已，迎其機而導之，入之易易也。至春秋時，九筮之法，筮者不知，而別為筮法，則不特失因貳以濟民行之本意，而謬悠虛妄，私造繇辭，以為占法。陳敬仲之生，則謂其昌於異國，莊二十二年秦伯之戰，則以為必獲晉君，僖十五年晉伯姬之嫁，即知其敗於宗邱，而死於高粱之墟，同上楚子救鄭。知南國蹙射其元王中厥目。成十六年穆子之生。卽知讒人之名曰牛。昭五年惟子服惠伯論坤之比。謂忠信之事則可。又云。易不可占險。此古占法之猶存一綫。異乎諸術士之談。而當時傅會牽合。汩沒聖經。孔子所以韋編三絕。以明其書非徒卜筮之書。而寡過之書也。古之卜筮所以教人寡過也。而春秋時之占法。固已大謬乎聖人。彼辛廖卜楚邱卜徒父史蘇之徒。與後世京房管輅火珠林飛伏納甲之法相同。豈知聖人作易之教者乎

男廷琥校字

易圖略卷七（雕菰樓易學之二）

江都焦循學

論連山歸藏第一

說易者必言河圖雒書連山歸藏河圖雒書經前儒駁正無復遺說（詳見毛大可河圖雒書原舛胡朏明易圖明辨）惟連山歸藏言人人殊大率多以連山爲伏羲而夏因之歸藏爲黃帝而殷因之又謂連山以艮爲首歸藏以坤爲首婦不可以先夫則坤不可爲首也子不可以先父則艮不可爲首也伏羲作八卦重六十四卦其首皆以乾坤故曰乾坤定矣何得又首艮神農黃帝繼伏羲以治天下尊卑長幼何容變紊其序首艮首坤之說殊足疑焉以余推之連山者

當如干令升之說，即帝出乎震，齊乎巽，相見乎離，致役乎坤，說言乎兌，戰乎乾，勞乎坎，成言乎艮，是也。艮位東北，坤位西南，彖辭及之，四時首春，春始於寅，當東北艮位，艮成終亦成始，故曰連山首艮，非六十四卦之序以艮爲首也。歸藏當如近世徐敬可之說，即子復，丑臨，寅泰，卯大壯，辰夬，巳乾，午姤，未遯，申否，酉觀，戌剝，亥坤，爲十二辟卦，是也。（朱彝尊經義考徐氏善四易十二卷高佑釲曰敬可爲贈太僕卿世淳之少子早年棄諸生博通經學於易春秋尤融貫）始於子，而實受氣於亥，坤初生爲復，至二爲臨，至三爲泰，至四爲大壯，至五爲夬，至上爲乾，乾初生爲姤，至二爲遯，至三爲否，至四爲觀，至五爲剝，至上仍爲坤，故曰歸藏首坤。由坤而乾。故又曰坤乾。非六十四卦之序。以坤爲首也。伏羲通神明之德。類萬物之情。以乾坤爲首。而序六十四卦。無可移者也。取八卦以屬八方。即以屬四時。又取十二卦以屬十二月。以爲消息。於重卦序卦之外。别一取義以始艮終艮。而目之爲連山。以始坤終坤。而目之爲歸藏。與五運六氣之說相爲表裏。後世讖緯術數之家多本之。余嘗思其義。伏羲之卦。明人道者也。連山歸藏明術數者也。鄭康成云。殷陰陽之書。存者有歸藏。謂之陰陽之書。則陰陽五行家言也。大幽堪輿之屬。托諸神農黄帝。連山歸藏蓋即其類。其始本不與設卦觀象之意相混淆而自爲用、夏殷以來、術士之說行、而伏羲之卦象漸失其本、殷人尚鬼、蓋更有甚者、其季世之人、第知六十四卦爲占驗災祥之用、而不知其爲天道人倫之學、故文王專取伏羲之卦而繫以辭、指之曰元亨利貞、曰吉凶悔吝厲无咎、而陰陽術數之叢雜、一槩屏之、周公制官、以連山歸藏存諸太卜、示卜筮之占、可參用之而已、孔子贊易、直本伏羲以及神農黃帝堯舜、而夏商絶不言之、且曰殷之末世、周之盛德、然則連山歸藏傳於夏殷、原非禹湯之制作、蓋其時伏羲之教明而未晦、雖有連山歸藏而自別行、故禹湯無容闡明之殷季易道晦而術數之說惑人故文王屏連山歸藏而繫辭猶孔子屏辛廖卜楚邱卜徒父史蘇等之說而作十翼伏羲之卦晦於殷季而文王闡明之文王之易晦於春秋而孔子贊翼之聖道明邪說黜故易直爲羲文周孔四聖人之書也連山歸藏何得而並之或曰何爲邪說曰季平子逐君史墨對趙簡子稱君臣無常位而引大壯雷乘乾爲天之道意以震指臣乾指君爲臣可乘君之證當時假經義以文其邪說如此孔子修春秋書公在乾侯以明正季氏之罪贊易以定上下爲萬世君臣之法孟子於殷末及春秋均云邪說暴行

有作則文王與孔子所以黜邪說同故凡左傳諸說易皆不得漫引以爲易義而連山歸藏可知矣然則周公存之太卜者何也曰以易教論則術數在所屏以術數論則連山歸藏實爲陰陽五行之正宗執方位十二辟卦以說易易之外道也舍方位十二辟卦以爲術數又術數之外道也

論卦變上第二

卦變之說本於荀虞（古稱之卦）其說皆不能畫一荀爽謂屯本坎卦初六升二九二降初蒙本艮卦二進居三三降居二則本六子矣謙乾來之坤則謂乾上之坤三解乾動

之坤謂乾坤交通動而成解則本於乾坤矣訟陽來居二則本遯旅陰升居五則本否晉陰進居五則本觀損乾之三居上則本泰是又本十二辟矣乃萃則云此本否卦上九陽爻見滅遷移是則用易林之法所謂否之萃矣隨爲震之歸魂蠱者巽也解者震世也是又用京房世應之說也荀氏書殘缺不完虞氏備矣以十辟爲主以明夷解升震四卦自臨來明夷臨二之三解臨初之四升臨初之三震臨二之四晉蹇萃艮四卦自觀來晉觀四之五蹇觀上反三萃觀上之四艮觀五之三訟无妄家人革巽五卦自遯來訟遯三之二无妄遯上之初家人遯初之四革遯上之初巽遯二之四需大畜睽鼎兌五卦自大壯來需大壯四之五大畜大壯初之上睽大壯上之三鼎大壯上之初兌大壯五之三蠱賁恒損

井歸妹豐節旣濟九卦自泰來。蠱泰初之上賁泰上之乾二乾二之坤上恒乾初之坤四損泰初之上井泰初之五歸妹泰三之四豐泰二之四節泰三之五旣濟泰五之二隨噬嗑咸益困漸旅渙未濟九卦自否來。隨否上之初噬嗑否五之坤初坤初之五咸坤三之上乾上之三益否上之初困否二之上漸否三之四旅否三之五渙否四之二未濟否二之五三陰三陽旣本諸泰否，二陰四陽、四陰二陽旣本諸臨觀大壯遯，則一陰五陽、五陰一陽亦宜本諸復姤剝夬矣。乃謙則乾上九來之坤，與荀氏同，所謂自乾坤來，無復姤夬剝之例矣。豫則復初之四，比則師二之五，說者以爲從兩象易之例，非乾坤往來，而履則變訟初爲兌，小畜則需上變爲巽，此亦荀氏萃本否卦之說，於卦變中別一義矣。二陽之卦自臨來者，宜爲明夷解升震四卦自觀來者宜爲晉蹇萃艮四卦其屯蒙頤坎四卦可自觀來亦可自臨來莫知所指乃以屯爲坎二之初蒙爲艮三之二用荀說也坎則云乾二五之坤與離旁通於爻觀二之上是旣本乾坤又本十辟而頤則晉四之初晉則非乾坤非六子非十辟矣又何說乎自遯來者宜爲訟无妄家人巽四卦自大壯來者宜爲需大畜睽兌四卦其鼎革大過離四卦可自遯來亦可自大壯來以屯蒙頤坎例之則蒙自艮來革宜自兌來屯自坎來鼎宜自離來而革則云遯上之初與蒙旁通鼎則云大壯上之初與屯旁通又本於十辟離爲坤二五之乾

與坎旁通，於爻遯初之五，與坎一例矣。大過則云：大壯五之初，或兌三之初，例諸頤爲晉四之初者，又何所適從？且所謂之者，兩爻相易也。如遯三之二，爲訟；大壯四之五，爲需；四之五，亦五之四；三之二，亦二之三，是也。至大畜則云：大壯初之上，无妄則云：遯上之初，損則云：泰初之上，益則云：否上之初。依諸例，則大壯初之上，鼎也；遯上之初，革也；泰初之上，蠱也；否上之初，隨也。此則以初爻加於上爻之上，上爻續於初爻之下，與兩爻相易者迥別。中孚小過兩卦，無所依附，則云：中孚訟四之初也。此當從四陽二陰之例，遯陰未及三而大壯陽已至四，故從訟來，小過晉上之三，當從四陰二陽臨觀之例，臨陽未至三，而觀四已消也，所說殊艱澀不易解，究而推之，不過謂遯初之四，而二不能及三，大壯上或之三，而陽實在四，惟自訟來，則遯二已及三，而初又之四，即爲中孚，然則大壯五先之四爲需，需上又之三成中孚，亦可也。臨陽未至三，二未至三成明夷也，觀四已消，五未之四成晉也，五先之四則四不消，四不消而晉上之三爲小過，則臨二先至三成明夷，明夷初又之四成小過，亦可也，蓋兩陽爻齊之，乃成小過，兩陰爻齊之，乃成中孚，無兩爻齊之之理，而其例既窮，乃變其說爲訟四之初晉上之三晉上之三仍是觀五先之四觀上次之三也訟四之初仍是遯二先之三遯初次之四也仍是兩爻齊之虞氏自知其不可彊通姑晦其辭貌爲深曲而究無奧義也其於豐云此卦三陰三陽之例當從泰二之四而豐三從噬嗑上來之三折於坎獄中而成豐於旅云賁初之四否三之五非乾坤往來也與噬嗑之豐同義說者又以此爲兩象易之例然則卦之來也自乾坤一也自六子二也自十辟三也上下相加如損益四也上下剛柔相變如小畜履五也兩象易六也兩交齊之如遯先生訟次生中孚七也謂諸卦各有所自來

乎謂每卦兼有所自來乎余於此求之最深最久知其非易義所有決其必無此說夫乾坤索爲六子八卦錯爲六十四相摩相盪而設卦之義已畢其旁通以各正性命時行以自彊不息則爻之變化也今謂卦之來由於爻之變其謬一也諸卦生於六子而六子又生於諸卦其謬二也一陽之卦不生於剝復一陰之卦不生於姤夬與泰否臨觀等例參差不一其謬三也彭城蔡景君說謙剝上來之三蜀才謂師本剝卦同人本夬卦則一陽一陰與二陽二陰之例通矣然一陽之卦有四皆可兼自復剝來一陰之卦有四皆可兼自姤夬來與革

鼎屯蒙坎離頤大過之於遯大壯臨觀等於彼於此無所歸附其謬四也至於晉訟可生中孚小過噬嗑可生豐賁可生旅蔓衍無宗不能自持其例其謬五也虞氏而後若蜀才盧氏姚信侯果之流皆言卦變宋李挺之朱漢上復整齊而更張之皆不免支左而詘右王弼屏而去之鄭東谷俞石澗力辨卦變之非而東谷取錯卦石澗取反對明人來矣鮮本石澗之書而以反對爲卦綜以旁通爲卦錯東谷謂以乾坤爲本而取剛柔之變相錯如乾坤以初相錯則成復姤以二五相錯則成坎離是也然而八卦相錯自卦之相錯也而以爲旁通非其義矣

論卦變下第三

說易者。必沾沾於卦變反對者。何也。以彖傳有往來上下進退之文也。荀虞以來。大抵皆據以爲說。傳文不可以彊通。故不能畫一耳。余嘗綜而核之。晉鼎睽皆云柔進而上行。謂觀四進五成晉。遯二進五成鼎。晉鼎二卦。自十辟來。似矣。而何解於睽。以十辟例之。睽宜爲大壯三之上之卦。大壯三之上則剛進。非柔進。求諸十辟不可得。乃以爲无妄二進而之五。夫无妄非十辟也。无妄二可進於五。則訟初亦可進於五。中孚四亦可進於五。皆上行得中。又何說之辭乎。且晉傳云。柔進而上行。即承之云是以康侯用錫馬蕃庶晝日三接也然則柔進而上行五字正解釋康侯錫馬之辭彼觀四之五以正易爲不正遂足爲康侯用錫馬蕃庶晝日三接之解乎睽傳云柔進而上行得中而應乎剛是以小事吉然則此柔進上行云云者解彖辭之小事吉也鼎傳云柔進而上行得中而應乎剛是以元亨則又解彖辭之元吉亨也顧睽五柔爲喪馬矣爲惡人矣而可爲小事吉乎鼎五柔爲覆餗矣爲形渥矣而可爲元吉亨乎宋王宗傳童溪易傳云睽之柔進而上行謂自遯來可也鼎之柔進而上行亦謂自遯來可也此猶可諉也晉之柔進而上行則謂自誰卦而來乎以晉之柔進上行謂不知自誰卦來者益二五兩柔不可謂二行於五觀四亦居上卦已在上不宜又謂上行此辨卦變亡可取以辨反對之說也惟以睽之柔進而上行爲自遯來猶可諉此不可諉者也黃黎洲易

（學象數論云晉柔進而上行而觀之四五相易皆在上卦睽柔進而上行而大壯三上相易柔爲下行是則然矣）傳稱剛來者四，隨剛來而下柔，謂否上之三；訟剛來而得中，謂遯三之二；渙剛來而不窮，謂否四之二；似矣。而无妄剛自外來而爲主於內，獨加內外二字，若豫知後有謂遯三之初者而早破之。（黃氏宗羲云遯之初三相易皆在內卦非外來是也）其說窮，不得不改爲上加於初矣。或謂三在下卦中爻之外，自三來居初，在中畫之內，而爲卦主。（見元朱升周易旁注十辟卦變圖）上卦爲外，下卦爲內，常例也。以三爲外，是內外溷淆矣。三可爲外，虞氏何必遷移其說以自紊乎。（胡氏煦周易函書云无妄一卦將外字抛置一邊全不追尋著落將使周易最簡最貴之文一字而具無窮之妙者竟有閒文不須解說矣且閒文之在他書容或有之不應外字在周易而亦可以閒文視也）訟傳云訟有孚窒惕中吉剛來而得中也明以剛來得中爲解釋彖辭之文以爲遯三之二遯二三皆正一經卦變而皆不正二五兩剛不正而可謂之吉乎渙傳云剛來而不窮柔得位乎外而上同非變通不可謂不窮傳以剛來爲不窮乃謂否四之二二五兩剛與訟同不窮安在柔得位乎外謂否二之四矣而所云上同者何謂也傳稱剛上者四恒蠱皆云剛上而柔下恒則謂泰初之四蠱則謂泰初之上大畜剛上而尚賢無論大壯四之上无妄初之上而五與上皆失正何以稱賢所謂日新而大正者何在至賁傳云賁亨柔來而文剛故亨分剛上而文柔故小利

有攸往。明以二語分釋彖辭所謂亨所謂小利有攸往。謂柔來爲泰上之二。何以得亨。已牽彊難説。若泰二之上。明是剛往。不是柔往。剛大柔小。常例也。乃以剛上爲小往。不且陰陽謬戾乎。傳所以釋經。經云小利有攸往。傳云分剛上而文柔。而經與傳不且方鑿而圓枘乎。恒剛上而柔下。承之云。雷風相與。咸柔上而剛下。承之云。二氣感應以相與。豈否三之上。遂爲二氣感應乎。又何以爲男下女也。豈泰初之四。遂爲雷風相與乎。又何以爲久于其道也。損下益上。其道上行。虞翻以爲泰初之上。固不可爲道。或以爲泰三之上。亦豈道乎。一陰一陽之謂道，初之上，三之上，爲一陰一陽乎，益傳云，損上益下，民說无疆，自上下下，其道大光，道何以光，民何以說，豈否初之四之謂乎，兌說也，否無兌，益亦無兌，上下往來，不可以虛辭說，所謂說所謂道，乃可以虛辭說乎，噬嗑傳云，剛柔分，動而明，雷電合而章，柔得中而上行，節傳云，剛柔分而剛得中，以節爲泰三之五，噬嗑爲否初之五，似矣，乃噬嗑之柔得中而上行，承雷電合而章，則所謂上行者，言合而不言分，分之不可爲合，猶大之不可爲小也，顧上行既指合而不指分，則以否初之五爲剛柔分者，即不得以上行爲否初之五矣，謙傳云，地道卑而上行，爲卦變之說者，乾上之坤三也，爲反對之說者，豫下坤到於上也，坤居上，五失位，以三先五，爲災爲傷，爲大敗，爲冥，爲晦，爲迷，爲死，正所謂卑而踰矣，何亨之有，何吉之有，又何有終之有，卑而上行，猶云柔以時升，地之上行，可云剝三之上，柔之升，不可云臨初之三，虞翻云柔謂五坤也，升謂二，坤邑无君，二當升五，虞氏此說最精最明，可推諸所稱柔進而上行者，所謂時行也，說者不識時字，而以柔之升，爲自解三之四，洵鍛頭以便冠矣，彼持反對之說者，謂萃下坤升而在上，斥卦變之說至此而窮，詡反對之說至此而驗，顧萃到爲升，坤晦於上，正所謂冥升矣，安所得爲時乎。蹇爲觀上之三而稱往得中，漸爲否三之四，而云進得位剛得中，爲卦變之說者，又窮而爲反對之說者，則云解到體蹇，則二往五爲得中，歸妹到體漸，則二進於五爲剛得中。見俞石澗《大易集說》。然蹇傳之往得中，解釋彖辭利西南，解反爲蹇，所謂西南者安在，西南坤也，解無坤，蹇亦無坤，不且反正失據邪，又何解於解利西南之得衆也。小過之小事吉，猶睽之小事吉，小過傳以柔得中解小事吉，猶睽傳以柔進而上行得中而應乎剛解小事吉也。兌剛中而柔外，說以利貞，是以順乎天而應乎人，順乎天而應乎人與革傳同則剛中者謂二之艮五柔外者謂三之艮上二之艮五三之艮上兌成革傳明以順天應人兩贊之可不煩言而解據卦變之說則剛中爲大壯三之五柔外爲大壯五之三五可爲中三不可爲外无妄謂三在初外且不可此乃以三在五外可乎若以剛中卽指兌五柔外卽指兌上顧五剛上柔之卦多矣於兌言之殊爲無謂復何以處乎剛之在二與柔之在三也巽傳云剛巽乎中正而志行柔皆順乎剛巽乎中正者二之震五而震三順之成蹇又通於睽睽二之五而睽四順之蹇成既濟柔指震與睽是爲巽乎中正卽爲皆順乎剛剛

失正於二二柔失正於初可謂順乎推之旅傳云柔得中乎外而順乎剛旅之順乎剛猶巽之順乎剛也得中乎外謂節二之旅五也旅節相錯爲睽旅五猶睽五睽外也故得中於外順乎剛謂節二已來五成剛而三又之旅上以順之也巽小亨旅亦小亨巽小亨成家人旅小亨亦成家人謂否三之五爲柔得中乎外三五皆失位謂之順乎剛不可也凡傳稱外內剛柔往來上下皆指旁通以爲卦變非也以爲反對亦非也或舉而悉歸之乾坤益泛而不可通矣然則卦變之說何所來乎曰來有之乾二之坤五爲比謂比之來由乾二之坤五可也

然離五之坎二亦爲比師二之五亦爲比也坎三之離上爲豐謂豐之來由坎三之離上可也然巽上之震三亦爲豐噬嗑上之三亦爲豐也辭也者各指其所之所之或當位或失道而辭則指其所之以明之謂此卦之吉由某卦之所之如此此卦之凶由某卦之所之如此此卦之悔吝由某卦之所之失道而能變通如此隨舉其所之以爲辭謂之之卦可也謂卦由某卦而生不可也故謂噬嗑上之三爲豐可也謂泰二之四爲豐則不可也謂旅初之四爲賁可也謂否三之五爲旅則不可也謂晉上之三爲小過可也謂觀四之五爲晉不可也

謂訟四之初爲中孚可也謂遯三之二爲訟不可也蓋漢魏之時孔門說易之遺尚有景響而荀虞不求其端不訊其末不知各指所之之義而以爲卦爻可隨意推移遂成千古謬說之所由來余既爲當位失道等圖以明其所之之吉凶悔吝此即爲荀虞之卦之說之所本去其僞存其眞惜不能起荀虞而告之耳倘歿後有知當與之暢談於地下也

論半象第四

虞翻解小有言爲震象半見又有半坎之說余以爲不然蓋乾之半亦巽兌之半坤之半亦艮震之半震之下

半，何異於坎離之半，坎之半，又何異於兌巽艮之半，求其故而不得，造爲半象，又造爲三變受上之說，試思半象之說興，則履姤之下，均堪半坎，師困之下，皆可半震，究何從乎？虞氏之學，朱漢上譏其牽合，非過論也。

論兩象易第五

虞翻說繫辭傳，宫室取大壯，謂與无妄兩象易，棺槨取大過，謂與中孚兩象易，書契取夬，謂與履兩象易，此與相錯似近而非，細究取宫室棺槨書契之義，而所謂兩象易者，殊不切，而蓋取十三，其取離益噬嗑乾坤渙隨小過睽，又何以不兩象易也，其注大畜利貞云，與萃旁

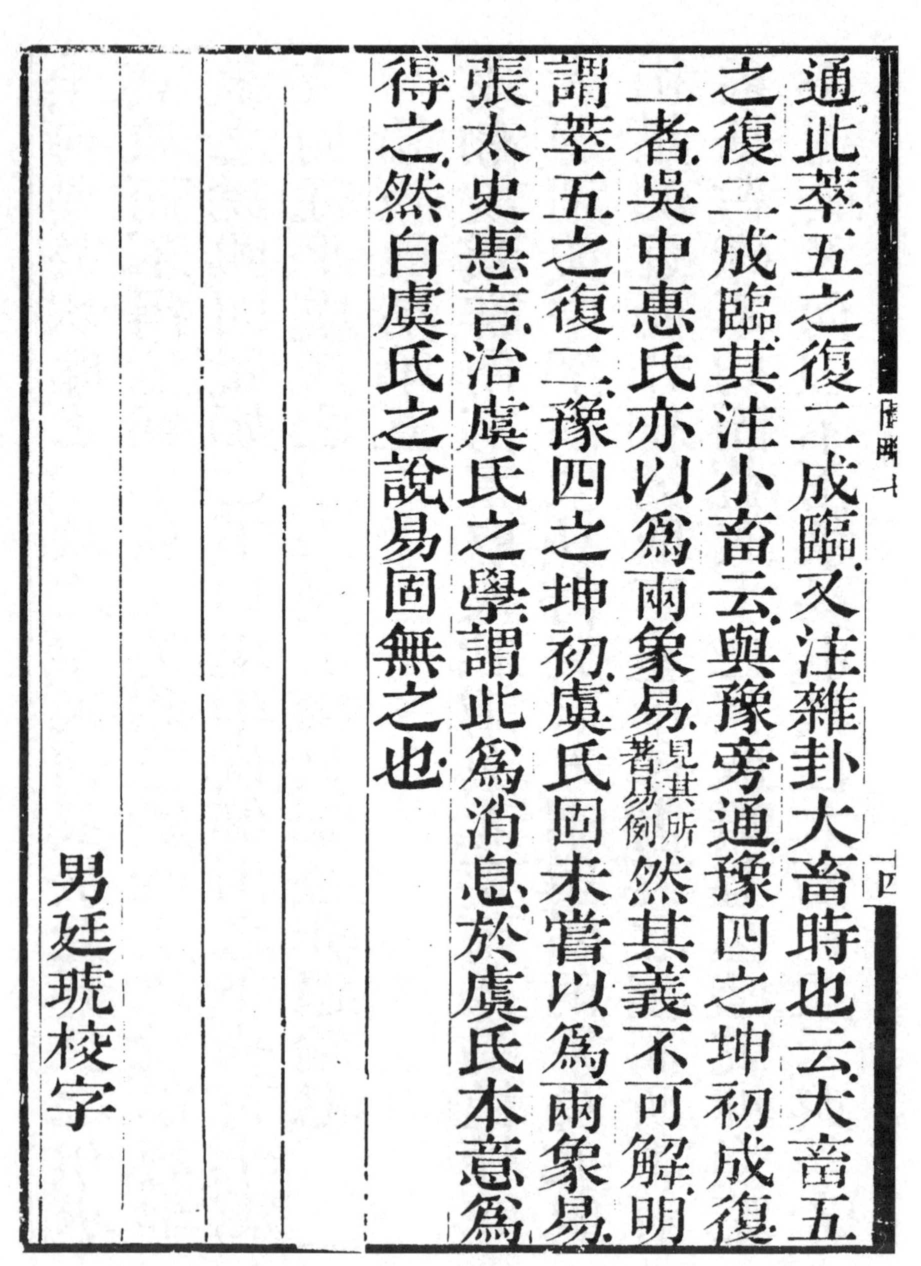

通此萃五之復二成臨又注雜卦大畜時也云大畜五之復二成臨其注小畜云與豫旁通豫四之坤初成復二者吳中惠氏亦以爲兩象易見其所著易例然其義不可解明謂萃五之復二豫四之坤初虞氏固未嘗以爲兩象易張太史惠言治虞氏之學謂此爲消息於虞氏本意爲得之然自虞氏之說易固無之也

男廷琥校字

易圖略卷八 雕菰樓易學之二　　江都焦循學

論納甲第六

納甲之法始見京房易傳其說云分天地乾坤之象益之以甲乙壬癸震巽之象配庚辛坎離之象配戊己艮兌之象配丙丁八卦分陰陽立位配五行陸績注云乾坤二分天地陰陽之本故分甲乙壬癸陰陽之終始庚陽入震辛陰入巽戊陽入坎己陰入離丙陽入艮丁陰入兌然十干之配八卦第以陰陽分配六子而乾坤爲之始終其乾卦傳云甲壬配外內二象注云乾爲天地之首分甲壬入乾位蓋以乾內三爻配甲外三爻配壬

初二三爲始。四五上爲終也。沈括夢溪筆談說之最精。乾坤始於甲乙。則長男長女乃其次。宜納丙丁。少男少女居其末。宜納庚辛。乃反此者。卦必自下生。先初爻。次中爻。末乃至上爻。其說是也。蓋由壬癸而庚辛而戊己而丙丁。而甲乙。自終而始。亦循環之義也。其說在當時已爲異黨。京氏得之焦延壽。延壽得之隱士。而托諸孟喜。翟牧白生不肯者也。然其以甲乙爲始。壬癸爲終。丙丁戊己庚辛次壬癸而上第。以紀後先之叙。於說卦傳東南西北之位。未嘗紊也。魏伯陽參同契本京氏此文。而係之於日月爲易之說。以月三日生明。始受一陽之光昏時見於西方爲震納庚八日上弦受二陽之光昏時見於南方爲兌納丁十五望日全受日光昏時見於東方爲乾納甲十六始受一陰平旦沒於西方爲巽納辛二十三日下弦受二陰平旦沒於南方爲艮納丙三十日晦於東方爲坤納乙坎戊爲月精離己爲日光壬癸納甲乙爲乾坤終始其說用以明修煉之法假庚辛丙丁甲乙爲月出沒之方然兌少陰而以爲二陽艮少陽而以爲二陰固非陰陽之義而同一東方何生甲而沒乙同一西方何生庚而沒辛同一南方何生丁而沒丙如謂生於陽沒於陰則甲庚爲陽而生丁爲陰而亦

生乙辛爲陰而没丙爲陽而亦没戊陽入坎以坎中男屬陽也己陰入離以離中女屬陰也今依坎月離日言之而以坎納戊以離納己異乎京氏之義矣虞翻知伯陽此說本之京房而房則以爲傳自孟氏於是翻奏上易注云高祖父零陵太守光少治孟氏易世傳其業又云郡吏陳桃夢臣與道士相遇布易六爻挑其三以飲臣臣乞盡吞之道士言易道在天三爻足矣豈臣受命應當知經又譏荀諝所說西南得朋東北喪朋顛到反逆了不可知考翻說得朋惟以納甲然則累世所傳之孟氏易即京房之說而魏伯陽所演而失者也其說西

南爲庚丁，東北爲乙癸，先甲爲乾，先庚爲震，已牽合不能貫通。其解八卦成列云：乾坤列東，艮兑列南，震巽列西，坎離在中，因而解四象生八卦云：乾坤生春，艮兑生夏，震巽生秋，坎離生冬，直據魏伯陽之説，而定八卦之方位。四時之所生，於孔子離南坎北之位既悖，於孔子兑正秋之位亦悖，蓋甲乙癸壬，並納乾坤，乾坤列東，不得又列於北，乃以戊己所納之坎離列之北方。魏伯陽之説，固未有此也。其解水火不相射云：水火相通，坎戊離己，月三十日一會於壬，或以此爲坎離列北之義。徐敬可云：望夕之陽，既盈於甲，其夜半日行於壬，而月與爲衝、晦旦之陽、旣盡於乙、其夜半日行至癸、而月與同躔、故壬癸配甲乙、此謂日月會於癸、與虞翻會壬之說異、乾納壬甲、乾三陽屬望、則於壬爲衝、而不爲會、徐說爲是矣、（徐說見胡渭易圖明辨）然日出於東、月生於西、晦於東、此有定者也、故祭日於東、祭月於西、以日朝出於東、月三日生明於西也、君西酌犧象、夫人東酌罍尊、以日夕入於西、月晦入於東也、至於日月之會、不專在北、謂會於壬、不可、謂會於癸亦不可、故魏伯陽明言庚受西方、滿甲東方、而壬癸第云乾坤括始終、不言坎離會於壬癸、而虞翻乃執以爲八卦之列如此、而傅會坎離生冬之說、又乖於魏氏之義矣。朱子托名鄒訢解參同契云甲乙丙丁庚辛乃以月之昏旦出沒言之非以分六卦之方此言是也離爲日。坎爲月。說卦傳之明文也。離傳云。明兩作。與兼山麗澤一例。虞翻以兩作爲日月。是離爲日。又爲月矣。翻自知離不可爲月。而謂乾五之坤成坎。坤二之乾成離。以爲日月兩作之說。益支離矣。繫辭傳云。日月運行。一寒一暑。與雷霆風雨並言之。日月謂坎離也。說卦傳云。燥萬物者莫熯乎火。潤萬物者莫潤乎水。與雷風山澤並言之。水火亦謂坎離也。蓋運行不可云水火。燥潤不可云日月。隨所宜以爲文。故雨以潤之。日以烜之。不必以坎月配離日言也。易之言天地以乾坤也。言四時以變通卽時行也。言日月以成旣濟離下坎上也。非易之一書專論日月。而日月縣象。又專論月之朔望弦會。聖人明示之云。易與天地準。故能彌綸天地之道。又云。夫易廣矣大矣。以言乎天地之閒。則備矣。天地設位而易行乎其中矣。楊鈎松術士也。知納甲之非。且有不須尋納甲之說。柰何儒者持以說聖經哉。

論納音第七

禮記月令。季夏行春令。注云。辰之氣乘之也。未屬巽辰又在巽位。二氣相亂爲害。正義引易林云。震主庚子午。巽主辛丑未。坎主戊寅申。離主已卯酉。艮主丙辰戌兌主丁巳亥。惠徵士謂抱朴子所引玉策記開名經以五音六屬知八年命之所在，爲周秦時書，焦氏本之，京氏之說本之焦氏。錄火珠林八卦六位圖爲京君明易學。（詳見易漢學）按抱朴子仙藥篇引玉策記及開名經云：子午屬庚，卯酉屬己，寅申屬戊，丑未屬辛，辰戌屬丙，巳亥屬丁。一言得之者，宮與土也；三言得之者，徵與火也；五言得之者，羽與水也；七言得之者，商與金也；九言得之者，角與木也。沈存中補筆談列其說而釋之，而疑一何以屬土，三何以屬火，七何以屬金，皆奇數無偶數，莫知何義，都不可推考。余考南齊書樂志以一言得土，三言得火五言得水，七言得金，九言得木，以爲納音數，近知不足齋叢書內所刻隋蕭吉五行大義載此，所云一言、三言、五言、七言、九言者甚詳，亦目之曰納音數，推其術，蓋本於納甲者也。乾納甲壬，坤納乙癸，震納庚，巽納辛，坎納戊，離納己，艮納丙，兌納丁，納甲也。子午屬庚，則震初子四午；丑未屬辛，則巽初丑四未；寅申屬戊，則坎初寅四申；卯酉屬己，則離初卯四酉；辰戌屬丙，則艮初辰四戌；己亥屬丁，則兌初巳四亥。推之乾初甲子，四壬午；坤初乙未，四癸丑。李淳風云坤初爻在未四爻在丑　卽納甲加十二支，如易林所云也。一言得之者，子午得庚也，丑未得辛也，寅申得戊

也卯酉得己也辰戌得丙也巳亥得丁也如庚子丁亥即為一言得之三

言得之者子午屬戊自戊得庚也丑未屬己自己得辛也寅申屬丙自丙得戊也卯酉屬丁自丁得己也辰戌屬甲自甲得丙也巳亥屬乙自乙得丁也如戊子乙亥即為三言得之五

言得之者子午屬丙自丙得庚也丑未屬丁自丁得辛也寅申屬甲自甲得戊也卯酉屬乙自乙得己也辰戌屬壬自壬得丙也巳亥屬癸自癸得丁也如丙子癸亥即為五言得之七

言得之者子午屬甲自甲得庚也丑未屬乙自乙得辛也寅申屬壬自壬得戊也卯酉屬癸自癸得己也辰戌屬庚自庚得丙也巳亥屬辛自辛得丁也如甲子辛亥即為七言得之九

言得之者。子午屬壬。自壬得庚也。丑未屬癸。自癸得辛也。寅申屬庚。自庚得戊也。卯酉屬辛。自辛得己也。辰戌屬戊。自戊得丙也。巳亥屬己。自己得丁也。如壬子己亥即爲九言得之甲子乙丑七言而得庚辛。故納金。而壬申癸酉庚辰辛巳甲午乙未壬寅癸卯庚戌辛亥視此矣。丙寅丁卯三言而得戊己。故納火。而甲戌乙亥戊子己丑丙申丁酉甲辰乙巳戊午己未視此矣。戊辰己巳九言而得丙丁。故納木。而壬午癸未庚寅辛卯戊戌己亥壬子癸丑庚申辛酉視此矣。庚午辛未一言而得庚辛。故納土。而戊寅己卯丙戌丁亥庚子辛丑戊申己酉丙辰丁巳視此矣。

丙子丁丑五言而得庚辛。故納水。而甲申乙酉壬辰癸巳丙午丁未甲寅乙卯壬戌癸亥覩此矣。納土者。納宮也。納火者。納徵也。納水者。納羽也。納金者。納商也。納木者。納角也。故曰納音。納音之原本於納甲如此。況存中既列此數。而又以娶妻生子。牽合律呂。以爲納音之義。則未考南齊書。不知此一言三言云云者之爲納音矣。

瑞桂堂暇錄。引太元甲己子午九。乙庚丑未八。丙辛寅申七。丁壬卯酉六。戊癸辰戌五。巳亥四之說。見輟耕錄朱日昇三易備遺。用邵子橫圖乾兌離震巽坎艮坤之序。排爲六十四。以六十甲子係之。如筆談之說。則黃鐘子。生林鐘未自子至未乃爲隔八相生此以甲子至壬申則自子至申爲隔九不可合如暇錄之說則水火土必用借亦說之未定者也横圖之序近矣乃逢子亥辰巳必空一位朱氏巧爲之說以當歸藏知所納土火水金木本諸一三五七九之數則諸說之各爲臆測者皆非其原也至一三五七九之數蕭吉謂本諸樂緯凡五行有生壯老三數木生數三壯數八老數九火生數二壯數七老數三土生數五壯數十老數一金生數四壯數九老數七水生數一壯數六老數五其生壯之數即天一地二天三地四天五地六天七地八天九地十之數也金

尅木木老於九火尅金金老於七土尅水水老於五金
火土之生數壯數即木金水之老數此有理可推乃土
宜老於三火宜老於一今則土老於一火老於三一爲
土之所尅三爲火之所母與金木水之老數不能畫一
蕭吉謂一示君德二順父母三表臣節四敬從夫五事
鬼神亦牽合未能得其自然納甲始於焦京本納甲而
爲納音納音京氏所不言亦未有用以説易者蓋西漢
末緯家所造而又謬悠其數以土先火惑人聽聞京氏
以前固未有此玉策記開名經踵樂緯而爲之者焦氏
未必本乎此也納甲余所不取更及納音而考核其由

來以告牽合先天以傳會歸藏者。

論卦氣六日七分上第八

卦氣值日。見易緯稽覽圖。以甲子起於中孚。以小過蒙益漸泰屬寅。需隨晉解大壯屬卯。豫訟蠱革夬屬辰。旅師比小畜乾屬巳。大有家人井咸姤屬午。鼎豐渙履遯屬未。恆節同人損否屬申。巽萃大畜賁觀屬酉。歸妹无妄明夷困剝屬戌。艮既濟噬嗑大過坤屬亥。未濟蹇頤中孚復屬子。屯謙睽升臨屬丑。坎離震巽四正卦爲四象。每歲十二月。每月五卦。卦六日七分。漢上易卦圖引是類謀云冬至日在坎春分日在震夏至日在離秋分日在兌四正之卦卦有六爻爻主一氣餘六十卦卦主六日七分八十分日之七歲十二月三百六十五日四分日之一六十而一周按今

是類謀無此文亦附見稽覽圖末稱易緯是類謀朱漢上蓋本此

唐書載一行十二議其第六篇卦議云十二月卦出於孟氏章句其說易本於氣而後以人事明之京氏又以卦爻配朞之日坎離震兌其用事自分至之首皆得八十分日之七十三頤晉井大畜皆五日十四分餘皆六日七分止於占災眚與吉凶善敗之事至於觀陰陽之變則錯亂而不明自乾象秝以降皆因京氏惟天保秝依易通統軌圖自八十有二節五卦初爻相次用事及上爻而與中氣偕終非京氏本旨及七略所傳案郎顗所傳卦皆六日七分不以初爻相次用事齊秝謬矣又京氏減七十三分爲四正之候其

說不經欲附會緯文七日來復而已夫陽精道消靜而無迹不過極其正數至七而通矣七者陽之正也安在益其小餘令七日而後雷動地中乎當據孟氏自冬至初中孚用事一月之策九六七八是爲三十而卦以地六候以天五五五六相乘消息一變十有二變而歲復初坎震離兌二十四氣次主一爻其初則二至二分也坎以陰包陽故自北正微陽動於下升而未達極於二月凝涸之氣消坎運終焉春分出於震始據萬物之元爲主於内則羣陰化而從之極於南正而豐大之變窮震功究焉離以陽包陰故自南正微陰生於地下積而未

章至於八月文明之質衰離運終焉仲秋陰形於兌始循萬物之末爲主於內羣陽降而承之極於北正而天澤之施窮兌功究焉故陽七之靜始於坎陽九之動始於震陰八之靜始於離陰六之動始於兌故四象之變皆兼六爻而中節之應備矣易爻當日十有二中直全卦之初十有二節值全卦之中齊秝又以節在貞氣在悔非是以上一行卦議按孟氏所説別無可核惟見此議唐書藝文志孟喜章句十卷則一行時有此書然以易説秝與以秝説易同一牽附梅徵君秝學答問云大衍本爲名秝特以易數言秝反多牽附其與太初之起數鐘律同易自爲易秝自爲秝其義可通其用不可合就所舉孟氏之義以五卦共三十爻爲一

月一爻主一日雖云六日七分而此七分未嘗以當一日京氏傳會於七日來復苦七分不可以爲一日乃割頤之七十三分益於中孚之六日七分每日法八十分以七十三分加入七分合成一日爲七日若是卦不起中孚而起於頤不合於法故以此七十三分歸諸坎而頤之六日七分乃僅有五日十四分於是亦割晉以歸震割井以歸離割大畜以歸兌錯亂不經誠如一行所誚不知京氏固非孟亦未是漢書儒林傳言孟喜得易家候陰陽災變書詐言師田生且死時枕喜膝獨傳喜同門梁邱賀疏通證明之曰田生絕於施讎手中時喜

歸東海安得此事上聞喜改師法遂不用喜六日七分卽所得陰陽災變託之田生者藝文志章句施孟梁邱氏各二篇此乃得之田王孫者丁寬傳云寬授同郡碭田王孫王孫授施讎孟喜梁邱賀繇是易有施孟梁邱之學今說文釋文中所引卽此班固以孟與施梁邱並稱明此章句乃得之田生者也藝文志又有孟氏京房十一篇災異孟氏京房六十六篇此與京房並稱則所傳卦氣七分之學梁邱氏疏通證明者此也孔子之易授於商瞿五傳至田何何授丁寬寬授田王孫王孫授孟喜至喜以災異僞托而商瞿以下所授遂岐班氏分

析甚明。此言六日七分。必非章句中之說。唐時所存之十卷。蓋以災異羼入。顧章句止二篇。而唐以殘缺之書。何以尚得十卷。釋文序錄孟喜章句十卷無上經七錄云又下經無旅至節無上繫其十一篇六十六篇者。羼入其中。必矣。一行據以製秝。學者且據以說經何哉。

論卦氣六日七分下第九

鄭康成解七日來復云。建戌之月。以陽氣旣盡。建亥之月。純陰用事。至建子之月。陽氣始生。隔此純陰一卦。卦主六日七分。舉其成數言之。而云七日來復。此與京氏異。蓋無論自坎來。自頤來。自中孚來。皆非經之所有。以其與剝相次故改爲自剝隔坤而來復然六日七分者六十卦所直以坤言之則相隔一月何止七日李覯易圖論云以十二月之卦論之則剝盡之後經坤一月非止七日也以六日七分言之則剝盡之後經艮既濟噬嗑大過坤未濟蹇頤中孚九卦每卦六日七分乃至於復非止七日也毛大可易小帖云計坤直十月凡管四卦坤之至復必歷未濟蹇頤中孚四卦而後至於復則已隔四七二十八日虞翻自稱傳孟氏易其說七日來復不用六日七分有以也易言七日者三既濟於卦氣屬十月震則所爲四正卦居方伯之位者也依孟氏不在六日七分之列依京氏則劉晉之七十三分以歸之者也何爲七日也卦氣之說宋劉牧鉤隱圖元胡一桂啓蒙翼傳外篇辨之已詳近時講漢學者復尊而理之余故略爲之辨夫易六十四卦三百

八十四爻，與一歲三百六十五日四分日之一，本不可以强配，術家取卦名以紀之，以坎震離兑爲四正，以乾坤儕於十辟，以艮巽爲六日七分雜卦，彼原無取於八卦六十四卦之義。譬如納甲先天，爲丹家修煉之法，原不妨乾南坤北，離東坎西，亦不妨乾甲坤乙兑丁震庚，彼別有用意，則風雨寒温，自徵飛候，汞龍鉛虎，本契參同，用以説經則謬矣。其取坎離震兑爲四正，本諸説卦傳東西南北之位，其取十二辟卦，第以陰爻陽爻自下而上者，以爲之度，其餘不足以配，於是乾坤復姤等，既用以配十二月，又用以當一月中之六日七分，譬之羅經二十四向於十幹則舍戊己於八卦止用乾巽坤艮其别有用意原無關於易也李鼎祚雖疑之以爲未測端倪然以六日當坤之六爻七分爲閏餘不用而以復初當一日合爲七日則猶惑也王伯厚困學紀聞爲之説云上繫七爻起於中孚鳴鶴在陰下繫十一爻起於咸憧憧往來卦氣圖自復至咸八十八陽九十二陰自姤至中孚八十八陰九十二陽咸至姤凡六日七分中孚至復亦六日七分然則孔子繫辭傳竟本諸卦氣而言乃咸之後次以困困於卦氣屬戌中孚之後次以同人同人於卦氣屬申此何説也上繫七爻終於解下繫

十一爻。解次於困。且噬嗑連初上兩爻。而中孚之前。尚有大有。又何說也。細推中孚次復。咸次姤。以逮屯謙鼎豐之序。殊不可解。李覯旴江集載易圖序論。專駁劉牧而取太元證卦氣云。所主之日。取卦氣乎。取卦名乎。曰。取諸卦名而已。太元所以準易者也。起於冬至。其首曰中。於易則中孚。其次曰周。陽氣周神而反乎始。於易則復。復者。反也。亦謂反乎始也。其次曰礥。陽氣微動。動而礥。礥。物之生難也。於易則屯。屯者。物之始生也。朱漢上本此。以太元之八十一。與六十四卦之名相比。胡雙湖啓蒙翼傳。載王薦元圖發微太元擬卦圖。其說尤詳。推而準之。中爲中孚。周爲復。礥閑爲屯。少爲謙。戾爲睽。上干爲升。狩羨爲臨。晁說之云羨準小過而以準臨失之差爲小過。童爲蒙。增爲益。銳爲漸。達交爲泰。耎傒爲需。從爲隨。進爲晉。釋爲解。格爲大壯。夷樂爲豫。晁云夷準豫而以準大壯失之爭爲訟。務事爲蠱。更爲革。斷毅爲夬。裝爲旅。衆爲師。密親爲比。斂爲小畜。彊睟爲乾。盛爲大有。居爲家人。法爲井。應迎爲咸。晁云應準咸而非離余謂迎與遇同義當以準姤遇爲姤。竈爲鼎。大廓爲豐。文爲渙。禮爲履。逃唐爲遯。常永爲恆。王以永準節晁以永準同人宜依漢上準恆度爲節。昆爲同人。減爲損。唫守爲否。翕爲巽。聚爲萃。積爲大畜。飾疑爲賁。漢上以疑準震非視爲觀。沈內爲歸妹。漢上以沈爲兌非晁云沈準觀而非兌去爲无妄。晦瞢爲明夷窮爲困，割爲剝，止堅爲艮，成爲既濟，闔爲噬嗑，（按闔盍通於噉。）失劇爲大過，馴爲坤，將爲未濟，難勤爲蹇，養爲頤，（漢上以勤養爲坎，養準頤爲是。）然此卦氣之序，非易之序，太元所準者，卦氣也，非易也。易之序，孔子傳之矣，太元所準，用以訓釋卦名可耳。舉太元以證卦氣之序不可也。揚雄者，知卦氣而不知易者也。納甲卦氣皆易之外道，趙宋儒者，闢卦氣而用先天，近人知先天之非矣，而復理納甲卦氣之說，不亦唯之與阿哉。

論爻辰第十

鄭康成以爻辰說易，本於乾鑿度，而實不同，乾鑿度云：

乾貞於十一月子左行陽時六坤貞於六月未右行陰時六其歲終次從於屯蒙屯蒙主歲屯爲陽貞於十二月丑其爻左行以閒時而治六辰蒙爲陰貞於正月寅其爻右行亦閒時而治六辰歲終則從其次卦陽卦以其辰爲貞丑與左行（疑字有誤）閒辰而治六辰陰卦與陽卦同位者退一辰以爲貞其爻右行閒辰而治六辰泰否之卦獨各貞其辰共北辰左行相隨也中孚爲陽貞於十一月子小過爲陰貞於六月未法於乾坤三十二歲期而周相傳鄭氏注云貞正也初爻以此爲正次爻左右者各從次數之一歲終則從其次屯蒙需訟也陰卦與

陽卦其位同。謂與同日若在衝也。陰則退一辰者。爲左右交錯相避。泰否獨各貞其辰。言不用卦次。泰卦當貞於戌。否當貞於亥。戌乾體所在。亥又坤消息之月。故避之。謂泰貞於正月。否貞於七月。泰從正月至六月。皆陽爻。否從七月至十二月。皆陰爻。否泰各自相從。中孚貞於十一月。小過貞於正月。按此主歲之法。用六十四卦之序。始乾坤。次屯蒙。次需訟。次師比。以終於既濟未濟。每兩卦主一歲。故三十二歲期而周也。屯何以爲陽。蒙何以爲陰。漢上以乾震坎艮所生爲陽。坤巽離兑所生爲陰。蓋以屯爲坎二世卦。蒙爲離四世卦。於是中孚爲艮之遊魂爲陽小過爲兌之遊魂爲陰似也而推之需訟則不合愚謂乾所以貞子坤所以貞未此本京氏易其陽卦陰卦非用世應法也京氏乾初納子二納寅三納辰四納午五納申上納戌爲左旋坤初納未二納巳三納卯四納丑五納亥上納酉爲右旋所謂左行陽時六右行陰時六也屯貞十二月蒙貞正月則又本卦氣值日屯爲十二月卦蒙爲正月卦也云左行右行皆間時而治六辰則亦如乾左坤右之例屯自丑而卯而巳而未而酉而訖於亥蒙自寅而子而戌而申而午以訖於辰推之需則貞於卯訟則貞於辰需爲坤之歸魂訟

爲離之歸魂則皆陰矣何以分陰陽光山胡氏名煦著有周易函書云前爲陽後爲陰是緯之本意也造緯者雜取而成於乾坤本京氏而陰陽之分遂以前後爲目其淺鄙可知矣屯在蒙前故爲陽小過在中孚後故爲陰需在前爲陽貞於卯訟在後爲陰貞於辰師在前爲陽比在後爲陰師比皆四月則宜同貞於巳兩爻同貞一辰則巳未酉亥丑卯每辰二爻而午辰寅子戌申空而無貞非其法矣故云陽卦以其辰爲貞陰卦與陽卦同位者退一辰以爲貞師在前爲陽卦自貞於巳而左行以訖於卯比在後爲陰則退一辰貞於午右行以訖於申兩卦十

二爻，仍爻值一辰也。泰宜貞正月寅，否宜貞七月申，而師比同值巳，爲同日。泰否寅申相衝，爲在衝。在衝與同日等，依師比例，泰宜貞正月，否宜退一辰貞八月酉。乃不用退避，而用隨行，不用間行，而用連行，於是泰貞寅卯辰巳午未，否貞申酉戌亥子丑，仍爻值一辰，不相重複於諸卦，別爲一例。中孚宜貞子，小過宜貞寅，子寅亦同爲陽辰，當依退法，乃中孚之貞子者，仍貞於子，而小過宜退而貞於卯者，不退於卯而貞於未，以中孚等乾，小過等坤，故云法乾坤，此又一變例也。蓋乾宜貞巳，坤宜貞亥，改而貞子貞未，亦相避也。自乾坤中孚小過泰否六卦變例外、若比宜避師、復宜避剝、觀宜避臨、大壯宜避遯、姤宜避夬、井宜避困、升宜避萃、恒宜避咸、益宜避損、賁宜避噬嗑、歸妹宜避漸、旅宜避豐、大有宜避同人、履宜避小畜、其坎離震兌巽艮六卦無明文、以坎值子、以離值午、則離宜避坎、以震值卯、而艮在亥、艮宜避震、以兌值酉、而巽亦在酉、則兌宜避巽、本無深意、第以相避濟其窮也、乾鑿度之說如此、鄭氏注云泰否獨各貞其辰、言不用卦次、泰卦當次於戌、否卦當次於亥、推此說所謂卦次者、以乾貞子、則屯蒙貞丑寅、需訟貞卯辰、師比貞巳午、坤貞未、則小畜履貞申酉、故泰否貞戌亥。是則不用卦氣。非乾鑿度本意。然所謂左右交錯者。無有異也。至其注易。則以乾自子左行。無異也。而坤則初貞未。二貞酉。三貞亥。四貞丑。五貞卯。上貞巳。則亦左旋。而屯蒙以下。仍用乾坤。逢九從乾爻所値。逢六從坤爻所値。何以明之。坤上六爲蛇。蛇。巳也。知坤自未左行至巳。於是坎上六。大過上六。爻亦在巳。則坎大過之上六。卽坤之上六也。泰六五在卯。卽坤六五在卯也。中孚六四。坎六四。爻辰在丑。卽坤六四在丑也。中孚六三在亥。卽坤六三在亥也。明夷六二在酉。卽坤六二在酉也。困比初六在未。卽坤初六在未也。困九四在午。卽乾九四在午也賁九三坎九三明夷九三在辰即乾九三在辰也錢溉亭教授名塘撰述古錄謂京氏本律呂之合聲鄭氏本月律其說具見春官太師鄭注太師掌六律六同以合陰陽之聲陽聲黃鐘子太蔟寅姑洗辰蕤賓午夷則申無射戌其次與乾六爻左旋相近陰聲大呂丑應鐘亥南呂酉函鐘未小呂巳夾鐘卯其次與坤六爻右旋相近然坤初六貞於未而大呂起於丑故鄭氏既以十二次十二月明其聲之合而又詳其所生之序則黃鐘下生林鐘黃鐘子林鐘未是合乎乾貞子坤貞未林鐘上生太蔟之九二太蔟下生南呂之六二太蔟丑是乾由

子而丑。南呂酉。是坤由未而酉。賈公彦云。陽聲據左旋而言。陰聲據右轉而說。此與乾鑿度左行右行相近。疏又云。六律左旋。六同右轉。以陰陽左右爲相合。若相生。則六律六同皆左旋。以律爲夫。以呂爲婦。婦從夫之義。故皆左旋。此與鄭氏爻辰坤自未至巳之例相近。夫乾鑿度依合聲。宋朱震已言之。作陽律陰呂合聲圖。見漢上周易卦圖。第以合聲之起於大呂者。易而爲林鐘。以傅會於乾貞子。坤貞未。而相生之序。遂與合聲相混。惠氏棟謂乾鑿度之說。與十二律相生圖合。引鄭氏上生下生之序。此亦非也。乾鑿度坤貞於未。而自由未右轉。

與林鐘生於未而左行者殊異愚謂陽左行陰右行如山夢觀天地之會陽建左行陰厭右行卽淮南子所云北斗之神有雌雄五月合午十一月合子又說文包字注元氣起於子男左行三十女右行二十史記天官書言歲星歲陰董子言陰陽出入上下諸篇皆以陰陽分左右乾鑿度同之不必本於律呂之合聲依合聲之陽左陰右則與貞未相乘依相生之林鐘生未又與右旋大戾此漢上所由混合於前惠氏不免舛誤於後也要之緯家之書淆雜無定原無與於聖經鄭氏注乾鑿度自依緯爲說其注易不用乾鑿度爲爻辰之序皆用左

旋既以諸卦之爻統於乾坤，如九之在初者皆子，六之在初者皆未也，又以諸卦之爻合於六子，如萃九五井九二，中孚二五，皆坎爻，損六五頤二五，皆離爻，萃九四震爻，賁六四損六四，巽爻，艮上九，離九三，井九三，豐九三，皆艮爻，推之上六六三爲兌爻，初六亦巽爻，初九亦震爻也。天官宮正疏引鄭注重門擊柝云巽爻也應在四蓋指初也自爲鄭氏一家之學，非本之乾鑿度，亦不必本於月律也，然以離九三爲艮爻位值丑，丑上值弁星，弁星似缶，坎上六，爻辰在巳，蛇之蟠屈似嶽纆，臨卦斗臨丑，爲殷之正月，以見周改殷正之數，謬悠非經義，至以焚如爲不孝之刑，女壯爲一女當

五男尤非聖人之義也余於爻辰無取焉爾

男廷琥校字

清江都焦氏本雕菰樓易學三書

第三册

清 焦循 撰

山東省圖書館藏清嘉慶道光間江都焦氏雕菰樓刻《焦氏叢書》本

山東人民出版社·濟南

易通釋叙目

循承祖父之學，幼年好易。憶乾隆丙申夏，自塾中歸，先子問日所課若何，循舉小畜彖辭，且誦所聞於師之解。先子曰：然。所謂密雲不雨自我西郊者，何以復見於小過之六五？童子宜有會心，其思之也。循於是反復其故不可得。推之同人、旅人之號咷，蠱、巽之先甲後甲、先庚後庚，明夷、渙之用拯馬壯吉，益憒塞鬱滯，悒悒於胸腹中，不能自釋。聞有善說易者，就而叩之，無以應也。乙巳丁憂，輟舉子業，乃徧求說易之書閱之，於所疑皆無發明。嘉慶九年甲子，授徒家塾，念先子之教，越幾三十年，無以報命不肖自棄之罪曷以逃免竊謂卦起於包犧八卦成列因而重之命之以名文王以其簡而不易明也繫以彖辭周公以其簡而不易明也繫以爻辭密雲庚甲以爻辭釋彖辭也笑號馬壯爻辭自相釋也然而猶不易明我孔子韋編三絕而後贊焉且不一贊而至於十贊者佐也引也佐文王周公之辭引而申之也包犧之卦參伍錯綜文王周公之繫辭亦參伍錯綜故小畜蠱明夷之辭互見於小過巽渙之辭也文王周公之辭以參伍錯綜繫之孔子十翼亦參伍錯綜贊之所以明易之道者備矣七十子歿道在孟子孟子道性善稱

仁義。惡楊墨之執一。斥儀衍之妾婦。皆所以闡明孔子之學。而脗合乎伏羲文王周公之旨。故孟子不明言易。而實深於易。其商瞿所受。杜田生所傳。散見於孟喜京房鄭康成荀爽虞翻之說。不絕如縷。惜乎漢魏諸儒不能推其所聞。以詳發聖人之蘊。各持其見。苗莠雜糅。坐令老莊異端之流出而爭之矣。循既學洞淵九容之術。乃以數之比例。求易之比例。向來所疑。漸能理解。初有所得。卽就正於高郵王君伯申。伯申以爲精銳。鑿破混沌。用是憤勉。遂成通釋一書。丙寅以質歙縣汪君孝嬰南城王君實齋。均嘗許可。然自以全易衡之。未敢信也。

丁卯春三月遘寒疾垂絶者七日昏瞀無所知惟雜卦傳一篇往來胸中既甦遂壹意於易明年以訟事伺候對簿改訂一度已巳佐歸安姚先生秋農通州白先生小山修葺郡志稍輟業庚午又改訂一度終有所格而未通身苦善病恐不克終竟其事辛未春正月誓於先聖先師盡屏他務專理此經日坐一室終夜不寐又易稿者兩度癸酉二月自立一簿以稽考其業歷夏迄冬庶有所就訂爲二十卷皆舉經傳中互相發明者會而通之也聖人之義精矣妙矣後生末學寧能洞澈其全得一二端以俟君子之引而申焉可矣聖人既以參伍

錯綜者示其端倪舍此而他求烏能合乎後之說易者或有取乎愚之說也嘉慶十八年十一月冬至前二日

卷一

元

亨

利

貞

卷二

悔

吝

吉凶
厲
无咎
卷三
易
爻
當
應
乘承
通

往來

至

幾

卷四

剛柔

大小

新舊

遠近

內外

上下

進退

得喪存亡

生死

卷五

道

命

性情才

教

則法律

仁義禮信知

譽懼

功

權

民

君子 小人

卷六

遇

告

食

求

與

見

居

所

處

允

辦

待

遲

反

敵

方

類

羣

醜

願

試

卷七

包容

繫牽引茹

維

發

顛窒慎

塞

遂

養育字飾

親好愛

故事

施設

尸

克伐征

亢

窋

雜文

定寧成安息

虔

戒

卷八

光

時

實

盈

寡孤

衆

獨

久永長

速疾遄

怠緩徐慢裕

樂笑喜慶

憂恤號

卷九

疑或

害

匪

艱難

窮

終

亂

惡

災眚

潛伏隱藏

輕蔑誅滅

汔斯隍索沙干

素

卷十

握渥

獲穫

蕃藩皤

祥詳羊翔

祗羝

約酌豹禴

狗拘

髮拔

膏高

弟娣稊涕

華粤

輪綸

寵龍

石碩鼫

角桷

頄仇九

宮躬

紱沛

起杞

茀拂

攻工

已止祀

顙桑

立泣

軨 輸

禄 鹿

爛 蘭 連 漣

撝 靡

腪 揮

形 刑

卷十一

初筮 原筮

丈人 丈夫

牝馬 牝牛

虎變　虎視　虎尾

射雉　射隼　射鮒

由豫　由頤

甘節　甘臨

頻復　頻巽

冥豫　冥升

休復　休否

介福　介疾

敦復　敦臨　敦艮

鳴謙　鳴豫　鳴鶴

童蒙 童觀 童牛 童僕

天行 志行

矢得 失得

日閑 日勁

三就 三錫 三驅 三接 三褫

金矢 金鉉 金車 金夫 金柅

盈缶 鼓缶 用缶

簋貳 二簋

致一 一致

卷十二

成有渝　官有渝
无首吉　无首凶
咸其腓　艮其腓
解而拇　咸其拇
羸其角　羸其瓶
來兑凶　來復吉
終无尤　終无咎
得黄金　得金矢　得黄矢
艮其趾　賁其趾　壯于趾　壯于前趾
需于郊　同人于郊

同人于野　龍戰于野
否之匪人　比之匪人
困于酒食　需于酒食
田獲三品　田獲三狐
喪牛于易　喪羊于易
得其資斧　喪其資斧
我心不快　其心不快
自我致戎　自我致寇
三歲不興　三歲不得　三歲不覿　三歲不覿
三歲不孕

並受其福　實受其福　于食有福　受兹介福

日中見斗　日中見沫　日中則昃　日中爲市

同人先號咷而後笑　旅人先笑後號咷

王用亨于西山　王用亨于岐山

卷十三

帝乙歸妹　帝乙歸妹

高宗伐鬼方　震用伐鬼方

用拯馬壯吉　用拯馬壯吉

密雲不雨自我西郊　密雲不雨自我西郊

先甲三日後甲三日　先庚三日後庚三日

臀无膚其行次且　臀无膚其行次且

拔茅茹以其彙征吉　拔茅茹以其彙貞吉亨

或益之十朋之龜弗克違元吉　或益之十朋之

龜弗克違永貞吉

西南得朋東北喪朋　蹇利西南不利東北　解

利西南

老夫得其女妻老婦得其士夫　夫征不復婦孕

不育　女承筐无實士刲羊无血

箕子之明夷　其子和之　得妾以其子

卷十四

利建侯　利建侯

月幾望　月幾望　月幾望

有他吉　有他吝　有他不燕

田有禽　田无禽　舊井无禽

取女吉　勿用取女　勿用取女

輿說輻　輿說輹　壯于大輿之輹

王假有廟　王假有廟　王假有家

富以其鄰　不富以其鄰　不富以其鄰

不出戶庭　不出門庭　獲明夷之心于出門庭

利用賓　不利賓

血去惕出　渙其血去惕出

艮其輔　咸其輔頰古

翰音登于天　初登于天

卷十五

七日來復　勿逐七日得　勿逐七日得　勿逐

自復

十年乃字　十年勿用　至于十年

大君有命　大君之宜　武人爲于大君

往不勝　莫之勝說　終莫之勝吉

利涉大川　用涉大川　不利涉大川　不可涉

大川

利武人之貞　利幽人之貞　武人爲于大君

幽人貞吉

小有言　小有言　主人有言　昏媾有言　有

言不信　聞言不信

致寇至　致寇至　匪寇昏媾　匪寇昏媾　匪

寇昏媾　利禦寇　不利爲寇利禦寇

不鼓缶而歌則大耋之嗟　出涕沱若戚嗟若吉

不節若則嗟若　萃如嗟如　齎咨涕洟无咎

一陰一陽　一朝一夕　日月運行一寒一暑

日往則月來月往則日來　寒往則暑來暑往則寒來

其義吉　其義凶　其義喪　其義焚　義无咎義无咎　義无咎　天地之大義也　天地之大義也

卷十六

章　蔀　閏

邱　陵

邑　國　邦

電

冰

泥塗

穴窖

溝瀆

淵泉

墉

次

鼻

脢賁

股肱

身躬

孕

祖考

朋友

卷十七

馬

鴻鴇

果

木

林莽

莧陸

蒺藜 叢棘

瓶甕

匕鬯

枕

鞶帶 屨

衣裳

簪弋

結繩

獄刑

卷十八

乾　離爲乾卦　乾行也　噬乾胏　噬乾肉

坤

屯

蒙　以蒙大難

需　繻有衣袽　賁其須　歸妹以須　濡其首

濡其尾　若濡　賁如濡如

訟

師　利行師　利用行師　勿用師　用行師

大師克相遇

比　遇其妣

小畜　大畜　畜臣妾　畜牝牛　畜衆

履　履霜堅冰至　履錯然　跛能履眇能視

非禮弗履

泰

否　否臧凶　利出否　小人否

同人　上下交而其志同　二女同居其志不同

行天地睽而其事同男女睽而其志通君子以

同而異　二女同居其志不相得　柔得位乎

外而上同

大有　大有得

謙　嗛於无陽

豫　君子以思患而豫防之

隨　執其隨　不拯其隨　隨風巽

蠱

臨

觀　觀頤　觀我朶頤　觀象也　觀於天文觀於人文　貞觀

噬嗑　厥宗噬膚　朋盍簪

賁　豶豕之牙　渙奔其机

剝　孚于剝

復　反復道也　復自道　牽復　其來復吉

勿逐自復　復即命　无往不復　城復于隍

夫征不復

无妄

頤　頤中有物

坎

離　疇離祉　飛鳥離之凶　非離羣也　猶未

離其類也　離羣醜也　渙者離也

卷十九

咸　咸臨　品物咸章　品物咸亨　萬國咸寧

恒　利用恒　立心勿恒　貞疾恒不死　行有

恒　進退无恒　以恒也

遯　遯世无悶　遯世无悶　豚魚

大壯　女壯　馬壯　壯于前趾　壯于頄　剝

牀　巽在牀下　從或戕之

晉

明夷　匪夷所思　遇其夷主

家人　不家　无家　子克家　承家　蔀其家

睽

蹇

解

損　益　天道虧盈而益謙　君子以裒多益寡

夬　夬履　藩決不羸　其君之袂不如其娣之袂良　兌爲附決　震爲決躁

姤　后不省方　后以裁成天地之道輔相天地之宜

萃

升　升其高陵　天險不可升也

困　困蒙　其義不困窮矣　其吉則困而反則

也

井

革　執之用黄牛之革　鼎耳革　乾道乃革

鼎

震　振恆　震用伐鬼方　振民

艮

漸　其所由來者漸矣

歸妹　帝乙歸妹　女歸　歸而逋　與人同者物必歸焉　天造草昧　日中見沫

豐

旅　商旅不行
巽　上巽也　順以巽也　順以巽也　順以巽
也
兌　用說桎梏　輿說輹　後說之弧　莫之勝
說
渙
節　失家節　中節　剛柔節　不知節　節飲
食
中孚　孚　有孚　匪孚　罔孚　斯孚
大過　小過　過旬　有過則改　掀過肴舁

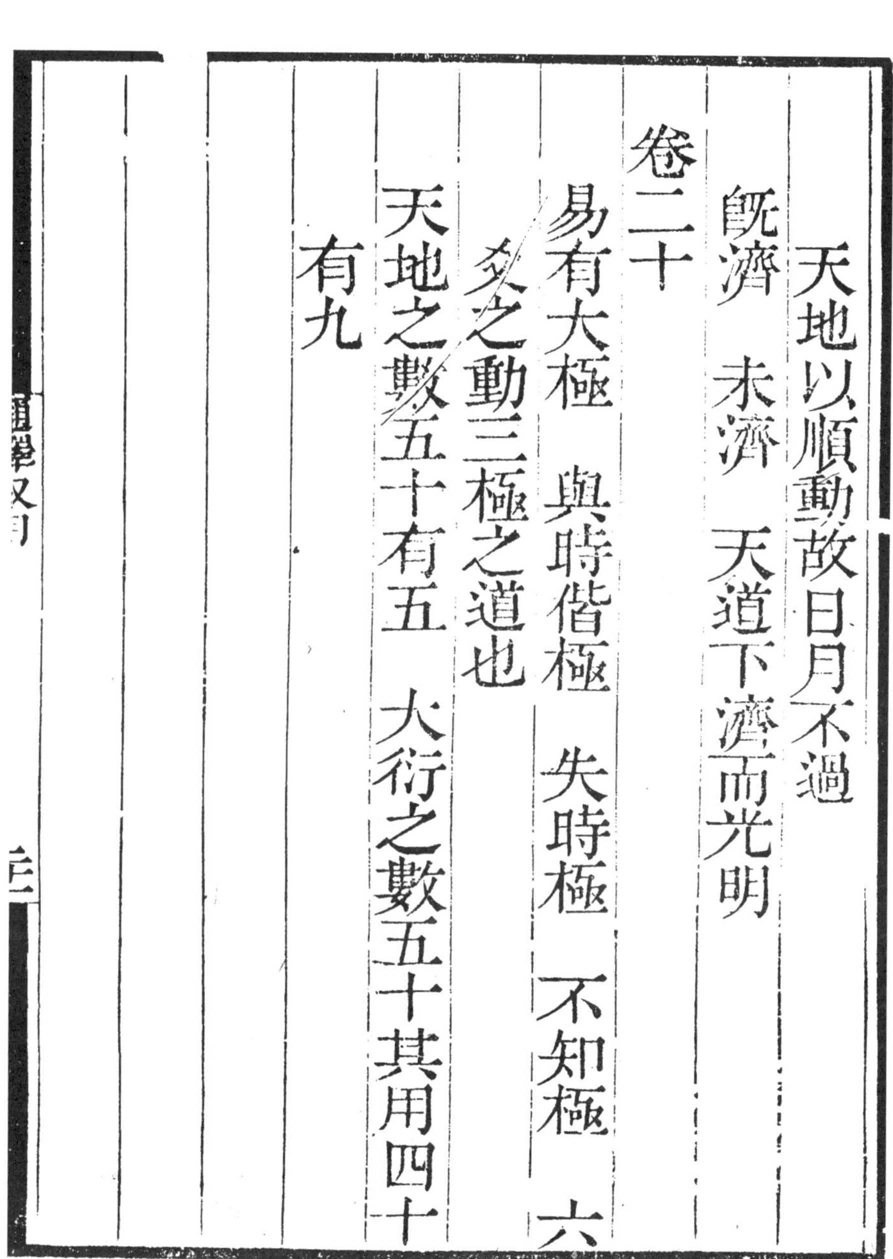

天地以順動故日月不過

既濟　未濟　天道下濟而光明

卷二十

易有大極　與時偕極　失時極　不知極　六

爻之動三極之道也

天地之數五十有五　大衍之數五十其用四十有九

易通釋卷一 雕菰樓易學之三

江都焦循學

元

循按易之言元者二十四卦乾坤屯訟比履泰大有隨蠱臨復无妄大畜離睽損益萃升井革鼎渙傳之釋元也一則曰大哉乾元萬物資始乃統天一則曰至哉坤元萬物資生乃順承天元之義爲始自乾六爻依其序推之初三五已定所動而行者二四上也乾二之坤五爲始乾四之坤初應之乾上之坤三亦應之乾爲天獨天不生必有以治而理之統者治也理也諸卦之生生始於乾二之之坤五故乾元

爲資始坤六五文言傳云黃中通理明以中字釋黃字通者自乾二旁通理者分理謂統天也乾二旁通分理而美在坤五之中以是明元元之義明矣坤六五之元所以明乾元乾二之坤五坤成比乾成同人坎二之離五坎成比離成同人坤六五黃裳元吉離六二黃離元吉二爻相同明以坎二之離五與乾二之坤五相比例若坤元傳以至贊之而坤之亨又以咸贊之明以乾元亨則坤成屯屯通於鼎鼎二之五元吉爲至哉之坤元而鼎成咸坤成既濟爲坤之元亨卽爲坤之利貞惟由坤成屯由屯通鼎所以爲資

生承乾元而通鼎爲坤元所謂承天而時行也乾成
同人猶大有成同人大有傳云應乎天而時行是以
元亨應字賁亨天字賁二之五上乾爲天則元也坤
成比而應乾之成同人即應大有之成同人應之而
比成屯即應之而坤成屯成屯而時行則變通於鼎
是爲原筮鼎二之五爲元上之屯三成既濟爲貞故
云原筮元永貞大有之元亨明乾元比之元永貞明
坤元非變通於鼎無所爲永貞也巽二之震五震爲
隨巽爲漸兌二之艮五兌爲隨艮爲漸漸通歸妹歸
妹二之五亦爲隨隨通蠱蠱二之五亦爲漸隨之元

謂蠱二之五即巽二之震五亦即兌二之艮五亦即歸妹二之五即先中先庚也蠱之元謂成蹇而變通於睽即後甲後庚也隨元猶乾元蠱元猶坤元舉隨蠱兩卦之元而震巽兌艮之元不待言而自見矣凡六十四卦之生生皆從八卦而起而八卦之生生則從二五而起初四三上未行而二五先行乃謂之元由乾坤坎離震巽艮兌之元而有同人比隨漸之元因而有師大有蠱歸妹之元由同人比隨漸而初四三上從之爲家人屯革蹇則由元而亨初四三上不先二五皆不失爲元家人通解解二之五成萃屯通

鼎，鼎二之五成遯，革通蒙，蒙二之五成觀，蹇通睽，睽二之五成无妄，屯之元與鼎之元互明，蒙之元見於革，蹇之元見於无妄，升，家人解之元，見於萃大畜，或明言，或互言之也，八卦二五不行，而初四先行，則乾四之坤初，乾成小畜，坤成復，震四之巽初，震成復，巽成小畜，離四之坎初，離成賁，坎成節，兌四之艮初，兌成節，艮成賁，八卦二五不行，而三上先行，則乾上之坤三，乾成夬，坤成謙，離上之坎三，離成豐，坎成井，巽上之震三，震成豐，巽成井，艮上之兌三，艮成謙，兌成夬，八卦二五不行，而初四三上先行，則乾四之坤初，上又之坤三、乾成需、坤成明夷、坎離震巽艮兌初四三上先行、亦成需明夷、此小畜復夬謙節賁豐井需明夷十卦、不可爲元、乃變而通之、則小畜通於豫、復通於姤、夬通於剝、謙通於履、節通於旅、賁通於困、豐通於渙、井通於噬嗑、需通於晉、明夷通於訟、在小畜復節賁初四先二五、不可爲元、在豫姤旅困、初四未行、以小畜二之豫五成萃、猶解二之五也、以賁五之困二成萃、亦解二之五也、以復五之姤二成遯、猶鼎二之五也、以節二之旅五成遯、亦鼎二之五也、在夬謙豐井三上先二五、不可爲元、在剝履渙噬嗑、三上未行以夬二之剝五成觀猶蒙二之五也以豐五之渙二成觀亦蒙二之五也以謙五之履二成无妄猶睽二之五也以井二之噬嗑五成无妄亦睽二之五也在需明夷初四三上先二五不可爲元在晉訟初四三上未行以需二之晉五需成既濟晉成否以訟二之明夷五訟成否明夷成既濟否既濟相錯爲同人比則亦乾二之坤五坎二之離五也故小畜復夬謙節賁豐井需明夷不可爲元通於豫姤剝履旅困渙噬嗑晉訟仍不失爲元於何見之復初九不遠復无祇悔元吉乾四先之坤初成小畜復卽能改悔旁

通於姤惟姤四未之初卽先以二之復五是爲不遠而復不遠而復則元吉矣履上九視履考詳其旋元吉乾上之坤三成夬謙謙變通於履一轉移之閒仍不失爲元所謂旋也旋卽變而通之也其旋二字與不遠復三字互相發明復之旋在初四故復之元吉明於初九履之不遠在三上故履之元吉明於上九此經文自示其例也離上之坎三成豐井井旋而通於噬嗑與謙履同井上九有孚元吉傳云元吉在上與履上九傳同明井之於噬嗑猶謙之於履經明以有孚二字與其旋二字互明謙與夬不孚旋於履則

孚而元吉。井與豐不孚。旋於噬嗑則孚而元吉。井猶謙也。履猶噬嗑也。彼以履明謙。此以井明噬嗑。易辭互明之例多如是。井旋於噬嗑。則豐旋於渙。乃渙之元吉。不明於六三而稱於六四。有微義焉。井上六有孚元吉。已足明渙之孚於豐。履上九其旋元吉。亦足明豐之旋於渙。則渙之元。不必更贅於上九。故就初四言之以示其例。豐旋於渙而有孚矣。然必渙二先之豐五。乃爲元吉。若渙二不之豐五。豐四先之渙初。豐成明夷。明夷上三陰爲羣。則仍不得爲元也。故渙其羣乃得元吉。二先之豐五而後豐四之渙初。豐成既濟.渙散其羣.而渙成益.爲渙有邱.反是而成明夷.則不爲元而爲匪.雖有所思而傷夷之矣.故云匪夷所思.以此爲諸卦之例.蓋履二不之謙五.而四之謙初.謙成明夷.履成中孚.正豐四之渙初之比.例在渙二先之豐五.則其旋元吉矣.在履四先之謙初.亦匪夷所思矣.以履與井互明.以渙與履互明.舉一隅而三可反也.於是明夷不可爲元.旁通於訟則元吉.故訟九五直云訟元吉.訟之元.以二之明夷五也.若二不先行而四之初.則中孚也.即豐四之渙初也.亦謙初之履四也.上之三則大過也.即賁上之困三也.亦

復三之姤上也推之於晉需二不之晉五而晉上之三則小過也即小畜上之豫三也亦節三之旅上也晉四之初則頤也即夬四之剝初也亦井初之噬嗑四也是又因渙之匪夷而可推者也中孚小過大過頤皆不可元以中孚通小過以大過通頤則亦元中孚二之小過五小過成咸中孚成益大過二之頤五頤成益大過成咸大過小過之成咸猶恒二之五成咸頤中孚成益猶損二之五成益損為未濟四之初亦為革四之蒙初睽四之蹇初不可元也惟通於咸則元損彖云有孚元吉與井上九辭同損之孚於咸

猶井之孚於噬嗑也其義互見於睽九四睽四之蹇初成損猶豐四之渙初成中孚匪夷所思則睽孤孤而有孚於咸則遇元夫交孚睽與渙互明損之元則括小過中孚而言之矣恒爲未濟三之上亦爲家人上之解三鼎上之屯三不可元也惟通於益則元益初九云利用爲大作元吉无咎傳云下不厚事也五先行而後上之三爲上以厚下五未行而上先之三則爲下不厚下不厚者恒之三上先於二五也因下不厚而有事事者變而通之也爲大作猶云知大始恒上不厚下不可以知大始變通於益而恒二之五

乃爲元吉。元吉在初九者。有微義焉。恒之失在上。益之盈在初。以益上之不失。補恒上之失。則恒之元在益。以恒初之不盈。補益初之盈。則益之元又在恒。經以元吉繫於初九。以明恒初之未行。與復初九元吉義同傳以下不厚贊元吉。以明恒上之先行。互相發明。傳之贊經造於微如此。九五云。有孚惠心。勿問元吉。家人上之解三成恒。恒不與家人孚。改而孚益。否四之初成益。益不與泰孚。改而孚恒。惠者順也。心者恒二之五也。恒有心而後益上順之。爲元吉。益二五已正。寂然不動。故勿問。問猶遺也。益二五不相問遺。而以順恒之

心爲元吉也未濟二先之五成否與需二之晉五訟
二之明夷五同未濟二不之五而四上先之初三成
泰與八卦成需明夷同泰不可元泰通於否則泰二
之五爲元九五帝乙歸妹以祉元吉否六四疇離祉
兩祉字相貫以祉乃得元吉謂泰二之五有否上之
三應之非有否應之則泰二之五終止道窮故以兩
祉字相貫明其所以元也試更以渙之匪夷推諸師
大有蠱歸妹師二不之五而同人四之師初成臨同
人上之師三成升大有二不之五而四之比初成大
畜上之比三成大壯隨四之蠱初亦成大畜蠱上之

隨三亦成升。歸妹四之漸初亦成臨。漸上之歸妹三亦成大壯。升臨大畜大壯不可爲元。升通於无妄。大畜通於萃。臨通於遯。大壯通於觀則可元。升无妄臨。家皆稱元。大畜初四先二五而行。與復同。復於初九明元吉之義。大畜於六四明元吉之義。一也。萃九五萃有位无咎匪孚元永貞。匪謂大畜。大畜孚於萃。則大畜二之五爲元。萃三之大畜上。爲永貞。大壯不言元通於觀而二之五成革。卽革通於蒙而二之五成觀於革稱元。大壯可不必稱也。升二之五爲蹇。睽二之五爲无妄。於无妄升稱元。睽蹇可不必稱也。傳贊臨云大亨以正天之道也贊无妄云大亨以正天之命也固以无妄之於升例臨之於遯而首揭之云无妄剛自外來睽外也明指睽二之五蹇通睽而二之五成无妄即无妄通升而二之五爲蹇也傳於此特示以例而諸言元者可推而通矣其行本得乎元則元而益求其元其行或失乎元則變通以復其元易者聖人教人改過之書也故每一卦必推其有過無過又推其能改能變非謂某卦變自某卦某卦自某卦來也自荀虞有之卦之說唐宋以後遂以爲卦變各立一例左支右詘愈失聖人作易贊易之本意八

卦始於乾坤，六十四卦生於八卦，其行也以元亨利貞，而括其要，不過元而已。反復探求，覺易道如此，易之元如此，蓋合全易而條貫之，而後知易之稱元者如此也。

亨

循按：彖稱亨者四十卦，乾、坤、屯、蒙、需、小畜、履、泰、同人、大有、謙、隨、蠱、臨、噬嗑、賁、復、无妄、大過、坎、離、咸、恒、遯、損、萃、升、困、革、鼎、震、豐、旅、巽、兌、渙、節、小過、既濟、未濟。爻稱亨者三卦，否初六、六二，大畜上九，節六四。文言傳云：元者，善之長也；亨者，嘉之會也。君子體仁足以長人，嘉會足以合禮。繫辭傳云：聖人有以見天下之動，而觀其會通，以行其典禮，繫辭焉以斷其吉凶，是故謂之爻典禮京房作等禮乾彖傳云大哉乾元萬物資始乃統天此贊元也雲行雨施品物流行大明終始六位時成此贊亨也坤傳云坤厚載物德合无疆含宏光大品物咸亨品卽等也物之有品卽禮之有等嘉會合禮卽觀其會通以行其典禮禮所以辨上下定尊卑乾二之坤五爲元乾四乾上視元之所在而次弟會之二五尊貴四上卑賤卑從尊而不踰賤從貴而不僭是以合禮乾二之坤五四會之則坤成屯上會之則坤成蹇既會而成屯則通於鼎既會而成蹇則通於睽鼎成遯而屯三又會於鼎上睽成无妄

而蹇初又會於睽四是會而通又通而會也雲行謂坤成屯雨施謂坤成蹇爻物依品等以流而成形故含宏光大品物咸亨明指出咸字則坤之亨在鼎之成咸惟品乃含而不盡惟含乃咸而爲亨乾坤兩傳釋亨字之義已極詳明大有二之五即乾二之坤五之比例傳云大中而上下應之大中元也上下應亨也申之云應乎天而時行是以元亨二之五而上有乾天四之比初爲下應上之比三爲上應皆應乎天但上下不可一時齊應上應成革則通於蒙而下應於蒙之成觀下應成家人則通於解而上應於解之

成萃是爲時行元亨之義莫明於此損二簋可用亨傳云二簋應有時亦以應賁亨應有時則亦不一時齊應損二之五而咸四之初應之此一簋也益通恆二之五而益上之三應之此又一簋也如是爲有時即如是爲亨大有爲乾坤之比例亦爲坎離之比例損爲艮兌之比例亦爲震巽之比例故傳之賁元亨於此二卦最詳習坎有孚維心亨七字字字明析三畫之坎不可以有孚也重爲六畫乃有孚於離非有孚不可言亨既孚矣必先以二之離五爲同人之心然後以三之離上維之離成革坎成蹇是爲有嘉折

首。嘉會合禮，是以亨也。坎言亨已明，離不必煩言，但申補之云，利貞亨。於利貞下，指出亨字，明利貞即是亨。兌彖傳稱亨利貞，亨而後利貞，此亨之承元者也。利貞而後亨，此亨之承利者也。亨之承元者，成家人屯及蹇革。亨之承利者，成既濟咸及既濟益乾之元亨。謂成家人屯蹇革，與坎之亨同。坤傳稱咸亨，則指屯通鼎成咸，即離之利貞亨。震亨而申之以虩虩笑言，是指先成屯而後通鼎也。巽不必煩言，但稱小亨。小指震明巽之亨，即震之亨。兌既言亨利貞，故艮不必更言，但言艮其背。傳贊出止字，明既亨成蹇革宜有所止而不行、乃得利貞、非元無以爲亨、非亨無以爲元、貞不必亨、利貞則亨、故言亨則元在其中、言利則元亨在其中、凡不言元、直言亨、不言元亨、直言利、此其例也、亨之義、經文每以辭自釋之、蒙彖云、蒙亨、下釋云、匪我求童蒙、童蒙求我、傳云、志應也、以應贊求、上云、以亨行時中也、卽與大有互明、大有上應成革、革、時行、則下應於童蒙也、小畜彖云、小畜亨、下自釋云、密雲、不雨、自我西郊、傳云、柔得位而上下應之、又云、剛中而志行、乃亨、乾四之坤初、成小畜、復初四越二五先行、若以小畜二之復五、雖剛中、而志不行、於初四，上更之復三，爲坎雨矣，惟孚於豫，則上下皆應而志行。二之豫五，剛中，而上應之，但成咸，無坎不雨，乃所以爲亨也。履彖云，履虎尾不咥人，亨。傳云，説而應乎乾，亦以應賛亨。乾上之坤三成謙，夬三上越二五先行，若以夬二之謙五，三上不復能應，是虎尾咥人也。惟謙通於履，謙雖虎尾，而有以履之，上下皆有應，乃能辨上下定民志，而制禮爲亨也。同人彖云，同人于野，亨。傳云，柔得位得中而應乎乾，又云，中正而應。野謂師上坤，旁通於師，乃得亨也。謙彖云，謙亨。自釋之云，君子有終，此與履互明。履二先之謙五爲君子因而履四之謙初應之謙成既濟爲有終也蠱彖云蠱元亨自釋之云利涉大川先甲三日後甲三日傳云元亨而天下治也凡稱治則成既濟此元亨則天下治謂其先成蹇蹇通睽而成既濟成蹇先甲三日也通睽成既濟後甲三日也甲元也三日亨也後甲三日則利貞亨者也噬嗑彖云噬嗑亨釋之云利用獄離上之坎三成豐井三上先行而不應則獄不可用所謂寘于叢棘三歲不得也惟井孚於噬嗑井二之噬嗑五噬嗑三上應之以利而仍用獄故傳云噬嗑而亨明井與豐不亨得噬嗑而亨也賁彖云

賁亨釋云小利有攸往兌四之艮初成節賁賁之於節猶小畜之於復惟賁孚於困困二之賁五賁上之困三應之賁小孚於困則利有攸往傳贊云柔來而文剛故亨分剛上而文柔故小利有攸往經文以利釋亨傳互贊之謂困得賁而亨賁得困而利也復彖云復亨自釋云出入无疾朋來无咎小畜復无疾者也復孚於姤姤二出之復五而後四之初應之雖亦无疾乃以朋來而得无咎此復所以亨也大過彖云棟橈利有攸往亨傳云利有攸往乃亨姤上之復三爲棟橈不可爲亨惟利而孚於頤二先之頤五而後

四之初。猶姤二先之復五。而後姤四之初也。咸彖云。咸亨。下自釋云。利貞。取女吉。咸通損。損二之五。而四之初應之。是亨。即是利貞。取女。謂四之初。爲利貞則取女吉而亨也。恒彖云。恒亨。下釋云。无咎。利貞。利有攸往。義與咸同。惟咸本无咎。恒爲家人上之解三則本有咎。故通益而亨則无咎也。遯彖云。遯亨。下釋云小利貞。傳云。遯亨。遯而亨也。剛當位而應。與時行也小利貞。浸而長也。浸而長。即臨之剛浸而長。臨之小。與賁之小同。臨通遯。遯應臨。而臨成既濟。故遯之亨。即臨之利貞也。升彖云。升元亨。釋云。用見大人。勿恤。

南征吉。傳云。剛中而應。是以大亨。剛中謂二之五。應則无妄上之三爲南征也。萃彖云。萃亨。下釋云。王假有廟。利見大人亨。與大畜孚。則假廟利見所以亨也。困彖云。困亨。下釋云。貞大人吉无咎。傳云。困而不失其所亨。與賁互明。賁成既濟則貞。困二先之賁五爲大人。則不失其所。賁小。故不失其所。則爲大人。猶升小。故用則見大人爲大亨也。豐彖云。豐亨。下釋云。王假之。渙彖云。渙亨。下釋云。王假有廟。豐孚渙而亨。渙亦孚豐而亨。互見之矣。旅彖云。旅小亨。下云。旅貞吉。節彖云。節亨。下云苦節不可貞。苦窮也。與賁係則窮。

與旅孚則亨賁與旅同一小也旅小亨賁小則不亨也旅貞吉賁貞則苦故不可貞也亦互明之其或言亨或不言亨或與元並言或與利並言彼此互見故屯鼎言亨則家人解不必言革蒙言亨則蹇睽不必言然无妄足以見睽升足以見蹇臨足以見解大畜言利貞而爻於上九補言亨足以見家人小過言亨利貞而詳其不宜上宜下中孚之豚魚卽發明小過之亨蠱已言元亨則漸申言其利貞隨已言元亨利貞而申之以无咎則歸妹反言其无攸利大過既言亨由於利則頤但言貞吉需既言有孚光亨貞吉則

晉但以辭釋之不必明言亨所云康侯用錫馬蕃庶晝日三接卽發明有孚光亨也蓋不特本卦自釋而或互釋於旁通之卦或互釋於此例之卦凡此皆可類推既濟彖云既濟亨下釋云小利貞與遯同遯之小利貞指臨既濟之小利貞指未濟未濟彖云未濟亨卽既濟亨既濟釋之云初吉終亂初吉則亨未濟釋之云小狐汔濟濡其尾无攸利則反初吉而言其不亨小狐不汔濟尾不濡而初吉矣不能利貞而終亂仍不能亨既濟未濟兩彖相閒言之而傳於初吉贊云柔得中於未濟亨亦贊云柔得中知初吉是亨

亦知諸卦之亨皆由於柔得中也否彖不言亨而初六言吉亨所以明泰彖之吉亨泰二之五以否四之初爲亨否四之初亦應泰二之五而亨拔茅否初之四也而應乎泰之五泰五本小人得孚於否則包承而吉泰既孚於否則二之五爲大人否初三有所應初六之亨亨在泰六二之亨亨在否故云否亨明泰得否而泰亨否得泰而否亨也於否明初四應二五爲亨於大畜節明三上應二五爲亨離四之坎初成賁節節成既濟而安賁亦成既濟而安不可得而亨惟通於旅旅四不之初則節成既濟旅成咸安在節

而不在旅故云安節亨所以申明苦節不可貞與旅貞吉之義也大有四之比初成大畜屯大畜二之五而上之屯三成兩既濟矣惟通於萃則大畜成既濟萃成咸爲何天之衢象云利貞上九以亨明之而象傳贊之云利涉大川應乎天也應乎天即何天之衢也即所謂利貞亨也象言亨己詳故爻僅於此三卦發明之其困九二升六四益六二隨上六大有九三借享祀以明亨萃象傳亦云致孝享也詳見後

利

循按元亨貞之間必合利以成四德象傳以萬物資

始爲元。品物流形爲亨。乾道變化爲利。各正性命爲貞。文言傳云。利者。義之和也。利物足以和義。又云。利貞者。性情也。乾始能以美利利天下。不言所利。大矣哉。繫辭傳贊利字最詳。既云。變而通之以盡利。又云。變動以利言。既云。往者屈也。來者信也。屈信相感而利生焉。又云。情僞相感而利害生。於益云。益以興利。於解上六云。君子藏器於身。待時而動。何不利之有。凡三引自天祐之吉无不利。而揭其要云。通其變使民不倦。神而化之。使民宜之。易窮則變。變則通。通則久。元亨。則乾成家人。坤成屯。家人上之屯三。則窮。故藏而不動。變通於解。解二之五。而後家人上之解三。所謂待時而動也。元亨成蹇革。革通蒙。蹇通睽。利貞而革蹇成既濟。睽蒙成益。故益以興利。義者。宜也。解失道成臨。變而通於遯。則大君之宜。是所爲使民宜之也。能變通則夫子制義。不能變通則從婦而終。履失道成中孚。豫失道成小過。兩相通則其子和之。是所謂義之和也。和也者。天下之達道也。仁者安仁。知者利仁。成己。仁也。成物。知也。利仁乃爲知。利天下乃爲成物。蓋貞僅能成己。必利而及物。然後各正性命。保合太和。由始而終。元亨貞也。不俟終。含而有始。變而通之以盡利也。乾六爻不言元亨。九二九五兩言利見大人。九二謂坤成屯。屯變通於鼎。九五謂乾成家人。變通於解。屯家人。盈不可久。以變通而可久。是之謂利。有元而利者。乾二之坤五成比。未成屯。卽變通於大有。所謂自天祐之。吉无不利也。此不俟亨而卽利者。旣亨成屯。若不變通以盡利。則終止。未利。不可貞也。乾四德平舉。坤彖平舉元亨。於利貞特加牝馬二字。且申之云。君子有攸往。先迷後得主。利。牝馬之馬。卽睽所喪之馬。利牝馬之貞。卽用六利永貞。得主。則利。不得主則迷。利則永貞。卽變則通。通則久也。

乾坤後屯隨无妄臨革五卦彖辭皆平列四德屯則申之云勿用有攸往利建侯臨則申之云至于八月有凶无妄則申之云其匪正有眚不利有攸往屯傳先言大亨貞以贊元亨貞別言宜建侯而不寧以宜字贊利字以不寧贊勿用有攸往不以屯三往家人上故不寧而以鼎二之五爲宜是爲利建侯彖辭勿用有攸往利建侯八字乃恐利字之義不明而申明之故傳不以利與大亨貞並言而別詳利字之義於後大亨貞謂由坤而屯而既濟利則謂屯通於鼎也革元亨利貞承已日乃孚傳云大亨以正革而當其

悔乃亡革而當三字贊利字革者改也改而從蒙蒙二之五而後革四之蒙初則革而當大亨以正謂乾而革而既濟利則謂革通於蒙革而當也當亦宜也乾成革猶成家人坤成屯猶成蹇舉一革而家人之通解可知舉一屯而蹇之通睽可知然无妄成於睽臨成於解无妄之元亨利貞即明蹇之通睽臨之元亨利貞即明家人之通解解二不之五而四之初不可爲利變通於遯而元亨利貞此由失道而利者也失道而能變通其利與不失道同若不變通而解既成臨矣不通遯而即以二之五是爲至于八月有凶

傳先以大亨以正天之道也。贊元亨貞。别以消不久三字。贊至于八月有凶。不久者。不能窮則變變則通也。不能窮則變變則通。是不能神而化之使民宜之也。是不利也。解失道成臨。蒙失道成升。鼎當位成遯。睽當位成无妄。无妄旁通於升。猶遯旁通於臨。舉一臨以見遯。即以見家人。解與屯鼎。舉一无妄以見升。即以見蹇睽與革蒙參伍錯綜。而按之井然如繪。經之微妙如此。无妄於元亨利貞之下。反言以明之云其匪正有眚。不利有攸往。明指出不利二字。傳以大亨以正天之命也。贊元亨貞。與臨傳同。别以无妄之往何之矣贊不利有攸往升二不之五而无妄四之升初三又往上成旣濟是爲匪升方爲匪无妄成旣濟而貞雖正而有眚是貞必本於利也隨稱元亨利貞何也傳云剛來而下柔大亨貞无咎而天下隨時隨之所以无咎者以其利也故不云大亨利貞而云大亨貞无咎謂元亨貞所以无咎者以其天下隨時惟隨時則利故云隨時之義隨時之義卽隨時之利也震巽艮兌之元爲隨漸猶乾坤坎離之元爲比同人舉一隨以明巽震艮兌之元亨利貞故傳首揭剛來二字謂巽二來之震五亦兌二來之艮五也易稱

利有攸往者十二：復恒大過損益夬萃巽賁小畜九三損上九无妄上六三稱不利有攸往者二：剝无妄稱利涉大川者九：需同人蠱大畜益渙中孚頤上九未濟六三稱不利涉大川者一：訟稱利見大人者七：訟蹇萃巽乾九二九五蹇上六稱无不利者十三：坤六二屯六四大有上九謙六四六五臨九二剝六五大過九二遯上九晉六五睽上六鼎上九巽九五稱无攸利者十：歸妹未濟蒙六三臨六三无妄上九頤六三恒初六大壯上六萃六三歸妹上六於不利有攸往，知利有攸往之所以利；於不利涉大川，知利涉大川之所以利；於无攸利，知无不利之所以利；无攸利，見於歸妹未濟兩彖。歸妹征凶无攸利，征，謂三之漸上也；二未之五，則成大壯。上六爻辭發明之：女承筐，漸初之歸妹四也；士刲羊，漸上之歸妹三也。无實无血，歸妹二未之五也，則歸妹成泰，漸終，而歸妹無以爲始，是不能和義，故无攸利，遯上之臨三，臨二未之五，臨亦成泰，此甘臨所以无攸利，臨即歸妹四之漸初也，大壯羝羊觸藩，不能退，不能遂，謂不成革而成泰，故无攸利，臨大壯之无攸利，皆發明歸妹之无攸利，恒四之初，二未之五，恒成泰，此浚恒所以无攸利，即未濟二不之五而上之三，四又之初也，未濟上之三成恒，四之初則成損，損上又之三成泰，此小狐汔濟濡其尾之无攸利，與浚恒互相發明，革四之蒙初，蒙上又之三，二未之五，蒙成泰，此見金夫所以无攸利，革四之蒙初成損，即未濟四之初之比例。未濟彖之无攸利，本指先成損損上之三，因先成恆恆四之初，亦无攸利。故於恆初六補言之，而先成損者未明也，故發明於蒙六三不明於損六三，而明於蒙六三者，經文之錯綜變化每如是也。歸妹之於漸，猶蠱之於隨。隨蠱相錯爲大過頤，頤六三十年勿用无攸利，謂頤上之三，即蠱上之隨三。猶漸上之歸妹三也。蠱上之隨三，隨成革，蠱成升，隨四之蠱初，隨成屯，蠱成大畜。於是萃六四，稱萃如嗟如无攸利，无妄上九稱无妄行有眚无攸利。无妄與升通者也，萃與大畜通者也萃四之初爲隨四之蠱初之比例亦大過四之初之比例无妄上之三爲蠱上之隨三之比例亦頤上之三之比例乃萃如嗟如謂大畜上之萃三成泰无妄行有眚謂无妄四之升初成泰无妄成益益上又之三即歸妹成臨三又之漸上也萃成咸咸四又之初即歸妹成大壯四又之漸初也諸无攸利皆指成泰而頤六三獨指成明夷此經文特示以例欲讀者知推而廣之而无妄升又相錯爲復姤萃大畜又相錯爲夬剝則大畜上之萃三爲剝上之三无妄四之升初爲姤四之初皆可引申觸類者也蓋變通爲利

雖變通而不能當位仍不得爲利故云无攸利大畜上之萃三同於剝上之三是剝上之三无攸利夬二之剝五而後剝上之三則貫魚以宫人寵无不利大過二不之頤五而頤上之三无攸利頤五之大過二則老夫得女妻无不利臨二不之五遯上之臨三則无攸利臨二之五而後遯上之臨三在臨則咸臨无不利在遯則肥遯无不利解成臨猶歸妹成臨无攸利解二之五而後家人上之解三則射隼高墉獲之无不利鼎成大畜猶蠱成大畜无攸利鼎二之五而後上之屯三則玉鉉大吉无不利鼎成泰猶歸妹成

泰屯之乘馬是也。乘馬則无攸利。泰通於否。則求昏媾。往吉无不利。未濟成泰无攸利。需二之晉五成否。矢得勿恤无不利。卽未濟二先之五也。歸妹成泰无攸利。巽二之震五成隨而後上之震三。震成革。卽歸妹成革也。巽成蹇。卽漸成蹇也。又變而通之。令革通蒙。蹇通睽。則貞吉悔亡无不利。巽二之震五。卽歸妹二之五也。无妄成益。上又之三。則无攸利。謙之通履猶升之通无妄。履成益。變通於恆。則利用侵伐无不利。六四无不利撝謙。謂所以无不利者。以其撝謙也。因撝謙乃利用侵伐。故无不利。履二之謙五而後四之謙初殊乎升二不之五而无妄四即之升初履成益通於恆殊乎无妄成益又不變通於恆即以上之三爲匪正有眚也坤六二直方大不習无不利坤二五本習二五先行則不習小畜復夬謙皆習也乾二先之坤五爲敬以直內內家人也亦蹇也蹇旁通於睽爲義以方外外睽也亦解也屯家人蹇革皆不習者也无不利有二義其一謂變通而又變通如敬以直內又義以方外巽九五貞吉悔亡剝六五貫魚以宮人寵是也其一失道又失道而一旦能變通如困窮至於成明夷需需一通晉則矢得勿恤艱恤至成

旣濟泰泰一通否則求昏媾是也總之能變通則无不利不能變通無論得失存亡皆歸於不利而已矣

貞

循按貞者正也乃有貞吉矣又有貞凶貞吝貞厲有可貞矣又有不可貞經稱貞吉二十四需彖需九五比六二履九二否初六謙六二豫六二隨初九臨初九頤彖咸九四大壯九二九四遯九五晉初六家人六二解九二損上九姤初六旅彖巽九五未濟九二九四九五安貞吉二坤彖訟九四永貞吉二賁九三益六二居貞吉二頤六五革上六貞丈人吉貞大人吉各一困彖師彖稱貞凶九師六五隨九四頤六三恒初六巽上九節上六中孚上九剝初六六二屯九五恒六五一云小貞吉大貞凶一云貞婦人吉夫子凶小大皆指五屯其膏謂不以屯三之家人上

所以然者，小貞吉大貞凶也。小指鼎，大指家人。屯旁通於鼎，則貞吉，不旁通於鼎而以屯三之家人上，則凶。小則貞吉，大則貞凶，所以屯其膏也。恒其德，謂恒二之五也。貞謂成既濟也。益通恒，恒小益大，恒爲婦人，恒以婦孕益，則二之五而初四從之，成既濟，可也。恒已成咸，宜通於損。損小咸大，咸爲夫子。若不俟損二之五而咸四之初，成既濟，是以夫從婦，所以凶也。益鼎五小，方其與屯旁通，二雖之五，仍稱小，必已成遯與臨旁通，乃爲大。恒五小，爲婦人，方其與益旁通，二雖之五，仍是婦人，必已成咸與損旁通，乃爲夫子。

大小夫婦之稱以旁通而定易之例也恆初六浚恆貞凶浚謂四之初成泰益通恆恆二之五而益上之三此可貞也恆先成泰則泰二之五而益上之三此不可貞也故貞則凶矣經之言貞必連於利利而貞則吉不利而貞則凶耳屯蒙隨臨无妄大畜恆離大壯損萃小過中孚渙兌漸革皆稱利貞坤用六利永貞家人彖觀六二利女貞屯初九利居貞明夷彖大畜九三噬嗑九四利艱貞同人利君子貞坤利牝馬之貞歸妹九二利幽人之貞巽初六利武人之貞升上六利于不息之貞遯既濟小利貞泰二之五與否相錯爲同人比否之匪人則不利君子貞同人于野則利君子貞否之匪人謂泰二不之五比之匪人謂大有二不之五泰二不之五則否不可貞師二之五則同人可貞於比稱比

之匪人於同人稱利君子貞而於否合明之云否之匪人不利君子貞互相比例其義可見屯六二女子貞不字謂鼎四之初成大畜大畜二之五成家人而家人上之屯三也成兩既濟故不字不令上之屯三而變通於解解二之五而後家人上之解三鼎之成家人者雖成既濟而貞而解成咸不成既濟是爲閑有家向之女子貞不利者是則利女貞女貞即女子貞益家人上不可貞於屯三而可貞於萃三解二之五成萃貞於屯三則不字貞於萃三則利利則字矣字則利矣觀六二亦利女貞何也謂大壯二之五也解二之五

爲萃大壯二之五爲革革觀相錯卽爲家人萃故以相比例明家人之利女貞謂通於解而成萃也漸女歸吉利貞與利女貞互明漸上之歸妹三歸妹成大壯漸成蹇大壯通觀則利女貞蹇通睽則女歸吉推之歸妹四之漸初漸成家人歸妹成臨在家人通解爲利女貞在臨通遯亦女歸吉何也蹇通睽睽成无妄无妄蹇相錯爲屯遯卽爲臨通遯而二之五也遯卽鼎二之五鼎成遯卽通於臨則女子利而後貞非貞而不字矣家人觀兩言利女貞與屯之女子貞不字互明亦與漸女歸吉利貞互明如此師六五長子

帥師。弟子輿尸。貞凶。傳云。長子帥師。以中行也。弟子

輿尸。使不當也。長子帥師則成屯。田有禽。利執言。則

通於鼎。鼎成咸。爲小貞吉矣。弟子輿尸。則師成升。而

升成蹇。時同人已成革。不變通而革四之蹇初。則貞

凶矣。蓋同人上不之師三。則不輿尸。不輿尸而二之

五。而初四從之成屯。故田有禽。而長子帥師。同人上

既先之師三。則輿尸。輿尸而後二之五。而初四從之。

則不成屯而成兩既濟。故爲使不當也。不當者。二不

先之五也。二先之五。則爲丈人。如是貞則吉。故云師

貞丈人吉。六五弟子輿尸貞凶。反言以明象也。革四

易釋一

六九九

之蹇初貞凶矣革通蒙則貞吉蒙革相錯為困賁困彖云困亨貞大人吉亨則困成咸貞則賁成既濟貞大人吉謂賁五先大而後貞也比六二六四皆言貞吉六二比之自內貞吉內家人也謂比成屯大有成家人自家人通解而貞為吉六四外比之貞吉外睽也謂比成蹇大有成革蹇通睽而貞為吉晉成否則需貞吉成益則謙貞吉豫成咸則小畜貞吉觀成益則大壯貞吉遯成咸則臨貞吉解成咸則家人貞吉姤成咸則復貞吉未濟九四貞吉下申云震用發鬼方則謂未濟成益而通於恆六五貞吉下申云君

孚之光有孚吉光即需有孚光亨之光謂二之五成否未濟之孚於既濟猶晉之孚於需未濟成否而既濟之貞乃吉故云有孚吉明未濟與既濟有孚而吉也否與泰孚否成益泰成既濟即否初六拔茅茹以其彙之貞吉也巽九五貞吉下申云无初有終謂成蹇而通於睽睽成益蹇成既濟解九二貞吉承田獲三狐得黃矢而言解成咸家人成既濟也隨初九官有渝貞吉下申云出門交有功謂蠱成蹇隨成革革通於蒙是爲官有渝渝而貞則吉也損上九弗損益之无咎貞吉弗損未成損之先尙爲蒙也益之蒙成

益也革四之蒙初成損而後損二之五成益則損而益之蒙二先之五而後革四之蒙初成益則爲弗損益之蒙不由損成益則革之貞乃吉也隨成革而通蒙則貞吉不變通而蹇初之革四所獲在隨成兩既濟官而不渝故爲貞凶巽成蹇而通睽則貞吉不變通而喪其資斧則巽成需震成明夷以需二之明夷五成兩既濟故貞凶傳云喪其資斧正乎凶也當喪其資斧之時急宜變通改悔不可貞矣而猶貞乎則凶也正乎二字一頓上第言喪未言貞貞字上原有不可貞一層貞凶二字乃是作一轉語傳以正乎二

字贊之其經文之停頓轉折傳神而出是傳之贊經
曲折摹寫如此節上六苦節貞凶苦節則節成需賁
成明夷家以爲不可貞者也不可貞而竟貞此貞凶
與巽在牀下同中孚上九翰音登于天貞凶與頤六
三拂頤貞凶同拂頤者大過二之頤五而大過四之
初以輔之也斯時大過成既濟頤成益益不通恆而
上之三成既濟故貞凶也音即飛鳥遺之音之音中
孚二之小過五而小過四之初以比之也斯時小過
成既濟中孚成益幹此音必以既濟通未濟爲登于
天既濟通未濟則益通恆不變通而益上之三故貞

凶也剝初六六二皆云蔑貞凶謂夬成需剝成明夷
需二之明夷五也先以夬四之剝初爲足又以剝上
之三成明夷爲剝牀當此剝牀之時尚可辨明不辨
則由蔑而貞凶矣无妄九四可貞无咎傳云固有之
也无妄成益變通於恒爲德之固乃可貞坤六三含
章可貞或從王事无成有終從王事謂從鼎自我而
終鼎自我而止則爲成自我而終不自我而止是爲
无成无成有終乃可貞也益六三用凶事无咎傳云
固有之也用凶事謂上之三用征伐之事也蓋上之
三終矣得无咎者變通於恒爲德之固也固有之則

可貞所謂貞固足以幹事也蠱上之隨三隨成革蠱成升與同人上之師三同不出門而無功者也升通於无妄則幹母之蠱所以幹母之蠱者以其不可貞也不能幹母之蠱則弟子輿尸矣而貞凶矣此其互相發明之有跡可尋者也其安貞艱貞永貞居貞疾貞詳見後

男廷琥孫授書授易授詩校字

易通釋卷二 雕菰樓易學之三

江都焦循學

悔

循按易爻稱悔者二（家人九三 鼎九三）有悔四（乾上九 豫六三 蠱九三 困上六）悔亡十八（咸九四 恒九二 大壯九四 晉六三 六五 睽初九 六五 家人初九 萃九五 革九四 艮六五 夬九四 巽六四 九五 兌九二 渙九二 節上六 未濟九四）无悔七（同人上九 復初九 六五 咸九五 大壯九五 渙六三 未濟六五）而彖辭止革一卦稱悔亡辭繫於元亨利貞之下傳云革而當其悔乃亡九四發明其義云悔亡有孚改命吉改命者變通於蒙也乾上九亢龍有悔文言傳云亢之爲言也知進而不知退知存而不知亡知得而不知喪亢而能悔則知亡

矣故爲悔亡亢龍謂乾成家人坤成屯家人上之屯三則成兩既濟革四之蹇初與家人上之屯三同革四不之蹇初而改命於蒙與家人上不之屯三而改命於解同經於革四稱悔亡於乾上九稱有悔其義已可見悔亡者謂改悔不成兩既濟也革悔而通於蒙蹇則悔而通於睽睽初九六五兩言悔亡革與蹇不可貞故貞吉由於悔亡兌九三孚兌悔亡謂艮成蹇兌成革革改命於蒙故革傳云改命之吉信志也兌傳亦云孚兌之吉信志也巽九五貞吉悔亡无不利謂震成革巽成蹇蹇後庚於睽故下申云无初有

終。睽亦云无初有終。夬九四。臀无膚。其行次且。牽羊悔亡。謂剝成蹇。夬成革。革四不可行於蹇初。故次且而牽。革上之羊。以通於蒙。則悔亡。大壯成革。猶夬成革。故九四。貞吉悔亡。藩決不羸。豐成革。猶大壯成革。故渙九二。渙奔其机。悔亡。咸悔而通損。猶革悔而通蒙。咸九四。貞吉悔亡。是也。萃九五。匪孚。元永貞悔亡。匪孚元永貞。則大畜成既濟。萃成咸。悔亡。謂咸通於損也。艮兑相錯。卽咸損。艮六五。艮其輔。言有序。序字虞仲翔作孚。悔亡。謂兑成屯。艮成家人。家人悔而通解。解成萃。故上有言。家人初九。閑有家。悔亡。亢則有悔。閑則悔亡惟其閑，言乃有序，若解四不能閑而成屯，屯與家人則有悔矣，益悔而通恆，猶屯悔而通鼎，未濟九四貞吉悔亡，下與震用伐鬼方相貫，謂成益通恆，恆九二悔亡，不必別繫一辭矣，以上悔亡，指家人屯蹇革既濟咸，既濟益之悔，節上六，苦節貞凶悔亡，苦節者，賁成明夷，節成需，需二之明夷五與革四之蹇初同，亦與家人上之屯三同，需悔而通於晉，晉六五悔亡，即節上六之悔亡，下申云矢得勿恤，六三衆允悔亡，允即信也，困成節，節成需，有言不信，悔而通晉，則衆信之，又與牽羊悔亡聞言不信互相發明矣，亢龍有悔、謂乾成家人、坤成屯、家人悔而通解、故家人九三家人嗃嗃悔厲吉、悔則雖厲而吉、鼎九三方雨虧悔終吉、屯以悔而通鼎、鼎有耳則仍成家人、上仍不得之屯三而成坎雨、故必方而後雨、乃不盈而虧、悔而終吉也、困上六、困于葛藟于臲卼、曰動悔有悔征吉、困于葛藟、謂困二不之賁五、賁上先之困三、其孤危而臲卼固矣、若二先之賁五成萃、是時賁上之困三成咸可也、乃不曰閑而曰動、曰動則困不成咸而成屯、是時賁已成家人、上仍不可之屯三、故悔、是悔也即亢龍之有悔也、能有悔而屯通於鼎、鼎二之五而後鼎上征於屯三，乃爲吉也。蠱九二幹父之蠱小有悔，无大咎。幹父之蠱，謂蠱成大畜而通於萃，是由悔而无咎也。成大畜，五未剛中，故小。小而有悔，異乎盈而有悔，故於有悔上加一小字，以明示其例，謂處盈變而爲虧，固稱有悔，而處小變而爲大，亦稱有悔也。豫六三盱豫悔，遲有悔。傳云盱豫有悔，位不當也。盱卽吁嗟之吁，其訓爲憂。見爾雅謂小畜上之豫三，小畜成需，豫成小過，故有悔。其悔也，緣不卽以小畜二之豫五，遲而成需小過，始悔而變通。悔由於遲，故於有悔上加一遲字。遲故失道而小，亦別於盈之有悔也。有悔之義明，則无悔之義明。上之三成兩既濟則有悔。

上之三不致成兩既濟，則无悔。復六五敦復无悔，姤

二之復五，復成屯，姤上又之復三，復成既濟，姤成咸，

故无悔。屯與家人有悔，屯與遯无悔也。初九不遠復，

无祗悔，姤四之初，而後二之復五，則姤成家人，復成

屯，不能无悔，惟不遠復，則姤四不之初而二先之復

五，復雖成屯，姤不成家人而成遯，以遯上之屯三，何

用其悔，故无祗悔。咸九五咸其脢无悔，損二之五成

益，咸四未之初，斯時損上又之三成既濟，不成兩既

濟也，故无悔。師成屯，同人成家人，有悔矣，家人通解，

解二之五而家人上之解三不成兩既濟故同人于郊无悔睽成大壯易而旁通於觀大壯成革觀未成蹇則革四之觀初不成兩既濟故喪羊于易无悔渙二之豐五豐成革渙成觀與喪羊于易同革四之觀初无悔觀上之三亦无悔故渙其躬无悔謂豐成革四未之渙初則渙成觀而上之三無所用其悔也未濟六五貞吉无悔君子之光光卽需有孚光亨之光未濟二之五成否與需二之晉五同需有孚於晉猶既濟有孚於未濟未濟成否則既濟貞吉不云悔亡而云无悔者謂否四之初成益或上之三成咸也總

之悔者悔其成兩既濟初四從二五則悔在三上三上後二五則悔在初四若初四三上先二五而行致成需明夷則悔在二五悔則不成兩既濟而元吉矣由屯家人蹇革而成兩既濟其悔無疵由需明夷而成兩既濟雖悔而不免於吝故傳云悔吝者言乎其小疵也悔有吝有不吝由此其分矣

吝

循按悔者有因盈而悔有因消而悔因消而悔者謂之吝吝說文作遴難行也不能即合於道由艱難困殆而後得也繫辭傳云愛惡相攻而吉凶生遠近相

取而悔吝生情僞相感而利害生凡易之情近而不相得則凶或害之悔且吝情實也僞反乎情無實也變而通之爲利反乎利則爲害遠近猶言先後緩急易之謂變而通之屯易而爲鼎革易而爲蒙是也既易則宜以二之五使有實故云情近情宜近謂二交五不可緩也情近則相得而不相得則是二不之五而初四三上先行故凶何以凶或害之也或則不孚害則不利如此易爲大有大有二不之五而上之比三是也既至於害則情不近雖能改悔而且不免於吝故云悔且吝此悔字屬於吝蓋近以相取則無悔

無吝。遠以相取則悔而且吝。傳之言吝。可謂詳矣。復初九不遠復无祇悔。不遠復則情近也。不遠則无悔。遠則有悔可知。此有悔无悔。視乎遠近之說也。蒙六四。困蒙吝。傳云。困蒙之吝。獨遠實也。遠實即情不近也。蒙革相錯爲困賁。困九四。來徐徐。困于金車。吝終吉。困二不之賁五而致成需。既成需。始悔而通於晉。故徐徐。徐徐猶遠也。遠故吝也。以此推之於蒙困之吝在成需而二來之晉五。則蒙之吝。在成泰而通否。五之大乃來。蒙二不近實於五。乃成泰而泰二始實於五。此之謂遠實也。同人六二。同人于宗吝。傳云。同人于宗吝道也同人通師師二宜急之五乃爲情近師二不之五而同人四上之師初三是不相得而或害也師成泰猶嘗成泰故同人于宗吝吝而道謂泰通於否也泰通於否而二之五即未濟二之五之比例故云宗也經於睽既濟皆言宗於既濟言宗明師成泰通於否於睽言宗明師成升通於无妄未濟二之五即否睽二之五即无妄也然則師不特成泰而後通否爲吝即成升己吝矣同人上之師三成升猶賁上之困三成大過大過通頤爲賁于丘園帛即白束即約賁上之困三以約束而成巽白戔戔猶殘殘

殘殘者，傷也，害也。釋文子夏傳作殘殘。大過雖通於頤，而已傷夷在前，故終吉而不免於吝。蒙初六，發蒙，利用刑人，用說桎梏，以往吝。謂蒙初往革四，先發蒙而後往則利，不先發而遽以初往，致成損，猶師成升，不必成泰，而已吝也。故云以往吝，與屯六二往吝互明。屯之於鼎，猶革之於蒙。鼎二不之五，而屯三往鼎上成恆，猶蒙二不之五，而初往革四成損。損上之三，泰也；恆四之初，亦泰也。恆九三，不恆其德，或承之羞，貞吝，謂成泰也。泰上六，城復于隍，勿用師，自邑告命，貞吝。師二先之五，則無隍無邑，既成泰，泰二之五，已非初筮之告。

雖變通於否，有以包承包羞二之五，仍爲告命，而上已先爲無水之隍，不告於師之通同人，乃遠告於泰之通否，貞雖不凶，而不能不吝。泰之貞吝，卽恒之貞吝也。噬嗑六三噬腊肉，遇毒，小吝无咎。腊，說文作昔。昔肉猶昔酒，謂肉久不噬而成腊，成腊始噬之，謂不噬於噬嗑五，致噬嗑成明夷，有毒而後乃變通於訟。訟二之明夷五，爲遇毒。小卽小有言之小，吝在噬嗑成明夷，井成需，故小吝也。噬嗑未成明夷，而四之井初，井成需，噬嗑成頤，爲蠱二不之五而初往隨四之比例。蠱二不之五而初往隨四，隨成屯爲見，蠱成大畜。下乾爲父，不能孚於萃，以幹父之蠱，而以大畜上之屯三，是爲往見，往見則大畜成泰，故六四裕父之蠱，往見吝。其吝與萃六三互明。大畜二不之五而上之萃三，則萃如嗟如，无攸利，卽大畜二之五而後上之萃三，三爲往无咎，而以其爲隨四之蠱初，則亦吝矣。故往无咎小吝。師同人爲乾坤之比例，隨蠱爲巽震之比例，在蠱成大畜，在震坤成復，復通姤，猶大畜通萃，亦猶升通无妄，故姤上九姤其角，吝无咎，復不通姤，而三之小畜上成需，與升成泰同，故晉上九晉其角，維用伐邑，厲吉无咎，貞吝。貞吝指需通晉而成既濟與泰通否而成既濟同也惟復小畜成於巽於是巽九三云頻巽吝頻巽卽是頻復巽二不之震五致震成復而輾轉旁通以姤其角所以爲吝在頻巽稱吝在頻復稱厲无咎在姤其角稱吝无咎在晉其角稱厲吉无咎貞吝而傳於姤上九稱上窮吝於巽九三稱志窮皆互相明者也蒙二之五成觀在蒙爲童蒙在觀爲童觀以革四之觀初觀成益革成既濟則无咎以大壯四之觀初觀成益大壯成泰則吝所謂小人无咎君子吝也益泰相錯爲復小畜姤其角所由吝也故復通姤之吝猶泰通否之吝而泰通否既

猶需通晉，則晉其角之吝，亦猶姤其角之吝矣。解六三負且乘致寇至貞吝，謂成泰而通否。繫辭傳謂之上慢遠故慢也。家人與解通，解二之五而後家人上之解三可也。解二不之五而家人上之解三，此解所以負且乘致寇至。家人九三婦子嘻嘻終吝，卽指解之吝也。未濟成泰，爲小狐汔濟濡其尾。初六濡其尾吝。九二曳其輪貞吉。旣濟初九曳其輪濡其尾无咎。泰通否，爲曳其輪，雖貞吉而不免於吝。咸九三咸其股，執其隨往吝。巽爲股，損二之五，上巽成益，咸益相錯爲隨，是爲執其隨。若不咸其股，執其隨而損三往上成泰。與恒初之四同。故往吝。損爲未濟四之初。即爲革四之蒙初。蒙初六以往已吝矣。而又成泰爲困蒙。咸九三之往吝。指損成泰與濡其尾之吝同。即與困蒙之吝同也。大過九四。棟隆吉。有他吝。棟隆者。大過二之頤五也。若大過二不之頤五而四之初成需。則二不能近實於頤五。而必旁通於晉。是爲有他。有他則吝。以其遠也。繫辭傳云。憂悔吝者存乎介。介即介疾。介于石之介。兑九四。商兑未寧。介疾有喜。何爲介疾。兑成革。艮成蹇。革四未行也。此正宜改悔之時。此悔存乎介也。乾成小畜。坤成復。不相得。而小畜通於豫成咸爲介于石不終日小畜之通豫猶復之通姤此吝存乎介也傳又云悔吝者憂虞之象也憂即既憂勿憂之憂虞即虞吉无虞之虞能虞而後能悔因憂而乃致吝凡云介云或云害云憂虞云遠近皆舉經文所有以贊明之說者以介爲纖小韓伯干寶以遠爲乾近爲坤虞翻或以遠爲應近爲比崔憬以陽取陰生悔陰取陽生吝情感僞生利僞感情生害虞翻皆望文生意求之經文傳文未有能合也惟明乎元亨利貞而後明乎悔吝悔吝者不能元亨利貞而變而通之以歸乎元亨利貞者也能悔吝則不致有大過故震无

咎者存乎悔悔吝者言乎其小疵也

吉　凶

循按易首元亨利貞次則吉凶悔吝傳云吉凶者失得之象也元亨利則得不元亨利則失故元亨利則吉而貞則有吉有凶三百八十四爻言凶者僅五十七（彖五爻五十二）言吉者一百四十四（彖二十三爻一百一十一）蓋人性皆善失可變而爲得始雖凶一經悔吝仍化而爲吉易之爲書也聖人教人遷善改過故吉多於凶悔吝亦吉也是吉處其三而凶處其一說者以悔吝爲凶非也傳云方以類聚物以羣分吉凶生矣又云辨吉凶者

存乎辭。又云。聖人有以見天下之動。而觀其會通以行其典禮。繫辭焉以斷其吉凶。又云。繫辭焉而命之。動在其中矣。吉凶悔吝。生乎動者也。辭因動而繫。由動而失。亦可由動而悔。迷復凶。有災眚。以其成明夷也。乃明夷六爻不言凶。而六二言吉。九三言得。六五言利。以其悔而變通於訟。故訟九五元吉。初六六三終吉。九四安貞吉。九二无眚。是凶至於成明夷。一經悔吝。卽化爲吉也。歸妹征凶。以其成大壯也。乃大壯初九稱征凶。以明卽歸妹之征凶。而九二直稱貞吉。九四稱貞吉悔亡。六五稱无悔。上九稱艱則吉。皆以其能變通也。易雖言凶。必言其變通以復於吉。惟成兩既濟。則爲終凶。爲貞凶。乃不可救藥。所謂終止則亂也。

厲

循按厲之見於彖辭者一。夬爻辭稱厲者二十六。震六二六五遯初六艮九三小過九四既濟上九直稱厲大畜初九兌九五稱有厲乾九四復六三睽九四稱厲无咎噬嗑六五稱貞厲无咎漸初六厲有言无咎姤九三厲无大咎晉上九厲吉无咎蠱初六厲終吉頤上九家人九三厲吉遯九三厲畜臣妾吉晉九四革九三小畜上九旅九三履九五大壯九三皆稱貞厲訟六三貞厲終吉夬彖孚號有厲。傳云孚號有厲。其危乃光也。厲之訓危。於此可見。震六五傳云震往來厲危行也艮九三厲熏心傳艮其限危熏心也總全易而通之。厲與无咎相表裏。未悔吝則厲。既悔吝則无咎。

一則因滿盈而危，滿盈而能變通，則悔終吉。一則因傷害而危，傷害而能變通，則吝无咎。知其危而悔而吝，由悔吝而无咎，此其大略也。夬彖字號有厲之厲，以失道而危也。乾九三君子終日乾乾，夕惕若厲无咎之厲，以當位而危也。文言傳云，知進而不知退，知存而不知亡，知得而不知喪。不知退不知亡不知喪，卽不知危。乾成家人，坤成屯，盈而不知戒，將成兩既濟，爲窮之災，何危如之。故亢龍有悔，悔則乾乾夕惕若，故雖危无咎。傳云，知至至之，可與幾也。知終終之，可與存義也。是故居上位而不驕，在下位而不憂，故乾乾因其時而惕、雖危无咎矣、見幾存義、則能變通、能變通則不驕不憂、驕由於當位、憂由於失道、在上位指家人上九、在下位指謙九三、乾九三之厲、專指家人屯、傳並及於憂驕、即亢、憂即號、明亢與號其危同也、乾上之坤三成夬、與艮上之兌三同、兌九五孚于剝有厲、即夬之孚號有厲、兌成夬故有厲、因其厲而孚于剝、是爲孚號、厲而能孚則不厲、故傳云其危乃光也、先言孚後言有厲、易辭每用倒裝、若云所以孚于剝者、以其有厲也、夬剝相錯爲大畜萃、萃初六若號、猶夬之號、大畜初九有厲、猶夬之有厲、夬以艮上之兌三而號大畜以鼎四之初而號夬有厲以孚于剝而光大畜有厲以孚于萃而利經稱有厲者三其相貫如此繫辭傳云三與五同功而異位三多凶五多功貴賤之等也其柔危其剛勝邪柔危剛勝皆指五五柔則危五剛則勝勝即夬初九往不勝之勝不勝則危謂五未剛中而三先動此失道而憂之厲也夬孚于剝則謙孚于履謙舍夬而通履故云夬履夬二之謙五四之謙初則成兩既濟爲貞凶履二之謙五四之謙初在謙則貞在履則成益益上之三爲家人上之屯三之比例故云貞厲一成屯一成家人

厲而不貞兩卦皆成既濟貞凶而不止於厲一成既濟一成益則貞而厲也履二之謙五四之謙初則貞厲夬二之剝五四之剝初則亦貞厲夬二之剝五四之剝初爲大壯二之五四之觀初之比例大壯九三小人用壯君子用罔貞厲用壯大壯成革用罔觀成益大壯成既濟其貞厲與夬履貞厲同大壯觀相錯爲豫小畜小畜上九既雨既處尚德載婦貞厲既雨謂豫既成明夷既處謂小畜既成需在需宜通晉需二之晉五爲大有二之五之比例德載即大車以載小畜傳云德積載也大有傳云積中不敗也需傳云

敬慎不敗也。以兩積字兩不敗相鉤貫。需成既濟。晉成益。則貞厲矣。不直云貞厲。而云婦貞厲。婦指豫也。豫成明夷。五柔仍爲婦。旁通於訟。訟二之明夷五。則婦貞。訟成益。則厲。貞厲上加一婦字。明其指豫之成明夷。蓋承上既兩既處。明夷則宜通訟。需則宜通晉。尚猶宜也。需宜德載。明夷亦宜然。明夷宜貞厲。需亦宜然。互相明也。於是晉九四。訟六三皆言貞厲。晉九四。晉如鼫鼠。貞厲。訟六三。食舊德。貞厲。終吉。鼫鼠謂需成既濟。晉成咸。成既濟。益則危在益三。成既濟咸則危在咸四。明夷三日不食。通訟則食舊德。明夷成既濟則貞，訟成益則厲，貞則成既濟而終，厲則未成既濟，故吉，或從王事无成，則知危悔而變通也。旅九三旅焚其次，喪其童僕，則成明夷，其貞厲謂明夷通訟，明夷成既濟，訟成咸，何以知之？傳云旅焚其次，亦以傷矣，傷謂明夷也，以旅與下，其義喪也，與謂咸也。噬嗑六五噬乾肉，得黃金，謂井二之噬嗑五，與履二之謙五同，貞厲，即與夬履貞厲同。革九三征凶貞厲，革言三就有孚，征凶，謂蒙成益而益上之三也。貞厲即申上征凶之義，蒙成益，革成既濟，益上征三則凶，此革成既濟之貞，所以厲，已征則凶，未征而恐其征

則厲凡經稱貞厲者八非指成既濟益卽指成既濟
咸而爲盈之危如是繫辭傳云危者安其位者也亡
者保其存者也亂者有其治者也故君子安而不忘
危存而不忘亡治而不忘亂是以身安而國家可保
也傳以贊否九五否九五休否大人吉其亡其亡繫
于包桑泰五亡故危變通於否否五已安已存已治
乃俟泰二之五而初四應之則是安不忘危存不忘
亡治不忘亂然泰成既濟否成益又爲貞厲宜悔而
通於恆傳贊益上九立心勿恆云君子安其身而後
動安其身謂恆二之五動謂益上之三又云危以動

則民不與也恆心未安而益上之三是爲危以動但以己之安而動不顧人之危故民不與與指咸民指恆五恆二不之五故不與彼危而我安我之安不可久也故危在我也晉九四貞厲謂成咸矣上九晉其角維用伐邑厲吉无咎貞吝此以貞厲二字分言之貞雖係於吝而厲貞屬於貞吉无咎在貞吝而厲亦所以吉无咎吝以己變通者言厲以未變通者言先厲而後吝者倒言之也遯初六遯尾厲遯旁通臨臨二不之五而遯上之臨三何危如之故申云勿用有攸往傳贊云不往何災也不往者能變通也九三係

遯有疾厲畜臣妾吉。臨二之五而遯上之臨三成咸。巽乎遯尾之厲矣。然遯尾之厲厲於失道者也。係遯之厲厲於當位者也。有疾而畜臣妾。則因厲而能變通矣。復六三頻復。卽巽九三頻巽也。頻巽則云吝。頻復則云厲无咎。震成復而後通姤。故吝。通姤而復成既濟。姤成咸。故厲。姤九三臀无膚。其行次且。厲无咎。上九姤其角。吝无咎。卽此頻巽吝頻復厲之无咎也。家人九三。家人嗃嗃。悔厲吉。傳云。家人嗃嗃。未失也。嗃嗃卽亢。悔卽亢龍有悔之悔。厲卽夕惕若厲之厲。乾分言於三上兩爻。此合言之。能悔故未失也。家人悔則與解通解二之五成萃又與大畜通家人以盈而厲大畜以害而厲矣睽九四睽孤遇元夫交孚厲无咎睽二不之五而四之蹇初成損是爲睽孤孤則危矣損通咸而遇元夫交於其所孚故雖厲而无咎漸初六鴻漸于干小子厲有言无咎歸妹二不之五而四之漸初歸妹成臨漸成家人小子指臨小子厲則異於亢龍厲而其悔而變通於解則同解成萃萃上有兑言故有言无咎歸妹四之漸初成家人臨猶隨四之蠱初成屯大畜大畜孚於萃爲幹父之蠱在解成萃爲有言在大畜成家人爲有子故蠱初六有

子考无咎厲終吉厲卽有厲利己之厲也頤上九由
頤厲吉頤通大過大過成既濟頤成益是爲貞厲知
其厲而益通於恆則爲由頤能由頤則雖厲而吉小
過九四弗過遇之往厲必戒弗過遇之謂豫不成小
過而成萃往謂萃初往四也萃成屯小畜成家人故
厲必戒者欲其悔也艮九三艮其限列其夤厲熏心
艮其限謂艮成謙兌成夬艮成謙則厲謙通履則熏
心危而薰心厲而无咎矣震六二震來厲巽二來之
震五無所爲厲也震先成復而後姤二來之復五則
其來也厲矣故下云億喪貝躋于九陵勿逐七日得

六五震往來厲巽二先來之震五震已成屯則前之所來者已往屯變而通於鼎鼎二之五則往而來震來厲之厲失道而傷害之厲也震往來厲之厲當位而滿盈之厲也故下云无喪有事无喪謂成屯有事謂屯通鼎也傳云危行也謂知危而時行也既濟上六濡其首厲濡其首謂恆成泰益成既濟也未濟上九濡其首有孚失是此以失是與厲互明所以厲者以其失是也失是則厲可不知所變通乎繫辭傳贊困六二云非所困而困焉名必辱非所據而據焉身必危既辱且危死期將至謂二不之賁五而賁上之

困三，成大過；明夷不見其妻，則大過又成需；與濡其首正同。非所困、非所據，卽失是也。非所據必危，此失是所以厲也。

无咎

循按：易彖稱无咎者八，師、比、隨、復、恒、損、困、艮。爻稱无咎者八十五：乾九三、九四，坤六四，需初九，師九二、六四、六五，比初六，小畜六四，履初九，泰九三，否九四，同人初九，大有初九、九二、九四，蠱初六、九三，臨六三、六四、上六，觀初六，九五、上九，噬嗑初九、六二、六三、六五，賁上九，剝六三，復六三，无妄九四，頤六四，大過初六、九五、上六，坎九五，離初九、上九，晉初六、上九，睽初九、九二、九四，解初六，損初九、六四、上九，益初九、六三，夬九三、九五，姤九二、九三、上九，萃初六、六二、六三、九四、九五、上六，升九二、六四，困九二，井六四，革六二，鼎初六，震上六，艮初六、六四，漸初六、六四，豐初九、九三，巽九二，渙九五、上九，節初九、六三，中孚六四、九五，小過六二、九四，既濟初九，未濟上九。又有稱何咎者，隨九四、睽六五。何其咎者，小畜初九。爲咎者，夬初九。匪咎者，大有初九。繫辭傳云二與四同功而異位其善不同二多譽四多懼近也柔之爲道不利遠者其要无咎其用柔中也遠近猶云緩急俱指二言二急於之五而四不先行則利二緩於之五而四先行則不利二先之五而四從之固无咎矣乃上又之三則仍有咎要者約也謂上之三也二之五而四從之其上之三得无咎者能變通以剛中易爲柔中故也故云其要无咎其用柔中又中言之云危者使平易者使傾其道甚大百物不廢懼以終始其要无咎此之謂易之道也用柔中即易也要即傾也懼而後要則終而有始故无咎也有始

而後有終。即易者使傾也。傳云震无咎者存乎悔。又云无咎者善補過也。善補過所以存乎悔。明乎何以爲過。何以爲悔。則所以存乎悔所以善補過。可得而知也。義備於彖。乾二之坤五爲比。與離五之坎二同。巽二之震五爲隨。與艮五之兌二同。隨利貞而後无咎。比永貞而後无咎。比何以永貞。隨何以利貞。謂已元亨而成屯。屯變通於鼎。鼎二之五而後上之屯三。是爲利貞。即爲永貞。屯已盈。通於鼎則能有悔。故无咎。此无咎一也。若坤坎成比。震兌成隨。不以初四應而以三上應。則在比成蹇。在隨成革。艮其背不獲其身。行其庭不見其人。无咎。不見謂不成屯。艮背謂成蹇。不獲其身。則蹇初不之革四。蹇初不之革四。則蹇必通於睽。革必通於蒙。此无咎二也。乾二不之坤五成比。而四之坤初成復。艮五不之兌二成隨。而初之兌四成賁。是則有咎矣。乃復悔而通姤。則朋來无咎。賁悔而通困。則亨貞大人吉无咎。賁猶復也。困猶姤也。舉困復以互明賁姤。則小畜節之通豫旅。夬謙豐井之通剝履渙噬嗑例諸此。此无咎三也。屯通鼎革通蒙。无咎矣。若鼎二不之五而上之屯三成恆。與解二不之五而家人上之解三同。蒙二不之五而革四之蒙初成損與睽二不之五而四之蹇初同鼎解成恆蒙睽成損皆不能无咎故彖於恆損兩卦明之損有孚於咸則元吉无咎恆亨於益則无咎此无咎四也同人師爲訟明夷之相錯象以師之无咎明明夷之无咎故傳云以此毒天下而民從之吉又何咎矣毒字指明夷傷害至於明夷能艱貞則亦无咎此无咎五也彖於此八卦稱无咎而无咎之義了然咎即過也知其過在此而變通以補之凡元亨利貞吉悔吝皆視乎此夬初九云壯于前趾往不勝爲咎傳云不勝而往咎也大有初九云无交害匪咎傳云大有

初九。无交害也。剛中則勝。柔中則不勝。不勝者。五未行而三先行也。五未行。三先行。成謙。夬不變通於剝。而二之謙五。謙成蹇。夬成革。是爲壯于前趾。四往而從之。成兩既濟矣。在四從二五而往。似可无咎。不知不勝在前。往卽爲咎。此咎不在盈而在不勝也。比通大有。大有二不之五而四之比初。在比成屯。而大有則不成家人而成大畜。害而成匪其咎。亦不在屯之盈。而在大有之无交也。此二卦特指其咎之所由。在不勝。在无交。其諸卦則皆以无咎言。乾九三終日乾乾。夕惕若厲无咎。謂屯通鼎。九四或躍在淵无咎。謂革通蒙坎六四納約自牖終无咎，此與終日乾乾之无咎相發明，樽酒簋貳則成屯，約要也，牖明也，鼎二之五則明，鼎上之屯三爲約，屯三納受鼎上之要，自鼎二之五之牖，所以无咎，特指一終字，明坎由屯而成既濟，即終日之終也，離初九履錯然，敬之无咎，坎二不之離五而離四之坎，初成節，節有咎矣，節通旅，猶謙通履，故云履錯然，節二之旅五爲履二之謙五之比例，履二之謙五則異乎壯于前趾者之往不勝爲咎，故敬之无咎，上九有嘉折首，獲匪其醜，无咎，匪則咎，匪其醜則无咎，與大有匪咎互明，即與匪其彭无咎。互明。艮初六六四之无咎。發明彖之无咎。巽九二巽在牀下。謂震成復。巽成小畜。小畜通豫則用史巫紛若吉无咎。小畜二之豫五成家人。萃。萃上兑爲巫。紛猶分也。謂小畜成既濟。物以羣分。巽成小畜有咎矣。小畜通豫則无咎。與上九喪其資斧貞凶互明。用巫則得其資斧。喪其資斧則不用史巫紛若也。坤六四括囊无咎无譽。坤主受。有底曰囊。五未行而初先行成復。其象爲囊。囊通於姤。姤二至復五。囊括矣。故无咎。在復能通姤則无咎。在坤成復則无譽。乾四之坤初爲復。猶晉四之初爲頤。頤五之大過二則无咎。

晉成頤則无譽以无咎无譽四字相比例知坤之括囊謂不成屯而成復也无咎之義其備於八卦之爻辭者如此屯之无咎在鼎鼎初六得妾以其子无咎鼎二之五爲其子上之屯三鼎成咸上兌爲妾得妾以其子猶云納約自牖也家人之无咎在解解初六不加一辭直云无咎明解四不之初而成咸猶鼎四不之初而成咸也革九二已日乃革之征吉无咎已謂四不行征謂三行惟四不行而三之征乃吉亦惟四不行而通於蒙乃无咎睽初九九二九四皆云无咎見惡人遇主于巷謂蹇變通於睽九四睽孤則成

損。遇元夫交孚而後厲无咎。謂損通於咸。咸六五悔亡

厥宗噬膚往何咎。往謂四往蹇初也。此申明九四睽

孤之義。二不之五而四往蹇初。成損。至於孤危。必遇

元夫而後得无咎。若厥宗噬膚。則二先之五。二先之

五。四往蹇初。不成損而成益。故云何咎。復六三頻復

厲无咎。即彖之朋來无咎。朋來謂姤二之復五。頻復

則兼及姤上之復三。故云厲。姤九二包有魚无咎。朋

來則包有魚。九三其行次且。四不行於初也。厲无咎。

與復之厲无咎同。復失道而變通。故上九云吝无咎。

小畜初九復自道。何其咎。乾成小畜則失道。變通於

豫則復自道。變通於豫即有孚於豫。六四。有孚血去惕出无咎。豫成咸則血去也。夬初九往不勝爲咎。謂四往謙初也。若二不之剝五而四之剝初。夬成需亦有咎。九三若濡有慍无咎。濡即需也。有慍謂需通晉。故无咎。九五莧陸夬夬中行无咎。謂夬二之剝五。不致成需而後以有慍爲无咎也。剝六三。剝之无咎。傳云。失上下也。夬與謙失道。即失上下。變通於剝。不謙之而剝之。故无咎。夬之无咎在剝。謙之无咎在履。初九素履往无咎。素謂謙五無實。素而夬。則往不勝爲咎。素而履則往无咎。往謂履四往謙初也。困之无咎。

賁上九明之困二之賁五成家人上巽爲白賁而白賁无咎矣困九二困于酒食朱紱方來利用亨祀征凶无咎困二不之賁五而賁上之困三故征凶朱紱則成需需通於晉故困于酒食征凶无咎者雖征凶能變通亦无咎也節初九不出戶庭无咎出戶庭謂二之賁五與夬之壯于前趾同故以不出爲无咎二不出而之賁五則變通於旅而二出而之旅五節二之旅五而後旅上之節三乃謂之節六三不節若則嗟若无咎謂不節則嗟節則无咎也豐初九雖旬无咎坤爲旬遇其配主則渙二之豐五渙成觀下雖

是坤而无咎。若不遇配主，而四之渙初，豐成明夷，坤旬在上，是爲過旬，不能无咎矣。渙成觀，豐成革，革觀相錯爲家人萃，即小畜二之豫五之比例，故小畜六四，血去惕出无咎。渙上九亦渙其血去逖出无咎。豐失道則大號，渙二假之，則汗其大號，故九五渙王居无咎。井坎成需有咎矣，變通於晉，則有以修之，是爲井甃。井而甃則无咎。噬嗑初九屨校滅趾无咎。六二噬膚滅鼻无咎。六五噬乾肉得黃金貞厲无咎。皆謂井變通於噬嗑。六三噬腊肉遇毒，小吝无咎。毒謂成明夷，明夷通於訟則遇毒，毒而遇，故无咎。即師傳所云以此毒天下而民從吉又何咎矣比初六有孚比之无咎有孚謂孚於大有大有二之五而比初比之比成屯大有成家人則不致成匪而有咎比之无咎與无交害匪咎互明者也大有成大畜則无交害匪咎大有成大壯亦无交傳於九三以小人害賁之其害既同則咎亦同大壯上六傳云咎不長也咎不長則先有咎可知若二交於五而後上之比三無俟轉移大有已成革比已成蹇故九二大車以載有攸往无咎又明其義於九四匪其彭无咎已成大畜之匪而爲咎矣大畜孚於萃爲其彭其彭者其旁也謂旁

通於萃也匪則咎匪而旁通仍无咎矣師九二在師中吉无咎六五田有禽利執言无咎在師中則二先之五也利執言則屯通鼎鼎四不之初也鼎四不之初而二之五則王三錫命也六四師左次无咎師左謂成臨左而次則臨通遯矣故无咎同人初九同人于門无咎傳云出門同人又誰咎也出門即隨初九之出門門所以止也同人成革師成蹇止而不行故无咎隨九四隨有獲貞凶有孚在道以明何咎傳云有孚在道明功也即明出門交有功之功官有渝則貞吉隨有獲則貞凶隨何以有獲蠱成蹇隨成革不

能止而革四之蹇初無艮門矣出門交有功則四未行不成兩既濟何咎之有隨四之蠱初蠱成大畜猶大有成大畜大畜悔而通萃則幹父之蠱初六幹父之蠱有子考无咎九三幹父之蠱小有悔无大咎蠱成大畜則小小而有悔則有子有子則小進爲大而无咎不通萃而大則有咎故云无大咎漸初六鴻漸于干六四鴻漸于木皆謂初之歸妹四歸妹成臨漸成家人家人上巽爲木臨上有坤土無坎水故干家人通於解解成萃則有言无咎臨通於遯則或得其桷无咎臨六四至臨无咎臨通遯而二之五也上六

敦臨吉无咎。臨二之五而遯上之臨三也。六三甘臨无攸利。則臨二未之五而遯上之臨三成泰。泰通於否。則既憂之无咎。傳云。既憂之。咎不長也。與大壯上六傳同。大壯羝羊觸藩。不能退不能遂无攸利。謂成泰也。艱則吉。謂泰通於否也。觀初六童觀小人无咎。小人謂蒙。乾成革。革通於蒙。蒙二之五而革四之蒙初。則无咎。若已成觀爲君子。大壯二未之五。而四之觀初。大壯成泰。則爲吝道。九五。觀我生。則大壯二之五也。故君子无咎。上九觀其生。君子无咎。大壯成既濟。觀成益。益又通於恒。觀其生謂恒二之五也。故亦君子无咎。升九二，孚乃利用禴无咎，孚乃利，謂旁通无妄也。用禴无妄上之三也。升以蠱上之隨三而有咎，故以孚无妄爲无咎。六四王用亨于岐山，无咎。即同於隨上六王用亨于西山。升二之五而无妄上之三，仍蠱二之五而上之隨三也。无妄九四，可貞无咎。傳云，可貞无咎，固有之也。恒爲德之固。謂无妄成益而通於恒。申六三邑人之災之義。益不通恒而上之三則災，益通恒而後上之三則无咎矣。萃六爻皆云无咎。初六勿恤往无咎，謂大畜二之五而萃三往應之也。六二引吉无咎，與大畜相牽引也。九四大吉无咎九五萃有位无咎皆謂大畜二之五也六三萃如嗟如无攸利往无咎小吝傳以上巽贊往无咎則指大畜成家人而萃三往家人上也玩其辭卽指初六之勿恤往无咎謂嗟如无攸利則有咎若如初六之往无咎則利但小吝耳上六齎咨涕洟无咎謂成泰而通否也需之无咎在晉需初九需于郊利用恒无咎晉上九晉其角維用伐邑厲吉无咎是也泰之无咎在否泰九三艱貞无咎勿恤其孚否六四有命无咎疇離祉是也晉初六罔孚裕无咎裕卽裕父之蠱之裕蠱成泰隨成既濟相錯卽需需通晉二之晉五

而晉成益。以孚之。則雖裕亦无咎。損恒之无咎。已見於彖。損初九已事遄往无咎。損以不能已而有咎。通於咸。咸四不之初。則仍已。故云已事。謂咸四不之初而損二之五也。損成益。咸四仍不之初。而損上又之三。是爲遄往。遄。速也。速則咸仍爲咸。往謂益三往上。上九弗損益之。无咎。弗損者。睽四不之蹇初而二之五也。革四不之蒙初而蒙二之五也。先成損而損二之五成益。與睽先成无妄。蒙先成觀而後成益同。一益而是爲弗損益之。弗成損而卽成益。不俟變通而自无咎。先成損則必變通於咸而已事遄往。乃得无咎。益初九。利用爲大作。元吉无咎。謂恒通益而二之五成咸。卽恒亨之无咎也。六三。益之用凶事。无咎。傳云。益用凶事。固有之也。與无妄九四傳同。知无妄之可貞。謂成益。知益之用凶事爲通恒。在損成益。旣通咸則不必通恒。而酌損之卽无咎。在弗損而成益。則必通恒而益之用凶事。乃无咎。未濟初之四亦成損。損通咸而不已事。遄往。損又上之三而成泰。爲尾。咸又四之初成旣濟。爲濡其尾。濡其尾則无攸利。泰通否則曳其輪。旣濟初九。曳其輪。濡其尾。无咎。謂泰能通否。則雖濡其尾亦得无咎。旣濟通未濟。而未濟成否。與需二之晉五同。未濟上九有孚于飲酒。无咎。飲酒者。二之五成否也。明有孚必二先之五乃无咎。雖有孚而二不之五。則无交害而匪咎矣。烏得无咎。明夷通訟。需通晉。則无咎。晉上之三成小過。初之四成頤。訟上之三成大過。初之四成中孚。則有孚失是。與未濟成恒成損同。頤與大過互通。中孚與小過互通。則仍无咎。咎即過也。過而至於明夷通訟。需通晉。悔已晚矣。而猶失是。故直以過名卦。有過而養之孚之則仍无咎。在訟成大過則滅頂凶。通於頤。過而能涉。故凶无咎。易稱凶无咎者二。大過上六與困九二皆謂能變通雖凶无咎也无咎則凶已化爲吉矣初六藉用白茅无咎謂四不之初而二之頤五四不之初故柔在下頤之咎以柔不在下故大過柔在下足以補之頤柔不在下則无譽大過柔在下則无咎六四顛頤吉虎視眈眈其欲逐逐无咎虎視眈眈謂夬四之剝初卽晉四之初其欲逐逐謂頤通於大過頤之无咎在大過大過之无咎在頤兩卦互明之矣中孚不與明夷孚而孚於小過二之小過五成咸故有孚攣如无咎與小畜九五辭同小過者小畜二不之豫五而上之豫三也孚於中孚則中孚二之小過五而

後上之三，即小畜二之豫五，而後上之豫三，故无咎也。六四「月幾望，馬匹亡，无咎」，月幾望亦小畜之月幾望，謂上之三成需。需下乾爲馬，晉五亡，需二匹之，是以馬匹其亡，故无咎。小過六二「過其祖，遇其妣，不及其君，遇其臣，无咎」，小過五之中孚二，故遇其臣。九四直云「无咎，指下弗過遇之」，豫不成小過，則无咎。猶嘗不成損，則无咎。「弗過」猶云「弗損」。中孚之无咎在小過，小過之无咎在中孚，兩卦亦互明之矣。統而測之，无咎與厲相表裏，其家人、屯、蹇、革本无咎，則變通而不使有咎，其復、小畜、夬、謙、賁、節、豐、井、大畜、大壯、臨、升、恆損泰需明夷本有咎則變通而歸於无咎。咎在三上之先行，則以三上之未行者補之；咎在初四之先行，則以初四之未行者補之。盈則以虧之者補之，害則以補之者補之。傳於三五言危，於二四言无咎者，互辭耳。

男廷琥孫授書　授易　授詩校字

易通釋卷三 雕菰樓易學之三

江都焦循學

易

循按易以易名書繫辭傳云生生之謂易生生不已所以元亨利貞故易之一書元亨利貞四字盡之而元亨利貞四字一易字盡之易爲變更反復之義卽一陰一陽之謂也易與交義同而有異交者二五相交如乾二之坤五歸妹二之五是也易者既交之後易而變通如乾成同人易而通師坤成比易而通大有歸妹成隨易而通蠱既交之後兩五皆剛上下應

之則不能一陰一陽兩兩相孚必易而後成一陰一陽之道此交易之殊也睽二不之五而上之三成大壯大壯旁通於觀爲易故大壯六五喪羊于易離不畜牝牛而以四之坎初成節節旁通於旅爲易故旅上九喪牛于易此由失道而易者也易而交則爲喪羊之无悔易而不交則爲喪牛之凶交而不易則盈不可久易而不交則消不久也大有六五傳云厥孚交如信以發志也威如之吉易而无備也孚而交則以二先之五後以四之比初成家人比成屯若以家人上之屯三則成兩既濟而六爻皆備矣惟易而通

於解，不仍與屯係，易則不備，故云易而无備也。繫辭傳云：乾知大始，坤作成物，乾以易知，坤以簡能，易則易知，簡則易從。乾二之坤五，知大始也，若不易，則一生不復再生，一始不復再始，何以爲行健不已？惟反復交易，乾二交坤五爲比，比易而通於大有，大有二五交爲同人，同人又易而通於師，是乾所以知大始，由易而行也。

交

循按：繫辭傳贊易上九云：君子安其身而後動，易其心而後語，定其交而後求。又云：无交而求，則民不與也損二之五成益則易而通於恒恒二交於五成咸益上乃可求之無交則恒二不之五而益上遽求於三所謂立心勿恒凶也益五本剛易其心爲恒五則柔柔在五不定交而後定故云定其交此贊交易二字至爲明析有交則利无交則害大有初九无交害是也六五厥孚交如威如吉家人上九有孚威如傳於九五贊之云王假有家交相愛也孚而不交不可爲愛睽九四遇元夫交孚交必由於孚不孚而交不可爲遇隨初九出門交有功乾坤坎離交成同人比震巽艮兌交成隨漸隨通蠱則蠱二五交漸通歸妹

則歸妹二五交。比通大有。則大有二五交。經於大有隨明言交。傳於歸妹稱天地不交。歸妹二不之五。而三四先行成泰。泰孚否。則二之五爲天地交。歸妹成泰。漸成旣濟。與泰二不之五。而否成旣濟同。故皆云天地不交。交易爲全易大義所在。虞仲翔以震爲交。非矣。

當

循按未濟傳云。雖不當位。剛柔應也。旣濟傳云。旣濟亨。小者亨也。利貞。剛柔正而位當也。說者謂旣濟六爻皆正爲當位。未濟六爻皆不正爲不當位。若然。則終止何以道窮未濟六三征何以凶何以爲位不當是宜從經傳中測之剛柔正而位當六字既濟傳用以釋經文利貞二字既濟六爻皆正宜旁通於未濟用一小字加利貞上謂未濟也傳且以小字屬亨明既濟通未濟乃得亨利貞未濟二之五成否初之四應之成益是亨也益又通於恒恒二之五而後益上之三成既濟則利貞貞是剛柔正利是當位未濟二先之五爲初吉初四三上先行成泰而後二之五爲終亂初吉則當位終亂則剛柔正而位不當不當位則亨利而貞終亂則貞而不亨不利此傳文之明白可

見者也。傳贊初吉云，柔得中也。贊未濟亨亦云，柔得

中也。柔得中則當位矣。下云，小狐汔濟，未出中也。濡

其尾，无攸利，不續終也。不續而終，卽是終亂。下則總

上而贊之，云雖不當位，剛柔應也。不當位指上小狐

汔濟濡其尾，剛柔應指上未濟亨。言雖不續而終，致

剛柔正而位不當，而能變通於未濟，仍得小者而亨，

則剛柔應也。需困噬嗑三傳皆云雖不當位。需上六

傳云，雖不當位，未大失也。若如俗解，則需之三上，剛

柔皆正，何以轉爲不當位？荀慈明乃謂上降之三，三

上本正，降而爲不正，烏得爲吉？需之初四三上五皆

正，惟九二不正，則所謂不當位者，於此可明。正以初四三上先正，而二未正，所以不當，惟變通於晉，而需二之晉五，不成兩既濟，而晉成否，上三爻皆剛，爲三人來，斯爲未大失，不當位在需，而二既之晉五，則當位自在晉，知需不當位，則知明夷不當位，知需明夷不當位，則知小畜復夬謙不當位，在乾坤爲小畜復夬謙，在坎離爲節賁豐井，噬嗑傳云，雖不當位，指離上之坎三成井也，困九四傳云，雖不當位，指困成需也，困旁通賁，而成咸，則有與，困不當位而成需，需通晉，晉仍成咸，故云雖不當位有與也，井之不當位在三先於五。徵纆叢棘之凶。用獄之不利者也。井通於噬嗑。噬嗑成无妄。而後上之三。則三仍從五。故云雖不當位利用獄也。豐井相錯爲恆既濟。即未濟征凶之不當位。恆通益。猶井通噬嗑。雖不當位。剛柔應也。猶云雖不當位。利用獄也。若井二之豐五。上已不應無所爲用獄矣。於不當位上加一雖字。明前此之不當位。下云未大失。云有與。云利用獄。皆以能變通。改不當而爲當。雖不當位。剛柔應也。與此一例。傳凡用雖字。如云雖危无咎。雖凶居吉。皆有能變通一層。前此不當位。則剛柔不應。既能變通。則剛柔應。剛柔應則位當，若不當位，即能剛柔應，是凶即能吉，危即能无咎，而不俟變通，有是義乎？傳於遯象贊云「遯當位而應，與時行也」，於節象云「當位以節，中正以通」，於革象云「革而當，其悔乃亡」，於歸妹贊云「征凶，位不當也」。所謂當位，所謂位不當，言之詳矣。凡九五言當位者四，否、兌、中孚、履。六五言當者一，噬嗑。六四稱當位者三，賁、臨、蹇。六五稱不當者二，大壯、夬。九四稱位不當者七，晉、解、夬、困、萃、豐、小過。六三稱位不當者十一。履、否、豫、臨、噬嗑、歸妹、睽、中孚、未濟、震、兌。歸妹六三「歸妹以須」之位不當，與彖之征凶位不當相發明。漸上之歸妹三成大壯，蹇相錯爲需，乃謂之須，是即征凶，是即位不當。位之所以不當。莫明於此。與未濟征凶之位不當同。凡二不先之五而上先之三者。視此矣。履二不之謙五而上之三。猶臨二不之五。而遯上之臨三。卽爲兌二不之艮五。而艮上之兌三之比例。此甘臨位不當。晊人之凶位不當。來兌之凶位不當。所以同也。小畜二不之豫五而上之豫三。卽中孚二不之小過五而上之三之比例。此或鼓或罷位不當。盱豫有悔位不當。所以同也。需小過相錯卽大壯蹇。則中孚豫六三之位不當。又同於歸妹征凶之位不當也。遯上之臨三成泰。猶恒四之初成泰。傳於否六三贊之。否所包之羞，卽恒或承之羞，包羞位不當，與甘臨位不當，互明者也。益家人上之解三成恒，又四之初成泰，解四先之初成臨，遯上又之臨三成泰，恒之成泰在四，而解之成恒則在三，故羞在三，卽位不當在三也。巽二不之震五而上之震三，震成豐，巽成井，與噬嗑上之三同。豐四又之井初成明夷，爲眚卽爲毒，明夷通訟則遇毒，遇毒則蘇，蘇蘇而无眚，此震六三之位不當，卽噬嗑六三之位不當也。師二不先之五而同人上之師三成升，升不孚无妄而以二之五成蹇，是爲弟子輿尸，亦爲見輿曳，宜變通於睽，睽六三見輿曳，位不當也即師六五弟子輿尸使不當也解九四解而拇未當位也謂解成臨也解成臨猶漸初之歸妹四成臨臨家人相錯爲中孚明夷即豐四之渙初之比例豐九四豐其蔀位不當也謂豐四之渙初也夬四之剝初成頤夬成需需頤相錯爲屯大畜傳云其行次且位不當也聞言不信聰不明也大畜位不當故通於萃萃九四大吉无咎位不當也位不當指大畜與夬九四互明者也小過九四弗過遇之位不當也往厲必戒終不可長也此與晉九四鼫鼠貞厲位不當也互明晉不成小過而成否位當矣所謂弗過遇

之也。乃否初往四成益。則往厲必戒。謂益上不可之三也。益上之三。則位不當。所以厲也。否上之三成咸則鼫鼠貞厲。謂咸四不可之初也。咸四之初。四位不當。所以厲也。皆於九四贊之者。一緣初往四而厲。一緣貞厲不可四之初也。以上位不當。見於六三九四者如此。其稱位當。多見於九五。則皆與六三互明。否六三言位不當。九五言大人之吉。位正當也。兌六三言位不當。九五言孚于剝。位正當也。履六三言位不當。九五言夬履貞厲。位正當也。中孚六三言位不當。九五言有孚攣如。位正當也。中孚二不之小過五。而上之三成需此六三得敵之位不當也需通晉而晉成咸咸則有孚攣如而位正當矣兌二不之艮五而艮上之兌三成夬則來兌而位不當也夬孚於剝夬二之剝五仍不巽兌二之艮五而位當矣夬履貞厲者履二之謙五而後四之謙初謙成既濟履成益也履二不之謙五而上之三仍同於乾上之坤三爲咥人凶而位不當矣恆成泰或承之羞否六三所謂位不當也否既有以包之則有命无咎而位正當矣噬嗑六五貞厲无咎得當也亦與六三互明井二之噬嗑五噬嗑四之井初井成既濟噬嗑成益所謂貞厲无

咎者也。得當故无咎。若井二不之噬嗑五，而噬嗑四卽之井初，又上之三，爲腊肉之毒，而成明夷，則位不當。六五之貞厲，猶晉九四之貞厲。晉傳贊其厲，故云位不當，此贊其无咎，故云得當也。如俗解，九五稱當位可矣。此六五正所謂不當者，何云得當乎。師六五不當，謂三先於五。大壯六五喪羊，卽歸妹之刲羊，傳云喪羊于易，位不當也，卽歸妹以須之未當也。其臨蹇賁六四稱當位，臨與解互明。解成臨，爲解而拇，則不當位。臨通遯而二之五，爲朋至斯孚，故至臨无咎。其位當，仍解二之五之例矣。蹇與師互明，師成升，不通无妄、而以二之五爲弟子輿尸、則使不當、升通无妄、而二之五、則爲來連、來連故當位實也、賁六四匪寇昏媾、謂賁成明夷、節成需、需通晉、晉成益、與噬嗑貞厲无咎同、无咎則當位、貞厲則疑、故云當位疑也、總之當則悔亡、不當則征凶、彖傳了然明白、有當而不當者、如晉成咸、當矣、咸未通損而四之初、仍不當、是也、有不當而當者、如兌成夬、不當矣、孚于剝而當、是也、有不當加以不當者、如震成豐、不當、豐又成明夷、是也、或於既當之時、豫戒其不當、弗過遇之、晉如鼫鼠、是也、或於既當之後、追言其未當、包羞、遇毒、震蘇蘇大吉无咎是也或在此卦稱彼卦或在此爻論彼爻屈曲相通主客互見當謂二五先於三四不當謂三四先於二五斷然無疑繫辭傳云道有變動故曰爻爻有等故曰物物相雜故曰文文不當故吉凶生焉乾之二四上雜於坤之初三五爲文相雜則六爻皆正而有當有不當則以爻有等不可紊也傳又云開而當名辯物正言斷辭則備矣開猶始也終則有始元亨利貞而名乃當當名即當位也

應

循按解者本乾鑿度以初二三與四五上一剛一柔

爲應若然則乾坤坎離宜不得言應矣乃乾則云同聲相應坤則云應地无疆艮則云上下敵應兌則云順乎天而應乎人中孚二五兩剛傳稱應乎天與大畜大有同虞仲翔說乾坤以爲震巽雷風相薄坤陽正於初則乾四應坤初若然則本卦無應卽以旁通之卦爲應則是無卦不應無爻不應而未濟之剛柔應何別於諸卦而特表而出之邪傳稱剛中而應者五（師臨无妄萃升）而遯傳云剛當位而應睽鼎兩傳皆云得中而應乎剛然則所謂應謂應剛之得中剛得中卽剛中剛中卽剛當位剛當位二先之五也莫明於大有

象傳云柔得尊位大中而上下應之又云應乎天而時行是以元亨大中即剛中大有五本柔二之五成同人則得尊位而大中三上應之爲上應初四應之爲下應上應則成革下應則成家人初四先行成大畜大畜與屯則有上應無下應三上先行成大壯大壯與蹇則有下應無上應惟二五先行有三上應之於上初四應之於下是爲上下應故於比贊之云不寧方來上下應也大有二先之五而比三應之爲上應比初應之爲下應也又於小畜贊之云柔得位而上下應之柔得位即剛中謂二之豫五成萃也乾二

不之坤五而四之坤初坤成復乾成小畜是不當位而小畜二之復五有上應無下應矣惟小畜旁通於豫小畜二之豫五仍上下皆應豫傳云剛應而志行剛應猶云剛中而應非先剛中不可爲應非上下應不可爲當位中孚稱應乎天大畜亦云應乎天與大有同同人稱柔得位得中而應乎乾又云中正而應履亦稱應乎乾傳文明析不待煩言而解應者初四三上應二五也謂初應四二應五三應上者非也凡二五已定旁通於彼卦謂之感二五未定以二之五以五之二謂之交二五先交而後初之四三之上以

從之謂之應乾九五文言傳云同聲相應同氣相求分言之爲求爲應合言之應即是求蒙彖云匪我求童蒙童蒙求我傳云志應也明以應贊求无交而求即无交而應二五先交而後聲應氣求聲應者乾二之坤五而四之坤初應之乾成家人坤成屯家人上巽屯下震雷風相薄而同聲也氣求者乾二之坤五而上之坤三應之乾成革坤成蹇蹇下艮革上兌山澤通氣而同氣也兌傳云順乎天而應乎人申上剛中而柔外說以利貞之義剛中謂兌二之艮五柔外謂兌三之艮上艮成蹇兌成革革變通於蒙是爲順

蒙二之五而革四之蒙初從之是爲應以所承言之故云順乎天變通在人故云應乎人革傳云湯武革命順乎天而應乎人與兌傳同卽兌之應人謂成革四應蒙五也損彖傳云二簋可用享二簋應有時以應賁亨簋指坤損之坤在五益之坤在二損成益而咸四應之恆成咸而益三應之各有所宜故有時而咸傳則贊云二氣感應以相與咸二五已定感而孚於損損二五交成益而後咸四之初應之感於彼而應乎此卽蒙二之五而革四之蒙初也所謂求我也所謂志應也於是恆傳卽贊之云雷風相與巽而動

剛柔皆應，相與，卽二氣感應以相與，二氣卽剛柔也。剛柔皆應，卽二氣感應也。皆應則上下應，剛柔相感而上下皆應，則當位矣。未濟傳云，未濟亨，柔得中也。小狐汔濟，未出中也。濡其尾，无攸利，不續終也。下中之云，雖不當位，剛柔應也。柔得中三字，傳以贊未濟亨，又以贊既濟之初吉，可知未濟亨，卽既濟之小者亨。謂既濟感於未濟而未濟二先之五也，何以亨，以上下皆應，故云剛柔應也。剛柔應三字，緊接柔得中三字，卽剛中而應也，卽得中而應乎剛也，卽大中而上下應也。乃於剛柔應三字上，加雖不當位四字，則以經文有小狐汔濟濡其尾无攸利十字，會經文之義而贊之，此傳文之微妙者也。經云未濟亨，亨則柔得中而剛柔應矣。下則反言其不亨。小狐汔濟，謂二不之五而四之初成損也。小指損五柔，狐指咸下艮。小狐二字，明成損而通於咸。濡其尾，尾即遯尾之尾。用一尾字，明損通咸。而損二不之五而上之三成泰，爲遯上之臨三之比例。濡即需字之假借，明泰不通否而咸四之初成既濟。既濟泰相錯爲需，濡其尾屬咸成既濟，則无攸利，即指咸成既濟而言。損二之五而後咸四之初，乃爲二氣感應以相與。今損二不之五而咸四之初成既濟，則二氣不感而剛柔不應。二氣不感，剛柔不應，則是不當位。傳贊小狐汔濟云：未出中也。謂二不之五，與坎二不之離五同。贊濡其尾无攸利云：不續終也。損成泰是不續，咸成既濟是終。不續而終，則不當位。然咸成既濟，雖不當位，既濟通未濟而亨，則又剛柔應。傳以雖不當位，承未出中不續終，以剛柔應，承柔得中。初吉終亂，是於既濟中言未濟，濡其尾无攸利，是於未濟中言既濟。既濟通未濟雖亨，而未濟成泰，則不續終，仍不亨。咸成既濟雖不亨，而既濟通未濟，則又剛柔應而亨。經文詳妙，傳引申之。不知傳文承接轉折之妙。則不知經文回環互見之奇。乃以未濟六爻爲不當位。又爲剛柔應。詎有剛柔皆應而不當者乎。

乘承

循按王弼略例謂辯順逆者存乎承乘。邢璹注云。陽乘於陰。逆也。師之六二。師或輿尸凶。陰承於陽。順也。噬嗑六三小吝无咎。承於九四。雖失其正。小吝无咎也。又云。陰承陽則順。陽承陰則逆。故小過六五乘剛。逆也。六二承陽。順也。此以爻之在上者。於下爲乘。爻之在下者。於上爲承。乃核於經之所謂乘承者。則不爾也。屯六二、六四、上六皆云乘馬，傳於六二贊云：六二之難，乘剛也。以乘剛贊乘馬，而特用一難字貫之。馬，乾也。知其下成乾，而五以柔乘之，謂鼎二不之五，而初四三上有以乘之也。在六四言之，謂四之初成大畜；在上六言之，謂上之屯三成恆。鼎成泰，猶歸妹成泰。歸妹彖傳云：无攸利，柔乘剛也。女承筐无實，士刲羊无血，則歸妹成泰。此爻云无攸利，即發明彖之无攸利。傳於乘剛上加一柔字，明五柔未進，而初三先動也。解六三負且乘，致寇至，謂成泰而二之五爲坎寇也。睽上九見豕負塗，載鬼一車，以車載鬼，則鬼乘於上。亦謂其成泰也。此成泰。彼成既濟。相錯卽需明夷。故爲難。傳言乘剛者四。皆互明。屯六二乘剛。謂初三先剛。而五以柔乘之。若屯三先之鼎上成恆。亦爲乘剛。恆既濟相錯爲豐井。卽巽上之震三。亦離上之坎三也。離上之坎三。滅鼻傳於噬嗑六二贊云。乘剛也。謂離上之坎三滅鼻也。卽屯三之鼎上也。巽上之震三爲乘剛。震四之巽初亦爲乘剛。震六二傳云。震來厲。乘剛也。謂震成復。巽成小畜也。巽上之震三爲乘剛。既爲屯三之鼎上之比例。則震四之巽初之乘剛。亦可例鼎四之初。則鼎成大畜之爲乘剛。可互見矣。困六三傳云。據于蒺蔾。乘剛也。謂賁上之困三成大過明夷。豫六五傳云。六五貞疾。乘剛也。謂小畜上之豫三成需小過。需小過相錯。即大壯蹇。爲漸上之歸妹三。大過明夷相錯。即升革。爲同人上之師三。亦爲蠱上之隨三。而蠱初之隨四。成大畜屯。即鼎四之初也。同人四之師初。成家人臨。即歸妹四之漸初也。同人九四。乘其墉。弗克攻。吉。此一乘字。謂同人四之師初。即謂歸妹四之漸初。與解之賁。且乘互明解四之初成臨。同於師歸妹。家人上之解三成恆。又同於鼎。故傳以豫六五之乘剛。贊歸妹之成大壯。以困六三之乘剛。贊師蠱之成升。以噬嗑六二之乘剛。贊解鼎之成恆。蓋解師歸妹之成臨。則同。而解成恆。師成升。歸妹成大壯。則巽。傳之贊經。詳密如此。傳又於賁初九贊云。舍車而徒。義弗乘也。賁上之困三則乘剛。若困二先之賁五。困成萃。下有坤車。又舍車而萃四之初。爲震足之徒行。則利以和義。故弗乘。弗乘者。二先之賁五也。二不先之賁五而困四之初成節。爲離四之坎初之比例。不成節賁而成家人屯。則義弗乘不成家人屯而成復小畜則乘剛。又傳之互相明者也。然則乘非上爻乘下爻之謂。凡初四三上先行。

初三先有剛而五以柔在上爲乘即爲柔乘剛核諸經文傳文明白可見者也經之言承者三一爲師上六開國承家開國謂師二之五承家謂同人四之師初同人成家人是時師成屯屯三承之而行是爲承家必鼎二之五而屯三乃可承之若鼎二未之五爲小人則不可承故云小人勿用鼎二之五而屯承之爲王三錫命師九二傳云在師中吉承天寵也寵即龍謂屯下震以承同人之成家人爲承家以承師之成屯爲承天寵文言傳云坤道其順乎承天而時行承天即承天寵而以時行二字明之時行謂變通也

在前初四應二五成家人屯則家人屯變通而承之是爲承也一爲歸妹上六女承筐无實此所承謂承士刲羊也漸上之歸妹三成大壯蹇爲士刲羊是時承之則大壯宜通觀蹇宜通睽乃不變通以承之而即以蹇初之大壯四蹇成既濟大壯成泰是爲承筐傳以虛字贊之承天則時行承虛筐則无攸利兩義了然傳於初九贊云跛能履吉相承也歸妹四之漸初成家人臨猶成大壯蹇也大壯蹇不能變通而承則承虛筐无攸利家人臨能變通則臨通遯爲跛能履而吉相承隨四之蠱初成大畜猶漸初之歸妹四

成臨也臨通遯爲跛能履大畜通萃爲幹父之蠱傳云幹父之蠱意承考也六五傳又云幹父用譽承以德也承以德則非虛筐矣一爲恆九三不恆其德或承之羞謂二不之五而四之初成泰益不與泰孚是爲或是時卽宜變通不變通而益上之三承之則是承之以羞也此與承筐同承筐謂先成大壯蹇後成泰既濟承之羞謂恆先成泰益後成既濟惟泰孚於否則包承包羞矣節六四傳云安節之亨承上道也兌成節通旅以承之故合乎道若兌四之艮初又兌三之艮上則亦承之羞矣然則承非下爻承上爻之

謂在初四先從二五則三上爲承在三上先從二五則初四爲承此以德承德或三上先二五則初四從二五承之初四先二五則三上從二五承之以變通而爲補救則是吉相承若先已失道又失道以承之如承虛筐是矣核諸經文傳文又明白可見者也乾彖傳云時乘六龍以御天文言傳云時乘六龍以御天也雲行雨施天下平也乘而謂之時乘則非乘馬負且乘之乘柔乘剛則无攸利剛乘柔其爲時行矣

通

循按繫辭傳云一闔一闢謂之變往來不窮謂之通

又云化而裁之謂之變推而行之謂之通變通二字不煩言而解而序卦傳以泰爲通雜卦傳以井爲通繫辭傳則云困窮而通井與困互明困成需則窮需孚於晉則窮而通泰孚於否猶需孚於晉泰之通亦窮而通者也繫辭傳云易窮則變變則通通則久引大有上九爻辭以明之云自天祐之吉无不利又云黃帝堯舜垂衣裳而天下治蓋取諸乾坤大有二之五爲乾二之坤五之比例故取大有之通以明乾坤之通若大有二不之五而四上先行比成旣濟大有成泰其道窮矣窮則民倦民倦則无攸利惟泰變通

於否是爲通其變使民不倦神而化之使民宜之取諸乾坤上乾下坤否也大有成泰則窮泰孚於否窮則變也孚於否而泰二之五變則通也泰成既濟否初四應之成益益又通於恆生生不已通則久也不言取諸否而言取諸乾坤以否乃不通之名不可云通而取諸不通也否之匪人乃爲否故不云否也謂天在地下爲通天在地上爲不通失之遠矣同人固天在上何以能通天下之志乎

往

循按繫辭傳云往者屈也來者信也屈信相感而利

生焉說卦傳云數往者順知來者逆解者以自下而上爲往自上而下爲來以經傳測之未然也坤元亨利牝馬之貞或成屯而通鼎或成蹇而通睽是也下云君子有攸往先迷後得主利所謂先謂先於二五也所謂後謂後於二五也先後指二五則有攸往指屯三蹇初矣傳云先迷失道後順得常後順即所謂數往者順屯彖云勿用有攸往利建侯建侯鼎二之五而後屯三可往也勿用有攸往鼎二未之五屯三不可先往也鼎二不之五而屯三往則往吝謂往而鼎成恆且成泰也泰孚於否求昏媾往吉无不利謂

泰二之五，而否初往四以求之也。求猶應也，有所求而往，則必二五先行矣。蹇初六、九三、六四、上六，皆云往蹇，謂初往睽四也。睽二之五，而蹇初乃可往。睽二不先之五，蹇初之往，所以蹇也。蹇彖傳云：蹇利西南，往得中也。不利東北，其道窮也。利見大人，往有功也。利西南，即西南得朋。往得中，即乃以類行，得中即得朋，謂乾二之坤五，往謂乾上之坤三也。東北謂初往也。道窮則初不可往也。往有功，即謂乾二先得中於坤五而後上往坤三也，即升二之五而无妄三往上也。坤成屯，則乾成家人；坤成蹇，則乾成革。革通於蒙。

家人通於解蒙初六以往吝初往革四也解二之五
爲來復來復乃爲得中得中卽得衆若初先往成臨
是未得衆而往也初不往而二先之五故云无所往
其來復吉无所往者初不往四也其來復吉者二之
五也二來復而後三往家人上則成咸故云有攸往
夙吉夙猶速也速卽咸也有攸往三往家人上也往
而成咸必二先之五矣往有功卽往得衆往得衆卽
往得中先得中而後往是往得中先得衆而後往是
往得衆蹇解兩象傳可以互明解成屯則勿用有攸
往解成萃則三可往乃萃與大畜通必大畜二先之

五。萃三之往乃无咎。萃彖之利有攸往。卽大畜九三之利有攸往也。睽六五。厥宗噬膚。往何咎。謂二先之五。則四往蹇初爲无咎。睽。不孤則蹇之往不蹇。睽二之五爲无妄。无妄四可往蹇初矣。乃无妄與升通。必升二之五。而无妄乃可往。若升二不之五。而无妄四之升初。无妄成益。升成泰。所謂匪也。旣匪卽宜變通。若益上之三成旣濟則有眚。有眚故不利有攸往。傳云。无妄之往何之矣。天命不右行矣哉。天命何以不右。升二未之五。益又未通恒也。初九无妄往吉。謂升二之五。則四可往也。革九三傳云。革言三就。又何之矣革成既濟蒙成益故貞厲三就則益通於恆用何之二字明其皆爲益三往上也无妄六二不耕穫不菑畬則利有攸往爾雅一歲曰菑三歲曰畬耕者初發之事義猶菑也穫者已成之事義猶畬也耕謂升二之五穫謂无妄成既濟升二不之五是不耕不菑也无妄成既濟是不耕而穫不菑而畬也古本及石經初本傳皆作不耕而穫未富也无妄何以成既濟先以四之升初成益又以益上之三即象所云其匪正有眚也惟不耕而穫不菑而畬則有眚而凶坊記有凶字故當其成益時宜通於恆益通於恆則利有攸往前此不耕不菑者一能變通遂

耕而穫菑而畬矣遯初六遯尾厲勿用有攸往此與无妄不利有攸往互明同人上之師三成升同人四之師初成臨臨通遯猶升通无妄升二不之五而无妄四之升初成泰猶臨二不之五而遯上之臨三成泰遯上之臨三所云遯尾厲也无妄成益則三不可往上不利有攸往者謂三上也遯成咸則初不可往四勿用有攸往者謂初四也无妄成益行則有眚遯成咸往則有災故傳云不往何災也夬初九壯于前趾往不勝爲咎前趾謙也夬不變通於剝而二之謙五成蹇革則四往謙初即革四往蹇初若謙變通於

履。履二之謙五。則爲素履。謙成蹇。履成无妄。以履四往謙初。即是升二之五而无妄四之升初也。故往无咎。无妄成益而通於恒。則利有攸往。故恒彖云。恒亨无咎利貞利有攸往。傳云。利有攸往。終則有始也。終謂益上之三矣。而益彖首即云益利有攸往。損彖云有孚元吉无咎可貞利有攸往。有孚元吉无咎。謂損通咸而成益。可貞。即无妄九四之可貞。傳云。固有之也。與益六三用凶事傳同。恒爲德之固。恒二之五而後益上之三。乃爲可貞。損彖以可貞加利有攸往之上。則知无妄之利有攸往即謂可貞也。可貞故貞吉。

損上九貞吉利有攸往。即發明可貞利有攸往也。夬剝相錯爲大畜萃。剝彖云。不利有攸往傳云。小人長也。夬彖云。利有攸往。傳云。剛長乃終也。小人長則夬二未之剝五。剝上則不可往三。剛長則夬二先之剝五。夬四可往剝初。夬成既濟。故云剛長乃終。復利有攸往傳云。剛長也。謂姤二先之復五則三可往姤上也。姤初六有攸往見凶。姤二之復五成屯爲見若姤初先往四成小畜。而後二之復五。則其成屯爲凶矣。姤二不之復五而上之復三。姤成大過。往之不利者也。大過彖云。利有攸往亨。謂其通於頤也。大過初之四爲有攸往大過二先之頤五而後大過初往四是爲利有攸往傳云利有攸往乃亨以利有攸往明亨卽以亨明利有攸往賁彖云賁亨小利有攸往困二先之賁五而後賁上之困三則不成大過而成咸與姤成咸同巽彖云巽小亨利有攸往小亨則震成革巽成蹇利有攸往謂蹇通於睽睽二之五而蹇初往睽四大有九二大車以載有攸往无咎大車指比下坤比初比三皆往大有者也大有二先之五則有所載然後比初往乃非无交害三往乃非小人害故无咎明夷初九君子于行三日不食有攸往主人有言

行指小過四之初。中孚。君子也。于小過初四之行則不食而有攸往。指中孚三往上成需。故有言也。凡稱有攸往者五。（坤彖解彖大有九二明夷初九姤初六）稱利有攸往十二。（賁彖復彖大過彖恆彖萃彖益彖夬彖巽彖无妄六二大畜九三損上九）稱不利有攸往二。（剝彖无妄彖）稱勿用有攸往二。（屯彖遯初六）皆指初四三上。歷歷可見。小畜二之豫五。因而上往豫三。是爲密雲不雨。傳云。密雲不雨。尚往也。尚往猶云當往。大壯九四。貞吉悔亡。藩決不羸。傳亦云。尚往也。謂二之五成革。而四往觀初。觀未成蹇故四當往。小畜以上往豫三成咸。大壯以四往觀初成益。往互不同。其爲尚往則同。尚往猶云往有尚。節九五往有尚謂三往旅上成咸也豐初九往有尚謂四往渙初成益也蓋坎二不之離五而初往離四則坎成節坎二不之離五而三往離上則離成豐是往之不當者坎彖云行有尚傳云行有尚往有功也以往字贊行字明坎之行有尚卽節豐之往有尚既成節往有尚則不成需既成豐往有尚則不成明夷豐不成明夷而渙成益猶大壯四之觀初成益是豐之往有尚卽大壯之尚往也節不成需而旅成咸猶小畜上之豫三成咸是節之往有尚卽小畜之尚往也傳兩言尚往所以贊往有尚而爻兩言往有尚所以發

明彖之行有尚。夫彖一言行有尚，而爻則兩言往有尚。傳則兩言尚往。節以明坎初之離四，豐以明離上之坎三，固矣。大壯觀爲小畜豫之相錯，則大壯之尚往，指大壯四之觀初，即明豫四之初。小畜之尚往，指小畜上之豫三，即明觀上之三。其互相發明，亦歷歷可見。大抵從二五而往，則往有功。需彖坎彖蹇彖解彖漸彖五傳皆稱往有功往有慶。晉六五睽六五兩傳皆稱往有慶往有事。震彖傳不從二五而往，則往吝。咸九三屯六三往未得。蹇六四傳說文：數，計也。自一十百千萬，順而計之，不更端而起，是之謂數。讀上聲二五先定，由二五而次弟數之以及初四三上。往指初四三上，而實以二五之先定言。蓋二五先定而初四三上從之，其事爲已往，卽宜退藏，故云藏往。不俟數往之窮，而卽旁通變化，舍已往而二五更端而起，則謂之來，故云神以知來。知猶爲也，爲卽作也。初四從二五往矣，則不數三上，而變通以知來。三上從二五往矣，則不數初四，而變通以知來，故以爲神，亦以爲逆。凡言往，謂初四三上從二五而往也。其不從而往者，匪矣。凡言來，謂二五先初四三上而來也。其不先而來者，慢矣。豈自上而下自下而上之謂乎。

來

循按雜卦傳云萃聚而升不來也蒙二不之五而上之三成升而謂之不來是來指二五也蹇云來譽來反來連來頤皆以升二之五言之九五大蹇朋來即西南所得之朋升二之五成蹇則朋來升不來所以贊蹇卦五來字至精至微也於是以蹇之朋來例復之朋來无妄升相錯爲姤復升二之五爲蹇即姤二之復五爲屯復之朋來即蹇之朋來也於是以復之來復例解之來復姤二之復五猶小畜二之豫五故小畜稱牽復稱復自道小畜二之豫五成萃解二之五亦成萃故解二之五爲小畜二之豫五之比例亦

即姤二之復五之比例解之來復即復之來復也於是以解之來復例豐之來章渙豐相錯即家人解渙二之豐五猶解二之五解二之五爲來復故渙二之豐五爲來章來章即是剛來故渙傳云剛來而不窮於是以渙之剛來例隨訟兩卦之剛來隨傳云剛來而下柔隨之剛來謂巽二之震五成隨也訟傳云剛來而得中也所以贊有孚窒惕中吉有孚窒惕謂二之明夷五也无妄傳云剛自外來而爲主于內睽二之五成无妄睽外也无妄九五之剛自睽二來故云剛自外來惟五稱主睽二之五在睽爲外在无妄爲

內故爲主于內非來於五爲得稱主於是以隨之剛
來知震之震來震來虩虩謂巽二來之震五也若巽
二不來於震五而震四之巽初成復小畜震成復而
後姤二來於復五則其來也厲矣若巽成家人震成
屯爲往屯通鼎鼎二之五則由往而來故六五震往
來厲於是以震之往來例咸之往來震巽相錯即恆
益巽二之震五即恆二之五恆二之五而益上之三
則往恆成咸咸通於損損二之五成益則來損成益
咸四之初又往矣益通恆恆二之五又來是爲憧憧
往來朋從爾思益六二上九兩傳皆云自外來損二

之五成益猶睽二之五成无妄也於是以蹇之往來例井之往來井成蹇噬嗑成革則往蹇通於睽睽二之五剛自外來則來是爲往來井井也於是以比之方來例困之方來比通大有大有二之五爲方來困成需需二之晉五與大有二之五同需上六有不速之客三人來需下本是三人二來晉五晉上亦是三人故云三人來困二不來賁五窮而成需而後乃三人來故困九四來徐徐然來雖徐徐而其來也由變通而來則敬之終吉者也若坎成需離成明夷不能變通而以需二來之明夷五需上本有坎明夷成既

濟上又有坎是爲來之坎坎初四三上先行而後二五乃來其來爲不順離九四突如其來如焚如死如棄如突不順也說文𠫓不順忽出也从到子易曰突如其來如㐬或从到古文子卽易突字兌六三來兌凶兌之一卦全以成革而變通爲言二先之艮五而後艮上之兌三乃成革而解兌若三先之艮上成謙夬夬不爭剝而二來之謙五是爲來兌卽夬之壯于前壯而睽之輿曳也故來兌之凶見輿曳傳皆云位不當也泰小往大來否大往小來此猶云日往則月來月往則日來寒往則暑來暑往則寒來大來二字傳於既濟九五贊之云實受其福吉大來也此大

來本彖傳小者亨而言未濟本小二之五則大來未濟通既濟而二之五成否猶泰通否而二之五成既濟實受其福即于食有福泰五小通於否而小進爲大是小往而大來否五大通於泰而大易爲小是大往而小來在泰宜小往而大來在否宜大往而小來惟否不能大往小來故否之匪人不利君子貞不旁通於泰則小不來否自成既濟則大不往大往小來四字乃是轉語泰小往大來則亨否大往小來則利虞仲翔以坤陰詘外爲小往乾陽信內爲大來亨利之義不明往來之故遂昧往來者屈信之謂也剛上

而柔下，則爲大來；陽退而通陰，則爲小來。小來即是柔來，傳於賁用柔來二字，與剛上二字互明。乾二之坤五，大來也，即泰二之五也；乾成革，舍而孚蒙，小來也，即困之孚賁也。傳於旣濟稱大來，於賁稱柔來，大來即交，小來即易，是可推矣。

至

循按：坤彖傳云：至哉坤元。此至字，即用履霜堅冰至之至。坤成謙通於履，履二之謙五，是爲堅冰至。謙履相錯爲臨遯，臨通遯而臨二之五，爲謙通履而履二之謙五之比例。臨六四至臨无咎，至臨之至，即堅冰至之至也解九四解而拇朋至斯孚解而拇謂四之初成臨臨通遯而臨二之五爲至臨故云朋至朋至卽蹇九五大蹇朋來何也臨二之五爲履二之謙五之比例履二之謙五成蹇卽爲升二之五之比例故解之朋至卽蹇之朋來升二之五成蹇猶姤二之復五成屯復傳云至日閉關至謂姤二之復五也姤二先之復五爲至姤上後之復三成旣濟下離爲日若姤成需復成明夷以需二之明夷五則爲至于十年十年者明夷也需二之明夷五爲至于十年明夷變通於訟而訟二之明夷五亦爲至于十年爲需二之

至則以其國君凶爲訟二之至則不克征无眚解二不之五而四之初成臨臨下兌爲八月臨通遯而二之五臨不通遯而二之五皆爲至于八月臨通遯而至則至臨无咎臨不通遯而至則至于八月有凶有凶者明乎其有不凶也不克征者明乎其有既克既征也以是推之解四不之初而二先之五則不至于八月而爲至之宜家八解相錯爲豐渙豐傳云雷電皆至至謂渙二之豐五卽解二之五也乾九三文言傳云知至至之可與幾也此謂坤成屯而通鼎然則坤成屯則鼎二之五爲至坤成謙則履二之謙五爲

至。此坤元所以至也。繫辭傳云。履和而至。卽指堅冰至之至矣。至之義爲假。家人通解。解二之五爲王假。豐通涣。涣二之豐五。卽解二之五。故亦云王假。大畜通萃而二之五。亦云王假。皆爲至也。至之義爲括。毛詩王風傳坤成復。復下有底爲囊。通於姤。姤二之復五則爲括囊。卽復傳至日之至也。困二之賁五爲懷其資。懷亦至也。見爾雅尚書大傳云。祭之爲言祭也。察之爲言察也。察者至也。淮南原道高不可際。高誘注云。際至也。則經稱禴祭祭祀。傳稱天地際。萬民察。皆此至也。周禮師氏注以至德爲中和之德。故易之稱至。皆指二之五。凡稱括假懷祭。義與至同。皆指二之五。可推而通也。以此至彼。必上有所承。故爲坤元。惟二五先行得衆則至爲元。二五不先行。雖同是至而有凶。故至有由失道而至者。有由當位而至者。有至而當者。亦有至而凶者。必知至而後至。知至者。知其所當至也。

幾

循按屯六三。君子幾。不如舍。繫辭傳於豫六二贊之云。知幾其神乎。君子上交不諂。下交不瀆。其知幾乎。幾者。動之微。吉之先見者也。君子見幾而作。不俟終日。易曰。介于石。不終日。貞吉。介如石焉。寧用終日。斷可識矣文言傳於乾九三贊之云知至至之可與幾也有此兩贊而全易之義明矣何也乾成家人坤成屯屯三更之家人上則成兩既濟終矣屯三則知幾於是舍家人而旁通於鼎屯三即坤三屯三舍家人即坤三舍乾故乾九三稱終日乾乾而傳即用屯三君子幾不如舍之辭贊之以爲可與幾可與幾即知幾君子幾不如舍故可與幾也坤成屯乾成家人宜知幾坤成蹇乾成革亦宜知幾屯之見幾而作在三革之見幾而作在四家人之待時而動在上蹇之待時而動在初傳以宜待贊蹇初矣而乃於豫六二暢

言知幾見幾之義所以明革四也介于石則豫成咸小畜成既濟既濟咸爲蹇革之相錯咸四之初成離日而終卽革四之蹇初成離日而終亦卽家人上之屯三成離日而終也見幾而作不俟終日謂咸四不之初而旁通於損卽革四不之蹇初而旁通於蒙亦卽屯三不之家人上而旁通於鼎屯咸蹇不成既濟則不終下無離則不日故見幾而不終日若終日則必俟乾乾謂鼎二之五而後鼎上之屯三屯成既濟而終日損二之五而後咸四之初成既濟而終日君子所以終日者以其乾乾也未乾乾則不終日矣不

終日而俟鼎二之五損二之五知至至之也鼎二之五損二之五而後屯咸成旣濟而終知終終之也知至則可與幾知終則可與存義利者義之和變而通之以盡利知幾見幾不外變通而已傳又於復初九贊云顔氏之子其殆庶幾乎有不善未嘗不知知之未嘗復行也易曰不遠復无祇悔元吉庶幾謂庶乎其知幾也乾二不之坤五而四之坤初成復失道而不善矣若不變通則不善不能改自知不善卽是知幾變而旁通於姤是爲反復其道傳卽贊之云天行也天行卽乾行又於乾九三贊云終日乾乾反復道

也。然則由當位而變通。爲知幾。爲反復道。由失道而變通。亦爲知幾。爲反復道。傳又總贊之云。夫易聖人所以極深而研幾也。唯深也。故能通天下之志。唯幾也。故能成天下之務。研。摩也。知幾因而摩之。爲研幾。深。潛也。陽潛於二。因而中之。爲極深。深而極。則先二五。深而求。則先初四。故浚恆爲凶也。

男廷琥孫授書
授易
授詩校字

易通釋卷四 雕菰樓易學之三

江都焦循學

剛柔

循按雜卦傳首稱乾剛坤柔，說卦傳云：立天之道曰陰與陽，立地之道曰柔與剛，立人之道曰仁與義。仁即元也，利即義也。元而利，即一陰一陽之道也。陰陽剛柔仁義，其義一也。傳又云：分陰分陽，迭用柔剛。又云：發揮於剛柔而生爻。乾傳云：六爻發揮，旁通情也。由旁通而有發揮。兩卦旁通，故分陰分陽。惟乾純陽，坤純陰，故乾剛坤柔。其餘六十二卦，兩兩旁通，以此爻之陰、對彼爻之陽、亦陰陽兩分、乃不純乎陰陽、則視五之陰陽以爲剛柔、剛通於柔、柔進爲剛、剛又通於柔、是爲迭用柔剛、自柔而剛則爲元爲仁、自剛而柔則爲利爲義、繫辭傳稱剛柔十一、動静有常、剛柔斷矣、一也、剛柔相摩、二也、剛柔相推而生變化、三也、剛柔者晝夜之象也、四也、剛柔相推、變在其中矣、五也、剛柔者、立本者也、六也、君子知微知彰、知柔知剛、萬夫之望、七也、上下无常、剛柔相易、不可爲典要、唯變所適、八也、柔之爲道、不利遠者、其要无咎、其用柔中也、九也、其柔危、其剛勝邪。十也、剛柔雜居而吉凶可見矣十一也相摩相推相易即迭用柔剛迭用柔剛故生變化五剛則宜靜五柔則宜動一動一靜視乎五之剛柔故動靜有常以剛柔爲斷剛則存柔則亡柔而用剛爲進剛而用柔爲退知進而不知退知存而不知亡知得而不知喪是知剛而不知柔也反是則知柔而不知剛退亡喪隱也微也進存得見也彰也知微知彰知柔知剛爲萬夫之望知剛而又知柔知柔而又知剛所謂迭用柔剛也靜動斷於剛柔故剛柔爲立本所以變通趣時者以此爲本也剛在五爲剛中柔在五爲柔中柔中必更變爲剛中故云

其用柔中。用卽更變也。惟柔中乃須更變。若已剛中。則靜而不動矣。傳稱剛中者十二。（蒙師比小畜臨无妄坎蹇升困井兌）稱剛得中者四。（訟漸節中孚）皆以剛居五而言。姤傳云。剛遇中正。乾傳云。剛健中正。履傳云。剛中正履帝位而不疚。柔中則失。剛中則得。凡傳稱柔得中。謂五本柔變爲剛中。自柔而變剛爲柔得中。自剛言之。卽爲剛得中。剛得中謂剛中。柔得中亦謂剛中。唯剛中乃稱得中也。何以明之。未濟亨。柔得中也。旣濟初吉。亦云柔得中也。未濟五本柔中。二之五則剛中。是爲柔得中。本柔而得剛中。所以亨。所以初吉。初吉者。未濟三四不行。

先以二之五成否爲吉也得字卽作剛字柔得中則
小者亨既濟之柔得中正與未濟之柔得中相貫解
者以未濟柔得中指五荀爽既濟柔得中指二虞翻非其
義也小過傳云柔得中是以小事吉也剛失位而不
中是以不可大事也小過彖言可小事傳以小事吉
贊之小事吉三字乃睽之彖辭睽傳云柔進而上行
得中而應乎剛是以小事吉傳於柔得中三字中閒
增入進而上行四字明柔之所以得中由於進而上
行剛變柔爲退柔變剛爲進用一進字明謂二進於
五二進於五是爲上行以睽之小事吉贊小過之可

小事、則小過之柔得中、卽睽之柔進而上行得中也、柔在中、則剛失位而不中、剛不中則失、傳文甚明、通變之謂事、小事卽是變小爲大、謂中孚二宜之小過五而小過四不可先之初、故云不可大事、不可大事四孚、傳用以贊遯九三、又用以贊豐九三傳云、豐其沛、不可大事也、謂宜以渙二之豐五、不可以豐四之渙初、渙傳云剛來而不窮、柔得位乎外而上同、剛來謂渙二之豐五、豐五本柔而不得位、自渙二之剛來、則柔得位乎外、柔得位乎外、卽柔得中、而傳用剛來二字明之、柔得位由於剛來、則得中得位、指柔進爲剛。明白無疑。遯九三傳云。畜臣妾吉。不可大事也。鼎二之五爲遯。亦所云柔進而上行得中而應乎剛也。與睽之小事吉同。卽與小過之柔得中同。以小過之不可大事贊遯。卽贊鼎二之五之爲可小事也。鼎屯相錯爲噬嗑井。井二之噬嗑五成无妄。與睽二之五同。故鼎之柔進而上行得中。與睽同。噬嗑傳云。柔得中而上行。噬嗑之柔得中而上行。卽睽鼎之柔進而上行得中。比例之無不合。睽鼎稱柔進而上行。噬嗑稱柔得中而上行。明以得中與進互明。得中由於進。進乃爲得中。傳之自相贊也。噬嗑睽之柔。既進而上行得中成无妄傳於无妄贊云剛自外來而爲主于內剛自外來卽柔得位乎外節二之旅五成遯與鼎二之五同鼎屯相錯既爲噬嗑井故噬嗑傳稱剛柔分節傳亦稱剛柔分節五剛旅五柔井五剛噬嗑五柔是爲剛柔分卽爲分陰分陽節二之旅五在旅則柔得中乎外在節則爲剛得中以井二之噬嗑五在噬嗑爲柔得中而上行在井則爲剛中訟傳云剛來而得中也訟二之剛來於明夷五而得中得中卽得位在五言之爲柔得中在二言之爲剛得中若五本是剛不必言得惟五以柔進而爲剛斯爲得中可稱

柔得中。亦可稱剛得中。剛得中。剛本在二。而得中於五也。柔得中。五本是柔。而得進爲剛也。剛中卽是剛得中。柔中與柔得中迥別。剛而中卽是得柔而得則中己不柔也。推之升二之五。困二之賁五。兌二之艮五。蒙二之五。師二之五。小畜二之豫五。臨二之五。坎二之離五。皆爲剛中。履二之謙五。爲剛中正。姤二之復五。爲剛遇中正。巽二之震五。爲剛巽乎中正。乾二之坤五。爲剛健中正。中孚二之小過五。在小過爲柔得中。在中孚爲剛得中。鼎二之五。在鼎爲柔進而上行得中。在成遯爲剛當位大畜傳云剛上。謂二之五也。萃傳云剛中。謂大畜二之五也。无妄傳云剛中。謂升二之五。比傳云剛中。謂大有二之五。升柔以時升。升亦進也。升五失中爲柔。通於无妄而二升於五。是爲時升。謙傳云地道卑而上行。地道卽柔也。上行卽進而上行也。履二之謙五。與升二之五同。升之柔以時升。卽謙之地道卑而上行也。同人柔得位得中。謂師二之五。或以柔得位得中。指同人六二。同人二五已往。不必言者也。同人之名。取其舍已從人。善與人同。則柔得位得中。指師無疑。師之剛中。卽柔得位得中也。未濟二之五與需二之晉五同。晉傳云柔進而上行與未濟柔得中互明合之即睽鼎之柔進而上行得中也得中則柔進爲剛故云得中而應乎剛漸傳云進得位往有功也進以正可以正邦也其位剛得中也進謂漸成蹇而通於睽可以正邦即蹇之當位貞吉以正邦進得位即睽之柔進而上行得中傳特以剛得中三字明之是柔之得中正是剛之得中在睽爲柔得中自蹇言之則剛得中也蠱二之五猶大畜二之五故皆云剛上而蠱以柔下二字申明之與恆傳同恆益相錯爲兑艮恆二之五即兑二之艮五兑二之艮五既同於蠱二之五則蠱之剛上而柔

下。卽恒之剛上而柔下。恒二之五爲咸。咸益相錯爲隨。漸隨之剛來。謂巽二之震五。巽二之震五。卽恒二之五之比例。剛來而下柔。與咸之男下女。屯之貴下賤義同。男也貴也。卽剛也。女也賤也。卽柔也。舍屯咸隨之剛。從鼎損蠱之柔。是爲下柔。恒二之五。則剛上而柔下。故申云雷風相與。謂成咸也。咸四之初。則柔上而剛下。故申云二氣感應以相與。謂應損也。兌二之艮五則剛中。三之艮上則柔外。中孚二之小過五則剛得中。三不先之上。故柔在內。損傳云。損剛益柔有時。此語爲六十四卦之通例。柔在五則益之。謂損交而成益剛在五則損之謂益易而通恆損剛即柔來而文剛益柔即剛上而文柔夬傳云剛決柔剝傳云柔變剛姤傳云柔遇剛履傳云柔履剛蒙九二傳云剛柔接坎六四傳云剛柔際屯傳云剛柔始交凡此皆明迭用柔剛之義說者不明進與得皆指剛遂以柔進上行爲柔爻上行以柔得中爲柔爻居五於是造爲卦變之說鼎之柔進上行爲遯初之五晉之柔進上行爲觀四之五乃用以說睽之柔進上行則窮矣用以說升之柔以時升則又窮矣虞仲翔解柔以時升云柔謂五坤也升謂二坤邑無君二當升五

虛。此明以柔爻在五，剛爻在二，宜以二升於五，以此推之睽、鼎、晉之柔進上行，無不皆然，而何卦變之有也。泥於自上而下爲來，謂隨之剛來，爲否上來初；與之剛來，爲否四來二；訟之剛來，爲遯三來二。乃用以說无妄之剛自外來，則窮，不得不以爲遯上來初，而其例紊矣。

大小

循按：繫辭傳云：「齊小大者存乎卦。」齊者，整齊之也。陽剛爲大，陰柔爲小，一陰一陽，所爲齊也。乾剛坤柔，乾二之坤五，乾成同人，坤成比，兩卦皆剛中，不齊矣。以同人孚師以比孚大有則又齊矣是謂齊小大也齊則大通於小小進爲大不齊則大不孚於小小不進於大小不進於大則小而又小以至於匪故凡卦以剛通柔爲孚既孚則以柔進爲剛乃爲利齊亦利也妻之言齊也是以陰孚陽爲齊故乾剛通於坤柔坤五以小爲大則大哉乾元坤成屯通於鼎鼎五小以孚屯五之大而必以鼎二之五爲利見大人經稱大人者十二乾九二九五訟彖否六二九五蹇彖上六萃彖升彖困彖革九五巽彖皆謂小進於大小進於大爲大人小不進於大則爲小人大不孚於小則盈不可久孚於小即大中而上下應之乃可用如大有五本小二進於

五乃大而後四上乃可用之比初三若二不之五而四上行則成泰爲小人故勿用也未成泰上先行則成大壯四先行則成大畜惟大畜孚於萃則二之五爲利見大人萃九四大吉謂大畜二之五小化爲大則吉也蠱九三幹父之蠱小有悔无大咎蠱成大畜猶大有成大畜成大畜五柔故小因其小而悔悔則變通於萃乃名大畜不通於萃而二之五雖亦大而上之屯三成兩既濟則大而不畜矣大而不畜雖大亦咎必變通於萃乃有悔而无大咎也乾九二利見大人謂屯通鼎九五利見大人謂家人通解家人通

解爲有孚于小人，解二之五，則利見大人，革九五，大人虎變，謂通蒙，蒙二之五，鼎成大畜，猶大有蠱成大畜也，睽成大壯，猶大有歸妹成大壯也，蒙成升，猶師蠱成升也，解成臨，猶師歸妹成臨也，其鼎解之成恆，猶大壯也，蒙睽之成損，猶臨也，而恆損大畜升大壯臨，仍不能進於大，則成泰，故卦至成泰，則小甚矣，大壯本小，孚於觀而二之五，乃名大壯，猶大畜本小，孚於萃而二之五，乃名大畜也，大壯九三，小人用壯，大有成大壯，爲小人，用壯則大，大有小人弗克，克則成大壯也，臨者，大也，臨本小，孚於遯而二之五，乃名臨遯亨小利貞小謂臨也升本小孚於无妄而二之五則用見大人繫辭傳云復小而辨于物乾四之坤初坤五未大故復小小畜二之復五則小不能畜惟孚於豫乃名小畜而復亦通於姤為辨於物豐本小而孚渙則大與臨同離成賁猶坤成復賁通困則小利有攸往小進於大故困亨貞大人吉賁小不可與節係節通旅則小亨若旅四之初仍成賁則小而爻小是為旅瑣瑣瑣瑣猶小小也節之於旅猶蹇之於睽節孚旅則小亨蹇孚睽則小事吉泰孚否則小往大來否孚泰則大往小來大往小來故小人吉小往大

來故大人否亨否九五休否大人吉謂泰以小進爲大而否應之以成休嘉也既濟亨於未濟則亨小利貞猶遯亨臨爲小利貞未濟二不之五而成泰則小狐汔濟坎二不之離五而成需明夷則小有言需通晉明夷通訟則小有言終吉亦爲求小得小而得則大即得其大首也大抵小之進爲大也宜有應有應則亨亨則大即是元故傳每以大贊元屯動乎險中大亨貞隨大亨貞无咎臨大亨以正天之道也无妄大亨以正天之命也升剛中而應是以大亨革大亨以正革而當其悔乃亡大而在五先乎初三乃爲元大而不在五則不可大事在五而後乎初三則爲大壹大號不可爲元故元未有不大而大不

必即元也大之易爲小也宜急進爲大急進爲大則利故不急進則无攸利小即進爲大則小亨小利貞小事吉小而不即進爲大則小有悔小吝故利未有不由大易於小而小久於爲小又轉不利也升積小以高大師本小二不之五而成升升又小故爲積小由積小而下巽爲高然後乃孚无妄用見大人是由高而大也

新舊

循按訟六三食舊德井初六舊井无禽傳於鼎稱取新於大畜稱日新其德兩新字正用以贊兩舊字此

傳之贊經最爲微妙者也井與噬嗑旁通卽爲屯鼎之相錯坎二不之離五而離上之坎三成豐井失道矣井宜舍豐而通噬嗑乃井不通於噬嗑而仍與豐係豐四之井初所爲井泥不食也舍豐而通噬嗑則以能更變而爲新不能更變故爲舊井也井更變於噬嗑井二之噬嗑五爲鼎二之五之比例雜卦傳云鼎取新也謂屯通於鼎也屯通於鼎則取新是井通於噬嗑則取新也井通於噬嗑則取新井不通噬嗑而仍與豐係是不能取新矣不能取新則舊井矣豐四之井初井成需豐成明夷明夷通訟訟二之明夷

五則食舊德井以不食而舊舊而能變通則仍食矣此舊德之舊卽舊井之舊也食舊德猶云噬腊肉腊卽昔字肉久不食而乾是爲昔肉如舊醳謂之昔酒見酒正注謂噬嗑成明夷而通訟也噬嗑未成明夷必先成頤噬嗑四之井初成頤爲鼎四之初成大畜之此例屯通鼎而鼎成大畜不可爲取新也井通噬嗑而噬嗑成頤亦不可爲取新也斯時頤未成明夷卽宜通大過大畜未成泰卽宜通萃大畜而通萃仍不異屯之通鼎故云日新其德新其德則不俟成明夷乃食舊德也大畜萃相錯爲夬剝大畜通萃爲日新其德

夬通剝，亦爲日新其德，何也。夬不通剝，而仍與謙係，是爲壯于前趾。前猶昔也。檀弓予疇昔之夜注云昔前也前趾猶舊趾也。乾上之坤三成謙，夬猶離上之坎三成豐井，井不通噬嗑爲舊井。通噬嗑則取新。傳以鼎之取新贊之。夬不通剝爲前趾，通剝則曰新其德。傳以大畜之曰新其德贊之。所謂贊經之微妙也。前趾猶前禽。比成屯，屯通鼎則失前禽。失前禽則得新禽。是鼎之取新，贊舊井，正所以贊前禽。前禽者舊禽也。舊井者前井也。乾上之坤三，猶大有上之比三。大有成大壯，比成蹇，相錯爲需小過。需傳云，險在前也。蹇傳亦云，險在前也。險在前則宜變通以取新。一則云。剛健而不陷。其義不困窮矣。一則云。見險而能止。知矣哉。皆謂其能新也。易之一書。全以日新爲要。繫辭傳云。日新之謂盛德。然則凡卦皆宜然。大畜傳云。君子多識前言往行以畜其德。前言指萃上兌。所更新在大畜。萃上言已先有。故云前。若家人通解而解成萃。則言爲新言。而行爲新行矣。

遠近

循按繫辭傳。三言遠近。兩言遠邇。由復初九不遠復一言賛之也。乾二之坤五。而初四應之。在四則懼。在二則謷不煩改而變通故爲近若乾二不之坤五而四之坤初乾成小畜坤成復復若不能改變又以小畜上之復三成明夷明夷雖能通訟已輾轉艱難而後得故爲遠所謂柔之爲道不利遠者也惟復即孚於姤姤四不之初即以二之復五雖不能如乾二之坤五得中無失而隨失隨復故不遠復成明夷而後復則遠復矣蒙六四傳云困蒙之吝獨遠實也蒙成泰猶坤成明夷成泰而後復猶困成需而後復五之虛雖實乃不實於蒙五而實於泰五故遠實姤九四傳云无魚之凶遠民也柔在五稱民姤二之復五則

不遠姤二二不之復五而四之初復五之柔仍未復故遠民遠民者使復成明夷也以復視明夷則復之孚姤爲近明夷之孚訟爲遠以復小畜視乾坤則乾成同人坤成比爲近復孚姤小畜孚豫爲遠小畜六四有孚血去惕出无咎渙上九作遯出傳云遠害也遯與惕通凡易稱惕皆遯謂遠也其未害也則不可遠其旣害也則不得不遠乾坤成小畜復不得不以小畜孚豫爲惕出坎離成豐井不得不以豐孚渙爲遯出蒙未成泰先成損不得不通於咸爲遠害兌艮成謙夬不得不以夬孚剝爲惕號失道至於明夷需不

得不以明夷孚訟爲惕中吉夬已號矣以夬四之剝初成頤則虎視耽耽其欲逐逐不得不以頤孚大過逐逐者遠也此皆因失道而遠者故遠近相取而悔吝生家人上不可之屯三則遠而通於鼎是爲夕惕傳於中孚九二暢發之云君子居其室出其言善則千里之外應之況其邇者乎居其室出其言不善則千里之外違之況其邇者乎言出乎身加乎民行發乎邇見乎遠自乾坤發之爲屯家人由屯家人旁通於鼎解此出其言善千里之外應之者也卽豫應小畜成咸咸又應損而損成益也亦卽小過應中孚成

咸咸又應損而損成益也乾坤成小畜復遯已失道不應復通姤又不應而成明夷大過小畜通豫又不應而成小過需此出其言不善千里之外違之者也即豫不應小畜而成小過小過乃違而通中孚小過又不應中孚而成明夷明夷乃違而通訟也惟生生不已故以言乎遠則不禦終則有始故以言乎邇則靜而正靜而正者往而成既濟也不禦者來而通變於無窮也震成屯通鼎猶坤成屯通鼎震象傳云震驚百里驚遠而懼邇也懼邇即四多懼謂四應五成屯則懼而三不行驚遠所以夕惕若也鼎二之五成

遯傳云、君子以遠小人、鼎成遯、覩屯爲驚遠矣、用一遠字贊夕惕惕字、卽與驚遠互明、夬惕號於剝、若剝上之三仍是謙、夬四之剝初成明夷、仍是夬四之謙初、是爲剝牀以膚傳云、切近災也、夬舍謙而通剝、則遠剝成謙、則仍近切猶割也、割卽剝也、以剝而遠者反以切而近、是惕之不能惕也、故爲災也、

內外

循按雜卦傳云、睽外也、家人內也、李鼎祚引虞氏義云、離女在上、故外、家人女正位乎內、故內、內外專以指離、未切於易義、一卦六爻、下卦稱內、上卦稱外、固

也泰傳云內陽而外陰內健而外順內君子而外小人否傳云內陰而外陽內柔而外剛內小人而外君子明夷傳云內文明而外柔順此以家人與睽分屬內外則以旁通之兩卦言之睽與蹇旁通睽爲外則蹇爲內家人與解旁通家人爲內則解爲外大抵五已正位者爲內五未正位者爲外內其故也外其新也內其躬也外其鄰也比與大有旁通比六二比之自內自內者大有二之五而比四比之大有成家人也六四外比之外比之者比成蹇而通於睽睽二之五而後初比之也泰初九傳云拔茅征吉志在外也拔茅則泰成既濟否成益益猶家人也家人內則益內益通恆猶家人通解志在外外謂

恒也恒外成咸則內益內損則爲外咸初六傳云咸其拇志在外也外謂損也益六二傳云或益之自外來也上九傳云或擊之自外來也謂損二之五成益益之來由於損也睽二之五成无妄則外變爲內无妄傳云剛自外來而爲主於內无妄五自睽來而云自外來明睽爲外既成无妄則爲主於內明以无妄爲內无妄五剛睽五柔內外之義莫詳於此蹇孚於睽則睽爲外升孚於无妄則无妄爲內蹇九三傳云往蹇來反內喜之也上六傳云往蹇來碩志在內也來反來碩皆指升二之五升未成蹇仍與无妄孫故

云志在內內喜之睽成无妄爲內睽成損則仍爲外故損成益爲自外來猶睽成无妄爲剛自外來鼎成遯與睽成无妄同臨上六傳云敦臨之吉志在內也遯爲內則臨爲外臨二之五成屯屯遯相錯即蹇无妄爲睽二之五之比例即爲升二之五之比例臨上六之志在內猶升上六之志在內也旅節相錯爲睽蹇旅傳云柔得中乎外柔字外字皆贊旅小亨小字睽小旅亦小旅外即睽外也渙豐相錯爲家人解渙六三渙其躬傳云志在外也家人內則解外渙得家人之上半內也豐得解之上半外也渙二之豐五則

柔得位乎外。渙上之三應之。則上同。渙上應乎豐五之志。故志在外。猶云志在豐也。豐在外。豐成明夷。猶睽成損。需九三需于泥。傳云。災在外也。豐四之井初成需。爲井泥。而明夷之災。則在豐矣。家人傳云。女正位乎內。謂鼎成家人。女卽女子貞不字之女。男正位乎外。謂解二之五也。旅柔得中乎外，渙柔得位乎外，家人男正位乎外，三者互明。解二不之五。而四之初成臨。臨家人相錯爲明夷中孚。爲豐四之渙初之比例。明夷傳云。內難。謂與中孚相錯爲家人也。莫詳於坤六二文言傳云。直其正也。方其義也。君子敬以直內。義以方外。敬義立而德不孤。乾成家

入革坤成屯蹇直內也蹇通於睽方外也義以方外則睽二之五睽二之五則睽不孤故敬義立而德不孤也

上下

循按乾九五文言傳云本乎天者親上本乎地者親下乾爲天本乎乾則是乾二之坤五也乾二之坤五而親在坤上坤爲地本乎坤則是坤五之乾二也坤五之乾二而親在乾下乾之於坤猶坎之於離雜卦傳云離上而坎下也坎屬天本乎坎二以親於離五故離上離屬地本乎離五以親於坎二故坎下二之

五、亦五之二、所謂交也、泰二上行、五下行、爲上下交、否上下不交、謂泰二不之五、五不之二也、泰否爲乾坤之錯、泰之上下交、卽乾坤之親上親下、此上下以二五言者也、小過彖云、小過亨、利貞、可小事、不可大事、飛鳥遺之音、不宜上宜下、大吉、經之稱上下、僅見於此、傳云、小過、小者過而亨也、過以利貞、與時行也、柔得中、是以小事吉也、剛失位而不中、是以不可大事也、有飛鳥之象焉、飛鳥遺之音、不宜上宜下、大吉、上逆而下順也、由順逆二字推之、卽發明坤順承天之義、蒙上九傳云、利用禦寇、上下順也、上逆而下順、則不能上下順。上下皆順。則上不逆。因蒙之利禦寇求諸漸九三之利禦寇。漸歸妹相錯爲中孚小過。漸何以利禦寇。漸成家人。上不之解三也。蒙何以利禦寇。蒙初應五成益而上不之三也。小過成既濟。中孚成益。既同於革成既濟。蒙成益。然則宜下者。小過成咸而四之初也。卽蒙成觀而革四之蒙初也。不宜上者。中孚成益而上不之三也。卽蒙成益上不之三也。若益不通恒而上之三。則逆矣。乃上下順三字。不贊於漸。而贊於蒙。何也。漸九三鴻漸于陸。爲歸妹二不之五。而四之漸初成家人臨。與中孚二之小過五而小過四之初成既濟益不同成既濟益則下順成臨家人則下並不順必臨通遯乃容保民故傳但云順相保以明其爲臨家人而以利禦寇三字與蒙同蒙之成益既同於中孚成益則以蒙之利禦寇明漸之利禦寇即以利禦寇之上下順明飛鳥遺之音之不宜上宜下飛鳥遺之音謂中孚二之小過五小過四之初應之不宜上宜下不宜上者宜下也推之不宜下者則宜上也小過六五密雲不雨自我西郊傳云已上也不雨則小過成咸四不之初所謂已也密雲則中孚成益而上之三所謂上也已是不宜下不宜

下故上飛鳥則是宜下宜下故不宜上蓋初四從二五爲下三上從二五爲上初四從則三上不從是不宜上宜下也三上從則初四不從是已上也不宜上則宜下不宜下則宜上經自示其例如此凡初四從二五爲下應三上從二五爲上應上應則下不可應下應則上不可應是爲上下順下應而上又應則下順而上逆推之上應而下又應則上順而下逆矣此上下以初四三上言者也損彖傳云損損下益上其道上行謂二上行於五成益益彖傳云益損上益下民說无疆自上下下其道大光謂益上之三成既濟

必通於恆。恆二先之五成咸。咸上兌故民說而无疆也。何爲自上下下。上指益上之三。下指咸四之初。損二之五成益。益上不遽之三。讓咸四之初。然後通於恆。俟恆二之五。而益上乃之三。是上應下於下應。如是道乃廣大而不窮矣。在恆二之五。爲剛上而柔下。則益損上益下應之。在損二之五。爲損下益上。則咸柔上而剛下應之。損恆言二五之上下。益咸言初四三上之上下。損下益上。亦剛上而柔下也。損上益下。亦柔上而剛下也。比通大有。小畜通豫。則上下應。此指初四三上。乾成夬。坤成謙。則失上下。因失上下而夬通剝，謙通履，則辨上下定民志，此上下指二五，即謂親上親下也。謙失道而通履，宜以五下行之履二，故柔履剛，夬失道而通剝，宜以二上行之剝五，故剛決柔。復失道宜以五下行之姤二，故柔遇剛，需二宜上行之晉五，故晉傳云，進而上行，中孚六四傳云，馬匹亡，絶類上也，謂中孚成需而通晉也。井失道，二宜上行之噬嗑五，故傳云得中而上行，睽鼎以本卦二之五，故專以二之五言，皆云進而上行，賁稱剛上，謂困二之賁五，訟九二傳云，自下訟上，謂訟二之明夷五，井初六傳云，井泥不食，下也，謂巽上已之震三成豐井，而豐四爻之井初也。乾初九文言傳云：潛龍勿用，下也。乾上之坤三成謙，夬，夬四不可爻之謙初也。豐井下應而上不應，變而通噬嗑，則上應，上下皆應，乃稱元吉。井上六傳云：元吉在上，謂通於噬嗑而上應也。節賁上應而下不應，節變而通旅，則下應。六四傳云：安節之亨，承上道也。上從二五，節成旣濟，旅成咸，是爲安節，而咸初四仍承上而時行，以爲道，則不徒以上應窮也。節二宜上行於旅五，乃旅成明夷，則宜以五下行於訟二，故云以旅與下。賁五宜下行於困二，乃困成需，則宜以二上行於晉五，故云與上。與

也旅四之初成賁賁上又之節三成明夷所以至於
鳥焚其巢者上先行故也故傳云以旅在上其義焚
也升二不之五而无妄四之升初成泰无妄上又之
三爲不耕而穫在升則爲冥升傳云冥升在上消不
富也升之冥由无妄三之上也小畜二不之豫五而
豫四之初成復小畜上又之復三成明夷爲冥豫傳
云冥豫在上何可長也豫之冥由小畜上之復三也
未濟二不之五而上之三成恆恆之震由於上也故
云振恆在上大壯二之五而後觀上之三故傳云大
觀在上謙夬無上應謙通於履仍有上應與井通噬

嗑同。故上九傳亦云元吉在上。蠱上之隨三成蹇革。則上窮。謂上不應也。巽上之震三成需明夷。則上窮。謂下不應上。又不應也。剝上之三成謙。則輕而不厚夬二先之剝五。而後剝上之三。故云上以厚下。以厚而下。不以蔑而下也。萃四不之初而三之家人上。大畜先成家人上巽。故云上巽也。上六傳云。齎咨涕洟。未安上也。謂大畜二不之五而萃三之大畜上。其上也。不成既濟也。三之上稱上。而上之三亦稱下。四之初稱下。而初之四亦稱上。上以厚下謂上之三。訟成益。三從恆五而上。傳云。從上吉。比成蹇。初從睽五而上傳亦云以從上三之上由上應而上也上之三由上應而下也四之初由下應而下也初之四由下應而上也上應而下又應下應而上又應是爲上下敵應上下敵應則獲其身而有咎所以已而後可上不宜上宜下也乾九四文言傳云上下无常非爲邪也此上下卽謂上下應下應成屯家人上應成蹇革乾四本可應坤五乃乾上既先應成革則乾四不得又應故改而應乎蒙是爲或躍在淵若乾四先應成家人則乾上又改而應乎解所謂上下无常而總之皆以應乎二五爲主故非爲邪繫辭傳云變動不居周

流六虛上下无常剛柔相易不可爲典要唯變所適變動不居所以上下无常也惟上下无常所以有不宜上宜下者有已上者大畜二之五爲困二之賁五之比例剛上而尚賢之剛上卽是剛上而文柔之剛上本乎天者親上正此剛上也爲卦變之說者以賁之剛上上爲泰二之上以大畜之剛上爲大壯初加於上明乎比例無容此岐說矣

進退

循按序卦傳云晉者進也遯者退也又云漸者進也雜卦傳云遯則退也需不進也需不進以二不可之

明夷五也通於晉則二可之晉五故晉進進者謂二進於五也說卦傳云巽爲進退經文稱進退一見於巽初六進退利武人之貞一見於觀六三觀我生進退乾九四文言傳云進退无恒非離羣也文言傳既進退並稱而九四傳則云進无咎也文言傳又云乾道乃革又云亢之爲言也知進而不知退知存而不知亡知得而不知喪所以發明進退之義者詳矣喪亡謂五不得位也得存謂五得位也喪亡者宜進得存者宜退坤成屯而通鼎鼎五喪亡則宜進鼎二之五成遯又宜退而通臨故遯則退坤成屯乾成家人

不知退則成兩既濟爲窮之災屯初九磐桓荀慈明云磐桓者動而退也王弼云不可以進故磐桓是屯宜退故磐桓不進也幽通賦曹大家注盤桓不進也家人則退而通於解解六五有孚于小人傳云小人退也家人舍屯而通解則知退故於解明指出退字君子孚於小人爲退小人化爲君子則進傳於解言退於鼎言進明云小人退也是解二未之五時爲家人所孚是則爲退若解二之五則所謂君子有解矣退而進矣然特於解遯兩卦言退於晉睽兩卦言進有微義焉漸上之歸妹三歸妹成大壯漸成蹇蹇通於睽傳稱睽柔進而

上行。蹇大壯相錯爲需。蹇之通睽。猶需之通晉。故晉傳稱柔進而上行。與睽同。蹇成於漸。則睽晉之進。即漸之進。傳以進贊漸。即謂漸成蹇通於睽。何以明之。漸彖傳云。漸之進也。女歸吉也。進得位。往有功也。進以正。可以正邦也。往有功。即蹇彖傳之往有功。可以正邦。即蹇彖傳之以正邦。連用往有功以正邦兩言。顯與蹇彖傳相鉤貫。明以此漸之進。即蹇通睽而柔進上行之進。傳之贊經。極爲神妙者也。漸成蹇。其進在睽。歸妹成大壯。其進即在大壯。而經於大壯上六稱不能退。與漸之進互明。大壯成革則退。成泰故不能退。大壯不能退。明其同於睽晉之進也。艮六二傳云。不拯其隨。未退聽也。兌二不之艮五而四之兌初。艮成賁。兌成節。即歸妹二不之五而四之漸初之比例。節通於旅。旅成遯。猶臨通於遯而臨成屯。今方艮其腓成節。而未通於旅。故未成遯。即是未退。兌先成節則聽。成隨無坎耳。成節則有坎耳。故聽也。大壯進則成革。革又宜退而孚於蒙。蒙進而成觀。觀退而孚大壯。在大壯蒙宜進。在革觀宜退。乾九四文言傳明指出革。則或躍在淵。謂乾已成革。革四宜退而變通於蒙。蒙二進於五。爲躍在淵。傳言進无咎。謂蒙二之五。蒙之進，卽革之退。故文言傳兼言進退。大壯二之五成革。所謂觀我生。蒙進而成觀。觀退而孚大壯。大壯進而成革。革又退而通於蒙。繫辭傳云：變化者，進退之象也。觀以神道設教，取陰陽不測之義。觀上巽由此進，卽由此退。是巽所以爲進退也。巽初六傳云：進退，志疑也。震四之巽初。巽成小畜。小畜通豫。爲大壯通觀之比例。故進退利武人之貞。巽初六之進退，卽觀六三之進退也。

得喪　存亡

循按：進退之義明，則得喪存亡之義明。五正位爲得。

五不正位爲失得則吉失則凶故繫辭傳云吉凶者失得之象也然失而不得固凶而非失則無以爲得比九五傳云舍逆取順失前禽也失前禽爲取順者知得而知喪也坤五本喪則宜得朋西南坤也故西南得朋蹇五已得則宜喪朋東北蹇下艮也故東北喪朋得朋固爲與類行喪朋亦爲終有慶喪而得交也得而喪易也得而喪反也喪而得復也反復其道卽一陰一陽之道井彖云改邑不改井无喪无得往來井井改邑由於不改井改井者井通噬嗑也井二之噬嗑五而噬嗑三上應之噬嗑成革井成蹇若蹇

不通睽、則无喪、无喪則无得、无喪、所謂不知喪也、井噬嗑相錯、卽屯鼎、井通噬嗑、卽屯通鼎、屯通鼎則知喪、是井通噬嗑則亦知喪、井成蹇、喪而得矣、蹇通睽、又由得而知喪、无喪无得四字、上承改井、改井固知喪也、下接往來井井、井而又井、卽成蹇、又通於睽、是知喪而又知喪也、徒守所已得、而不知變通、則不能日新、而其道窮、向之所得者幾何、仍歸於无得而已、東北喪朋、故睽初九喪馬、勿逐自復、睽二之五乃有乾馬、以其反乎蹇則喪、以其自復而成无妄則有馬、據未得馬而言、故云喪馬、喪馬自復、則喪而得矣、喪與得對復與反對喪馬而云自復復即是得喪即是反互相明矣知得不知喪則窮而災知喪而不能得則喪而益喪凶何如矣睽不自復而上之三成大壯則是喪而又喪既成大壯雖復亦不能成无妄而爲馬惟易而通於觀復而成革上兌故不爲喪馬而爲喪羊節二之旅五與睽二之五同則睽喪馬旅亦喪馬旅上之節三成小過與需相錯爲大壯則大壯喪羊小過亦宜喪羊乃旅之成小過者四又之初成明夷是爲喪牛喪馬者由喪而得乾馬也喪羊者由喪而得兌羊也喪牛者由喪而成坤牛也喪馬喪羊則

由喪而得喪牛則喪而又喪蓋一喪而得則睽成无妄爲馬再喪而得則大壯成革爲羊再喪而不得至於三喪小過成明夷卽大壯成泰爲牛喪馬无咎喪羊无悔以其能變通也喪牛則凶以其不能變通也改井則喪馬得馬不改井而改邑則雖喪牛而亦得其大首旅四之初成賁通困則得童僕亦爲得資斧成明夷則喪牛亦卽喪童僕巽初之震四成復小畜則喪貝由小畜復成明夷需則喪資斧復通姤七日來復故七日得六五億无喪有事傳云其事在中大无喪也大无喪猶云大有得謂巽二先之震五也喪

貝而七日得，是喪而有事也。成屯而通鼎，是无喪而有事也。无喪指屯，有事指變通於鼎。變通於鼎，則无喪而知喪。鼎二之五不喪匕鬯，又喪而得矣。未濟喪茀而成損，損通咸，則亦七日得。損不通咸而上之三成泰，喪而又喪，與巽喪其資斧同。泰九二朋亡，謂損上之三也。恒四之初也。大壯四之觀初也。大畜上之萃三也。升初之无妄四也。臨三之遯上也。變通於否，則亡而存。喪而得，故云得尚乎中行。否九五其亡其亡，繫于包桑，兩言其亡者，謂亡而又亡。一亡成損恒大壯大畜升臨，再亡成泰，亡而又亡。一經變通於否。

有以包之遂得尚乎中行喪亡疊至繫于包桑而卽得在喪亡者不可不變通而得所繫在已得已存者不可不知其喪亡而用包容易於一喪再喪而言其得之之易如此君子包之小人化之又何過之不可改惡之不可遏乎豫六五貞疾恒不死傳云中未亡也謂豫成小過通於中孚也中孚上之三成需爲小畜上之豫三成小過之比例小過通中孚猶需通晉中孚二之小過五則中未亡需二之晉五則馬匹亡指晉五馬指需下乾以馬匹晉五之亡而亡不亡矣旅六五射雉一矢亡謂節二之旅五而旅上之節

三節成既濟旅成咸亡謂咸通於損由得而知喪一用矣即知亡而變通故終以譽命若成咸而不知亡仍以咸四之初則所用不止一矢而成兩既濟知存不知亡矣繫辭傳云成性存存存而亡亡而又存故存存也

生死

循按繫辭傳云原始反終故知死生之說以經文觀之死與終不同檀弓君子曰終小人曰死此易義也經之稱生者二卦觀六三九五觀我生上九觀其生大過九二枯楊生稊九五枯楊生華是也經之稱死

者二卦離九四突如其來如焚如死如棄如豫六五貞疾恆不死是也乾二之坤五成家人屯則通解鼎成蹇革則通睽蒙是生而又生故生生之謂易乾二之坤五爲大生屯蹇通鼎睽爲廣生大生故資始廣生故資生觀爲蒙二之五之卦經於此明生生之義屯通鼎則家人通解蹇通睽則革通蒙生由此而廣矣革通蒙則蒙成觀是爲童蒙求我我有所生則觀我生謂觀通大壯而大壯二之五也我生而初四應之成益益又通於恆恆二之五是爲觀其生益彖傳云天施地生其益无方即所以發明觀其生之義也

有乾坤大生廣生因有觀之我生其生以歸於益恆咸損而乾坤之生生乃不已自乾坤而革蒙而觀大壯而益恆此生生之未有失者也若失道而成大過是乾二不之坤五而四之坤初也姤二不之復五而上之復三也失道而成頤是乾二不之坤五而上之坤三也夬二不之剝五而四之剝初也大生廣生之機失矣然大過通頤而頤成益則枯楊生華頤通大過而大過成咸則枯楊生稊益通恆咸通損仍生生不已舉一大過頤之生生其他失道而變通者皆其例矣在成既濟則終在益通恆則始終則有始其始

爲生。生而終。亦不可爲死。死者。澌也。說文廣雅白虎通鄭氏注禮記皆云澌即斯其所取災之斯。豫六五傳以中未亡贊恆不死然則死謂五亡也。坎二不之離五。而離四之坎初。離成賁。坎成節。與旅四之初同。焚如。即旅焚其次之焚。旅傳云旅焚其次亦以傷矣。傷謂成明夷。旅成明夷。即離成明夷。是賁上之節三。如是則死如。故賁上之困三。困成大過。賁成明夷。傳贊之云。死期將至。將至者。大過四又之初。即離上先之坎三。而四又之坎初也。成大過而通於頤。即隨蠱之相錯。有子以承父德。父雖終而不可爲死。父有子則終而始。死而不死矣。

故大過爲棺槨所取不同於坎成需離成明夷之爲棄如死而棄則眞死矣豫成小過猶困成大過大過通頤而二之頤五爲益通恆而恆二之五之比例小過通中孚而五之中孚二亦爲益通恆而恆二之五之比例故豫成小過能恆而仍不死即困成大過能恆而仍不死是以云恆不死在大過以生稊生華兩生字與豫之不死互明而傳云過以相與即恆之雷風相與謂成咸相與二字所以與恆不死之恆互明也傳贊中孚云君子以議獄緩死謂豫成小過雖近於死而能通於中孚則緩死緩死即恆不死也離四

之坎初與兌四之艮初同傳云說以犯難民忘其死兌成節艮成賁則犯難說以犯難則節通於旅而不致焚其次賁通於困而不致不見其妻凶不成需明夷故民忘其死也然則死生之說可得而言矣積善有餘慶則生積不善有餘殃則死死非謂形喪也謂中亡也生非謂形在也謂中未亡也中未亡故終則有始顏子短命而不可爲死所謂原始要終者如是所謂死生之說如是不以形之存亡爲死生而以善不善之積爲死生此易之言死生也

男廷琥孫授書授易授詩校字

清江都焦氏本雕菰樓易學三書

第四册

清　焦循撰

山東省圖書館藏清嘉慶道光間江都焦氏雕菰樓刻《焦氏叢書》本

山東人民出版社·濟南

易通釋卷五 雕菰樓易學之三

江都焦循學

道

循按：易之言道者四，復彖云：反復其道；小畜初九：復自道；履九四：履道坦坦；隨九四：有孚在道。繫辭傳云：一陰一陽之謂道，繼之者善也，成之者性也。又云：形而上者謂之道，形而下者謂之器。形卽品物流形之形，以爻之定言，謂成旣濟；未成旣濟之先，陰陽變化，生生不已，是之謂道。一陰一陽，猶云一闔一闢。凡兩卦旁通，皆陰陽相偶，以陽易陰，以陰交陽，終則有始，謂之續終。繼即續也。成兩既濟而終止。無復一陰一陽相對。是但有形器而無道。惟成性之後而又存存。前者未終。後者已始。柔剛迭用。至於無窮。如坤成屯。屯通鼎。鼎成遯。遯通臨。臨又成屯。此道也。繼之者善也。鼎成遯。遯上之屯三成既濟。此形也。成之者性也。屯成既濟。而鼎成咸。咸又通損。此成性而存存也。反復即一陰一陽也。一陰則反其道。一陽則復其道。乾九三君子終日乾乾。謂坤成屯而通於鼎。故傳以反復其道贊之。反復其道。復彖辭也。乾成小畜。坤成復。失道也。小畜通豫。則復自道。復通姤。則反復其道。傳取以贊終日乾乾明當位者以反復爲道與失道者以反復爲道其道同也反復其道指二五二陰一陽亦指二五坤一陰反乎乾之一陽宜以乾二之坤五則反而復一陰化爲一陽乃不成比而成復仍反而爲一陰是失道也宜變通而以姤二之復五則反而復乃不成屯而成明夷仍反而爲一陰是失道也傳以反君道贊迷復之凶迷卽先迷之迷坤彖傳云先迷失道後順得常反而不復是有陰而無陽也失道也復而不反是有陽而無陰也亦失道也終日乾乾之反復道已復而欲其反也七日來復之反復其道

己反而欲其復也。隨九四。隨有獲貞凶。有孚在道以明何咎。有獲謂革四之蹇初成兩既濟。有陽無陰爲其道窮。革通於蒙。則有孚在道。革一陽蒙一陰。故在道。傳云明功也。明初九出門交之功。出門交。則成蹇革爲有功。因其功而續終。故明功。此與屯通鼎之道同。復通姤則從道。（復六四傳）謙通履則履道。謙之失道同於復。其履道即與復之反復其道同。經之言道其義已足。傳稱得中道五。（離六二既濟六二夬九二蠱九二解九二）未失道二。（睽九二觀六三）其道窮四。（比彖蹇彖坤上六節上六）失道三。（坎初六上六漸九三）由陰而陽爲君子道。由陽而陰爲小人道。能變化而後爲乾道。能馴致其道而後爲坤道知周乎萬物而道濟天下故不過濟天下成既濟而定也以道濟之則終則有始而知周乎萬物知者利仁變而通之以盡利是爲通乎晝夜之道而知也道有變動故爲道也屢遷變動屢遷故一陰一陽立天之道曰陰與陽立地之道曰柔與剛立人之道曰仁與義分陰分陽迭用柔剛此道之所以爲道也

命

循按經稱命者六卦否九四訟九四革九四師九二上六泰上六旅六五乾彖傳云乾道變化各正性命道命二字言之最明大戴記所謂

分於道之謂命也（見本命篇）一陰一陽之謂道乾二之坤五坤化爲比比通大有大有化爲同人同人通師師又化爲比（諸卦變化仿此）一氣反復往來是爲道分而言之坤化爲比命也師化爲比亦命也大有化爲同人亦命也通諸卦之二五言之爲道自一卦之二五言之爲命有命斯有性故云各正各之云者分於道之謂也師上六大君有命謂二之五也九二王三錫命師成屯屯通鼎鼎二之五又有命也大有傳云順天休命二之五天命也四應之成家人天之休命也家人通解解二之五又有命則順天休命也屯通鼎鼎二之五

傳贊之云、君子以正位凝命。凝謂二之五、上成乾也。

革九四、悔亡有孚改命吉。革之改命、謂乾成革而通

𡴭。猶坤成屯而通鼎也。師二不之五而同人上之師

三成升、則不用命而失道矣。升通无妄、則仍有命。无

妄傳云、大亨以正天之命也。謂升二之五也。師二不

之五而同人四之師初成臨、則不用命而失道矣。臨

通遯、則仍有命。臨傳云、大亨以正天之道也。與无妄

傳同。而以道字明命字。分於道爲命、天之命、即天之

道也。臨九二、咸臨吉无不利。傳云、未順命也。未順命、

謂師成臨。唯未順命、故必通於遯爲咸臨。若順命、則

師成屯而通鼎無所為咸臨矣因象傳未明言命字故於此補出也師之通同人猶比之通大有未順命三字與大有順天休命互明而萃彖傳亦云利有攸往順天命也大畜二之五而萃三往大畜上猶解二之五而家人上之解三解二之五則順天命解二不之五而四之初成臨則未順命以大有萃兩傳通觀之未順命指師成臨亦指解成臨何疑師解成臨已不順命而仍不通於遯而成泰其為不順命尤甚矣乃泰變通於否則仍有命否九四有命无咎謂泰二之五也泰上六勿用師自邑告命謂通於否而二之

五也師成臨而成泰猶師成升而成泰升二不之五而无妄四之升初猶師二不之五而同人四之師初也无妄成益升成泰而益上又之三猶師成臨同人成家人家人上又之臨三也傳云天命不右行矣哉謂无妄成既濟即謂師解成泰也師成臨猶坤震成復坎兌成節姤傳云天下有風后以施命誥四方九五傳云有隕自天志不舍命也施命者姤二先之復五而後上施於復三也施命故志不舍命不舍命不改命也舍即君子幾不如舍之舍乾成家人坤成屯屯三不可之家人上則舍而從鼎是舍命也姤二之

復五亦成屯而姤未成家人則屯三不必舍故不舍
命盈則宜改而變通未盈故不舍也旅六五射雉一
矢亡終以譽命節二之旅五旅上應之節成旣濟而
終是終於有命矣而云譽命何也離五未之坎二而
四之坎初无譽矣无譽則不可言命乃賁於節无譽
則无命旅初未之四旅自有譽旅有譽故節得終以
命也節通於旅賁則通於困賁亦可終以譽命矣乃
困二不之賁五而成需則改而通於晉是爲致命由
困成需久不用命需二之晉五則終歸於命致之言
至也致命至于命也晉初六傳云裕无咎未受命也

此未受命與臨九二傳未順命同困成需猶蠱成泰蠱成泰則裕父之蠱困成需則徐徐徐猶裕也未受命故裕未受命以變通而致命故裕无咎困成需則賁成明夷需未受命通於晉則致命明夷未受命通於訟則復即命巽傳云重巽以申命又云隨風巽君子以申命行事申之言重也巽二之震五成隨震有命矣三上從成蹇革革又改命於蒙是重有命也故云申命革九四傳云改命之吉信志也信即申也道變化而不已命分於道則有所限有當安於所限者不舍命是也有不當安於所限者申命改命致命是

也。命而能改，能申，能致，則命不已，即道之不已。如是乃爲知命。自變通之義不明，而未受命、未順命之文，遂成一莫解之説矣。

性　情　才

循按：易不言性而言命，不言情而言欲。孔子贊易，一則云「各正性命，保合大和，乃利貞」，一則云「利貞者，性情也」。命、性、情三者，一以貫之。繫辭傳云「一陰一陽之謂道，繼之者善也，成之者性也」，又云「成性存存，道義之門」。存存猶生生，生生不已，則善有所繼而道不窮，繼而不成，則性命不能各正，終則有始，故善必有所繼原始要終故性必期其成蓋道不可窮而理則宜窮理猶性也見鄭康成樂記注窮理即是盡性物不可以終盡而性則宜盡理之言分也道既分而爲命命乃定而成性白虎通云性者陽之施情者陰之化也論衡云性生於陽情生於陰說文性人之陽氣性善者也情人之陰氣有欲者性即道之一陽情即道之一陰一陰化爲一陽爲命即爲性由九五一陽上下應而成既濟則爲成性五已剛中不必行動所謂人生而靜天之性也由其天性之善擴而充之使六爻皆正則成性而盡其性然所成者性也非道之不已也成性而存存乃爲道義之門性爲人

生而靜其與人通者則情也欲也傳云六爻發揮旁通情也成己在性之各正成物在情之旁通非通乎情無以正乎性情屬利性屬貞故利貞兼言性情而旁通則專言情旁通以利言也所謂感於物而動性之欲也如乾五剛中性也坤五柔中情也必以乾二通於坤五而爲元爲仁次以坤初之乾四而爲亨爲禮乾成家人坤成屯家人則旁通於解解二之五成萃爲利爲義然後家人上之解三成既濟爲貞爲成性爲盡性其坤五之成比亦元也仁也成屯亦亨也禮也屯旁通於鼎鼎二之五亦利也義也然後屯三

之鼎上成既濟亦貞也成性也盡性也乾非通乎坤又通乎解則性不可得而正即性不可得而成通乎坤通乎解坤之成屯也亦通乎鼎乾坤屯家人各成既濟各正性命也而乾孚於坤家人孚於解屯孚於鼎其柔中者無不化爲剛中是情以旁通而皆可以爲善則保合太和也家人屯成既濟成性矣而鼎解則成咸未已也咸通於損咸成既濟成性矣而損則成益未已也是爲存存即爲窮理盡性以至於命自成已性各爲既濟窮理盡性也貞也旁通而柔中又爲剛中使未順命未受命者皆復自命至於命也利

也。卽信也，知也，以己之情，通乎人之情，因有以正人之情，卽有以正人之性，是人之性，自我而率，人之命，自我而立，性已定，故靜，情未定，故動，性與情爭，而有以窒其欲，則情不失乎正，而情善，性爭於情，一陽而一陰也，情得乎善，一陰而一陽也，故天命之謂性，率性之謂道，修道之謂教，率性由於通情，通乎人之情，則不拂乎人之性，故成性存存，道義之門，若乾二不之坤五，屯不通於鼎，鼎二不之五，家人不通解，解二不之五，則情不通，情不通，則欲不窒，於是有悖逆詐僞之心，有淫泆作亂之事，强者脅弱，衆者暴寡，知者詐愚勇者苦怯疾病不養老幼孤獨不得其所天理滅人欲窮性命不能各正睽孤困悖不能保合大和矣傳云情僞相感而利害生又云設卦以盡情僞能窒其欲則情通以陰化陽而所爲善爲善則利不能窒其欲則情不通不以陰化陽而所爲不善爲不善則害乾坤坎離震巽艮兌成家人屯蹇革通於解鼎睽蒙解鼎睽蒙成咸益又與損恒通而終則有始此窒欲而爲善者也設諸卦以盡其情乾坤坎離震巽艮兌成復小畜夬謙豐井賁節又成明夷需或有孚失是而成大壯大畜升臨又成泰此不能窒欲不能

通乎人情而爲不善者也故設諸卦以盡其僞情實也僞虛也性發而爲情故爲性之欲有以通人之情則有以窒己之欲而剛孚於柔者柔又進乎剛情合於善欲行於仁才爲之也傳云立天之道曰陰與陽立地之道曰柔與剛立人之道曰仁與義是爲三才有此才乃能迭用柔剛旁通情而立乎一陰一陽之道才以用言與材同故象者材也又云爻彖以情言旁通者情所以能旁通而窮理盡性以至於命者才也孟子云乃若其情則可以爲善矣若夫爲不善非才之罪也通其情可以爲善者才也不通情而爲不

善者無才也云非才之罪則無才之罪也故又云或相倍蓰而無算者不能盡其才者也以血氣心知之性爲喜怒哀樂之情則有欲欲本乎性則欲立立人欲達達人己所不欲勿施於人有以通神明之德類萬物之情類猶似也以己之情度人之情人己之情通而人欲不窮天理不滅所爲善矣如是則盡其才而爲才子否則所爲不善而人欲窮天理滅不能盡其才而爲不才子故才者能達其情於天下者也才能達其情而情乃可旁通性命乃可各正情不旁通故人欲窮性不各正故天理滅不以己之欲不欲通

乎人之欲不欲是無情無情是不近乎情傳云凡易之情近而不相得則凶近乎情則相得不相得則不近乎情雖有善性而無才以盡之則情不能通欲不能窒矣終身之行惟在乎恕平天下之道不過絜矩知有己之性不知有人之欲情不通而欲窮矣伏羲作八卦以類萬物之情所以窮則變變則通通則久者唯此旁通情而已矣孔子嘆才難孟子道性善皆本乎是舍情而言善舍欲而求仁舍才以明道所以昧乎羲文孔孟之傳者也

教

循按易言教者三卦坎習教事臨教思无窮觀觀民設教漸上之歸妹三成大壯漸初之歸妹四成臨皆失道者也漸成既濟歸妹成泰與坎成需離成明夷同則失道又失道者也唯失道所以教之唯失道而教之即能復於道所以性雖限於命而無不善也中庸言修道之謂教而推本於天命之謂性率性之謂道明教本於性而道復於教即易義也道者一陰一陽也後順得常也既分而爲命而性本於命則於道爲不全或不能一陰一陽矣或不能後順得常矣則限於命而失道矣然性爲道之所分能率而行之性

卽是道。何爲率。率者。循也。不越次之謂也。兩卦旁通。則不越乎一陰一陽矣。先二五。而初四三上各趣時以爲行止。則不越乎後順得常矣。然此惟聖人能之。其限於命而不能自率其性者。不自知也。則必賴先覺者覺之。如歸妹二先之五。而後四之漸初。則率性矣。限於命者不知也。乃四先二五而成臨。此失道也。不能率性也。聖人教之。使變通於遯。而民乃變化各正其性命。是教思无窮容保民无疆也。歸妹二先之五。而後三之漸上。則率性矣。限於命者不知也。乃三先二五而成大壯。此失道也。不能率性也。聖人教之使變通於觀而民乃變化各正性命、是神道設教而天下服也、習坎入于坎窞、則失道、係于徽纆寘于叢棘可憂也、則不使之習坎而使之習教事、習於坎險、則成需明夷來之坎、坎罪大惡極而不可解、習於教事、則有以辨上下定民志、恥不仁畏不義、刑罰清而民服、所謂性相近也、習相遠也、以習坎與習教事相較、故相遠、此聖人所以以教爲重也、古之時未有三綱六紀、民人但知其母、不知其父、伏羲因夫婦正五行、始定人道、夫婦者、一陰一陽之交孚也、有夫婦而後有父子、有父子而後有君臣上下、於是尊卑貴賤品物咸亨、後順得常、而終則有始也、五行即五倫、其先民不知夫婦之宜別、上下尊卑之有等、此命限之也、伏羲教之、無論知愚賢不肖、皆知有夫婦之別、上下尊卑之等、此性善之相近也、民之不知有父、但知有母、與禽獸同、聖人教民、民皆知人道之宜定、而各爲夫婦、各爲父子、以此教禽獸、仍不知也、此人性所以善也、古之人臥之詓詓、起之吁吁、飢即求食、飽即棄餘、茹毛飲血、食禽獸肉、神農因天時、分地利、制耒耜、教民農作、於是民皆知有耕稼、無不火食、其先飢求食、飽棄餘、與禽獸同、聖人教民、民皆知自食其力、以此教禽獸仍不知也此人性所以善也性不外男女飲食人有此性禽獸亦有此性人之性可因教而明故善禽獸之性雖教之不明故不善故聖人之教因人性之善而立性雖善非教不明聖人設教以寡天下之過所謂通神明之德類萬物之情也

則　法　律

循按師初六師出以律律即法也法即則也繫辭傳云制而用之謂之法制即謙以制禮節以制度之制制而用之則尊卑先後之序不紊旁通交孚之類不窮聖人以教修道非徒恃乎空言也有法存焉矣如

乾上之坤三非禮也謙通於履則尊而光卑而不可踰離四之坎初非度也節通於旅則不傷財不害民所謂法也蠱上之隨三爲同人上之師三之比例不以上之隨三而先以二之五則不事王侯高尚其事二之五故志可則即是師出以律事王侯則失律矣謙六四无不利撝謙謂履成益而通恒傳云不違則也違即天與水違行之違履二不之謙五而四之謙初成明夷中孚是爲夷于左股失則矣惟中孚通小過明夷通訟仍順以則用拯馬壯吉謂中孚二之小過五也傳云六二之吉順以則也而明夷五之訟二

例此矣，明夷通訟，是爲違行，今履二先之謙五，而四從之，則謙不成明夷，則不必違行於訟，所以不違行者，以其不失則也，故云不違則也，明夷五不之訟二，而訟上之三，成大過，所爲後入于地也，傳云後入于地，失則也，訟成大過，爲失則，訟成中孚，亦爲失則，訟四之初成中孚，卽履四之謙初成中孚之比例，失則二字，與六二之吉互明，卽與謙六四不違則互明也，履四之謙初，爲同人四之師初之比例，訟上之三爲同人上之師三之比例，卽爲蠱上之隨三之比例，明夷上六之失則，與蠱上九之志可則互明，而同人九四乘其墉則謂師成臨同人成家人傳云乘其墉義弗克也其吉則困而反則也家人通解爲反則與中孚通小過同唯反則故順以則也順以則言中孚以該明夷困而反則言家人以該臨皆與謙之不違則互明而皆所以贊師之出以律也乾文言傳云乾元用九乃見天則羣龍无首謂乾成家人坤成屯先二五次初四也震成屯巽成家人亦猶乾之用九矣震象傳云震來虩虩恐致福也笑言啞啞後有則也謂屯通鼎鼎二之五而後上之屯三虩虩即履九四之愬愬震成屯猶履成益初四既從二五則三上不敢

又從故俟變通爲有則後有則之則與乃見天則互明正與謙之不違則互明諸則字相鈎貫如此

仁義禮信知

循按經言信言知不言仁禮義傳以仁贊元禮贊亨義贊利而以有孚爲信蹇彖傳云見險而能止知矣哉臨由失道而變通經言知臨睽二不之五則蹇初止而不行傳以知贊之然則知者謂其能變通也立人之道曰仁與義仁配陽謂由陰交而生陽也義配陰謂由陽易而通陰也應乎其閒而不失等殺者爲禮仁義指二五禮屬初四三上以其應二五爲亨以

其應二五而成既濟爲貞亨貞皆屬乎禮以其不成既濟變而旁通爲有孚則爲信有孚而不失是則爲知知其盈而悔知其非而悔知也知周乎萬物而道濟天下故不過此知所以崇法天也中庸修道以仁由仁之親親及義之尊賢禮卽由仁義之等殺而生義而尊賢卽知人知天而爲知三達德以知冠仁所以發明易道詳矣仁通義卽是信義生仁卽是知非信無以爲利非知則不能元亨能信知而後可貞貞非信亦非知乾鑿度以五氣爲五常而配八卦以信爲北方坎知爲四維中央何安本之以貞配信周易口義訣引

周氏以貞配冬李鼎祚依漢天文志以貞配知斥何妥爲非乃以全易測之均未有合也

譽懼

循按易爻言譽者六坤六四大過九五皆云无咎无譽豐六五有慶譽吉旅六五終以譽命蠱六五用譽蹇初六往蹇來譽說者均以二多譽解之是也然何以有譽何以无譽則未有詳其義者繫辭傳云二與四同功而異位其善不同二多譽四多懼近也譽在二而實由於四之无咎故易之稱譽或在五或在初四而蹇之來譽在初六傳云宜待也已成蹇宜待睽

二之五初有所待而不行故譽蠱成大畜而通萃爲幹父之蠱萃成咸四亦有待而不行是爲用譽用譽者用而後有譽蠱成大畜則初四先二五而行不可爲譽由无譽變通而有譽故爲用譽渙二之豐五豐成革爲來章渙成觀觀上之三成蹇初四不行故有慶譽旅六五射雉一矢亡謂節二之旅五而三上從之旅四不行也故終以譽命噬嗑四之井初成頤猶隨四之蠱初成大畜大畜无譽通萃爲用譽无譽則有咎无咎則有譽頤通大過在頤則有咎无譽在大過則有譽无咎故云无咎无譽先失道无譽後變通

而无咎。易爻多用到也。坤六四，括囊无咎无譽。坤成復，猶噬嗑成頤。坤主受而有底，爲囊之象。此无譽而有咎者也。復通於姤，是爲括囊。在復有咎无譽，在姤有譽无咎，故无咎无譽。與頤大過同。其四多懼，何也？二行而四從之，在二則譽，在四則懼懼。三上不知悔而又行成兩既濟也。經不言懼，而言震來虩虩。傳云恐致福也。震來，謂巽二之震五，初四從之成屯。家人故虩虩而懼，懼家人上之屯三也。惟其懼則屯通於鼎，是以恐致福。君子以恐懼修省。恐懼成屯，不敢即成既濟也。震驚百里，鄭康成云：雷發聲聞於百里，古者諸侯之象然則百里二字與屯之建侯互明傳云驚遠而懼邇也邇指震遠指鼎震成屯是懼在於邇變通於鼎是驚及於遠出可以守宗廟社稷以爲祭主非諸侯而何不建侯則喪匕鬯侯之建由於恐懼懼則見幾見幾乃致福矣震之虩虩即履之愬愬震彖虩虩荀作愬愬履虎尾愬愬馬作虩虩履二之謙五而四之謙初謙成既濟則終吉履成益則懼懼上之三也益上之三與家人上之屯三同大過傳云君子以獨立不懼謂大過二之頤五而頤三上應之不懼大過四未之初也四不行而三行在四不懼在三則有功四行而三又行則成

兩既濟故懼四不行而三行則不成兩既濟故不懼也

功

循按繫辭傳云易知則有親易從則有功有親則可久有功則可大可久則賢人之德可大則賢人之業又云三與五同功而異位三多凶五多功貴賤之等也卦成於三而三必從五先三後五則凶先五後三則有功五非三功不成三非五功不立故功在三實在五也彖傳稱往有功者五需蹇漸坎解皆以三上從二五言而功之稱於經文者惟隨初九出門交有功一語

謂蠱二先之五。而後上之隨三。蠱成蹇。隨成革。爲有功。革又孚於蒙爲明功。所以明此出門交之功也。坎彖傳言往有功。離上九傳言以正邦。蹇彖傳以往有功與以正邦連言。漸彖傳亦以往有功以正邦連言。在蹇謂升成蹇而通睽。在坎謂坎成蹇而通睽。在漸謂漸成蹇而通睽。升二之五。而无妄三上從之成蹇革。與坎二之離五。而三上從之成蹇革同。漸成蹇通睽。則以睽二之五。而三上從之。成革。爲往有功。漸之成蹇。由於上之歸妹三。在歸妹成大壯。原凶而無功。而傳以蹇之往有功。明其成蹇通睽。睽進而得位。其往乃有功，則此時成蹇。未進而得位，正是無功。下云進以正，可以正邦，則謂睽二之五，而蹇初從之成既濟。蓋往有功，皆謂三從五成蹇革，以正邦，皆謂蹇革變通而成既濟。傳以往有功、以正邦爲鈎貫，以明其同也。大壯蹇相錯爲需小過，需彖云：利涉大川，往有功也。此往有功，與漸彖傳之往有功互明。蹇通睽，即需通晉。利涉大川，則晉已成益而通恒，乃恒成咸，益成既濟。正是蹇革之所錯，往有功而成咸既濟，即是往有功而成蹇革。既明需通晉，爲蹇通睽之比例。又明恒二之五而益上之三，爲坎二之離五而離上之坎三之比例也。其小過大壯。則於解彖傳贊之云。有攸往夙吉。往有功也。謂解成咸。解家人相錯爲豐渙。渙二之豐五。而三從之成蹇革。與大壯通觀成蹇革同。亦與小過通中孚成咸既濟同。渙通於觀。豐近於小過也。凡五言往有功。其鉤貫之妙如此。解之往有功指豐渙。故渙彖傳贊云。利涉大川。乘木有功也。乘木二字。亦用以贊中孚之利涉大川。皆隱與解傳互明。巽六四傳云。田獲三品。有功也。田獲三品。卽解之田獲三狐。明有攸往夙吉。卽是田獲三狐。田獲三狐。卽是家人成既濟。解成咸。傳之屈曲相明。可謂詳矣。

惟坎二不之離五而先成需明夷需二之明夷五成兩既濟而終則无功坎六三傳云來之坎坎終无功也未成需明夷則先成豐井井通於噬嗑則繘井不通於噬嗑而豐四之井初則汔至亦未繘井羸其瓶此來之所由坎坎也傳云未有功也尚未來之坎坎故不云終无功而云未有功蓋需二不之明夷五尚可變通而有功也傳稱大无功二其一恒上六傳云振恒在上大无功也謂恒二不之五而益上之三也其一師六三傳云師或輿尸大无功也謂師二不之五而同人上之師三也同人上之師三爲蠱上之隨

三之比例恒二不之五而益上之三爲離上之坎三之比例而皆大无功則坎之往有功即隨之交有功也蒙彖傳云蒙以養正聖功也成蹇革則有功矣然必變而通之以養正其功聖猶通也聖功猶云明功有功而不變通則仍歸於凶師上六傳云大君有命以正功也師成屯同人成家人斯時承其家必旁通於解解二之五而後家人上之解三家人成旣濟與養正同但蒙以有功而養正家人以正而有功故云以正功也此與田獲三品之有功又互明矣

權

循按孔孟皆重權孔子云可與立未可與權孟子云執中無權猶執一也桓十一年公羊傳云權者何反於經然後有善者也繫辭傳云巽以行權又云巽稱而隱又云巽德之制也稱即是權大傳立權度量注權稱也制即謙以制禮之制乾二不之坤五而上之坤三以卑踰尊以賤僭貴無禮已甚所謂輕也君子變通之以謙孚履則上下辨民志定輕化爲重所謂裒多益寡稱物平施明指出稱字可知此之謂權彼之所輕吾則重之彼之所薄吾則厚之此謙以制禮之權也權所以知輕重吾知其輕重因而平之裁成輔相全賴乎此巽

上之震三成豐井猶乾上之坤三成謙夬井變通於噬嗑則辨義辨義卽履之辨上下三先於五成謙井猶三先於五成大過傳云茅之爲物薄而用可重也用者庸也更變也成大過則薄變而通頤則可重薄而可重所以行權也其屬之巽者巽之義爲順見廣雅順在坤爲承天而時行巽以行權卽承天而時行爲行權巽之義爲遜遜則不執一寒往則暑來暑往則寒來天不執一天之權也通其變使民不倦神而化之使民宜之聖人不執一聖人之權也權由失道而補救之則隱而稱權由當位而變通之則稱而隱先庚

三日成蹇革，則變通於睽，是爲後庚三日。蹇反身而通睽，是爲反經，不反經而蹇初之革，四成兩既濟，其道窮，反經而道乃不窮，是反於經然後有善也。推此而家人反身於解，屯反而夕惕於鼎，皆行權也。大過通頤，大過成既濟，頤成益，爲拂經，拂經者，輔弼之以爲經也。此時稱之則益宜反而通恒，益不反而通恒，遽成既濟，在頤爲頤征凶，在益爲立心勿恒凶。立謂成既濟，心勿恒謂不通於恒，不通於恒，是不能反經，雖能立亦凶。所謂可與立，未可與權也。夫權者，所以元亨利貞也，盈則以反經爲權，失道則以制禮辨義

爲權用以自救其過卽用以寡天下之過執一則害道變通則道不窮行權者變而通之也

民

循按乾上九文言傳云貴而无位高而无民謂乾成家人上巽爲高卽宜變通於解不通於解故高而无民君貴民賤君字民則貴下賤屯初九傳云以貴下賤大得民也貴謂屯五賤謂鼎五舍屯五之貴而通鼎五之賤鼎五民也二之五則大得民民在泰五則通於否而裁成輔相以左右之民在謙五則通於履以辨上下定民志民在臨五則通於遯以教思无窮

容保民无疆大過二之頤五養賢以及萬民民在頤五賢在大過二賢人在下位也大過二養於頤五則養賢而賢人有輔萬民者非一民也頤五之民養成益矣益變通於恆恆五亦民也恆二之五則民說无疆故及萬民民說則萬民服謙通履履成益通於恆傳云勞謙君子萬民服也謂由謙五以及恆五也觀九五觀我生傳云觀民也大壯五爲民二之五則觀民而民化剝上九君子得輿傳云民所載也剝五本是民夬二之剝五五爲君子以陰載陽故云民所載也復五民也姤二不之復五有民而無魚故經云无

魚。而傳以遠民贊之。豫五民也。小畜二之豫五。而上應之成咸。四不之初。故刑罰清而民服。兌彖傳云。說以先民。民忘其勞。先民者。以民爲先。民指艮五。謂兌二先之艮五。而三上後應之成蹇革。兌成革而通蒙。是因先民而說。故云說以先民。說解脫也。不能先民。則艮上先之兌三。成謙夬。夬二之謙五。上成坎則勞。不成蹇而成漸。故民忘其勞。謙通履。則以勞謙而民服。兩勞字互明。井傳云。君子以勞民勸相。離上之坎三成井。猶艮上之兌三成謙。謙通履。成蹇无妄爲勞謙。井二之噬嗑五。成蹇无妄。爲勞民。其義一也。勸卽子庶民則百姓勸之勸孟子云文王以民力爲臺爲沼而民勸樂之依孫宣公音義勸謂井二之噬嗑五相謂上下皆應繫辭傳云井以辨義又云理財正辭禁民爲非曰義巽成井震成豐民爲非矣井通噬嗑明罰勑法以禁之則不致又成需明夷至於勞民而民勸則所以轉移而變化之者深矣兌艮成節賁猶震巽成豐井節通旅仍先以節二之旅五則節以制度不傷財不害民艮五民也旅五亦民也艮成賁則害民旅成遯故不害也

君子　小人

循按經文並稱君子小人者六（革上六大壯九三剝上九觀初六解六五遯九四）單稱君子者十四（坤彖否彖同人彖謙彖乾九三屯六三小畜上九謙初六九三觀九五上九夬九三未濟六五明夷初九）單稱小人者三（師上六大有九三既濟九三）通而核之皆以五之剛柔爲別剛居五則爲君子柔居五則爲小人試以其並稱者言之未成觀爲小人既成觀爲君子何爲未成觀蒙二未之五也夬二未之剝五也在蒙剝則欲其爲觀在觀則欲其變通於大壯大未壯小人也大已壯成革君子也既成革又欲其變通於蒙而成觀觀大壯革剝四卦並稱君子小人其義一貫觀初六童觀即蒙之童蒙也由蒙而成觀是由小人而成君子初

六九五上九三稱君子。皆指觀初六小人。則指蒙也。大壯爲小人。則宜用壯。用壯謂二之五成革也。成革則爲君子。用罔。謂四之觀初成益也。蒙二方之五。尙與革係。則革四之蒙初爲小人无咎。蒙已成觀。觀爲君子。大壯尙是小人。不用壯。而卽以四之觀初。觀成益。大壯成泰。故吝。益蒙與革通。革爲君子。蒙爲小人。大壯與觀通。觀爲君子。大壯爲小人。蒙成觀。是小人已進爲君子。故革四之蒙初。在蒙无咎。大壯未成革。是小人未進爲君子。故觀初之大壯四。在觀爲吝。大壯已進爲君子。則四之觀初爲用罔。卽觀之觀我生。

觀不吝而无咎矣夬二之剝五在剝爲小人猶童觀之小人剝成觀爲君子卽觀我生之君子得輿之輿卽壯于大輿之輹之輿剝已成觀爲君子則孚於大壯而得其所壯之輿必俟大壯用壯觀上乃可之三若雖成觀仍係於夬則猶是剝猶是剝則仍是小人既夬二已之剝五則不俟大壯用壯而上卽可之三成蹇是爲剝廬革上六君子豹變小人革面征凶君子謂蒙成益益通恒恒爲小人則益爲君子小人謂蒙二方之五仍係於革革爲君子則蒙爲小人蒙二既之五則革四可之蒙初成益是爲革面卽童觀之

小人无咎也。益爲君子。必變通於恆。恆二之五。而益上乃可征三。是爲豹變。若方革面而不豹變。則益上之三爲征凶矣。革通蒙成觀。觀通大壯成革。其君子小人。迭相交易如此。推之於家人。則家人爲君子。通解爲小人。解成萃爲君子。又通大畜爲小人。推之於屯。則屯爲君子。通鼎爲小人。鼎成遯爲君子。又通臨爲小人。解六五。君子維有解。有孚于小人。傳云。君子有解。小人退也。君子指成萃。小人指未成萃。而家人孚之也。遯九四。好遯。君子吉。小人否。傳云。君子好遯小人否也。君子指成屯。小人指臨二不之五而遯成既濟也。於解稱君子小人。以例萃大畜。於遯稱君子小人。以例屯鼎。遯解兩卦。亦互明也。坤彖君子有攸往。則兼指屯蹇乾九三君子終日乾乾。專指屯。卽屯六三君子幾之君子。屯爲君子。則三不可往。鼎未成君子也。小畜爲君子。則上不可征。豫未成君子也。君子舍之。舍其爲君子。而孚于小人也。君子征凶。自恃爲君子。而不能孚于小人也。否爲君子。宜孚於泰。泰二不之五而否自成既濟而貞。固自以爲君子。自以爲貞。乃不能通於泰。泰爲匪人。匪人由於否之。則否自爲君子貞。何利之有。故不利君子貞。泰猶師也。否猶同人也。師二之五，而後同人上之師三，爲同人于野。如是則利君子貞。所爲善與人同，舍己從人也。泰之於否，猶需之於晉。需二之晉五，成否，與未濟二之五同。需彖云有孚光亨。未濟六五君子之光，謂成否。否爲君子也。否爲君子，則泰爲小人。否不自貞而以包泰之羞，俾得進爲君子。此小人所以吉，而天地所以泰也。小人得君子包之，則進爲君子。小人爲君子所否，至於成匪人，小人不吉，則君子不利。君子指否，小人指泰也。小過四埀於初，猶乾四之坤初。中孚上往於三，猶乾上之坤三。小過坤，小人也。中孚乾，君子也。小過初四既行而成明夷。則中孚二不可食於明夷五。故云君子于行。三日不食。坤未成明夷先成謙。謙以卑踰尊。小人之輕薄者也。履以君子通之。制禮以辨上下。於是尊而光。卑而不可踰。以輕薄之小人化爲有終之君子。不特謙之輕化爲厚。且謙而又謙。益通於恆。亦化爲君子。不致无所容而或承之羞。經之單稱君子者如此。同人爲君子。師爲小人。比爲君子。大有爲小人。大有成同人而後上之比三。可也。二未之五成同人。小人也。則上不可之比三。凡上之三爲克。故云小人弗克。師成屯。小人進爲君子矣。既開國則承家承家家人通解屯通鼎也鼎二之五成君子屯三乃可之鼎上若鼎二未之五仍是小人則屯三不可用故云小人勿用家人通解亦然家人以君子有孚于小人必小人進爲君子家人上乃可維於解三未成君子未可維矣既濟九三高宗伐鬼方三年克之謂未濟成益而上之三也益必通於恒恒二之五爲君子而後益上乃可之三若恒二未之五仍是小人則益三不可用益之通恒猶屯之通鼎故亦云小人勿用經之稱小人者如此孔子於泰否兩傳暢發其義泰傳云內君子而外小人君子道長小人

道消也否傳云內小人而外君子小人道長君子道消也否泰爲乾坤之相錯內君子外小人內乾外坤也內小人外君子內坤外乾也小人在外宜進而變爲君子君子在外宜退而孚於小人所以爲一陰一陽之道也在泰宜以二之五爲君子二之五爲君子則道由此而長不以二之五仍爲小人則道由此而消故云君子道長小人道消也在否宜通泰孚於小人通泰孚於小人則道由此而長不通泰自以君子貞則道由此而消故云小人道長君子道消也又於剝觀夬三卦贊之剝彖傳云剝剝也柔變剛也不利

有攸往，小人長也。觀初六傳云：初六童觀，小人道也。雜卦傳云：夬，決也，剛決柔也。君子道長，小人道憂也。（李鼎祚集解作小人道消）柔變剛與剛決柔互相發明。剛決柔則夬二之剝五，夬二所以之剝五者，以剛決柔，剝成君子，則道由此而長。剛不決柔，剝仍爲小人，則道由此而憂也。推之柔變剛，則剝旁通於夬，剝所以旁通於夬者，以柔變剛，則夬孚於小人，而道由此而長，可知也。柔不變剛，則夬不孚於小人，而道由此而消，亦可知也。小人長三字，即是小人道長，小人道長，即是君子道消。夬剝兩卦，一贊於彖傳，一贊於雜卦傳，遥相鍼對。

鳩而觀之其義可見惟夬方通剝剝方變夬而夬二尚未之剝五則夬四不得往剝初剝三亦不得往上故經云不利有攸往而傳以小人長贊之贊不利有攸往正是申明柔變剛猶以君子道長小人道憂申明剛決柔也泰孚否卽是柔變剛泰二之五卽是剛決柔於泰言君子道長又於夬言君子道長於否言小人道長又於剝言小人長傳文每互相發明泰以例剝夬以例否是否宜孚小人而泰卽宜進爲君子也是泰宜進爲君子而否實先宜孚於小人也合觀剝夬兩卦以例否泰雜傳明以剛決柔爲君子道長

小人道消之注腳，則知泰二未之五，猶夬二未之剝五，在剝不利有攸往，在否不利君子貞，泰二未之五，則否上不可之三，猶夬二未之剝五，剝上不可之三也。泰二已之五，則否四可之初，猶蒙二之五，革四可之蒙初也。故緣觀初六小人无咎君子吝而贊之云小人道也。小人道，謂在小人則合乎道也。惟蒙爲小人則以成觀爲合道，若觀爲君子，則又以孚大壯爲合道。蒙成觀，君子道長也。觀通大壯，小人道長也。小人成君子，而小人乃无咎，君子孚小人，而君子乃无咎也。繫辭傳云，負也者，小人之事也，乘也者，君子之器也小人而乘君子之器盜思奪之矣此謂解成泰小人在上君子在下以柔乘剛爲道之大悖蜀才崔憬之流乃以此天翻地覆之卦爲天氣下降地氣上騰即指爲君子道長小人道消而聖人財成輔相之道遂莫能明解未成泰先成臨臨通於遯則君子以遠小人謂臨二先之五不使成泰爲小人乘君子之器遯不能遠小人乃上之臨三成泰豈成泰轉謂之君子道長乎惟君子字於小人則仁覆天下惟小人化於君子則天下歸仁君子自爲君子乃成亢龍之災小人長爲小人則積滅身之罪兩相交則治兩相

離則亂。此易之道也。

男廷琥孫授書　授易　授詩校字

易通釋卷六 雕菰樓易學之三

江都焦循學

遇

循按雜卦傳云姤遇也柔遇剛也又云井通而困相遇也困之相遇何以同於姤同人九四乘其墉弗克攻吉九五大師克相遇傳云乘其墉義弗克也其吉則困而反則也大師相遇言相克也同人四之師初爲乘其墉是時同人上未克於師三師成臨未成泰故欲其弗克而以攻爲吉若同人上克於師三則師成升升通无妄則相遇何也升无妄相錯爲復姤升

二之五。即姤二之復五之比例。姤之遇。正與大師克相遇之遇。贊明。困之爲困。以其成需也。困成需。賁成明夷。猶同人成既濟。師成泰。師未成泰而成臨。猶困未成需而成節也。師未成泰而成升。猶困未成需而成大過也。傳既以困而反則贊師之成臨。又以困相遇。贊師之成升。然則師成臨爲困。即困成節爲困。師成升爲困。即困成大過爲困。困相遇也。所以贊同人之相遇。而知大師克相遇。爲升通无妄也。姤二之復五。猶小畜二之豫五。小畜二之豫五而後上之豫三。則成咸。不成小過。小過九四弗過遇之。謂小畜上不之豫三成小過而二先之豫五爲相遇也上六弗遇過之豫五既不與小畜二遇而致成小過則是時宜自小過旁通中孚不可又飛鳥離之而成明夷弗過則欲其遇之弗遇轉欲其過之不欲其夷之豫成小過則小畜成需是爲過其祖何以明之小畜二之豫五則作樂崇德以配祖考樂不作德不崇則不能配其祖不能配其祖是過其祖也既過其祖則需不能與小過遇變而與晉通需二之晉五是爲遇其妣妣卽王母也晉六二受兹介福于其王母與小過遇其妣正相發明王卽君也晉上成乾爲君遇其王母則

及其君不及其君謂需二不之晉五而晉上之三與小畜上之豫三同不及即是過不可以過加君故變其文也過其祖不及其君而成小過小過不可與需遇而與中孚遇中孚二之小過五與損二之五同是爲遇其臣臣卽損得臣之臣乃傳以配其祖贊過其祖稱配不稱遇者所以贊豐之遇其配主也豐渙相錯爲家人解渙二之豐五爲解二之五之比例解二之五成萃又爲小畜二之豫五之比例故小畜二之豫五爲配其祖渙二之豐五爲遇其配主渙二不之豐五而初之豐四豐成明夷渙成中孚明夷不與中

孚遇而與訟遇，過九四遇其夷主，謂豐成明夷，而五與訟二遇也。離上之坎三成豐井，豐不可與井遇，而遇其配主於渙，井亦不可與豐遇，而通於噬嗑，井二食於噬嗑五，則爲噬肉，乃不遽噬而致噬嗑成明夷，則腊肉有毒。明夷變通於訟，訟二之明夷五，是爲遇毒。傳於師贊云：聖人以此毒天下，而民從之。同人師相錯爲明夷訟，用一毒字，以明遇毒之遇，指訟二之明夷五，井二之噬嗑五，爲睽二之五之比例，睽九二遇主于巷，則未毒而先遇之，與升孚无妄同，睽四先之蹇初成損，與大有四先之比初同，損孚於咸，而二之五爲遇元夫睽六三見輿曳其牛掣其人天且劓无初有終傳云遇剛也遇剛與同人九三傳敵剛互明同人上之師三爲伏戎于莽卽是師或輿尸升不通於无妄而遽以二之五成蹇爲升其高陵卽爲弟子輿尸大師克而不能相遇矣惟以升之成蹇爲弟子輿尸者而變通於睽則其牛掣其人天且劓无初有終矣睽二之五成无妄仍不啻升通无妄而二之五成蹇睽之遇剛與大師克相遇互相發明蓋輿曳卽輿尸輿尸而不能變則敵而不遇輿曳而能變則遇而不敵矣夬獨行遇雨謂剝成蹇夬二先之剝五爲

遇而後剝上之三上坎爲雨以此推之睽上九之遇雨遇雨上用一往字謂睽三往上成大壯大壯通觀與夬通剝同故云遇雨則吉也

告

循按蒙彖云初筮告以初筮明告字此經文自示其義不煩他說者也初筮謂二先之五二先之五爲告初先行而二後之五則爲再初三先行而二後之五則爲三至再至三爲瀆則不爲告初筮成觀至再則革四先之蒙初成損損二後之五爲益也至三則革四先之蒙初成損損上再之三成泰然後泰二之五

也泰二之五上成坎說卦傳云坎爲溝瀆爲此贊也何以知初筮爲成觀也蒙二之五爲夬二之剝五之比例夬彖云告自邑不利卽戎邑坤也戎離也夬二之剝五成觀觀下坤故告自邑若夬四先之剝初剝上又之三剝成明夷夬成需需二然後之明夷五則爲卽戎卽戎則爲下交之瀆不可爲告矣夬之告自邑卽申明蒙之初筮告也何以知再爲成損而損二之五也損二之五成益益六三有孚中行告公用圭六四中行告公從蒙成損損成益非初筮不可爲告旣成益而有孚於恒則恒二之五爲中行亦卽爲告

傳云固有之也、恆爲德之固、明蒙成損、損成益、不可爲告、益有孚於恆、仍爲告也、乾爲玉、恆二互乾、二之五、用圭即是用玉、乾爲君、君即公也、用二於五、因以四之初、從之、是爲中行告、公從、於益六三六四稱告、知蒙再筮謂成益也、何以知三爲泰二之五也、泰上六勿用師自邑告命貞吝、蒙成泰、猶師成泰、成泰上有坤邑、不可爲初筮矣、惟有孚於否、否有命疇離祉、則泰二之五以祉元吉、仍爲初筮告、所以得稱告者、以有孚於否而有命、故自邑告命也、於泰上六稱告、而知蒙之三筮謂成泰也、不特此也、大畜六四童牛之告元吉童卽童蒙之童告卽初筮告之告大畜二之五成家人家人萃相錯爲觀革正爲蒙二之五之比例大畜以告爲元吉蒙以告爲初筮而以一童字貫之其義甚明至於告之爲訓以其屬童牛也於說文止牛角爲近以其屬童蒙也於廣雅告語之訓爲近易之辭各隨其所屬以爲之義而皆以此一字爲之引申所以神妙不測也

食

循按雜卦傳云噬嗑食也噬嗑何以食井二來食於五也井二不通於噬嗑五而豐四之井初爲井泥井

泥不食謂不通於噬嗑也九三井渫不食舊以治去泥濁爲渫然井泥不食浚去泥濁何爲又不食史記屈原傳引此易作井泄不食泄與渫通（泄屚一作渫屚）泄漏也卽謂豐四之井初與井泥同義也噬嗑井相錯爲鼎屯鼎二之五爲井二之噬嗑五之比例鼎成家人家人屯不能相錯爲噬嗑故雉膏不食謂鼎四先之初則二之五不得比例於噬嗑之食也鼎四之初成大畜大畜二之五成家人則雉膏不食惟鼎四不之初而二先之五不成家人不成家人而成遯則不巽井二之食於噬嗑五故云不家食吉明家則不食卽不

吉也傳以養賢二字贊不家食吉養賢即鼎之大亨以養聖賢傳明指不家爲鼎鼎乃爲井噬嗑所錯也大畜萃相錯爲夬剝夬二之剝五爲大畜二之五之比例在鼎二之五不家則食在大畜二之五成家人則不食可知夬二之剝五既同於大畜二之五故亦碩果不食豐四之井初爲井泥不食矣井泥則井成需豐成明夷乃需通晉需二之晉五仍爲食需九五需于酒食傳云君子以飲食宴樂是也明夷通訟訟二之明夷五仍爲食訟六三食舊德豐彖傳云月盈則食是也需通晉明夷通訟猶泰通否泰九三于食

有福是也於是困成需通晉亦云困于酒食皆推廣而及之明夷初九明夷于飛垂其翼謂小過四之初也小過與中孚通今既垂翼爲明夷下成離爲三日小過小人也中孚君子也中孚二原可食於小過五於小過初四之行而成明夷則中孚二不食於小過五故云君子於行三日不食何以知中孚可食於小過中孚小過相錯爲漸歸妹中孚二之小過五卽歸妹二之五之比例漸六二鴻漸于磐飲食衎衎謂歸妹二之五也歸妹二之五爲食則中孚二之小過五爲食中孚二之小過五爲食故小過成明夷則中孚

不可食也蓋日月交而有食人相親而有飲食之禮孚則食不孚則不食中孚與小過孚不與明夷孚矣小過四之初即豐四之渙初亦履四之謙初井與豐不食井食於噬嗑則豐食於渙經不言豐五食於渙二而言豐四之渙初不食推之於噬嗑則井二食於噬嗑五噬嗑四之井初則不食矣噬嗑四之井初成頤故傳於頤贊云節飲食節飲食則不食頤與需不食猶中孚與明夷不食補經之所未言所謂翼也又贊漸六二飲食衎衎云不素飽也與履初九素履互明素而履則不素是履四不之謙初而二之謙五也

卽豐四不之渙初而渙二之豐五也亦卽小過四不之初而中孚二之小過五也是中孚二之小過五爲食而小過四之初則三日不食也傳之翼經神妙極矣

求

循按雜卦傳臨觀之義或與或求以與贊臨以求贊觀蒙彖云匪我求童蒙童蒙求我童蒙蒙二之五也蒙二之五成觀傳以求贊觀正贊蒙也我卽觀我生之我匪我謂升同人上之師三成升革革則舍升以求童蒙蒙二既之五爲童蒙則已成觀有我革四宜

之蒙初以求我。先有我而後求。乃爲志應。不俟有我而遽求。是无交而求矣。繫辭傳於益上九立心勿恆發明其義。蓋革四求蒙初。必俟蒙二交於五。既求童蒙而成益。則益上求三。又必俟恆二交於五。恆二不交於五而益上求三。即爲无交而求。是心未恆而遽立也。傳既贊於繫辭傳。又贊於恆初六傳。浚恆貞凶。二未之五。而以四求初。傳云始求深也。用一求字。與无交而求相發明。彼言於益。明上之求三。此言於恆。明四之求初也。何以知同人上之師三。爲匪我也。師二不之五而同人上之師三。爲坎二不之離五而離上之坎三之比。例同人上之師三成升革。已无交而求四不可更求於升初。必改而求童蒙。推之離上之坎三成豐井。井必改而求噬嗑。離四之坎初成賁節。節必改而求旅。賁上更之節三。豐四更之井初。成需明夷。則又必改而求晉。求噬嗑求旅求晉。皆求小也。求離不得。求晉乃得。由坎二未之離五。故傳云。未出中也。未出中三字。傳又用以贊未濟。未濟彖云。小狐汔濟。濡其尾。无攸利。謂先成損。又上之三成泰。猶坎成節。又成需也。若未濟先成恒。恒四求深成泰。猶坎成井。又成需也。井之求。傳於井贊之。井九三王明並受其福傳於王明上增一求字並受其福即晉六二受茲介福井渫不食則成需需通於晉而受福即是求小得也節之於旅猶屯之於鼎旅四之初即鼎四之初鼎四之初猶隨四之蠱初故隨屯兩卦明之蠱上之隨三與同人上之師三同蠱二先之五而後上之隨三隨成革而蠱不成升則變而後求在隨己求得不必改求於童蒙乃得也故六三隨有求得惟蠱二不之五而上之隨三成升乃爲匪我必改求於童蒙也推之蠱二之五而後隨四之蠱初亦是隨有求得蠱二不之五而隨四之蠱初隨成屯蠱成大畜則

屯必改而求之鼎矣屯六四乘馬班如則鼎二不之五而四之初矣且上之屯三成泰矣即坎成節賁上又之節三也泰改而通否否求泰猶需求晉是爲求昏媾傳云求而往明也明即求王明之明謂鼎成泰之求昏媾與井成需之求王明同而皆爲求小得也隨蠱相錯爲頤大過頤彖云頤貞吉觀頤自求口實謂之自求則非无交而求觀頤則成益益而通恒恒二之五爲實成咸上兌爲口故求口實口實而後益上求之故貞吉在隨求得而成革又必通蒙爲居貞在頤已觀頤而成益又必通恒爲自求是求而又交

交而又求互勘之可見

與

循按觀之爲求指蒙臨之爲與在咸咸彖傳云二氣感應以相與是咸爲與也臨初九九二兩爻皆云咸臨傳以與贊臨所以贊臨之爲咸臨經傳中諸言與者多謂咸也中孚九二旁通小過六五則小過成咸故中孚九二云吾與爾靡之與爾謂咸也大過九二旁通頤五則大過成咸九二傳云過以相與也相與即咸之相與也艮彖傳云上下敵應不相與也艮五之兌二成漸隨上應之成蹇革蹇革相錯爲咸則相

與若下又應之使革四之蹇初成兩既濟則爲敵應不能相錯爲咸故不相與不相與則獲其身獲其身由於上下敵應易重相與而忌不相與因上下敵應則不相與是以不可獲其身也傳文明白可見隨六三係小子失丈夫傳云不兼與也隨蠱相錯卽頤大過歸妹漸相錯卽中孚小過歸妹與漸係不能兼與蠱係隨與蠱係不能兼與漸係故以不兼與贊之謂錯爲過以相與者不能兼錯爲與爾靡之也賁六二傳云賁其須與上興也須卽需謂困成需而通晉晉成咸旅九三旅焚其次喪其童僕貞厲傳云旅焚其

次亦以傷矣以旅與下其義喪也傷即夷謂旅成明夷而通訟訟成咸自需言之二上行於晉五而晉成咸故與上自明夷言之五下行於訟二而訟成咸故與下蓋旅成咸由於節二上行於旅五原爲與上一轉移而爲與下困成咸由於賁五下行於困二原爲與下一轉移而爲與上困九四傳云雖不當位有與也成需故不當位有與即與上與也剝六二剝牀以辨傳云未有與也夬二之剝五而剝上應之成蹇革相錯爲咸可有與矣乃剝牀成明夷則无與无與而不辨則以蔑而貞凶故剝牀成明夷即宜變通於訟

以辨之所以辨者以其未有與也明夷而通訟則以辨而有與矣井九二傳云井谷射鮒无與也无與贊井谷二字井二之噬嗑五三上應之成蹇革可有與矣乃噬嗑四先之井初成需則无與无與遂不得不轉而射鮒以求有與也剝成明夷因未有與而辨此與旅九三傳互明也井成需因无與而射鮒此與困九四賁六二兩傳互明也井二之噬嗑五成无妄若无妄成益益通恒恒感應相與故傳云物與无妄物謂其有等而成益也與謂其通恒而成咸也繫辭傳云无交而求則民不與也莫之與則傷之者至矣此

指恆二不之五而益上之三恆不成咸故民不與恆四之初成泰泰既濟相錯爲需明夷故傷之者至傷之者至則莫之與莫之與節未有與因未有與而成明夷亦因未有與而明夷變通於訟此所以剝牀以辨也

見

循按雜卦傳云屯見而不失其居又云兌見而巽伏也凡雜卦傳所云皆贊經文姤初六見凶蠱六四往見吝兩言見皆指屯故傳以屯見贊之姤二之復五復成屯乃姤初先有所往成小畜而後二之復五故

見凶。繫辭傳云。見乃謂之象。鼎彖傳云。鼎象也。屯見而通於鼎。鼎二之五。則見而不失其居。姤二之復五。復成屯。姤成遯。與屯通鼎。鼎成遯同。則吉。姤四先往。而二後之復五。復雖成屯。姤已成家人。是見而失其居。所以凶也。蠱二不之五而初先之隨四。隨成屯。是見也。蠱成大畜。則宜變通於萃。乃不知變通。而更以上往隨三。是爲往見。蠱成泰而後變通。所以裕而吝也。蠱二先之五成漸。卽兌二之艮五。艮彖云。行其庭不見其人。无咎。行其庭。謂兌二之艮五。若兌四先之艮初成節。則二行庭。便已成屯。卽裕父之蠱往見之比例也惟四不先行而二行於艮五則不成屯故不見其八无咎往見則吝不見則无咎互相明也既兌四之艮初兌成節艮成賁節二之賁五則有咎矣節變而通旅節二之旅五節成屯旅成遯與屯通鼎鼎成遯同乃經不明其義於節旅而明於睽蹇睽初九見惡人謂睽二之五睽蹇相錯爲節旅睽二之五卽節二之旅五之比例睽成无妄无妄蹇相錯爲屯遯正爲屯鼎相通之比例也節通於旅則賁通於困困二之賁五而初四應之則困成屯矣乃賁上之困三據蒺藜而成大過爲八于其宮初四從二五則見今

不從二五而從三，不成屯而成需，故不見其妻，凶。當其成大過時，變通於頤，大過二之頤五，則得女妻，而後四之初應之，頤成益，大過成既濟，相錯爲屯家人，倘得見其妻。困既不能成屯而成大過，又不能通頤得其女妻，故不見其妻也。見之義同於顯，顯代也。見亦代也。坤成屯而代更於鼎，故利見此屯，所以見而見所以謂之象也。九五飛龍謂乾成家人，家人通解，亦利見推之坤成蹇通睽，乾成革通蒙，皆爲利見革上兌而下離，睽上離而下兌，故雜卦傳贊云兌見說卦傳又贊云相見乎離，離兌互明，所以指睽蹇蒙革也革通蒙而蒙成泰則見金夫蹇通睽而睽成大壯則見豕負塗不成大壯而成无妄則見惡人无咎睽之見謂蹇代更於睽蒙之見謂革代更於蒙此兑離之見與屯之見互明者也豐九三日中見沬六二九四日中見斗此見字謂豐更代於渙即家人更代於解豐通渙而成明夷中孚爲見斗即家人通解而成臨猶蹇通睽成大壯也豐通渙而成革蹇爲見沬即家人通解而成咸猶蹇通睽成益也

居

循按雜卦傳云屯見而不失其居序卦傳云豐大也

窮大者必失其居。窮者，不能變通也。不變通則失居，變通則不失居。屯變通於鼎，初九利居貞，居謂鼎二之五也。豐變通於渙，渙九五渙王居，居謂渙二之豐五也。隨六三隨有求得，利居貞，謂隨成革通蒙，居謂蒙二之五也。革通蒙，蒙二之五，爲渙二之豐五之比例。頤六五拂經居貞吉，拂經則大過成既濟，頤成益，益通恆，猶屯通鼎，頤之居，謂恆二之五也。恆成咸而通損，又以損二之五爲居。咸六二居吉，是也。革上六小人革面，征凶，居貞吉。革面則蒙成益，益不通恆而上征三則凶。益通恆，恆二之五爲居，而後益上之三乃貞吉。與頤六五同。故頤傳云順以從上也。革傳亦云順以從君也。繫辭傳云爲道也屢遷。變動不居。謂五已居。又變通而不居。屯五已居。變通於鼎。革五已居。變通於蒙。是也。傳又云噫亦要吉凶存亡則居可知矣。居則存而吉。不居則亡而凶。居而遷於不居。則知存知亡。執一於居。而不能變通。是知存不知亡。仍凶不免也。此謂居可知也。既濟五已居。旁通於未濟。未濟二之五。故云居方。節九五傳甘節之吉。居位中也。節二之旅五成遯。與鼎二之五同。特用一居字。以位中解之。即賁屯之居貞。爲鼎二之五。傳之賁經每以一字之簡，而融貫不移，以不求深解讀之，聖人之意隱矣。

所

循按：易之稱所，與居同義。渙二不之豐五，則失其居，節二不之旅五，則斯其所。渙六四匪夷所思，謂豐四之渙，初成明夷，則爲匪而傷夷。其所思，夷其所，即夷其思。夷則斯矣，斯即澌也。旅斯其所，亦成明夷，既斯其所，夷其所矣，即宜改變其所，何以改變其所？明夷通於訟是也。訟初六不永所事，所事猶云有事於所，所而有事，則不失其所矣。困彖傳云：困而不失其所，謂二之賁五也繫辭傳云井居其所而遷離成豐坎成井井五居所豐五失所豐遷而通渙井遷而通噬嗑交易而退各得其所一遷而所皆不失也艮彖云艮其背傳云艮其止止其所也止於此則遷於彼兌成革艮成蹇即止而不行也

處

循按經之言處者二小畜上九既雨既處旅九四旅于處是也雜卦傳云履不處也咸九三傳云咸其股亦不處也繫辭傳贊同人先號咷而後笑云君子之道或出或處處與出對舉則二之五爲出二不之五

爲不出中、不出中、是爲處也同人旁通於師、師二之五、卽乾二之坤五之比例、師二之五、而後同人四之師初、是則師出以律、而不處矣、若師二不之五、而同人上之師三成升、猶乾上之坤三成謙夬、師二不之五、而同人四之師初、猶乾四之坤初成復小畜、是則不出而處、乾上之坤三、與艮上之兌三同、乾四之坤初、與震四之巽初同、其巽上之震三、不爲謙夬而爲井豐、井豐猶謙夬也、其兌四之艮初、不爲復小畜而爲節賁、節賁猶復小畜也、小畜通豫、節通旅、節二之旅五、小畜二之豫五、則不處、乃豫四之初仍成復、旅四之初仍成賁旅于處之處明兌二不之艮五而兌四之艮初之處也既雨既處之處明乾二不之坤五而乾四之坤初之處也經舉此兩處字則夬謙豐井之處可舉一而反三矣傳則翼而贊之於履乾上之坤三成謙夬則處謙舍夬而變通於履則不處以不處賁履則小畜通豫節通旅亦不處可知豫四之初旅四之初則仍處履三之上亦仍處可知互推之其義已見而傳又翼而贊之於咸咸損相錯爲兌艮咸其股謂損二之五即兌二之艮五傳於此云亦不處也則兌二之艮五爲不處明矣

允

循按易中一字不虛設，凡一字見於此，又見於彼者，必有精義。晉六三衆允，傳以師大有爲衆以贊之。蓋乾成需，坤成明夷，不能允矣。惟需變通於晉，明夷變通於訟，乃允。允而稱衆允者，明夷訟相錯爲師同人，需晉相錯爲比大有。訟之允明夷，卽師之允同人也。師衆也，是衆允之也。晉之允需，卽大有之允比也。大有衆也，是衆允之也。允之義爲信，信之義爲孚。謂需旁通於晉，明夷旁通於訟，於晉言衆允，不特明晉之孚需，卽所以明訟之孚明夷。於是升初六云允升大吉。用一允字。以明明夷之通訟。何也。明夷訟相錯爲同人師。師二不之五而同人上之師三成升。升與同人不孚。則升二之五。雖升其高陵而三歲不興。升而不允。非允升也。惟升通於无妄。而乃以二升於五。則升爲允升。師孚於同人。衆允之也。師成升而改孚於无妄。不衆允而爲允升。則所爲允者不殊也。允升之允。即衆允之允。在同人師則衆允而不允升。在升无妄則允升而不衆允。此引申觸類之最神也。

辨

循按剝六二剝牀以辨。虞仲翔謂指閒稱辨。馬融鄭康成謂足上稱辨、說文釆象獸指爪分別、讀若辨釆之讀辨、取於分別、則剝牀以辨、即如虞鄭說亦仍取於分別耳、傳之稱辨者七、坤初六文言傳云、由辨之不早辨也、一、繫辭傳云、復小而辨于物、二、訟初六傳云、雖小有言、其辨明也、三、大有九四傳云、匪其彭无咎、明辨折也、四、同人傳云、君子以類族辨物、五、未濟傳云、君子以愼辨物居方、六、莫明於履傳云、君子以辨上下定民志、七、凡三言辨物、物者爻有等也、辨其等、則卑不踰尊、下不僭上、故云辨上下、早辨謂乾二之坤五也、乾二不之坤五、四先之坤初、則成復、上先之坤三、則成謙、謙改而通履、仍可辨上下定民志、復改而通姤、仍可辨於物、則辨猶未晚也、尚不知辨、而乾成需、坤成明夷、小有言矣、然明夷改而通訟、則訟二先之明夷五、雖小有言、其辨猶明、至此不知變通、直以需二之明夷五、成兩既濟、蔑而貞凶、不復更能辨矣、是辨之不早辨也、傳所云辨、皆贊剝六二剝牀以辨之辨、初六剝牀以足、此足字與鼎折足之足相鈎貫、何也、鼎四之初、即大有四之比初、大有成大畜、比成屯、相錯爲需頤、即夬四之剝初之比例、所謂匪也、匪而能旁通、則无咎、傳用明辨折三字贊之、辨則不成明夷，故云明辨。方其成頤時，不能明辨，遂至剝牀。剝牀謂成明夷也。剝成明夷，猶大有成泰。匪其彭則不致成泰。又取折字，指大有四之比初，即鼎之折足，以明折足之足，即剝牀以足之足。由折而匪，由彭而明辨，傳之贊經詳矣切矣。初六言足，又言剝牀，則成明夷。然明夷尚能辨，是爲剝牀以辨，謂通於訟。訟二先之明夷五，訟初六傳用其辨明三字是也。蓋能辨，雖成明夷，不致貞凶；不能辨，則蔑貞凶。辨與平便通用。堯典平章百姓，史記作便章；平秩東作，鄭氏注周禮引作辨秩東作。說文八有不便更之，故从入更。辨通于便，則有更變義。推之，祗既平即祗既辨。志未平即志未辨矣。

待

循按：歸妹九四傳云。愆期之志。有待而行也。謂漸成蹇。初不可遽行。宜待變通於睽。故蹇初六傳贊云。宜待也。雜卦傳云。漸。女歸待男行也。與歸妹九四傳互明。繫辭傳言宮室取大壯而云上棟下宇以待風雨。謂大壯成革。觀成蹇。革通蒙。蒙二之五爲巽風。革四從之有坎雨。故待風雨也。解二之五而家人上之解三成既濟。咸。即革蹇之相錯。咸初之待。同於蹇初。故繫辭傳贊解上六云。待時而動。

遲

循按豫六三。盱豫悔。遲有悔。歸妹九四。歸妹愆期。遲歸有時。歸妹九四傳。以待字贊之遲。即待也。歸妹二不之五。而漸上之歸妹三。爲小畜二不之豫五而上之豫三之比例。蹇大壯相錯即需小過也。歸妹二不能早之五。待蹇通睽。待大壯通觀而後歸。故云遲歸。小畜二不能早之豫五。待需通晉。小過通中孚。故遲有悔。易止用兩遲字。互明如此。

反

循按聖人制禮作樂。全本諸易。禮以地制。坤也。故主減樂由天作乾也故主盈減猶虛也禮減則進即乾二進於坤五樂盈則反即屯旁通於鼎家人旁通於解減而不進則消即臨之消不久也盈而不反則放即亢龍盈不可久也禮有報而樂有反報即復也樂記之文與易實相表裏樂屬乾有反則孚於坤也禮屬坤有報則乾二之坤五也是坤爲乾之反坤成比則反而復乾二不之坤五而四之坤初是減而不進即反而不復故雜卦傳云復反也復彖傳云剛反動謂坤未復而下成震也必孚於姤而姤二之復五乃反而復是爲反復其道復之名復以姤二之復五傳

以復爲反。指未字於姤言之也。乾坤相錯爲否泰。坤爲乾之反。猶泰爲否之反。故雜卦傳云。否泰。反其類也。乾成家人。坤成屯。乾成革。坤成蹇。所謂盈也。盈則宜反。故家人反爲解。家人上九傳云。威如之吉。反身之謂也。謂反爲解也。蹇反爲睽。蹇傳云。君子以反身修德。謂反爲睽也。乾九三。君子終日乾乾。夕惕若。謂屯反爲鼎。鼎二復於五。而後上之屯三爲終日。傳云反復道也。復之反復其道。主於復。乾九三反復道。主於反。互相明也。蹇九三。往蹇來反。謂升二之五。升无妄相錯爲復姤。用一反字。與反復其道相鈎貫。明其爲升无妄。未來則反。來則復矣。來反猶云復此反也。若不來。則姤上之復三成明夷。反而不復。是爲迷復。傳云。反君道也。屯反爲鼎。鼎復成遯。猶姤二復於復五成遯。鼎不復而成泰。猶復不復而成明夷。屯六三傳云。十年乃字。反常也。謂鼎成泰也。震爲巽之反。說卦傳。震於稼爲反生。稼卽家也。家人上巽反爲解上震。家人萃相錯爲觀革。家人反爲解。猶觀反爲大壯生卽觀我生之生。觀上巽。大壯上震。大壯二之五則生自未生言之。故反生。歸妹六三。歸妹以須。反歸以娣。須卽需。漸上之歸妹三。歸妹成大壯。漸成蹇。歸妹本反乎漸不成隨而成大壯亦減而不進者矣漸上之歸妹三所謂夫征不復也歸妹云反漸云不復互成反而不復甚明大壯通觀而二之五則反而歸反而歸卽反而復也故云反歸以娣大壯觀相錯爲豫小畜小畜九三輿說輻夫妻反目說輹則小畜二之豫五夫妻卽漸之夫婦反目卽反歸漸三征而歸妹五不復故反是反指大壯大壯通觀反乃得歸錯爲小畜豫則豫之上半小畜之下半合爲大壯卽反之所屬小畜二之豫五在豫五則反歸在小畜成家人下離爲目故云反目由反而歸亦由反而目經以輿

說輹與大壯大輿之輹相貫傳云不能正室也室即大壯取宮室之室大壯成革觀成蹇乃取宮室豫成咸小畜成既濟相錯即蹇革不以咸四之初即不以革四之蹇初故不能正室經以反目明反歸傳明用一室字以指其爲大壯之取宮室經文傳文其脉絡鈎貫曲折相達如此若如九家謂妻乘夫其道逆夫以閨房訴誶而正色以不能正室規之有何精義乃煩韋編三絕而後得哉漸上之歸妹三成蹇大壯爲夫征不復漸初之歸妹四成家人臨爲婦孕不育漸初之歸妹四爲同人四之師初之比例傳贊同人九

四云。乘其墉。義弗克也。其吉則困而反則也。自同人成家人。言之反則者。謂反身而有則也。

敵

循按。中孚六三得敵。傳以位不當。贊之謂二不之小過五而上之三也。中孚成需。傳於同人九三。贊云伏戎于莽。敵剛也。同人上之師三成升。革。升三與革三兩剛相敵。故云敵剛。需三與小過三亦兩剛相敵。中孚得敵之敵。即敵剛也。此僅以九三一爻言之。六爻皆敵。則成兩既濟。艮上下敵應。則獲其身。是也。

方

循按方卽旁也廣雅旁方也堯典方鳩史記作旁聚說文作旁逑甫刑方告論衡作旁告儀禮牢中旁寸注今文旁爲方卦以旁通爲利故卦之德方以知乾旁通於坤故坤之德方乾二之坤五比神也神則已成兩陽故神无方无方則乾成家人革坤成屯蹇家人革屯蹇爲內又旁通於解鼎睽蒙爲外是爲義以方外謂旁通於外以爲義之和也家人上之屯三成兩既濟有分而無聚惟旁通解鼎則方以類聚乾成革坤成蹇其旁通亦然坤成比比旁通大有大有二之五是爲不寧方來困九二朱紱方來紱謂困二也朱紱則困成需也特用方來二字與比之方來相貫比大有相錯爲

需晉。需二之晉五。即大有二之五也。屯通鼎。鼎成家人則雉膏不食。家人上不可之屯三。必旁通於解。而上乃可成坎雨。故云方雨。不方而雨。則盈不可久。方而後雨。則虧悔終吉也。姤二旁通於復五。成咸。又旁通於損。是爲施命誥于四方。離五旁通於坎二。成家人。又旁通於解。是爲繼明照于四方。文選東京賦犨后旁戾旁震八鄙薛綜注皆云旁四方也未濟二之五成否。即朱紱方來。與既濟旁通。而二先之五。是爲居方。因而初四應之。成益。辨物也。益旁通於恆。而恆又居方。是爲愼辨物矣。益旁通於恆。恆二之五。則益上即可立於三。而不必更旁通於他卦。

故恆稱立不易方說文方併船也並併也並亦讀爲旁漢書武帝紀集注並讀爲傍井九三王明並受其福井渫心惻井已成需需旁通於晉則受茲介福並受其福者因旁通而受其福也並同於普乾九二傳云德施普也上之三爲施二之五爲德見龍則坤成屯鼎二之五而後上可之屯三德施普者德而施施由於旁通也文言傳云德博而化博同於普漢書王褒傳注普博也文選西京賦薛綜注普博施也卽申上善世而不伐之義世猶代也以善相更代變通之也不伐上不之三也本卦之德已善更代而旁通於彼卦博卽旁也化變化也化卽通也博而變化卽旁通也

類

循按繫辭傳云方以類聚又云引而申之觸類而長之又云其稱名也小其取類也大類猶似也似卽象也（廣雅類象也）方爲旁通旁通則以柔配剛如坤五柔配乾五剛是也柔之於剛爲不類惟以乾二之坤五乾爲同人坤爲比比五亦剛剛與剛則相類矣成兩既濟則分而不聚必旁通乃能類聚如乾成家人坤成屯屯三之家人上則不類不聚惟旁通以家人通解屯通鼎家人屯成既濟而鼎解成咸三陽仍相聚矣觸者進之謂也進而取類而後生生不已長卽生也旁

通如夫之有婦。取類如父之有子。子所以似父也。繫辭傳。與天地相似。乾二之坤五。則相似矣。失道則稱名也。小。能旁通。故取類也。大。大卽元也。觸類而長。所謂元者善之長也。坤彖傳云。牝馬地類。行地无疆。又云。西南得朋。乃與類行。牝馬。謂鼎睽也。坤成屯而似續於鼎。坤成蹇而似續於睽。坤成比。則乾有類。鼎成遯。睽成无妄。坤又有類。故云地類。遯无妄非與坤類而與坤所成之屯蹇爲類。故申其義云行地无疆。得朋。謂乾二之坤五。有類矣。三上應之成蹇。是爲與類行。蹇革錯爲咸故稱與乾二不之坤五。而上之坤三。不與類行。文言傳云猶未離其類也故稱血焉離者麗也五未取類而三遽行無所附麗故未離其類乾坤相錯爲否泰否泰反其類反其類謂一剛一柔相反泰二之五乃取類也反而復則類矣同人君子以辨物類族類族猶類聚師二先之五辨物也同人上之師三成革三剛相聚類族也中孚六四月幾望馬匹亡无咎傳云馬匹亡絶類上也小過五不與中孚類而中孚上之三成需三剛聚於下爲馬變通於晉晉五亡不成乾馬需二之馬之晉五以匹其亡而晉上亦成馬絶決也需二之明夷五則絶而不類絶而能類者需二

之馬上行於晉復爲馬也類由於旁通旁通情也伏羲作八卦以通神明之德以類萬物之情不能旁通致成兩既濟絶而莫續則無類故頤六二征凶傳云行失類也謂大過成既濟頤成益而益不旁通於恆上遯之三也

羣

循按羣以聚而名也繫辭傳云物以羣分交有等爲物成兩既濟則無可分惟交既有等則二先之五而上下次第應之其以旁通者既取類而有所聚則分之不致成兩既濟故云物以羣分也渙六四渙其羣

元吉。豐四之渙初成明夷。上三陰為羣。惟渙二先之豐五而後豐四之渙初。則豐不成明夷而成既濟。有以渙散其羣。故元吉。乾九四文言傳云。進退无恒。非離羣也。乾成革而通蒙。或躍在淵。則革成既濟。固離羣矣。乃蒙成益。則仍非離羣。與豐成既濟。渙成益正同。在豐成既濟。固渙其羣。而渙成益。則非離羣也。否六二傳云。大人否亨。不亂羣也。師成泰。同人成既濟。泰二之五則亂羣。乃變通於否。否泰二之五。雖成既濟。而否四之初成益。與蒙渙成益同。不亂羣。猶云非離羣也。同人成既濟。師成泰。即漸成既濟。歸妹成泰。是爲夫征不復。婦孕不育。傳云。夫征不復。離羣醜也。婦孕不育。失其道也。此互賛不復不育。則失其道。致漸成既濟。歸妹成泰。爲離羣醜。惟泰能變通。雖離羣尚不亂羣。亂羣者。終止則亂也。

醜

循按凡言醜。皆以兩卦相孚旁通而言。醜之言儔也。離上九。獲匪其醜无咎。傳中諸醜字。皆賛此。王用出征。有嘉折首。謂離成革。蒙二不之五而上之三成升。革四之升初。革成既濟。爲獲。升成泰。爲匪。是爲獲匪。泰通否。否與泰醜。故得无咎。漸六三傳言離羣醜。漸成既濟，猶革成既濟，歸妹成泰，猶升成泰，成既濟，離羣也，成泰，離醜也，與醜相離，謂泰不與既濟醜，又未嘗醜於否也，離羣醜三字，與獲匪二字互明，傳言亦可醜者三卦，皆與離羣醜相發明，大過九五，觀六二，解六三，是也，漸之離羣醜，謂歸妹二不之五而三之漸上，四之漸初，反是則歸妹二之五，而三不之漸上，四不之漸初，歸妹成隨，漸隨相錯爲咸益，則大過二之頤五，正爲歸妹二之五之比例，歸妹二不之五，而三之漸上，四之漸初，爲離羣醜，則歸妹二之五而三不之漸上，四不之漸初，爲可醜，以可醜二字，贊大過二之頤五以離羣醜三字贊歸妹二不之五兩傳互明已爲微妙而又於觀解兩卦贊之歸妹二不之五而三之漸上爲夫征不復歸妹成大壯大壯旁通於觀故觀六二贊云亦可醜也歸妹二不之五而四之漸初爲婦孕不育漸成家人家人旁通於解故解六三贊云亦可醜也觀六二之可醜贊闚觀利女貞利女貞三字與家人象辭同觀利女貞謂大壯二之五家人利女貞謂解二之五歸妹成大壯則離羣醜大壯通觀而利女貞則亦可醜漸成家人則離羣醜家人通解而利女貞則亦可醜闚觀之闚卽豐上六闚

其戶之闚，渙二不之豐五，而豐四之渙，初與大壯二不之五，而四之觀，初同，闚觀則大壯成泰，闚其戶則豐成明夷，明夷中孚相錯爲家人，臨，卽歸妹四之漸初之比例也，負且乘，謂解成泰，家人成既濟，家人通解，而不利女貞，解四之初成臨，仍歸妹四之漸初成臨，解成泰，卽歸妹成泰，而漸上之歸妹三成大壯，卽猶睽上之三成大壯，離成革，革通蒙，則坎成蹇，蹇通睽，睽成大壯，猶蒙成升，大壯不通觀利女貞，而成泰，則蹇初之大壯四爲獲匪，是睽成泰，猶蒙成泰，卽猶解成泰也，睽蒙成泰通否，則其醜无咎，解大壯成泰通否則亦可醜亦可醜所以贊其醜无咎也虞仲翔解獲匪其醜之醜爲類是也乃於大過則云婦體遘淫故可醜侯果解觀六二云女正則吉君子則醜是以醜爲惡不知傳用四醜字贊經一醜字望文生意遂失聖人贊易之妙耳

頤

循按傳之贊經往往語極平泛非駢而觀之未知其妙也履初九素履之往獨行願也泰六四不戒以孚中心願也六五以祉元吉中以行願也中即中心行即獨行也中孚九二亦云其子和之中心願也與泰

六四傳同。渙九二。渙奔其机。得願也。漸九五。終莫之勝吉。得所願也。渙奔其机。謂渙成蹇。豐成革。革舍蹇而通蒙。鴻漸于陵。婦三歲不孕。亦謂漸成蹇。歸妹成革。蹇而終吉。必通於睽。蹇通睽。猶革通蒙。一云得願一云得所願。即傳之同。可知其經之同矣。睽二之五成无妄。與履二之謙五同。素履之往。謂履二之謙五。而四往謙初。即睽二之五而四往蹇初之比例。固以獨行二字。明謙之通履。同於夬之通剝。而又以願字。明其同於漸渙之得願。錯綜鉤貫。已造於微。而中孚之其子和之。謂二之小過五也。中孚成益。小過成咸卽恒二之五之比例以此推泰六四之中心願知其爲否成益而通於恒承上不富以其鄰而言鄰卽東鄰西鄰之鄰東鄰卽恒西鄰卽恒成咸戒卽終日戒之戒否成益益上之三何以不戒以其孚於恒而成咸爲中心願也泰六五以祉元吉祉卽疇離祉之祉承上帝乙歸妹而言帝乙歸妹則泰二之五以祉則否成咸以應之有否成咸以應乃得元吉所爲中以行也中以行下用一願字明恒成咸而益成旣濟與否成咸而泰成旣濟其爲願同也泰所以元吉以其通否未通否則由歸妹二不之五而成漸歸妹相錯

即中孚小過、歸妹二之五、爲中孚二之小過五之比例。中孚二之小過五、則中心願、知歸妹二之五、亦中心願。歸妹二之五則中心願歸妹成泰則中以行願、其子和之之中心願、又所以贊兩稱帝乙歸妹之義也。於是未濟九二傳云、九二貞吉、中以行正也、未濟二不出中、濡其尾而成泰、泰孚否、則曳其輪以中以行正、贊之明與泰六五傳中以行願相證、以中以行正與中以行願相證、猶以獨行正與獨行願相證、晉初六晉如摧如貞吉、謂需二之晉五、罔孚謂晉成否、否四之初、與謙成既濟履成益同也。

試

循按乾九四文言傳云或躍在淵自試也无妄九五傳云无妄之疾不可試也兩試字互明或躍在淵謂乾成革而變通於蒙蒙二之五而後四之蒙初如是則可試以有所自而試也若无妄上之三成革以應升二之五爲有喜革四則不可試以其未通於蒙而無所自也兩相比例以一試字爲之關鍵分觀之似泛合觀之乃切多類此也

男廷琥授書 孫授易 授詩 校字

易通釋卷七 雕菰樓易學之三

江都焦循學

包容

循按易之言包者四卦泰否蒙姤否六二包承六三包羞恒九三不恒其德或承之羞傳云不恒其德无所容也明以容字贊包字恒與益通二先之五而益上應之有所容也乃二不之五而四之初益承之而上之三恒成泰益成既濟所爲或承之羞也所以或承之羞者以无所容也既承羞而爲泰一旦改移而變通於否則向以无所容而承之羞者今則有以包

其承包其羞是无所容之容明為包承包羞兩包字之訓恒二不之五則五虛而無實是之謂荒荒猶妄也妄即亡也所以承之羞者在此既包承包羞即所以包荒恒本剛柔皆應既无所容而成泰遂上下無應更无所容既包荒則二之五而否應之其亡其亡繫于包桑桑指否四之初成益非包則無此桑非此桑無以為包故云包桑恒益相錯為震巽恒四之初為震四之巽初之比例震四之巽初巽成小畜震成復恒成泰无所容震成復亦无所容矣泰變通於否復則變通於姤姤二之復五為包有魚亦為以杞包

瓜。復之不遠復，卽泰之不遐遺，九四又反其辭以明之。姤二不之復五而四之初，仍巽二不之震五而震四之巽初，包无魚卽是无所容也。震四之巽初，與乾四之坤初同，傳於師贊云容民，師二之五，卽乾二之坤五之比例。師二不之五而同人四之師初成臨，卽乾二不之坤五而四之坤初成復之比例，故於臨贊云容保民。泰包於否，復包於姤，臨包於遯二也。傳既以无所容贊恒之成泰，又以无所容贊離之成明夷。離上之坎三成豐井，卽家人上之解三成恒豐，變通於渙，則有所容，乃不變通而豐四之井初，卽恒四之

二

初也，即或承之羞矣。无所容矣。然恒成泰而通否，仍可包承包羞。豐成明夷，不通訟而需二之明夷五，則突如來如而終无所容矣。離四之坎初，則成節賁，賁上之節三，其不順與豐四之井初同。賁困相錯爲革蒙，賁之包於困，即革之包於蒙。蒙九二包蒙，爲離之成賁言之也。賁包於困，節則包於旅。序卦傳云：旅而无所容，謂旅四之初仍成賁也。旅四之初仍成賁，猶姤四之初仍成小畜。旅之无所容，又爲包无魚而贊也。

繫牽引茹

循按易稱繫者三姤否无妄稱係者三坎遯隨係卽繫亦卽世系之系爾雅續係繼也凡稱係卽繼善續終故旁通不窮乃謂之係莫詳於隨六二係小子失丈夫六三係丈夫失小子係小子謂漸與歸妹係則不與隨係故失丈夫係丈夫謂蠱與隨係則不與歸妹係故失小子小子卽漸初六小子厲之小子也與漸相係則爲歸妹與隨相係則爲蠱蠱成漸則不與隨係歸妹成隨則不與漸係蓋兩卦旁通則相係變則所係亦變經於隨自示其例也隨與蠱係然必蠱二之五乃爲繼續故上六拘係之謂蠱二之五成漸下艮爲拘而

後隨三乃之蠱上以從之也既成漸與歸妹旁通又必歸妹二之五以係之歸妹不成隨而成臨旁通於遯爲係遯姤初六繫于金柅謂四之初成小畜與豫相繫也柅猶泥小畜成需坎水在上則爲泥未成需方成小畜巽木在上則爲柅泥从水柅从木也與豫通則貞吉傳以柔道牽贊之牽即小畜牽復之牽謂與豫相牽成既濟則貞吉與介于石貞吉同若不與豫牽仍以二之復五成屯則見凶矣說文杘籆柄也或从木尼聲又云檷絡絲檷也讀若柅檷柅杘三字通又竹部籆收絲者也收絲者絲之所旋姤巽繩在

下。小畜巽繩在上。乾爲金。以巽繩之在乾下者。旋而在乾上。如絲之旋其象爲籰柄。坤爲柄。巽繩與乾金相上下。而實爲豫二坤柄所係。姤繩在下。則復柄在上。小畜繩在上。則豫柄在下。故云繫于金柅。取象之精。未可以空言解也。以牽贊繫。繫卽牽矣。小畜九二牽復吉。傳云。牽復在中。亦不自失也。坤成復。乾成小畜。失矣。復牽於姤。姤二之復五爲復。小畜牽於豫。小畜二之豫五亦爲復。故牽復吉。復姤相錯爲升。无妄。升與无妄繫。升成既濟。无妄成益。則不相繫。易辭多用到繫之牛。則升二之五。與无妄相繼續也。繫而成益又必繫之於恒故云或或者不孚也繫之牛猶拘係也拘係而成蹇則上窮繫牛而成益則邑人災其義一也乾上之坤三成夬與乾四之坤初成復同一失道夫遯剥而剥成蹇夬成革卽隨之拘係也革改而係於蒙爲牽羊則悔亡矣惟革上之羊牽而通蒙則四不行之蹇初故次且夬成革宜牽於蒙姤成咸則宜牽於損未牽於損則四亦不可行故姤九四傳云其行次且行未牽也否與泰繫泰五亡矣繫於否於是泰成既濟否成益故繫于包桑坎與離係則坎二宜之離五而三之離上離成豐坎成井虞仲翔云

徽纆墨索也劉表云三股爲徽兩股爲纆皆索名以
繫縛其罪人井下巽爲繩豐用獄而坎下成巽繩是
徽纆也在泰繫否而成既濟益爲包桑則繫之而當
者也在坎係離而成豐井爲徽纆則係之而失者也
可互明矣牽亦同於引見廣雅夬剝相牽爲引兌萃大畜
相牽爲引吉大畜萃相錯爲夬剝故用兩引字相貫
明兌成夬孚于剝爲引兌也泰初九否初六皆云拔
茅茹以其彙茹之訓鄭康成以爲牽引虞仲翔以爲
茅根茹爲茅根別無可證公羊傳獲莒挐釋文挐本
作茹挐之訓爲牽引見說文鄭以茹爲挐之假借否

成益泰成既濟不可相係益當牽引於恆所謂茹以其彙茹以其彙猶云系以其類也

維

循按廣雅維隅也大射儀中離維綱注云侯有上下綱其邪制躬舌之用者爲維二五爲中則初四三上爲隅三之上環五而爲之隅三上所以維五也蠱二之五有艮爲拘然後上之隨三維之故云乃從維之坎二之離五爲心然後三之離上維之是爲維心離成同人坎成比比同人相錯爲既濟否爲需二之晉五之比例晉上九晉其角維用伐邑晉角伐邑皆謂

上之三而用一維字則需二已先之晉五爲中而上之三以維之非先有中心不可謂之維也

發

循按蒙初六發蒙豐六二有孚發若渙二之豐五豐成革渙成觀與蒙二之五同豐傳云信以發志也大有六五傳亦云信以發志也大有厥孚交如謂成家人也家人解相錯即是豐渙大有之信以發志謂解二之五豐之信以發志謂渙二之豐五乃傳又贊於坤六三云含章可貞以時發也謂成屯旁通於鼎發之義同於開（廣雅）亦同於見（禮器注）見猶著也故雜卦傳贊

之云。屯見而不失其居。蒙雜而著。

顛　窒　慎

循按雜卦傳云。大過顛也。大過經文不言顛。而頤二四兩爻皆稱顛。傳以顛贊大過。所以明顛頤之吉。謂大過二之頤五也。大過二之頤五。何以爲顛。顛塡闐古字通。玉藻盛氣顛實揚休注云。顛讀爲闐。正義云。顛塞也。爾雅煮塡棗。釋文塡本或作顛。顛卽顛字。五不當位則空虛。頤五空虛。大過二塡實之。故爲顛頤者。噬嗑四之井初也。井噬嗑相錯爲屯鼎。鼎二不之五而四之初。成大畜。卽噬嗑四之井初成頤之比例。

不俟四之初而二先之五不爲顚頤而爲顚趾趾即止艮止也四不之初則二塡於五成遯下艮故因塡而得趾也顚之義與窒同剝五未實而夬四之剝初爲虎視眈眈其欲逐逐逐逐遠也謂不能塡其欲於剝致成頤而塡之於大過故爲遠也損二之五爲大過二之頤五之比例損之窒欲即窒頤五之欲取其欲逐逐之欲而加以窒字明以窒贅顚顚頤即窒欲也窒字訟彖言之謂二之明夷五也明夷者頤上之三也未成頤而鼎顚趾未悖也既成頤而不能顚致成明夷道大悖也道大悖而有孚窒惕猶化凶爲吉

李鼎祚引虞氏義以顛爲殞馬融以窒爲躓皆失之矣經言顛言窒言實傳則贊之以愼釋文窒欲之窒陸作昚昚卽古文愼字愼從眞聲與顛同爾雅訓愼爲誠誠實也塡亦實也鼎二之五爲顛趾爲有實六二傳云愼所之也愼字卽贊有實之實與顛趾之顛鼎二之五爲節二之旅五之比例傳贊旅云明愼繫辭傳贊節初九云愼密愼謂旅成遯卽鼎成遯也鼎四之初成大畜大畜屯相錯爲需頤頤通大過則愼言語需通晉則敬愼不敗需二之晉五爲未濟二之五之比例未濟傳云君子以愼辨物居方傳旣以愼

飲食贊頤繫辭傳又贊大過初六云藉之用茅何咎之有慎之至也必大過二之頤五乃爲頤卽乃爲慎故於頤大過兩卦並言慎以明之必訟二之明夷五乃爲窒必需二之晉五乃爲慎皆與未濟二之五同故以未濟之慎明需之慎卽以需之慎明訟之窒大過不顛頤則四之初成需訟不窒明夷則四之初成中孚繫辭傳贊中孚九二云可不慎乎與贊大過慎之至正相發明鼎二之五猶姤二之復五坤六四括囊謂坤成復通姤姤二之復五也坤傳云括囊无咎慎不害也慎通順升傳以順德釋文本又作慎繫辭傳慎斯術也釋文慎本作順詩應侯順德正義言定本作慎德孟

子王順古今人表作王愼其見於經子注疏者不一愼不害卽順不害不言順言愼者明感之順不害卽損之窒欲而互以通之也

塞

循按易之言塞與窒不同鼎九三鼎耳革其行塞塞者不通也鼎二之五而上之屯三通而不塞也乃四先之初而二之五成家人不復可與屯通故其行塞行謂四行之初也節二之旅五與鼎二之五同亦通而不塞也若旅四之初成賁亦其行塞矣旅四之初是爲出戶庭出戶庭則塞而不通不出戶庭則通而不塞故節初九傳云知通塞也塞字卽贊其行塞之

蹇，

遂

循按大壯上六，不能退，不能遂，无攸利，不言進而言遂者，春秋穀梁傳云，遂，繼事也，又義同於成，廣雅訓爲竟，以繼事而兼成，惟需二之晉五，訟二之明夷五，及泰通否而二之五，泰明夷需成既濟，則爲成爲竟，晉訟成否，上下應之，則成而繼事者也，凡易言遂，指失道成泰而通否，失道成明夷需而通訟晉也，漸上之歸姊三成大壯蹇，漸初之歸妹四成家人臨，在大壯成革，則退而通蒙，今二不之五而四之觀初，不成革而觸藩成泰故不能退即宜以泰通否而爲遂若不通否則是既不能退又不能遂故无攸利若大壯成革則能退而無所用其遂矣家人通解猶革通蒙也家人上之臨三與大壯四之蹇初同既成泰則宜遂今家人通解二之五爲中饋則無所用其遂故云无攸遂在中饋謂所以无攸遂者在解二之五中饋也解不中饋而家人上之解三則成恆恆既濟相錯爲豐井即爲巽上之震三之比例豐四之井初即恆四之初亦猶家人上之臨三家人上先之解三成恆恆四又之初猶解四先之初成臨家人上又之臨三

成泰。大壯四先之觀初成益。益上又之三。猶觀上先之三成蹇。大壯四又之蹇初成泰。大壯解成泰。猶井困成需。何也。困二之賁五成家人萃。與家人通解而解二之五同。即與渙二之豐五同。渙成觀豐成革。即大壯通觀而大壯成革。觀革相錯即家人萃。皆无攸遂者也。惟困二不之賁五。而賁上之節三。則不成家人而成需。亦惟渙二不之豐五。而豐四之井初。則不錯家人萃而成需。豐四之井初是為井泥。即是需于泥。惟需通晉而二之晉五。故遂泥。遂泥者。先有泥而後遂之也。傳於困贊之云。君子以致命遂志。困成需。

猶井成需需通晉而二之晉五則遂志遂泥需不通晉二不之晉五則不能遂推之大壯成泰通否而二之五則亦遂志可知巽上先之震三成豐井相錯爲恒既濟即家人上之解三之比例巽初先之震四成復小畜相錯爲泰益即大壯四之觀初之比例經以不能遂无攸遂震遂泥三遂字互相發明而傳贊之以遂志知泥爲需遂爲需通晉則知无攸遂者以其未成需泰也不能遂者以其成需泰而未能變通也微矣哉

養育字飾

循按雜卦傳云頤養正也蒙彖傳云蒙以養正聖功也鼎彖傳云聖人亨以享上帝而大亨以養聖賢大畜彖傳云不家食吉養賢也又於頤彖傳詳言之云頤貞吉養正則吉也觀頤觀其所養也自求口實觀其自養也天地養萬物聖人養賢以及萬民養之義同於育歸妹二先之五而後四之漸初則婦孕而育歸妹二不之五而四之漸初猶鼎二不之五而四之初鼎二之五爲養賢四之初成大畜則不能養賢益乾成家人坤成屯已盈不可久家人上之屯三成兩既濟正則正矣而絶而不續終而無始故必旁通於

鼎乃爲養正養正者養而後正也若鼎四之初成大畜大畜二之五仍成家人以家人上之屯三仍是絶而不續終而無始不可爲養賢經於大畜明示其義云不家食吉欲其鼎四不之初不成大畜則二之五不成家人而傳即明贊之云養賢也不成家人乃爲養賢則鼎之爲養賢其義明矣屯得鼎而養革得蒙而養蒙之養正與鼎之養賢同聖者通也云聖人云聖功皆通也惟變通而後能養屯不通鼎則窮於家人革不通蒙則窮於蹇蹇通睽猶井通噬嗑井二之噬嗑五與睽二之五同井養而不窮不養則窮可知

矣。然井之養與蹇不同。蹇革屯家人，皆當位無失。第恐其太盡，故以養正。巽坎之成井，則有失者也。有失而養之，使不窮，以歸於善。蒙之養正，聖功也。生知安行者也。井之養，改過遷善，困知勉行者也。頤大過皆有失。大過得頤而養正，正在大過，成既濟，養在頤，成益。以頤養大過之正，是大過爲頤之所養，故云觀其所養。頤成益，益上遽之三，則無養。旁通於恆，恆成咸，爲口實，而求之而正者，又在頤，是頤之自養也。故云觀其自養。井噬嗑爲屯鼎之錯，故井養猶鼎養。鼎四之初，與噬嗑四之井初同。噬嗑四之井初，則成頤，而頤通大過。仍得所養。其互相鉤貫如此。蒙以養正。即爲育德。蠱亦爲育德。隨蠱相錯爲頤大過。蠱二之五。即大過二之頤五之比例。亦即歸妹二之五之比例。然則傳中諸養字。皆所以贊漸九三之不育耳。无妄傳云。先王以茂對時育萬物。育德猶養賢。育萬民猶養萬民。升成既濟。无妄成益。猶大過成既濟。頤成益。此養賢也。育德也。益通於恒成咸。益成既濟。此育萬物也。養賢以及萬民也。育之義同於字。字之義同於養。昭十六年傳服虔注字養也屯六二女子貞不字。十年乃字。女子貞即鼎成家人而上之屯三成兩既濟也。不字即不育。

不養賢也、十年、鼎成泰也、泰通否則十年、乃字也、廣雅云、字、生也、字、飾也、又云、養、飾也、蒙革相錯爲賁困、困二之賁五、爲蒙二之五之比例、蒙之養、即賁之飾、雜卦傳云、蠱則飭也、鄭康成王肅作飾、蒙育德、蠱亦育德、故賁飾蠱亦飾、賁上之困三成大過、猶蠱上之隨三成升、升通无妄、育萬物、仍蠱之飾也、大過通頤養正則吉、仍賁之飾也、飾之爲養、爲字、蓋古師說易之遺也、

親　好　愛

循按、雜卦傳云、同人親也、訟不親也、乾九五文言傳

云本乎天者親上本乎地者親下荀慈明謂乾九二本出於乾故曰本乎天居坤五故曰親上坤六五本出乎坤故曰本乎地降居乾二故曰親下其說是也乾二之坤五成比傳贊之云親諸侯所謂親上也坤五之乾二成同人傳贊之云同人親也所謂親下也傳於同人言親又於比言親明乾二之坤五坤五之乾二乃親即師二之五五之二也惟比同人相錯爲否既濟即訟二之明夷五之比例訟二未之明夷五訟仍是訟明夷仍是明夷故訟不親然則師未成比則同人不親比親同人乃親訟不親即師不親亦即

乾二不之坤五之不親其義互明經不言親而言好好者愛也愛者親也同人成家人師成臨不親即不好矣臨變通於遯則親遯九四好遯好即言其可親也家人變通於解則亦親傳即於家人九五贊云交相愛也愛亦言其可親也惟家人臨相錯爲中孚明夷故中孚九二我有好爵吾與爾靡之好爵之好與好遯之好相鉤貫臨係於遯則不親變而爲親故好中孚靡於小過則亦不親變而爲親故好經以兩好字貫之傳以諸親字贊之傳又贊云親寡旅也寡即小畜之寡坎二不之離五而離四之坎初成賁節即

乾二不之坤五而四之坤初成復小畜亦卽師三不之五而同人四之師初成家人臨節小畜寡家人臨亦寡明夷中孚亦寡節通旅則有以親其寡寡則不親親其寡則變不親而爲親節通旅則親寡小畜通豫則亦親寡可知訟成中孚則寡中孚通小過則亦親寡可知

故事

循按雜卦傳云隨无故也革去故也豐多故也廣雅蠱故皆訓事故在蠱則隨无故无故卽无事也蠱故之有無視乎五之得失繫辭傳云通變之謂事又云

化而裁之謂之變，推而行之謂之通，舉而措之天下之民，謂之事業，又云，通天下之志，以定天下之業，業即事也，諸爻之動，聽命於二，二五，視二五有事以爲事，蠱五未定，不能無事，二之五是爲有事，隨三四雖亦有事，而第隨乎蠱，則隨无事也，革四未正，不能無事，乃二五已定，則視蒙五之有事以爲事，故云去故，去故者，去本卦而改通於蒙也，若革五未定而爲豐，則豐宜有事，有事有事而云多何也，豐本震也，巽二之震五，在巽爲申事行事，在震爲无喪有事，震已成隨，則无事而事在蠱，若巽二不之震五而上之震三成豐，則不特有故而且多故何也五未行而三上先行不能仍與巽孚必變通於渙渙二之豐五成革乃得去故所以多故也蠱上九不事王侯高尚其事不事卽隨之无故高尚其事卽蠱之有事不事王侯者不以上之隨三爲事也上不之隨三而二之五上成巽爲高二進於五爲尚故云高尚謂不以上之隨三爲事二之五乃其事也不高尚而事王侯則成升升通无妄二之五而无妄四之升初是爲順事事在升五而四順之也升二之五成蹇旁通於睽睽二之五則小事吉矣乃二不之五而上之三成大壯以大壯係蹇是

爲匪躬，則宜變通於觀。通觀則大壯二之五，是爲王臣所以有事於王臣者，因其匪躬而變通之也。故云王臣蹇蹇，匪躬之故。大壯通觀而二之五，何以爲王臣？大壯成革，革五互乾爲王，亦卽蠱不事王侯之王；王而係以臣，卽小過遇其臣之臣。睽上之三爲小畜上之豫，三之比例。豫成小過，通中孚，猶睽成大壯通觀，故以遇其臣之臣，合於利用賓于王之王，以明之也。睽彖云小事吉，惟五小乃有事，傳取小事吉三字贊小過可小事不可大事。小事謂五，大事謂四。不可先以四行，當先以五行。小過五有事，卽歸妹五有事。

以小事吉贊可小事明睽之同於小過即明睽之同於歸妹也何也歸妹三之漸上成蹇歸妹成大壯即與睽之成大壯同歸妹四之漸初成臨漸成家人即與遯之成家人同遯九三傳云不可大事謂遯四不可之初也用小過不可大事四字贊遯與用睽小事吉三字贊小過同一奇妙明歸妹同於睽亦同於遯睽上之三爲歸妹三之漸上之比例遯四之初爲歸妹四之漸初之比例傳又以不可大事贊豐九三謂震已成豐不可又成明夷豐四之渙初即小過四之初之比例也睽上之三成大壯睽四之蹇初成損大

壯通觀爲王臣之故。損則通咸初九己事。謂通於咸而有事也。損有事成益，益宜變通於恆。初九傳云下不厚事也。下不厚，謂家人上之解三，鼎上之屯三。不不厚而成恆，乃通益而有事。匪躬而成大壯，乃通觀而有故。下不厚事，猶云匪躬之故也。坤六三或從王事，謂坤成屯，變通於鼎。鼎二之五而屯三從之。訟六三或從王事，謂訟成益，變通於恆。恆二之五而益上從之。鼎二之五爲王事，二不之五而上之屯三，故下不厚。成恆而通益，仍以二之五爲王事。經以訟坤互明之也。凡有事以二五爲主，五己奇則變通於偶而又以偶進爲奇偶民也奇君也自君而通於民故繫辭傳云寂然不動感而遂通天下之故又云是以明於天之道而察於民之故故屬於民是以隨无故革去故隨革陽卦奇豐蠱陰卦偶也豐多故則憂患傳云又明於憂患與故其故何也陽卦奇陰卦偶奇則明偶則幽仰以觀於天文俯以察於地理是故知幽明之故凡稱故皆事也陽卦寂然不動陰卦感而遂通天下之故天下之故卽民之故明通於幽惟此故也幽變於明亦惟此故也

施設

循按說文設施陳也論語願毋伐善毋施勞施之義與伐同謂上之三也益上之三則成既濟故長裕而不設不設卽不施謂不以上之三也觀神道設教謂成益通於恒益上之三則成既濟爲形而下之器器則不能復神通於恒恒成咸仍形而上之道也以其能變故云神道神道設教恒二之五益上乃可之三也乾二之坤五而後上之坤三爲兩施乾二不之坤五而上之坤三成謙則施不平旁通於履有以稱之稱之以物所以平其施物者爻有等也坤成謙則等衰而輕稱所以權其輕重也以物稱之則輕者不輕

而施得其平。小畜密雲不雨自我西郊。傳云施未行也。行謂四之初。施謂三之上。小畜上從二五於豫三。故施。豫四未之初。故未行。謂成咸也。鼎二之五。上可施於屯三。乃鼎四之初。則二之五成家人。上更施於屯三。是既行且施。既行且施。則未能光大。故傳云屯其膏施未光也。鼎四之初成大畜。大畜屯相錯爲頤。頤六四傳云。顚頤之吉。上施光也。鼎四之初則上施不光。頤通大過。大過四不之初。則上施光。施字上加一上字。施爲上之三。傳己贊明之。鼎四不之初。而二先之五爲德。上之屯三則爲德施。乾九二傳云德施普也文言傳又云見龍在田時舍也舍即屯六三不如舍之舍謂不可以家人上施也乾四之坤初成小畜復無雲而行者也小畜旁通於豫則施而不雨復旁通於姤姤四不行則上可施姤傳云后以施命命者二之復五也施命則二先之復五而後上施於復三也凡四之行上之施皆必順乎二五而四行則上不可施推之上施則四不可行傳明示其例如此益彖傳云天施地生其益无方益五剛天也恒五柔地也天施益上之三也地生恒二之五也天之施必視乎地之生則神道設教矣神无方也

尸

循按易之言施言矢。余測之皆知其爲上之三之名。近者宮保阮公。以所著釋矢一篇見示。謂開口直發其聲曰施。重讀之曰矢。是矢施二字同義。足與易義相發明。又謂尸與施同。爾雅矢雉尸陳也。平夷弟易也。矢弛也。弛易也。皆此音此義也。晉語秦人殺冀芮而施之。注陳尸曰施。是施義同尸。因悟師或輿尸之尸。即取例於施。師二先之五而後同人上之師三。則師成蹇。上無坤輿而有坎雨。是爲雨施。今不成蹇而成升。上無坎雨而有坤輿。是爲輿尸。輿指坤。雨指坎有坎雨則上之三爲當則不稱尸而稱施有坤輿則上之三爲失則不稱施而稱尸尸施字同而各有取義以爲比例同人上之師三成升同人成革相錯爲大過明夷即姤上之復三之比例尸之爲言夷也故明夷以夷名亦取義於上之三之失道夷則轉注爲傷由傷而死故爲尸大過取棺椁是尸所取義也夷同於弟故上之三例爲弟爾雅釋詁多可考見周易經文傳文自相訓詁之處如倫之訓勞則知曳其輪即勞謙敕之訓勞則知敕法即勞民其攻之訓善鴻昏顯之訓代神之訓治賡揚之訓續齊之訓壯濟之

訓成訓益皆易義也茲緣釋矢之爻而推爾雅矢尸夷弟諸字相轉注其關合於易義者如此弛郎施

克伐征

循按聖人以德爲本以兵爲末所以神武而不殺也至於克伐其道終窮凡卦之變通以不伐爲利是以凡成屯成家人成益必變而通之爲善世而不伐未濟成益益通於恒而後上之三是以高宗伐鬼方三年克之繫辭傳云勞謙君子有終吉子曰勞而不伐有功而不德厚之至也謙以龍戰于野三上先於二五輕薄極矣變通於履履二之謙五成坎勞于坎故

爲勞謙。謙成蹇。履成无妄。无妄上不之三。而以四之蹇初。謙成既濟故有終。向令无妄上之三。則謙不終。故謙之成君子而有終。由於勞而不伐。勞者履二之謙五。不伐者履上不遽之三。履成益。俟益通於恒。恒二之五而後上之三爲有功。功在履三。德在恒五。故有功而不德也。勞而不伐。勞字贊九三之勞謙。不伐則贊六五之利侵伐。上六之利用行師征邑國。凡稱征稱伐稱克。皆指上之三也。大有九三公用亨于天子。小人弗克。小人謂二未之五。則上不可之比三。故弗克也。彖二之五。成觀與革錯爲家人。而後上之三成蹇是爲子克家晉成否而上之三是爲維用伐邑坎二之離五爲王而後離上之坎三爲王用出征益六二損六五稱弗克違訟九二九四稱不克訟同人九四稱弗克攻復上六稱不克征弗克違者不以上之三違而去之通於恒也弗克攻者不以家人上之臨三而反身以通於解也不克訟者不以上之三成大過而以二訟於明夷五也變弗克言不克者與復上六不克征相鉤貫復成明夷以需二之明夷五爲至于十年變通而以訟二之明夷五亦爲至于十年需二之明夷五則先克而後至訟二之明夷五則不

克而先至也先克而後至則有災眚而大敗凶故同是至于十年而欲其不克征也明夷通訟訟上不之三而二先之明夷五爲不克訟即是姤上不之復三而二之復五姤上不之復三而二之復五所謂復也故不克訟之下即申言復即命明指出復字以示不克訟與不克征相鉤貫也不克而疊言征者明征即同於克不克而先至先至而後征是不克而征也同人上克於師三成升則恤所爲大師克也升通於无妄升二之五用見大人而後无妄上之三則勿恤而南征吉南者離也无妄上之三成革下離爲南征所

以別於同人上克於師三征而不南也歸妹二不之五而漸上之歸妹三成大壯故征凶漸九三發明其義云夫征不復復而後征則成革爲南征吉征而不復則成大壯爲凶大壯初九之征凶即此歸妹之征凶征吉征凶見於彖者升歸妹各一爻之稱征吉者三（泰初九困上六革六二）稱征凶者九（頤六二大壯初九損九二困九二革九三上六震上六小畜上九未濟六三）南征吉謂成革故革六二征吉歸妹征凶謂成大壯故大壯初九征凶革九三征凶與上六征凶同賁上之困三成大過明夷困九二征凶是也征凶何以无咎困以征凶成大過大過且不改而四之初成需一經

變通則朱紱方來利用亨祀雖征凶而无咎也大過能改則通頤二先之頤五而頤上可之三矣乃二之頤五四亦之初為顛頤拂經于邱是時大過成既濟頤成益上仍不可征三於征凶上加一頤字明其未通恆則上之三仍是頤征不是益征猶師成泰未通否仍是用師不是用泰也革通蒙蒙二之五而革四之蒙初是為小人革面與拂經于邱同故征凶與頤征凶同蒙二不之五而革四之蒙初成損損二之五與大過二之頤五同九二利貞征凶利貞者通於咸而二先之五則上可征三也不利貞而遽以上之三

則征凶凶矣小畜上之豫三爲漸上之歸妹三之比例故君子征凶震三之巽上巽成井震成豐相錯爲既濟恆與未濟上之三同未濟六三征凶即震上六征凶而巽二不之震五爲歸妹二不之五之比例則其征凶亦歸妹之征凶也困以征凶而成需若二先之賁五而困四之初成屯屯通於鼎則征吉困上六有悔征吉與六二征凶无咎相發明也損以征凶而成泰泰既通否則泰二之五否上可征三矣惟初已拔茅成益即頤之拂經也斯時而征則仍凶故茹以其彙征吉茹以其彙謂與恆通也此與頤六二之征凶

相發明也。

亢

循按：乾上九「亢龍有悔」，傳以「盈不可久」贊之，又以屯爲盈，謂坤成屯也。下震爲龍，乾成家人，上巽爲高，亢之言高也。見廣雅。既成亢龍，則宜有悔，謂家人旁通於解，解二之五而後上之三也。文言傳云「貴而无位，高而无民」，高字正贊亢字。小過上六「弗遇過之」，傳云「已亢也」。凡四不之初爲己，己指小過四不之初，不致成明夷爲飛鳥離之凶。亢指小過旁通中孚，中孚上巽，與家人上巽同。經言「弗遇過之」，驟讀之，不知其所謂，既講明己亢二字，乃知弗遇謂豫五不與小畜二遇，致小畜上之豫三成小過。既成小過，卽宜通中孚，則是時小過仍宜爲小過，不可以四之初爲明夷，何也？不過之而夷之，則飛鳥離之凶，是謂災眚也。弗過則欲其遇之，豫未成小過，欲其先成萃也。已過而弗遇，則欲其過之，不遽成明夷，而先以小過旁通中孚也。以小過旁通中孚，小過四不之初，已也，成咸亦已也。中孚上巽，亢也，成益上巽，亦亢也。已亢二字，明所以弗遇過之者，雖豫不與小畜遇，而小過與中孚遇，猶是密雲不雨自我西郊也。傳文簡妙，思之自得。亢龍所以悔者以其不能已也家人悔而通解解二之五成萃萃四不之初即大畜之有厲利已已而亢則不犯災萃四不已而成屯屯與家人不已而亢故爲窮之災也小過不成明夷而成咸咸中孚成益已而亢則無災眚若飛鳥離之則不已而亢故爲災眚矣災視乎已不已不視乎亢不亢傳以已亢贊弗遇過之即贊亢龍也家人九三家人嗃嗃嗃嗃猶高也嗃嗃之有悔即亢龍之有悔亢而龍猶亢而飛鳥矣

密

循按小畜小過皆云密雲不雨謂小過豫成咸中孚

小畜成既濟繫辭傳云卦之德方以知六爻之義易以貢聖人以此洗心退藏于密心謂五洗京虞荀董張蜀才石經皆作先（見釋文）先心先五也卦以旁通爲德故方以知其變通以盡利者以爻易而獻功故易以貢其爻易以二五爲先故先心先心即密也既先心而密矣又退藏以變通於不已故退藏於密小畜二先之豫五中孚二先之小過五是先心也密也然後小畜上之豫三中孚上之三成既濟有坎爲雲由密而雲也小過豫成咸不以四之初不雨也咸四不行而通於損所謂退藏於密吉凶與民同好惡也節初

六不出戶庭无咎繫辭傳云亂之所生也則言語以爲階君不密則失臣臣不密則失身幾事不密則害成是以君子愼密而不出也言語以爲階謂先成節又成需也即困之尙口乃窮困四之初即離四之坎初也賁上又之困三即離上又之坎三也坎二先之離五離成同人坎成比同人上有乾君則君密比下有坤臣則得臣乃坎二不之離五而離上不成乾五既虛而不實離四之坎初成節而坎下亦失坤臣是君不密則失臣也惟坎二之離五而離上之坎三應之坎成蹇離成革與艮成蹇兌成革同身即艮其身

之身。是有身也。今坎二不之離五而離四之坎初。不能通變。而離上又之坎三。離成明夷。上有坤臣。而五虛不實。坎成需不成蹇。則失其身。故臣不密則失身也。既成賁則宜變通於困。既成節即宜變通於旅。此幾事也。乃賁五不之困二。而困四之初。仍成節。節二不之旅五。而旅四之初。仍成賁。是爲幾事不密。始之失臣失身。尚可見幾而通變。至是見幾通變。而又不密。則害之成也決矣。此三言不密。所以贊小畜小過之兩言密。何也。離四之坎初。猶乾四之坤初。坎離不密而成節。乾坤不密而成小畜。小畜之通豫。猶節之通旅豫四不之初而小畜二先之豫五是由不密知幾改爲密也能先心也節二不之旅五而旅四之初爲出戶庭是不密知幾而仍不密也不能先心也若節二先之旅五即同小畜二先之豫五後以旅上之節三即同小畜上之豫三旅四不之初即同豫四不之初節二先之旅五密也旅四不之初則節二之旅五不之賁五是不出戶庭也故云愼密而不出也訟四之初成中孚爲同人四之師初之比例師二之五既爲乾二之坤五之比例則同人四之師初自爲乾四之坤初之比例中孚不密通小過而密乾成小畜

不密通豫而密正相脗合傳於兌之成節者賛之可推見其微矣

雜文

循按說卦傳云坤爲文繫辭傳云物相雜故曰文文不當故吉凶生焉坤六五傳云黃裳元吉文在中也而文言傳云君子黃中通理正位居體美在其中而暢於四支發於事業美之至也美在其中卽文在中云正位則是乾二之坤五坤成比也又於上六賛云夫元黃者天地之雜也天元而地黃雜則爲文是乾上之坤三也乾二之坤五文雜於中則吉乾上之坤

三爻雜於三則凶所謂爻不當而吉凶生者此也雜卦傳云蒙雜而著蒙革相錯爲困賁賁彖傳云柔來而文剛故亨分剛上而文柔故小利有攸往天文也文明以止人文也觀乎天文以察時變觀乎人文以化成天下柔來謂困通於賁即革通於蒙也剛上謂困二之賁五即蒙二之五也夫經之緯之而後成文兩卦旁通一陰一陽相緯於横故柔來而文剛六爻相交成既濟一陰一陽相經於縱故剛上而文柔蹇革兩五皆剛故通蒙以蒙五之柔與革五之剛相雜而成文是爲文剛困二不先之賁五則賁成明夷三

柔相連，困二之剛，先上於賁五，則賁上之困三，賁成既濟，不成明夷，故爲文柔賁之文，困，即蒙之文革，亦即坤之文乾，故坤爲文，以文剛而文也，坤六五文在中，以文柔而言也，文在中，故雜而著，著猶見也，乾成同人，則文在中，故同人稱文明，見龍在田，則天下文明，文而明即雜而著也，龍戰于野，則雜而不著，明夷文而不明，稱文明，以訟二來文於五，蒙旁通於革，故革稱文明，困二之賁五，與小畜二之豫五同，小畜傳云，君子以懿文德，文德之文，正與天文人文互明，傳中凡稱文，皆非泛設也，繫辭傳云，若夫雜物撰德，辨是與非、則非其中爻不備、中爻謂五也、雜物卽物相雜、是非卽當與不當、撰、選也、於相雜之中而選擇其爲德者、德亦謂五也、雜於五則懿文德、雜於三則其道窮、是非由此而辨也、繫辭傳又云、恒雜而不厭、恒何以雜、謂與益旁通、恒五之柔、文益五之剛也、恒二之五而益上之三、益成既濟、恒不成既濟而成咸、恒二之五亦剛上而文柔也、與蒙雜而著互明、惟其著所以不厭、厭之義爲足、爲止、雜而成兩既濟則厭、故雜而著、又雜而不厭、蒙二之五爲虎變、其文炳、蒙成益、通恒、爲豹變、其文蔚、傳以雜而不厭贊恒、與豹變文蔚相發明。蒙成益通恒。猶困成咸通損。故困通賁而成咸爲天文。即虎變之文炳也。咸通損而成既濟爲人文。即豹變之文蔚也。炳即著。謂蒙二之五。蔚即尉。安也。謂蒙成既濟。

定寧成安息

循按雜卦傳云。既濟定也。經不言定。凡言寧言成言安言息。皆定也。何爲定。六爻皆正。寂然不動也。乾爲首。二之坤五。是爲首出庶物。因而變通。鼎解成咸。乾坤乃成既濟。是爲萬國咸寧。有可寧者。有不可寧者。可寧者。終則有始。咸寧是也。不可寧者。終止則亂。不寧是也家人上之屯三成兩既濟寧而不咸寧而不咸則不可寧故屯利建侯而不寧成兩既濟則無應坤傳云安貞之吉應地无疆坤之安貞所以吉者以喪朋則變通而有應也比彖傳云不寧方來上下應也比一筮而通大有下應成屯再筮而通鼎乃上應成既濟大有五既以旁通而來鼎五又以旁通而來若一筮而不再筮則寧而無應矣傳於屯指出不寧二字所以贊比彖之不寧亦所以贊兌九四之未寧兌九四商兌未寧介疾有喜商兌謂兌二之艮五成隨若四已之艮初成屯則三又之艮上即屯三之家

人上,成兩既濟矣,惟四未之艮初而有疾,則不成屯,以三之艮上,第爲隨三之漸上,成蹇革不成兩既濟,故未寧,未寧由於介疾也,緣介疾不成屯,則三上之行未寧,若比不介疾而成屯,則三上行,卽成兩既濟而寧,不能有喜,故必舍屯三不使之寧,而旁通於鼎,此屯傳所以云宜建侯而不寧也,節二之旅五,與鼎二之五同,旅成遯,上之節三,卽鼎成遯,上之屯三,節成既濟,旅則成咸,故六四安節亨,節旅相錯爲蹇睽,安節之亨,卽東北喪朋之安貞吉矣,鼎四之初成大畜,則二之五成家人,上不可之屯三,矣,大畜通萃,則

二之五成家人萃四未之初家人上之萃三未寧也
故萃上六傳云未安上也乃萃上六齎咨涕洟則謂
大畜成泰大畜二先之五而後上之萃三則大畜成
既濟而安矣是安而上也今大畜二未之五而萃三
之大畜上雖上矣而未安也所以齎咨涕洟而乃无
咎也同人九三升其高陵三歲不興傳云安行也同
人上之師三成升何以爲安行以喪朋安貞之安通
之蓋謂革通蒙也是時師成升同人則成革以革係
升升二既不可興惟以革通蒙蒙二之五而革四從
之猶蹇通睽睽二之五而蹇初從之睽二之五而蹇

初從之東北喪朋安貞吉也特取安字以贊同人安貞安節之義明三歲不興之義亦明此傳之贊經最簡最妙者也且定即成也（周禮小司徒注云成定也）坤六三含章可貞或從王事无成有終訟六三食舊德貞厲終吉或從王事无成坤之无成明屯通於鼎訟之无成明益通於恒成兩既濟則無所含有所含而變通雖成既濟而終所旁通者則有始故為无成井上六傳云元吉在上大成也井噬嗑即屯鼎之相錯井成既濟為井收噬嗑成益益上未之三為勿幕勿幕則无成傳以大成贊之者謂益通恒也大成猶云以大終蓋益不

通恒而終則終凶故訟不可成也訟不可成以其不能渝也故九四渝安貞吉渝之言變也豫上六冥豫成有渝升上六冥升利于不息之貞寧成安定其義皆同於息不息即是无成成有渝則不息冥豫則成明夷冥升則成泰需二之明夷五泰二之五則成而不能渝渝者明夷通訟也泰通否也傳於明夷九五贊云明不可息也所以明升之不息即豫之成有渝也泰通否即乾通坤之比例乾傳云君子以自彊不息此不息即用升上六之不息繫辭傳詳之云乾坤其易之緼耶乾坤毁則无以見易矣易不可見則乾

坤或幾乎息矣。緼讀如地緼于晉之緼。乾與坤交易，則乾交緼於坤五，坤交緼於乾二。乾坤毁，謂成兩既濟。益通恒，咸通損，損往來不已，損益互坤，咸恒互乾，故不毁。惟咸不通損而四之初，則乾毁；益不通恒而上之三，則坤毁。成兩既濟而息，由於不能變通。變通者易也，故云乾坤毁无以見易也。

虞

循按：屯六三，即鹿无虞，惟入于林中，君子幾不如舍。中孚初九，虞吉。傳於萃贊之云：君子以除戎器，戒不虞。以不虞爲戒，是欲其虞，不欲其无虞也。虞之義爲度。易忌終止以含養爲功。乾二之坤五四不之坤。初爲屯則上可之坤三也。若已成屯則上不可更之坤三。此所以宜度之也。鹿同麓。山足也。家人上之屯三爲卽鹿。屯三爲艮震之閒。故爲鹿。林者衆也。入巽也。入于林中。乾二先之坤五爲林中。而乾四又入之謂成家人上巽。惟其入于林中而有鹿。不能思度。卽之成兩既濟矣。屯通鼎。鼎四之初成大畜。大畜通萃。猶屯通鼎也。大畜成家人。萃四不之初。三無鹿。家人上可卽也。若萃四之初成屯。猶乾四之入于林中。則不可无虞。故以不虞爲戒。戒指離器。謂成既濟。家人上之萃三無離不成既濟無戎器家人上之屯三成既濟下離則有戎器欲除去此戎器所以虞度之也中孚何以虞吉傳云初九虞吉志未變也經文傳文並不易解乃測諸家人初九傳亦云志未變也比例觀之乃測其義家人初九之志未變爲閑有家贊之也閑即大畜曰閑輿衛之閑閑者止也謂萃四不之初下成艮止而大畜二之五也家人通解解四不之初而二之五成萃與萃四不之初同故閑有家萃四不之初爲戒不虞戒不虞則能虞矣若解不能虞而四之初成臨則不復可與家人係解成萃仍與家人係

家人上可之萃三也志未變也解成臨則宜變而通遯則志變矣臨家人相錯爲中孚明夷中孚者豐四之渙初也豐渙相錯爲家人解渙成中孚猶解成臨臨通遯則中孚通小過故中孚初九稱虞吉與屯之无虞相鉤貫虞吉者小過四不之初而中孚二之小過五也即解四不之初而二之五也亦萃四不之初而大畜二之五也若小過四之初成明夷又宜變通於訟小過四不之初故亦志未變也試研究兩稱志未變一稱戒不虞而經之虞吉與无虞乃成一貫而家人臨相錯爲中孚從兩稱志未變夾縫中自然指出贊經之妙

有未可以筆墨盡者矣傳猶恐其未明也於萃六二贊云引吉无咎中未變也中未變卽志未變解二之五成萃萃四不之初故中未變與閑有家之志未變互發明矣

戒

循按經稱必戒者一小過九四往厲必戒是也稱不戒者二泰六四不戒以孚比九五邑人不戒是也傳於萃稱戒不虞以贊之乾九三終日乾乾文言傳云知至至之可與幾也知終終之可與存義也有所至而後有所終屯通鼎鼎二之五則知至鼎上之屯三

則知終知終者終日也知至者乾乾也終日乾乾則終日不必戒終日而成兩既濟則必戒既濟六四終日戒是也此成既濟彼成益而上之三抑成咸而四之初皆終於日而成兩既濟故宜戒戒則不終日不終日者豫四不之初而小畜二之豫五成萃即萃四不之初而大畜二之五家人上之萃三萃不終於日繫辭傳以見幾而作贊之明與屯六三君子幾相發明即鹿則不虞君子幾則戒不虞傳於萃用戒不虞三字而屯之即鹿无虞君子幾不如舍豫之不終日既濟之終日戒皆一以貫之不煩言而可解矣小過

九四弗過遇之謂小畜二之豫五不成小過而成萃往謂萃初往四成屯豫成屯則小畜成家人即乾四之入林中故必戒即戒其不可終日即戒其不虞而即鹿也泰六四自發明戒不戒之例云不戒以孚謂泰成既濟否成益之時此終日宜戒之時而不戒者以益孚於恒恒二之五而益上之三終則有始此終日乾乾而無容戒者也泰之不戒以孚與既濟終日戒互明不戒以孚則終日戒以未孚也比九五邑人不戒何也以其失前禽也從禽則宜戒不虞失禽則邑人不必戒邑人屯三也禽屯五也舍屯之禽而不

從故失前禽謂變通孚於鼎也邑人不戒猶不戒以孚也

男廷琥孫授書授易授詩校字

易通釋卷八 雕菰樓易學之三

江都焦循學

光

循按光之義爲廣。見毛詩敬之傳字通於橫。堯典光被四表後漢書馮異傳作橫被四表兩卦旁通。自此及彼。是橫行以及於遠。傳於坤贊云含宏光大。惟含乃宏。惟光乃大。文言傳云含萬物而化光。化光猶云廣生。不能含。則成兩既濟。不能廣生矣。需彖云需有孚光亨貞吉。乾成需。不可謂亨。惟有孚於晉。以需二之晉五。則能變化廣生。變通乃有孚。有孚光。即化光也。未濟六五。君子之光。有孚吉。既濟已定。孚於未濟。未濟二之五。卽需二之晉五之比例。君子之光。卽需之光亨也。失道至需。一光卽亨。終窮至既濟。一光卽吉。彖示其義於需。爻發其義於未濟。其義已了。乾未成需。先成小畜。或先成夬。小畜孚於豫。夬孚於剝。與需孚於晉同。故經於觀六四明之云。觀國之光。利用賓于王。小畜豫相錯爲大壯。觀大壯二之五。爲小畜二之豫五之比例。故以大壯二之五之光。明小畜二之豫五之光。傳卽於夬贊云。其危乃光。乾成夬。則坤成謙。謙傳云。天道下濟而光明。履傳云。剛中正。履帝位而不疚。光明也。謙之光明。卽履之光明。謙孚履爲光。則夬孚剝爲光可知。夬孚剝爲光。則小畜孚豫爲光可知。經以觀國之光。明小畜之孚豫。傳於謙履夬賁之。此賁之微妙者也。坤六三傳云。或從王事。知光大也。從王事。謂屯旁通於鼎。知卽方以知之知。由旁通而鼎二之五爲知。指出光字。明如是則爲光。光大猶云光明。由旁通而明爲光明。由旁通而大爲光大。屯旁通鼎爲光。家人則通解爲光。傳於渙賁之。渙六四渙其羣。傳云光大也。以光大二字。與坤六三相貫。明以豐渙所錯之家人解。與坤所變通之屯鼎。相發明也。屯之通鼎。猶益之通恆。益彖傳云。

自上下下，其道大光，承上民說无疆而言，民說者，恆二之五也，大光猶光大，到其文與疆字爲韻，謂其道所以大者，由於旁通也，惟其道大光，所以自上下下，所謂天施地生也，若屯不通鼎，則家人上施於屯三，雖施而不光，所以屯其膏以通於鼎，鼎四之初成大畜，大畜二之五，即家人也，其上施屯三，仍不光矣，大畜屯相錯則頤也，傳於頤六四贊云顛頤之吉，上施光也，顛頤既同於鼎之顛趾，則顛頤之光，即顛趾之光也，傳於屯九五云施未光，於頤六四云上施光，推之大畜成家人則以通解爲光，未成家人則以通萃爲光皆發明坤六三之光大也傳稱未光者八（晉上九 咸九四 噬嗑六四夬九五兌上六 震九四屯九五萃九五）屯九五屯其膏施未光也賁家人上不可之屯三矣萃九五萃有位无咎傳云未光也卽指鼎四之初成大畜與頤六四上施光互明大畜必通萃其二之五乃得有位无咎者以鼎二不之五而四之初未光也鼎成大畜未光大畜通萃則光猶夬四之剝初成頤未光頤通大過則光也夬四之剝初未光夬二之剝五則其危乃光夬九五中行无咎中未光也與萃九五義同夬二所以莧陸中行乃无咎者以艮上之兌三成謙夬未光也兌上六引兌之引

卽萃六三引吉之引。萃孚於大畜。爲夬剝之相錯。知引兌爲成夬而孚于剝。夬未光。孚于剝則其危乃光。夬九五之未光。卽兌上六之未光。因未光而引。因引而中行。因中行而有位。夬萃之无咎則已光矣。傳本其未光而言之。且以未光二字爲之絡也。鼎四之初。同於夬四之剝初。亦同於噬嗑四之井初。在噬嗑剝成頤。在井夬成需。所爲艱也。頤通大過則光。需通晉則光。噬嗑九四。噬乾胏得金矢。利艱貞吉。傳云。未光也。噬胏得矢。需二之晉五也。井所以成需。由於噬嗑四之井初。故以未光二字贊之。明井初之噬嗑四。猶鼎四之初也。井成需則井泥。故震九四震遂泥。傳贊之云。未光也。巽成需。即井成需也。但巽成需則震成明夷。爲豐四之井初。噬嗑四之井初。井成需。噬嗑未成明夷而成頤。猶乾未成需。先成小畜夬亦猶震未成明夷。先成豐。故豐通渙之光大。同於夬通剝之光。而井之成需。無論其爲噬嗑四之井初。爲豐四之井初。皆以通晉爲光亨也。未濟六五君子之光。明豐四之井初成需者也。傳於遂泥贊之。其義易明也。觀六四觀國之光。明噬嗑四之井初成需者也。漸上之歸妹三成大壯蹇爲需小過之錯小過四未之初猶頤上未之三義爲隱奧。故於諸卦反覆贊明之。需通晉光亨矣。乃晉成咸。又以通損爲光。晉上九維用伐邑道未光也。言晉成咸合乎道矣。未通損仍未光也。咸通損。損成益。益又通恆。是爲憧憧往來。傳云憧憧往來未光大也。未光二字。與晉上九相貫。而加一大字。則與益彖傳其道大光相貫。而其道大光之道。又與道未光道字相貫。蓋不必至成需明夷乃爲未光。當其成頤大壯大畜夬。即未光矣。頤大壯大畜夬能變通。固改未光爲光。即至成需明夷。能變通。亦遂改未光爲光。然未能往來不已。如益恆咸損之回環相續。其道仍未大光。彙諸卦經傳之言光者。研究之。一字增減，皆有妙義，略觀大義者，焉能探其微哉。

時

循按：雜卦傳云：大畜，時也。說者多不詳，以全經傳通之，乃可知其義。經文惟歸妹九四稱遲歸有時，傳中諸言時字，皆由此贊之。歸妹所以遲者，以征凶也。征凶者，漸上之歸妹三也。漸成蹇，歸妹成大壯，大壯改而通觀，蹇改而通睽，所謂時也。震巽艮兑交而成漸，乾坤坎離則交而成比。漸通歸妹，猶比通大有。漸上之歸妹三，成蹇大壯，大有上之比三，亦成蹇大壯。遲歸有時，在歸妹成大壯，有然；在大有成大壯，亦有然。

推之漸初之歸妹四。歸妹成臨。漸成家人。則以家人通解。臨通遯爲時。乃在漸初之歸妹四成家人臨。而在比初之大有四。則比成屯。大有成大畜。臨通遯同於大壯通觀。則大畜通萃。亦同於大壯通觀。故經於歸妹言時。謂其成大壯通觀。而傳則指大畜爲時。明大有之成大畜。同於歸妹之成臨。卽同於歸妹之成大壯也。震巽兌艮交。成漸亦成隨。乾坤坎離交。成比亦成同人。同人通師。猶漸通歸妹。隨通蠱。猶比通大有。故此八卦互相比例。漸上之歸妹三。成蹇大壯。與大有上之比三同。歸妹四之漸初成家人臨。卽與同人四之師初同大有四之比初成大畜屯與隨四之蠱初同隨三之蠱上成升革即與同人上之師三同於大壯通觀爲時知大畜通萃爲時而升通无妄臨通遯爲時可知矣經於歸妹指一時字舉一隅也傳則以大畜爲時又舉一隅也猶恐學者未明於隨贊云天下隨時於升贊云柔以時升於遯贊云剛當位而應與時行也於无妄贊云茂對時育萬物於家人之通解則贊云待時而動於革之通蒙則贊云以亨行時中於蹇之通睽則兩卦皆云時用大矣哉可謂詳矣而大畜之所以時以其通萃也傳不贊於萃而

賁於既濟九五既濟者益上之三者也益三互坤爲牛上之三殺之是爲殺牛益通於恒恒上震東也恒成咸上兌西也傳云東鄰殺牛不如西鄰之時也經稱西鄰禴祭傳以時字代之以時字贊禴字贊既濟九五之禴即贊萃六二升九二之兩言禴萃言无咎孚乃利用禴升言孚乃利用禴无咎萃本无咎與大畜孚則爲利用禴升爲蠱上之隨三本有咎孚於无妄則爲利用禴无咎二字一先言一後言明以升例大畜以萃例无妄傳既以大畜爲時又以時字贊禴字則萃之孚乃利用禴即是孚大畜爲時大畜孚萃

爲時則大壯孚觀爲遲歸有時例諸此矣不特此也歸妹之言時謂大壯蹇也傳旣於睽蹇稱時用於觀云觀天之神道而四時不忒又於小過云過以利貞與時行也大壯蹇相錯即小過需也傳於睽蹇蒙解俱指其爲時矣於屯鼎未言也則言之於乾坤也歸妹漸爲震巽兌艮之比例漸成蹇歸妹成大壯以失道而變通漸成蹇歸妹成革以當位而變通無論失道當位蹇俱以通睽爲時蓋漸成蹇歸妹成大壯同於比成蹇大有成大壯而漸成蹇歸妹成革即同於巽艮成蹇震兌成革推之漸成家人歸妹成臨同於

同人成家人、師成臨、而漸成家人、歸妹成屯、即同於巽艮成家人、震兌成屯、其震巽兌艮之成屯家人蹇革、原無異於乾坤坎離之成屯家人蹇革、故遲歸有時、在大壯僅爲失道變通者之例、在蹇則兼爲當位變通者之例、此亦舉一隅也、故傳旣以大畜贊大壯、而蹇之待時、則暢發於艮、艮彖傳云、艮止也、時止則止、時行則行、動靜不失其時、其道光明、時止艮成蹇、兌成革、則止不行也、時行、蹇通睽、革通蒙、則以亨行也、艮之成蹇、猶坎之成蹇、故坎傳稱時與蹇同、乾九三文言傳云、乾乾因其時而惕、乾通坤成屯、屯又通於鼎是爲時惕即爲與時偕行九四文言傳云君子進德修業欲及時也時惕贊屯之通鼎及時贊革之通蒙坤六三含章可貞含章謂坤成屯即含之而通於鼎三乃可貞傳云時發也發即發蒙之發明屯通鼎猶革通蒙也屯之通鼎猶益之通恆故坤六三之可貞即損彖之可貞傳於損彖贊之云二簋應有時損剛益柔有時損益盈虛與時偕行二簋一指損五一指益二二簋在益二則盈盈則宜損之損剛者變通於恆也簋在損五則虛虛則宜益之益柔者損二之五成益也益通恆爲損剛咸通損亦爲損剛先稱損

剛。指咸之於損也。損二之五成益。爲益柔。恒二之五成咸。亦爲益柔。次稱益柔。指恒之爲咸也。損傳云與時偕行。益傳亦云與時偕行。與乾九三之與時偕行相發明。明咸通損。猶益通恒。益通恒。猶屯通鼎。乃知贊禴祭爲時。固以既濟之禴。例諸升萃之禴。其不贊於升萃。必贊於東鄰西鄰者。正以益通恒之時。即屯通鼎之時。亦即大畜通萃升通无妄之時。不論失道當位。其時行皆如是也。於是豫姤言時義。明小畜復之變通也。旅亦言時義。節言失時。明節之通旅。猶小畜通豫。復通姤。而旅四之初。仍兌四之艮初。即猶乾四之坤初。凡稱時用時義。各有所鈞貫。非泛言也。賁傳云。觀乎天時以察時變。明賁通困也。豐傳云。天地盈虛。與時消息。明豐通渙也。經舉一隅。傳已不憚偏舉諸隅。而於繫辭傳總揭其義。云變通配四時。云變通莫大乎四時。云變通者。趣時者也。時之爲變通。不煩言而決矣。

實

循按鼎九二鼎有實。六五傳云。鼎黄耳。中以爲實也。鼎五虛。二之五則實。二不之五而四之初。則爲覆餗。餗。說文作鬻。訓鼎實。覆餗則無實。與有實互見。覆餗則鼎成大畜大畜孚於萃則篤實輝光篤實者二先之五而後上之萃三也所以篤實由發揮而旁通故云輝光頤猶大畜也大過二顛於頤五則頤五有實可知頤成益旁通於恒恒二之五成咸上兊爲口故爲口實益通恒所謂西鄰禴祭也故云實受其福歸妹上六女承筐无實謂二不之五而漸初之歸妹四傳云承虛筐也女承筐士叉刲羊則成泰傳於泰六四贊云翩翩不富皆失實也失實而云皆者一以贊刲羊承筐之无實一以贊西鄰禴祭之實受其福不富以其鄰之鄰即東鄰殺牛之鄰在西鄰禴祭則實

受其福，在東鄰殺牛，則不實可知，福猶富也，不富即不受福，傳以失實與實受其福互明，歸妹成泰，已失實，否成益不通，恆，又失實，故云皆失實也，臨成泰失實，升成泰亦失實，升九三升虛邑，蒙上之三成升，五失實而虛，既通无妄，則二之五爲升虛邑，升虛邑則不失實，故蹇六四往蹇來連，傳云當位實也，升二先之五成蹇，則无妄四之升初，不成泰，不成泰則當位當位則不失實也，若蒙上之三，革四又之蒙初成泰，則失實，泰雖通否，改而有實，已遠而不近，故蒙六四傳云，困蒙之吝，獨遠實也，遠實者，近不能有實於蒙待遠而有實於泰也。

盈

循按序卦傳云盈天地之閒唯萬物故受之以屯屯者盈也此與乾上九傳盈不可久互明乾成家人坤成屯再行則窮故盈不可久謂之盈者謂其宜變通也比初六有孚盈缶比孚大有大有成家人比成屯猶坤成屯乾成家人也傳於大有贊云有大者不可以盈大有何以盈即比之盈也坎九五坎不盈祗既平傳云坎不盈中未大也中未大謂坎二未之離五而離四之坎初坎成節不成屯故不盈節通於旅爲

祗既平。祗卽復初九无祗悔之祗。坎之成節。猶坤之成復。以兩祗字爲比例。知不盈謂成節。彖傳云。水流而不盈。行險而不失其信。此於不盈上用水流二字。水流則二已通於離五。與中未大之不盈異矣。亦云不盈者。謂二流於離五。成比同人。尚未離四之坎。初未成屯。故不盈。此贊有孚二字。故申云。行險而不失其信。行險卽是水流。不失信卽有孚也。用不盈二字。爲下維心亨行有尚六字張本。若四已行成屯。則三不得更維矣。惟但成比不成屯。乃可以三之離上。應五爲有功。故維之不致成兩既濟。得爲亨也。坎不盈。

是中未大之不盈水流而不盈是中已大之不盈一成比一成節皆不成屯故屯者盈也傳暢發其義於謙彖傳云天道虧盈而益謙地道變盈而流謙鬼神害盈而福謙人道惡盈而好謙謙指謙卦盈指履成益方其爲謙則履之二四益之謙成既濟履成益故云益謙已成既濟益相錯卽是屯家人故盈益變通於恆故爲虧盈卽爲變盈益通恆猶家人通解虧卽方雨虧悔之虧也益不通恆則害恆二不之五則惡盈皆指益也又贊於剝豐損三卦豐傳云天地盈虛與時消息剝傳云君子尚消息盈虛天行也損傳云

損益盈虛。與時偕行。傳以屯贊盈。凡家人之於屯。革之於蹇。既濟之於咸。益。皆盈也。傳於咸贊云。君子以虛受人。於歸妹贊云。承虛筐也。凡夬之於謙。豐之於井。既濟之於恒。損。皆虛也。盈宜損。虛宜益。盈者。當位而盛者也。虛者。失道而衰者也。其宜變而通也。則盈虛一也。虛受人之虛。指睽蒙成損。虛筐之虛。指歸妹成臨。又成泰。升虛邑之虛。指師蠱蒙成升。

寡　孤

循按。雜卦傳云。親寡。旅也。虞仲翔謂旅无容。故親寡。王弼謂親寡。故旅寄。望文生意。聖人贊易。不如是之淺荀慈明以豐多故親絶句寡旅也別爲句尤爲臆見雜卦傳云小畜寡也謙傳云君子以裒多益寡即此兩寡字思之可得其義孟子云得道者多助失道者寡助寡助之至親戚畔之多助之至天下順之此數語與易相發明親則不寡寡則不親乾二之坤五有初四應之又有三上應之是得道多助也乾二不之坤五而四之坤初成復小畜小畜二之復五僅有三上應之一應而窮是失道寡助也傳以小畜爲寡以同人爲親兩相推勘明白可見傳又贊之於謙乾上之坤三成謙夬猶乾四之坤初成小畜復也成同

人成比則親成謙成小畜則寡寡者尚有助更失而成明夷需直上下俱無應非僅寡而已矣謙寡矣乃裒多卽可以益寡何以裒多變通於履是也益寡卽是親寡謙己寡履有以親其寡節己寡旅有以親其寡離四之坎初爲節賁猶乾四之坤初爲復小畜也然經不言寡傳言寡何也寡卽孤也睽九四上九皆云睽孤睽孤者睽則孤也睽乖也乖失道也睽則孤卽失道則寡也九四言之謂二不之五而四之蹇初也蹇成既濟睽成損損既濟相錯爲節賁與離四之坎初同睽之孤卽節之寡旅之親寡指節正所以贊

睽孤之孤也上九睽孤謂上之三成大壯爲大有上之比三之比例大有成同人則親成大壯則寡睽成大壯則孤成无妄則親睽蹇節旅之相錯而睽二之五成无妄又爲履二之謙五之比例則履益謙之寡即是同人之親即是旅之親寡亦即是睽之敬義立而德不孤詳見前而睽之成大壯何異於履之成夬即何異於乾上之坤三是睽之孤又謙之寡也傳用三寡字贊經兩孤字造於微者也

衆

循按傳以坤爲衆又以師爲衆雜卦傳云大有衆也

明乎孤之爲寡助則知衆之爲多助也乾二之坤五坤之初三應之故坤爲衆師二之五則同人四上應之故師爲衆大有二之五則比初三應之故大有爲衆乾成需坤成明夷上下俱無應而需通晉則需二之晉五晉之初四三上皆應之故晉六三衆允悔亡需晉相錯即比大有大有成同人猶師成比爲乾二之坤五之比例即爲需二之晉五之比例是坤師大有之衆所以贊經衆允之衆也大有衆故成同人爲親師衆故成比爲親若師二不之五而同人四之師初成臨則不衆師成臨則同人成家人臨二之五而

家人上往之臨三則其往也不能得衆矣惟家人通解而解四不之初先以二之五成萃是時家人上往萃三則往得衆故傳於解贊云解利西南往得衆也謙裒多之多與此衆同

獨

循按易之稱獨與孤寡不同見於經者復六四中行獨復傳云以從道也從道則非睽孤蓋孤謂輔助之無其人獨謂中行之無所緩獨者特也乾四之坤初成復而後以二之坤五是以二五從初四非特行矣復旁通於姤姤二之復五而初四從之坤成復雖非

道而姤二之復五，有以復歸於道，仍是特行，故云獨復。乾成夬，猶坤成復，夬通剝，猶復通姤，故獨行遇雨，謂二先之剝五，剝上之三以從之也。夬通剝爲獨行，則謙通履爲獨行，傳於履初九贊云素履之往，獨行願也。若夬二不之剝五，而夬四先之剝初，剝成頤，夬成需，需二之頤五，則非獨行，惟需變通於晉，則需二之晉五，仍爲獨行，晉初六傳云晉如摧如，獨行正也，於是又贊於大過云獨立不懼。夫履二之謙五爲升，通无妄之比例，升二之五，卽姤二之復五之比例也，是素履之獨行，卽中行之獨復，頤大過爲隨蠱之相錯大過二之頤五則不素飽與素履互明隨四之蠱初則裕父之蠱與裕无咎互明隨四之蠱初即夬四之剝初也以兩獨字贊晉大過則知需頤之不獨即知夬四之剝初之不獨而夬之獨行爲夬二之剝五明矣思至此惟有嘆其神奇非筆所能盡矣

久　永　長

循按序卦傳雜卦傳彖傳皆贊恒爲久經之永即傳之久也繫辭傳云變則通通則久諸卦之當位者下應成家人屯上應成蹇革變通於解鼎睽蒙屯家人成既濟鼎解成咸蹇革成既濟睽蒙成益咸通損損

成益。益通恒。恒又成咸。咸損恒益四卦。反復不衰。終而又始。恒咸兩卦。實爲變化之樞紐。故發明其義於恒。云天地之道恒久而不已。云終則有始。云聖人久于其道而天下化成。與變則通通則久之義互相發明。其不可久之例有二。二爲盈不可久。傳於乾上九贊之。一爲消不久。傳於臨贊之。盈不可久者。乾成家人。坤成屯。家人上之屯三。成兩既濟。爲亢龍窮之災是也。消不久者。家人通解。解二不先之五。而四之初。成臨。臨二之五。亦成屯。家人上之屯三。亦成兩既濟。至于八月有凶是也。經不言久。而言永。凡稱永貞者七。坤用六比彖萃九五艮初六賁九三益九二小過九四成兩既濟貞而不可爲永亦惟永而貞乃利於坤之用六特標利永貞六十四卦皆不外此一言艮成蹇兌成革蹇下艮爲趾初六艮其趾无咎利永貞止其趾而變通之乃得永貞貞而永則元故比萃兩卦稱元永貞比之元永貞謂比成屯而通於鼎萃之元永貞謂大有成大畜而通於萃永貞則元元則吉益六二賁九三稱永貞吉是也損成益益上之三貞而不永故弗克而違則永貞吉謂違而變通於恒賁九三賁如濡如永貞吉濡即需謂困成需而通晉小過九四往厲必戒勿用永貞承上弗過遇之弗過遇之者爲不以小畜上之豫三而以小畜二之豫五亦爲不以晉上之三而以需二之晉五晉成否需成旣濟在需爲永貞吉矣而晉之成否者若初往四成益則上不可之三故危厲而必戒戒則勿用勿用而變通於恒故得永貞在豫若成屯以通鼎爲永義亦同傳云終不可長也不戒而用上之三則終而不可久長以長字贊永字與訟不可長同訟初六不永所事小有言終吉傳云不永所事訟不可長也雖小有言其辨明也易辭多用到裝所謂明夷五斯其所致成明夷爲小有言所而有事則變通於訟在初言初是訟二

之明夷五而初四應之成益更能通恆則永所事矣此時訟方成益未通於恆是未嘗永其所事在訟則不永而在明夷則所已有事雖小有言而終吉矣訟成益通恆乃可長未通恆仍是訟故訟之終不可久長也傳稱何可久者三大過九五既濟上六離九三稱何可長者四豫上六中孚上九否上九屯上六既濟九五西鄰禴祭謂益通恆則可久若不爲西鄰之禴祭而成泰爲濡其首故何可久謂恆二不之五而四之初也未濟上之三成恆猶鼎上之屯三成恆即猶離上之坎三成豐離上之坎三爲日昃之離鼎上之屯三爲泣血屯上六傳云何可長也離

九三傳云何可久也蓋屯之通鼎猶益之通恆鼎二之五而後上之屯三即爲恆二之五而後益上之三之比例今鼎成恆而屯成既濟則是東鄰殺牛而由泣血以至於乘馬即未濟上之三又初之四矣坎成屯而通鼎爲鼓缶而歌歌之爲言也長言之也樂記文說文訓歌爲詠詠即永也不成屯通鼎至於日昃而嗟大耋則不能歌以永之且離成豐坎成井井豐相錯即既濟恆也小畜二不之豫五而上之豫三豫成小過小畜成需小過通中孚中孚二之小過五猶恆二之五成咸故恆不死乃不通中孚而成明夷爲冥豫

則不能恆不能恆則死故豫上六傳云冥豫在上何可長也中孚二之小過五可長矣乃小過四之初成既濟而中孚成益益又宜通恆乃爲可久益不通恆而上之三成兩既濟則貞凶傳云翰音登于天何可長也與豫之何可長互明者也否上九傾否傳云否終則傾何可長也用一終字明其成既濟先成益未通於恆也大過九五枯楊生華傳云何可久也生華則大過成既濟頤成益益未通恆故以何可久贊之與訟成益之不可長同一義凡傳言久言長多指恆而精微變化各極其妙冥豫之何可長贊上恆不死

之恆曰昃之何可久與翰音登天之何可長並贊上歌字尢造於微矣恆九二傳云九二悔亡能久中也恆之所以能久以其二之五得中此鼎成恆所以泣血而不可長也

速　疾　遄

循按雜卦傳云咸速也所以贊需上六不速之客也需旁通晉若晉上先之三成小過則需二之小過五成咸惟晉上不之三而需二之晉五成否三陽爻在需下者來於否上爲不速之客三人來不速者不成咸也速同於遄損初九已事遄往六四損其疾使遄

有喜。凡初四未行皆謂之疾。未濟不成咸。咸而成損。則四先之初。是爲損其疾。損其疾。不速也。初四不行成咸。則爲速爲疾。初四先行成損。則不速不疾。乃損變通於咸在損則不疾。在咸則遄疾。速遄三字同。繫辭傳云。易无思也。无爲也。寂然不動。感而遂通天下之故。非天下之至神。其孰能與於此。又云。唯神也故不疾而速。不行而至。此正指咸之通損。咸四不之初。故寂然不動。孚於損。故感而遂通。損不疾。通於咸仍疾故不疾而速。若咸四動而之初。則無以容損之不疾。惟咸自存其疾以容損。思容也而損之不疾。乃感而有爲。

故无思也則无爲也无妄九五无妄之疾勿藥有喜四不之升初升二之五也遯九三係遯有疾臨初四先二五與損之不疾同係於遯遯初四不行同於咸故臨二之五仍有疾也鼎九二鼎有實我仇有疾不我能即吉有實二之五也我仇上之屯三也若四之初則不疾上遂不可之屯三惟有疾四不我從上乃得而仇也豐六二往得疑疾噬嗑三往上與井不孚故疑四未行雖疑而有疾也兌九四商兌未寧介疾有喜四不之艮初而二先之艮五故三上從之不寧而有喜也復彖云出入无疾朋來无咎乾四之坤初

成復不疾者也變通於姤姤四不之初則有疾若姤四之初仍乾四之坤初故爲起凶爲見凶象則言无疾无咎者以其出而後入也以其朋來也出謂二之復五入謂姤四之初先入後出則包无魚先出後入成家人則雖无疾而以朋來故无咎經特示此例明初四非不可无疾惟三從在先則初四以有疾不我能從爲吉若三未從而四從之則无疾固无咎也明夷九三不可疾貞與豫六五貞疾恒不死互發明姤二不之復五上之復三復成明夷姤成大過明夷宜通訟五之訟二則得其大首若不通訟而以五之大

過二大過成咸明夷成旣濟是疾貞也不可者也小畜二不之豫五而上之豫三小畜成需豫成小過大過二之明夷五爲疾貞自明夷言之疾在大過故先言疾也需二之小過五爲貞疾自小過言之貞在需故先言貞也與升九二先言用禴後言无咎萃六二先言无咎後言用禴同一妙義易辭凡顚到增損一字俱未容以大略觀之履彖傳云履帝位而不疚疚亦疾也謙履爲臨遯之相錯不疚與係遯之有疾互明不疚而光明猶无疾而朋來无咎也解彖云有攸往夙吉王弼云以速爲吉褚氏亦以速字解夙字解

二之五而家人上往解三成咸爲吉若四從成屯則三不可往矣

怠　緩　徐　慢　裕

循按雜卦傳云謙輕而豫怠也又云解緩也經不言怠緩而言裕言徐怠緩卽裕徐也蠱六四裕父之蠱往見吝隨四之蠱初成大畜屯大畜通萃爲幹父之蠱不通於萃而以上之屯三爲往見而大畜成泰是爲裕父之蠱謂不急於變通致成泰始通於否故吝大畜屯相錯爲需頤隨四之蠱初猶夬四之剝初所謂摧如也晉初六晉如摧如貞吉罔孚裕无咎裕卽

蠱之裕需能變通於晉雖裕父之蠱亦得无咎在二五不可裕在初四三上則不妨於裕繫辭傳云益長裕而不設設上之三也不設益上不之三也恒二未之五則益上不可急於之三益上巽巽爲長故曰長裕又曰德之裕也困九四來徐徐困于金車吝終吉九五困于赤紱乃徐有說徐猶裕也困二不之賁五而賁上之困三成大過已徐矣大過又不通於頤而四之初成需然後通晉而來故來徐徐自九四言之則晉四應之故傳云志在下也九五乃徐有說則晉成否而上應成咸也推之蠱二不之五而成大畜已

裕矣。惟大畜二又不之五而成泰，則裕而又裕，即徐而又徐。大畜屯爲需頤之錯，泰既濟爲需明夷之錯，故同一需，或裕或裕裕，或徐或徐徐，而皆以變通爲无咎。傳以解之緩豫之怠贊之，有妙義焉。中孚傳云：君子以議獄緩死。緩指解，死指豫。何以言之？小畜上之豫三成小過，小過通中孚，則恒不死。緩死即不死也。解四之初成臨，臨家人相錯爲中孚，是中孚之緩由於解。既通小過，遂爲緩死。夫小過之於中孚，猶頤之於大過也。小畜上之豫三成需，小過與賁上之困三成明夷大過同也。豫不怠，困不徐，皆成萃。解四之初成臨，臨家人錯爲明夷中孚與隨四之蠱初成大畜大畜屯錯爲需頤同也故豫之怠賛困之徐解之緩賛蠱之裕惟中孚與小過通則緩死中孚不致成需小過不致成明夷亦惟大過不與頤通乃往見而成泰困于赤紱而成需於是繫辭傳賛解負且乘云上慢下暴負且乘則解成臨不能變通又成泰也緩而且慢卽徐而又徐也小畜上先之豫三成小過豫四先之初成復復小畜相錯卽泰益是益上之三猶小過四之初益上之三爲設小過四之初成明夷則死小過通中孚則不成明夷爲緩死此緩之用於初四者也益通恆

則上不遽之三爲長裕而不設此裕之用於三上者也緩死則長長裕則恒不死此一以貫之者

樂 笑 喜 慶

循按雜卦傳云比樂師憂經不言樂凡言喜言笑皆樂也乾二之坤五爲比比樂卽乾二先之坤五爲樂也需傳云君子以飲食宴樂需晉相錯卽大有比故以比爲樂又以需爲樂比之樂在大有二之五需之樂在二之晉五也泰二之五卽乾二之坤五否上九傾否先否後喜先否謂初四三上先於泰之二五則否後喜謂初四三上後於泰之二五則喜然則泰二

先之五則喜泰之喜即比之樂矣同人九五同人先號咷而後笑先號咷先否也後笑後喜也在否先否後喜在泰則先喜後否在同人先號咷後笑在師則先笑後號咷旅上九旅焚其巢謂成明夷也明夷訟相錯即同人師在明夷先笑後號咷在訟則先號咷後笑訟二之明夷五猶需二之晉五需之樂賛旅人之先笑也師二之五爲比猶乾二之坤五爲比比之樂賛同人之後笑也序卦傳云以喜隨人隨人者蠱二先之五而隨之三四隨之也於隨人上加一喜字者師二之五即乾二之坤五亦坎二之離五蠱二之

五卽巽二之震五亦兌二之艮五於比贊以樂明乾二之坤五坎二之離五皆樂也於隨贊以喜明巽二之震五兌二之艮五皆喜也經於同人稱笑傳於比以樂贊之坤坎成比則乾離成同人也經於漸稱衎傳於隨以喜贊之震兌成隨則巽艮成漸也飲食衎衎猶云飲食宴樂毛詩小雅傳衎樂也說文衎喜皃經傳之文散觀之未見其義貫而通之精妙乃出矣兌二之艮五成隨而四從之則以喜隨人四不從而三從是介疾也九四介疾有喜謂三隨之成革亦以喜隨人也震五之巽二成漸固飲食衎衎矣四從之成屯是震來虩虩也

初九震來虩虩後笑言啞啞謂屯通鼎鼎二之五則笑成遯而上之屯三則笑而言也若鼎二不之五而四之初成大畜不笑而號矣大畜孚於萃則仍不號而笑萃初六若號一握爲笑鼎初四先於二五故號萃初四後於大畜二五故笑也於是傳於大畜贊云六四元吉有喜也贊萃之笑也賁六五賁于邱園傳云六五之吉有喜也賁上之困三成大過大過通頤拂經于邱是困二不能賁於賁五而賁於頤五也傳以有喜贊之即大畜六四之有喜何也鼎成大畜大畜屯相錯爲需頤大畜通萃有喜則頤通大過有喜

故以大畜之有喜贊賁之有喜明其爲上之困三成大過而通於頤傳之贊經可謂簡且妙矣而升九二孚乃利用禴亦贊云九二之孚有喜也與賁六五大畜六四傳同蠱同人上之師三蠱上之隨三皆成升革升革相錯爲明夷大過正爲賁上之困三之比例升孚无妄有喜卽大過孚頤之有喜故升之利用禴卽賁上之困三之賁于邱園也蹇九三傳云往蹇來反內喜之也內指无妄升與无妄相孚則二之五有喜與升九二之有喜相發明也傳所以屈曲贊之如是者則以經於无妄九五云无妄之疾勿藥有喜又

以損六四云損其疾使遄有喜損爲兌四之艮初之比例在兌成節在艮成賁賁節相錯爲既濟損則是睽四之蹇初也睽四之蹇初猶无妄四之升初无妄四不之升初而升二之五則有喜矣故无妄之疾勿藥有喜睽四既之蹇初成損則疾以藥而損不可有喜惟孚於咸則損二之五仍得有喜此无妄損兩卦稱喜之義也睽成損既猶艮成賁損通咸卽猶賁通困賁上之困三卽猶損上之三困成大過以通頤爲有喜則損成泰以通否爲喜傳以有喜贊賁而經言損之有喜與否之後喜皆貫矣且損之通咸猶賁通

困亦猶節通旅賁成明夷猶旅成明夷旅成明夷猶損成泰傳以困成大過通頤爲有喜而旅之先笑與同人之後笑否之後喜又皆貫矣睽成損既同於兌成節兌成節即同於蠱成大畜以升之有喜贊无妄之通升即爲大過之通頤而大畜之於萃猶頤之於大過則是贊升賁兩卦之有喜而經於否同人兌震旅損无妄萃凡言喜言笑無不貫於是傳贊經之神非言所能罄矣經言喜又言慶豐六五來章有慶譽是也傳云六五之吉有慶也有慶則譽譽者四不先之初也四不之初而三上乃可從二五而有慶是慶

謂三上從二五也坤彖傳云東北喪朋乃終有慶東北坤成蹇也喪朋蹇通睽也睽二之五而後蹇初之睽四蹇成既濟而終是爲有慶此則以初四從二五爲有慶也故睽六五傳云厥宗噬膚往有慶也井二之噬嗑五爲噬膚明睽成无妄與噬嗑成无妄同睽二先之五而後四往蹇初爲有慶坤傳於有慶上加終字此於有慶上加往字其義可明晉六五傳云失得勿恤往有慶也需二未之晉五晉上之三則恤勿恤則五先得而三上從之故往有慶也往有慶三字與睽傳同者漸上之歸妹三成蹇大壯則恤矣蹇大

壯爲需小過之錯故需通晉卽蹇通睽經以勿恤明其前之恤而傳以兩往有慶貫之升彖傳云勿恤有慶也兌九四傳云九四之喜有慶也大畜六四傳云六四元吉有喜也六五傳云六五之吉有慶也喜屬元指二五大畜二之五爲童爲告爲豶童而牛上未之萃三萃下猶坤也豶而豕上從二五上有坎也豶則有喜豶而豕則有慶慶指初四三上之應二五則元而亨者也慶之言賞也三年有賞于大國謂益三上從恒五恒二之五有喜益上之三慶賞之也頤上九大有慶與履上九大有慶同皆謂成益而通於恒

恆二之五則大益上之三慶之非大不可爲慶也困九二傳云困于酒食中有慶也謂困成需通於晉中孚指困于酒食謂需二之晉五有慶贊利用亨祀謂四不從而三上從之猶來章之有慶也

憂恤號

循按易兩言憂一見豐彖云王假之勿憂宜日中一見臨六三云甘臨无攸利既憂之无咎而傳則一贊於雜卦云比樂師憂一贊於乾初九文言傳云樂則行之憂則違之比之樂互見於需需晉相錯即比大有也以是推之師通於同人同人師相錯爲明夷訟

比樂即需樂師憂即明夷憂也傳於訟贊云天與水違行違即憂則違之之違謂明夷憂則違而通於訟乾二之坤五則樂初四從之而行可也乾二不之坤五而上之坤三則憂初四從之而行不可也故違而變通之也此自初九潛龍勿用而言在復小畜宜違在夬謙亦宜違在明夷需更宜違可知離上之坎三猶乾上之坤三也離成豐則憂矣離不成豐先成同人則勿憂宜日中矣臨遯相錯爲謙履遯上之臨三爲履上之三之比例即乾上之坤三之比例故憂既憂之則違而變通故无咎也必於臨言之者臨即同

人四之師初也臨成泰即師成泰師成泰即坤成明夷故傳云師憂因臨言既憂之而賁也乾上之坤三憂矣乾四又之坤初則乾成需坤成明夷需上坎故說卦傳坎爲加憂臨成泰遯成咸咸四又之初成既濟同人四之師初成臨同人成家人家人上又之臨三成泰既濟既濟上有坎與需同亦憂而又加以憂也明夷違而通訟泰違而通否泰九三勿恤其孚勿恤即勿憂也爾雅說文皆訓恤爲憂其孚謂違既濟而孚於否臨成泰則憂泰孚否則勿憂也同人四之師初成臨上之師三則成升升彖云勿恤南征吉升違革而通无妄

故勿恤也於是同人九五明示其例云同人先號咷而後笑號咷卽憂也同人四上當後師之二五者也不能後而四先之師初則成臨上先之師三則成升四上俱先之師初三則加憂而成泰所謂先號咷也然則傳以師爲憂所以贊臨之旣憂升之勿恤同人之先號泰之勿恤其孚也夬彖云揚于王庭孚號有厲九二云惕號莫夜有戎勿恤乾上之坤三成謙夬雖未加憂而已不免於號違而變通於剝是爲孚號亦爲惕號若不能孚不能惕更以夬四之謙初成明夷則夜有戎矣夜有戎則號而又號恤而又恤矣故

孚之惕之不使夜有戎是以勿恤勿恤即无號矣乃上六无號終有凶何也以其終也夬二之剝五而四從之固无號矣而剝成益又必變通於恆不變通於恆而遽終所以有凶也夬剝相錯爲萃大畜夬孚剝則孚號大畜孚萃則若號一握爲笑大畜鼎四之初也鼎四之初亦噬嗑四之井初噬嗑四之井初成需頤猶遯上之臨三成泰咸泰通否勿恤其孚需通晉矣得勿恤此經之自相發明者也渙九五渙汗其大號豐大也大號謂豐之號號而汗之則不號汗者鬱極而通焉者也汗其號則勿憂矣

男廷琥孫授書授易授詩校字

易通釋卷九 雕菰樓易學之三

江都焦循學

疑 或

循按乾九四或躍在淵文言傳云或之者疑之也是疑與或爲一義疑者未信也未信者未孚也旁通則孚不旁通則疑矣疑之見於經者二其一豫九四勿疑朋合簪其一豐六二往得疑疾豫之疑傳於小畜上九贊之云君子征凶有所疑也謂小畜上之豫三成小過小過與需不孚者也小畜二先之豫五而後上之豫三則勿疑朋盍簪小畜上之豫三卽中孚上

之三是爲得敵或鼓或罷或泣或歌四或孚卽是有所疑小過九三弗過防之從或戕之小畜上不之豫三則不成小過是爲弗過小畜上之豫三成小過則有所疑是爲從或也既濟六四需有衣袽終日戒傳云終日戒有所疑也需有衣袽謂未濟成否在四言四則否四之初成益益通恆恆二不之五而益上之三卽巽二不之震五而巽上之震三之比例巽上之震三成豐井卽往得疑疾也損六五益六二皆云或益之十朋之龜弗克違益上九莫益之或擊之立心勿恆凶勿恆則或或而擊之是爲從或從則擊之違

則莫益之，違則无所疑，從則有所疑矣。无妄六三或繫之牛，牛即益三之牛，升成既濟，无妄成益，猶既濟通未濟，未濟成益也。恆二未之五而益上之三，故爲邑人災。此一或字，與損益三或字同，而即豐六二之疑也。恆二不之五而益上之三，即未濟二不之五而上之三，未濟二之五，既爲需二之晉五之比例，則二不之五而上之三，即爲需二不之晉五而晉上之三之比例。需二不之晉五而晉上之三，即小畜二不之豫五而上之豫三也。經用或字，傳兩用有所疑，極引申觸類之妙矣。益通恆，損通咸，恆二不之五而益上之三有所疑推之損二不之五而咸四之初亦有所疑又推之恆二不之五而四之初與損二不之五而上之三皆有所疑恆二不之五而四之初其有所疑經言之恆九三不恆其德或承之羞謂二不之五而四之初成泰也傳於損六三贊之損六三三人行則損一人一人行則得其友傳云一人行三則疑也三人謂上之三成泰三陽爻在下爲三人五虛無人故損一人先以二之五則一人行而此一人不損矣傳云三則疑謂二不之五而上之三則有所疑此與兌初九傳互明兌初九傳云和兌之吉行未疑也損爲

艮兑相錯之卦損二之五爲兑二之艮五之比例損上之三爲艮上之兑三之比例兑二之艮五爲和兑損二之五爲得其友即兑之朋友講習行未疑之行即一人行之行三人行則疑一人行則未疑故在損云三則疑在兑云行未疑和兑之和即中孚其子和之之和中孚二之小過五即損二之五之比例損二不之五而上之三猶中孚二不之小過五而上之三中孚上之三既同於小畜上之豫三則損上之三之三則疑即小畜上之豫三之有所疑矣傳又贊云履和而至履何以和謂二之謙五也兑二不之艮五而

艮上之兌三兌成夬艮成謙卽損之三則疑矣疑則不和夬孚於剝謙孚於履履二之謙五夬二之剝五仍得爲和故夬傳云決而和而繫辭傳云履和而至夬得剝而和謙得履而和兌得艮而和艮上之兌三卽乾上之坤三不和則戰故坤上六龍戰于野文言傳云陰疑於陽必戰卽所謂三則疑也乾上之坤三同於履上之三履二不之謙五而上之三爲臨二不之五而遯上之臨三之比例臨二不之五而遯上之臨三則疑臨二之五而後遯上之臨三則不疑遯上九肥遯无不利謂臨二之五而後遯上之臨三也故

傳云无所疑也此疑字與損之三則疑兌之行未疑坤之陰疑於陽必戰諸疑字一貫而與小畜旣濟兩傳之有所疑相引申者也遯上之臨三同於損上之三无妄四之升初同於恆四之初臨二先之五則肥遯无不利升二先之五則升虛邑傳贊遯上九云无所疑贊升九二亦云无所疑明升之通无妄同於臨之通遯同人上之師三爲師或輿尸謂師成升則升通无妄之无所疑又所以贊師或輿尸之或也咸通損而損上之三爲乾上之坤三之比例與艮上之兌三同益通恆而恆四之初爲乾四之坤初之比例與

震四之巽初同巽初六傳云進退志疑也謂震四之巽初成小畜復與兌初九傳行未疑互明經但於恒九三言或而傳贊明之如此坤六二文言傳云敬以直內義以方外敬義立而德不孤則不疑其所行也直內則不成復小畜謙夬而成屯家人蹇革方外則屯家人通鼎解蹇革通睽蒙睽外也睽二之五則不疑不疑則不孤若蹇雖通睽而睽二不之五四先之蹇初成損既濟則孤孤則疑睽二不之五上先之三成大壯大壯蹇相錯即需小過爲小畜上之豫三之比例傳云遇雨之吉羣疑亡也遇雨則大壯通觀大

壯二之五而後觀上之三爲小畜二之豫五而後上之豫三之比例羣疑亡即是勿疑朋盍簪乾九四或躍在淵文言傳云或躍在淵乾道乃革明指出革字謂乾成革革與蹇則有所疑故必通於蒙而蒙二之五乃无所疑革與蹇有所疑則蹇與革亦有所疑革疑則通蒙蹇疑則通睽傳以羣疑亡贊睽而革之通蒙可類推矣賁六四賁如皤如白馬翰如匪寇昏媾傳云六四當位疑也賁如皤如白馬翰如則需通晉而晉成益是當位也與需有衣袽終日戒同益又通恆是當位而又有所疑益既濟相錯爲家人屯經於

益言或傳於既濟言疑經於革言或傳於睽言疑而家人屯之當位而疑可類推矣賁困即革蒙之錯困成需即蒙成泰蒙成泰猶睽成泰見豕負塗謂睽成大壯也載鬼一車謂大壯成泰也皆疑也匪寇昏媾則疑亡遇雨則疑亦亡傳云羣疑亡兼指泰大壯而言而賁之匪寇昏媾即睽之匪寇昏媾其爲疑之亡也又可知也傳於中孚六三贊云位不當也以位不當贊四或字因位不當而疑疑亡則當位當位而又有所疑此先甲所以又有後甲而初筮又必原筮也

害

循按害與利相反，不利則害，可無煩言而解。經惟大有初九稱无交害，交謂二五相交，二五不交則害，其義甚明。在初九則以大有成大畜，比成屯，爲害，在九三則以大有成大壯，比成蹇，爲害，傳於九三贊云公用亨于天子，小人害也，亨于天子，謂二五先交而上應之，二不交則五爲小人，而上克比三，則不爲亨而爲害矣，小人民也，小人害，即是害民。節彖傳云節以制度，不傷財，不害民，兌四之艮初成節，困四之初亦成節，困賁相錯，爲革蒙，困四之初爲革，四之蒙初之比例，革四之蒙初成損，故損之害，同於節之害，節以制度謂旁通於旅節通於旅則不害民損通於咸則遠害不通於咸則害咸者感也咸九四傳云貞吉悔亡未感害也未感則害感則不害也艮初之兌四成節爲艮其腓革四之蒙初成損其爲腓同感而通咸則咸其腓傳云雖凶居吉順不害也順不害與未感害互明節二之旅五與姤二之復五同乾四之坤初成復卽離四之坎初成節也復通姤則括囊无咎傳云愼不害也愼不害卽順不害明括囊之无咎同於損二之居吉則坤之不害損之不害與節之不害三者脗合渙上六傳云渙其血遠害也經文血去惕出

與小畜六四同。傳用遠害二字，與損以遠害同。坤成復則乾成小畜，小畜舍復通豫，猶復括囊通姤，傳以遠害贊渙，正是贊小畜，即以明豐之通渙同於小畜通豫。小畜爲乾四之坤初，即大有四之比初之比例。豐爲離上之坎三，即大有上之比三之比例，由大有无交害一語，引而申之，此贊之所以爲贊也。

匪

循按：腓即匪也，匪之言非也。六十四卦，終以有孚失是一語，失是則匪也。萃九五匪孚元永貞，匪即匪其彭之匪，而與否之匪人、比之匪人，互明者也。比孚於大有。大有成泰。比成既濟。與泰二不之五而否成既濟同。此匪之所以爲匪也。大有四之比初。未成泰先成大畜。與鼎四之初同。折足覆餗。是謂之匪。匪則有咎。故大有初九云无交害匪咎。謂二五不交而成大畜。害則爲匪。故有咎。乃大有成大畜。雖以匪而咎。苟能變通於萃。則仍无咎。大有九四。匪其彭。无咎。彭。子夏作旁。姚信云彭旁也。旁卽謂旁通。旁通則孚。故萃九五互發明之云。匪孚元永貞。謂萃與大畜孚。卽是與匪孚也。元永貞與比互明。比孚大有。大有成家人。比成屯。屯孚於鼎。則元永貞。既大有成大畜。比成屯

在屯之孚鼎，仍爲元永貞，而大畜孚萃，亦得元永貞，
萃大畜孚萃，與家人孚解同，但自家人孚解，爲君子
有孚于小人，自大畜孚萃，爲匪人孚於君子，兩元永
貞互相發明，非泛言也，大有未成泰，先成大畜，在師
則未成泰，先成臨，大有四之比初，猶同人四之師初
也，大有未成泰，先成泰，先成大壯，在師則未成泰，先成升，大
有上之比三，猶同人上之師三也，經不言於同人師，
而言於无妄，无妄，升所孚也，升二不之五而无妄四
之升初，升成泰，无妄成益，益上又往三則成既濟，與
否之匪人同，故无妄彖云其匪正有眚，不利有攸往，

其匪謂升成泰正謂无妄成既濟如是則有眚故益上不可往升成泰即師成泰升成泰无妄成益猶師成臨同人成家人其匪二字既明師成臨之爲匪亦明師成升之爲匪師成臨既同乎大有成大畜師成升即同乎大有成大壯故成大畜爲无交害艱則无咎成大壯亦艱則吉而傳於九三贊云小人害也指其成大壯也凡經言匪與言害言艱互勘之其義自明於是言匪寇昏媾可知矣匪謂其成泰也成需明夷也寇謂不變通而泰二之五也需二之明夷五也以匪寇而昏媾則以泰通於否泰二之五而否應之

也泰通於否則匪寇變爲昏媾大畜通萃則匪孚而其彭无咎孚則旁通昏媾則交始以无交而匪繼以匪孚而昏媾其義可推也離上九獲匪其醜无咎與匪其彭无咎義同而互相發明王用出征有嘉折首則離成革坎成蹇蹇通睽而睽上之三成大壯即大有上之比三也革通蒙而蒙上之三成升即同人上之師三也匪而獲則革四之升初大壯四之蹇初其醜无咎則泰取類於否猶其彭无咎則大畜旁通於萃也蒙睽成泰革蹇成既濟爲獲匪蒙未成泰而先成損即與大有未成泰而先成大畜同咸六二咸其

腓。腓指損腓卽匪也。蒙上之三與同人上之師三同。皆匪也。同人成革。師成升。革四不可之升初。則必改而求諸蒙。爲匪我求童蒙。自否視泰。自比視大有。則稱匪人。自蒙言蒙則稱匪我。匪人者。失其爲人也。匪我者。失其爲我也。同人上之師三。卽是蒙上之三。蒙二之五成觀。乃爲有我。蒙成升而匪我。革仍求於蒙此經自示其例也。蹇六二。王臣蹇蹇。匪躬之故。謂睽成大壯也。蹇初不可之革四。已蹇矣。旣孚於睽。睽又成大壯。則蹇初又不可之大壯四。故蹇而又蹇。大壯四旣不可之蹇初。乃變通於觀。是王臣蹇蹇匪躬之故匪指大壯躬指蹇故者事也通變也王卽利用賓于王臣卽遇其臣也若大壯不能變通直以四之蹇初則爲獲匪矣匪之言非也非者是之反也失是則非雖失是仍宜求其是故匪我仍求童蒙則匪其彭匪其醜矣豐四之渙初成中孚明夷相錯卽家人臨爲同人四之師初之比例故匪夷所思匪而夷其所思猶匪而害矣

艱　難

循按經言艱傳言難艱卽難也明夷利艱貞傳云內文明而外柔順以蒙大難文王以之利艱貞晦其明

也內難而能正其志箕子以之一云內難一云大難從來未明其義思之既久乃得之乾坤坎離震巽艮兌二五不先行而初四三上踰越之致成明夷需是爲難矣未成明夷需之先方成復小畜夬謙豐井賁節能變通尚可不致於難惟復通於姤賁通於困可不難矣而二五仍不先行使姤上之復三賁上之困三姤困成大過復賁成明夷是爲大難大謂大過難謂明夷也謙通於履豐通於渙可不難矣而二五仍不先行使履四之謙初豐四之渙初履渙成中孚謙豐成明夷是爲內難中孚明夷相錯爲家人家人內

也明夷難也所以必如是賁者所以明大壯大有噬嗑大畜之稱艱也大壯上六不能退不能遂无攸利艱則吉此謂大有二不之五而上之比三大有成大壯比成蹇蹇大壯相錯爲小過需爲小畜上之豫三旅上之節三之比例與復姤賁困成明夷大過互相發明大有初九无交害匪咎艱則无咎此謂大有四之比初大有成大畜比成屯爲隨四之蠱初之比例屯大畜相錯爲需頤又噬嗑四之井初之比例故噬嗑九四利艱貞吉卽大畜九三利艱貞噬嗑井成頤需與豐渙謙履成中孚明夷互相發明然則不特需

明夷爲難而需頤亦難也需小過亦難也明夷中孚明夷大過亦難也以相錯之內難推之其屯大畜蹇大壯革升家人臨亦難也明夷通訟則利艱貞需通晉亦利艱貞噬乾胏得金矢謂井成需通晉也大畜通萃猶需通晉故亦利艱貞上承艮馬逐謂隨四之蠱初也下申言曰閑輿衛謂萃四不之初而大畜二之五也是需與頤爲難而需頤所錯之屯大畜亦難明夷與中孚爲難而中孚明夷所錯之家人臨亦難傳旣以內難明其爲家人又於屯以難贊之此一以貫之者也需小過相錯之大壯蹇旣同於需小過之

爲難、明夷大過相錯之升革、既同於明夷大過之爲難、經於大壯稱艱、而傳則以大過明夷爲大難、又以難贊蹇、直云蹇難也、此又一以貫之者也、蓋屯與家人則盈、屯與大畜家人與臨則難、革與蹇則盈、革與升蹇與大壯則難、屯通鼎、在盈則悔亡、在難則貞吉、乃屯通鼎、而鼎成大畜、又成泰、屯成既濟、相錯即需明夷、是爲乘馬、傳云六二之難、乘剛也、故泰利艱貞无咎、同於明夷之利艱貞、明夷艱通訟則利、泰艱通否則无咎、傳於否贊云君子以儉德辟難、泰與否孚則泰之難辟矣、鼎成泰則屯難、睽成泰則蹇難、鼎未成泰先成大畜睽未成泰泰先成大壯則大壯大畜之艱經已明言可會而通之而鼎成恒睽成損經未言其難傳則贊之云損先難而後易何爲先難睽四先二五則難也何爲後易損通咸咸四仍後於損五所謂易則易知也咸損相錯爲兌艮傳於兌贊云剛中而柔外說以利貞是以順乎天而應乎人此謂當位成革蹇也成革蹇而變通於蒙睽則說以先民民忘其勞不當位而成賁節成賁節而變通於困旅則說以犯難民忘其死兌四先之艮初是初先於五故犯難惟節舍賁而通旅是因犯難而解說不能解說以

賁上之節三成需明夷則焚如死如節二之旅五不致成明夷故忘其死此犯難指兌成節即損之爲難也需初九需于郊利用恆傳云不犯難行也需通晉晉上之三成小過即大有成大壯之艱是犯難不犯難者需二先之晉五而後晉上之三成咸爲利用恆用恆則成咸猶鼎成咸也鼎成咸不犯難成恆則犯難可知此犯難即恆之爲難也凡經言艱難必云吉云利云无咎何也其未成需明夷也自知失道則小畜上之豫三成小過者即不更以小過四之初賁上之困三成大過者即不更以大過四之初夬四之剝

初成頤，卽不更以頤上之三，豐四之渙，初成中孚，卽不更以中孚上之三，其已成需明夷也，自知失道，卽不更以需二之明夷五，行之艱難，則能變通，所以利而吉，吉而无咎也。

窮

循按：雜卦傳云：未濟，男之窮也。序卦傳云：物不可窮也，故受之以未濟終焉。窮指既濟，既濟五剛，故爲男，因既濟窮，故變而通之爲未濟。序、雜兩傳互相發明。繫辭傳云：易窮則變，變則通。知變何以變，通何以通，卽知窮何以窮。變通有二，則窮亦有二。一爲盈不可久之窮一爲消不久之窮盈之窮乾上九傳云亢龍有悔窮之災也是也消之窮坤上六傳云龍戰于野其道窮也是也屯初四從二五成屯家人三上從二五成蹇革則盈不可不變故序卦傳云家道窮蹇彖傳云不利東北其道窮也隨成革蠱成蹇傳云拘係之上窮也皆盈不可久之窮也乾坤巽震成復小畜乾坤兌艮成夬謙坎離兌艮成賁節坎離巽震成豐井失道不可不變故坤上六龍戰于野其血元黃爲謙夬之窮豐之窮見於序卦傳云窮大而失所居渙二之豐五則剛來而不窮井傳云井養而不窮謂變

通於噬嗑夬不變通而以四之謙初成明夷是爲不利即戎傳云所尚乃窮也小畜雖通於豫乃二不之豫五而豫四之初仍成復是爲鳴豫傳云志窮凶也姤其角傳云上窮吝也姤成咸何以吝以其先爲小畜復之窮也窮而能變爲吝變而又窮則凶故豫而鳴爲凶姤其角爲吝節不變通而係以賁故苦節不可貞苦亦窮也彖傳及上六傳兩稱其道窮以贊之困成需則尚口乃窮需孚於晉則其義不困窮故困窮而通節通於旅旅四之初仍成賁則旅瑣瑣斯其所傳云志窮災也旅以志窮而災猶豫以志窮而凶

困之尚口乃窮。猶夬之所尚乃窮。凡此皆消不久之窮也。屯家人窮矣。屯變通於鼎。乃不俟鼎二之五而三之鼎上爲吝。傳云往吝窮也。屯三之家人上爲盈之窮。屯三之鼎上爲消之窮。大有成大壯。猶漸上之歸妹三。是爲征凶。大壯初九傳云壯于趾。其孚窮也。壯于趾則窮矣。壯于趾所以變通而有孚者。正因其窮也。大有成大壯。不能孚於觀。又以四之蹇初比成既濟。大有成泰。是爲後夫。傳云後夫凶。其道窮也。與既濟終止則亂。其道窮同。此所以爲男之窮也。漸上之歸妹三成大壯。漸初之歸妹四則成臨。臨之窮。與大壯同臨傳云君子以教思无窮謂變通於遯也歸妹成大壯漸成蹇大壯孚於觀矣蹇則孚於睽睽二之五成无妄下震爲動故漸彖傳既以可以正邦與蹇彖傳以正邦相貫又云止而巽動不窮也傳既以拘係爲上窮又於巽上九云巽在牀下上窮也序卦傳云剝窮上反下故受之以復窮上即上窮上窮則下不可又窮反下則下不窮推之下窮則上不可又窮反上則上不窮蹇革盈而上窮夬謙消而上窮變通於睽蒙剝履則反乎上之窮矣家人屯盈而下窮小畜復消而下窮變通於解鼎豫姤則反乎下之窮

矣序卦傳又云困乎上者必反下故受之以井困乎上即窮上也以困例剝以井例復則不得以一陽在上爲窮上一陽在初爲反下矣上下之例或指上應下應則三上爲上初四爲下或指上卦下卦則上四爲上初三爲下或指上行下行則三之上爲上初之四亦爲上四之初爲下上之三亦爲下言固非一端可盡剝之窮上承致飾然後亨則盡是謂成蹇與隨三之蠱上同隨三之蠱上可據上應爲上窮亦可據隨三上行之蠱上爲上窮若復之上窮則明贊於巽在牀下在巽則由震四下行之巽初爲牀下在震則

由巽初上行之震四爲窮上，推之坎三之離上，困乎上也。是上行之窮也。巽上之震三，亦困乎上也。是上不應之窮也。上應窮於盈，上不應窮於消，皆爲上窮。而困乎上則專指消而言。蠱成蹇上窮於盈，蠱成升上窮於消。復通姤，所反在初爲反下。蹇通睽，所反在三亦爲反下。震成復下窮，巽成小畜卽是上窮，困成大過是困乎上。大過通頤卽是反下。三可爲上，亦可爲下也。井通噬嗑是反下。坎成井卽是困乎上，三可爲下，亦可爲上也。總之聖人贊易，特以辭之同者爲引申。旣於隨姤巽三稱上窮，又於序卦傳一稱窮上，一稱困乎上兩稱反下彼此互相鉤貫俾學者觸類而知其指上下之辭各依文以爲義未容以一端泥也乾二不之坤五而上之坤三成謙爲龍戰于野傳云其道窮乾二之坤五而後上之坤三成蹇爲利西南不利東北傳亦云其道窮乾成家人坤成屯爲亢龍有悔傳云窮之災家人屯相錯既濟益也无妄上九无妄行有眚卽象其匪正有眚謂升成泰无妄成益益泰相錯卽復小畜也傳亦云窮之災明盈與消不能變通其窮一也

終

循按經之稱終者有終吉需九二訟初六六三履九四鼎九三終凶訟彖終无咎坎六四終有凶夬上六終有大敗復上六君子有終謙彖謙九三无成有終坤六三无初有終睽六三巽九五初吉終亂既濟彖終以譽命旅六五有孚不終萃初六終日戒既濟六四不終日豫六二終日乾乾乾九三終朝三褫之訟上九傳之贊經者有終无咎蠱九三夬九三終无尤剝六五賁六四蹇六二鼎九二旅六二終不可用剝上九豐九三終不可長夬上六小過九四終无功坎六三无所終比上六終有慶坤彖終則有始蠱彖恒彖永終歸妹象以厚終艮上六以大終坤用六終莫之陵賁九三終莫之聞旅上九剛長乃終夬彖合觀經傳而終之義明即全易之大旨明乾九三首言終日乾乾坤六三即言无成有終乾彖傳云大明終始六位

時成。坤彖傳云：東北喪朋，乃終有慶。乾文言傳云：知至至之，可與幾也；知終終之，可與存義也。坤文言傳云：地道无成而代有終也。代者，更也。以更變而有終，謂乾成家人，坤成屯，再以乾上之坤三，成兩既濟，則終而无始。惟屯通鼎，鼎成咸，而屯乃成既濟而終；咸又通於損，損成益，而咸乃成既濟而終。更番相代，故爲代有終。代有終則終日而以乾乾，所謂君子幾不如舍，故可與幾。彼有所至，而此有所終，故可與存義。存者，生也；義者，利也。是爲生生，是爲變而通之以盡利。終而有始，乃爲時成。時成，故无成而有終。坤成屯通於艮坤成蹇則通於睽東北喪朋蹇通於睽也睽成益蹇乃成既濟而終亦代有終也如是而終是爲以大終以厚終是爲有終爲永終是爲終无尤終无咎而終吉矣既濟初吉終亂傳云初吉柔得中也終止則亂其道窮也初即初筮既濟已終通於未濟則不終然未濟必二先之五成否既濟之終乃吉若不先成否而成泰泰二之五即爲再三瀆未濟亦成既濟兩卦一成咸益一成既濟則續終兩卦皆成既濟則終亂傳於終亂用一止字贊之止則無所續如是而終則不可長不可長則不可用用則无功用則三

褫用則有大敗而終有凶矣雜卦傳云歸妹女之終也與彖傳歸妹人之終始也互相發明女指漸歸妹成泰漸成既濟終在漸故云女之終歸妹雖失道成泰固未終也泰孚於否利艱貞故云人之終始泰成既濟則終以否上下應之則正是始既濟上坎爲男言男之窮則未濟固不窮漸上巽爲女言女之終則歸妹固未終也

亂

循按爾雅釋水正絕流曰亂水以流爲連續絕之卽止之樂記復亂以飭歸正義云復謂舞曲終舞者復

其行位而整治象武王伐紂既畢整飭師旅而旋歸凡物始以聚終以分分之而無可分則定定則止矣既濟初吉終亂傳云終止則亂其道窮也以止字贊亂字謂泰二之五分之無可分也萃初六有孚不終乃亂乃萃隨四之蠱初成屯大畜大畜二之五成家人家人上之屯三成兩既濟爲終亂乃大畜不與屯通變而有孚於萃則大畜二之五成家人家人上之萃三大畜成既濟則亂萃成咸則萃一亂一萃由於有孚一亂一萃則不終亂故云有孚不終乃亂乃萃傳云其志亂也二之五爲志志在大畜明大畜亂萃

則不亂也。泰二之五終亂矣。泰孚否，猶大畜孚萃。泰上六傳云：城復于隍，其命亂也。命謂泰二之五而否應之。其命亂，猶云其志亂，明否不亂也。故傳於否六二贊云：大人否亨，不亂羣也。泰成既濟，雖亂，否成益則不終。猶萃之乃亂乃萃也。繫辭傳云：言天下之至賾而不可惡也，言天下之至動而不可亂也。儗之而後言，議之而後動，儗議以成其變化。動謂感應。不可亂，謂動而一感一應，不可至於終止也。議之，陸績、姚信、桓元、荀柔之並作儀之。儀同於宜，宜猶利也。利而動，則不至於亂矣。漸上九其羽可用爲儀，傳云：不可

亂也可用爲儀所謂儀之而後動也

惡

循按惡之在形者與美對昭公二十八年左傳賈大夫惡娶妻而美孟子雖有惡人與西子對舉莊子德充符衛有惡人焉郭氏注云惡醜也惡之在心者與善對於是因其形之惡而惡之因其心之惡而惡之謂之惡與好對乾二之坤五在乾爲始以美利利天下在坤爲美在其中反是則不美可知不美則惡也積善之家必有餘慶謂乾二先之坤五積不善之家必有餘殃謂乾二不先之坤五不善則惡也相親則善不相親則惡家人旁通於解解二之五則交相愛相愛則不惡矣經於睽

初九言見惡人蹇之通睽猶家人通解睽之見惡人與家人傳之交相愛互明何也漸上之歸妹三成蹇大壯漸初之歸妹四成家人臨皆惡人也家人變通於解臨則變通於遯傳於遯贊云君子以不惡而嚴嚴即家人有嚴君之嚴以家人係臨則不嚴而惡變而通遯仍不異家人之於解故不惡而嚴蹇係大壯則惡變而通睽則見惡人无咎見則不惡矣睽二之五成无妄與井二之噬嗑五同繫辭傳贊之云善不積不足以成名惡不積不足以滅身小人以小善爲无益而弗爲也以小惡爲无傷而弗去也故惡積而

不可掩罪大而不可解易曰何校滅耳凶巽上之震三成豐井猶漸上之歸妹三成蹇大壯惡未積尚爲小惡也井通於噬嗑猶蹇通於睽見惡入可以无咎矣乃井二不之噬嗑五而噬嗑上之三爲滅耳仍不改悔而噬嗑四又之井初爲何校於是井成需噬嗑成明夷惡積而罪大矣推之乾成革坤成蹇小善也蹇通睽睽成益蹇成既濟則善積故云以小善爲无益未通睽成益爲小善也歸妹成大壯漸成蹇小惡也蹇通睽睽成泰蹇成既濟則惡積故云以小惡爲无傷睽未成泰泰未與既濟錯爲需明夷爲小惡也

傷即夷也无傷无益四字實有所指傳無泛文如此漸上之歸妹三爲大有上之比三之比例傳於大有贊云君子以遏惡揚善大有二先之五而後上之比三則成革與蹇不成大壯與蹇則有善而無惡故云遏惡大有二之五爲乾二之坤五之比例乾二先之坤五美在其中矣而四應之成屯家人巽乎家人臨之惡也上應之成蹇革巽乎蹇大壯之惡也蹇又通睽成益既濟乃終有慶是積善而有餘慶矣乾二不之坤五而四之坤初成小畜復即漸歸妹之成家人臨也上之坤三成夬謙即漸歸妹之成蹇大壯也惡

不能過矣夬四爻之謙初小畜上爻之復三成明夷需是亦惡積而罪大矣有餘殃矣文言傳言此於坤上六與繫辭傳贊噬嗑上九之爻顯相鈎貫而明指出漸字明爲漸上之歸妹三而言漸上之歸妹三有惡人而後通睽見惡人然則傳中諸惡字俱所以贊睽初九見惡人之惡也於是又贊於謙彖傳云人道惡盈而好謙乾上之坤三成謙夬既同於漸歸妹比大有之成蹇大壯則蹇通睽猶謙通履履二之謙五成无妄正爲睽二之五之比例故用惡好二字好字與好遯相發明惡字與見惡人相發明謙夬將成兩

既濟則惡盈謙通履猶臨通遯故好謙也夬二之謙五成蹇革故盈此九傳贊經之造微者矣繫辭傳云言天下之至賾而不可惡也賾之言積也積善積惡皆積也但宜積善而不可惡與諸傳文相證本自明了賾京房作嘖解作精惡鄭康成荀爽作亞解作次轉不知所謂

災眚

循按宣公十五年左傳伯宗云天反時爲災雜卦傳以大畜爲時以无妄爲災兩相反矣乃无妄爲災而傳稱其茂對時大畜爲時而傳稱其不犯災則災與時亦視其所行何如耳變通既爲趣時則反時爲災

者。以其不能變通也。災之爲災。經已互自明之。无妄象云其匪正有眚。匪謂四之升初。升成泰。无妄成益是時變通尚不爲災。乃益上又之三成旣濟而正是以有眚。眚卽災也。上九无妄行有眚。无攸利。明象之有眚。由益上之三也。六三又推廣其例云无妄之災或繫之牛。行人之得。邑人之災。无妄成益三互坤。則有牛矣。升二不之五而无妄四之升初。成泰益因爲或升二之五而无妄四之升初。成旣濟益亦爲或。云繫之牛。云行人之得。繫之且得。則升二先已之五而四之行。非失道爲匪矣。然爲泰益益上之三固邑人之災爲既濟益益上之三亦是邑人之災故傳贊上九有眚云窮之災也贊乾上九亢龍有悔亦云窮之災也亢龍謂乾成家人坤成屯屯家人相錯爲既濟益與或繫之牛行人之得同傳以亢龍爲窮之災是卽以行人之得邑人之災爲窮之災蓋成泰益爲消之窮成既濟益爲盈之窮窮而不能變通皆反時而爲災其匪正有眚窮而不能變通之災也行人之得邑人之災亦窮而不能變通之災也傳於乾上九贊之徵乎妙矣无妄升相錯爲復姤无妄四之升初爲姤四之初之比例卽乾四之坤初也升成泰无妄成

益益上之三即是小畜上之復三故復上六迷復凶有災眚謂復成明夷小畜成需也小過上六弗遇過之謂小畜二不之豫五而上之豫三亦猶乾上之坤三也其道已窮不能變通而小過四又之初成明夷此即乾上之坤三又四之坤初也即小畜上之豫二又豫四之初也亦即姤四之初又上之復三也經互示其例云飛鳥離之凶是謂災眚與復之災眚又同凡先三上而後初四與先初四後上三同故爲比例猶算術先乘後除與先除後乘同數也需九三傳云需于泥災在外也泥即井泥之泥離上之坎三巽上

之震三皆成豐井猶乾坤成復小畜矣不能變通而
豐四之井初成需明夷猶小畜上之復三成需明夷
也傳於需于泥言災在外明豐井成明夷需即復小
過成明夷之災眚也井成需爲井泥則豐成明夷爲
災在外豐初九贊云過旬災也離震成豐已爲有過
不能通變又成明夷是過而又旬以致成災豐四之
井初爲小過四之初之比例也然小畜井成需復豐
成明夷爲災眚矣苟能變通則向之災眚亦化爲无
眚訟九二歸而逋其邑人三百戶无眚謂明夷通訟
也此无眚不獨與復小過之災眚互明並與无妄六

三邑人之災互明明夷變通於訟訟二之明夷五而初四應之則已能化去其災眚不待言矣乃亦繫之牛而行人得也使不變通而益上之三仍邑人災也而訟成益又通於恆是歸而逋也歸而不逋則爲邑人之災歸而能逋則爲邑人三百戶无眚同一邑人而災不災惟視乎逋不逋逋之言遷也遷之言改也能遷則變通趣時矣无妄行有眚震六三震行无眚何也震四之巽初成復復通姤既同於升通无妄則升二不之五而无妄四之升初即姤二不之復五而四之初也无妄成益益上又之三則姤成小畜小畜

上又之復三也如是則无妄行有眚震行亦有眚若震成復通姤復成屯又通鼎即師成升通无妄无妄成益又通恒也如是則震行无眚无妄行亦无眚經一稱行有眚一稱行无眚明以兩辭相同而異者互相發明虞仲翔謂死而復生曰蘇蘇蘇猶生生復通姤姤二之復五一蘇屯通鼎鼎二之五蘇而又蘇震行所以无眚者蘇而又蘇也无妄行所以有眚者其匪正也明夷通訟訟成益益又通恒與升成既濟无妄成益益又通恒同是訟之无眚又與震行之无眚无妄行之有眚互明者也遯初六遯尾厲勿用有攸

往遯臨相錯爲謙履。遯上之臨三。臨成泰。遯成咸。即乾上之坤三之比例。泰咸而咸四之初。與泰益而益上之三同。即乾上之坤三。又四之坤初也。經雖不明言災眚。而勿用有攸往。與匪正有眚之不利有攸往。原爲互明。故傳贊之云遯尾之厲。不往何災也。屯鼎旁通。鼎二不之五。猶升二不之五。升成蹇與无妄相錯即遯屯鼎二不之五而四之初成大畜。猶升二不之五而无妄四之升初。成泰。屯三又之大畜上。即是无妄成益。益上之三矣。惟大畜孚萃。則能變通。不致匪而又眚。故傳云有厲利己。不犯災也。遯大畜經不言災。而傳一言不犯災。一言不往何災。明旅以往而犯災也。節二之旅五。旅成遯。節成屯。與鼎二之五同。亦與臨二之五同。亦與升二之五同。初六。旅瑣瑣。斯其所取災。瑣瑣。小小也。鄭康成說斯其所。節二不之旅五也。節二不之旅五而四之初成賁。已小矣。賁上又之節三。成明夷需。是小而又小。卽離四之坎初。又離上之坎三也。猶乾四之坤初。又乾上之坤三也。傳云志窮災也。旅成賁。志已窮。不能變通而成災。故志窮而又災。使旅四之初。卽能變通。亦猶鼎成大畜而不犯災。遯成咸臨而不往何災。而反時爲災。以不能變通而取。於是無疑。大畜萃相錯爲夬剝、剝六四、剝牀以膚、謂夬四之剝初也、剝先成謙而夬四之剝初成明夷也、剝上之三、爲遯上之臨三之比例、夬四又往剝初、故云切近災也、

潛伏隱藏

循按雜卦傳云兌見而巽伏也、說卦傳云、坎爲隱伏繫辭傳云巽稱而隱、隱伏何以爲巽坎所共有、自巽上之震三成豐井、則巽而坎矣、自坎三之離上成豐井、則坎而巽矣、然則坎巽之隱伏、皆指其成井也、坎巽之成井、猶坤艮之成謙而坤艮之成謙、猶同人上之師三成升、同人九三伏戎于莽、升其高陵、謂同人

上之師三也經明指出升字則伏戎之義在此師二之五爲乾二之坤五之比例則師二不之五而同人上之師三即爲乾二不之坤五而上之坤三之比例伏戎于莽之伏即潛龍勿用之潛其義文言傳詳之初九曰潛龍勿用何謂也子曰龍德而隱者也不易乎世不成乎名遯世无悶不見是而无悶樂則行之憂則違之確乎其不可拔潛龍也乾二之坤五成比爲樂初可從之而行也是則成屯爲見乾二不之坤五而上之坤三成謙則爲憂初不可更從之是宜違而變通所爲易乎世也謂謙通於履也能易則名履

不能易。而乾四又之坤初。則名明夷。故不易乎世。不成乎名。謙履相錯爲臨遯。謙通履卽臨通遯也。通則中無所失。故遯世无悶。明指出遯字。知潛指坤之成謙。成謙而不成屯。故不見。因不見而謙成明夷。則匪矣。不見而謙通於履。則不失是。故是而无悶。憂而違故易世成名。遯世无悶。不失是以至於匪。則潛而不潛。故无悶。悶亦伏也。不能違而易世。則拔矣。拔而成明夷。故不可拔也。傳又贊云潛龍勿用。陽氣潛藏。於潛字下增一藏字。所以關合同人之伏戎于莽也。何也。同人上之師三成升。伏矣。升宜違而變通於无妄。

猶謙宜違而變通於履，不能變通，而以師初之同人四，即是升初之革四，與謙初之夬四同，是爲否臧凶。古藏字皆作臧，〔漢書禮樂志注云：古書懷藏之字本皆作臧，衡方碑用含行臧，藏正作臧。〕文言傳以藏字復潛字下，正是指此臧字。潛藏則不可拔，藏而拔，是否藏也。否藏則凶矣。升革相錯爲大過，明夷大過通頤，猶升通无妄。升通无妄，旣同於謙通履，故乾初九傳贊以遯世无悶，指謙通履也。又贊於大過云：遯世无悶，指大過通頤，即指升通无妄也。謙通履，則潛勿用矣。升通无妄，則藏不否矣。此同人之伏，即師之臧。師之臧，即乾之潛也。惟否臧之臧，指同人四之師初於是豐上六闚其戶闃其无人三歲不覿闚其戶謂四之渙初闃其无人謂渙二來之豐五在豐成明夷在渙成中孚相錯即家人臨傳贊云自藏也此藏字即否藏之藏也惟伏戎之伏指同人上之師三師成升通无妄猶坤成復通姤於是文言傳又於坤六四贊云天地變化草木蕃天地閉賢人隱坤成屯則變化而蕃坤成復則閉而隱隱即伏也閉亦閟也總之陽在二爲隱藏爲潛伏乾之潛指坤成謙謙變而通履爲稱物平施是隱而稱也繫辭傳言巽稱而隱何也隱即退也藏亦喪也巽通震成革蹇爲先甲即

爲先。心蹇退而遜於睽。睽喪馬卽是隱藏而蹇通之。卽是退藏于密。不當潛而隱則稱而改之爲行權。當隱而退。則稱而巽之爲行權。皆變通以趨時也。

輕　蔑　誅　滅

循按雜卦傳以輕賛謙。以誅賛明夷。鄭康成訓剝初六云蔑輕慢也。詩大雅國步蔑資箋云蔑猶輕也　剝上之三。猶乾上之坤三。謙之輕。卽剝之蔑也。荀慈明訓誅爲滅。滅與蔑通。剝初六傳以滅賛蔑。是蔑卽滅也。剝牀則上之三。以足則夬四之剝初。剝成明夷。明夷之誅。卽剝之滅也。釋名。誅株也。如株木根枝葉盡落也。賁上之困三。困成大過。下巽爲木。賁成明夷爲誅。故困于株木。傳以明夷爲誅。而於大過稱澤滅木。滅木卽誅木。誅木卽株木矣。乾上之坤三成謙。夬猶巽上之震三成豐。井。謙輕則井亦輕。謙蔑則井亦蔑。噬嗑初九滅趾无咎。六二滅鼻无咎。滅趾滅鼻。謂離上之坎三。巽上之震三也。坎二先之離五。則離上之坎三成蹇。下艮爲鼻亦爲趾。成井則無艮。故滅鼻。滅趾矣。變通於噬嗑向雖滅趾。在噬嗑則无咎矣。向雖滅鼻。在噬嗑則无咎矣。若噬嗑上之三。則仍成豐。在離上之坎三爲滅趾滅鼻。在噬嗑成豐爲滅耳。噬嗑四本互坎。上之三。而滅之也。大過滅木，卽是滅頂。滅木者，賁上之困三。滅頂者，姤上之復三。大過變通於頤，猶井變通於噬嗑，故向之滅頂雖凶，亦无咎也。

汔 斯 隍 索 沙 干

循按：說文：汔，水涸也。廣雅：索，涸澌。汔並訓盡。水涸卽水盡也。未濟小狐汔濟，傳云：未出中也。未出中，謂二未之五，而四上之初，三爲泰，上坎不見，無水故涸。井彖云汔至，猶云汔濟。離上之坎三成豐，井豐四又之井初成需、明夷，猶未濟四之初成損，損上又之三成泰也。在井稱汔，在泰稱隍，隍猶汔也。說文：有水曰池無水曰隍泰上本隍通於否而以二之五則城復于隍說文城以盛民也民之盛於城猶物之盛於筐五无實爲虛筐即爲虛隍爾雅釋詁隍虛也池無水稱隍地不毛稱荒泰上坤以其未盛坎水則隍也以其空有坤土則荒也九二所包之荒即上六所復之隍鄭康成云荒讀爲康虛也地不毛爲荒謙无邑爲素履初九素履爲謙上坤素與索通爾雅釋草素華軌鬷釋文素又作索左傳昭十二年八索九邱釋文本又作素震上六震索索視矍矍傳云中未得也明巽二未之震五而上遽之震三成豐說文矍視遽貌五空無實而離目遽張故征凶索與澌一音之轉澌與斯同莊子齊物論注豁然確斯也釋文斯本又作澌儀禮鄉飲酒斯禁疏

云斯澌也澌盡之名詩王赫斯怒無獨斯畏箋皆訓斯爲盡旅初六旅瑣瑣斯其所取災斯其所猶云空其所節二不之旅五而旅四之初猶未濟二不之五而四之初斯其所則夷其所思匪夷所思謂豐四之渙初成中孚明夷相錯爲家人臨爲解四之初之比例臨通遯而臨二之五則朋至斯孚臨二之五與姤二之復五同故朋至卽是朋來朋至則向之斯其所者今則孚矣故云斯孚輾轉鈎貫不啻馬跡蛛絲尋之其緒不絕周禮內饔鳥皫色而沙鳴貍注云沙澌也定公七年秋齊侯衛侯盟于沙左傳作乃盟于瑣成十二瑣澤

公羊傳作沙澤。然則瑣漸沙三字。音相轉而義通。旅斯其所。則先成賁。瑣而又瑣則上又之節三。與困四先之初。而賁上又之困三同。在旅爲旅瑣瑣斯其所。在困則爲有言不信。故需九二需于沙小有言。沙卽瑣。亦卽斯。小有言。卽有言不信。瑣之義本爲小。故以小字加有言之上。明此需爲節所成。亦爲困所成也。漸初六鴻漸于干。歸妹四之漸初。爲解四之初之比例。卽猶豐四之渙初也。禮記大傳注。干猶空也。水畔空虛。故有干之名。干亦名澗。澗從閒。閒亦空也

素

循按序卦傳云賁者飾也雜卦傳云賁无色也无色與飾適相反无色謂素也士冠禮注器物無色曰素管子水地素也者五色質也注云無色之謂素兌四之艮初成賁猶兌三之艮上成謙故履初九素履指謙謙通履則素而履矣賁无色指艮成賁賁飾指賁通困无色而飾則不素素而履則有飾互明者也艮上之兌三猶巽上之震三謙之素即震之索索矣而兌二之艮五巽二之震五皆歸妹二之五之比例故漸六二贊云不素飽也五有實則飽飽則不素空則素矣巽爲白困二已之賁五成家人上巽故白賁白正是飾白亦色也虞仲翔以白爲无色失之

男廷琥孫授書授易授詩校字

清江都焦氏本雕菰樓易學三書

第五册

清 焦循撰

山東省圖書館藏清嘉慶道光間江都焦氏雕菰樓刻《焦氏叢書》本

山東人民出版社·濟南

易通釋卷十 雕菰樓易學之三

江都焦循學

握 渥

循按萃初六若號一握爲笑虞仲翔謂艮爲手初稱一故一握初動成震震爲笑王弼謂一握者小之貌也爲笑者懦劣之貌也求之於經皆不能達蓄疑者數十年矣今乃得之蓋申上有孚不終乃亂乃萃之義也何以言之釋文握傅氏作渥然則卽鼎九四其形渥之渥也鼎二不之五而四之初成大畜爲折足覆餗其形渥渥卽滿足之意屯雷雨之動滿形故旁

通於鼎，俾屯成既濟，鼎成咸，屯雖盈而鼎則未盈，鼎之不盈，以四不之初也。今折足覆餗，而四先之初，成大畜，則二之五，仍爲家人，上之屯三，仍是家人上之屯三，其形渥猶云滿形，謂成兩既濟而終也。成兩既濟，是屯渥，鼎亦渥，屯終，鼎亦終，終而不始，是以凶也。惟鼎成大畜，不與屯係，而有孚於萃，大畜初四雖先定，而萃初四則未行，大畜二之五成家人，家人上之萃三，家人成既濟，而萃成咸，故不終，所以不終者，以大畜成家人成既濟，爲乃亂，而萃則成咸不成既濟爲乃萃，一亂一萃，即一終一不終，一終一不終，即一渥一不渥於是申言之鼎四先之初所謂號也若字指鼎謂鼎成大畜也鼎成大畜所以號以其與屯係而未孚於萃既有孚於萃而不終而乃亂乃萃若之成大畜雖號今則不兩渥而止一渥號卽變爲笑矣若號一握爲笑六字從有孚二字一氣貫下有孚則不終乃亂乃萃若號一握爲笑也渥握兩字互相假借而一以貫之經文鈎貫多用聲音假借執渥握各自爲說望文生意經乃晦矣釋文序錄不列傅氏爲何人隋書經籍志周易十三卷傅氏注（唐志作十四卷）列於晉魏之閒握之爲渥賴之以明惜乎亡其名矣

獲 穫

循按獲穫二字古通於田獵爲獲於田稼爲穫故无妄作不耕穫解作田獲三狐巽作田獲三品其義一也巽成家人通解而成既濟是爲田獲三品何以知其通於解也卽於解田獲三狐知之上六云于高墉之上獲之明指解三之家人上矣凡稱獲謂成既濟也艮彖云艮其背不獲其身身謂成蹇艮成蹇兑成革卽止而不以革四之蹇初成既濟則爲不獲其身獲其身則不能艮其背艮其背自不獲其身革四之蹇初猶屯三之家人上家人上不之屯三而之萃三

則獲而利。然則不獲於萃三而獲於屯三。其不利可知矣。隨九四。隨有獲貞凶。隨卽巽二之震五也。亦艮五之兌二也。震兌成隨。則巽艮成漸。漸上之隨三。漸成蹇。隨成革。漸初又之隨四。卽是蹇初之革四。獲其身矣。漸初之隨四。隨成屯。漸成家人。漸上又之隨三卽是家人上之屯三。田獲不能三品。獲之不待射隼矣。不獲其身則无咎。隨有獲則貞凶。其義互明。革四不可獲於蹇初。則宜獲於蒙初。蹇初不可獲於革四。則宜獲於睽四。蹇初不獲於睽四而獲於大壯四。睽上先之三革四不獲於蒙初而獲於升初。蒙上先之三則爲離上九之獲匪亦爲无妄六二之不耕穫何也坎二之離五成同人上乾王也離上之坎三應之則離成革爲有嘉折首離成革則坎成蹇蹇通睽革通蒙是亦艮其背不獲其身矣故傳贊云以正邦也與贊蹇彖當位貞吉同蹇通睽睽二之五則當位然後蹇初之睽四蹇成既濟爲貞吉傳增當位二字於貞吉上而贊之云以正邦也於王用出征亦以此贊之知離成革宜通蒙坎成蹇宜通睽也乃睽二不之五而上之三成大壯蒙二不之五而上之三成升以革四之升初以蹇初之大壯四在蹇革成既濟在睽蒙成泰與升成

泰无妄成既濟同成既濟是穫升二不之五而成泰是不耕不耕而穫雖不獲其身而獲匪矣一成既濟一成泰所謂否之匪人也然與其獲身不如寧獲匪獲身則革四之蹇初成兩既濟無可改悔獲匪則革四之升初革成既濟升成泰泰尚可變通於否而爲之醜故云獲匪其醜无咎明有嘉折首之時必宜變通變通而獲匪猶可醜不變通而獲身則無復轉移也泰既濟相錯爲明夷需泰醜於否猶明夷醜於訟明夷六四獲明夷之心謂訟二之明夷五成既濟也家人之獲在上革之獲在四明夷之獲在五五故稱

心也傳既於離蹇兩卦並稱以正邦又贊於漸彖云可以正邦也漸上之歸妹三漸成蹇歸妹成大壯大壯蹇相錯爲需需通晉猶泰通否進以正可以正邦爲蹇通睽亦爲需通晉蹇通睽固以正邦卽需通晉亦可以正邦是獲匪而其醜无咎仍不異蹇之通睽則離上九之以正邦爲蹇通睽言之卽爲睽成大壯言之（與歸妹成大壯同）且爲大壯成泰而通否言之傳三言以正邦似極平淡汎語一一比例之而經文脈絡融貫如繪思而得之惟嘆其神妙而已矣

蕃　藩　皤

循按蕃藩二字古通。大司徒注杜子春讀蕃樂爲藩樂明堂位藩服釋文云藩本作蕃說卦傳。震爲蕃鮮。晉彖用錫馬蕃庶。謂成否上乾爲馬。以四錫初成益下震。故云蕃庶。賁六四賁如皤如。承上賁如濡如而言。困成需。需二之晉五。晉成益。自下震言之爲蕃。自上巽言之爲白。上本乾馬。因四下錫皤如。則乾化爲巽。故白其馬。皤即蕃之借也。需之通晉。猶泰之通否。故又申之云匪寇昏媾也。大壯二先之五。而後四之觀初。則亦需二先之晉五。而後晉四之初之比例。是爲藩決若大壯二不之五而四先之觀初。觀成益。其下亦爲震爲蕃。而大壯則成泰。是爲羝羊觸藩。而異乎錫馬之蕃庶矣。蹇大壯相錯爲需小過。故以大壯之通觀與需之通晉爲比例也。

祥 詳 羊 翔

循按履上九視履考祥。古祥字通作羊。考祥卽考羊也。履二之謙五成无妄。能視能履。故云視履上之三成革。革上兌羊也。故云考祥。大壯羝羊觸藩。則四之觀初成泰。故不能退不能遂。傳云不詳也。不詳卽不祥。亦卽不羊。蓋用壯則成革。上有兌羊爲祥。二不用壯於五而四觸藩。且羸其角。不成革。故不祥也。困六三傳云。入于其宮。不見其妻。凶。不祥也。已成大過。上原有兌羊，入于其宫，而四又之初成需，上無羊，故不祥。困賁相錯爲革，失道成需，與大壯成泰同矣。大壯二之五，與渙二之豐五同。大壯不成革爲不祥，豐成革則祥，故上六傳云豐其屋，天際翔也。際，接也。革五互乾爲天，上接兌羊，乾天與兌羊相接，故云天際翔。孟喜、鄭康成、王肅皆詳翔作祥，不可云考羊，故借作祥，不可云天際羊，故借作翔。易經傳以聲音假借爲鈎貫，其例如此。祥有吉義，兌在五當位吉，則變羊而稱祥。大壯成泰，四雖亦互兌，乃失道不吉，第爲羝羊，而不可爲祥。此假借中取義之妙也。

祗秖

循按復初九无祗悔坎九五祗既平釋文引鄭康成云祗當作坻小邱也祗坻皆从氏氏之義與底同物之有底皆在下坤六四括囊有底曰囊坤主受乾二未之坤五而四之坤初成復象物之有底者故為囊也坤成復有底復通於姤姤四不之初則无底故云无祗悔祗即底也坎二不之離五而離四之坎初成節猶坤成復也坤成復失在有底坎成節亦失在有底成節成復皆不成屯故坎不盈不盈則不平節通於旅則底平矣故云祗既平車之有輹亦如囊之有

底復爲囊亦爲車輹坤成復則乾成小畜復通姤无祗悔矣而小畜通豫則輿說輹復有底豫無底也兩祗字與囊字輹字相發明至奇至曲徒訓爲安爲病或作禔或以爲辭於易義殊汶汶矣大壯九三羝羊觸藩羝與底亦同聲假借謂大壯二不之五而四之觀初在大壯四之觀初成益爲底在觀初之大壯四成泰互兌爲羊因有兌羊乃借底爲羝耳說文下底也文言傳潛龍勿用下也此下字正指乾四之坤初乾四之坤初爲底卽爲下底借爲祗祗猶抵也說文訓抵爲擠亦訓摧爲擠是摧與抵同義晉初六晉如

摧如摧謂夬四之謙初卽潛龍而用下也摧卽抵也論衡氣壽篇兒生號啼之聲嘶喝濕下者夭說文𡒄下入也濕與𡒄同文言傳水流濕謂乾二先之坤五有坎水乾四之坤初應之爲濕濕之爲下猶抵之爲下也抵亦觸也大壯四之觀初成益益下震爲蕃故觸藩觸之於抵爲轉注羝之於底爲假借也

約　酌　豹　禴

循按革上六君子豹變豹从勺聲與納約自牖之約酌損之之酌同聲假借也西山經其獸多犀兕虎犳郭氏注云犳之藥反按犳卽豹廣雅酌益也承上已事遄往已事者咸四止而不行損二有

事於五也遄往者咸四不之初而損三往上以應五也損二之五成益益三之上卽益所以為益不言益而言酌謂益上之三為約於三也坎六四樽酒簋貳謂成屯納約謂鼎上之屯三而屯三納之必鼎二先之五有以牖之使明而後納約是為納約自牖家人屯相錯為益既濟屯必通鼎而後納約則益必通恆而後酌惟咸四不之初不成既濟損二雖之五尚與咸係是損不是益故酌損而非酌益酌損則不俟變通酌益則必須自牖坎損兩卦互明酌卽約也詩正義酌左傳作約古今字耳既濟九五東鄰殺牛不如西鄰之禴祭傳以時

字贊禴祭二字、禴、禮記王制祭統俱作礿、說文、礿夏祭也、从示勺聲、王制疏引皇氏云、礿、薄也、爾雅、夏祭曰礿、孫炎注亦云、夏時百穀未登、可薦者薄、礿取義於薄、即取義於約、東鄰指恆殺牛、指益益上之三、殺所五之坤牛、恆二先之五、成咸、東鄰變爲西鄰、殺牛亦化爲礿祭、恆二之五、祭也、先祭後酌、故爲礿祭、即爲時行、傳以時字贊之、固以爲時祭所取義、而即以先祭後酌爲時行、不祭而酌、第爲殺牛而已、此義之隱奥而實顯著者也、君子豹變、與下小人革面、征凶相貫、小人革面、謂革四之蒙初成益、成益而不變、通於恆上即征三則凶若益變通於恆恆二之五而後益上之三即是西鄰禴祭而爲君子豹變也豹即禴也祭而後禴爲禴祭變而後豹爲豹變變通而後約是納約自牖也豹禴酌約四字同聲假借也易之辭多用六書假借轉注以爲貫通當於聲音訓詁間求之益三互艮固可指艮爲豹而既爲約禴之通借則不必專指艮矣虞仲翔謂艮爲豹陸績注豹變云豹爲虎類而小者也以小字發明豹字在陸氏指上六陰爻爲小雖未得易義而豹之取義於小則有精義焉凡字之从勺者多有小義葢勺之受小故中庸言水一勺之

多廣雅約儉也又云約少也釋名要約也在體之中約結而小也小則薄故礿祭即爲薄祭豹小於虎故名豹猶瓜紹小於先歲之瓜故瓞一名瓝詩大雅箋疏蓮房中之實視蓮爲小故名的文選七發注引字書云約亦的字也的又名薂俱爾雅釋草薂徼俱從敫老子常無欲以觀其妙常有欲以觀其徼釋文云徼小道也徼之小猶薂之小薂音同要薂之爲的猶要之爲約也籥之小者名箹斗之柄小於魁名杓廣雅杓末也末與少義同每卦以上爻爲末此上之三所以爲約即所以爲豹也貌从豹省聲貌雖不訓小而从貌之藐則訓小要者限也艮上之兌三爲

艮其限為損上之三之比例要約即券契劑成益而通恆猶蒙成益而通恆傳所謂書契蓋取諸夬者此也

狗　拘

循按說卦傳前云艮為狗後於艮又云為狗虞仲翔云指屈伸制物故為拘拘舊作狗上已為狗字之誤經文不言狗而言拘隨上六拘係之謂蠱成蹇下艮艮為拘是也其艮為狗者狗即拘也拘之義為止狗叩氣以守亦取於止經無狗而傳言狗者明經文假借之例與馬牛豕羊並言則為狗不可云狗係之則

爲拘拘之爲狗猶祥之爲羊也

髮 拔

循按說卦傳所以贊辭之所指爲何卦也乃金玉寒冰之類經文所有若釜柄之屬則經文所無以類求之均有意指惟巽之爲寡髮則不易解說久之以小畜寡也一語會通其義而求之六書假借乃知髮即贊拔茅之拔也釋名髮拔也拔擢而出也拔茅謂否初之四否初之四即坤初之乾四之比例文言傳贊潛龍勿用云確乎其不可拔潛龍也不可拔三字贊勿用二字勿用者二尚潛藏未之坤五則不可用坤

初之乾四也。乾上先之坤三成謙，夬謙初固不可拔。乾上雖未之坤三，而乾二未之坤五，坤初亦不可拔。乾二未之坤五，而坤初即拔之乾四，在坤成復，在乾成小畜。小畜上巽，故巽爲寡髮，謂坤初拔於乾四成小畜之寡。寡髮猶云寡拔，寡髮者，不可拔而拔也。若拔茅茹以其類，則不寡矣。拓拔與禿髮同源，是髮同拔

膏　高

循按：屯九五，屯其膏；鼎九三，雉膏不食。兩膏字相呼應。膏即高之借。素問高梁即膏粱。膏从高聲，得相通也。巽爲高，離爲雉，鼎與屯相錯爲噬嗑，可食也。鼎成

家人上巽爲膏以上之屯三成兩既濟下離爲雉謂屯成既濟則膏而雉卽雉其膏雉其膏由於不食家人屯不錯噬嗑故不食也因不食而有膏有膏則不可雉其膏不可雉其膏故屯其膏屯其膏猶云止其膏家人上之高宜獲於解不宜往屯往屯則屯下成雉獲於解解成咸無雉則不爲雉膏而爲射隼于高墉之上故雉膏之膏卽高墉之高也

弟　娣　稊　涕

循按師六五弟子輿尸之弟卽歸妹以娣之娣也師同人爲乾坤坎離之比例漸歸妹爲震巽艮兑之比

例以初四從二五成家人屯家人上巽屯下震震巽於坎離爲兄以三上從二五成蹇革蹇下艮革上兌艮兌於坎離爲弟在艮爲弟在兌則爲娣歸妹成革漸成蹇娣也亦弟也同人成革師成蹇弟也亦娣也惟歸妹四之漸初成臨臨下兌而上坤不可爲娣臨通遯臨二之五而遯上之臨三從之爲歸妹以娣歸妹三之漸上成蹇而歸妹成大壯蹇有艮而大壯無兌不可爲娣大壯通觀大壯二之五而觀上之三從之爲反歸以娣明先不娣以變通而娣也同人上先之師三成升然後升二之五成蹇雖亦爲弟而不爲

順承之弟實爲陵越踰僭之弟故輿尸也大過枯楊生稊虞仲翔云稊穉也在男爲弟在女爲娣在草木則爲稊大過二之頤五而頤上之三從之頤成既濟大過成咸咸既濟相錯即蹇革故枯楊之生稊猶歸妹之以娣也由是以聲音求之離之出涕萃之涕洟兩涕字即弟之借也坎二不出中而三之離上成豐井先後之序失無所爲弟矣豐通渙渙二之豐五而上從之仍成蹇革故出涕豐渙爲家人解之相錯傳於家人稱弟弟上弟字指大畜二之五而上之萃三下弟字指解二之五而家人上之解三即渙二之豐

五而渙上之三也若大畜二不之五而上之萃三成咸泰先後之序失亦無所爲弟矣泰通否泰二之五而否上從之仍成既濟咸故涕洟猶大過之生稊也涕上加出字明渙二先出而之豐五補救坎二之不出中也涕下增洟字萃成咸下本有鼻而大畜成泰上無坎水有鼻而無洟泰二之五而後否上之三則咸下之鼻乃非枯涸耳不出中則汔至鼻有洟則不汔脈絡之貫微之微者也涕屬目而弟則指艮以洟字申明之知涕即弟之借矣

華旉

循按大過九五枯楊生華說卦傳震爲旉爾雅華荂也注云今江東呼華爲荂音敷華說文作𠌶荂爲𠌶之重文荂音敷則旉卽華也大過二之頤五而頤上從之頤成既濟大過成咸爲生稊傳云過以相與明其成咸也大過二之頤五而大過四從之大過成既濟頤成益爲生華傳云何可久明其成益未通於恆也稊既指大過之成咸華則指頤之成益傳以震爲長子明師成屯以弟子對長子猶以稊對華故以震爲旉贊之吳都賦異荂蓲蘛劉淵林注蓲華也敷蘛華開貌蘛與蕍同蓲與敷同草木先生者已敷蘛而

華後生者方穉弱而稊以華視稊則華長而稊幼此尃所以同長子之爲震也敷布之敷說文作尃尃形近專故一本譌作專虞仲翔依譌本以乾靜也專解之轉譏延叔堅說爲尃之非蓋孔子贊易之微言久不明矣

輪　綸

循按旣濟初九曳其輪濡其尾无咎未濟初六濡其尾吝九二曳其輪貞吉說卦傳贊云坎爲弓輪輪與弓並舉有精義焉弓卽弧也弧之見於經者睽上九先張之弧後說之弧謂睽以孤而成泰泰通於否而

泰二之五上坎爲張之弧也輪既與弓並舉則坎之爲輪亦猶張弧爲泰通否而二之五特以弓輪並舉者示此義也濡其尾謂遯上之臨三成咸泰惟泰孚於否而二之五爲曳其輪泰二之五爲貞吉九二貞吉中以行正也與泰六五傳中以行願相貫曳輪指泰二之五此可證矣輪之言倫也坎爲弓輪姚信作倫見釋文儀禮既夕注古文倫爲輪倫之訓爲等爲類泰二之五成兩既濟則無等無類泰孚於否而二之五有否以應之則有等有類有等有類則有倫曳其輪卽曳其倫也曳輪說卦傳俱屬坎曳但謂泰二之五曳其輪乃謂孚

於否而泰二之五曳與拕同義成兩既濟則終朝三拕之終朝三拕則曳而不倫釋名輪綸也言彌綸也周帀之言也綸倫也作之有倫理也傳於屯贊云君子以經綸經卽拂經之經綸卽曳其輪之輪大畜屯相錯爲需頤屯通鼎猶頤通大過皆爲經若不能經而大畜上之屯三成泰既濟與小狐汔濟同是爲反常則泰通否爲曳其輪傳以經綸二字贊之經指鼎成大畜而變通綸指鼎成泰而變通非泛言也釋文作經論論亦倫也王制必卽天論注云論或爲倫論語疏云論者綸也輪也理也次也論倫綸義同通用鄭康成以爲論撰書禮

樂施政事非易之義也爾雅釋詁倫敕勞也說卦傳勞于坎勞倫皆屬坎是勞謙之勞即同於曳其輪之輪也傳於井稱勞民勸相於噬嗑稱明罰敕法敕即是勞明井旁通噬嗑也爾雅釋詁多有關於易自易義不明而爾雅倫敕勞之相轉注遂不可通矣

寵　龍

循按剝六五貫魚以宮人寵无不利謂不獨夬通剝爲利而剝成蹇又通睽爲利也以宮人寵宮字指蹇革寵字指益何也寵即龍詩爲龍爲光何天之龍我龍受之龍皆是寵見毛詩箋益下震爲龍即爲寵以飛潛言之則作龍以宮人言之則作

寵各隨其所屬之辭以成義而皆指震則無異也傳於師九二贊云在師中吉承天寵也同人四屬乾故爲天四之師初師二先已之五則師成屯下震在同人成家人爲承家在師成屯則爲承寵承寵卽承龍也乾上之坤三乾成夬坤成謙爲龍戰于野其道窮矣夬變通於剝夬成革剝成蹇皆無震龍惟自蹇革旁通而蒙睽成益則以宮人寵乃改從前戰野之窮寵之爲龍龍之爲震震之爲屯爲益固彰明較著者也

石頏題

循按虞仲翔有深得易義者。如說卦傳艮爲小石。仲翔則云。艮爲碩艮爲碩卽艮爲石也。晉九四。晉如鼫鼠。釋文引子夏傳作碩鼠。鄭康成引詩碩鼠碩鼠。則鼫亦卽碩也。豫六二介于石。不終日。貞吉。傳云。不終日貞吉。以中正也。何以中正。小畜二先之豫五成萃爲中。而後小畜上之豫三。小畜成既濟爲貞。豫成咸下艮爲石。故介于石。若四之初。則終於日。無所爲石。惟不終日。而乃介于石。困六三困于石。與豫互明。卽與碩果來碩互明。困二之賁五。困成萃。猶小畜二之豫五。豫成萃。困成萃。賁上又之困三成咸。與豫成咸同則亦介于石不終日矣乃困二不之賁五而賁上之困三與介石不終日適相戾故不爲介于石而爲困于石困于石者困不成咸困成大過而大過二之頤五大過乃成咸有艮石也賁上之困三爲蒙上之三之比例蒙上之三成升升不來者也升而來則二之五成蹇而石仍見故蹇上六往蹇來碩謂升二之五則三成艮石猶大過二之頤五則三亦成艮石由困而後有石故爲困于石來碩即來石也升通无妄升二之五爲井二之噬嗑五之比例來碩則爲噬嗑之食若夬二之剝五而剝上之三雖亦成碩果而不

食碩果卽石果謂剝成蹇與升成蹇同也乃剝成蹇夬成革不成无妄故不食謂不與噬嗑同其互相發明至隱而微矣夫夬二之剝五猶蒙二之五蒙二之五猶困二之賁五困二之賁五猶小畜二之豫五然則碩果之碩卽困于石介于石之石明矣賁上之困三成大過無石大過通頤則仍有石大過不通頤而入于其宮不見其妻則四之初成需又無石需通晉需二之晉五而後晉上之三成咸仍有石晉如需二之晉五也鼫鼠晉上之三成咸下艮也鼫卽石也豫先成萃而後成咸咸則先有爲之主者石爲之介卽晉

先成否而後成成咸之比例說卦傳艮爲小石爲蹇爲咸則大矣所以變石言碩碩則兼夫大之義也

角　桷

循按姤晉兩卦上九皆稱角虞仲翔謂乾爲首位在首上稱角以晉先成否是也然角指上九不必乾爲首也晉姤之角即漸之桷何也漸上之歸妹三成大壯蹇相錯爲需小過大壯通觀蹇通睽合之爲需通晉之比例需二之晉五而後晉上之三爲晉其角在大壯則二先之五而觀上之三在蹇則睽二之五而後上之三經於大壯自明之云羝羊觸藩羸其角謂

大壯二不之五而四之觀初而觀上又之三也大壯四之觀初成泰益相錯爲小畜復爲姤四之初之比例是爲羝羊觸藩益上又之三即是小畜上又之復三在大壯爲羸其角在姤爲羸豕角指觀上九即指姤上九姤上九姤其角謂二先之復五而後上之復三與晉其角同晉其角姤其角則不羸其角矣羸豕即羸其角惟小畜上之復三成需上有坎乃有豕自坎豕言之爲羸豕自小畜上之復三言之則羸其角也睽六三其牛掣說文云觢一角仰也易曰其牛觢子夏傳作契一角仰也契本通挈掣字說文所無蓋

卽掣。詩大雅箋掣民釋文本又作摩周頌傳荓蜂摩曳也爾雅作甹夆掣摩也說文掣縣持也又引縱曰摩徐鍇引易睽二之五爲姤二之復五之比例。今睽四之蹇初成益互坤爲牛。而益上不之三。角不俯而仰。故云其牛掣。惟有牛故角仰。亦惟掣則不羸。卽爲大壯二之五而四之觀初之比例。漸六四。鴻漸于木或得其桷。傳以順以巽贊之。與家人六二傳同。蓋歸妹四之漸初成家人。臨不相孚。故或之。家人通解。解二之五成萃。卽大壯通觀而二之五成革。家人上九。卽觀上九。在大壯四之觀初。而觀上之三。則羸其角。猶解四之初而家人又上之解三也。在家人。解二之五。而後上之解三。則得其桷。猶大壯二之五。而後觀上之三也。在牛羊為角。在木為桷。家人成既濟。解成咸。得其桷。又卽晉其角。姤其角也。

頯　仇　九

循按。說文不載頯字。而有馗𩪘二字。廣雅。顴。頯。頄也。素問氣府論。𩪘骨王冰注云。𩪘頯也。頯面顴也。爾雅釋草。中馗菌。釋文。郭音仇。說文。馗九達道也。似龜背。故謂之馗。馗高也。菌中高近似龜背。故名中馗。馗从首。與从頁義同。頁亦首也。面之兩顴高出於面。故為頯。頯卽馗耳。此經蜀才作仇。呂覽淮南高誘注皆讀鼽爲怨仇之仇。然則頄鼽馗仇四字皆通。仇者，猶敵也。顴在面之兩畔，其高出相敵，名頄原有仇義。易取義於頄仇者，卽中孚得敵之謂也。鼎與屯通，兩三爻不相敵，鼎上之屯三，則相敵而爲仇。惟二之五先有實，而後上之屯三爲我仇。四不之初有疾，如是則吉。若夬與剝，兩三爻亦不敵，乃剝上先之三爲頄，然後夬二之剝五，則是壯于頄。如是則凶。兩卦互明，而我仇有疾之仇，與躋于九陵之九相鉤貫。何也？億喪貝謂震成復，復通姤，姤二之復五，爲屯通鼎，鼎二之五之比例。又爲升通无妄之比例。躋于九陵，卽是升其高陵九陵即嶞陵，謂陵之高似龜背，猶云高陵。龜之言久也，白虎通 鼽亦久也，釋名 久與九通，列子莊子九猷即久猷 嶞之取義於龜，即取義於九。九達爲嶞，則嶞即九也。乃旣爲姤卦非升卦，故變升而言躋。其姤二之復五而上之復三從之，猶鼎二之五而上之屯三從之，因取於我仇之義，而變高爲九。躋則二之五而有實，陵則四不之初而有疾。九借於頄，則義取乎高；九借於仇，則義又取於敵，謂兩卦之三爻皆剛爲仇敵也。獨三爻之敵稱九者，九猶究也。說文九象其屈曲究盡之形 六爻始於二五，終於三上，故以三之敵爲究，究，窮也。九爲三六之合數，上之數六上之三而爲敵。此又借仇爲九之義也。

宮 躬

循按：周易之辭，多以同聲爲假借，爲後儒訓詁之祖。宮从躬省聲，（見說文）故言躬猶言宮也。大壯取宮室，謂大壯成革，觀成蹇，而蹇之於革，則所謂躬也。（詳見後）凡易言躬與言宮，多同一例。夬二之剝五，而剝上之三，猶大壯二之五，而觀上之三。剝六五「貫魚，以宮人寵」，則剝成蹇，有躬，即是有宮。宮而人，人而寵，則通睽。睽二之五，五有人，四之蹇初成益，爲寵。不以宮人寵，將爲匪躬之故。此互見者也。困、賁爲蒙、革所錯，蒙二不之五，而上之三成升即賁上之困三之比例困二先三而行成咸猶蒙成蹇是有躬也即有宮也二不先行而成大過下巽爲入故入于其宮入于其宮則不有躬夬剝相錯爲大畜萃大畜二之五而上之萃三爲夬二之剝五而剝上之三之比例剝之宮人即大畜之豶豕說卦傳云艮爲閽寺淮南人閒訓宮人得戟用以刈葵高誘注宮人宦侍也宦侍即宦寺人宮割則爲寺豕宮割則爲豶艮爲閽寺故蹇下艮爲宮因而爲躬又轉注爲身也

紱沛

循按紱說文作市韠也上古衣蔽前而已市以象之天子朱市諸侯赤市玉藻作赤韍詩小雅作赤芾皆與紱同紱取義於蔽困爲剛揜揜卽蔽也蔽猶藏也謂困二不之賁五而四之初賁上又之困三成需下乾爲君紱而乾則君之朱韠故云朱紱玉藻韠君朱說卦傳乾爲大赤大赤卽朱也困已成需變通於晉則朱紱方來九五困于赤紱困二爲坎坎爲赤以困下之赤紱成需爲朱紱所以困也豐其沛之沛鄭康成解作蔽膝則以沛爲市渙二之豐五豐成革渙成觀觀革相錯爲家人萃正爲困二之賁五之比例益困二不

之賁五則困于赤紱渙二之豐五則豐其市在二則困在五則豐倏成需而後之晉五則爲朱紱方來固互發明矣風俗通山澤篇云沛者草木之所蔽茂禽獸之所蔽匿也虞仲翔謂日在雲下稱沛九家謂大暗謂之沛亦取蔽義則沛之義本同於市子夏傳作芾乃訓芾爲小釋文謂鄭康成干寶作韋韋當是韍之殘字或卽芾之譌玩蔽膝之訓可見詩赤芾在股箋云芾太古蔽膝之象王弼作旆解爲旛旆能蔽日光尚與蔽義相近姚信以爲滂沛則以字作沛而不知其通作市蓋困之紱取於揜蔽豐之沛卽取於紱澤有草木爲禽獸所蔽

乃謂之沛。蔽於二爲紱，豐於五成革。上兌爲澤，是蔽於澤者也。故變紱而言沛也。毛詩傳：沛，拔也。周禮大司馬注：茇讀如萊沛之沛。

起杞

循按：雜卦傳云：震，起也。所以贊姤九四起凶也。乾成小畜，坤成復，復下震，所謂起也。既變通於姤，則姤二之復五，包有魚，以姤之初四補救復之初四，不遠復而元吉矣。乃姤二不之復五，而四之初，則包无魚，仍不巽。乾四之坤初，則復下之震无所包容，故凶。此起所以凶也。傳云：无魚之凶，遠民也。遠民卽與不遠復互明。不遠則吉，遠則凶矣。乃姤九五卽按云以杞包瓜杞爲杞柳性柔韌可屈撓以包物見薛虞記固矣而虞氏第以巽爲杞巽爲木木之類多矣何獨取於杞葢杞卽起說文起从辰巳之巳杞从戊己之己其聲不同而相近白虎通五行篇云土爲中宮其日戊己戊者茂也己者抑屈起鄭康成本以注月令云己之言起也其含秀者抑屈而起杞从己則亦取義於起但有起而無所包則凶有所包則吉故云以杞包瓜杞柳可屈撓以包物猶萑葦可包物也說卦傳震爲萑葦正可通其例於杞用杞字承上文起字以爲呼應不可云以起包瓜故變其文爲杞杞卽起也汗簡載古

尚書起字作㞬、又費汎碑起字作䢱、从戊己之己、附記於此、與說文參之、後漢書〔卷〕今彭傳子杞嗣注引東觀記曰杞作起

茀 拂

循拔頤六二、拂經于丘、子夏傳作弗、云、輔弼也、詩大雅茀厥豐草、釋文云、韓詩作拂、旣濟六二、婦喪其茀、卽與拂經之拂同、大過二先之頤五、而後大過四之初、則拂經、未濟二不之五、而初先之四、則喪茀、喪茀猶言喪拂、五無所主、四雖行而無所輔弼、假借爲茀、茀爲首飾、亦用以輔弼此首者、義亦同也、未濟成損、猶晉成頤、頤通大過、猶損通咸、損二之五、正是大過

二之頤五之比例。婦喪其茀。勿逐七日得。得茀則拂經于邱。而老婦得士夫矣。古从弗之字。與从犮通。故茀字作紱黻。見文選注拂亦作祓。見周語韋昭注易以初之四爲拂。亦以初之四爲拔。其義同也。拂之義爲輔。拔之義亦爲輔。見廣雅拔與拂通也。拔亦與跋通。禮記曲禮燭不見跋。注云。跋本也。易以初爻爲本。本猶根也。根卽氏也。故說文訓茇爲草根。呂覽愼行篇。圍朱方拔之。高誘注云。覆取之曰拔。鼎四之初成大畜爲覆公餗。覆猶拔也。凡拂拔祇覆等字。俱以四之初言。此以訓詁之轉注爲比例者。

攻工

循按繫辭傳云愛惡相攻而吉凶生愛惡指五相攻卽交易虞仲翔以相摩解之是也同人四之師初成家人家人上不可克於臨三宜通解與解相摩故不克而攻吉也說卦傳巽爲工此工卽攻古工攻功三字通能攻玉者爲工攻玉用磨正亦相摩之義而以屬巽者家人上不克則有巽傳指巽爲工正贊此攻吉之攻凡上先五而行則無功上從五而行則有功上不先行則五多成巽矣

已止祀

循按大畜損革三卦皆用己字大畜初九有厲利已釋文夷止反或音紀姚同姚信周易注損初九已事遄往釋文音以本亦作巳虞作祀革彖已日乃孚釋文無音義干寶解爲天命已至之日宋衷解爲即日不孚已日乃孚六二已日乃革之荀慈明解爲五已居位則皆作已然解讀紀則是戊己之己作祀則是巳午之巳同一字而音讀各異已日已事利已之義遂莫能明試以比例通之乾上從二五之坤三成革艮上從二五之兑三亦成革革之已即艮之止也大壯二之五成革故雜卦傳稱大壯則止革止則通蒙蹇止則

通睽。睽蹇相錯爲節旅。故傳云節止也。艮傳云艮止

也。時止則止。時行則行。兌二之艮五宜行者也。兌三

從之。亦宜行者也。兌先成隨無離日。成革。下有離矣。

卽宜止而不行。是爲已日。已日者。止於下有離日也。

止則舍而孚於蒙。彖云已日乃孚。謂孚於蒙也。六二

云已日乃革之。謂舍蹇不以革四之蹇初也。革止而

孚蒙。蹇亦止而孚睽。是爲時止。是爲止其所。革四不

知止而之蒙初則成損。猶隨四之蠱初成大畜。故以

大畜之利已。與損之已事互明。革四不已乃成損。損

初有咎矣。然蒙成損不已。損孚咸則仍已。咸四不之

初。猶革四不之蒙初。咸四不之初而損二之五。是已於咸四。而有事於損五。故云已事。隨四不知已而之蠱初成大畜。爲有厲。大畜孚於萃爲利已。利已者。以萃四不之初爲利也。已爲止。閑亦爲止。萃四不之初而大畜二之五。所謂閑有家也。隨四之蠱初。與鼎四之初同。鼎四不之初而二之五成遯。與節二之旅五同。兌四不能已而成節。節通旅而能已。節之止仍艮之止。凡稱止稱已。皆指四不之初。於是可明。傳旣以止贊已。又於小過六五贊云密雲不雨。已上也。於上六贊云。弗遇過之。已亢也。小畜二之豫五。上之豫三。

所謂密雲不雨也小過成咸而四不之初小過四不之初而中孚三可之上是已而上也上六弗遇過之弗遇謂小畜二不之豫五而上之豫三成小過若小過不能通中孚而以四之初則成明夷爲飛鳥離之凶已則不成明夷已而亢則旁通中孚中孚上巽爲高高卽亢也虞仲翔以損之已事爲祀事祀從巳午之巳本與已止之義相通說文巳已也釋名祀已也新氣升故氣已也爾雅商曰祀孫炎注云祀取時祭祀一訖是祀有已止之義乃虞氏讀損卦之已爲祀愚則以困卦之祀通於已何也困九二困于酒食朱紱方來利用亨祀謂困成需旁通於晉也困何以成需四不能止而成

節。仍兌之成節也。節通旅。仍止矣。不通旅。而賁上又之困三。此需之成。所以責重於征凶也。旣通晉。晉上從五之三。成咸。則足以救前此所征之凶。而得无咎。所謂利用亨也。亨下用一祀字。明晉成咸。四不之初。卽明未征凶之前。四先之初成節。困四之初則不已。咸四不之初。則救前此之不已而爲已。祀卽已也。九五利用祭祀。承乃徐有說之下。說兌也。困成咸。四不之初有兌。旣成需通晉。晉成咸。四不之初。故徐有兌。以有說與祀字相貫。惟四止而不行。乃得有說。祀之通已。可因已事作祀事。而悟得之。

顙 桑

循按說卦傳震於馬爲的顙巽爲廣顙此兩顙字賛否九五繫于包桑之桑也否上乾爲馬四之初成益下震上巽的白也顙而明之以白指巽無疑在賛言言乾馬言的顙其賛否之成益已爲精切又於巽以廣顙賛之直言顙則巽爲顙卽巽爲桑矣加一廣字明否孚於泰廣猶光也泰旁通於否而成益卽需通晉之光亨由光而顙卽由包而桑蓋顙居首之上半乾成巽存上半如首之有顙以其巽木則爲桑經文桑字原兼顙字義故傳賛明之

立　泣

循按益上九立心勿恒凶立之義爲成見廣雅益上之三
成既濟六爻皆定而爲立後漢書郎顗封事上名未立注云立猶定也時拷問延火者姓名未定也立
字一句心勿恒一句謂益上之三而恒二未之五益
成既濟則立矣恒二未之五不成咸則心未恒也泣
從立聲屯上六泣血之泣卽益上九之立何也益通
恒恒二不之五而益上之三屯通鼎鼎二不之五而
上之屯三其爲心勿恒同故傳贊泣血云何可長也
長卽久久卽恒何可長卽心勿恒也中孚六三得敵
或鼓或罷或泣或歌得敵則上之三成需需二進於

晉五而晉成益則鼓需成既濟則罷成益變通於恆則歌歌者永也即恆也益上之三泣也素問調經論云寒則泣不能流王冰注云泣則凝住而不行去也五藏生成篇云血凝于脈者爲泣不行而住爲立不行而凝爲泣泣立兩字聲義俱同血與歌相反歌取於永血取於恤鼎二不之五而上之屯三則泣血恆二之五而益上之三則或泣或歌泣而歌立而恆也泣而血立心勿恆也傳旣以何可長贊泣血隱示以勿恆之義於恆贊云君子以立不易方此立即指益上之三益即旁通於恆恆即旁通於益不煩改易而

心恒益卽可立也又於大過贊云君子以獨立不懼此立亦指益上之三大過二之頤五成益益上卽可之三是爲獨立所以獨立以其不懼若大過四之初則懼矣

幹　翰

循按賁六四賁如皤如白馬翰如鄭康成注云翰猶幹也爾雅以幹釋翰幹翰二字本通成公二年左傳棺有翰檜注云翰旁飾費誓峙乃楨榦馬融注云楨榦皆築具楨在前榦在兩旁見史記集解榦卽幹棺之有翰築之有幹皆以旁得名故兩卦旁通是謂之幹亦謂

之翰文言傳云貞者事之幹也貞固足以幹事通變之謂事幹事猶云旁通耳幹父之蠱謂蠱成大畜而旁通於萃幹母之蠱謂蠱成升而旁通於无妄賁通困而困成需賁成明夷兩不旁通矣於是以需旁通於晉所以得皤如白馬者以其翰如也翰如者需旁通於晉也曲禮雞曰翰音中孚上巽說卦傳巽爲雞固贊此矣乃不言雞而言翰音小過彖明言飛鳥遺之音謂中孚二之小過五而小過四之初成既濟音在小過而旁通既濟者未濟也未濟旁通小過之音是爲翰音而中孚之成益益上不之三而上巽爲雞

則又翰音也翰音二字以其爲雞則指中孚成益之上巽以其爲旁通飛鳥遺之音則指未濟旁通既濟凡經文以一辭兼明兩義最爲神妙此尤其神妙之至者幹亦爲胥梓人注云个讀爲齊人拉幹之幹胥爲兩膀个在明堂兩旁皆取義於旁幹爲旁通可例之矣

祿鹿

循按否傳云君子以儉德辟難不可榮以祿說者但謂生此否時以節儉爲德不可榮華其身以居祿位孔穎達正義虞仲翔榮作營謂避難遠遁入山大抵皆望文

生意而已夬傳云君子以施祿及下居德則忌傳明以兩祿字互見可由此窺測其義夬通剝而剝上之三爲泰通否而否上之三之比例咸泰相錯即夬謙也然則營以祿謂否上之三施祿謂剝上之三故於祿上加一施字施即上之三之謂也升臨損恒成泰皆爲難泰通於否則辟難然必儉德難乃可辟何爲儉德泰二先之五也儉與險通虞仲翔云儉或作險泰二之五上成坎故爲儉德若泰二不先之五則德不儉而遽以否上之三爲祿是爲榮以祿榮與營通釋名榮猶熒也熒營皆義爲惑泰二不之五而否上之三是惑也

故以不可戒之榮以祿即是夬二不之剝五而剝上之三所謂不利有攸往者此也施祿剝上之三也下云居德則夬二已先之剝五而後剝上之三殊於營以祿矣是時剝成蹇夬成革及下由三上以及初四也在革宜通蒙在蹇宜通睽乃爲變動不居若居德而不變通則革不通蒙蹇不通睽即以革四之蹇初如是而及下則在所禁忌故云居德則忌榮以祿而云不可知其不能儉德者也施祿及下而云居德知施祿之先已能有德也而營祿施祿俱指上之三固無疑矣古从彔之字與从鹿同故祿通錄錄通鹿鹿

祿二字同。漢書蕭何傳贊當時錄錄顏師古注錄錄猶鹿鹿西域傳烏弋山有桃拔孟康曰似鹿長尾一角者或爲天鹿兩角者或爲辟邪後漢靈帝紀天祿注云天祿獸也今鄧州南陽縣北有宗資碑旁有兩石獸鐫其膊一曰天祿一曰辟邪是天鹿通作天祿考工記慌氏湅其灰而盝之即月令毋漉陂池之漉說文簏或从汖睩讀若鹿屯六三。即鹿无虞。謂家人上之屯三。上之三爲祿。即上之三爲鹿。剝從彔。故剝之義爲盡。而祿之義亦爲消。白虎通祿之言消也說文云消盡也剝猶刻也。刻即克也。經之言克。固以上之三取之。

爛　蘭　連　漣

循按雜卦傳云剝爛也。虞仲翔謂陽得陰熟故爛。韓伯謂物熟則剝落。皆望文生意。廣雅彰文也。彰即爛。彰與彪並舉。又彰明也。與昞並舉。昞即炳。夬二之剝五爲蒙二之五五之比例。蒙九二包蒙吉。鄭康成謂包當作彪。蒙二之五爲彪。彪與夬二之剥五爲爛。可以相證。蒙二之五。即革九五大人虎變。傳云其文炳也。炳之於爛。猶爛之於彪。釋名。丙。炳也。物生炳然皆著見也。史記律書云。丙者言陽道著明。雜卦傳云。蒙雜而著。雜而著。即其文炳也。蒙二不之五而上之三成升。則不炳不爛。與同人上之師三同。升旁通於无妄。升二之五而无妄上之三。爲二人同心。其利斷金。无妄成革。革上兌爲言。故云同心之言。升下巽爲臭。升二之五。則其臭如蘭。蘭即爛也。說文爛從蘭聲。漢修堯廟碑蘭然成就。蘭然即爛然。爛之字與連通。淮南天文訓。日至于連石。高誘注云。連讀腐爛之爛。釋名云。風行水波成文曰瀾。瀾。連也。波體轉流相及連也。詩河水淸且漣猗。爾雅釋水作河水淸且瀾漪。說文瀾或从連。郭璞云。言渙瀾。渙瀾猶渙爛也。蹇六四往蹇來連。謂升二之五成蹇。即所謂其臭如蘭。連即蘭也。升成蹇。蹇无妄相錯爲屯遯。即鼎二之五之比例。鼎二不之五而上之屯三成旣濟。恆爲泣血。恆變通於益。則泣血而漣如矣。漣如即連如。戰國策管燕連然流涕。連同漣。舊本淮南繆稱訓引易曰泣血連如連如猶言如蘭。夬二之剝五。即蒙二之五。爛矣。蒙成升。不爛。升通无妄則仍爛。故如蘭。升二之五。即鼎二之五。來連矣。鼎成恒。不連。恒通益。則仍連。故漣如。旣濟恒相錯爲豐井。恒通益猶豐通渙。渙二之豐五。即夬二之剝五之比例。故渙之義亦同於爛。即亦同於漣。

撝　靡

循按謙六四无不利撝謙。釋文云。撝。指撝也。義與麾同。書曰右秉白旄以麾。是也。馬云。撝猶離也。鄭讀曰宣。麾。說文作攠。旌旗所以指攠也。从手靡聲。中孚九二吾與爾靡之。王弼干寶皆訓靡爲散。分離之義。爲散。廣雅離散也節宣之義亦爲散。左傳昭元年注宣散也馬訓離。鄭讀宣。則撝靡之義同也。說文手部並存撝字云。裂也。从手爲聲。一曰手指撝也。裂即靡散之義。手指撝即手指麾。後漢書皇甫嵩傳指撝足以振風雲。李賢注云。撝即麾字。古通用。是也。履二不之謙五而四之謙初。即中孚二不之小過五而小過四之初之比例。亦明夷五不之訟二而訟四之初之比例。訟四之初成中孚。猶履成中孚。小過四之初成明夷。猶謙成明夷。成明夷中孚。則天與水違行。後入于地失則。此傳云无不利撝謙不違則也。不違則。則履二先之謙五。即是中孚二先之小過五。在中孚爲吾與爾靡。在謙則爲麾謙。

自變摩爲麾又通麾爲撝而摩與靡之鈎貫遂不明矣王逸離騷章句云舉手曰麾又云以手教曰麾荀爽謂撝猶舉卽此舉手之義說文旋周旋旌旗之指摩也則摩有旋義履四先之謙初則謙下無艮手艮指自中孚九二言之第據中孚二之小過五而言靡自謙六四言之故並據履四不之謙初而言摩在謙爲摩在履則爲旋无不利摩謙卽其旋元吉也

暉　揮

循按未濟六五傳云君子之光其暉吉也釋文暉本又作輝文言傳六爻發揮釋文亦云揮本作輝然則

暉吉之暉卽是發揮之揮發揮卽是旁通以暉贊光謂旣濟旁通未濟所以有孚吉若以輝光相訓猶淺視乎傳矣

形　刑

循按說文從井之荆訓罰辠從幵之刑訓剄二字不同而形體之形則從幵說文幵平也象二干對構上平也爾雅釋詁平成也毛詩召南何彼襛矣傳云平正也易以成旣濟爲成爲正繫辭傳云見乃謂之象形乃謂之器形而上者謂之道形而下者謂之器形器以成而不變言王制云刑者侀也侀者成也一成

而不可變，荆之爲成，即形之爲成，故利用刑人之刑，與其形渥之形相通貫。葢荆刑實爲一字，而從幵爲正。刑之作荆，亦如高彪碑形作形。禮運鈃羹釋文云鈃本又作鉶，詩采蘋閟宮釋文同。廣雅形覞儀覣見也，形亦作形。從幵，故義得爲成。易之刑形皆取乎幵之爲平，平之爲成，與井之義爲法不相屬也。

男廷琥授書　孫授易　授詩　校字

易通釋卷十一 雕菰樓易學之三

江都焦循學

初筮 原筮

循按蒙彖云初筮告再三瀆既濟彖云初吉終亂此初字最易與初九初六之初相溷蒙傳云初筮告以剛中也既濟傳云初吉柔得中也此初在中則指二五之先行而言睽六三无初有終傳云遇剛也巽九五无初有終傳云位正中也皆指五言甚明筮以變言初筮者二五先初四三上而變也故初吉初四先行二五後於初四則不爲初而爲再初四先行三上

又先行二五既後於初四又後於三上則不爲初而爲三至於三則成泰而後二之五故終亂此初對再三言之與初九初六對二三四五上言之者不同也比彖云原筮原卽周禮原蠶之原原之言再也比通大有大有二之五是爲初筮及其成屯也通於鼎鼎二之五則爲再筮初筮而下應之成屯爲元亨再筮而上應之成既濟爲元永貞凡一卦必經初筮再筮而後終則元亨利貞四德俱全而終則有始原筮卽繫辭傳所云原始一始再始乃爲乾乾不已一始而終則盈不可久故原始要終以爲質也乾二之坤五

初筮也下應成家人屯屯三之家人上而終一始而終也家人反爲解解二之五原筮而後家人上要於解三而終屯反爲鼎鼎二之五原筮而後屯三要於鼎上而終故原始要終又爲原始反終在鼎解視乾坤則乾坤爲初筮鼎解爲原筮而鼎解成咸咸反爲損又以鼎成遯解成萃爲初筮損二之五爲原筮損二之五而後咸四之初而終亦原始反終也經於蒙比兩卦明示其例如此原筮之爲再筮與再三瀆之再不同再三之再失道之再也原筮之再趣時之再也失道之再不能體元趣時之再元而又元繫辭傳

云其初難知其上易知初上並舉下云二與四同功三與五同功則初指初九初六之初語各有當雖散見各條復明於此

丈人　丈夫

循按師彖稱丈人吉隨六二稱失丈夫六三稱係丈夫隨之丈夫謂歸妹二之五成隨師之丈人謂師二之五成比師二之五爲乾二之坤五之比例亦爲離五之坎二之比例歸妹二之五爲巽二之震五之比例亦爲艮五之兌二之比例丈者長也見大戴禮記本命篇於此兩卦稱丈明體仁長人謂八卦之二五也崔憬引子

夏傳作大人李鼎祚用以斥作丈之非未知易義矣

牝馬　牝牛

循按坤利牝馬之貞離畜牝牛吉用兩牝字爲脈絡牝陰也柔也坤成屯通於鼎鼎五柔牝也成遯上乾馬也牝馬猶云牝而馬離成家人通於解解五柔牝也成萃下坤牛也牝牛猶云牝而牛一明屯之通鼎坤成屯如是坎成屯亦如是一明家人之通解離成家人如是乾成家人亦如是易每以一字之同互明之此其例也推之乾離成革革通蒙蒙五柔牝也成觀下坤亦牛也革之黃牛即此牛矣坤坎成蹇蹇通

睽，睽五柔，牝也，成无妄上乾，亦馬也，睽之喪馬自復，即此馬矣，

虎變　虎視　虎尾

循按虎之象，不見說卦傳，京房謂坤爲虎刑，馬融謂兑爲虎，虞仲翔斥馬爲俗儒，而本京氏說，宋衷侯果用馬說，九家又謂艮爲虎，言人人殊矣，凡取象之義說卦傳備之，其有說卦傳所不言，或可比例而得，或已見彖象文言等傳，則一隅之反，聖人固不必盡其言，學者參考之，躍如也，說卦傳不言虎，而言震爲龍，不言雲，而言巽爲風，乃於屯稱雲雷屯，於需稱雲上

于天坎之爲雲不必更詳於說卦傳矣文言傳云同聲相應同氣相求水流溼火就燥雲從龍風從虎同聲相應謂乾成家人坤成屯同氣相求謂乾成革坤成蹇（詳覽前）水流溼謂乾二四之坤成屯承同聲而言水坎也溼下也泥塗沮洳之地震爲大塗是也乾二流於坤五而四應之成屯是爲水流溼火就燥謂坤五三之乾成革承同氣而言火離也燥爲秋金之氣兌是也坤五就於乾二而三求之成革是爲火就燥此言乾坤之當位行也若不當位有溼而無水則乾四之坤初成復有燥而無火則坤三之乾上成夬復變

通於姤姤二之復五成屯復下震先有龍成屯則上有坎雲以從之故雲從龍夬變通於剝夬二之剝五成觀剝下先有坤爲虎成觀則上爲巽風以從之故風從虎以傳文通之坤之爲虎是也淮南天文訓虎嘯而谷風至高誘注云虎土物也坤土也高氏亦本易之遺訓與夬二之剝五爲蒙上之五之比例革九五大人虎變大人卽利見大人之大人乾成家人飛龍在天則通解爲利見大人坤成屯見龍在田則通鼎爲利見大人乾成革通蒙亦爲利見大人可知此大人卽謂乾成革通於蒙惟變通於蒙蒙二之五故

爲虎。變剝下先有坤，而後巽從之。蒙下無坤，因變而爲坤。虎巽風，傳云風從虎，所以贊大人虎變。見成革成夬，其能變同也。知其爲夬二之剝五者，則頤履兩卦明言之。頤六四虎視眈眈，其欲逐逐。夬二不之剝五，而夬四之剝初，剝成頤。剝下坤，虎也。上不以風從，而夬成需。四互離爲目，故爲虎視。眈眈爲下視，需四之目，下視頤初，故爲眈眈。馬融虞翻皆云眈眈下視貌夬四之剝初，爲晉四之初之比例。在晉則需二之晉五，即窒其欲。下視成頤，則必變通於大過，大過二之頤五，乃有以窒其欲，故逐逐。逐逐猶悠悠，言其遠也。荀爽作悠悠，劉氏云跾遠也溯其所以遠則由虎視眈眈而未風從虎也夬二不之剝五而剝上之三成謙剝下坤虎也上不以風從而以上之三爲尾故爲虎尾坤虎在上而五無人是咥人也惟舍夬而變通於履雖爲虎尾得履以制之故履虎尾虎尾指謙履虎尾謂以履孚謙也以履二之謙五五有人故不咥人亨六三履虎尾咥人何也謂履二不之謙五而上之三也謙雖孚於履而履仍成夬則虎尾仍是虎尾咥人仍是咥人所以凶也九四履虎尾愬愬終吉何也此卽發明彖之履虎尾也履二之謙五四從之四多懼故愬愬謙君子有終故終吉

也。履謙相錯爲臨遯。遯之尾。卽謙之虎尾。遯上之臨三。爲履上之三之比例。卽乾上之坤三之比例。遯成咸。臨成泰。泰咸相錯。正是夬謙。故初六遯尾厲。勿用有攸往。遯無坤。故但稱尾而不稱虎。勿用有攸往者。臨成泰。遯成咸。卽宜變通。不知變通於損以窒其欲而以四之初。則災矣。咸四之初成旣濟。與泰相錯爲需。猶夬四之謙初。已尾而又需之。是濡其尾。旣濟未濟初爻皆言濡其尾。是也。於是夬九三。獨行遇雨。若濡有慍。无咎。夬二之剝五。風從虎矣。夬二不之剝五。而四之謙初。不爲風從虎而爲濡其尾。用一濡字。與遯尾虎尾相貫，知濡其尾即此濡，即此尾矣。

射雉　射隼　射鮒

循按：說卦傳云水火不相射。水火指既濟。既濟六爻皆定，不相往來，故不相射。射者，由此及彼之謂。以矢準之，亦指三上也。旅六五射雉。離爲雉。節二先之旅五成屯，而後旅上之節三，則節成既濟。既濟下離爲雉，是爲射雉。若節二不之旅五，則旅上射節三，節成需，下無離，即不爲射雉矣。知雉指節成既濟下離者，以鼎雉膏準之也。鼎二之五而後上之屯三，爲節二之旅五而後旅上之節三之比例，互勘之甚明。解上六公用射隼于高墉之上井九二井谷射鮒可由是推得之虞仲翔謂離爲隼巽爲鮒徒以隼爲鳥鮒爲魚耳乃不言魚而言鮒不言鳥而言隼則有精義焉繫辭傳云隼者禽也弓矢者器也射之者人也以禽贊隼則與恒九四田无禽相貫解成恒則无禽解二先之五則有禽說卦傳言雷風相薄又云雷風不相悖明以相薄爲不相悖矣而贊解之上六卽云公用射隼以解悖也解悖則不相悖是射隼卽猶雷風相薄解二之五而後家人上之解三爲恒二之五而後益上之三之比例也春官司常鳥隼曰旟爾雅錯革

鳥曰旟是隼爲革鳥革急疾也故毛詩箋以隼爲急疾之鳥解成咸四不之初則疾咸旣濟相錯爲革取隼正取其爲革爲疾解二先之五成萃與家人相錯爲革然後三射於家人上是爲射隼于高墉之上也巽爲鮒無明文卽巽爲魚亦無明文蓋以東方其蟲鱗（禮記月令　淮南時則）魚爲木精（論衡指瑞篇）故傅會於巽非易義也姤二之復五生於坎水之中故包有魚姤二不之復五則包无魚惟有水乃有魚剝之貫魚亦以其成蹇而有也井九二承初六井泥不食舊井无禽井泥則井成需无禽則豐成明夷井成需則窮故云井谷谷之

言窮也毛詩進退維谷傳云谷窮也既成需則宜遁晉射鮒謂需二之晉五而後晉上射三也其稱鮒者鮒爲附之假借兌爲附決需二之晉五而晉上之三應之成咸上成兌取義於附故云射鮒若需二不之晉五則晉上射三不成咸上無兌即無鮒則不得爲射鮒也試以傳云无與也核之與指咸井成蹇噬嗑成革相錯爲咸則有與因下漏以致窮而无與因无與改而射鮒則晉成咸仍爲有與即爲兌之附決核傳中與字而鮒字之假借始明古人制器命名每假借以爲之義如棗取於早起栗取於戰慄白虎通髻笄用桑虞主用桑皆取

於喪。士喪禮注公羊傳注少皞以鳥名官。五鳩取其鳩民。五雉取其夷民。九扈取其扈民無淫。扈卽戸。戸。止也。鳩之言聚也。勼之借也。雉之爲夷。卽雉之爲矢也。彼實有所指。尚以假借爲義。況易辭之引申乎。吾以鶴爲確。鮒爲附。豹爲約。或以穿鑿疑之。略舉此數端以爲證。

由豫　由頤

循按由之訓爲自。由頤猶云自養也。玩下云。厲吉利涉大川。可知其義。大過成旣濟。頤成益。是大過已得所養。而頤上之涉大川。尚無所養。必通於恒。恒二之五。自求口實。益上乃吉。是時乃可涉大川。由頤之由。

卽自求口實之自豫九四由豫謂小畜二之豫五也豫亦成咸所謂自我西郊由豫之由卽自我西郊之自兩由字釋彖中兩自字一言於九四一言於上九明初四三上之行必由於二五恒二不之五則益之涉大川無所由無所由則不可求矣小畜二不之豫五則不能大有得而簪之盍無所由矣朋盍簪卽密雲不雨大有得之所由卽不雨之所自也涉大川卽求口實大有慶之所由卽口實之所自也凡經稱自者十需六四比六二小畜彖初九泰上六大有上九頤彖睽初九夬彖姤九五小過六五皆與由同義需于血出自穴晉四之初由於需二先之晉五也比之自

內大有成家人由家人變通而貞吉故自內也睽二先之五爲勿逐自復大有二之五上乾爲天而後上之比三是爲自天祐之姤二之復五而後上之復三所自在復五而云自天者謂姤四不之初而二之復五也若姤二之復五而四亦之初成家人則上之之復三也爲無所自矣惟姤成遯遯上有天而上乃得而自之上之隕雖自復五成屯實由姤不成家人也成家人則二五已爲初四所自不得又爲三上所自也夬二先之剝五爲告自邑泰孚否而二先之五爲自邑告命小畜二先之豫五爲復自道大有二先之

五而比初從之成家人故比之自內傳云不自失也若大有二不之五而四之比初則不成家人爲失其所自大有二不之五而四之比初爲乾二不之坤五而四之坤初之比例在大有成大畜在乾成小畜小畜復自道仍成家人與比之自內同故小畜九二傳云牽復在中亦不自失也承比之自內言故亦之

甘節　甘臨

循按節九五甘節吉往有尚傳云甘節之吉居位中也謂二之旅五也二之旅五節成屯旅成遯既成遯則旁通於臨臨六二甘臨无攸利傳云甘臨位不當

也、甘節則吉、甘臨則无攸利者、傳已贊明之、苦之義、爲窮爲毒、兌成節、艮成賁、不能趣時、致賁上之節三、成需明夷、是爲苦也、甘者苦之反、節能變通於旅、則化苦爲甘、故甘節吉、乃節二之旅五成遯、遯上宜之節三、若不之節三而之臨三、則不爲甘節、而爲甘臨、蓋遯通臨、不得以節二之旅五之甘、用爲遯上之臨三之應、遯上宜應臨五、臨三不得應旅五、故无攸利、用一甘字、爲遯之樞紐、甘施於節、則不當施於臨也、

頻復　頻巽

循按復六三頻復厲无咎、巽九三頻巽吝、以兩頻字

相鉤貫傳以志窮贊頻巽，巽何以窮，以二不之震五，而初之震四，震成復，巽成小畜也，復小畜不能无咎，惟復通於姤，姤二之復五，因而姤上之復三，是爲頻復，頻復則厲而无咎，乃溯其由巽之志窮，而變化轉移，以至於頻復，始以窮而有咎，終以厲而无咎，自復通姤爲无咎，自巽二不之震五言之，則爲吝，故巽九三頻巽吝，頻字卽指頻復，頻復之吝在巽，頻巽之无咎在復，於頻復稱无咎，於頻巽稱吝，以互相發明，而以一頻字爲樞紐，此經文之造微也。

冥豫　冥升

循按冥之義同於幽。見說文亦同於迷。虞仲翔云坤冥故迷坤先迷失道。謂三四先於二五也。乾二不之坤五而四之坤初。乾成小畜。坤成復。小畜上叉之復三成明夷。則迷復。故小畜必通於豫。復必通於姤。若小畜二不之豫五。而豫四之初。則仍是復。小畜上叉之豫三。仍是小畜。上之復三。成明夷。故爲冥豫。冥豫猶迷復也。復姤相錯爲升无妄。故於升上六稱冥升。與冥豫互明。升二之五。爲姤二之復五之比例。升二不之五而无妄四之升初。卽爲姤二不之復五而姤四之初之比例。升之冥。猶姤之冥也。

休復 休否

循按休之義同於嘉嘉會合禮謂亨也乾二先之坤五乾四次之坤初先五次初其序不亂傳於大有贊云順天休命大有二之五成同人爲乾二之坤五之比例四之比初應之即乾四之坤初之比例乃乾二不之坤五而四之坤初成復不可爲仁不可爲禮惟變通於姤姤四未之初而復五先之姤二爲元吉則仍不失爲休命也故云休復否九五休否與休復同泰孚否泰二之五爲元吉而否四之初應之故大人吉大人謂泰二之五也下文繫于包桑承休否成益

言之。

介福　介疾

循按晉六二受茲介福于其王母。兌九四。介疾有喜。馬融皆訓介爲大。而豫六二介于石。馬作扴。解爲觸小石聲。鄭康成作砎。爲磨砎。虞仲翔作介。爲纖介。槃辭傳贊介于石。爲介如石。崔憬解爲如石之耿介。通測之。介福介疾之介。卽介于石之介。介之義爲畫。見說文亦爲副。豫先成萃。次成咸。則取義於副。成咸。則止而四不之初。又取義於畫。三副五而有艮石。亦卽畫止於石。故云介于石。艮爲石。石有止義。介亦有止義。故云介如石。晉上之三成小過。與小畜上之豫三同。故需二。先之晉五。而後晉上之三。爲介福。不可云受茲介石。而以福字與實受其福並受其福諸福字。明其爲需二之晉五。同於未濟二之五。而用介字與介于石相貫。明其爲成咸四。不之初。於是九四。即以鼫鼠與石字貫。晉成咸。仍是介于石也。兌成革。艮成蹇。相錯即既濟。咸革四不之蹇初。故云介疾。凡成蹇革。則宜以變通爲悔亡。故悔存乎介。乾二不之坤五。而四之坤初。成小畜復。小畜二又不之豫五。而上之豫三。成小過需。成需乃通於晉。而受茲介福。艱難困蹇而

後得故吝存於介吝之介指介福介石而悔之介則通介石介福介疾言之

敦復　敦臨　敦艮

循按敦之訓厚也繫辭傳云安土敦乎仁故能愛乾二不之坤五而上先之坤三成謙三先於五則爲輕輕之言薄也反而觀之則先五後三不輕薄而敦厚矣兌二不之艮五而艮上先之兌三艮成謙與坤成謙同艮成謙則艮不敦艮不成謙先成家人家人又通於解解二之五而後上乃之解三解成咸家人成旣濟艮於是乎終是以厚終也故上九敦艮吉解二

不之五而四之初成臨不能无咎即不能敦臨通於遯臨成既濟遯成咸與家人成既濟解成咸同臨之敦即家人之敦家人之敦即艮之敦傳云敦臨之吉志在內也家人爲內此指遯爲內明以遯臨之敦爲家人解之比例經傳皆隱奧而造於微也更明之以復復六五敦復无悔姤二先之復五上後之復三亦復成既濟姤成咸經以无悔二字隱與家人之有悔相發明艮成家人兌成屯家人悔而通解則屯悔而通鼎今復成屯姤成遯未爲家人則不必悔而通解即以上之復三爲敦復所以明兌成屯艮已成家人

必通於解鼎乃爲敦也傳云敦復无悔中以自考也特用一考字與視履考祥相貫艮成謙輕蔑極矣不可以考祥變通於履輕薄改爲敦厚故得考祥元吉敦復之敦既同於敦臨之敦而臨遯相錯卽爲謙履取視履考祥之考以贊敦復則履之考祥本於敦厚可知謙得履而敦艮成謙不敦又可知矣於是又贊於剝云上以厚下安宅艮成謙通於履兌成夬則通於剝夬於謙則輕夬於剝則厚謂夬二通剝五而剝初應之成益益又通恆恆二之五而後自上之三是爲上以厚下成既濟故安宅也何以知上以厚下指

恆益傳於、益初九贊云、元吉无咎。下不厚事也。解二不之五、而家人上之解三成恆、則上不以厚下、是爲下不厚。因下不厚而有事於益、乃得元吉无咎。猶艮成謙而旋於履、乃得元吉而考祥也。艮成謙則艮不敦。坤成謙則坤不敦。艮敦則以家人通解、坤敦則以屯通鼎。安土、坤成既濟也。敦仁、變通而體元不已也。仁即元、謂鼎二之五元吉。安土即安貞吉。此坤厚所以載物也。爻有等謂之物、惟載物乃爲厚德。若不先二五、遽以三上爲施、轉謂之輕薄、不可爲厚。故中庸敦厚以崇禮、而復禮乃所以爲仁。墨子兼愛則無等禮則爲薄而已矣何以知謙之輕對乎坤之厚繫辭傳贊大過初六云夫茅之爲物薄而用可重也重與輕對者也薄與厚對者也以薄對重猶以輕對厚此非泛言也由敦復而引申焉者也復成旣濟姤成咸先五後三其敦厚固矣若姤二不之復五而上先之復三復成明夷姤成大過則不敦厚而輕薄與謙同矣大過下巽爲白茅不成咸而成大過所以爲物薄也用而通於頤則薄可變而爲重猶謙通於履而其旋元吉亦猶解成恒爲下不厚用而有事於益則爲大作元吉无咎故大過之滅頂同於剥之滅下以滅

下。卽不以厚下也。

鳴謙　鳴豫　鳴鶴

循按說卦傳。震於馬爲善鳴。馬指乾。鳴上加一善字。謂乾二先之坤五爲善。然後乾四之坤初爲屯下震其鳴乃善。若乾二不之坤五。而四之坤初。雖鳴而不善矣。豫四之初。與乾四之坤初同。鳴之不善者也。故鳴豫凶。謙六二。鳴謙貞吉。履二之謙五。乾二之坤五也。履四之謙初。乾四之坤初也。謙五積善。履下震鳴此鳴之善者也。故貞吉。傳云中心得也。與鳴豫志窮互明。五未善則志窮。五已善則心得。非謙五得中。則履下何以有震履二不之謙五而四之謙初則履不成益而成中孚中孚無震不鳴中孚通小過而二之小過五則成益而又鳴故中孚六二鳴鶴在陰其子和之其取於鶴者虞仲翔以離爲鶴與離爲隼同一望文生意卽傳會於鶴爲陽鳥聲聞於澤以爲小過成咸上兌張本亦未切也易之取義在聲音假借鶴從隺聲字與隺爲通借一切經音義隺古文鶴繫辭傳云夫乾確然示人易矣說文冂部引易夫乾隺然隺鶴確三字同隺然示人易則鳴鶴之鶴取於變易履失道成中孚不可鳴於謙矣欲其鳴必易於小過所謂鳴鶴在陰

也謂其鳴也必隺然在小過之五也文言傳文贊云樂則行之憂則違之確乎其不可拔憂謂乾上之坤三成謙夬違謂謙通於履凡初之四爲拔乾二未之坤五拔則成小畜復與鳴豫同履二未之謙五拔則成中孚明夷確即堅也履二之謙五爲堅冰至履二不之謙五而謙初拔之履四成中孚不堅即不確中孚易而通小過小過初不之四而中孚二之小過五則仍確然而不拔仍是履二之謙五之堅冰至亦即仍是履二之謙五之鳴謙故云鳴鶴鳴即鳴謙之鳴鶴即堅確之確而傳以確乎不可拔贊之明鶴即確

確卽堅思而貫之了然無疑

童蒙　童觀　童牛　童僕

循按童之義與子同始生之象也蒙二之五成觀在蒙稱童蒙謂蒙二之五自未童而期之也在觀稱童觀謂蒙二已之五成觀由旣童而溯之也夬剝相錯爲大畜萃夬二之剝五成觀觀爲蒙二之五之比例亦卽爲大畜二之五之比例故大畜童牛之童卽童觀童蒙之童大畜爲鼎四之初之卦鼎本與屯通鼎二不之五而四之初成大畜失其爲元亨故必改而通於萃通於萃而二之五成家人乃相錯爲觀而爲童

蒙童觀之比例猶恐不明指出一告字顯與初筮告之告互明所以明其不與屯通而與萃通之義也與屯通則不錯爲觀革無所爲童無所爲告矣此經文之造於微也旅稱童僕何也節二之旅五節成屯旅成遯鼎二之五同則旅四之初爲賁卽鼎四之初爲大畜之比例旅既成賁而通於困猶鼎成大畜而通於萃賁困相錯爲蒙困二之賁五爲蒙二之五之比例是爲得童僕童而兼僕者僕爲仕於家者之稱見禮運明此得童卽成家人所以明旅成賁與困通也若旅成賁不能變通於困仍以上之節三節成需旅成明

夷不能相錯爲蒙觀則喪童不能成家人則喪童而兼喪僕得童僕則賁成家人困成萃與大畜童牛之告同矣經以一童字爲衆卦之樞紐皆造乎微之微者也

天行　志行

循按傳稱天行者四乾蠱剝復稱志行者八小畜升巽屯履否豫臨天行健謂乾二之坤五乾成同人同人通師師二之五猶乾二之坤五故同人傳云乾行也謂同人之行仍乾之行健也乾行即是天行乾二之坤五成同人比坎二之離五亦成同人比同人爲乾行坎行亦乾行也巽

二之震五兑二之艮五不成同人比而成漸隨隨之通於蠱猶同人通於師傳於蠱贊云天行明震巽艮兑之行皆乾行也乾二不行而上行於坤三成夬行不健矣乃夬通於剝而行仍健故於剝贊之云君子尚消息盈虛天行也乾二不行而四行於坤初成復行不健矣乃復通於姤而行仍健故於復贊之云七日來復天行也明姤二之復五夬二之剝五無非乾二之坤五也然則一言乾行四言天行其義已括天行者謂六十四卦之行無論由窮而通由反而復凡合乎道即合乎天志行者志謂五也二五先行而後

初四三上應之而行。巽傳云。剛巽乎中正而志行。二之震五爲中。上應之成蹇。蹇又變通而正。如是即爲志行。舉一巽而乾坤六子。皆可知也。小畜傳云。剛中而志行乃亨。豫傳云。剛應而志行。兩傳互明。小畜二[illegible]上爲剛中。上之豫三應之。爲剛應。剛應即剛中而[illegible]爲志行。如是爲亨。豫九四傳云。由豫大有得志大[illegible]大行。謂志大而後行。志大者。豫五大中也。行者。三從之而行也。三從五而行。是行由五始。故云由豫。凡稱志行者。謂由志而行也。屯初九履九四。臨初九皆云志行正。臨二之五。而遯上之臨三應之遯成咸，是爲咸臨。臨成既濟，故貞吉。與鼎二之五而屯三之鼎上，應之同。履二之謙五，爲履虎尾。履四之謙初，應之愬愬，謂履成益。上不之三，益上不之三而謙成既濟，故終吉。屯臨之志行，三上之行，由志而始也。履之志行，初四之行，由志而始也。志行正者，正貞也，謂由志行而成既濟而貞也。否九四由泰二之五而行，成益，則有命无咎。否之志行，猶履之志行也。升二之五，而後无妄上之三。升成蹇，无妄成革，故南征吉。升之志行，猶屯臨之志行也。初四三上必由志而行，志不行，則初四三上即不可行。二五者，志也。初四三上四支也美在其中而暢于四支則非禮勿言非禮勿動非禮勿視非禮勿聽矣歸妹九四傳云愆期之志有待而行也謂三之漸上成蹇蹇初待睽二之五而後行乃爲志行也睽傳云二女同居其志不同行乾二之坤五而三上應之此蹇之志行也睽二之五而四之蹇初應之此睽之志行也二女指五與三五離中女三兌少女三從五而行則爲志行爲同行四既從五成益則三不得又從五而行益必旁通於恆恆二之五而睽三乃從行睽三與恆五同行不與睽五同行故云不同行推之睽成革而通蒙蒙二之五而初之革

四應之亦不同行志行於三上則不行於初四志行於初四則不行於三上臨成屯而志行於遯鼎成遯而志行於屯亦志之不同行也志行於三上則爲志上行晉六三傳云衆允之志上行也謂需二之晉三而晉三之上以應之也若乾成革坤成蹇乾四又之坤初則志行於三上又行於初四爲同行抑乾成家人坤成屯乾上又之坤三則志行於初四又行於三上爲同行同行則成兩旣濟故志不可不行亦不可同行志不行則志窮志同行志亦窮也傳於蒙贊云匪我求童蒙童蒙求我志應也志應卽志行惟二五

行。而初四三上有應。乃爲志行。志而不應。志不行矣。志行在於承天。在於趣時。故志行卽是天行。亦卽是時行。大有應乎天而時行。卽所以志行。傳兩稱與時行。（遯小過）三稱與時偕行。（乾損益）可得而明矣。

曰閑 曰動

循按大畜釋文。曰音越。劉云。曰。猶言也。鄭人實反。云日習車徒。困釋文。曰動悔音越。向云。言其無不然。鄭作日。閑與虞同。然曰動之曰。無有異辭。曰閑曰動。兩曰字正相呼應。說卦傳。震動也。艮止也。閑卽止也。萃上之兌言不動。而大畜上之萃三成咸。下艮。故爲曰

閑。曰字指上兑。閑字指下艮也。困二之賁五。賁成家
人。困亦成萃。賁上不之困三。而困四之初。則不成咸
而成屯。屯下震。故云曰動。屯家人亢龍有悔。故云悔。
困二之賁五。正爲大畜二之五之比例。故以兩曰字
貫之。

三就　三錫　三驅　三接　三褫

循按卦有六爻。兩卦之旁通者。共十二爻。動者六。不
動者六。其所動之六爻。兩兩相往來。實爲三焉。故易
每以三明其義。葢動而至於三。則終止。欲其終則有
始。故於三詳言之。乾二之坤五爲一。乾四之坤初爲

二乾上再之坤三則終止必以坤之成屯者旁通於
鼎鼎二之五而後上之屯三以乾之成家人者通於
解解二之五而後家人上之解三所謂田獲三品是
也其義師之三錫比之三驅明之師二之五一錫同
人四之師初二錫師成屯待鼎成遯而後上之屯三
爲三錫比通大有大有二之五一驅比初之大有四
二驅比亦成屯待鼎成遯而後上之屯三爲三驅鼎
五正位爲王王而後用三驅故云王用三驅王而後
三錫命故云王三錫命師二之五成比爲乾二之坤
五之比例師之三錫明乾坤之三錫也大有二之五

成同人爲坎二之離五之比例比之三驅明坎離之
三驅也其云三驅依下前禽而言也其云三錫依大
君有命而言也取事之相屬而已比大有相錯爲需
晉師同人相錯爲訟明夷晉彖云用錫馬蕃庶晝日
三接需二之晉五成否上乾爲馬一接也否四之初
錫馬蕃庶二接也益通於恆而後上之三爲晝日三
接也晉之錫承於侯爲錫馬師之錫承於王爲錫命
若不承侯王而錫則爲或錫訟上九或錫之鞶帶終
朝三褫之是也訟二不先之明夷五而上之三成大
過一褫也大過四之初成需二褫也需二之明夷五

成兩既濟爲終朝三褫也褫荀爽翟元皆訓奪訟成需需二之明夷五致寇至即盜思奪之故爲褫也蓋訟二宜先之明夷五次以四之初成益益通恒恒二之五而後益上之三則爲邑人三百戶无眚益三五坤邑也否四之初戶也上之三人也百亦數之終也不先克三則錫命而不錫鞶帶錫鞶帶則終朝三褫而有眚矣三百戶无眚則不致寇至以奪之矣革九三征凶謂蒙成益而上之三也征凶故貞厲由成益而通恒則爲革言三就有孚革言三就有孚猶云邑人三百戶无眚革本與蒙孚貞厲則革言矣蒙二之

五一就也革四之蒙初革成既濟蒙成益故貞厲二就也革上兌爲言四從蒙五故革去其言革言而益又孚於恒待恒二之五而後益上之三三就也欲革言必有孚於蒙欲三就必有孚於恒故革言三就有孚不孚則爲終朝三褫有孚則爲三百戶无眚需晉爲比大有之相錯晉彖言三接故比言三驅以發明之而又推廣於師之三錫革之三就且反明之以訟之三褫經之自示其例詳矣

金矢　金鉉　金車　金夫　金柅

循按說卦傳乾爲金凡經稱金皆乾也井二之噬嗑

五成无妄上乾爲金則得黃金井成需需二變通於晉五成否上乾則得金矢鼎六五黃耳金鉉黃謂二之五成遯耳謂上之屯三互坎屯成既濟鼎成咸故利貞井二之噬嗑五卽鼎二之五之比例井二之噬嗑五則得黃金井二不之噬嗑五而噬嗑上之三則滅耳滅耳則不得黃金得黃金則不致滅耳本是互明鼎二之五既同於井二之之噬嗑五則得黃金矣然後以鼎上之屯三則不滅耳而黃耳矣何校則噬嗑已成頤上又之三成明夷明夷三亦互坎爲耳但由誅滅而有此耳則爲滅耳鼎先成遯黃中而後屯

三有耳耳由於黃故云黃耳黃則鼎上成乾爲金鉉卽扃所以貫鼎耳者也上之屯三貫於坎耳之中耳在此鉉卽在此金鉉二字是申明黃耳二字金由於黃耳由於鉉也蓋鼎二不之五而上之屯三則爲滅耳鼎二之五而四之初成家人耳在鼎則爲鼎耳鼎耳無鉉以貫之但塞而已惟鼎上先有乾金卽以此金之上九貫於屯三乃爲黃耳卽爲金鉉姤上乾爲金四之初成小畜小畜下乾爲金小畜與豫繫姤與復繫姤之巽繩在乾下則復之坤柄在上小畜之巽繩在乾上則豫之坤柄在下象絲與籰柄相轉旋柅

篗柄也故云繫于金柅困成需旁通於晉與井成需旁通於晉同晉成否上乾爲金下坤爲車上之三爲矢噬嗑稱得金矢困稱困于金車亦互明也困賁相錯爲蒙革困成需即蒙成泰蒙成泰則見金夫不有躬金謂泰下乾泰不孚否則爲无攸利之金夫需孚於晉則爲利艱貞之金矢亦互明也繫辭傳贊同人九五云二人同心其利斷金此指大師克相遇而言同人上之師三成升升通无妄升二之五爲同心无妄上之三爲斷金斷金與斷木互明小畜上之豫三成小過則斷木爲杵无妄上之三成革則其利斷金

小畜上巽爲木，无妄上乾爲金也。

盈缶　鼓缶　用缶

循按缶所以節歌（見說文）鼓之義爲動，亦爲鳴（見廣雅）坎成屯而通鼎，鼎四不之初，而成咸下艮則有所節止，是爲缶。離九三稱鼓缶，與比初六稱盈缶同。盈謂屯也。缶謂鼎成咸也。坎六四樽酒簋貳用缶，樽酒者，坎二之離五也。簋貳者，坎初之離四也。離成家人，坎成屯矣，所謂鼓也。即所謂盈也。中孚得敵成需，需二之晉五而晉四之初，即坎二之離五而離四之坎初之比例，成益成屯，下皆有震，故稱鼓，鼓兼二進於五而初四應之之稱也。納約自牖者，鼎二之五，而後上之屯三也。鼎上之屯三爲約，而屯三納之，爲納約，牖者明也。鼎二之五則明，謂屯三之納約，非遽納也。自鼎二之五而後納之也。是所以用缶也。

簋貳　二簋

循按：說文「簋，黍稷方器也」，坤主受而德方，簋指坤而言也。坎二之離五爲樽酒，樽與尊同，天尊地卑，離成同人，上乾，故爲尊。坎二之離五，即需二之晉五之比例，需于酒食，故樽酒也。貳，副也，以坎二之離五爲主，而離四之坎初從之，成屯，屯三互坤爲簋，故云簋貳別於離上之坎三從之也離上之坎三從之坎成蹇則無簋矣惟其成屯且不欲遽成既濟也故用缶損三五皆坤五受二二簋也三受上二簋也損二之五已用一簋尚存一簋不可更用此一簋蓋損二之五而咸初四應之則此一簋宜止而用缶俟益通恒恒二之五而後益上之三此一簋乃可用故云二簋可用也周禮小史注云故書簋或爲几鄭司農云几讀爲軌古文也說文匭古文簋从匚飢惠定宇謂渙奔其机之机亦古文簋渙宗廟中故設簋見九經古義渙二之豐五成革若豐四之渙初則渙成益有簋矣乃豐四不之渙初而渙

上之三成蹇上二陽爻渙散矣渙則無所爲簋故必以革通蒙使蒙成益而乃有簋革蒙相錯爲賁故奔其机也

致一一致

循按損六三三人行則損一人一人行則得其友傳云一人行三則疑也三則疑一則不疑矣繫辭傳云易曰憧憧往來朋從爾思子曰天下何思何慮天下同歸而殊途一致而百慮又云天地絪緼萬物化醇男女構精萬物化生易曰三人行則損一人一人行則得其友言致一也此承上一君二民二君一民而

言咸損兩卦旁通致一即所謂一陰一陽也曰天地曰男女曰君民皆即陰陽也二君一民則二陽一陰一君二民則一陽二陰不合乎一陰一陽之道故必變通使二陽一陰者舍陽而通陰則小人道長君子道消爲小人之道使一陽二陰者化陰而爲陽則君子道長小人道消爲君子之道於是陰陽兩和仍合乎一陰一陽之道也凡以爲致一也咸一陽反爲損一陰損一陰復成益一陽益一陽反爲恒一陰恒一陰復成咸又爲一陽損不成益而成泰則損一陰泰又一陰是爲二陰即二民也咸一君損泰二民陰多

陽少故云損一人損一人者不能致一失乎一陰一陽之道也此宜以陰進陽爲君子之道也恒成咸一陽益成既濟又一陽是爲二陽即二君也恒一民咸既濟二君陽多陰少不可又以咸四之初宜通損爲朋從爾思朋指咸五之陽思指損五之陰陽通陰爲小人之道也君子道長小人道消其義易知君子道消小人道長人或不知故傳詳言以發明之日月相推寒暑相推屈信相感皆以陽不可無陰尺蠖屈所以求信龍蛇蟄所以存身陽貴陰賤陰當承陽陽尊陰卑陰當後陽然不可有貴而無賤有尊而無卑故

貴而无位，高而无民，則亢而爲窮之災，與匪正有眚等。自冬至至於夏至若干算，自夏至至於冬至亦若干算，盈縮相補，長短互平，一寒一暑，即是一君子一小人同歸者，一陰而一陽也，恒成咸損成益是也。殊途者，一陽而一陰也，咸通損益通恒是也。一陰一陽，故一致，由陽而陰，又由陰而陽，反復不已，故百慮，一致，即天地絪緼也，男女搆精也，百慮即萬物化醇也，萬物化生也。惟殊途所以百慮，惟同歸所以一致。致者，至也。致一而後一致，至而一，則獨行上下，應爲至臨，爲堅冰至，至而不一，則至于八月，至于十年，而致冠至矣。君子小人迭爲消長，皆聖人輔相裁成之權所寄。君子道長，小人道消，固聖人制之；小人道長，君子道消，亦聖人制之。傳明以民指小人，君指君子。王、公、侯、卿、大夫、令、長皆君也（見爾雅廣雅），士、商、農、工皆民也（見穀梁傳）。君爲民之心（見春秋繁露），民爲君之本（見左氏僖廿六年傳）。消長猶云損益，民氣盛則損之，民氣弱則益之。小人道長則君子不亢，君子道長則小人不害。有報有反，而輕重不畸，一張一弛，而天下和平。自王弼、何晏不明致一之義，以老氏抱一之說入之，易義遂不明。至以小人道長、君子道消爲君子在野、小人在位（崔憬說），於是執扶陽抑陰之說者互相傾軋莫不自居君子以所攻擊者爲小人不知聖人裁成輔相之權固不如是矣傳於咸言一致明小人之道而詳之以寒暑日月於損言致一明君子之道而詳之以天地男女陽必通陰陰又必化陽恆九五傳贊云婦人貞吉從一而終也夫子制義從婦凶也恆一陰成咸一陽益上之三從之成既濟爲從一而終致一乃從一也損一陰成益一陽咸四之初從之成既濟亦爲從一而終致一乃從一也咸雖通損必損成益咸乃可終爲制義咸雖通損損不成益咸遂成既濟而終則不爲制義而爲從婦然

則陽雖必通於陰。而陰必仍化爲陽。乃可從。從陽則吉。從陽則從一也。從陰則凶。從陰則從婦也。乃從陽必從自陰而化之陽。故不云從陽。而云從一。有一陰而後有一陽也。從婦凶。婦未生子也。婦人即女。夫子即男。男女搆精。萬物化生則夫納婦而婦有子。是陽通陰。陰仍化陽。即爲致一。致一者。損二至五也。從一者。損二至五。而咸四之初從之也。從一而終。即從一而貞。故云天地之道。貞夫一者也。天地即絪緼之天地。天地之道。即一陰一陽之道。亦即君子之道小人之道。惟君子小人。以消長爲往來。乃能致一。致一在陰、從一在陽、是仍陽貴而陰賤、陽尊而陰卑也、時行而後休徵、恆寒恆雨固爲咎、恆燠恆暘亦爲咎、陰陽有尊卑、而不可有多寡、宜和平、而不可有偏勝、洪範與易正相表裏、余於此思之有年、不憚詳著之以質諸識者、

男廷琥孫授書授易授詩校字

易通釋卷十二

江都焦循學

成有渝　官有渝

循按渝之言變也。易以變爲義，變者恐其成兩既濟也。故豫上六冥豫成有渝，冥豫者，豫成明夷，小畜成需，需二之明夷五，成兩既濟矣。故明夷變通於訟，明夷成既濟成矣，而變通於訟，則有渝，是爲成有渝也。變通於訟，訟二之明夷五，而四從之爲益，益上之三又成兩既濟，故訟不可成，而渝安貞吉。一渝再渝，即初筮又原筮也。隨初九官有渝，貞吉，何也。管子宙合云天不一時地不一利人不一事是以著業不得不多人之名位不得不殊方明者察于事故不官于物而旁通於道注訓官爲主說文官吏事君也官承君之令以司主其職事不官于物而旁通于道謂不專主一物而視道爲變通此正合乎官有渝之義傳云官有渝從正吉也從正即旁通于道也乾二之坤五爲始初四從之成屯蠱二之五爲始初四從之亦成屯屯通於鼎而後三之鼎上此其常也是隨四之所主視乎蠱之二五所謂官也乃蠱二之五而隨三從之成革則隨四不得又從之矣則宜改而變通於蒙

以蒙之二五爲主。是爲官有渝也。官有渝。渝在初四。成有渝。渝在二五。渝安貞吉。渝在三上。三渝字。互相發明。而義備矣。

无首吉　无首凶

循按說卦傳。乾爲首。乾用九。見羣龍。无首吉。比上六。比之无首凶。同一无首。或吉或凶。荀慈明云。陽欲无首。陰以大終。陰而无首。不以大終。故凶。其說近是。而未能詳。見羣龍。即是見龍。坤成屯。乾成家人。屯三柔相羣。而震龍在下。故云羣龍。兩卦皆無乾首。故吉。乾之二四上。之坤五初三。是爲用九。而其序以二五爲元初四從之爲亨故以成家人屯爲吉若二五不先而四上踰越而行坤成明夷則不見羣龍乾成需下乾爲首失天則矣然已成屯又宜旁通於鼎鼎二之五上乾爲首而後上之屯三則以大終若不變通於鼎直以家人上之屯三成兩既濟而終則不以大終故无首凶比卽乾二之坤五也成比而初比之則屯也未成屯之先欲其无首故无首吉既成屯之後欲其有首故无首凶乾二之坤五而初四從之成家人則无首乾二之坤五而三上從之成革則折首坎二之離五猶乾二之坤五也亦比通大有大有二之五

也。離上九，王用出征，有嘉折首。離成同人，五爲王。同人上征於比三，乾首變爲兌折。家人无首爲吉，革有首而折，亦有嘉无咎。惟需首在下則凶。乾成需則坤成明夷，明夷无首，旁通於訟。訟二之明夷五，訟成否。否乾在上，則得其大首，首在上則得其大首，首在下則濡其首。濡即需。既濟有孚於未濟，未濟二先之五成否，則首在上。否成益，益孚恒，恒二不先之五而成泰，則首在下。泰既濟相錯，即需明夷，故濡其首，有孚失是。與用九見羣龍无首吉，爲全易大關鍵。需首在下，由於潛而不出。乾二之坤五，則首出庶物。庶，衆也。

衆物謂坤應之也離已成革則通於蒙在離成革爲折首在革通蒙卽爲革面古人面南背北背象坎則面象離聖人南面而聽天下葢取諸離此之謂也革上兌爲折下離則爲南上折則首互於三三居首之下合於離南是爲面蒙二之五而革四之蒙初應之則革去其面故云革面首之向南者爲面首之向上者爲項明夷通於訟訟上乾爲大首矣若二不之明夷五而上之三成大過上居首上一旦滅之是爲滅項項之象由首而推焉者也

咸其腓　艮其腓

循按：釋文荀作肥。肥與腓通。說文：腓，脛腨也。腨，肥腸也。廣雅：腓，脣腨也。郭璞注海外北經無脣之國云：脣，肥腸也。蓋足上脛後多肉之處謂之肥腸，即謂之腓。腓在足後，猶背在身後，故腓又訓避。詩小人所腓、牛羊腓字之傳皆訓辟。艮、咸兩卦取象於腓，正取其違背，即匪之假借也。兌二之艮五成隨，隨下震爲足。今二不之艮五而四之艮初，不成屯而成節，有擠於足之上者，故艮其腓。下申言之云：不拯其隨。因不拯其隨而腓，則腓爲兌二不之艮五而四之艮初無疑矣。艮兌相錯爲損、咸。損者，蒙二不之五而革四之蒙初也。亦睽二不之五而四之蹇初也。二不之五而四之初。故凶。變通於咸則吉。故傳云。雖凶居吉。順不害也。艮咸兩卦互明。損二之五爲兌二之艮五之比例。亦蒙二之五睽二之五之比例。兌四之艮初。爲咸四之初之比例。亦革四之蒙初睽四之蹇初之比例。節賁相錯。即既濟損在艮兌成節賁則匪。爲艮其腓。即革蒙蹇睽之成既濟損。亦爲匪凶矣。在損變通於咸。咸四不之初而損二之五。爲咸其腓。腓而能咸。則不匪矣。即艮孚於兌。兌四不之艮初。而二先之艮五。亦革四不之蒙初。而蒙二之五。睽四不之蹇初。而二之五。不致於匪矣。兌二之艮五成隨、猶歸妹二之五成隨、在兌不成隨而成節、在歸妹則不成隨而成臨、成節則腓、成臨則亦腓、臨通遯、猶損通咸、節通旅、遯上九肥遯无不利、肥即腓、謂臨也、臨舍家人而通遯爲肥遯、猶損舍既濟而通咸爲咸其腓、肥雖凶、肥而遯則无不利、腓雖凶、咸其腓則居吉、艮六二傳云、不拯其隨、未退聽也、艮其腓、則節二未之旅五、故未退、遯則退也、用一退字、已明節之通旅、同於臨之通遯矣、

解而拇　咸其拇

循按說文、拇、將指也、馬融、鄭康成、陸績、虞翻、皆云足

大指。釋文咸其拇解而拇荀皆作母云陰位之尊虞氏雖作拇而以艮爲指坤爲母相兼取義此虞氏說易之精也今因其說以推經之義而經之義明矣解九四解而拇傳云未當位也未當者二不之五而四之初成臨也本當以二之五爲解乃四之初成臨使上有坤母故云解而拇用一而字作轉文義了然然則云解而母可矣不言母假借於拇者爲與咸其拇爲比例也咸初六咸其拇謂與損旁通也損者未濟四之初也未濟四之初成損猶解四之初成臨臨上爲坤母損上爲艮指在損可稱咸其指而不能通於臨上之坤在臨可稱解而毋而不能通於損上之艮故兼其義爲拇其訓則指可通於損其聲則毋可通於臨經文自有此一例實爲靈妙無窮試更推而通之損既濟相錯爲節賁即兌四之艮初之比例亦即旅四之初之比例旅四之初成賁則斯其所斯猶汔也旅成賁則斯未濟成損則汔以損通咸猶以臨通遯臨通遯則朋至斯孚斯孚之斯即斯其所之斯斯其所而成賁即斯其所而成損斯其所而成損亦斯其所而成臨解成臨則斯臨孚於遯爲斯孚未濟成損則斯損孚於咸爲斯孚兩斯字兩拇字屈曲相通

斯即澌詳見前

羸其角　羸其瓶

循按廣雅羸瘠也王弼注羸豕云羸豕牝豕也羣豕之中豭强而牝弱故謂之羸豕以羸爲弱與瘠同羸其瓶不可云瘠弱則云幾至而覆乃羸無覆義也王肅作縲鄭虞作纍蜀才作累累縲纍三字同縲爲索名故宋衷馬融以爲大索虞仲翔以爲鉤羅鉤羅即拘係也讀羸爲縲於羊豕瓶皆可達矣乃井彖明言未繘則不得爲拘係其瓶是當以聲音假借求之說卦傳云離爲蠃蠃嬴羸皆从羸聲離爲羸即爲羸也大

壯二之五爲用壯，二不之五而四之觀初，爲羝羊觸藩，謂大壯成泰，觀成益，益上又之三成旣濟，下離，故羸其角。九四卽發明其義云，貞吉悔亡，藩決不羸，二先之五成革爲決，決而後四之觀初，則有以藩其決觀成益，上不之三，故不羸。井二先之噬嗑五，而後噬嗑四之井初，則噬嗑成益，上有巽繩，可以繘井。井二不之噬嗑五，而噬嗑四之井初，井成需，噬嗑成頤，上無巽繩，故云亦未繘井，而頤上又之三成明夷，明夷下離，故羸其瓶。復五不之姤二，而姤四之初，承上有攸往，見凶。有攸往，謂初往四成小畜也。斯時二之復五成屯見已爲見凶若二仍不之復五而姤上之復三復成明夷姤成需與蠃其𤭛同而小畜復相錯即泰益同於羝羊觸藩小畜上之復三即益上又之三之比例姤成需上坎爲豕復成明夷下離爲蠃所以羸豕者以復雖孚姤而二五蹢躅不行也說文蹢住足也或曰蹢躅經中三蠃字皆指上之三成離與離爲蠃正合凡說卦傳所云皆贊經文鼂指咸成既濟與化邦同故邦之爲蚌敝之爲鼈蠃之爲羸解之爲蟹假借以類相集在復噬嗑成明夷在姤井則成需大壯成泰與觀成既濟錯亦需明夷也

來兌凶　來復吉

循按易凡稱來、指二之五、前已詳之、惟來兌凶、與來復吉、同一來、而吉凶何以判然、解彖所謂无所往其來復吉、正與兌六三來兌凶、相發明也、无所往謂解四不先往初、亦謂解三不先往家人上、无所往、則不先成臨、亦不先成恒、而二先之五成萃、故其來也、爲由反而復、斯爲吉也、設使四先往初成臨、或三先往家人上成恒、則有所往有所往而後二來之五、則不吉可知、不吉則凶矣、此來兌所以凶也、來兌所以凶、以兌三先之艮上成夬謙也、九四商兌則有喜、商兌則二先之艮五，下成震，而後三往艮上。若三先往艮上，則二之艮五，無所爲商矣。因而九五卽明言之，云孚于剝。孚于剝，非先成夬而何。此經自相發明，而傳則贊之云：來兌之凶，位不當也。孚于剝，位正當也。謂夬二之剝五，則當。夬二之謙五，則不當也。夬二之剝五，卽渙二之豐五之比例，亦卽解二之五之比例，爲來復吉，卽爲來章有慶譽吉。兌九四傳云：九四之喜，有慶也。有慶，卽有慶譽之有慶。兌二先之艮五，而後三往艮上，則有慶爲來章吉。兌三先往艮上，而後二之艮五，則不有慶爲來兌凶，猶泰通否而二之五，則大來吉。與既濟通未濟而未濟二之五同。需二之明夷五。則哭如其來如无所容。需二之明夷五。即泰不通否而二之五也。解先成臨。而後以臨二之五。即至于八月有凶。先有所往而後來。猶先有八月而後至。至亦來也。來復則吉。來兌則凶。猶至臨則吉。至于八月則凶也。解先有所往而成恒。恒既濟相錯即豐井。與離上之坎三同。豐四之井初。即恒四之初。故哭如來如之无所容。即或承之羞之无所容。无所容而來則凶。有所容而來。在豐爲來章。即在泰爲大來矣。解成臨。猶蒙成升。臨通遯而二之五爲至臨。升通无妄

而二之五爲來譽來反來連來碩來譽猶來章故有慶譽經以譽字明來章卽來譽傳則以有慶贊商兌明來兌之不同於來章推而求之固無不通者也

終无尤　終无咎

循按易言終无咎者一（坎六四）傳言終无咎者二（蠱九三　夬九三）終无尤者五（剝六五　賁六四　蹇六二　鼎九二　旅六二）細測之乃知贊翼之妙坎六四納約自牖終无咎謂成屯通鼎而終此終无咎之常經示其例傳乃引而申之幹父之蠱謂蠱成大畜而孚於萃隨四之蠱初成大畜與鼎四之初同不能納約自牖矣孚於萃仍得終无咎大畜萃相錯爲夬

則君子夬夬獨行遇雨則夬二先之剝五而後剝上之三剝成蹇夬成革爲大畜成既濟萃成咸之比例但大畜成既濟爲終剝成蹇不可爲終而云終无咎者指若濡有愠无咎也若濡謂夬成需有愠謂需孚晉在需成既濟在晉成咸猶大畜成既濟而萃成咸也夬九三與蠱九三兩傳同云終无咎者夬四之剝初剝成頤夬成需需頤相錯爲屯大畜即隨四之蠱初之比例終无咎三字似極平淡而互相比例既知幹父之蠱爲蠱成大畜隨成屯而大畜孚於萃又知若濡有愠无咎爲夬成需剝成頤而需孚於晉傳之

贊經可謂極神奇之致矣蹇六二王臣蹇蹇傳云終无尤也蹇通睽而睽成大壯故蹇而又蹇大壯孚於觀猶大畜之於萃夬之於剝也睽成大壯通觀則仍終无尤睽不成大壯成无妄卽以无妄四之蹇初其終无尤可知剝賁鼎旅四傳之終无尤皆與蹇互相發明剝六五貫魚以宮人寵傳云以宮人寵終无尤也寵字傳於師九二王三錫命贊之王三錫命謂師成屯變通於鼎鼎二之五成遯遯屯相錯爲无妄蹇卽蹇通睽睽二之五之比例知貫魚謂剝成蹇以宮人寵謂蹇通睽而睽二之五所以无不利睽二之五

而後四之蹇初。故終无尤。此蹇而不匪之終无尤。與蹇蹇而匪之終无尤相發明者也。蹇之通睽。既同於屯之通鼎。鼎九二傳云。我仇有疾終无尤也。我仇有疾。鼎四不之初也。鼎四之初。即爲隨四之蠱初夬四之剝初之比例。鼎四不之初而二之五。上之屯三。即納約自牖之終无咎。於我仇有疾贊之以終无尤則无疾即成大畜因於蠱夬兩卦以終无咎贊之以爲比例。鼎二之五。猶節二之旅五。鼎四之初。猶旅四之初。旅成賁而通困。猶鼎成大畜而通萃。旅六二傳云。得童僕貞終无尤也。謂賁成既濟困成咸也。若困二不之賁五而成需則賁成明夷猶睽成泰蹇成既濟傳云匪寇昏媾終无尤也匪寇昏媾與睽上九匪寇昏媾同睽成大壯通觀則終无尤睽成泰通否卽困成需通晉需通晉終无尤則泰通否亦終无尤傳兩言終无咎五言終无尤皆由坎六四終无咎引申以推之也總而言之蹇不可終於革屯不可終於家人故屯終於鼎則无咎蹇終於睽則无尤睽成大壯鼎成大畜不能无尤矣而大壯成革終於觀大畜成家人終於萃則仍无尤无咎大壯大畜不成革家人而成泰又不能无尤矣而泰通於否而終仍无尤經在

坎指屯傳直於鼎贊之而鼎之成大畜則贊於蠱夬蹇之終於睽贊在剝大壯終於觀贊在蹇在旅贊賁在賁贊泰傳之贊經可謂極神奇之致矣

得黃金　得金矢　得黃矢

循按噬嗑九四得金矢六五得黃金解九二得黃矢三者互相發明乾爲金黃謂得中坎二之離五爲黃離坎二不之離五而三之離上成井豐則不黃井通噬嗑井二之噬嗑五仍黃中而成乾金故得黃金九四得金矢用一矢字與晉六五矢得勿恤互明上承噬乾胏下申言利艱貞吉明以噬嗑四之井初爲艱

以井成需通晉爲胏傳贊云未光也光卽有孚光亨之光成需未光通晉則光晉成否上乾爲金上往三爲矢晉於矢得下申言往吉无不利則矢指上而言故解九二不言金而言黄矢解二之五黄也家人上之解三矢也先不成乾故不言金旅六五射雉一矢亡終以譽命離爲雉射雉一矢亡謂節二之旅五而旅上之節三節成旣濟故終知黄金專指五之成乾黄矢金矢則由五及上故旅六五傳云上逮也先成否後成咸爲金矢先成萃後成咸爲黄矢互勘之可見由是推睽之取弧矢可知矣睽二之五猶井二之

噬嗑五亦猶節二之旅五則睽以孤疑而成泰負塗載鬼非有以威之不可於是泰孚於否泰二之五先張之弧也否上之三後說之弧也弧說則矢亡有此矢寇乃不至否成咸即晉成咸亦與旅成咸同蓋矢爲征伐所用上之三爲征伐故即爲矢也

艮其趾　賁其趾　壯于趾　壯于前趾

循按趾之見於經傳者多訓爲足故虞仲翔以震足爲趾向亦謂然乃求之經傳則不合蓋趾即止字止謂艮也艮其止止其止也謂成蹇下艮爲止初即止而不行與彖艮其背同義故彖傳以艮其止贊艮其

背艮其止。即初六艮其趾也。艮其趾者。兑二先之艮五。而上應之。初止而待睽之成无妄。若兑二不之艮五。先以兑四之艮初。艮成賁。則艮其腓而不艮其趾。艮成蹇。革四不之蹇初爲艮其趾。艮不成蹇而成賁趾不艮而賁。故賁其趾。趾宜在下不可在上。在下成蹇成咸。在上成賁。成大畜。鼎初六。鼎顛趾。二之五爲顛。鼎二顛於五成遯。則艮在下爲趾。故顛趾。因顛而有趾也。亦成遯。初即止而不行。初四不行。而上行於屯三。所謂得妾以其子也。兑成革。艮成蹇。艮其趾爲无咎。若以漸上之歸妹三。大有上之比三。比漸成蹇。

歸妹大有成大壯，是爲壯于趾，此壯所以係蹇而有趾者，漸上征凶故也，故欲其有孚於觀，則下無艮趾矣。夬二之剝五，猶大壯二之五，大壯不孚於觀而係於蹇，猶夬不孚於剝而係於謙，艮上之兌三成謙夬，趾雖在下，亦凶，故云前趾，前者，不能變通，仍是前此失道之趾也。日新其德，則不復從前，若夬二之剝五，而後剝上之三成蹇，則爲新趾，非前趾矣。艮上之兌三成謙夬，巽上之震三成豐井，井不成蹇，下無艮爲滅趾。噬嗑初九屨校滅趾无咎，緣巽二不之震五而上之震三，致滅其趾。趾雖滅，而旁通噬嗑，井二先之噬嗑五，而後噬嗑上之三成革，是爲屨校，屨校雖滅趾无咎，井噬嗑相錯爲屯鼎，井成蹇，噬嗑成无妄，即鼎顛趾之比例。

需于郊　同人于郊

循按：郊見小畜彖密雲不雨，自我西郊，謂小畜二之豫五，因而上會於豫三，於是小過六五發明之，亦云密雲不雨，自我西郊，謂中孚二之小過五，小過成咸也。需初九需于郊，同人上九同人于郊，即此郊也。何爲郊，郊之言交也。公羊僖公三十一年傳注云：謂之郊者，天人相與交接之意也。漢書鄭當時傳注如淳云：郊，交道四通處也。晉上之三成小過，與小畜上之豫三同，則需二之晉五而後晉上之三成咸則有交即小畜之自我西郊於郊上加一西字明其上有兑也豫不交而成小過小畜不交而成需小過通中孚仍自我西郊需通晉仍需于郊需于郊之下即申云利用恒用恒非成咸而何需晉相錯爲大有比大有初九无交害大有二不交於五即需二不交於晉五大有无交則不能需于郊无交則害害即犯難矣大有二不之五而上之比三即師二不之五而同人上之師三大有二不之五而四之比初即師二不之五而同人四之師初於大有初九言无交害於同人上九言同人于郊互

相發明。同人四之師初。師成臨。同人成家人。家人變通於解。解二之五成萃。即小畜二之豫五之比例。故云同人于郊。何以知其爲成臨成家人。同人上九傳云。同人于郊。志未得也。與謙上六傳同。謙上六傳。用志未得三字。贊利用行師。謙何以行師。謙通於履。爲臨通於遯之比例也。以志未得贊謙之行師。即贊師成臨同人成家人。家人通解。爲同人于郊。臨通遯。即爲利用行師。故傳以志未得三字通之。知同人于郊。謂家人通解。於是解二之五而後家人上之解三。與需二之晉五而後晉上之三。小畜二之豫五。而後小

畜上之豫三同一比例也傳又於家人九五贊云交
相愛也此交字指解二之五正是賁同人于郊之郊
惟同人四之師初成臨成家人故志未得經於臨遯
相錯之謙而引申之明露一師字傳以志未得三字
爲鉤貫家人通解以同人四之師初成家人臨爲志
未得謙通履即臨通遯之比例而臨通遯亦以同人
四之師初成家人臨爲志未得故同人于郊之志未
得即利用行師之志未得也傳猶以爲未明又於困
九五贊云劓刖志未得也同人四之師初成家人志
未得因志未得故同人于郊同人于郊則志得矣同

人于郊謂家人通解而解二之五家人通解而解二之五即賁通困而困二之賁五之比例是困二之賁五則志得乃困二不之賁五而成大過成需是爲劓刖劓刖猶云滅鼻滅趾滅鼻滅趾則志未得屨校則志得校與郊爲假借也井二之噬嗑五爲履二之謙五之比例即爲臨二之五之比例經以校貫郊以劓刖貫滅趾滅鼻傳三稱志未得以贊之精奧而神奇矣

同人于野　龍戰于野

循按乾二之坤五坤成比乾成同人乾上從之坤三

是爲同人于野。以同人言之，則師二之五而同人上之師三也。若乾二不之坤五而乾上之坤三，則爲龍戰于野。何也？坤先成比，而後乾上之坤三成蹇，無震則無龍，亦無所爲元黄，故不爲龍戰而爲同人。同人于野則亨，龍戰于野則窮。以兩野字相貫，龍戰之野，無人之野也。師二之五，則野有人，而同人上往同之，同亦合也。以上合五，是爲合禮，故亨。

否之匪人　比之匪人

循按：泰二不之五而否成既濟，爲否之匪人。否五已爲君子，故雖貞不利。大有二不之五而比初之大有四，卽泰二不之五而否四之初之比例也，大有二不之五，而比三之大有上，卽泰二不之五而否上之三之比例，比成旣濟，卽否成旣濟，大有成泰，卽泰二不之五，比之匪人，卽否之匪人也，同人象云，同人于野，利君子貞，大有成同人，則比之不爲匪人，而君子之貞利矣，否獨爲君子，致泰爲匪人，此所以不利其貞，而名爲否也，

困于酒食　需于酒食

循按困成需則窮，故困于酒食，與需于酒食同，需于酒食，謂需二之晉五也，困于酒食，謂困成需而後需

二之晉五也。酒食二字爲之樞紐。惟困成需。其下乾乃爲朱紱。至於朱紱。而後二乃之晉五爲方來。所以困也。

田獲三品　田獲三狐

循按巽六四。悔亡。田獲三品。品卽品物咸亨之品。始於二五。次初四。終三上。所謂品也。巽二之震五。初四從之。震成屯。巽成家人。與乾見龍在田同。故以田字貫之。成家人屯。則亢龍有悔。以家人變通於解。故悔亡。解二之五而後家人上之解三。解成咸。是爲品物咸亨。所以獲三品也。解九二田獲三狐。卽承此言之。

非變通於解、則不成三品、三品三狐卽三品也、巽成家人、家人通解而悔亡、悔亡則貞吉、故巽稱悔亡、解稱貞吉、而以田獲三品田獲三狐爲鉤貫、其取象於狐者、何也、狐卽弧也、虞仲翔以坎爲弧、以艮爲狐、荀九家干寶皆以坎爲狐、狐弧一聲相通、（短狐一作短弧）兼坎艮而有之者也、說卦傳、坎爲弓輪、弧卽弓也、艮爲黔喙之屬、狐卽黔喙者也、弧狐皆從瓜聲、瓜爲蓏、果蓏亦艮象、姤二之復五而上從之、姤成咸、下艮復成既濟、上坎、故云以杞包瓜、解二之五、而家人上從之、解成咸、下艮、家人成既濟、上坎、故云田獲三狐、睽上九載鬼一車謂成泰泰通否泰二之五上坎則先張之弧否上之三下艮則後說之弧稱弧稱狐兼坎艮二象比例之明白無疑惟未濟二不之五而四之初成損損上艮而無坎五柔不剛則小損通於咸咸下艮爲狐故云小狐虞氏以艮爲小狐是也品彙而狐以小見汔則小而張則大傳於坎但言弓而不言弧以弧兼艮而弓專坎也於艮但言果蓏不言瓜但言黔喙不言狐以狐瓜兼坎而果蓏黔喙專艮也弧兼坎艮猶拇兼坤艮經中取象有此一例後說之弧釋文言京馬鄭王肅翟子元作壺壺古通狐呂覽壺邱子卽漢書狐邱子林史記壺黶漢書作狐黶

壺狐弧三字通借惟作壺益知其即是狐也

喪牛于易　喪羊于易

循按說卦傳坤爲牛兌爲羊大壯六五喪羊于易无悔旅上九喪牛于易凶大壯之喪羊本於歸妹之刲羊漸上之歸妹三成革兌羊在上而中未亡今歸妹二不之五而漸上來征於三征伐者克殺之事也故刲羊謂不成革而成大壯也歸妹之五已亡大壯二未能遽進於五故喪羊惟易而旁通於觀則大壯二之五仍不異歸妹二之五此喪羊于易所以无悔也夬二之剝五與大壯二之五同夬成革兌羊在上而

羊不喪、則宜牽而通於蒙、喪羊而易則无悔、羊不喪而牽則悔亡、其義甚明、乃大壯二不之五而四之觀初、大壯成泰、觀成益、是爲羝羊觸藩、羊而觸藩、羊之不順者也、故羸其角而不能退不能遂、壯則不羸遂則不喪、牽則不刲、羊在五則能遂而壯、羊在三則不能退而羸、刲羊、羊喪、羸其角、羊亦喪、凡稱刲羊喪羊牽羊羝羊、一貫如此、漸上之歸妹三、與睽上之三同、睽二之五、上有乾馬、睽成大壯、大壯二之五、上有兌羊、喪羊者、據易而得羊、豫探言之也、節二之旅五、與睽二之五同、探其所得、宜亦云喪馬、旅上之節三、旅成小過節成需需小過相錯即大壯蹇與漸上之歸妹三相比例若豫以中孚二之小過五探之則亦宜云喪羊乃小過五不成兌而四之初成明夷無馬無羊而但有坤牛故喪牛于易大抵羊宜在上不宜在下牛宜在下不宜在上旅成明夷牛在上則凶解成萃嘗成觀牛在下則吉離成家人而通解解二之五成萃爲畜牝牛萃通大畜大畜二之五爲童牛之吉皆指萃下坤也萃家人相錯爲革觀革初九鞏用黃牛之革謂通於嘗嘗二之五成觀觀下坤即萃下坤也革觀相錯爲家人萃二先之五使牛不在上而在下故不喪不

喪則童。用牛而不黃。則蒙大畜將成泰。同於旅之喪牛。用黃牛則蒙成觀。用黃牛之革則先成觀後成益。故遯亦用黃牛之革。謂遯成咸通損而損成益也。革通蒙則蹇通睽。睽成益爲其牛掣。睽二之五成无妄。无妄成益。猶睽成益。无妄六三。或繫之牛。卽其牛掣之牛也。益之牛在三。旣濟東鄰之殺牛。卽益上之三也。說卦傳旣言坤爲牛。又言坤爲子母牛。牛兼子母。正指萃觀之牛。蠱成大畜通於萃。則有子。革通蒙。蒙二之五。則子克家。牛兼子母。則爲黃牛。爲童牛。彼東鄰殺牛。終而無續。則牛而不子者也。牛而不子。緣不能畜牝牛，則亦或繫之牛也。易，釋文引陸作場，解爲疆場。古場字本作易，漢書食貨志，瓜瓠果蓏，殖於疆易。張晏曰，至此易主，故曰易。桓公十七年左傳，疆場之事，愼守其一，正義云，至此易主，故名曰場。疆場之場，本取義於交易之易，取易爲場，猶取羊爲祥，喪羊于易，自其辭而言之，爲羊亡於疆場，自其本義而言之，則羊指革上之兌，易指大壯通觀，羊與易，皆借焉者也。

得其資斧　喪其資斧

循按，子夏傳及衆家，並作齊斧，資與齊古字通，應劭云。齊利也。資之訓爲貨財。貨財亦利也。然則齊斧。資斧。利斧。一也。資斧之資。卽懷其資之資。旅四之初成賁。而變通於困。爲旅卽次。旅而卽次則利。故云懷其資。不言利而言資者。據旅人而言。聘禮記。旣受行問數月之資。注云。資。行用也。旅人所用貨財稱資。旅人得貨財則利。故以懷其資當一利字。懷其資則困二之賁五成家人。故得童僕賁由家人成旣濟。困由萃成咸。故得童僕貞而終无尤。九四得其資斧。得其資卽懷其資。而云資斧者。卽謂其成家人也。旅于處成賁。變通於困則利。困二之賁五。賁成家人。困成萃。家入五互離萃下坤離爲戈兵坤爲釜斧爲兵而聲通於釜因利而得斧故云資斧在懷其資則爲旅人之行用在得其資斧則爲利斧各隨文以爲義而資字皆取義於利用一斧字則明其所以利也成家人萃則得其資斧不成家人萃則喪其資斧巽上九巽在牀下喪其資斧貞凶牀即剝牀之牀震成復巽成小畜猶兌成節艮成賁賁通於困成家人萃爲得其資斧則小畜通於豫亦成家人萃爲得其資斧今巽成小畜不通於豫而以上之復三不成家人萃而成需明夷明夷下亦有離上亦有坤而斧非利斧故不爲

得其資斧，而爲喪其資斧也。

我心不快　其心不快

循按艮六二，艮其腓，不拯其隨，其心不快。兌二之艮五，兌成隨，兌二不之艮五而四之艮初，爲艮其腓，謂成節也。節變通於旅，旅九四，旅于處，得其資斧，我心不快。節二不之旅五而旅四之初，與兌四之艮初同，故一云其心不快，一云我心不快。比例之兩卦皆明。其心不快，其字指旅，別乎艮成賁而言也。至節旣通於旅，而二不之旅五，則旅于處。旅四之初成賁，卽變通於困，而得其資斧，心已不快矣。賁之心卽旅之心，自節變通於旅言之則云其心自旅成賁言之則云我心稱我稱其皆指旅也快之義爲急不先以兌二之艮五以致成節而後通於旅又不先以節二之旅五以致成賁而後通於困其不急而緩不早而遲故爲不快快從夬不快亦卽不決詳見後

自我致戎　自我致寇

循按今本解六三傳云自我致戎又誰咎也需九三傳云自我致寇敬愼不敗也釋文於需九三致寇云鄭王肅本作戎虞仲翔注需九三有離爲戎之解則亦作自我致戎矣以經傳通考之作戎是也解成泰

家人成既濟既濟泰相錯爲需明夷故泰二之五爲致寇至需二之明夷五亦爲致寇至致寇則我已失其爲我豈尚能敬愼不敗乎惟需變通於晉需二之晉五五得主爲有我需二乃成離爲戎即上六有不速之客敬之終吉故取敬之敬字贊其不敗之故明致寇則敗致戎則不敗需九三解六三兩傳皆作自我致戎以致戎贊致寇乃傳之妙爲經作轉語也豈有致寇至而不敗而誰咎乎同人師相錯爲明夷同人下離即明夷下離若師二先之五則戎不伏乃師二不先之五而同人上之師三成升在同人成革下

有離戎在師成升下有巽伏而巽在坤下是爲衆草故伏戎于莽同人四更之師初成泰則爲解之負且乘矣夬九二莫夜有戎夜謂明夷夬四之謙初謙成明夷夬成需需二之明夷五其有戎爲夜有戎而非自我致戎故戒之云莫夜有戎莫之言無也四之謙初成明夷明夷下離戎也明夷下有戎而後需二之明夷五需下以戎從之是爲卽戎不利卽戎故莫夜有戎惟需二不之明夷五變而通於晉五則旣無明夷之夜非卽戎而爲自我致戎矣自我者不從人之謂也需傳自我致戎明其非夜有戎而卽之也戎兵

也。離爲甲胄戈兵。是爲離象傳贊夬於需。贊同人於解。已爲微妙。王弼不知其義。而改需傳爲自我致寇。不特與敬愼不敗方圓矛盾。而於解之自我致戎一以貫之者。遂晦而不明。詎知需解兩傳言致戎。原非專贊致寇。乃是贊夬同人兩卦經文所謂戎也。解負且乘已成泰。乃以變通爲自我致戎。解二之五成萃。則不致成泰。萃四不之初。而家人上之萃三。萃成咸。下亦無離。傳於萃贊云。除戎器。形乃謂之器。謂成既濟。成旣濟則下有離戎。除戎器者。萃大畜相錯爲夬剝。除戎器。則不致夜有戎而即戎也。特用一戎字與

解之致戎互明而並爲卽戎伏戎贊賁賁易之妙豈容以大略觀之也

三歲不興　三歲不得　三歲不覿　三歲不覿　三歲不孕

循按乾鑿度總釋二十九卦數例云何不言二年五年六年何以三歲解者或謂指第三爻（虞仲翔說同人坎）或謂三者陽數（九家解困）或謂三至五（崔憬解同人）揆諸卦義不可貫通就諸卦推之坎上六三歲不得凶傳以失道贊之謂離上之坎三成豐井豐上六三歲不覿承闃其戶闃其无人之下謂渙二不之豐五而豐四之渙初困初

六亦云三歲不覿承臀困于株木之下謂困二不之賁五而賁上之困三賁上之困三猶同人上之師三師成升同人成革革升相錯爲明夷大過九三三歲不興適與困三歲不覿相發明矣此四者皆不吉惟漸九五婦三歲不孕終莫之勝吉加一婦字謂歸妹成大壯漸成蹇大壯變通於觀則其二之五成革而爲三歲四不之蹇初而之觀初故不孕不孕故吉謂其能變通也不孕謂漸下不成離（鄭康成云離爲大腹孕之象也虞仲翔云離爲孕）三歲謂歸妹下成離以此通之諸卦豐三歲不覿三歲謂豐下離不覿謂上成坤爲明夷困三歲不覿三歲

謂賁下離不覿謂賁成明夷坎三歲不得三歲謂離下離不得謂離成豐同人三歲不與三歲謂同人成革下離不與謂師二不之五而同人上之師三傳於賁六二贊云與上與也此與字即與三歲不與互明師同人相錯爲明夷訟師二之五即訟二之明夷五亦即需二之晉五困成需通於晉而晉成咸則與上與師二之五而後同人上之師三成革成蹇相錯爲旣濟咸即是困二之賁五而後賁上之困三亦即需二之晉五而後晉上之三惟師二不之五而同人上之師三在同人成革有三歲而師成升則不與推之

賁成明夷困成大過則亦三歲不興大過明夷相錯卽升革不興猶不覿也師二不之五猶歸妹二不之五歸妹傳云天地不交而萬物不興不交二不之五也以歸妹二不之五明師二不之五也乾坤交成同人比猶震巽交成隨漸漸通歸妹猶同人通師故經以漸之三歲明同人之三歲傳卽以歸妹之不興贊同人之不興益以離上之坎三爲不得同人上之師三爲不興賁上之困三爲不覿皆二五未行三上先行而豐四之渙初不覿與困同則初四先二五與三上先二五同其漸上之歸妹三猶同人上之師三也

能變通則不孕而吉。然則彼不得不與不覿者，能變通則亦化凶爲吉。以三歲二字貫之，其比例甚明。思之自見。革治秝明時，以九四當閏。三歲一閏，故以下三爻之成離者爲三歲。三歲之名，不言於革而言於豐。豐不成革，故不覿。豐成革，則由三歲而有章蔀矣。章蔀由歲而積，故稱歲。甲庚爲日之神，見廣雅。故稱先甲三日，先庚三日，以離爲月也。白虎通云：歲以紀氣物，據日爲歲；年以紀事，據月爲年。本下離三爻爲日，稱三歲，據日之義也。頤、復、屯稱十年，以其五得中則成坎，坎爲月，據月之義也。伐鬼方，有賞于大國，是紀事。

章蔀治秝明時。是紀氣稱三日。稱三歲。稱三年。各有義可尋也。

並受其福　實受其福　于食有福　受茲介福

循按經文四福字一貫。泰二之五。爲需二之晉五之比例。亦爲未濟二之五之比例。未濟二之五。則實受其福。即泰之大來。傳即贊云吉大來也。泰之福稱食。即需飲食之食也。井九三王明並受其福。承上井渫不食爲我心惻而言。惻憂也。巽上之震三。震成豐巽成井。井不通於噬嗑。故不食。而豐四渫於井初。井成需。豐成明夷。故井渫。以需通晉。晉成否。初登于天照四國需既舍明夷晉又不成明夷否上乾爲王故王明於是受茲介福于其王母故並受其福以晉泰貫之知井之成需也困九五乃徐有説利用亨祀傳云乃徐有説以中直也利用亨祀受福也即亦贊於晉云受茲介福以中正也以中正猶云以中直則知利用亨祀亦謂困成需而通晉也困于酒食與需于酒食同朱紱方來與不寧方來同赤紱而徐有説即晉成否而否上之三也乃既濟之受福承殺牛礿祭皆指益上之三則受福而成益又必通於恒恒二不之五則益上之三爲殺牛雖受福而仍虛惟恒二之五

成咸則益上之三乃爲礿祭而受福乃實此義傳於謙震贊之謙成旣濟履成益益通於恒則爲福謙恒益卽震巽之相錯巽二之震五而初四從之猶履二之謙五而初四從之震之虩虩卽履之愬愬因恐致福卽鬼神之福謙矣

日中見斗　日中見沫　日中則昃　日中爲市

循按豐彖云勿憂宜日中六二九四皆云日中見斗九三云日中見沫而傳於豐贊云日中則昃繫辭傳云日中爲市日中者離在上也坎二先之離五離日照於乾天爲照於四方卽爲照於天下乃坎二不之

離五而離上之坎三坎成井離成豐是不能照天下而爲日昃之離昃者傾也上之三爲傾爲隕爲昃其義一也先五後上則有隕自天未照於天而卽傾昃故云日中則昃則之云者急遽之辭也離成豐上無離日日不中矣井變通於噬嗑離仍在上故日中爲市致天下之民聚天下之貨交易而退各得其所市者以其所有易其所無也互相交易莫如市井舍豐而通噬嗑是交易也井二之噬嗑五成无妄井成蹇相錯爲遯遯則退故交易而退井得所噬嗑亦得所故各得其所豐五民也噬嗑五亦民也井通噬嗑而

噬嗑之民得所豐亦通渙而豐之民得所是致天下
之民聚天下之貨而各得其所也離成豐則憂井含
豐通噬嗑而噬嗑成无妄則勿憂而照天下勿憂而
照天下則井之通噬嗑也爲宜故云勿憂宜日中若
噬嗑不照天下而上之三仍成豐依然離上之坎三
爲日中則昃矣宜日中猶云利日中變而通之以盡
利知此日中指井變通於噬嗑故傳於噬嗑以日中
爲市贊之市者利之所在也言市言交易言得所皆
發明宜日中三字日中而交易得所則宜日中而昃
則不宜日中而昃噬嗑不成无妄而成豐矣豐六二

九二九四皆本噬嗑言日中即本離言日中日中見斗傳云幽不明也明夷故不明謂離成豐即宜通渙乃不以渙二之豐五而以豐四之渙初豐成明夷渙成中孚中孚下兑爲口明夷上坤爲柄相錯爲臨明夷夜而有口有柄下臨者其象爲斗謂離成豐豐又成明夷也方成豐未成明夷則宜通渙往得疑疾有孚發若是也既由豐而成明夷則宜通於訟遇其夷主无咎是也而皆承日中見斗之下一由其成明夷而反言之也一由其成明夷而申言之也惟有孚發若故九三接言之云豐其沛日中見沬傳云豐其沛

不可大事也，折其右肱，終不可用也。不可大事，即小過之不可大事，終不可用，即剝之終不可用。謂渙二之豐五，豐四不之渙初，而渙上之三，渙成蹇，豐成革，與大壯成革，觀成蹇同，亦與革通蒙，蒙成蹇同。沛即紱也。沫猶盥也。觀上之三爲盥，渙成觀，觀上之三爲沫。說文：盥，澡手也；沫，洒面也。手面雖分，義不相遠，故以沫鉤貫盥字，而觀上之三，上有坎水，下有艮手，以水盥手也。渙二先之豐五成革，互乾爲面，即小人革面之面，而渙之成觀者，乃以上之三而成盥手之象，兼革五之面言之，遂變盥而言沫，且於文辭不可言日中見盟也變盟言沬沬即通於昧故鄭康成作昧服虔以爲日中而昏王弼以爲微昧之光於日中之文乃貫矣昧通於蒙淮南蒙谷即堯典昧谷渙二之豐五爲蒙二之五之比例亦困二之賁五之比例沬取於蒙沛取於紱惟豐沛故見沬辭義亦明暢而無轇轕矣然則豐其蔀者豐四之渙初也日中見斗者由日昃而成明夷也豐其沛者渙二之豐五也日中見沬者豐通於渙也見斗不宜見沬則宜耳

同人先號咷而後笑　旅人先笑後號咷

循按同人五已定不動所動者四與上也宜俟師二

先之五，而後上之師三，則笑若不俟師二之五，而上先之師三，則號咷。同人先號咷而後笑，辭繫九五，謂上先五，則號；後五，則笑。下文申之云：大師克相遇，明先者，先乎師也；後者，後乎師也。旅人先笑後號咷，上承鳥焚其巢下，云喪牛于易，凶。明旣四先五成賁，上又先五成明夷也。明夷訟相錯，卽同人師，故與同人互明。明夷初四三上俱不動，所動者五也。旣通於訟，則五宜先動，而無所俟，故先笑。若俟訟初三先之四上，而後五乃之訟二，則號咷。旅人，謂明夷之主未歸而旅寄於外也。本卦五已定，旁通之卦五未定，則人宜先而我宜後，同人是也。本卦五未定，旁通之卦五已定，則人宜後而我宜先，旅人是也。經示其例於此兩卦，不直示於明夷，而示於旅之成明夷者，經傳錯綜之常也。笑號前已詳，以兩爻辭顚到互明，表而出之。

王用亨于西山　王用亨于岐山

循按：隨上六王用亨于西山，升六四王用亨于岐山。兩卦比例。蠱二之五而後上之隨三，與升二之五而後无妄上之三同。蹇下艮爲山，革上兌爲西，故爲西山。升稱岐山者，與蠱互明，山之岐猶水之沱，蠱與隨係而亨于西山蠱二不之五而上之隨三則成升不能亨于西山矣升旁通於无妄此升成蹇之山巽於蠱成漸之山故爲岐山余旣釋如右抑又推傳所謂上窮亦可謂蠱上之隨三成升而升通无妄故以王用亨于西山與王用亨于岐山相鉤貫升无妄相錯爲復姤故巽初之震四成復巽在牀下及復通姤姤其角傳皆云上窮震成復所以爲上窮由蠱成升之爲上窮而例之也並存以質諸賢者

男廷琥孫授書授易授詩校字

易通釋卷十三　雕菰樓易學之三

江都焦循學

帝乙歸妹　帝乙歸妹

循按歸妹之帝乙與蠱之先甲後甲相發明者也蠱隨漸歸妹四卦相爲消息在蠱二之五爲甲則在歸妹二之五亦爲甲歸妹二先之五爲甲歸妹二不之五而成泰則爲乙甲剛而乙柔也帝出乎震歸妹上卦震也由震而坤成泰則不爲先甲而爲帝乙故歸妹六五稱帝乙泰六五亦稱帝乙明帝之爲乙謂歸妹不成隨而成泰也九家謂震象爲乙爲歸妹上震

言之也虞仲翔謂坤爲乙爲泰上坤言之也不知歸妹之帝乙即指其成泰而言與泰之帝乙一以貫之然仲翔以坤爲乙勝於九家以震爲乙彼鰓緦於成湯嫁女（荀氏說）及微子之父者（見左傳虞氏用之）於易義爲滯矣

高宗伐鬼方　震用伐鬼方

循按既濟九三高宗伐鬼方干寶虞翻皆謂殷王武丁鬼方爲國名固也而易之取象則有微義焉未濟於睽僅殊初六一爻未濟二之五而初四應之與睽二之五而初四應之同故未濟先成否猶睽先成无妄睽二之五稱厥宗謂上三爻成乾乾爲天天尊尊

與宗通上成乾爲宗猶上成乾爲尊也未濟先以二之五爲宗次以四之初成益益上巽爲高先宗次高故云高宗既成益旁通於恆恆二之五而後益上之三是爲伐鬼方方卽義以方外之方鬼卽載鬼一車之鬼鬼屬陰陰在五稱鬼猶陰在五稱小人謂恆五也益旁通於恆爲義以方外故云鬼方睽成大壯大壯五猶恆五大壯通觀鬼變爲神則以神道設教不能神而成泰上坤爲車則載鬼一車恆四不之初有鬼而不以車載二之五則得旁通之義矣於是未濟九四不云高宗伐鬼方而云震用伐鬼方震卽指恆

上之震自既濟旁通未濟以未濟二之五而初四應之爲主故先稱高宗以明既濟變通未濟之元亨而伐鬼方三字則既濟之利貞而未濟之元亨也故未濟不云高宗專云伐鬼方而增震用二字以明所以伐鬼方者在於用震震用即用震也何爲用震謂用恒二之五也恒二之五而後益上之三是時恒成咸無復有鬼不當征伐以服之者故云伐鬼方鬼方指恒五伐指益上震用指恒二之五震用而後伐義以方外也高宗二字同人分見之六二同人于宗吝九三升其高陵兩爻互明師二不之五而同人上之師

三。師成升。升變通於无妄。无妄者。睽二之五。厥宗噬膚者也。師成升。仍不能變以致於成泰。泰變通於否。否者。未濟二之五爲宗者也。同人不能俟師二之五而同之。致師成升而通无妄。且令升成泰而通否。不同人于師。而同人于宗。故其道爲吝。宗即厥宗之宗。高宗之宗也。同人上之師三成升。巽在升下爲高。同人四之師初成家人。巽在家人上爲高。九四乘其墉。解上六射隼于高墉之上。以家人上之高。能通於解則獲之无不利。以升下之高。不能變通於无妄。則三歲不興。升通无妄。則同人于宗。家人通解。亦震用伐

鬼方皆互相鈎貫以發明之

用拯馬壯吉　用拯馬壯吉

循按渙初六明夷六二皆云用拯馬壯吉義極隱奧非深明乎引申觸類之妙未易達也拯卽艮六二不拯其隨之拯拯謂兌二之艮五拯則兌成隨不拯則兌不成隨以隨明拯其義了然不拯者不用拯也艮兌相錯爲咸損損二之五猶兌二之艮五也則損二之五成益亦用拯也中孚小過相錯爲漸歸妹歸妹二之五成隨與兌二之艮五同則中孚二之小過五卽同於歸妹二之五而中孚成益小過成咸正與損

二之五同，則亦用拯也。明夷六二「明夷，夷于左股，用拯馬壯，吉」。乾爲馬，巽爲股。明夷無巽無乾，何以有股有馬？用拯馬壯，是馬由用拯而壯，所以用拯則又由明夷于股也。於是渙初六亦云「用拯馬壯」，所以明明夷于股之義也。豐四之渙初，豐成明夷，渙成中孚，即履四之謙初之比例。中孚上巽爲股，明夷所以成明夷者，由於謙初之履四。謙爲明夷，履四成巽爲股，故明夷于股。既明夷于股而成中孚，中孚變通於小過，中孚成益，小過成咸，即是損二之五。損二之五即是兑二之艮五。兑二不之艮五爲不拯，則中孚二之小過五為用拯矣以中孚二加於小過五互乾為馬故云馬壯以謙初之履四為左股不於履謙明之而以渙初之豐四同於謙初之履四而明於渙初此經文之奧也於渙初知明夷于股指履成中孚以用拯二字與不拯其隨相貫知馬壯指中孚二之小過五辭繫於明夷而義指中孚之通小過孰一卦一爻以求其義欲占之達也難矣

密雲不雨自我西郊　密雲不雨自我西郊

循按密雲不雨自我西郊小畜彖辭也而爻辭又用其文於小過六五自旁通之義不明解者遂左支右

詘而莫得其故小畜與豫旁通小畜二之豫五而後上之豫三小畜成既濟豫成咸是爲密雲不雨自我西郊不雨自我西郊六字指豫成咸密雲二字指小畜成既濟屯傳云雲雷屯又云雷雨之動滿盈雨指上坎雲亦指上坎荀慈明謂上坎爲雲下坎爲雨非也小畜二之復五成屯則有雲有雨惟變通於豫豫四不之初而小畜二之豫五成萃故不雨然後以小畜上之豫三豫成咸爲西郊所以不雨而西郊者由於小畜二先之豫五故云自我西郊小畜上亦無雨無雲也上之豫三上有坎乃有雲既先以二之豫五

成家人爲密而後上之豫三成既濟上坎爲雲故云密雲需傳云雲上于天需需二未先行有雲而不密者也六十四卦以坎爲雲惟此屯需二傳屯之雲雷與雷雨互明明雲即是雨所以贊豫成咸之不雨需之雲上于天所以贊小畜成既濟之爲密雲密雲即是密雨不雨即是不雲以密雲見既濟以不雨見咸明二五先而三上從之四不之初也小畜二不之豫五而上之豫三則不成咸而成小過無所爲密雲不雨自我西郊矣乃變通於中孚則中孚二之小過五猶小畜二之豫五也然後中孚上之三猶小畜上之

豫三也。中孚亦成既濟。小過亦成咸。與小畜成既濟豫成咸同。故亦云密雲不雨自我西郊。豫成小過。雖爲失道。一用改移。仍與不失道同。聖人教人改過如此。惟豫四不之初。始而成萃。繼而成咸。皆無坎爲不雨。若豫四之初則成屯固雨。成明夷。三亦互雨。上九既雨既處。謂豫成明夷也。於是夬二之剝五而剝上之三。爲獨行遇雨。謂剝成蹇也。夬剝相錯爲萃大畜。大畜者。鼎四之初也。鼎成大畜。卽宜旁通於萃。鼎成家人。卽宜旁通於解。大畜二之五而後上之萃三爲夬二之剝五而後剝上之三之比例。是爲遇雨。遇而後雨也解二之五而後家人上之解三是爲方雨方而後雨也睽上九睽孤謂上之三成大壯是爲見豕負塗大壯不能變通而又失道成泰則載鬼一車至是必以泰變通於否張弧說弧乃匪寇昏媾而吉若大壯不成泰卽能變通於觀則不異夬之通於剝大壯二之五而觀上之三爲夬二之剝五而剝上之三之比例故以遇雨二字與夬之遇雨相鉤貫云往遇雨則吉往者睽三往上成大壯也是時卽變通於觀而遇雨則吉則之云者謂不致載鬼張弧而後吉也易之辭全以彼此鉤貫爲發明以夬之遇雨測睽之

遇雨。知往遇雨則吉。指往成大壯卽通於觀也。大壯觀相錯。卽小畜豫蹇通睽而睽上之三。卽小畜上之豫三之比例。豫成小過。猶睽成大壯。大壯通觀爲遇雨。猶小過通中孚爲不雨。而以兩不雨兩遇雨互明。一方雨爲之樞紐。在睽而指大壯。在鼎而指家人。非比例通之。未易了也。

先甲三日後甲三日　先庚三日後庚三日

循按。蠱彖先甲三日後甲三日。巽九五先庚三日後庚三日。說者聚訟。言人人殊。今以經文推之。先甲三日後甲三日。係於利涉大川之下。傳云利涉大川。往有事也先甲三日後甲三日終則有始天行也巽九五貞吉悔亡无不利无初有終先庚三日後庚三日吉傳云九五之吉位正中也蠱言於彖巽於九五發之所以示每卦有再筮之例月令注云庚之言更也萬物皆肅然改更甲取義於始庚取義於更更即更代之義所謂代有終也巽二之震五震成隨巽成漸與蠱二之五同巽二之震五而後上之震二與蠱二之五而後上之隨三同蠱二之五而後上之隨三所謂利涉大川也蠱二之五爲先甲上之隨三隨成革革下三爻成離離爲日是爲先甲三日蠱成蹇而變

通於睽，睽二之五爲後甲，睽四之蹇初，蹇成既濟，既濟下三爻亦成，離離爲日，是爲後甲三日，蹇成既濟則終，變通於睽則有始，故傳云終則有始，天行也，巽二之震五，猶蠱二之五也，在蠱爲先甲，在巽爲先庚，巽二之震五而後上之震三，震成革，革下三爻成離，猶蠱二之五而後上之隨三，隨成革，下三爻成離也，在隨爲先甲三日，在震爲先庚三日，巽成蹇，變通於睽，猶蠱成蹇，變通於睽也，在蠱爲後甲，在巽爲後庚，睽四之巽初成既濟，下三爻成離，猶睽四之蠱初成既濟，下三爻成離也，在蠱爲後甲三日，在巽爲後庚三日終則有始故貞吉悔亡无不利其所以稱庚不稱甲者經文自以无初有終四字明之甲之言始也始之言初也蠱成蹇有初故稱甲巽成蹇无初故稱庚巽成蹇何以无初以其庚也庚之言更也蠱二之五五以柔進爲剛是始在蠱故蠱成蹇有初巽二之震五巽五本剛不動是始在震不在巽故巽成蹇无初蠱二之五不更之他卦而始卽在蠱故不庚而甲巽二不能自交於五必更而之震而始以更而亦在震故不言甲而言庚以无初有終明先庚後庚卽以先庚後庚明无初有終无初有終指巽成蹇蹇成旣

濟經於睽六三用无初有終四字所以明巽九五之无初有終指蹇之通睽也睽二之五成无妄上乾為天蹇下艮為鼻以无妄四之蹇初蹇下艮鼻毀為劓是即後庚三日而下申以无初有終則後庚三日指睽之其人天且劓經固自明之而不必煩言者也傳以終則有始贊蠱又以終則有始贊恆蠱終則成既濟有始則睽成益益變通於恆恆又有始而後益終恆成咸咸亦先甲也咸通於損亦後甲也舉一巽蠱之成蹇者以為之例則震成革之通蒙視此矣而乾坤坎離艮兌之成蹇革者視此矣成蹇革以變通而為

益則成屯家人以變通而爲咸皆視此矣彖於蠱言先甲後甲爻於巽九五言先庚後庚而係之以无初有終又以无初有終復言於睽而係之以其人天且劓不言蹇蹇在其中此經之微妙也傳因先庚後庚爲无初有終而以終則有始贊先甲後甲又以終則有始贊恆不言益益在其中此傳贊經之微妙也以睽明蠱巽之成蹇以恆贊睽之成益蠱成蹇隨必成革巽成蹇震必成革而先甲三日先庚三日之義明矣睽成益則蹇必成既濟而後甲三日後庚三日之義明矣

臋无膚其行次且　臋无膚其行次且

循按夬九四姤九三皆云臋无膚其行次且臋殿於後周禮鄉師注屯或爲臋鄭大夫讀屯爲課殿杜子春讀在後曰殿釋名亦云臋殿也謂三也夬通剝臋謂剝三姤通復臋謂復三夬二之剝五剝上之三夬成革剝成蹇此夬之臋无膚也姤二之復五上之復三復成既濟姤成咸此姤之臋无膚也革四不可之蹇初咸四不可之初故其行次且次且即趑趄行不前也行所以不前者未牽也牽則悔亡矣未牽則不行所以厲无咎兩卦之辭互相發明明白無惑姤辭繫於九三則臋无膚爲主自三及四故云厲无咎夬辭

繫於九四。則其行次且爲主。溯所以次且爲臋无膚之故。故直云牽羊悔亡。其辭同而意各有在也。夬於牽羊悔亡之下。轉一語云聞言不信。傳云聞言不信。聰不明也。於是困象云有言不信。既與聞言不信相貫。而初六臋困于株木。入于幽谷。傳云幽不明也。幽不明亦與聰不明相貫。而此困于株木之臋。即臋无膚之臋。困二。二不之賁五而賁上之困三。爲姤二不之復五而上之復三之比例。姤二先之復五而後上之復三。則臋无膚。困二。二不之賁五而賁上先之困三。則臋困于株木。困于株木則臋有膚也。困成大過。與姤成大過同。困成萃。則與夬成革。剝成觀。相錯爲萃同。故三臀字相貫。剝六四剝牀以膚凶。剝牀上之三爲臀也。以膚者。夬二不之剝五。剝五之膚未變也。剝牀以膚則臀有膚。臀有膚則臀困于株木。臀困于株木。困成大過。賁成明夷。故幽不明。剝牀以膚。剝成明夷也。然則困有言不信。亦以大過四之初矣。旣成需。又成明夷。則災在外。故剝六四傳以近災贊之。何以知膚指五。經自明於噬嗑睽兩卦。噬嗑六二噬膚。睽六五厥宗噬膚。睽二之五成无妄。與井二之噬嗑五同。膚指五。噬膚指二之五。膚。柔者也。噬膚則无膚。若井二不之噬嗑五而噬嗑上之三猶姤二不之復五而上之復三也噬嗑成豐豐四又之井初即姤成大過大過四又之初何也井二之噬嗑五成无妄蹇相錯爲屯遯即姤二之復五之比例故其成需明夷同於復姤成需明夷而傳則云何校滅耳聰不明也與夬聞言不信傳同則是聞言不信猶夫何校滅耳蓋井初之噬嗑四爲夬四之剝初之比例則先成豐而豐四之井初亦與先成謙而夬四之謙初同也困初六臀困于株木之下申之云三歲不覿傳以幽不明贊之而豐上六亦云三歲不覿而傳於九四日中見斗

賁云幽不明也顯與困初六相發明蓋離上之坎三成井成豐猶乾上之坤三成謙成夬井不通噬嗑豐不通渙而以豐四之井初與夬四之謙初同剝上之三仍爲謙噬嗑上之三仍爲豐乾四之坤初成復成小畜猶兌四之艮初成節成賁賁通困猶復通姤故以姤之臀无膚同於夬之臀无膚與困之臀困于株木噬嗑之噬膚相貫以夬之聞言不信貫於困之有言不信以困之三歲不覿貫於豐之三歲不覿傳即以聰不明贊夬贊噬嗑以幽不明贊豐贊困而諸卦之義皆一以貫之

拔茅茹以其彙征吉　拔茅茹以其彙貞吉亨

循按虞仲翔謂巽爲茅又云巽柔白爲茅此依大過下巽爲義也蓋白指巽茅指巽下之柔爻茅柔二字皆从矛茅在初故柔在下也大過初六藉用白茅猶士虞禮稱藉用葦席藉薦也薦於物之下大過初先之四則下無巽卽無白茅惟初不之四而二先之頤五在頤成益在大過成咸初六仍是柔爻故傳云柔在下也繫辭傳云苟錯諸地而可矣姤上之復三賁上之困三成大過明夷是以卑蔑尊輕薄已極故茅之爲物薄舍明夷而變通於頤爲錯諸地錯諸地所

爲用也故用可重傳云藉之用茅何咎之有愼之至也又云愼斯術也以往其无所失矣愼卽坤六四愼不害之愼愼斯術猶云順斯道順則不失道謂二先而初後也藉用則大過成旣濟頤成益益上不可遽之三益上遽之三則成兩旣濟頤六二征凶傳云行失類也明大過藉用白茅則頤上不可征也何也乾二不之坤五而四之坤初成復天地閉賢人隱矣復通於姤可以括囊矣乃姤二又不之復五而復三之姤上成大過其爲閉與隱更甚矣乃一變通而藉用白茅仍歸於无咎藉用白茅之愼無異於括囊之愼

傳以兩愼字贊之。可知其義。經於大過稱无咎无譽。亦與坤六四同。然則大過二之頤五。不異姤二之復五。卽不異乾二之坤五。一能改過。卽歸無過。大過之用茅明。則泰否之拔茅明。泰否者。乾坤之相錯者也。泰二之五。猶乾二之坤五。否四之初。猶乾四之坤初。拔茅二字。泰初九否初六。皆指否初之四成益。傳於乾初九贊云確乎其不可拔。潛龍也。乾二未之坤五而上之坤三。猶姤二未之復五而上之復三。亦猶臨二未之五而遯上之臨三。乾成夬。坤成謙。謙初不可拔也。復成屯。姤成大過。大過初不可拔也。臨成泰。遯成咸咸初不可拔也不可拔必易而後乃可拔故云確乎確然示人易易則錯諸地矣易則茹以其彙矣故大過易而通頤則二先之頤五而初可拔夬易而通剝則夬二先之剝五而剝初可拔泰易而通否則泰二先之五而否初可拔在大過爲藉用白茅在泰爲拔茅茹以其彙茹爲牽繫之義謂與泰相牽繫彙猶類也泰與否相茹乃不失類故貞吉亨否茹於泰乃可拔茅傳云志在君也乾爲君泰之志繫於否上之乾此否初六之拔茅也泰初九拔茅即否初六拔茅泰成既濟否成益與大過成既濟頤成益同益上

之三。在頤爲征凶。在否亦征凶矣。在頤失類。在否亦失類矣。故又必茹以其彙。否初六之茹。謂否與泰茹。以茅未拔言也。泰初九之茹。謂益與恆茹。以茅既拔言也。征吉二字。與頤六二征凶互明。頤傳行失類三字。卽與茹以其彙互明。失類則征凶。茹以其彙則征吉也。藉用白茅之藉。卽盥而不薦之薦。薦謂初之四盥謂上之三。上從二五之三。則初不得又之四。是爲盥而不薦。初從二五之四。則上不得又之三。是爲薦而不盥。觀彖示之以例。可推而知者。大過藉用白茅。則初從二五之四矣。頤上又征三。則是薦而又盥。故失類征凶觀爲夬二之剝五之卦夬二之剝五而剝上之三猶大壯二之五而觀上之三傳以不可拔贊乾之成夬所以與觀之不薦相發明三上先二五而行初固不可拔三上從二五而行初亦不可薦薦藉拔其義同也

或益之十朋之龜弗克違元吉　或益之十朋之龜弗克違永貞吉

循按說卦傳離爲龜損益皆無離而互坤坤爲地地之數十故云十損二之五則得其友友即朋也十而朋則損成益咸四之初下成離故爲十朋之龜易每

以一字爲一義此其常也損成益咸成既濟益不與既濟孚故云或益蓋咸未成既濟損成益因而上之三可也咸成既濟損成益因而上之三不可也用一或字加益字之上明此損所成之益已與咸之成既濟者相係不相孚而實相或十朋而克之可也十朋之龜而克之不可也故欲其弗克而違損六五益六二皆云或益之十朋之龜弗克違其義同惟永貞則元吉亦惟元吉乃永貞永者恒也謂十而朋朋而龜矣必變通於恒恒二之五而後益上乃可以之三弗克而違亦永而後克也頤亦無離虞仲翔以爲晉四

之初，謂晉上離，爲龜也，然晉上之離，何不可舍，周禮龜人掌六龜之屬，天龜曰靈屬，靈龜，天龜也，以觀我二字推之，謂夬二之剝五也，夬二之剝五成觀，爲觀我，夬下本乾，決而爲離，故爲天龜，靈之義亦爲善，夬二之剝五繼之者善，則夬下成離，亦是善龜所以靈也，舍爾靈龜者，不以夬二之剝五也，觀我朶頤者，夬四之剝初也，夬四之剝初，猶革四之蒙初，革四之蒙初成損，損通咸，仍得十朋之龜，夫損二先之五而咸四應之，猶夬二先之剝五，而後四之剝初應之，然則剝舍靈龜而成頤，亦蒙舍靈龜而成損，損通咸而得十朋之龜亦頤通大過而得十朋之龜損益用兩龜字頤用一龜字舍則凶違則吉違舍義同而吉凶各判者一則舍二五而先初四一則違三上而先二五也比例之可得其互相發明之義

西南得朋東北喪朋　蹇利西南不利東北　解利西南

循按西南東北之說言人人殊乃求之經求之傳明白可見也說卦傳云艮東北之卦也物之所成終而所成始也故曰成言乎艮艮之爲東北傳明言之因推震爲東方巽爲東南離爲南方坎爲北方乾爲西

北、兌正秋爲正西、坤不言而知爲西南矣、坤彖云、西南得朋、東北喪朋、傳云、西南得朋、乃與類行、東北喪朋、乃終有慶、其義隱奧、原不易明、乃經則自明之於蹇、蹇彖云、利西南、不利東北、方其爲坤、乾二之坤五爲得朋、二行而上亦行、是爲乃與類行、於是坤成蹇、蹇下艮爲東北、若令乾四又之坤初、則是革四之蹇初、成兩既濟、故坤成蹇、其道已窮、急宜變通於睽、睽五喪而未得、故喪朋、喪朋則終有慶、不喪朋而終則不利、故不利東北、因不利東北、所以喪朋、喪朋而後乃終有慶也、蹇傳云、蹇利西南、往得中也、不利東北其道窮也其義甚明於蹇言西南東北知坤之東北謂蹇於坤言西南東北知蹇之西南謂坤坤蹇兩卦彼此互明明白如繪解何以利西南因蹇之不利東北而連類及之也經自明之云无所往其來復吉无所往者三未之家人上四亦未之初也來復者二之五也解無坤解成萃則有坤猶坤無艮坤成蹇則有艮坤成蹇不利東北以革四不可之蹇初也解成萃利西南以家人上可之萃三也傳云解利西南往得衆也二之五先得衆而後三往家人上故往得衆若初先往四則不異乾四之坤初而小畜寡矣何以得

衆也。至說卦傳言南方之卦，西北之卦，東北之卦，正北方之卦，而巽言東南，震言東方，不必稱之卦，而自爲卦無疑，坎既北，離既南，震既東，則兌爲西方之卦無疑，巽既東南，艮既東北，乾既西北，則坤爲西南之卦無疑，已舉三隅，不難以一隅反也。虞仲翔迂謬，其說謂震初不見東，故不稱東方卦，巽陽隱初，又不見東南，亦不稱東南卦，兌三失位不正，故言正秋，兌象不見西，故不言西方之卦，與坤同義，顧正秋即是正西，以四時互見四方，聖文簡妙，無不該也。若震則明稱東方，巽明稱東南，何不見之有。蓋言卦不言卦，乃屬文之或省或不省耳據以牽合其納甲之說何哉乾納甲在東不見西北離納己不見南經則明言南方之卦西北之卦彼謂震不見東故不言東方卦者不可通矣虞言乾晨見西北既言艮見丙又以爲在甲癸之閒方位果何定乎虞解坤彖云月三日成震出庚至月八日成兌見丁庚西兌南故西南得朋謂二陽爲朋二十九日消乙入坤滅藏于癸乙東癸北故東北喪朋謂之以坤滅乾其解蹇云坤西南卦五在坤中坎爲月月生西南故利西南往得中謂西南得朋也艮東北之卦月消於艮喪乙滅癸故不利東

北此與坤彖之注已自相矛盾既云庚西丁南則西南已屬震兌兌二陽既得朋則與坤之滅陽者不可同日而語乃又牽於坤爲西南卦蓋蹇無震兌不得不以西南爲坤震兌以得朋爲西南坤又以喪朋爲西南鑿枘相牾究何所從傳贊喪朋明云有慶喪朋乃有慶則朋之宜喪不待智者而後知也

老夫得其女妻老婦得其士夫　夫征不復婦孕不育女承筐无實士刲羊无血

循按荀慈明謂初陰失正當變數六爲女妻二陽失正數九爲老夫以五陽得正位不變數七爲士夫上

陰得正數八爲老婦虞仲翔以爲俗說謂二體乾老故稱老夫兑爲少女故曰女妻初巽爲婦乾爲老故稱老婦大壯震爲夫兑爲少故稱士夫其解老夫得女妻則謂二與上應爲乾得兑因傅會過以相與爲初與五應二與上應又謂體姤淫女故過以相與試爲揆之合有常匹乃爲相得若初舍四之常匹而應五二舍五之常匹而應上豈尚云得乎九二九五皆言生言得二言无不利五言无咎豈淫女之占乎苟固俗說虞亦望文生意然則夫婦爲何老夫謂需下乾也老婦謂明夷上坤也夬二之剝五井二之噬嗑

五原可相得而生乃夬四之剝初噬嗑四之井初井夬成需噬嗑剝成頤需二不能交於頤五遂成老夫乃變通於大過頤五之大過二則得其女妻女妻謂巽成艮也姤二之復五困二之賁五原可相得而生乃姤上之復三賁上之困三賁復成明夷困姤成大過明夷五不能交於大過二遂成老婦乃變通於頤大過二之頤五則得其士夫士夫謂艮成巽也其義互見於漸歸妹漸上之歸妹三爲夫征在歸妹爲士刲羊夫謂漸五士謂漸上漸上巽猶頤成益上巽也漸初之歸妹四爲婦孕在歸妹爲女承筐婦謂漸二

女謂漸初漸下艮猶大過成咸下艮也傳以離羣醜
三字與亦可醜互明則知漸稱夫歸妹稱士即大過
之士夫漸稱婦歸妹稱女即大過之女妻經文明白
如此歸妹漸本是士夫女妻可生可育乃歸妹二不
交五而漸上之歸妹三成大壯蹇相錯爲需小過猶
夬剝井噬嗑成需頤也需二不能交於頤五亦不能
交於小過五是士夫而爲老夫故夫征不復士刲羊
无血矣歸妹二不交於五而漸初之歸妹四成家人
臨相錯爲明夷中孚猶復姤困賁成明夷大過也明
夷五不能交於大過二亦不能交於中孚二是女妻

而爲老婦。故婦孕不育。女承筐无實矣。以士夫女妻。一失道而成老夫老婦。則不復不育。以老夫老婦。一變通而成士夫女妻。則生稊生華。老夫得女妻。老婦得士夫。猶云老夫老婦不能生育者。以變通而爲士夫女妻。能生能育矣。經文故奥其辭耳。知夬四之剝初。噬嗑四之井初。爲老夫者。噬嗑井相錯即屯鼎。鼎二之五。爲井二之噬嗑五之比例。鼎初六得妾以其子。是士夫女妻交而有子也。鼎四之初。則爲噬嗑四之井初之比例。女子貞不字。不字。不育也。女子貞則士夫爲老夫矣。大畜下之乾。猶需下乾也。知姤上之復三賁上之困三爲老婦者賁困相錯爲革蒙蒙二之五爲困二之賁五之比例九二納婦吉子克家是士夫女妻交而有子也在蒙成觀在賁成家人明以子克家指其爲困二之賁五矣若上之三成升則亦賁上之困三成大過矣故見金夫不有躬見金夫亦女妻爲老婦矣升上之坤猶明夷上坤也然升爲老婦而經云金夫金夫則老夫也大畜爲老夫而經云女子貞女子貞則老婦也此又互明之也漸上之歸妹三成大壯蹇大壯變通於觀即小畜變通於豫夫征不復者至是仍爲夫妻小畜二之豫五而三上從

之。卽大壯二之五。而觀上從之。亦卽大過二之頤五。而頤上從之。在大過爲枯楊生稊。在歸妹爲反歸以娣。在小畜則爲夫妻反目。反目卽是反歸。以娣卽是生稊。夫妻反目。卽老夫得其女妻也。上九旣雨旣處。謂小畜成需。豫成明夷。是老夫而兼老婦。明夷通訟。則婦貞厲而婦非老婦矣。睽上之三爲賁。上之困三之比例。上不之三而初之革四。則成損。鼎四之初。爲噬嗑四之井初之比例。四不之初而上之屯三。則成恒。成恒亦夫征不復也。成損亦婦孕不育也。睽九四睽孤遇元夫交孚。睽成損猶蒙成損。損旣濟不能孚。

損變通於咸。猶頤變通於大過。則損二之五爲遇元夫。交而能孚。元夫猶士夫也。恒六五恒其德貞婦人吉。夫子凶。恒孚益而交。女妻從士夫者也。故其貞吉。恒二之五而益上從之。恒已成咸。已納婦有子爲夫子矣。宜變通於損。乃爲制義。若損二不之五而咸四之初。即同於鼎二不之五而四之初。在鼎爲女子貞不字。在頤則爲老夫。在咸則爲從婦。故其貞凶。序卦傳云有男女然後有夫婦。爲咸通損而言也。夫婦之道。不可不久。爲恒孚益而言也。恒不孚益則不可久。咸不通損則有男女而無夫婦。均非道也。伏羲作八卦所以定人道制嫁娶使人各有偶故以旁通爲有孚有孚而男女乃有別夫婦乃有定孚而交則有子子又旁通而納婦交孚所以生生不息恒咸咸雖交孚而有夫子子不納婦而從婦則仍不久矣從婦者不交孚也大有上之比三猶漸上之歸妹三大有四之比初猶歸妹四之漸初无交而害是爲後夫後夫者老夫也亦金夫也

箕子之明夷　其子和之　得妾以其子

循按箕子之明夷釋文云蜀才本作其說文其丌也籀文箕然則其爲箕之籀文其子即箕子箕子即其

子也。中孚九二，鳴鶴在陰，其子和之，易以剛在五稱我，柔在五稱其。剛與柔孚，柔以交而爲剛，稱子。小過五柔，中孚二之小過五，變柔爲剛，故云其子和之。乃中孚二不之小過五，而小過四之初，成明夷，故云其子之明夷，謂小過所成之明夷也。小過所成之明夷，仍與中孚係。中孚明夷相錯爲家人。家人內也，故傳云內難。內難則志不正，其子之明既傷，夷則不能和鳴鶴，而有好爵，惟是既成明夷，改而變通於訟。五之訟二，爲利貞。利貞則能正其志。能正其志，則仍爲其子，故云內難而能正其志。其子以之，以小過之其子。

證明夷之箕子。其脈絡貫通如此。經又於鼎初六互明之云。得妾以其子。兌爲妾。鼎二先之五成遯。而後以上之屯三。屯成既濟。鼎成咸。與中孚成既濟。小過成咸同。是鼎之其子。卽中孚所稱之其子也。於鼎言之者。有微義焉。鼎二之五爲遯。遯通於臨。臨遯相錯爲履謙。履四之謙初。履成中孚。謙成明夷。爲小過四之初之比例。遯四之初爲家人。家人臨正中孚明夷相錯之內難。小過四之初。則其子之明夷。冥晦迷失其明傷。其子亦亡。臨不成屯。而遯四之初。卽小過其子之明夷也。故六三係遯有疾厲。畜臣妾吉。係者與臨係也有疾者四不之初也畜臣指臨二之五畜妾指上之臨三臣卽小過遇其臣之臣妾卽鼎得妾之妾傳以不不可大事四字贊之卽小過彖中之辭小過不可大事謂不可以四之初則遯之不可大事亦謂不可以四之初是傳明以遯四之初爲小過四之初之比例也中孚二之小過五在小過爲其子和之在中孚爲遇其臣子以象父謂剛也臣以事君謂柔也二之五爲其子五之二爲遇臣臣猶子也子猶臣也鼎言得妾以其子發明中孚之其子和之遯言畜臣妾吉發明小過之遇其臣而以一妾字爲之樞紐有

妾則上有兌上有兌則四不之初四不之初則鼎成遯遯不成家人而成咸即小過不成明夷而成咸不成明夷而成咸則其子和之而其子之明不夷不成家人而成咸則得妾以其子而畜臣妾吉既明於鼎又明於遯者必遯四之初成家人乃與臨相錯爲中孚明夷而爲箕子之明夷之比例若鼎四之初成大畜不可以發明箕子之明夷故必發之於遯而明指一畜字以示遯四不之初不成家人即鼎四不之初不成大畜也以臨二不之五而遯四之初爲中孚二不之小過五而小過四之初之比例以鼎二之五而

後上之屯三爲臨二之五而後遯上之臨三之比例則鼎二之五亦猶中孚二之小過五故鼎之得妾卽遯之畜妾而鼎之其子卽中孚之其子得妾則其子和之不畜妾則其子之明夷經文鉤貫之妙眞如仙骨連環而傳但取小過不可大事一語贊於畜臣妾之下尤爲神妙而解者視爲說理之泛言不亦枉乎五所以稱其子者子者孳也有子而後似續不窮父子相承終則有始矣鼎四之初與隨四之蠱初同鼎四不之初而二之五則有其子蠱二不之五而隨四之蠱初則無其子乃蠱成大畜大畜孚於萃則仍有

子故幹父之蠱有子考无咎屯大畜相錯爲需頤大畜孚於萃猶頤孚於大過大過二之頤五生稊生華卽大畜孚萃之有童牛中孚孚小過之其子和之也大畜孚萃而二之五成家人猶家人孚解而解二之五成萃大畜二之五有子成家人通解解二之五又有子父有子子又爲父是父父子子有夫婦然後有父子大畜二之五是夫婦交而有子家人旁通於解又爲夫婦故夫夫婦婦伏羲以前知有母不知有父是有男女無夫婦有母子無父子自以旁通而定爲夫婦乃有父子父生子子又旁通定爲夫婦子又爲

父。父又生子。生不一子。則長幼序而爲兄弟。大畜二之五。萃四從之成震。則兄也。萃三從之成艮。則弟也。解二之五。四之初從之成震。則兄也。三之家人上從之成艮。則弟也。故兄兄弟弟。父父子子兄兄弟弟夫夫婦婦而後家道正而天下定。謂家人通解。父子之後續爲父子。夫婦之下。嗣爲夫婦。家人乃可成既濟而終。家人九三。婦子並言。解二之五爲子。解五之二爲婦。子卽婦之夫。家人二五爲夫婦。解成咸二五又爲夫婦。子又生子。相續於無窮。何慶如之。若解二不之五。而家人上之解三。成恒。三先五而行則憂。家人二五之爲婦子者已往。解二五之婦子。不來。是有家人之婦子。而無解之婦子。烏不嗟傷悼歎。此所以嘻嘻也。嘻卽檀弓夫子曰嘻之嘻。悲歎之聲也。悲歎之甚。故嘻嘻。公羊僖公元年傳慶父聞奚斯哭聲曰嘻此奚斯之聲也諾已吾不得入矣於是抗輈經而死何休注云嘻發痛語首之聲列子天瑞篇向氏爲盜以臟獲罪沒其先居之財往怨國氏國氏曰嘻張湛注云音熙哀痛之聲大戴禮少閒篇公曰嘻善之不同也注云嘻歎惜之聲史記張儀掠笞數百其妻曰嘻子毋讀書游說安得此辱乎索隱云嘻悲恨之聲諸嘻皆與檀弓同董子精華篇載奚斯之言正作嘻嘻兩字馬融以婦子嘻嘻爲笑聲鄭康成以爲驕佚喜笑之意皆不合

恒六五。恒其德貞。婦人吉。夫子凶。解爲家人之婦。解成恒。恒爲益之婦。解未納婦有子而嘻嘻。恒從乎益則納婦而有子。恒爲益之婦者。咸則又爲損之夫。故云夫子。若不俟損二之五而咸四卽

之初而終。未及交孚有子。仍是婦子嘻嘻矣。是時損之爲婦。五未納於二。二未交於五。而咸初四從之。故爲從婦也。不從婦而交孚。則損二之五。而後咸四之初。咸成既濟。損成益。益既濟相錯爲家人。損爲咸之婦者。成益又爲恒之夫。益必俟恒二之五。而後貞。猶咸必俟損二之五而後貞。損上九貞吉利有攸往得臣无家。謂損成益。欲貞吉。則必利而後有攸往。從婦則凶。利則變通於恒而交孚矣。恒二之五而益上往三。則不從婦而貞吉矣。恒二之五。是爲得臣。益係既濟則有家。變通於恒故无家。有家則貞凶。无家則貞吉也恆二之五爲中孚二之小過五之比例得臣即得小過所遇之臣既得臣成咸咸益相錯爲隨漸不復有家人所以言得臣无家者明小過遇臣則无家也小過成明夷與中孚錯乃有家人小過成咸其子和之則相錯不成家人不致其子之明夷而成内難矣有家乃有内難无家則无内難也乃損上九得臣无家承弗損益之而言弗損益之謂蒙二先之五而後革四之蒙初則不成損而成益與損二之五而咸四之初同益既濟相錯有家人而無内難蒙九二納婦吉子克家納婦蒙二之五也納婦而有子有子而

成觀與革相錯亦爲家人，蓋相錯爲家人萃，則有子之家也。相錯爲家人臨，則內難之家也。凡此皆箕子之明夷，互相發明。明夷之箕子，卽鼎中孚之其子，可比例得之矣。然則箕子非父師之箕子乎？古之其字，既爲箕之籀文，則箕字正是其之本字，則中孚鼎亦可作箕子。曲禮梁曰薌萁，釋文：其字又作箕，同音姬，語辭也。以明夷之其子作箕子解可也。以中孚鼎之箕子作其子解，可也。易以六書假借爲引申，帝乙、鬼方，皆非實事，又何疑於箕子其子之不同乎？漢書儒林傳稱蜀人趙賓好小數書，後爲易，飾易文以爲箕子明夷，陰陽氣亡箕子；箕子者，萬物方荄茲也賓持論巧慧易家不能難皆曰非古法也云受孟喜喜爲名之後賓死莫能持其說者喜因不肯仞以此不見信釋文引劉向云今易箕子爲荄滋然則賓說當時雖莫能持而劉向時所見尚有作荄滋者故揭之云今易明古易不然也馬融云箕子紂之諸父明於天道洪範之九疇德可以王故以當五融所見易固作箕子鄒湛云荀爽訓箕爲荄詁子爲滋漫衍無經不可究詰推湛此言可知東漢諸儒皆同馬本復理賓說惟爽一人虞仲翔奏上易注謂馬融不及荀爽而明夷六五則舍爽取融其說云

五乾天位，今化爲坤，箕子之象。李鼎祚采馬、虞，而不取荀氏，是矣。王弼注明夷六五云「最近於晦，與難爲比，險莫如茲，而在斯中」，所謂「茲」者，正以「子」爲「茲」，「而在斯中」四字卽解說此義，蓋陰用趙賓荄滋之說，而但以「子」爲「茲」，以「箕」爲「其」，讀爲其茲之明夷也。孔穎達未悉其趣，以爲箕子近殷紂云云，强爲之說。顧王弼於帝乙、高宗皆顯述之，而注中不言箕子，僅曰「茲」、「斯」，弼之說卽用賓之說而小變之，又何惑乎？陸德明雖列劉向之說，而實著鄒湛所譏；孔穎達雖祖王弼之注，而援入馬融諸人之義。於是唐宋以後說易者未有理荄茲而詘箕子者也要之荄茲固非箕子亦不必泥如知以假借爲引申則荄箕本通淮南時則訓爨萁高誘注云萁讀荄備之荄爾雅山無草木岐說文無草木爲岵釋文引三蒼字林聲類言岐猶岵字岐通於岵猶荄之聲通於萁作荄可也以荄茲而傳會其說不可也汗簡茲作孖云見尚書以中孚鼎之其子證之雖父師之箕子已爲假借而荄茲之說又何容混入乎信陽張氏綬佩乾隆間撰義里睡餘編內一條云帝震卽甲乙其亞也借商帝之名立象與旣濟稱高宗一例後世或有摭拾帝乙致醮之辭不知其爲謬附箕子或曰紂叔父或曰紂庶兄以象論之前人有以箕子爲其子之說頗得象大意卦引人名其旨原

自有在也張氏先得我心附錄於此以見余説之不孤也

男廷琥孫授書授易授詩校字

易通釋卷十四 雕菰樓易學之三

江都焦循學

利建侯　利建侯

循按：虞仲翔以震爲侯，以三爲公位；荀慈明以侯爲陽中之陰。以震爲侯者，據屯下有震也；以侯爲陽中之陰者，據晉六五也。證諸他卦，則不可通。乾鑿度謂三爲三公，四爲諸侯，五爲天子，故虞氏以公指三。李鼎祚以四爲諸侯上公之位，是本乾鑿度而合公侯皆指四，則變其說矣。說卦傳云乾爲君，舉一君字以爲乾象，公侯亦君也，見爾雅。則亦乾象也。屯下震已定，無容更建既云勿用有攸往則謂三不可往三何以不可往以鼎二未之五也鼎二之五而後三往鼎上乃爲建侯若曰勿用以三往鼎上宜先以鼎二之五屯三往則六爻寧定舍三不往而建鼎之侯則屯不寧故傳云宜建侯而不寧乃爻以利建侯係之於初者爲豫而言也小畜二之豫五豫四不之初則不成屯不成屯則以小畜上之豫三即爲建侯四既之初成屯則必變通於鼎乃爲建侯然則侯指咸之互乾即屯豫兩卦比例可知小畜二不之豫五而上之豫三豫成小過小畜成需需通晉則康侯小過通中孚則

公弋取彼在穴。小過之公。即豫之侯。謂中孚二之小過五。仍成咸也。於是益六三稱公用圭。六四稱公從。指益通恒。恒二之五成咸。爲中孚二之小過五之比例。亦屯通鼎。鼎二之五之比例。解上六。公用射隼于高墉之上。二之五成萃。即小畜二之豫五。家人上之解三。即小畜上之豫三。解成咸猶豫成咸也。鼎二之五而上從之。成咸。爲建侯矣。鼎二不之五而四之初。成大畜。則覆公餗。雖有乾在下而不在五。侯不建。是公之覆者也。覆者。建之反也。公不覆則公用亨于天子。二之五爲乾。爲天之子。上之比三。爲公用亨。然則同一乾爲君。而在五爲天子。卽爲王。在三則爲公爲侯。凡稱公侯皆三互乾也。故稱公侯之卦。非指咸卽指革。蠱上之隨三成革。則事王侯。不事王侯者。不以上之隨三也。稱王又稱侯者。咸革三五共互乾兼三五而稱之也。侯在三。建之者王也。先五有王。而後建三之侯。亦兼三五言之也。坎彖傳云。王公設險以守其國。坎二之離五爲王。離上之坎三成革。則公也。上之三爲設。亦爲征。離上九王用出征。出征猶設險也。六五傳云。六五之吉。離王公也。謂成豐。豐變通於渙。渙二之豐五成革。有王有公。故離王公。渙者離也。渙王假有廟，九五渙王居，豐王假之，皆謂渙二之豐五也。豐渙單言王，離坎兼言王公，明其爲革而三五兼用也。出涕，亦渙二之豐五而又上之三，故兼言公也。坎二之離五，離成同人，坎成比，爲大有二之五之比例。比傳云，先王以建萬國親諸侯，萬國謂比成屯，諸侯謂屯通鼎，鼎之侯本於建屯之國，由於親，於國言建，於侯言親，明親與建同也。一筮再筮，故稱先王，稱萬國，稱諸侯。師九二王三錫命，比上六王用三驅，皆謂成屯而通鼎，鼎二之五爲王，有王而後三錫三驅，則亦有王而後建侯也。比大有相錯爲需晉，需二之晉五而晉四之初應之成益即大有二之五而四之比初成屯屯通於鼎爲建侯益通於恒爲康侯康者安也寧也不寧而先建侯既建侯則可以寧康侯者在此則康在彼則侯也在此則康晉成既濟也在彼則侯恒成咸也故下申之云用錫馬蕃庶晝日三接錫馬蕃庶晉成益也晝日三接益通恒益成既濟恒成咸也晉成咸猶豫成咸晉成益猶豫成屯故成益康侯於恒即成屯而建侯於鼎也晉豫屯三卦互明如此坤成屯通鼎鼎二之五爲王事屯三之鼎上從之爲從王事訟成益通恒恒二之五爲王事益上之三

從之亦爲從王事鼎屯相錯爲噬嗑井噬嗑成无妄猶鼎成遯上乾爲王而後三上求之爲求王明求王明即從王事也

月幾望　月幾望　月幾望

循按易言月幾望者三卦小畜上九歸妹六五中孚六四是也虞仲翔皆以坎月離日震東兑西解之坎月離日是矣乃歸妹有震兑小畜無震兑至謂中孚自訟來訟坎爲月則九非易義蓋望爲月與日相對之名月至此而盈離在下坎在上月與日相對成既濟是則望也中孚三之上小畜上之豫三皆成需需

上坎成，而下離未成，故云幾望。歸妹漸相錯，即爲中孚小過。漸上之歸妹三，歸妹成大壯，漸成蹇。大壯蹇相錯，即小過需。爲小畜上之豫三之比例，亦中孚上之三之比例。經凡三言月幾望，皆以二不先之五而上之三成需小過而言。乃在小畜上之豫三，爲君子征凶固矣。而歸妹則稱月幾望吉，何也？承上帝乙歸妹君之袂不如娣之袂良言也。漸上之歸妹三成大壯，大壯旁通於觀，而二之五成革，爲娣之袂。大壯不能變通，更以四之蹇初成泰，而後泰通否，始爲帝乙歸妹。帝乙歸妹，即君之袂也。以小畜二不之豫五而

上之豫三成需小過則爲君子征凶以歸妹成大壯
漸成蹇不更令大壯四之蹇初成泰既濟而尚能早
爲改悔故吉非月幾望吉也以月幾望卽能改悔較
諸帝乙歸妹爲吉也吉卽良也卽申明君之袂不如
娣之袂良也惟娣之袂較君之袂爲良故月幾望較
帝乙歸妹爲吉若以月幾望較密雲不雨自我西郊
則月幾望爲凶而帝乙歸妹雖較月幾望更多一層
失道至於成泰亦能改悔亦自以祉元吉雖不如娣
之袂良而君之袂亦非不良矣蓋密雲不雨則豫成
咸不成小過小畜成既濟不成需月幾望則豫成小

過小畜成需矣歸妹成大壯漸成蹇矣娣之袂則大壯通觀不致更失道而成泰需通晉不致更失道而小過成明夷帝乙歸妹則大壯又失道而成泰始變通於否爲君之袂故以月幾望視密雲不雨則凶視帝乙歸妹則吉所爲君之袂不如娣之袂良也中孚六四月幾望馬匹亡无咎馬匹亡乃能无咎未能馬匹亡則月幾望不能无咎矣馬匹亡需通於晉也易之互相發明莫明於是

有他吉　有他吝　有他不燕

循按爻之稱有他者三比初六有他吉大過九四有

他吝中孚初九有他不燕他者巽之辭也中孚有他不燕承虞吉言與屯卽鹿无虞相發明比之有他以成屯而言也比有孚於大有旣比之而盈缶矣大有成家人比成屯家人上之屯三則卽鹿无虞而成兩旣濟終而不來矣惟屯舍家人而通鼎鼎二之五爲來而後鼎上之屯三成旣濟而終此終而彼來故云終來終而來者以其有他也他者鼎也屯之孚於鼎巽於比之孚於大有也蓋大有二之五若四不之比初則比不成屯仍與大有係不煩改而通鼎旣四之比初成屯則必舍而他係此所爲虞也屯通鼎矣鼎

二之五則屯三之鼎上亦無容他係也若鼎二不之五而四之初成大畜則大畜不可與屯係又必他係於萃此萃所以戒不虞也大畜屯相錯爲需頤頤之通大過猶屯之通鼎故鼎二之五爲顛趾大過二之頤五爲顛頤鼎二不顛趾而四之初成大畜即大過二不顛頤而四之初成需大過不成需則二顛於頤五爲棟隆吉大過二不顛頤五而四之初則橈乎下而需二不可之頤五矣必改而變通於晉故有他吝也同一有他一吉一吝者比成屯而盈爲當位之變通故能變通則吉大過成需而橈乎下爲失道之變

通。故能變通。雖吉而不免於吝。此經自示其例也。小過之於中孚。猶大過之於頤。小過四之初成明夷。猶大過四之初成需也。不使小過成明夷。而中孚二之小過五。故虞吉。若不能虞。而小過四之初成明夷。則中孚二不能之明夷五。明夷必改而變通於訟。故有他不燕。何爲不燕。燕卽宴也。謂不以中孚二之小過五也。中孚二之小過五。何爲燕。中孚小過相錯爲歸妹漸。中孚二之小過五。卽歸妹二之五。歸妹二之五與蠱二之五同。傳於隨贊云。君子以嚮晦入宴息。宴謂蠱二之五。蠱二不之五而上之隨三。成升革。錯爲明夷則晦蠱二先之五而後上之隨三成革蹇則爲嚮晦嚮晦則不晦矣嚮晦則宴於是蹇通睽睽二之五而後四之蹇初蹇成既濟則息睽成益上巽爲入蹇者蠱嚮晦而宴者也睽成无妄而四入蹇初入蹇即是入宴宴息即是蹇息嚮晦入宴息五字簡奧精詳括先甲後甲而贊之而晦宴兩字則所以贊虞吉有他不燕也不虞而小過成明夷則晦虞吉即是嚮晦嚮晦是宴則虞吉即是燕以嚮晦而無他則宴以不虞而有他則不燕兩相比例明白可見中孚小過之不燕贊於隨蠱者隨蠱錯爲頤大過明中孚二之

小過五與大過二之頤五同則小過成明夷之有他
即大過成需之有他以嚮晦入宴息贊有他不燕正
所以贊大過之有他吝不特此也又於需贊云君子
以飲食宴樂宴與樂並舉樂固所云比樂者也需晉
相錯爲比大有是需二之晉五爲宴即大有二之五
爲宴大有二之五而四末之比初是無他者也以一
宴字與隨之入宴貫又所以贊有他不燕與大過之
有他吝同亦與比之有他吉同也此傳之贊經造乎
微者也經以比明乾坤坎離以中孚大過明震巽艮
兌比大有本當位故用以明當位之變通而以有他

爲吉。中孚大過本失道。故用以明失道之變通。而以有他爲吝爲不燕。凡三言有他。而變通之例著矣。

田有禽　田无禽　舊井无禽

循按繫辭傳耒耨之利蓋取諸益。益者。屯家人之所錯也。乾九二見龍在田。屯爲見其稱田者。謂乾成家人坤成屯。耒耨施之於地。其象爲田。釋名已耕者爲田白虎通云。四時之田總名爲田者何。爲田除害也。平地之上耕作以樹五穀爲田。驅除禽獸以衛五穀亦爲田。田獵之田。卽是田稼之田。師二之五成比。猶乾二之坤五。六五田有禽。謂成屯也。二先之五爲禽。同人四之師初成屯、爲田有禽、田既有禽、宜變通於鼎、鼎二之五、而後上之屯三、鼎成咸、上兌爲言、不使四之初、故執其言无咎、屯五有禽、鼎五无禽、以有禽旁通於无禽、是爲知存知亡知得知喪、而鼎之无禽、又宜進而爲有禽、乃有言可執、若鼎二不之五而上之屯三、則不成咸而成恆、故恆九四田无禽、傳云、久非其位、安得禽也、何以見之、屯家人相錯爲益、耒耨取益、則屯稱田、家人亦稱田、屯通鼎、猶家人通解、鼎二不之五而成恆、猶解二不之五而成恆、繫辭傳贊解上六射隼云、隼者禽也、二先之五、而後三之家人上、是爲射隼獲之。卽爲田獲三狐。傳用一禽字贊之。是田獲三狐。卽是田有禽。解成咸則田有禽。解成恒則田无禽矣。解成恒則田无禽。鼎成恒亦田无禽矣。恒無田象稱田者。謂旁通於益也。家人通解。屯通鼎。而鼎解成恒。猶益通恒。而恒二未之五也。井初六舊井无禽何也。屯通鼎。屯鼎相錯爲噬嗑井。井二之噬嗑五。卽鼎二之五。可得禽矣。乃井泥不食。不以井二之噬嗑五。而以豐四之井初。豐井者。離上之坎三者也。相錯爲既濟恒。卽鼎上之屯三之比例。本无禽者也。而豐四之井初。則是恒四又之初。无禽而不能更新。徒爲舊井矣文言傳云潛龍勿用下也見龍在田時舍也而贊井之初六云井泥不食下也舊井无禽時舍也試推其義潛龍者乾上之坤三成謙夬也勿用者夬四不可更之謙初也乾坤成謙夬猶坎離成豐井豐四之井初猶夬四之謙初在乾戒其勿用在井則已用而爲井泥以下也二字貫之知彼此之義同也乾成家人坤成屯爲見龍在田屯宜通鼎爲利見大人屯通鼎則舍家人宜舍而舍故爲時舍井亦宜舍豐而通噬嗑井噬嗑既爲屯鼎之錯則井舍豐通噬嗑卽爲屯舍家人而通鼎之比例故亦以時舍二字贊之

惟時舍而舍則屯通鼎已有禽時舍而不舍則井不通噬嗑而仍无禽經文兩相反而傳同辭贊之明潛龍而用則亦井泥不食矣井而有禽則亦利見大人矣井泥與潛龍贊同知夬謙同於豐井矣舊井與在田同贊知井噬嗑相錯卽屯鼎矣傳之贊經神妙乃爾比例觀之自悉其奇豐井相錯爲恒之无禽井噬嗑相錯爲鼎之无禽无禽變有禽則得禽有禽通无禽爲失前禽无禽而仍爲无禽則非其位而安得禽有禽而仍爲有禽則爲從禽其義詳於比而傳於屯賛之比九五顯比王用三驅失前禽傳云舍逆取順

失前禽也師成屯而田有禽此禽爲已往之禽是爲前禽顯猶代也因比成屯舍而更於鼎是爲顯比王用三驅猶云田獲三品大有二之五一也比成屯二也鼎二之五而後上之屯三三也屯變通於鼎則舍屯五之禽故失前禽斯時不通鼎而以家人上之屯三則不失前禽而從前禽屯六三傳云卽鹿无虞以從禽也屯五之禽卽比之前禽也亦卽乾二已見而在田者也宜舍此禽以得鼎五之禽屯之禽前禽也鼎之禽新禽也不能得鼎五之新禽而從前禽不失前禽則逆而不順故君子幾不如舍舍前禽卽是舍

逆舍逆卽是時舍舍前禽則失前禽經傳之辭一以貫之如此前禽猶云舊禽爲當位而盈者言也當位而盈則宜舍前禽以變通而取新失道而咎則宜舍舊井之无禽而改過當位而舍時舍也失道而舍亦時舍也此又傳兩言時舍之義矣

取女吉　勿用取女　勿用取女

循按伏羲氏定人道制嫁娶孔子不贊之於乾坤而贊之於序卦傳之咸云有夫婦然後有父子乾爲父坤爲母已定之夫婦也夫婦未定嫁娶以定之凡兩卦之旁通者乃爲偶故咸之偶爲損而非恒咸雖與

恒相次而必娶妻於損。損雖與益次而必嫁夫於咸。咸與損爲夫婦。相對待者也。咸恒相次。則長幼兄弟也。以旁通之卦爲定偶。而自此嫁彼。自彼娶此。異姓爲昏姻之義也。蒙之於革。猶損之於咸。彖於咸言取女吉。爻於蒙言勿用取女。以蒙例損。即以咸例革。一互言之。而旁通之義了然。經之稱女。與稱妻稱婦不同。夫婦指二五。女則指巽離兑。説卦傳既言三索得男。三索得女。又詳言巽爲長女。離爲中女。兑爲少女。其震坎艮皆不言爲長男中男少男。所以明經之稱女。指巽離兑。而經無稱男之辭。故震坎艮不言男也。

震不言爲長男而言爲長子則以經言長子不言長男也大過下巽爲女二之頤五相交爲夫妻頤成益五剛夫也大過成咸二柔妻也由女而妻故云女妻明需下爲老夫無女大過下乃有女也屯六二女子貞不字女指鼎鼎上離下巽成家人上巽下離皆女也家人上之屯三則女子貞而家人通解解二之五而後家人上之解三則利女貞雜卦傳云歸妹女之終也此女卽指漸成家人而歸妹成臨家人上之臨三家人成既濟爲女之終女之終卽女子貞也漸上先之歸妹三成大壯蹇蹇初又之大壯四蹇下離故

女承筐、承筐則虛而无實、女之無歸者也、雜卦傳贊云、漸女歸待男行也、蹇成既濟、下有離女、大壯成泰、有父母而無男、此女所以無歸、欲女有所歸、則必待男而行、待即蹇初宜待之待、謂待旁通於睽、而睽二之五也、睽二之五成无妄、下震爲男、然後蹇初行於睽四、則同一成既濟、下離、而此離女則有所歸、異乎承筐无實之女矣、睽成益、蹇成既濟、相錯亦家人、故家人彖傳云、女正位乎內、家人內也、蹇成既濟、大壯成泰、相錯爲明夷、則女之不正位者也、蹇通睽、女歸吉矣、大壯通觀亦利女貞何也、大壯二之五、成革而後革四之觀初。觀成益。革成既濟。睽上離下兌。革上兌下離。傳皆以二女贊之。革之爲女。猶家人之爲女。革四之貞於觀初。猶家人上之貞於萃三。觀即蒙二之五者也。蒙二之五而後革四之蒙初。爲大壯二之五而後四之觀初之比例。亦即損二之五而後咸四之初之比例。咸革上兌爲女。是爲取女。取猶求也。求革四之兌以之蒙初也。亦求咸四之兌以之初也。惟大壯二先之五。乃有女。而後四之觀初爲利女貞。即損二之五而後咸四之初爲取女吉。若蒙二不之五而上之三成升。即大壯二不之五而觀上之三。亦即歸妹二不之五而漸上之歸妹三更以革四之升初即是以大壯四之蹇初爲女承筐无實女承筐无實此女之不可取者取則蒙成泰下乾爲金故六三勿用取女而申之云見金夫不有躬无攸利无攸利三字與歸妹上六无攸利互明升革相錯爲明夷大過是老婦非女妻升通无妄猶大過通頤大過通頤得女妻得士夫不致刲羊无血承筐无實矣而升无妄爲復姤之錯升二之五而後无妄四之升初即姤二之復五而後姤四之初姤无妄上未有兌不可爲取女惟姤二之復五而上之復三復成既濟姤成咸相

錯爲蹇革上乃有兌女此兌女不可取者也何也取
之於觀初則利取之於蹇初則成兩既濟終止道窮
姤下之巽女即升下之巽女亦即大過下之巽女姤
二之復五亦得女妻不言女妻而言女壯用一壯字
兼姤成咸復成既濟言之姤成咸復成既濟乃相錯
爲革而爲大壯二之五之比例然大壯二之五而觀
上未之三故革四之女可取而利女貞姤二之復五
而姤上已之復三則姤成咸又必通損俟損二之五
而咸四之女乃可取故在咸通損則取女吉在姤成
咸未通損則勿用取女姤彖傳云勿用取女不可與

長也。天地相遇。品物咸章也。明指出咸字。相遇是姤。
咸章是壯。咸通損損二之五。則二氣感應以相與。故
亨利貞。此取女所以吉。姤方成咸。在姤則以相遇而
咸章。在咸未通損。則二氣未能感應相與。故云不可
與長。此取女所以勿用。經文傳文明白可見。以蒙之
勿用取女。推之於姤。則姤二不之復五而上之復三。
成明夷大過。大過四不可之初。卽革四不可之升初
也。以姤之勿用取女。推之於蒙。則蒙二之五而上之
三成蹇革。四不可之蹇初。卽咸未通損不可四之初
也。然則蒙二之五則革四之蒙初。亦取女吉。損二不

之五而上之三、則咸四之初、亦見金夫、不有躬、經三言取女、兩言利女貞、一言女子貞、與女妻女壯女歸女承筐諸女字連環鈎絡、一以貫之、而或指巽、或指離、或指兌、各依所值以爲之辭、諸傳所贊、均已神奇、說卦於巽離兌言三女、震坎艮不言三男、尤昭然其明示矣、

輿說輻　輿說輹　壯于大輿之輹

循按坤爲大輿、大壯九四貞吉悔亡、則是二先之五而後四之觀初也、二先之五故不羸、不羸則壯、觀下坤爲輿、以革四之觀初成益、益下剛爻當坤輿之下、

爲大輿之底所謂輹也大壯觀相錯成小畜豫豫四之初即大壯四之觀初之比例大壯二之五即小畜二之豫五之比例小畜二之豫五而豫四之初即大壯二之五而四之觀初是則爲壯于大輿之輹壯于大輿之輹則大壯成既濟上無兑則壯于輹而不說輹若大壯成革而四不之觀初即是小畜二之豫五而豫四不之初豫成萃萃上兑爲說下坤爲輿萃四不之初則輿底不動下成震爲動輿底不動是無輹無輹則上有兑是爲說輹於大畜九二互明之亦云輿說輹傳則贊之云中无尤也中无尤謂大畜二之五大畜

二之五，而萃四不之初，猶小畜二之豫五，而豫四不之初也。故小畜之輿說輹，卽大畜之輿說輹也。輹，考工記謂之轐，一名伏菟，附輿底以縛軸，輻爲車轑湊轂者，與輹異。小畜之輻乃輹之譌。釋文輻亦作輹由是知九三輿衞之輿，卽此輿也。萃四不之初，而大畜二之五，則萃下之輿有所衞。衞猶從之也。二不之五，輿何所從？由是知得輿之輿，卽此輿也。夬剝爲萃大畜之相錯，剝下之輿，卽萃下之輿。剝下之輿本以載民，夬二之剝五，則小人易爲君子，而爲得輿。君子得輿，得所衞也。由是推之，大有九二大車以載，大車卽大輿，謂比下坤也。大有二不之五。而四之比初。卽隨四之蠱初之比例。未成大畜。先以二之五。使比下之輿得所載則有攸往无咎。已成大畜而變通於萃。則先以二之五。使萃下之輿有所衛。則利有攸往。小畜九三言輿說輹。上九言尚德載。既雨既處。則豫成明夷。小畜成需。需通晉。五爲德載。晉需相錯爲比大有。大有二之五。則大車以載。卽此德載也。由是舍車而徒可推而知也。困二之賁五。困成萃。賁成家人。與小畜二之豫五同。亦與大畜二之五同。舍車之車。卽輿衛之輿。謂萃下坤。萃四不之初。則曰閑輿衛。萃四之初。則舍車而徒。萃下坤車。化爲震足。萃下有車。屯下有足。舍車而徒。舍坤而震也。困九四。困于金車。賁通困。困二不之賁。五以致窮。困而成需。需通晉。晉成否。否上乾爲金。下坤爲車。故云金車。金車之車。卽大車以載之車也。然則剝比豫觀萃否諸卦。坤在下者。皆象輿。坤輿宜在下。在下則有以衛乎五之君子。以載其德。若在上則爲師六三六五之輿尸。何也。六三師或輿尸。傳云。師或輿尸。大无功也。以三從五則有功。此无功謂師二不先之五。而同人上之師三。在同人成革。在師成升。升革相錯。爲明夷大過。明夷傷害。大過棺槨死期將至故輿尸尸之言施也二不之五而上施於三則上有坤輿六五田有禽利執言无咎長子帥師弟子輿尸傳云長子帥師以中行也弟子輿尸使不當也說卦傳震爲長子謂先帥師成比後長子成屯易辭每用倒裝爲文法先帥師而後長子爲長子帥師亦先輿尸而後弟子爲弟子輿尸輿尸謂同人上之師三成升弟子謂升二之五成蹇上坎下艮爲中男少男視屯下震爲長子是弟子也使之言從也升二之五而革四之升初從之雖猶是從而輿尸在前則不免於貞凶此輿尸之輿指坤之在上者坤宜在下

不宜在上在下爲輿衛在上則爲輿尸說卦傳旣坤爲輿矣而於坎又云其於輿也爲多眚正指此升二之五坤化爲坎者言也睽六三見輿曳傳云位不當也睽何得有輿卽輿尸之輿亦卽大輿以載之輿大輿以載之輿指比下坤乃大有二不之五而上之比三成蹇比三本是坤輿以失道而互坎曳同人上之師三成升升上本是坤輿二之五成蹇上坤化爲坎亦爲輿曳二者皆失道故傳以位不當贊之惟不當故變通於睽是爲見輿曳也

王假有廟　王假有廟　王假有家

循按渙萃兩卦彖皆云王假有廟渙旁通於豐豐彖云王假之明謂渙二至豐五也渙二至豐五豐成革渙成觀觀革相錯為家人萃萃之王假有廟即渙之王假有廟也觀以神道設教故為立廟傳云先王以享于帝立廟豐上震為帝渙二享之猶恆上震為帝二之五享之豫傳云先王以作樂崇德殷薦之上帝以配祖考乾四之坤初成小畜復則寡所以寡者小畜二之復五無有薦之者也薦即盥而不薦之薦謂四之初小畜變通於豫則寡助變為多助無薦變為有薦故云殷薦之上帝殷者衆也寡之對也四不先

之初則上有震爲帝，上有震帝，而作樂崇德，初乃薦於四也。小畜二之豫五，小畜成家人，豫成萃，爲渙二之豐五之比例，爲解二之五之比例，爲大畜二之五之比例。大畜二之五爲萃之王假有廟，解二之五爲家人之王假有家，家人九五王假有家勿恤吉，勿恤二字隱與豐象勿憂二字相發明。

富以其鄰　不富以其鄰　不富以其鄰

循按：鄰之義見於震既濟兩卦，震上六震不于其躬于其鄰，震巽相錯爲恆益，巽二不之震五而上之震三，所謂震索索視矍矍征凶也，恆爲益之鄰，卽震爲巽之鄰。巽成井。震成豐。豐不爲井之鄰。必變通於渙以爲之鄰。不通渙而以豐五之井二成蹇爲躬。則有咎。故不于其躬于其鄰。无咎也。不于其躬。不以豐五之井二成蹇也。于其鄰。旁通於渙也。何以知恒爲益之鄰。既濟者。益上之三也。益旁通於恒。恒上震。震東爲東鄰。恒二之五成咸。咸上兌。兌西。則東鄰變爲西鄰。殺牛者。益上之三也。恒二不之五而益上之三。則爲東鄰殺牛。恒二先之五而後益上之三。則爲西鄰禴祭。在恒二先之五。則終而有始。二不之五。則終止道窮。故東鄰不如西鄰之時。恒二之五。而後益上之三卽巽二之震五而後巽上之震三也亦卽渙二之豐五而後渙上之三也經以昏媾有言申明上爻鄰字則鄰指旁通之卦而言也泰六四不富以其鄰謙六五亦不富以其鄰小畜九五有孚攣如富以其鄰小畜二之豫五小畜成家人豫成萃家人萃相錯爲觀革正與渙二之豐五同家人六四富家大吉謂解二之五卽小畜二之豫五之比例亦卽渙二之豐五之比例推之可知小畜之富卽家人之富震之鄰卽小畜之鄰矣解二之五而後家人上之解三爲富家則小畜二之豫五而後上之豫三爲富以其鄰小畜

成家人家人成既濟解豫成萃萃成咸即益成既濟恒成咸富即福也西鄰礿祭實受其福則富以其鄰者其鄰爲西鄰也推之不富以其鄰者其鄰爲東鄰也泰六四不富以其鄰上承翩翩翩翩往來貌見毛詩傳是泰二之五而否初已之四成益故辭繫於六四不富即謂恒二不之五而益上之三爲東鄰殺牛也不富由於不孚不孚則上之三宜戒下云不戒以孚從不富以其鄰作轉語也謙六五不富以其鄰下云利用侵伐无不利傳云征不服也征伐指上之三謙三上失道不可爲利利用侵伐是已通於履謙成既濟履

成益恒二未之五是不服故益與旁通征之不富亦謂恒二不之五而益上之三爲東鄰殺牛也利用侵伐亦從不富以其鄰作轉語也傳於无妄六二贊云不耕穫未富也於升上六贊云冥升在上消不富也冥升者升成泰无妄成既濟也升所以成泰无妄所以成既濟由於不耕而穫不耕者升二不之五也升二不之五而无妄四之升初雖不耕尚未曾穫惟无妄成益益不通恒而上之三成既濟是爲不耕穫卽爲冥升不耕而穫由於益不通恒是東鄰殺牛也故不富也否履成益由於盈无妄成益由於消故云消

不富也富卽福也福者備也備者成既濟也備而終則有始乃得爲富爲福雖成既濟而未能旁通有始仍不得爲富故富不富必視其鄰也爲西鄰乃實受其福爲東鄰則不耕而穫矣

不出戶庭　不出門庭　獲明夷之心於出門庭

循按說卦傳艮爲門闕隨初九出門交有功同人初九同人于門傳云出門同人蠱二之五而後隨三之蠱上成蹇蹇下艮爲門師二之五而後同人上之師三成蹇亦蹇下艮爲門同人初九言門而不言出師初六言出而不言門傳以出門二字合而贊之知同

人之門在師，即知隨之門在蠱也。師同人相錯爲明夷訟，師二之五，即是訟二之明夷五，同人上之師三，即是訟上之三。訟成咸，咸下艮，與蹇下艮同，是明夷之出門，猶同人之出門。六四獲明夷之心于出門庭，明夷之所獲，訟二之所出也。乃明夷言出門，而兼言庭，訟不言門而言戶。戶庭二字，散見於艮夬豐三卦，而合言於節。節者，艮初之兑四之卦也。夬者，艮上之兑三之卦也。艮彖云行其庭，不見其人，无咎。兑二之艮五爲行其庭，庭指艮五而言。艮成漸，兑成隨，而後漸上之隨三，即爲隨之出門。然則艮既行其庭，不以初四從之成屯而以三上從之成蹇則由行其庭以及於門即是出門庭兌二不之艮五而艮上之兌三而成謙夬不能行其庭矣夬變通於剝夬二之剝五仍不異艮之行其庭故爲揚于王庭庭而加以王者庭指剝五王指夬五兌不成夬五不互乾故但行其庭惟艮上之兌三兌成夬五有王而後變通於剝是爲王庭傳云揚于王庭柔乘五剛也五剛二字爲王字贊也夬通於剝則謙通於履履二不之謙五而四之謙初在履成中孚在謙成明夷是爲入于左腹入于左腹則既未行庭亦不出門故明夷通訟則獲明

夷之心于出門庭門庭二字與上入于左腹相承直鈎貫於夬之揚于王庭與艮之行其庭其脈絡可探而尋也兌成節艮成賁其未行其庭與夬同節變通於旅猶夬變通於剝謙變通於履節二之旅五與履二之謙五同則亦出門庭矣乃節不通旅而以二之賁五則不出門庭而出戶庭初九不出戶庭不以節二之賁五也九二不出門庭不以節二之旅五也不出戶庭則出門庭故无咎不出門庭則出戶庭故凶旅下有艮賁下無艮故旅有門而賁無門然則上之三稱門四之初稱戶何以見之豐上六闚其戶闃其

无八。謂渙二不之豐五。而豐四之渙初。闚其戶之闚。即觀六二闚觀之闚。大壯二之五。爲渙二之豐五之比例。大壯二不之五。而四之觀初。猶渙二不之豐五。而豐四之渙初。闚爲四之初。則戶即指四之初而言。豐四之渙初。爲履四之謙初之比例。不行其庭而闚其戶。致入于左腹而成明夷。明夷通訟。訟成咸則不行其庭者。出門庭矣。訟九二。其邑人三百戶无眚。邑指益三互坤。則訟不成咸而成益。蓋訟二之明夷五。上應之成咸爲門。下應之成益爲戶。特指出戶字。承上不克訟。不克者。上不之三也。上不之三而四之初。

故不稱門而稱戶也，然則以三上從二五成蹇革，成旣濟咸，則出門庭，以初四從二五成屯家人，成旣濟益，則出戶庭，是出戶庭與出門庭同，乃訟以三百戶爲无眚，節以不出戶庭爲无咎者，節之出戶庭，先初四而後二五也，訟之三百戶，先二五而後初四也，由是推之，兌二先之艮五而後四之艮初，則出戶庭可也，艮上先之兌三成謙夬，而後以夬二之謙五，則出門庭亦不可也，因思其義，卦以下爲內，上爲外，自內出外，先必由戶，故戶在初而達於四，戶外爲門，出戶而後出門，故門在三而達於上，庭在戶之外，門之內，二居初三之閒，五居四上之閒，自二達五，由三四而出，故庭在五。庭者，取乎其正直也。爾雅：庭，直也。風俗通：廷，正也。言縣廷、郡廷、朝廷，皆取平均正直也。見後漢書注。繫辭傳云：重門擊柝，以待暴客，蓋取諸豫。門何以重？謂成咸也。小畜二之豫五，上又之豫三，擊之互巽爲木，故象擊柝。暴客謂坎。萃四之初，則上成坎，不使四之初成坎，而三剛爻相重爲艮門，故重門以待暴客。鄭康成謂艮爲門，震亦爲門，九家說兩艮反對重門，皆失之。

利用賓　不利賓

循按：虞仲翔謂陽尊稱賓，非也。白虎通云：五月謂之蕤賓何蕤者下也賓者敬也言陽氣上極陰氣始起故賓敬之也陰在初起而之四以應二五亦蕤賓之義也觀六四觀國之光利用賓于王觀通大壯大壯二之五成革五互乾爲王觀初用而之革四是爲用賓于王鄉飲酒義賓者接人以義者也賓之義又爲服從大壯二先之五而觀初服從之節小畜二先之豫五而後豫四之初之比例姤二之復五爲包有魚則无咎若不以二之復五而以四先之初成小畜則不利矣姤不利而成小畜乃變通於豫爲觀大壯之用賓是因不利乃用賓故云不利賓傳云義不及賓

也謂姤四不之初而二先之復五則不必用賓而始爲利不利則不得不用賓己利則不必及於用賓是宜不及賓也

血去惕出　渙其血去惕出

循按說文惕或作悐逷古文逖惕逖二字通借或傳寫參差耳說卦傳坎爲血卦坤上六龍戰于野其血元黃文言傳云爲其嗛于无陽也故稱龍焉猶未離其類也故稱血焉明贊出謙字離字乾二先之坤五成同人乃有離乾二未之坤五而上之坤三坤成謙嗛即謙字謙三互坎兼互震傳旣以坎爲血卦贊之又以震

爲元黄贊之若乾二先之坤五而後乾上之坤三則有坎無震經言血兼言元黄而傳云未離然則坎之爲血指互在三者言之於是屯上六乘馬班如泣血漣如傳云泣血漣如何可長也詩雨無正鼠思泣血毛公傳云無聲曰泣血說文無聲出涕曰泣泣之義爲凝凝之義爲定謂鼎上之屯三成既濟屯下震本有聲三泣則震聲亡而坎水見是無聲而淚也故泣血泣以其成既濟血以坎在三謙互震不成既濟故元黄而不泣屯成既濟無震故泣血而不元黄明乎此而小畜渙所稱血去乃可明也巽上之震三成豐井猶乾上之坤

三成謙夬乃乾上之坤三成謙有互坎爲血而巽上
之震三成豐不互坎則无血於是歸妹上六發明此
義云士刲羊无血无攸利歸妹二之五成隨爲巽二
之震五成隨之比例歸妹二不之五而漸上之歸妹
三成大壯即爲巽二不之震五而巽上之震三成豐
之比例成豐无血成大壯亦无血經於歸妹成大壯
言无血无攸利即指震成豐无血无攸利在坤成謙
其血元黃以有血而其道窮在震成豐刲羊无血以
无血而无攸利是窮與利不在有血无血而以二先
之五三上從之爲利以二不之五三上先行爲不利

也震成豐巽成井井豐相錯即既濟恆爲鼎上之屯三之比例在豐井无血在既濟恆則泣血屯上六泣血指鼎成恆歸妹上六无血明震成豐泣血无血互明者也豐无血變通於渙則有血渙二之豐五而後渙上之三猶謙通於履履二之謙五而後履上之三即是乾二先之坤五而後上之坤三豐成革渙成蹇不啻乾成革坤成蹇也故渙其血去逖出也豐之无血既同於大壯之无血大壯通觀猶豐通渙小畜豫相錯即觀大壯小畜二之豫五爲大壯二之五之比例大壯二之五又即渙二之豐五之比例故小畜六

四亦云血去逖出與渙上九辭同去之言行也見廣雅小畜九三以成既濟而互坎血而小畜二已先行於豫五則行而不泣故血去逖出相錯爲蹇革蹇三有坎血而渙二已行於豐五則行而不元黄渙之血去明豐之變通小畜之血去明大壯觀之相錯歸妹成大壯无血大壯通觀則血行震成豐无血豐通渙則血行有血而泣不利有血而行則利血去逖出之上加渙其二字謂此所以有血而得去者以其孚於渙也小畜血去惕出之上亦冠有孚二字謂此所以有血而得去者以其孚於豫也即大壯之孚於觀也逖者

遠也傳以遠害贊渙知遯出卽是遠出豐舍井而通渙猶小畜舍復而通豫小畜之惕出正是遯出且推之明夷通訟爲惕中夬通剝爲惕號乾二四之坤成屯通鼎爲夕惕惕爲遏之通也漸上之歸妹三卽小畜上之豫三之比例在歸妹漸成大壯蹇在小畜豫成需小過需六四需于血出自穴大壯無坎血需三亦無坎血惟無血故需于血變通於晉需二之晉五而血見血見而通於晉則亦血去遯出晉成咸仍豫成咸也小過六五稱公弋取彼在穴以穴字鈎貫出自穴所以明需于血之血由小畜上之豫三豫成小

過小畜乃成需也需小過卽大壯蹇之相錯大壯通觀則血去逖出固同於豐通渙之血去逖出亦卽同於需通晉之需于血出自穴自穴二字鈎貫小過自字穴字血出二字鈎貫小畜之血字出字大戴記少閒篇血者猶血酒者猶酒注云血憂色也酒以喻樂酒血二字本諸易酒與血皆近水爲坎象酒以言樂故比五象之血以言憂故謙三象之血欲其行不欲其泣亦不欲其元黄行則有血亦无咎不行則无血亦无攸利馬融云血當作恤憂也然血義取於恤兼取象於坎故坎之互於三者稱血恤不必坎如漸上

之歸妹三可云恤矣而謂之无血則取義於血究異乎恤也以爲當作恤猶未合也

艮其輔　咸其輔頰舌

循按說文輔人頰車也又酺頰也頰面旁也廣雅釋親輔謂之頰輔頰猶輔夾復稱輔頰猶復稱夾輔也釋名頤養也動於下止於上上下咀物以養人也或曰輔車言其骨强所以輔持口也或曰牙車牙所載也或曰頷車頷含也口含物之車也或曰頰車亦所以載物也又頰夾也面旁稱也亦取挾歛食物也然則輔頰卽頤鄭康成云頤口車輔之名也口車動而

上因輔嚼物以養人蓋口空也輔在表連於脣車在內連於齒僖五年左傳輔車相依脣亡齒寒是也咸上六咸其輔頰舌說卦傳兌爲口舌九家遂云兌爲輔頰使輔頰舌皆屬於兌則第云咸其舌或第云咸其輔頰可也何必重累言之推其義兩陽爻在上下四陰爻在中閒爲頤陽在四爲噬嗑則云頤中有物頥頤中有物者物在二爲損在三爲賁在四爲噬嗑在五爲益咸與損旁通九二在損當兌是頤中之舌也二之五成益則超舉其舌故傳云滕口說也損二之五爲咸其輔頰中之舌輔頰中有舌明其爲損也

說文滕水超涌也即百川沸騰之騰謂二之五也以口贊舌又疊一說字指損下之兌明矣艮六五艮其輔言有序悔亡虞仲翔謂三止上體頤象在坎車上故輔車相依謂輔爲頤是謂三止上體頤象在坎上則非艮兌相錯即咸損艮成家人三五兩陽爻在頤中亦輔頰也而無舌故艮其輔艮止其輔以通於解解二之五成萃上兌有言不必滕其口舌而言自有序序亦品等之義言有序猶云田獲三品也傳於比彖贊之云比輔也比何以有輔即所以贊艮其輔也大有二之五而比初比之大有成家人爲輔即艮其

輔之輔即爲兌二之艮五而兩從之於艮初也以其象頤則爲輔頰之輔以其初之從五則爲輔相之輔泰二之五因而否四之初爲乾二之坤五而乾四之坤初之比例傳云輔相天地之宜否成益猶乾成家人與咸其輔頰爲益艮其輔爲家人同大過九三傳云棟橈之凶不可以有輔也棟橈謂賁上之困三賁亦頤中有物之卦有輔者也以棟橈而困成大過賁則成明夷以大過係於明夷故凶明夷非頤也故不可以爲輔若大過變通於頤則棟橈者化爲棟隆大過二之頤五成益猶困二之賁五成家人棟隆之吉

以其有輔也此明以輔贊頤而實所以贊艮其輔咸其輔頰之兩輔字也

翰音登于天　初登于天

循按小過飛鳥遺之音音即鶴鳴子和之聲謂中孚二之小過五也乃不云聲而云音者何也樂記感于物而動故形于聲聲相應故生變變成方謂之音注云雜比曰音單出曰聲中孚二之小過五中孚成益下震爲善鳴單出之謂也小過成咸而四之初應之則有以比之而成音離爲飛鳥故飛鳥遺之音遺即歸專指中孚二之小過五飛鳥專指小過四之初而

音字則兼指中孚成益小過成既濟故申言不宜上宜下謂小過初四既比之則中孚三上不得又應之也中孚上九翰音之音卽指此飛鳥遺之音之音翰猶幹也幹此音則益必通恆既濟必通未濟不變通而益上之三所以貞凶也翰音登于天則不貞凶矣何爲登于天經於明夷上六自發明之云初登于天後入于地初登于天者登謂訟二之明夷五訟上不先之三則訟上乾爲天故登于天若二不先之明夷五則明夷上坤爲地而訟上入于三故入于地未濟二之五與訟二之明夷五同故翰音登于天此可比

例而得音由於雜比指小過成既濟故以未濟成否爲登于天即爲幹此音也

男廷琥孫授書授易授詩校字

清江都焦氏本雕菰樓易學三書

第六册

清 焦循撰

山東省圖書館藏清嘉慶道光間江都焦氏雕菰樓刻《焦氏叢書》本

山東人民出版社·濟南

易通釋卷十五 雕菰樓易學之三

江都焦循學

七日來復　勿逐七日得　勿逐七日得　勿逐自復

循按七日來復之說言人人殊或謂乾成坤反出於震虞翻或謂五月至十一月侯果或謂六日七分鄭康成紛紛不已余取王肅之說合二五爲七所謂七日者謂姤二之復五而已紛紛諸說似極精微不知易之精微殊不在此其云七日不過與震既濟之七日相鈎貫譬諸記句股算者用甲乙丙丁而必執甲乙丙丁以說其字之義則於算天淵矣且王肅之說非臆說也

南齊書樂志引月令火數七蔡邕云南方有火二土五故數七然則七之爲數本合二五故易之辭以二之五爲七說文七陽之正也陽自二居五亦爲陽之正矣復者乾四之坤初之卦也亦震四之巽初之卦也故震六二發明之震五宜來巽二不來於震五而震四之巽初巽成小畜震成復是以億喪貝喪則不得矣乃變通於姤以姤二之復五已喪而復得故爲七日來復貝亦朋也貝喪而復來是爲朋來復姤相錯爲升无妄姤二之復五猶升二之五故云躋于九陵躋卽升也躋于九陵猶云升其高陵一稱高陵一

稱九陵者，師成升，升下巽爲高，故云高陵，九爲馗之通，亦高也，詳見前而變高言九，則以姤二之復五而上之復三言之，姤二之復五成遯，遯巽化爲艮，高已爲陵，而姤上從之復三，猶鼎二之五而上之三，爲我仇有疾，九卽仇矣，而上之數六，以姤上之復三，合三於六成九，經明以九例七，合三六爲九，猶合二五爲七，故不云高陵，亦並不云頄陵而言九，九之聲通於頄仇，九之數則比例於七，此經自爲疏證明白無疑者也，且既用一九字以明姤上之復三，又用勿逐二字，以明姤四不之初，何以言之，逐者，隨也，說文逐追也廣雅追隨也隨四之蠱初成大畜。大畜九三云：良馬逐。乾爲良馬，大畜下得有馬者，由於隨四之蠱初之逐也。巽二之震五，同於蠱二之五。蠱二不之五而隨四之蠱初，爲巽二不之震五而震四之巽初之比例。是蠱之成大畜由於逐，震之成復亦由於逐也。復變通於姤，復初雖逐，而姤初未逐，恰相補救。若姤四之初，仍是震四之巽初矣，故云勿逐。姤不以四逐於初，而以二之復五，向所喪之貝，一旦朋來，故七日得矣。七而稱日者，即終日戒之日。若四之初而逐，則上不可之屯三成離日。既勿逐，而以二之復五爲七，則宜以上之屯三成離日。由勿逐而七。由七而日。經文字字。皆有精義。非略觀大意所可悉也。震六二勿逐七日得。所以發明七日來復者。明白如此。旣濟六二亦云。婦喪其茀。勿逐七日得。未濟二不之五而四之初成損。與革四之蒙初同蒙二之五爲納婦。恒從婦之婦亦指損。未濟成損。是不納婦而從婦。故云婦喪其茀。未濟四之初成損。卽離四之坎初成節也。亦卽乾四之坤初成復也。坤成復。逐也。未濟成損。亦逐也。復變通於姤。勿逐也。損變通於咸。亦勿逐也。姤二之復五。其數七也。損二之五。其數亦七也。姤二之復五成屯。而姤上之屯三成離日由勿逐而七由七而日也損二之五成益咸四不之初而益上之三成離日亦由勿逐而七由七而日也未濟四之初爲離四之坎初之比例乾四之坤初同於震四之巽初離四之坎初同於兌四之艮初在震坤成復在坎兌成節損通於咸即是節通於旅象辭之發明彖辭本是引申互見故孔子爲贊爲翼即同象辭之於彖辭而象辭引申已詳備則傳不多辭以贊之故但於復象贊云七日來復天行也於既濟六二贊云七日得以中道也天行中道非二之五而何七爲二之五傳已明之矣乃經既以未濟成損明

坎兌之成節，而仍恐其未明也，於是睽初九云喪馬勿逐自復，謂蹇變通於睽也。睽蹇相錯爲節，旅喪馬即旅之喪馬，與損之喪茀同也。勿逐，睽四不之蹇初，即旅四不之初，與損通咸之勿逐同也。不云七日得，而云自復，以自字明七字，惟二之五乃稱自。自二之五，因而三之上，自復二字即發明七日得三字，而特出一復字，明勿逐七日得，即是七日來復。傳以辟咎二字贊之，與離初九傳同，則明以蹇之通睽，即節之通旅，睽之勿逐自復，即節之勿逐自復，而節之勿逐自復，即損之勿逐七日得，乃不言於離坎，不言於節賁亦并不言於咸損而言於既濟言於睽以七日來復與震之勿逐七日得互明之則既濟之勿逐七日得指未濟之成損無疑以未濟之成損明坎之成節以睽之自復明節之通旅極奥極曲亦極明極顯於睽用一復字則乾坤震巽之成復復之通姤與坎離艮兌之成節節之通旅同一義也經明以自復二字為七日得作注腳傳又以中道二字贊之其兩言勿逐七日得即為七日來復作注腳七日二字又何六日七分五月十一月之有哉

十年乃字　十年勿用　至于十年

循按繫辭傳天九地十虞仲翔以十年指坤是也然以十年爲屯三頤三則非易之言十年者三卦頤上之三爲姤上之復三之比例頤成明夷復亦成明夷頤之十年即復之十年頤復兩卦互相發明而屯六二亦稱十年者承上匪寇昏媾謂鼎成泰屯成既濟也推求其故蓋頤本夬四之剝初剝成頤則夬成需需頤相錯爲屯大畜則夬四之剝初爲鼎四之初之比例鼎成大畜而二之五成家人則家人上之屯三爲女子貞不字鼎成大畜二不之五而上之屯三屯成既濟鼎成泰即頤上之三之比例頤與大過係則

十年。卽復之十年。頤與需係。則十年卽屯之十年。三言十年。互相鉤貫者也。故拂頤貞凶。卽猶女子貞不字。拂頤者。大過二之頤五。而初之四。輔拂之則大過成旣濟。頤成益。益上之三。則貞凶。卽鼎成家人。而上之屯三。爲女子貞不字也。固不可也。若不拂頤。貞凶。而以頤上之三。爲十年。道尢大悖。故戒之云勿用。又申之云无攸利。十年勿用。由未會十年而戒之也。若已十年。則泰必旁通於否。明夷必旁通於訟。泰旁通否。十年乃字也。明夷不通訟而需二之明夷五。與明夷通訟而訟二之明夷五。皆爲至于十年。然則十年勿用奈何惟先以大過二之頤五爲經即與鼎二之五同傳於屯贊之云君子以經綸鼎二之五而後上之屯三猶大過二之頤五而後頤上之三也取頤卦中兩經字贊屯正從頤屯兩十年相鉤貫之例也造於微矣

大君有命　大君之宜　武人爲于大君

循按謙履相錯爲遯臨臨二之五爲履二之謙五之比例遯上之臨三爲履上之三之比例故履之大君即臨之大君臨者同人四之師初也師二之五則大君有命師二未之五而同人四之師初則未順命師

之大君。未有命而成臨。臨通於遯而臨二之五。猶師二之五也。遯上之臨三。猶同人上之師三也。大君雖未命於始。既變而通之以盡利。則爲大君之宜。經三言大君。其相貫如此。同人四之師初成臨。漸初之歸妹四亦成臨。歸妹初九。跛能履。九二眇能視。履六三眇能視。跛能履。下申云。武人爲于大君。武人爲于大君。卽大君之宜。履之眇能視跛能履。爲大君之宜。則歸妹眇能視跛能履。亦大君之宜。歸妹二不之五而四之漸初。既同於師二不之五而同人四之師初。則歸妹之眇能視跛能履。卽謂臨二之五而遯上之臨三與履二之謙五而履上之三同也師履臨三卦言大君以相鉤貫履歸妹言眇能視跛能履以相鉤貫但乾爲君大指五同人履遯上乾故云君而二先之五故云大也

往不勝　莫之勝說　終莫之勝吉

循按易兩言莫之勝皆與夬初九往不勝互相發明易中如此類讀者多視爲平泛而忽之其辭義精奥最不易了繫辭傳云其柔危其剛勝邪謂五柔則危五剛則勝危則凶勝則吉故云吉凶者貞勝者也謂貞而勝則吉如鼎二之五爲勝而後上之屯三成既

濟是也貞而不勝則凶如恆二不之五而益上之三成既濟是也兌二不之艮五而艮上之兌三兌成夬艮成謙謙五柔是不勝也不能變通而夬二之謙五是爲壯于前趾夬成革謙成蹇革四又往蹇初是不勝而往矣故爲咎也然則何以免咎謙宜通於履夬宜通於剝謙成蹇即宜通於睽夬成革即宜通於蒙不以革四之蹇初而用蒙二之五是爲鞏用黃牛之革也而遯六二亦云執之用黃牛之革即申之云莫之勝說遯何以莫之勝遯上之臨三臨成泰遯成咸相錯即爲夬謙泰二之五成既濟與咸相錯爲革蹇

爲夬二之謙五壯于前趾之比例是時咸四之初即是革四之蹇初爲不勝而往惟執之不使四之初而咸通於損咸通損猶革通蒙故用黃牛之革與革同執之用黃牛之革雖莫之勝而能說矣不勝而往則不能用黃牛之革用黃牛之革則莫之勝而說說則不往往則不說往則爲咎咎則不吉矣說則无咎无咎則吉可知矣故漸九五鴻漸于陵婦三歲不孕終莫之勝吉鴻漸于陵謂漸上之歸妹三歸妹成大壯漸成蹇大壯二之五爲夬二之謙五之比例是爲婦三歲婦三歲則大壯成革革四之蹇初則孕矣蹇成

既濟下離爲大腹其象爲孕也蹇革成兩既濟以孕而終卽是由不勝而往爲咎則以孕而終凶可知矣惟不孕而終則革四不之蹇初而通於蒙蒙二之五而後革四之蒙初成益卽損二之五而後咸四之初也遯成咸臨成既濟莫之勝矣咸通於損則莫之勝說歸妹成革漸成蹇莫之勝矣革通於蒙則終莫之勝吉莫之勝所以吉者以其能說也猶是不勝也不勝而往則咎不勝而說則吉三勝字一以貫之

利涉大川　用涉大川　不利涉大川　不可涉大川

循按易稱利涉大川者九其七見於彖水之流通者爲川坎之象也坎在五故云大川涉大川必以舟傳於中孚贊云利涉大川乘木舟虛也於渙贊云利涉大川乘木有功也於益贊云利涉大川木道乃行中孚渙益上卦皆巽巽爲木上涉於三巽化爲坎木行而水見故象舟之涉大川然有利涉有不利涉首明其義於需訟兩卦訟四之初即中孚也中孚上之三即訟四之初又上之三也中孚上之三則利涉大川以二先之小過五也訟四之初又上之三則不利涉大川以二不先之明夷五也中孚二不先之小過五而

上遽之三則成需成需則不利涉大川需有孚光亨貞吉則利涉大川謂有孚於晉晉成益則光亨需成旣濟則貞吉益通恆爲利而後益上之三爲利涉大川中孚之利涉大川卽先成益而益上之三然小過成咸則中孚之成益不必更通於恆若小過成旣濟則益必通恆而後涉大川乃利蠱上之三成兩旣濟則不利一成旣濟一成咸則利也大過成旣濟猶小過成旣濟頤成益猶中孚成益六五居貞吉不可涉大川謂宜先以恆二居五不可先以益上之三也上九由頤厲吉利涉大川謂恆二已之五則益上可之

三也渙利涉大川謂渙成蹇蠱二之五而後上之隨三與渙二之豐五而後上之三同故蠱之利涉大川猶渙之利涉大川同人師相錯爲明夷訟同人利涉大川與訟不利涉大川互明訟四之初又上之三所以不利師二先之五卽訟二先之明夷五而後同人四之師初成家人卽訟四後之初成益家人通解解二之五而後家人上之解三爲利涉大川恒二之五而後益上之三亦爲利涉大川如是則利不如是則不利矣解二之五而後家人上之解三猶大畜二之五而後上之萃三故大畜之利涉大川猶同人之利

涉大川。未濟六三未濟征凶利涉大川。既征凶。何以又利涉。征凶者。二不之五而上征於三也。二不之五而上征於三。則成恒。在恒則凶。在益與恒通。則利涉大川。謂恒能變通於益也。謙初六不云利涉大川。而云用涉大川。上承謙謙君子。則謙成既濟。履成益。益又通於恒。而後上乃之三。既讓謙成既濟。又讓恒成咸。是謙而又謙。而後乃用此涉。謙謙二字內已含利字。用卽更變也。成益而用恒。是卽利也。傳云卑以自牧也。牧猶養也。自卽由也。自牧卽是由頤。謙成既濟履成益。猶大過成既濟。頤成益。履成益通於恒爲自牧。卽頤成益通於恆爲自養。謙之用涉大川。卽頤之利涉大川也。訟四之初爲中孚。訟上之三則爲大過。大過無川可涉。所以爲過。大過通頤。而頤利涉大川。則是過而能涉。故云過涉。損二之五成益。上乃有木舟。可以利涉。損二不之五而上先之三則成泰。而後泰二之五成坎。有大川而無巽木之舟。則是徒涉而爲馮河。泰九二用馮河。是也。馮河過涉。由涉大川而推焉者也。

利武人之貞　利幽人之貞　武人爲于大君　幽人貞吉

循按履九二幽人貞吉六三武人爲于大君歸妹九三利幽人之貞巽初六利武人之貞虞仲翔以武人爲乾象廣雅乾武健也楚語天事武地事文韋昭注云乾稱剛健故武地質柔順故文說卦傳以坤爲文乾不言武鄭目錄云馬者武也乾爲馬則亦爲武之證乃履巽之稱武人有精義焉眇能視跛能履謂謙成蹇履成革然同一成蹇成革而有凶吉之不同下分承兩層以申明之履上先之三成夬而後夬二之謙五成革成蹇雖眇能視跛能履而不足以有明不足以有行何也履上之三成夬仍是乾上之坤三成

夬乾成夬虎尾咥人。履成夬履虎尾咥人。此眇能視跛能履之凶者也。履二先之謙五成蹇。而後履上之三成革。如是則眇能視足以有明。跛能履足以有行。是武人爲于大君。此眇能視跛能履之征吉者也。履上之三成夬。履先成无妄。而後上之三成革。三互乾金。金革之事武人所爲也。而上之三。又征伐戰克之事也。故爲武人。然先成夬後成革。跛履之武人也。未爲於大君者也。履二先之謙五。爲臨六五大君之宜。而後上之三成革。是大君有命。而武人從之。是用命之武人也。故云爲于大君。爲猶治也。武人之用命。大君治之也。於是巽初六進退。利武人之貞。傳云進退志疑也。利武人之貞。志治也。以進退二字與觀之進退相比例。則謂巽成小畜。而變通於豫。小畜二先之豫五。而後上之豫三。小畜成既濟。豫成咸。相錯爲革蹇。故爲武人之貞。傳以治字贊之。所以贊爲于大君之爲字。豫成咸。小畜成既濟。亦有所爲而後乃貞也。亦武人之利也。歸妹初九歸妹以娣。娣本二之五而三上從之之稱。歸妹以娣。則歸妹四先之漸初。成家人臨。臨通遯。遯上從二五之臨三。臨成既濟。遯成咸。與履成革。謙成蹇同。故申之云。跛能履。征吉。惟歸妹成臨，臨通遯，遯、臨相錯，乃爲謙履。臨二之五爲大君之宜，正與武人爲于大君相鈎貫。是履六三之大君，即發明歸妹之跛能履也。臨二之五而後遯上之臨三，則跛能履征吉，可知武人爲于大君，亦跛能履征吉矣。履成夬，夬二之謙五成蹇成革，一齊俱備，故履六三以眇能視跛能履六字相連，而指之爲凶。履二先之謙五成蹇，爲跛能履，後以履上之三成革，爲眇能視，故歸妹分跛能履先言於初九，而以眇能視後言於九二。二分一合之閒，俱有妙義，而以征吉承跛能履於初九，明遯上之臨三所以吉者，以臨二先之五也。即武人爲于大君之義也。以眇能視言於九二而申之以利幽人之貞者。所以發明幽人貞吉之義也。歸妹四之漸初。爲履四之謙初之比例。在歸妹成家人臨。在謙履成中孚明夷。中孚明夷爲家人臨之相錯。故歸妹成臨。猶謙之成明夷。傳於豐九四贊云：日中見斗。幽不明也。日中見斗謂豐四之渙初。豐四之渙初。與履四之謙初同。傳於豐九四。特用一幽字贊之。明履九二之幽。指四之謙初成明夷。即明歸妹九二之幽。指四之漸初成臨。謙成明夷則幽。明夷通訟。訟二之明夷五則幽而入矣。幽而入。則明夷成既濟故云幽人貞吉歸妹成臨則幽臨通遯遯臨二之五亦幽而人矣幽而人而後遯上之臨三成既濟故云利幽人之貞互相比例明白無疑困初六臀困于株木入于幽谷傳云幽不明也與豐九四傳同豐者離上之坎三也賁者離四之坎初也離上之坎三成豐豐通渙而豐四之渙初成明夷經云三歲不覿傳贊云幽不明離四之坎初成賁賁通困賁上之困三成明夷經亦云三歲不覿傳亦贊云幽不明所以然者與巽初六言利武人之貞互發明也離上之坎三成豐巽上之震三亦成豐而艮上之兌三則成謙謙通

履履四之謙初即豐四之渙初故豐之幽即履之幽而履之武亦豐之武可推而知矣離四之坎初成賁兌四之艮初亦成賁而震四之巽初則成小畜小畜通豫而豫成咸則利武人之貞是賁通困而困成咸亦利武人之貞賁通困賁上之困三入于幽谷是小畜通豫小畜上之豫三亦入于幽谷又可推而知矣賁同於小畜豐同於夬而豐之幽不明既同於賁之幽不明則小畜之利武人之貞即同於謙之武人為于大君極參伍錯綜一比例之而井然不紊經於賁言幽傳於豐言幽所以為幽人疏通證明者備矣坦

坦。釋文既引廣雅平也。又云明也。坦從旦聲。旦。明也。謙成明夷。已幽不明。既變通。幽而有人。則不幽而明。坦坦二字。與幽人二字。正一貫耳。

小有言　小有言　士八有言　昏媾有言　有言不信　聞言不信

循按困彖云有言不信。傳云有言不信。尚口乃窮也。困二之賁五而四之初成節。節下兑爲口。賁上又之困三成需。需三亦互兑。口上加口。故云尚口。困與賁孚。成節成需。則不孚。故不信。夬四之剝初亦成需。但下先無兑。以四互兑而連於坎耳。故云聞言。其不信既與困之不信同，則賁成明夷，困成需，亦剝成明夷，夬成需，故傳云聰不明，與噬嗑何校滅耳傳同，旅彖稱小亨，賁彖稱小利有攸往，賁旅五柔皆小，困二不之賁五而成需，節二不之旅五而成需，賁旅成明夷，小仍是小，由賁旅之小而有言成需，需九二，訟初六，所以稱小有言，小指明夷，有言指需，以需係明夷則不能終吉，傳云雖小有言，其辨明也，用一雖字以明其變通，明夷之於需，雖小有言，變通於訟，則終吉，需之於明夷，雖小有言，變通於晉，則終吉，有言上用一小字，明指賁彖小利有攸往之小，所以明諸言有言卽困有言不信之有言虞仲翔謂震象半見故小有言是求其故而不得而彊爲之解也明夷初九明夷于飛垂其翼君子于行三日不食有攸往主人有言此有言卽指需之有言飛而垂翼謂小過四之初飛鳥離之也小過本孚於中孚旣四之初成明夷下離爲三日然小過成明夷中孚仍是中孚乃又有攸往則中孚上之三中孚下本兌言上又之三猶困成節賁上又之困三是亦口上加口故云主人有言有言而稱主人者與豐初九遇其配主相鈎貫也豐四之渙初爲小過四之初之比例渙二之豐五爲遇其

配主今渙二不之豐五而豐四之渙初豐成明夷渙成中孚中孚又有攸往而成需則配主未遇而有言矣蓋中孚二原是小過五之主人二不之小過五而成需則主人尚口於需下不復能食於明夷故云主人有言繫辭傳贊中孚九二云君子居其室出其言善則千里之外應之況其邇者乎居其室出其言不善則千里之外違之況其邇者乎出其言善謂中孚二之小過五也出其言不善謂中孚成需小過成明夷需二之明夷五也於中孚贊之正與主人有言相貫中孚下本有言成需又尚之以言有言必思所以

出其言也。又贊節初九云。亂之生也。則言語以爲階。節爲困四之初。困成節。下兑爲言。節又成需。兑之在三者進而在四。如升階之級。傳於節稱言語爲階。正與尚口二字互相發明。妙文微旨。讀者忽之。莫能省也。凡此所謂有言。皆言之不當有者。震上六震索索視矍矍。征凶。震不于其躬于其鄰。无咎。昬媾有言。此有言加以昬媾二字。則爲无咎之言。震索索視矍矍征凶。謂巽上征於震。三成豐。震成豐則巽成井。井二之豐五。井成蹇。爲躬。不于其躬。豐不與井係。不使井成蹇也。于其鄰者。渙二之豐五。成觀革也。豐五本互兌爲言。渙二又加於豐五互兌之上。是亦言而又言。乃渙與豐相孚者也。因變通而交媾。其有言爲昏媾有言。非比有言不信者之爲小有言也。蓋渙二不之豐五而豐四之渙初。不食而有言。則成明夷需。以需二之明夷五。所謂出言不善千里違之者也。出言而遠邇皆無所應。是寇也。震雖失道。成豐而能變通於渙。渙先以二之豐五。遠邇皆應。則昏媾也。昏媾有言。與主人有言。互相發明。歸妹二之五。即中孚二之小過五。故歸妹二不之五而四之漸初。則小子厲。是爲漸于干。則歸妹成臨。漸成家人。宜更變而家人通解。

解二之五成萃，則上有兌言，故有言无咎。家人通解而有言，即豐通渙而有言之比例。鴻猶昏也。鴻漸于干而有言，即昏媾而有言也。震之有言指豐渙歸妹之有言指家人解。家人解即豐渙之錯，經以兩有言貫之，而鴻之爲昏，則爾雅可證。於是革上有言，改通於蒙，則爲革言。屯上無言，改通於鼎，鼎成咸則爲執言，亦爲笑言。笑言則致福，執言則利。革言則有孚。凡此所謂言，皆言之當有者。大抵言宜有於上，不宜有於下。有於上，必四未之初而五已中正，非成咸即成革，故多无咎。有於下，必二未先之五，若有言在二四之互兌，則必三先於五，爲甚凶矣。艮六五言有序，言在上則有序，言在下則無序。傳於家人贊之云：言有物。物者，爻有等也。有物卽有等，有等卽有序。艮成家人而通於解，解成咸，咸上乃有言。解二之五爲渙，二之豐五之比例，是昏媾有言，所以无咎者，以其有物有序也。

致寇至　致寇至　匪寇昏媾　匪寇昏媾　匪寇昏媾　利禦寇　不利爲寇利禦寇

循按：說卦傳云：坎爲盜。繫辭傳云：作易者其知盜乎？易曰：負且乘，致寇至。負也者，小人之事也；乘也者，君子之器也。小人而乘君子之器，盜思奪之矣。上慢下暴，盜思伐之矣。慢藏誨盜，冶容誨淫。易曰負且乘，致寇至。盜之招也。經言寇，傳言盜，是寇是盜而坎爲盜者，即爲寇也。傳既以坎爲盜，又以慢藏釋負且乘之義。易之序，以五先初，三初三先二五，成泰，是時家人已成既濟，泰二之五成兩既濟，其至也最後，絕無應者，窮莫窮於此坎，凶莫凶於此坎，坎爲盜，謂此寇至之坎也。傳贊寇盜之義於解，而坎爲盜之義乃明。需九三需于泥，致寇至。泥即井泥之泥。豐四之井初，豐成明夷，井成需，需不變通於晉，而以二之明夷五，亦成兩既濟而窮於坎離上之坎三成豐井相錯爲既濟恆卽家人上之解三之比例解成恆恆四之初卽是豐四之井初故井泥成需猶解負且乘成泰需不變通於晉而以二之明夷五與泰不變通於否而以二之五同故其爲致寇至同五爲君子之器而解以小人乘之所以使小人乘之者君子怠慢隱藏不肯急速中行遂令乘而爲泰至於成泰小人已乘於五二乃徐徐思奪之夫二徐徐奪之雖至於五而已上下無應直爲寇至矣易稱寇至者二稱匪寇昬媾者三屯六三乘馬班如匪寇昬媾賁九三白馬翰如匪

寇昏媾睽上九先張之弧後說之弧匪寇昏媾屯之於鼎猶家人之於解解成泰致寇至鼎成泰亦致寇至於寇上加一匪字明其爲否之匪人屯蹇成既濟鼎睽成泰與泰二不之五而否成既濟同加一匪字明其成既濟泰泰二之五則由匪而寇矣惟泰旁通於否則匪寇而昏媾屯六四於昏媾上加一求字明匪寇所以得昏媾者以泰二之五而否以求之也求即應也有應則爲昏媾無應則爲匪寇同一泰二之五爲係既濟之泰則匪寇也爲通否之泰則昏媾也蓋否泰相錯即乾坤既濟泰相錯則需明夷也賁六

四賁如皤如。白馬翰如。皤卽錫馬蕃庶之蕃。賁成明夷。困成需。將致寇至矣。需通於晉。猶泰通於否。賁困者。革蒙之相錯也。困成需卽蒙成泰。凡卦之元亨者。非成家人屯。卽成蹇革。家人通解。屯通鼎。革通蒙。蹇通睽。則元亨而又能通變。乃一失道而解鼎成泰。蒙睽成泰。至於比匪人。致寇至。然及此而悔悟變通。匪寇依然昏媾。所以明吉之不可恃。稍慢卽凶。凶之不可從。能改卽吉。故於解言致寇至。於屯言匪寇昏媾。於睽亦言匪寇昏媾。於蒙言利禦寇。而又以蒙革所錯之賁言匪寇昏媾。則知蒙之係乎革。睽之係乎蹇。

而以屯明鼎，以解見家人，皆互相發明者也。睽上九見豕負塗，載鬼一車，負塗，負也，上之三成大壯也，猶家人上之解三成恆也，載鬼，乘也，四之蹇初成泰也，猶恆四之初成泰也，解負且乘，則致寇至矣，睽負塗載鬼，亦致寇至可知矣，惟以泰變通於否，先以泰二之五爲張弧，後以否上之三爲說弧，張弧而說弧，則有所應而爲昏媾，載鬼一車爲解之乘，即爲屯之乘馬，張弧說弧，則乘馬而班如矣，求昏媾矣，於解言負且乘致寇至，於睽言負塗載鬼匪寇昏媾，於屯言乘馬班如，匪寇昏媾，又言求昏媾，比例觀之，明白可見蒙上九不利為寇利禦寇何為為寇蒙成泰以泰二之五為致寇至也何為禦寇蒙成益上不之三也亦漸成家人上不之解三也夫征不復婦孕不育則漸成既濟歸妹成泰將為寇矣蒙成益漸成家人可不為寇矣乃益不俟恆二之五而上之三家人不俟解二之五而上之解三則既負矣恆四又之初負且乘矣在恆解則為寇而恆解所以為寇則由益家人不能禦寇兩稱利禦寇所以與賁之匪寇昏媾互相發明蒙困成需賁成明夷則需于泥致寇至茲困成屯賁成家人不為寇矣而屯之於鼎家人之於解使之

爲寇焉。則亦失所禦矣。

不鼓缶而歌則大耋之嗟　出涕沱若戚嗟若吉　不節若則嗟若　萃如嗟如　齎咨涕洟无咎

循按離九三日昃之離不鼓缶而歌則大耋之嗟凶。六五出涕沱若戚嗟若吉。義極奧曲。細測之鼓缶歌嗟四字。一字一義。鼓謂坎成屯。歌謂屯變通於鼎。缶謂鼎成咸。下艮爲止。不成兩既濟。嗟謂坎二不之離五。而離上之坎三。何也。日昃之離。卽豐傳所謂日中則昃也。坎三之離上。則離成豐。傳於豐指出日昃二字。明日昃之離謂豐也。缶卽有孚盈缶之缶。終則有始故歌歌者永也若不鼓缶而歌而離上竟先之坎三與乾上之坤三同乾上之坤三則虎尾咥人釋文耋蜀才作咥五有人則大人為虎咥故大耋三先五則嗟心憂乃嗟嘆也惟鼓缶而後為節坎二不之離五而初之離四卦成節而實不節不鼓缶不可為節也而以坎初之離四名之為節者以其旁通於旅也旁通於旅則節二之旅五而後旅上之節三與鼎二之五而後鼎上之屯三同節六三不節若則嗟若不節若即是不鼓缶而歌則嗟若即是則大耋之嗟謂不以二之旅五而以賁上之節三也乃大耋之嗟則

明指其凶不節之嗟經以爲无咎似乎嗟而得无咎解者殊費斡旋不知不節若則嗟若六字原是反掉之辭自初九九二一氣貫注不出户庭則无咎不出户庭何以无咎不出户庭則出門庭出門庭則能節不出門庭則不節不出門庭則凶不節若則嗟所以无咎也无咎二字從初九无咎二字貫下熟玩經文句中自有語妙傳云不節之嗟又誰咎也又誰咎三字與同人初九傳同同人初九同人于門傳云出門同人又誰咎也特用出門二字與節九二不出門庭相鈎貫不出門庭正是不節出門庭正是節出門同

人又誰咎則節之又誰咎正指出門庭語似極平泛而神奇奧妙不可以言喻傳又贊於解六三云自我致戎又誰咎也何也出門同人謂師二之五而同人上之師三也如是則又誰咎不如是而同人四之師初則咎矣故於初九發明之明四不先之師初也若同人四先之師初同人成家人師成臨爲解四之初之比例解成臨猶師成臨成臨有咎臨通於遯則无咎節二之旅五爲臨二之五之比例節二之旅五而旅上之節三與臨二之五而遯上之臨三同即與師二之五而同人上之師二同故節之出門庭即同人

之出門同人。出門庭而旅成遯。節成屯。是爲節。不出門庭而賁上之節三。即與家人上之臨三同。家人上之臨三家人成既濟。解成泰。即解之負且乘。與節成需賁成明夷同。泰通否則泰二之五爲自我致戎。其又誰咎。仍臨通遯之又誰咎。亦仍同人通師之又誰咎。賁上之節三。猶豐四之井初也。豐四之井初成需爲需于泥致寇至。需通晉亦猶泰通否。故傳亦以自我致戎贊之。與解之自我致戎相鉤貫。則井成需。既同於解成泰之自我致戎。則亦同於解成泰之又誰咎。井成需同於解成泰之又誰咎。則節成需。亦同於解成泰之又誰咎傳凡三言又誰咎而引申之妙愈探而愈出也萃六三萃如嗟如无攸利萃如謂大畜上之萃三嗟如謂大畜二不先之五也大畜二不之五而上之萃三猶解二不之五而家人上之解三大畜萃相錯爲夬剝大畜上之萃三爲剝上之三之比例剝上之三即乾上之坤三以大畜上之萃三爲嗟即以乾上之坤三爲嗟乾上之坤三虎尾咥人即離上之坎三大耋之嗟也以耋貫咥以嗟貫嗟其義了然於是萃上六云齎咨涕洟无咎離六五亦云出涕沱若戚嗟若吉戚嗟猶齎咨也出涕猶涕洟也說文

沱江別流也。與它爲通借。離成豐，嗟矣。惟舍井而通渙，渙二出之豐五而渙上之三應之，爲出涕在離成豐則嗟。在豐別通於渙則戚嗟若吉矣。大畜上之萃三咨矣。咨亦嗟也。萃成咸則大畜成泰，泰通於否。泰二之五而否上之三應之，爲涕洟在大畜成泰，雖嗟泰通於否則有以齎其咨而涕洟无咎也。何爲戚嗟若。戚爲鋮名，通慼則訓憂，通傶則訓親。廣雅傶字與親傍附切摩鄰等字同訓爲近。此戚嗟若之戚當爲親近之義。嗟之言差也。大耋之嗟，荀爽作差。釋文說文：差，貳也。貳則不親，一轉移而有以親，故戚嗟若吉。嗟而戚由於出涕沱也沱若而吉猶云有它吉也何爲齎咨涕洟咨之爲嗟見爾雅無所疑齎猶齊也周禮鬯人注齎讀爲齊廣雅齎裝也齎之爲裝即齊之爲壯齊亦晉也泰通否而二之五爲需通晉而需二之晉五之比例齎咨者因其嗟而變通以齊之也差則不齊齊則不差未齊則差既齊則有次弟而不失故變嗟爲咨借弟爲涕以泰二之五上有坎水則从水爲涕明其成既濟有離目坎水也古从弟與从夷通因涕而申之以洟明否上之三下有艮鼻也洟屬艮鼻明涕之爲弟屬艮也以涕洟聲同亦取齎咨之聲同以爲辭按而確之

字字有精義馬融以齎咨爲悲聲怨聲既悲且怨何无咎之有矣涕洟似近於泣而實與泣相反未可望文生意出涕涕洟主於流行泣則不流行而凝定鼎上之屯三爲泣血是也中孚六三或鼓或罷或泣或歌承得敵二字而傳以位不當贊之謂二不之小過五而上之三成需也需與小過不孚故或之或則變通或鼓謂需二進於晉五成否否四之初成益也或罷謂需成既濟也或泣謂晉成益益上之三爲屯三之泣血或歌謂恒二之五而後益上之三鼓即離之所謂鼓歌即離之所謂歌中孚者豐四之渙初也渙

成中孚豐成明夷相錯爲家人臨即同人四之師初與解四之初之比例不能戚嗟出涕矣而中孚上又之三即家人上又之臨三亦即豐四又之井初而一能變通仍不巽離不成豐而坎成屯通鼎之鼓缶而歌故以鼓歌二字與離九三爲脈絡也罷猶憊也憊即備也亦通儆爲永終知儆之儆亦爲甕儆漏之儆歸妹漸先成家人臨即中孚明夷也家人上之臨三歸妹成泰即中孚上之三成需也需通晉成既濟則或罷泰通否成既濟則知儆井即離上之坎三所成也井成需猶中孚成需井之儆漏即中孚之或罷也

大有成家人通解而不先成旣濟則易而无備未濟二之五即需二之晉五之比例成益而通恒然後益成旣濟傳云三年克之憊也益上之三即家人上之屯三家人上之屯三則不可備故易而无備旣易則可備矣益通恒而備亦家人通解而備也

一陰一陽　一朝一夕　日月運行一寒一暑　日往則月來月往則日來　寒往則暑來暑往則寒來

循按聖人贊易以一陰一陽爲道以積不善有餘殃非一朝一夕之故一朝一夕即一陰一陽故者事也通變之謂事惟能變通故一陰一陽惟不能變通則

非一朝一夕。變通卽運行往來。凡言日月寒暑朝夕。皆陰陽也。陰陽卽柔剛也。繫辭傳以天地絪緼贊損以寒暑成歲贊咸。所以明咸恆損益四卦之與時偕行也。六十四卦。惟損益兩卦。有渾天之象。天包於外。地處其中。地圓之象也。損之六四。春秋分也。上九九二平行也。初九上九。盈縮之差也。損地近於上九。則爲盈初爲冬至。新術所謂最卑也。益地近於初九。則爲縮初爲夏至。新術所謂最高也。冬至一陽生。故爲盛之始。謂由損而爲益。夏至一陰生。故爲衰之始。謂由益而變通於恆。所謂損益盈虛。與時偕行。天地有盈縮高卑而後有寒有暑有寒暑冬夏而後萬物生所謂絪緼化醇者如此夏至日行縮而日數則益故名益冬至日行盈而日數則損故名損漢唐以來創立强弱遲速消長高卑等名而庖犧氏以損益二字括之孔子以天地絪緼四字盡之絪緼者盈縮高卑不齊之象也繫辭傳云日月運行一寒一暑又於咸九四暢發其義云日往則月來月往則日來日月相推而明生焉寒往則暑來暑往則寒來寒暑相推而歲成焉往者屈也來者信也屈信相感而利生焉離爲日坎爲月乾爲寒明見説卦傳咸恒皆互乾損益

皆互坤。虞仲翔謂坤爲暑是也。恒已成咸則寒往。通損則暑來。損已成益則暑往。通恒則寒來。既濟上坎。未濟上離。泰上坤。否上乾。泰成既濟則月來。既濟通未濟則日來。未濟成否則一寒也。否通泰則一暑也。一寒一暑。由於日月運行。咸損恒益否泰既濟未濟八卦。變通不已。無非日月寒暑之往來而已。特於咸發之以男女之陰陽。即坎離之日月。聖人所以準天道而定人道也。晉彖云。晝日三接。雜卦傳以晝爲晉。而夜之爲明夷。則經於夬明之。夬九二惕號莫夜有戎。勿恤。夬不孚於剝。而以四之謙初。謙成明夷爲夜。

莫夜之莫，鄭康成讀如字，解云無也。莫夜猶云莫益，謂不可使謙初成明夷也。繫辭傳云剛柔者，晝夜之象也。又云通乎晝夜之道而知，下即以一陰一陽明之。然則夜固爲柔爲陰，而晝則爲剛爲陽。晉之爲晝，非徒日在地上之謂也，需二之晉五之謂也。需通於晉，猶既濟通未濟。坎月往而離日來矣。然日來必登於天，乃照四國，故晉晝必以需二之晉五而晝乃明。否通於泰，猶訟通明夷。夜無月則夜晦，故泰二之五，訟二之明夷五，則月來。月來而夜乃明，所謂日月相推而明生焉。述者之謂明，明即繼續之義。乾九三君子終日乾乾，夕惕若。厲无咎。乾成家人。坤成屯。兩五皆剛。但晝而不夜。家人。上之屯三則終於日。故欲其乾乾由晝而夜。其閒爲夕。故反屯而通於鼎。鼎五柔。是爲夕也。鼎二之五而後上之屯三。屯之日已終。而鼎亦不至於晦。乃鼎二。不之五而成泰。與謙成明夷同。是由夕以至於夜。夜不明則爲晦爲冥爲幽。既至於夜而後泰通否。明夷通訟。則由晦而明。由昧而歸。爲自夜而晝。由夜而晝。其閒爲朝。朝爲旦明。即昧旦也。故泰通否而二之五成既濟爲歸妹。妹者昧也。乃訟不先以二之明夷五。而上之三成大過。又四之初成需。然後以需二之明夷五，明夷之夜，雖變爲朝，乃成兩既濟而終，則非始於朝，而爲終於朝，鞶帶三褫，莫可救矣。

其義吉　其義凶　其義喪　其義焚　義无咎　義无咎　義无咎　天地之大義也　天地之大義也

循按：文言傳以義贊利，變而通之以盡利，則義者變通也。小畜初九復自道，傳云其義吉也。隨九四隨有獲，傳云其義凶也。變通而吉，固矣。變通而凶，何也？乾四之坤初，成復、小畜，爲失道，小畜變通於豫，故復自道何其咎吉，其義二字，贊復自道吉字，即何其咎吉之吉字，言其義故吉也。隨三應蠱五，成蹇、革，乃革不通蒙而四之蹇初成兩既濟爲隨有獲貞凶故未獲時不使革四之蹇初爲貞凶而通蒙爲有孚在道以明有孚在道以明是變通也是義也傳言其義者以其凶也其義二字贊有孚在道以明凶字即貞凶凶字經先言貞凶後言有孚在道以明傳先言其義後言凶以贊之辭句相似而語氣各殊一云其義吉一云其義凶皆依經文以爲之翼需彖傳云其義不困窮矣不困窮則吉與其義吉文法同旅九三傳以旅與下其義喪也上九傳以旅在上其義焚也喪童僕焚次焚巢則凶與其義凶文法同其義謂需通晉明

夷通訟需通晉則不困窮明夷通訟則亦不困窮明夷通訟以其喪也以其焚也需通晉亦以其喪也以其焚也其義不困窮與其義喪其義焚互發明也蓋義則必吉其義吉其義不困窮順下之辭也義因其凶其義凶其義喪其義焚到上之辭也推之弗乘不及賓皆吉辭義弗乘（賁初九）義不及賓（姤九二）猶云其義吉也不食失道之辭也義不食（明夷初九）猶云其義凶也歸妹彖傳云歸妹天地之大義也家人彖傳亦云男女正天地之大義也漸初六解初六既濟初九三傳皆云義无咎也分視之似爲平泛合測之則有深意歸妹失

道成泰而後變通於否此歸妹所以名歸妹也故爲天地大義未成泰先以四之漸初成家人臨不令成泰即以家人通解臨通遯辨之早矣故於家人稱天地大義明漸成家人通解猶歸妹成泰通否也於是漸初六傳云小子之厲義无咎也小子厲正謂歸妹成臨漸成家人通解成萃是爲有言无咎於是解初六則明贊之云剛柔之際義无咎也以義无咎三字與漸初六相鈎貫知漸初六謂成家人通解也既濟初九濡其尾謂未濟成泰猶歸妹成泰也曳其輪謂泰通否也亦用義无咎三字明泰之通否猶家人之

通解、與歸妹家人並稱天地之大義同一比例也傳之贊經可謂至平泛至神奇矣、

男廷琥孫授書授易授詩校字

易通釋卷十六 雕菰樓易學之三

江都焦循學

章部閏

循按孔子贊易，以治厤明時，獨歸諸革。虞仲翔云，厤象謂日月星辰也。離爲明，坎爲月，離爲日，蒙艮爲星。四動成坎離，日月得正，天地革而四時成，故君子以治厤明時。王弼云，厤數時會存乎變。弼之說優於虞，然亦景響之談，非易義也。孟子云，天之高也，星辰之遠也，苟求其故，千歲之日至可坐而致也。又云，故者以利爲本。故利二字皆本於易，故卽往也，利卽來也。

革去故而坐致其新，卽旁通於蒙以爲利也，革下離爲日，其上坎月合日之處，九四以一陽奇於其閒，使日與月不齊，贏於離日之上，是日有所餘，月有所不足，三屬終，四連於三，歸餘於終之象，下三爻三歲也，日有餘於歲而月不足，歸日之餘於終，積而成月，則閏也，於是積閏爲章，積章爲蔀，其義不見於革而見於豐，豐六二九四豐其蔀，上六蔀其家，六五來章，豐五本不成章，來章則豐變爲革，是豐之章卽革之章，豐之蔀，卽革之蔀，四重於三爲閏，四之蒙初成益則爲蔀，何也，下三爻爲三歲，四閏於三上，是三歲一閏也周髀算經云十九歲爲一章四章爲一蔀二十蔀爲一遂三遂爲一首七首爲一極趙君卿注云蔀之言齊同日月之分爲一蔀也李籍音義云衆殘齊合羣數畢滿故謂之蔀一蔀之數足蔽七十六歲之日月行度可謂盛矣然則至於蔀則差者不差閏亦無閏革四行則六爻皆備成旣濟衆殘齊合日月從此定矣豐五來章謂渙二之豐五卽蒙二之五之比例豐四之渙初成益爲蔀其家卽蒙二之五而革四之蒙初之比例蒙成益而與恒通恒成咸又與損通於是寒暑往來而成歲非革治厤明時齊以章蔀則歲

不可成是故寒暑往來天也有以齊之使成歲而不忒則聖人也萬物化醇天也有以齊之使夫婦定而各別則聖人也寒暑齊而有耕穫夫婦定而有父子故傳詳言之矣周髀不言閏易亦不言閏損者外衡冬至也益者內衡夏至也易之厤法與周髀合劉歆三統厤云周道既衰天子不能頒朔魯厤不正以閏餘一之歲爲蔀首是蔀首之名周魯有之祖冲之云古之六術並用四分六術謂黃帝顓頊夏殷周魯四分漢建武所作其術章法十九蔀法七十六黃帝以來皆同則章蔀之名舊矣經於豐稱章蔀傳於革稱

治厤明時經取當時厤法以明卦之變通傳於革稱治厤所以贊豐之章蔀本明白無惑自旁通之義不明而別求豐蔀之義虞仲翔云日蔽雲中稱蔀蔀小謂四也釋文蔀略例云大暗之謂蔀馬云蔀小也鄭薛作菩云小席於是章蔀之爲章蔀者不明而治厤明時之義亦莫能明矣坤六三含章可貞傳云以時發也姤九五含章有隕自天傳云中正也中正指其爲姤二之復五而姤上之復三即爲鼎二之五而上之屯三之比例以兩含章例之知坤之含章謂成屯通鼎也屯成既濟鼎成咸相錯爲革復成既濟姤成咸相錯亦爲革與豐成革同故含章之章即來章之章而來章謂

渙二之豐五即謂蒙二之五時發即發蒙發蒙即含章矣章而係之以含所以明終則有始之義月與日合朔月終一周天而日行固不已終十二周天而日之行仍未已所以有閏餘積七閏爲一章十九年以齊之而不盡更積四章爲一蔀七十六年以齊之而仍不盡不盡者所謂含也天之行以含爲不已聖人作易亦以含爲不已是爲天地變化聖人則之也

邱陵

循按說卦傳艮爲山由山而類及之邱陵亦艮也說文邱土之高也廣雅四隤曰陵小陵曰邱蓋以大小

論則陵大而邱小以高下論則陵卑而邱高以易究之大抵艮之在上者取於邱艮之在下者取於陵故邱多指益陵多指蹇渙六四渙有邱謂渙二之豐五豐四之渙初渙成益五互艮艮在上爲邱渙二不先之豐五而上之三成井則無此邱矣大過二顛於頤五頤成益與渙成益同大過四之初以輔拂之故拂經于邱猶云渙有邱也大過爲賁上之困三之卦困成大過不能以二賁於賁五乃改而賁於頤五則賁于邱園之邱即拂經于邱之邱經以邱字爲之樞俾知賁于邱園謂困成大過大過二之頤五也周禮大

宰注樹果蓏曰圃園其樊也頤上艮爲果蓏大過二賁之果蓏包以巽之高墉故爲園賁五不互艮無邱若困二先之賁五則賁上之困三成咸咸下有陵矣困不成咸而成需是賁如濡如也需二之晉五需成既濟而終故傳云終莫之陵也若困成咸通損而後終亦是永貞之吉然其終必由於陵終莫之陵明其由需通晉而終也同人九三升其高陵謂同人上之師三成升升下巽爲高升二之五成蹇則由高而陵然升必通无妄而後可陵不通无妄而係於革則三歲不興不可陵者也升无妄相錯爲復姤震成復變

通於姤姤二之復五爲升二之五之比例躋于九陵猶云升其高陵復通姤旣殊乎升係革則躋于九陵自勿逐七日得矣漸九五鴻漸于陵謂漸上之歸妹三漸成蹇下艮有陵歸妹成大壯則莫之勝大壯通觀而三歲不孕斯能終吉漸成蹇歸妹成大壯猶同人成革師成升陵皆指蹇三歲皆指革漸有陵而歸妹未三歲故以大壯成革而三歲以四不孕於蹇初爲吉同人有三歲而師無陵故以升成蹇而陵必如復姤之躋九陵爲得高陵而係以三歲則不可興不可興者不可升爲陵也升通无妄而後陵大壯通觀

而後三歲則不致以革四之蹇初爲終於孕矣

邑　國　邦

循按虞仲翔以坤爲邑爲國是也坤主受國邑所以受人易之稱邑國不離乎坤也國邑者王公所有乾在五爲王者則坤在五爲王之國邑乾在三爲公侯者則坤在三爲公侯之國邑易稱邑人者三卦邑有人則不坤訟成益通於恆而後益上之三爲邑人比成屯三互坤爲邑與益同變通於鼎王用三驅則鼎成遯遯上之屯三爲邑人无妄四之升初爲益時升成既濟益不變通而上之三爲邑人在訟則无眚在

无妄則災訟成益則能變通无妄成益不能變通也升上坤爲虛邑二之五則升虛邑泰上坤爲邑變通於否而以二之五則自邑告命師不成泰而以二先之五則爲開國開亦始也既開國成比比卽以之建萬國而邑八不戒矣夬二之剝五成觀觀爲告自邑觀初之大壯四以從大壯二五爲觀國之光晉成否而上之三爲維用伐邑履通謙成益益通恒而上之三爲利用行師征邑國邑國並稱邑卽是國也未濟所伐之鬼方卽謙所征之邑國也益六四利用爲依遷國既成益而上之三伐之征之卽無國矣然益長裕

而不設者也不設則不伐利用爲卽利用爲大作謂
變通於恆終則有始依者從也遷者變而通也舍國
不伐變而從恆是爲依遷國傳所謂見善則遷也益
之遷猶井之遷井遷爲改井謂變通於噬嗑不變通
於噬嗑而仍以初之豐四豐成明夷上坤爲邑改而
通於訟爲改邑需明夷相錯爲旣濟泰明夷改而通
訟猶泰改而通否泰通否則自邑告命明夷通訟則
改邑改邑則自邑告命改邑卽改命也未濟成益通
於恆恆二之五而後震用伐鬼方則有賞于大國有
賞以其有功也豐四之井初猶小畜上之復三復上

六終有大敗以其國君凶復成明夷上坤爲國小畜成需下乾爲君是時急宜改邑不改邑直以需二之明夷五成兩既濟而終所以有大敗而明夷以國受君而凶需以君就國而凶是以其國君凶也彖傳言邦者四否蹇漸中孚象傳言邦者二師九二離上九虞仲翔亦以爲坤然泰否皆有坤而傳云无邦蹇漸中孚離皆无坤而傳云正邦化邦殊未能達說文邦从丰聲蚌亦从丰聲說卦傳於離稱爲鼈爲蟹爲蠃爲蚌爲龜惟龜爲經所有而鼈蟹蠃蚌舊說徒以內柔外剛槩之然則舉一龜已足何必繁引其類疑之既久乃悟蚌與邦

爲同聲假借。離爲蚌即是離爲邦也。因用以測之彖傳象傳而無不合。泰孚於否。必泰二先之五。乃爲天地交。天地交則泰成既濟。下乾化爲離。上下不交。則乾天仍在下而無離。故无邦也。中孚孚於小過。中孚二之小過五。小過四之初應之。乃得有豚魚。有豚魚則小過成既濟。下有離。是因孚而變化爲邦。故云孚乃化邦。邦字正因豚魚二字而贊也。師九二王三錫命。謂成屯而通鼎。鼎二之五而上之屯三。是屯成既濟。下有離。故云懷萬邦。蹇通於睽。睽二之五而四之蹇初。蹇成既濟。下離。是爲當位貞吉。而傳以正邦贊之因正而有邦。因成既濟而有離也。傳凡三言以正邦。於蹇明稱當位貞吉。漸成蹇而通睽。蹇成既濟。傳云進以正可以正邦也。以以正邦三字。與蹇彖傳相鈎貫。明漸成蹇而當位貞吉也。離上九傳云王用出征以正邦也。離成同人。上有王。而後上征於坎三。坎成蹇。離成革。蹇通睽成既濟。則下有離爲正邦。革通蒙成既濟。則四互離亦爲正邦。以正邦三字與蹇同。亦知其爲坎成蹇而通睽成既濟也。由是推之。蟞卽甕敝漏之敝。蟹卽解者緩也之解。蠃卽羸豖之羸。皆同聲假借也。

電

循按說卦傳震爲雷離爲電又特於豐噬嗑兩卦標而出之一云雷電噬嗑一云雷電皆至豐一明豐通於渙一明井通於噬嗑以兩電字爲鈎貫互相發明離上之坎三以電錯雷而成豐巽上之震三以雷錯電而成豐離震成豐則坎巽成井離坎震巽成豐井則巽二固未至於震五坎二亦未至於離五震五離五皆不至是雷電皆不至豐通於渙而渙二至於豐五則不獨離之未至者至而震之未至者亦至故云雷電皆至至卽假也所謂王假之也坎巽不至於離

震而離震成豐豐通渙渙二之豐五即成革爲來章不煩合者也惟井改而通於噬嗑井二之噬嗑五噬嗑上之三以合之乃成革是二來未章三上合於二五而後章也故傳云雷電合而章用一章字與豐相鈎貫傳之贊經精妙如此

冰

循按坤初六履霜堅冰至說者多援積不善之義謂陰氣動則必至於履霜履霜則必至於堅冰言其漸（干寶說）乃傳之贊經一則云馴致其道一則云蓋言順也如謂陰本卑弱至於積著（王弼說）自初至三成否爲履霜

自四至上成坤爲堅冰。褚氏說何以謂之順、而九家易則傳會其說。言陽順陰之性。卦本乾陽。初六始姤、五月陰氣始生地中。始於微霜。終至堅冰。然以陰消陽、何得爲順。以順爲正者妾婦之道。陽而順陰。豈爲致道心疑久之。及細測於傳。傳贊經甚明。無容望文生意者也。說卦傳明云。乾爲冰。則冰自指乾。不指坤也、象傳云陰始凝也。凝字正贊冰字。說文。冰水堅也。俗从疑。仌凍也。象水凝之形。是凝冰二字本通、而凝之義亦爲堅。考工記凝土以爲器注云凝堅也 然則一凝字。兼贊堅冰兩字。而又於鼎傳贊之云。君子以正位凝命。於是履霜堅冰之義可得而明矣。霜所以殺物。乾上之坤三成謙。坤五喪亡。乾成夬。上兌爲秋。三先五則爻之等以克伐而陵越。是霜殺物之象也。此時卽以謙通履。履辨上下定民志。則辨之早。故云履霜。乾本冰也。二不之坤五而上之坤三成謙。謙輕。輕卽薄也。是薄冰也。故夬非無乾冰。而兌折於上。冰而折。冰不堅矣。變通於履。履二先之謙五則不薄而堅矣。不喪而凝矣。履上不先之三。則冰固而能久矣。故云堅冰至。謂履二至謙五也。履二至謙五成无妄蹇。爲鼎二之五之比例。亦爲臨二之五之比例。鼎二之五成遯。臨二之五成屯。

屯遯相錯爲无妄蹇。故經於臨二之五稱至臨。以與堅冰至至字相鈎貫。傳旣以凝字贊堅冰。又以鼎二之五爲凝命。以明陰始凝指履二之謙五。於是經之稱霜稱履稱冰稱堅稱至。無不涣然釋矣。

泥塗

循按：巽二不之震五而上之震三，震成豐，巽成井。井宜變通於噬嗑。噬嗑，食也。井不變通於噬嗑而以豐四之井初，井成需，豐成明夷，是爲井泥不食。需宜變通於晉。不變通於晉而以二之明夷五，是爲需于泥致寇至。井之成需，即巽之成需也。豐之成明夷，即震之成明夷也故井泥需泥皆震之泥震九四震遂泥謂已成豐又以四之巽初成泥也三泥字一以貫之泥爲黏近之義釋名泥邇也邇近也以水沃土使相黏近也巽二先之震五則下三爻不致黏近成需且豐通渙則遠害不能遯出遠害而與井相膠昵至於井成需需下三爻黏而莫渙此泥之所以稱也巽二之震五爲歸妹二之五之比例在巽上之震三成豐在漸上之歸妹三成大壯漸上之歸妹三又爲睽上之三之比例睽上九見豕負塗說卦傳贊之云震爲大塗於塗上如一大字明其爲大壯上之震也睽成大壯大壯四之蹇初即同於

豐四之井初睽成泰蹇成旣濟泰上無震蹇下無艮則塗漸爲泥何也塗泥也詩小雅如塗塗附傳孟子坐於塗炭注皆云亦通於涂道路也說卦傳艮爲徑路惟蹇下艮爲徑路而睽之成大壯者上乃有震爲大塗大壯蹇相錯原已爲需其下三爻已黏近而爲泥但小過未成明夷則下艮猶爲徑路以泥而兼徑路則塗也且於塗上用一負字與解六三負且乘負字相鉤貫負且乘之負謂家人上之解三成恆家人成旣濟旣濟恆相錯正是豐井然則巽上之震三即負也亦即塗也豐四又之井初則負且乘也由塗而泥也塗兼徑路則道猶未盡

失涂節道也塗而泥則無復成道故災在外矣塗泥皆漸也始而塗既而泥所謂由來者漸矣經之取象傳之贊經並精奇神妙愈咀愈出解泥者徒沾沾於水土之閒經傳之妙何以克達

穴　窞

循按說卦傳坎陷也說文陷高下也从𨸏从臽臽亦聲臽小阱也然則中庸罟擭陷阱之陷乃說文臽字廣雅窞臽二字同訓坑說文窞坎中小穴也从穴从臽臽亦聲易曰入于坎窞一曰旁入也蓋傳以陷贊坎陷卽窞也六十四卦上坎下坎之卦共十有六惟

需象傳云剛健而不陷其義不困窮矣需上明有坎而云不陷則陷與不陷之義可由是而測矣坎初六習坎入于坎窞凶傳云習坎入坎失道凶也六三來之坎坎險且枕入于坎窞勿用傳云來之坎坎終无功也習坎兩坎相重也坎二先之離五則不習矣乃二不之離五習仍是習而離上先之坎三坎成井下巽爲入故云入于坎井即變通於噬嗑則井而養不至於困窮乃不變通又以離四之坎初離成明夷坎成需即是豐四之井初豐成明夷井成需不爲井養而成陷阱故云窞凶入于坎成井也窞凶成需也是

窞指需，惟需通晉，則義不困窮，義者利也。變而通之也。如是則剛健而不陷，葢需係於明夷則陷，需變通於晉則不陷，傳之陷，即經之窞，傳以不陷贊需，知入于坎窞，謂坎成需矣。何以知需係於明夷則窞，坎六三自疏之矣。需二之晉五，晉成否，上乾，是不速之客三人來也。若需二之明夷五，則需上固坎，二來於明夷五，又坎，是爲來之坎坎，所以來之坎坎者，以險且枕，入于坎窞也。經明以來之坎坎爲入于坎窞，作注腳。惟其入于坎窞，成需，係於明夷，斯需二之明夷五成兩既濟，坎與坎並也。非離上先之坎三，則離四先之坎初不成需明夷，非離四又之坎初，則離上雖之坎三亦不成需明夷，故初六、六三兩爻皆言入于坎窞，以互明之，窞之指需明夷無疑，傳於來之坎坎以終无功贊之，非成既濟，無以爲終，非先成需明夷後成兩既濟，無以爲无功，終无功三字，明贊其以需二之明夷五，參之需傳剛健而不陷，陷指需係明夷，不陷指需通晉明矣，需上六入于穴，六四出自穴，穴从八聲，八，別也，象分別之形（見說文）穴窞雖相近，而窞取義於陷，穴取義於別，義各殊也，井泥而成需，泥則邇昵不能分別，需二之晉五，則泥者通，其象爲穴，穴亦坎也小畜上之豫三小畜成需豫成小過需稱出穴入穴小過六五亦稱公弋取彼在穴以穴字爲之貫出自穴承需于血血卽小畜血去惕出之血公用取彼在穴承密雲不雨自我西郊則直用小畜象辭需無血待二行而坎見乃有血二行而四乃互坎也二行於晉五血雖見而血出血何以出以二之泥者通而爲穴也自卽自我西郊之自以需二之小過五不可爲自以需二之晉五以中孚二之小過五則仍是自也在穴謂中孚二中孚二先之小過五成咸互乾爲公中孚三上於上不成需而成旣濟三互坎穴故取

彼在穴、在穴則不見穴、取彼在穴而穴見矣、坎互在三稱血、坎互在二稱穴、二三不見坎稱窞、血、穴、窞、義固各有在耳、其云入于穴何也、入謂巽也、需二先之晉五成否、需二有穴矣、然後否四之初成益、上巽爲入、故入于穴也、

溝瀆

循按蒙彖再三瀆、瀆則不告、謂蒙成泰、泰二之五、上成坎、故說卦傳以坎爲溝瀆、贊之瀆而兼言溝者、所以贊匪寇昏媾之媾也、釋名、溝、構也、縱橫相交構也、構與媾同、屯六二釋文媾馬云重婚本作冓鄭云猶會本或作構凡稱昏媾、謂泰二之五、

屯六二六四睽上九同惟泰變通於否，則爲昏媾。泰通否，猶需通晉。經於賁稱昏媾，明困成需通晉。謂需二之晉五，則泰必通否而二之五，乃爲昏媾。昏指變通而更代於否，媾指泰通否而二之五上成坎。不通否而二之五，則不昏，則不爲媾而爲瀆。媾取其和，瀆取其慢。昭二十六年左傳不可瀆也杜注瀆慢也以溝並瀆，即借媾爲溝。瀆之於溝，猶讀之於講。講與媾通，而同訓爲和。史記樗里子甘茂傳與魏講罷兵索隱引鄒氏云講讀爲媾媾猶和也說文講和解也於是贊於兌云朋友講習，又贊於損云男女媾精。損二之五，即兌二之艮五之比例，故以媾明講，即以講明溝。蒙筮至三爲泰二之五，蒙筮至再爲損二之五。

損通咸，卽兌通艮，卽爲講習，爲媾精，與泰通否同。則損不通咸，亦如泰不通否之爲瀆也。且蒙成泰，先初四則先成損，先三上則先成升，升通无妄爲往蹇來連。構之訓爲連，見淮南本經訓高誘注，又齊策秦楚構難注。來連謂升二之五，升无妄相錯爲復姤，升二之五卽姤二之復五之比例。姤二之復五是爲姤，姤卽遘，遘卽構，文選七哀詩注：構與遘古字通。構旣與連義同，則來連正是姤，卽是媾也。傳於豫六二贊云君子上交不諂，下交不瀆。交謂小畜二之豫五。上交者，上三應二五，成旣濟、咸也。下交者，初四應二五，成家人、屯也。上交則不諂，上而不交則諂矣。下交則不瀆下而不交則瀆矣上不交則豫成小過小畜成需謟猶陷也（楊倞注荀子修身篇云謟之言陷也謂以佞言陷之）謂成需也下不交則豫四之初成復與震四之巽初同復通姤則媾復不通姤則瀆何也復小畜相錯爲益泰小畜二之復五卽泰二之五也是瀆也亦升不通无妄而二之五之比例也是知升通无妄爲來連卽是媾者升不通无妄而二之五卽爲瀆也震四之巽初成小畜復震三之巽上成豐井豐通渙而渙二之豐五則昏媾有言豐未成明夷而通渙卽復未成明夷而通姤亦卽升未成泰而通无妄損未成泰而通咸已成泰明夷而

變通成既濟、固爲昏媾、未成泰明夷而變通復成屯升成蹇、亦即爲媾、乃在泰成既濟、復升成屯蹇、上有坎爲媾、即爲溝矣、而需二之晉五成否、損二之五成益、渙二之豐五成革、皆無坎而亦稱媾者、則經於震上六固自明之云、昏媾有言、謂震成豐、即昏媾而成革、不致成明夷始昏媾而成既濟、是爲有言之昏媾而非匪寇之昏媾也、傳以坎爲溝瀆、贊泰二之五、又以媾贊損、以講贊兌、則不必有坎乃爲媾矣、有坎水則媾通於溝、有兌言則媾通於講、好學深思者、又可心知其意也、

淵泉

循按井九五井洌寒泉食傳於蒙贊之云山下出泉蒙上艮爲山則泉指下坎泉卽淵也乾九四或躍在淵謂乾成革而通蒙躍在淵卽是出泉謂蒙二之五也訟彖傳云不利涉大川入于淵也訟下坎猶蒙下坎蒙二之五則躍在淵訟上之三則入于淵以訟下坎爲淵者所以贊寒泉也說卦傳乾爲寒井而有乾謂成需也井爲離上之坎三之卦入于坎而成井猶入于淵而成大過離上之坎三卽訟上之三也離四之坎初卽訟四之初也訟下之淵猶坎下之淵旣入

而又泥、則寒其泉矣。寒、其泉而後食、謂需通晉、需二之晉五。需者飲食之道也、傳云寒泉之食中正也、即需晉兩傳所云以中正也。淵之義爲深、恆初六浚恆傳云浚恆之凶始求深也。家人上之解三成恆、猶離上之坎三成井、井成需、即恆成泰、傳以出泉贊躍淵、以入淵贊寒泉、又以深贊浚。浚猶渫也、浚恆之凶、亦井渫之不食矣。

墉

循按、解言墉、同人亦言墉。解上六公用射隼于高墉之上獲之、謂解二之五而家人上之解三也。同人四之師初，斯時師二未先之五，柔乘於上，同人雖成家人，是爲乘其墉，兩墉字相貫而解上六於墉字上加高字，知指家人上之巽，在同人稱墉，知其成家人在解稱墉，知其通於家人，兩相比例，明白無疑。

次

循按：師旅止舍之地名次（莊公三年《左傳》：凡師一宿爲舍，再宿爲信，過信爲次）。次猶止也，以其在師在旅，故取義於次。師六四「師左次，无咎」，左卽「夷于左股」之左，謂同人四之師初也。同人四之師初成家人，臨相錯爲中孚、明夷，正履四之謙初之比例，故云「師左」。家人舍臨而通解，則左而次，故无咎。

解二之五而家人上之解三成咸。咸下艮爲止。故云次也。若師已成臨。則不復有艮止矣。師二之五。卽坎二之離五之比例。師二不之五而同人四之師初。卽坎二不之離五而離四之坎初之比例。離四之坎初。卽旅四之初。旅成賁。猶離成賁。亦猶師成臨。同人成家人。賁通困而困二之賁五。與家人通解而解二之五同。故取師六四次字以爲脈絡。困二之賁五爲懷其資。爲得童僕。然後賁上之困三成咸。與家人上之解三成咸同。是爲卽次。經到其辭云所以卽次者。以懷其資也。懷其資則成家人萃。得童僕矣。卽次則家人成既濟而貞矣若旅成賁不能通困以即次而且以上之節三旅成明夷節成需是爲焚其次夷者傷也故傳云旅焚其次亦以傷矣離四之坎初成節旅成賁仍離成賁離九四焚如謂賁上之節三即旅焚其次也經以兩焚字鈎貫離之焚如以兩次字鈎貫師之左次傳贊師左次无咎云未失常也又贊需于郊利用恒云未失常也需于郊之郊即同人于郊之郊同人于郊謂同人四之師初成家人而通解也需于郊未失常則是同人于郊未失常同人于郊未失常謂成家人而通解則是師左次无咎之未失常謂

同人成家人而通解也經以兩郊字爲鈎貫傳以兩未失常贊之已神奇矣傳不以未失常贊同人于郊而以志未得贊同人于郊又以志未得贊困九五同人于郊既同於師左次則困九五之志未得同於同人于郊即同於師左次困九五之志未得贊劓刖劓刖謂困二不之賁五然則困二之賁五則志得矣劓則賁上之困三成大過明夷即同人上之師三成升革也亦即旅上之節三成需小過也刖則困四之初成節即猶旅四之初成賁亦即同人四之師初成家人臨也旅上之節三即是小畜上之豫三需于郊指

小畜上之豫三成需而通晉。即旅上之節三成需而通晉。其未失常。旣同於師左次之同人成家人而通解。則同人四之師初成家人臨。即同於旅上之節三成需小過。失常則志未得。志得則未失常。師同人成家人臨。則志未得。家人通解。臨通遯。則未失常。旅節成需小過。則志未得。小過通中孚。需通晉。則未失常。賁通困而成家人萃。節通旅而成屯遯。則未失常。困成節。旅成賁。則志未得。互相發明。傳於需于郊稱未失常。以節成需通晉。例同人成家人通解也。於同人于郊稱志未得。以師同人成家人臨。例節旅成需小過也。猶恐贊之不明。直於師左次无咎稱未失常。明師成臨同人成家人。而家人通解。同於旅成小過節成需而需通晉。又於困九五劓刖稱志未得。明同人成家人旅成賁之同於刖。兼明師成升旅成小過之同於劓。既刖且劓。則困成需。困成需通晉利用恒。猶節成需通晉利用恒。傳於需稱未失常。固鈎貫師左次之未失常。且與劓刖之志未得相互發。經以三焚字三次字爲鈎貫。傳以未失常志未得爲鈎貫。其神奇九不可以筆墨盡也。

鼻

循按噬嗑言滅鼻，睽言劓，荀九家及虞仲翔皆以艮爲鼻，以經衡之，誠是。乃說卦傳不言艮爲鼻，而言巽爲臭。臭者，通於鼻者也。鼻之通臭，猶山之通氣。臭在鼻，則鼻中有物，如巽中之陽，實充於艮中，故艮爲山亦爲鼻也。損上山下澤，二通於五，爲通氣，而損成益，上艮化爲巽，氣在山中，即臭在鼻中。乾二之坤五爲同人、比，即師二之五之比例。乾上又之坤三成蹇，猶同人上又之師三成蹇，是爲同氣相求，氣即臭也。師成蹇，有鼻無臭。師二不之五，而同人上之師三成升，升下巽爲臭，臭伏於衆莽之中，徒穢敗而不馨香。見臭而不見鼻是爲滅鼻所以滅鼻者以其不同心同人成革上雖有言爲不同心之言宜其擤鼻而不相善惟升通无妄升二之五而无妄上之三成蹇革革上兌乃爲同心之言升二之五巽之陽升而艮鼻通如香之升於鼻故云其臭如蘭蘭草之香者也不爲衆莽而爲芳蘭則鼻不滅卽爲井二之噬嗑五之比例亦爲睽二之五之比例蹇下鼻睽四之蹇初而鼻不見故爲劓睽先成无妄上乾爲天然後四之蹇初劓蹇之鼻故云天且劓經言鼻而傳贊之以臭造乎微者也

脢夤

循按說文脢背肉胂夾脊肉艮九三列其夤馬融云夤夾脊肉也淮南地形訓作殥與䏰形近而譌鄭康成作列其䏰䏰與脢通用字也咸九五咸其脢虞仲翔云脢夾脊肉於列其夤則訓脇肉素問繆刺篇云刺腰尻之解兩胂之上有腰俞王冰注云腰尻骨閒曰解當有腰俞推此則腰俞在腰之下尻之上骨空論所謂八髎在腰尻分閒是也腰俞尚在兩胂之上則兩胂在腰俞之下與尻相平矣與尻相平而曰兩胂則尻之兩畔也自項至尻骨皆謂之脊而背肉在

上半腰胂在下畔咸損相錯爲艮兌損二之五卽兌二之艮五之比例兌三之艮上卽損三之上之比例艮成蹇兩坎相貫坎爲脊通上及下合脢與賁蹇兩坎相貫脊象也在五之一坎爲脊之上半爲脢在三之一坎爲脊之下半爲賁損成旣濟與咸相錯爲蹇咸三已定所感者損上之坎是咸其上半而不必咸其下半故咸其脢兌二不之艮五而艮上之兌三艮不成蹇而成謙謙止有三之一坎而無五之一坎是艮其下半未曾艮其上半故艮其限列其賁限爲要義與約同列同裂成蹇則兩坎相貫爲脊肉之全今

不成蹇而成謙，如割裂其脊，僅存要胂以下，取象之妙，不可思議。夤當从冃，不當从夕。說文引夕惕若夤，學者或依之以爲孟氏易。然文言傳九三終日乾乾夕惕若厲无咎何謂也，兩言因其時而惕，雖危无咎，以傳證經，經無夤字。泰初九拔茅茹以其彙，董遇作以其夤，出也，義亦不合。

股　肱

循按：說卦傳震爲足，艮爲手，巽爲股。股順於足而不象震，則肱順於手，亦不象艮矣。肱之順於手，猶股之順於足。巽者，順也，取義於順，爲股爲肱，皆巽象也。傳但言巽爲股而不言肱，細測之有精義焉，試以乾坤言之，乾二之坤五而四之坤初，順之，坤成屯下震爲足，乾成家人上巽爲股，巽之爲股，因震爲足而象也，乾二之坤五而上之坤三，順之，坤成蹇下艮爲手，而乾上則成兌而不成巽，故肱雖順乎手，而不可以巽指之，明夷者，謙初之履四，亦豐四之渙初，履二先之謙五，而後履四之謙初，履成益，初四順乎二五，即益之上巽，順乎下震，爲股之順乎足，乃履二不之謙五而四先之謙初，謙成明夷，履成中孚，有巽而無震，是股不順乎足，不順則夷矣，故云夷於左股，履二不之謙五而四之謙初猶渙二不之豐五而初之豐四履之夷于左股卽豐之夷于左股渙二先之豐五而渙上之三順之猶履二先之謙五而履上之三順之渙謙成蹇下有艮手履豐成革上兌爲折以三上順二五而蹇有艮手則爲肱以革上兌爲折故云折其右肱推之股爲初四順二五之名肱爲三上順二五之名股肱之義明而左右之義亦明以豐四之渙初有股而爲左則左以初四言也以渙上之三有肱而爲右則右以三上言也初四三上皆所以從二五泰傳云以左右民民指泰五泰二之五而否初之四從之

則左之也泰二之五而否上之三從之則右之也師二不之五而初之同人四與豐四之渙初同故云師左次无咎大有二之五而上之比三從之爲自天祐之祐即右也无妄彖傳云其匪正有眚不利有攸往无妄之往何之矣天命不祐行矣哉以祐贊有攸往明往謂上之三損六二傳云六五元吉自上祐也无妄成益不通恆故不祐損成益而通恆故上祐祐字加以上字明以上之三爲右矣履四之謙初在履爲夷于左股在謙則爲入于左腹履成中孚上巽爲股亦爲入謙成明夷上坤爲腹下離又爲大腹腹指謙

成明夷入指履成中孚股指履成中孚夷指謙成明夷用一左字明其爲初之四而下申之云用拯馬壯吉又於渙初六云用拯馬壯吉知夷于左股謂履四之謙初即渙初之豐四矣

身 躬

循按說文身躬也躬身也艮彖云艮其背不獲其身行其庭不見其人无咎背合胸腹而爲兩坎相貫艮其背謂成蹇即止而不行惟成蹇即止而不行則不獲其身何爲獲其身革四之蹇初成兩既濟也但成蹇而不成既濟爲不獲其身六四發明其義云艮其

身无咎。傳云艮其身止諸躬也。以躬字賛身字。以止字賛艮字。傳以止諸躬。賛艮其身。經以艮其身无咎。明不獲其身行其庭不見其人无咎。成蹇而止。止諸躬也。成蹇而不止成兩旣濟。則獲其身也。繫辭傳賛解上六云。君子藏器於身。待時而動。何不利之有。動而不括。是以出而有獲。家人上不之屯三成兩旣濟。則藏器。解二之五而後家人上之解三成旣濟咸相錯成蹇。故藏器於身。成旣濟爲形下之器。家人成旣濟爲有獲。解成咸先有身。咸四之初。即革四之蹇初。則獲其身成兩旣濟。獲其身則無身。藏器於身則不獲其身也巽二之震五與兑二之艮五同巽上先之震三成豐井則征凶既成豐井則不可以井二之豐五井二之豐五雖亦成蹇爲有躬然三先於五尊卑到置故不于其躬于其鄰不于其躬不以豐五之井二成蹇而變通於渙渙爲鄰也乃渙二之豐五而渙上之三從之渙亦成蹇有躬是爲渙其躬渙其躬則无悔仍五先而三後也由是推之革改命於蒙蒙二之五猶渙二之豐五也蒙上之三猶渙上之三也渙成蹇有躬蒙成蹇亦有躬若革四先之蒙初以致上之三成泰爲金夫二之五成兩既濟不獨異乎渙成蹇

之有躬，並不能如豐五之井二，尚成蹇而爲躬，直謂之不有躬而已矣，蹇通睽而睽成大壯，猶革通蒙而蒙成升，升成泰則不有躬，大壯與蹇係則爲匪躬，匪不可與躬係也，宜變通於觀，是爲王臣蹇蹇，匪躬之故，蹇傳云君子以反身修德，蹇已有身，反而孚於睽，家人藏器於身，反而孚於解，有身則宜反其身，未有身則宜修身，修身者，升二之五成蹇也，升无妄相錯爲復姤，姤四不之初而二之復五，即无妄四不之升初而升二之五之比例，復初九傳云不遠之復以修身也，修身而後有身，反身而乃不獲其身，獲其身則不有躬，凡稱身稱躬，皆指蹇而言，以經傳通核之，歷歷可指。

孕

循按：漸九三婦孕不育，九五婦三歲不孕。虞仲翔謂離爲孕。說卦傳離爲大腹，虞仲翔云：象日常滿，如妊身婦。虞以離爲孕者，以大腹言之也。白虎通五行篇云：南者任也。又云：南方者，任養之方，萬物懷任也。樂記毛者孕鬻，注云：孕，任也。離爲南方，是爲任，亦卽爲孕矣。孕古字作䐗見管子五行篇，爾雅在水爲黽，注謂似青蛙大腹，是黽字本象大腹之形。徐鉉云：象其腹。說文於蠅字下云蠅之大腹者，从黽从虫，則黽之爲大腹可互見。離爲大腹，因即爲⿰月黽，是可推矣。周禮薙氏秋繩而芟之注云：含實曰繩。釋文繩音孕。一切經音義云：含實曰孕。爾雅鼆魚子，釋文鼆顧音孕，本一作⿰魚孕，草之含實，魚之有子，亦孕也。亦大腹也。家語屈節解小者名鼆，王肅注鼆魚之懷任也。一切經音義言孕從乃聲，凡四見。廣雅云：仍，重也。春秋仍叔，穀梁傳作任叔，孕之義爲任，則孕之從乃，正同於仍之從乃。孕從乃，以其爲重身也。吳氏別雅云：管子四時篇春嬴育，夏養長，孕通作嬴。山陽吳玉搢撰嬴嬴嬴通，重猶累也。嬴之通於累，即嬴之通作螺，是以離爲嬴，即爲嬴，亦即爲孕。六書轉注假借交相爲用其息甚微其脈可溯玉藻喪容纍纍注云纍纍羸憊貌纍即累月令天地始肅不可以羸注云羸猶解也羸之爲解即羸之爲憊憊之於備猶羸之於羸莊子胠篋淮南修務皆云羸糧崔譔高誘皆訓羸爲褁褁亦孕也離爲大腹因而爲孕與爲羸爲鼈爲蟹且可得其通矣

祖考

循按小過六二過其祖蠱初六有子考无咎履上九視履考祥傳於豫並贊之云以配祖考祖即過其祖之祖考即考无咎之考小畜上之豫三成小過則爲

過其祖。過其祖謂不先及其祖也。祖之義爲始。二不先之五是無始。考之義爲成。見穀梁傳又爲擊。見毛詩傳成謂成既濟。擊謂上之三。小畜二先之豫五爲祖。而後上之豫三爲擊。小畜成既濟則爲成。故云以配祖考。過其祖則考不與祖配。而小畜成需矣。小畜二之豫五豫成萃。小畜成家人。即爲大畜二之五之比例。隨四之蠱初。隨成屯。蠱成大畜。大畜孚於萃。是爲幹父之蠱。稱父則已有子。有子則考仍配於祖而无咎。謂大畜二之五爲有子。而後大畜上之萃三爲考无咎也。隨四之蠱初與鼎四之初同。鼎二之五而後上之屯三。則得妾以其子，鼎成遯，遯屯相錯爲无妄蹇，卽履二之謙五之比例，故履上九考祥之考，與考无咎之考互明。鼎二之五有子，則上之屯三考无咎矣。履二之謙五，而後履上之三稱考祥，則有子矣。履二之謙五爲升二之五之比例，升孚无妄而升二之五，卽復孚姤而姤二之復五，傳於復六五贊云敦復无悔，中以自考也。姤二之復五而後上之復三，爲升二之五而後无妄上之三之比例，亦爲履二之謙五而後履上之三之比例。中以自考之考，卽視履考祥之考，亦卽有子考无咎之考也。配祖有子，是取父爲考之義，而通

其義於擊則爲蒙上九之擊蒙益上九之或擊爲上之三之通稱易辭以轉注爲比例如此

朋友

循按損六三三人行則損一人一人行則得其友虞仲翔以兌爲友以兌傳稱朋友講習乃求之說卦傳無兌爲友之文且以友爲兌象則指損下兌而言乃以一人行爲泰初之上此卦變之說也初之上何以言得非易義也同志爲友同志卽同心繫辭傳云同人先號咷而後笑子曰二人同心其利斷金同心之言其臭如蘭此發明大師克相遇而言大師克則同

人上之師三成升不同心矣宜其號咷乃升孚於无妄升二之五則與无妄爲同心然後无妄上之三所謂同心之言也无妄成革升成蹇猶兌成革艮成蹇二人同心卽朋友講習在兌二之艮五爲朋友講習在損二之五卽爲得其友損二之五卽兌二之艮五也易爻言友者一言朋者七傳於兌則並贊云朋友朋卽友也友卽朋也以兌二之艮五艮上之兌三成蹇革爲乾二之坤五上之坤三之比例則兌之得友卽坤之得朋坤得朋而成蹇宜變通於睽爲喪朋蹇之於睽猶升之於无妄升二之五得朋睽二之五亦

得朋矣蹇九五大蹇朋來朋來升二之五也升二之五即姤二之復五之比例故復之朋來即蹇之朋來姤二之復五以相錯論即升二之五以變通論即猶小畜二之豫五豫成萃而小畜上之豫三成咸是爲朋盍簪朋指小畜二之豫五也解而拇則解成臨臨孚於遯爲斯孚九四朋至斯孚朋至即朋來臨二之五亦即姤二之復五之比例也咸九四朋從爾思思謂損二之五承上憧憧往來而言恆成咸通於損損二之五咸四之初從之咸五爲朋盍簪之朋旣通於損損二之五爲思自咸言之爲爾思咸四之初從之

爲從爾思，緣朋盍而成咸，故咸得稱朋，損二之五，損又得友而成益，益通恒，又以益之朋從恒之思，思者容也，不恒其德无所容，恒其德則有所容，以思從朋，以朋從思，即以朋從朋以思從思，明往來不絕也，朋友以交爲好，以信爲孚，故必以損孚咸而損二交於五，乃爲得友，孚而不交非得友也，交而不孚非同心也，損六三稱得友，六五稱十朋之龜，朋謂損二之五成益，故益六二亦稱十朋，龜以朋稱，貝亦以朋稱，小雅錫我百朋箋云古者貨貝五貝爲朋正義云五貝者漢書食貨志以爲大貝牡貝公貝小貝不成貝爲五也以上四貝各一貝爲一朋而不成者不爲朋鄭因經廣解之言有五種之貝貝中以相與爲朋非總五貝爲一朋也故志曰二貝爲朋震六二喪貝，即是喪朋，震成復則喪朋、復通姤則朋來、自二指五而稱貝、正所謂五貝爲朋也、不言喪朋而言喪貝者、以別乎東北喪朋、震之喪貝、失道而喪也、不宜喪者也、蹇之喪朋、趨時而喪也、宜喪者也、震之喪貝、與泰之朋亡義同、泰爲恒四之初、亦爲損上之三、損二不得友而成泰、恒无所容而成泰、且臨不朋至而遯上之臨三成泰、此泰之朋所以亡也、泰孚於否、則得尚乎中行、亦喪貝之七日來復矣、

男廷琥孫授書授易授詩校字

易通釋卷十七 雕菰樓易學之三

江都焦循學

馬

循按說卦傳明云乾爲馬又云乾爲良馬爲老馬爲瘠馬爲駁馬惟良馬見大畜九三謂隨四之蠱初下乾爲馬故云良馬逐逐謂隨四之蠱初也蠱成大畜初先於五不可爲良經云良馬者通下利艱貞言也因逐而有馬馬能變通於萃以二之五爲元吉則良馬矣夏官校人凡頒良馬而養乘之注云良善也善馬五路之馬老即老夫之老謂需下之乾也瘠猶羸也大壯成泰則羸謂泰下之乾也駁之

言雜也物相雜爲文乾二之坤五文在其中然則駁馬謂同八上乾也乾上之坤三其血元黃亦天地之雜則亦夬下之乾也詩有客箋云駁雜也乾四之坤初坤下成震故於震贊之云其於馬也爲善鳴爲馵足爲作足爲的顙乾二之坤五坤上成坎故於坎贊之云其於馬也爲美脊爲亟心爲下首爲薄蹄乾二四之坤坎震合而爲屯則爲善鳴爲馵足鳴足皆震象善謂乾二先之坤五而後四之坤初從之馬後左足白爲馵乾四之坤初坤初成震足則乾四成巽白四從五稱左乾二之坤五在先則左足白在後故爲馵足美脊者

美猶善也謂乾二上之坤成蹇兩坎相貫爲脊亟心者亟猶極也謂乾二之坤五爲心（荀爽作極心）馵足象震之在後亟心象坎之在中作始也謂不俟乾二之坤五先以乾四之坤初不亟心而作足不先成比而先成復也坤先成復則乾先成小畜小畜上巽爲白顙猶包桑之桑即巽之廣顙也故云的顙乾上之坤三亦互坎而乾成夬夬之乾在下同人之乾在上不先成同人而先成夬是下首也蹄亦足也乾上之坤三互坎亦互震以坎而兼震象惟謙有之雜卦傳以謙爲輕輕即薄也故爲薄蹄乾爲馬三字總言既以艮老

濬駁明乾之所在，又以震坎二卦明乾之行，有當位則爲善鳴馵足美脊亟心有失道則爲作足的顙下首薄蹄，所以明其爲屯爲比爲復小畜爲夬謙有如此，非謂震坎亦爲馬也，若使馬象於乾復象於震坎，則繫辭者，既無所主，而觀象者亦何以爲依，凡易稱馬皆乾也，乾元亨利貞，坤元亨利牝馬之貞，坤何以有馬，坤成屯，乾成家人，家人上之屯三則貞而不利，成兩既濟，既濟無馬也，故必牝馬之貞而後利，何爲牝馬，屯通鼎而鼎成遯，遯上乾爲馬也，屯通鼎猶蹇通睽，鼎成遯爲牝馬，睽成无妄亦爲牝馬，稱牝者，鼎五睽五俱在柔中。當其上已成乾，則由牝而馬。方其未馬而牝，馬猶未得，是爲喪馬。經於坤稱牝馬，於睽稱喪馬，互明之也。乃鼎二不之五而四之初，成大畜，卽隨四之蠱初，馬已逐矣。斯時大畜通於萃，尚可養之爲良。不能變通，又以上之屯三爲泰，則不爲良馬而爲乘馬。至於成泰而後旁通於否，是爲乘馬班如。班同般，還也。還卽旋也，旋而元吉也。泰通否則匪寇昏媾，需通晉亦匪寇昏媾。賁六四賁如皤如，白馬翰如，是也。泰之馬在下而坤乘之，故爲乘馬。需二之晉五成否，否之馬在上，因而否四之初，下震爲蕃，則皤如也上巽爲白故白馬也賁之白馬即晉錫馬蕃庶之馬也困賁爲革蒙之相錯困成需即蒙成泰蒙成泰猶鼎成泰以睽之喪馬與坤之牝馬互明以賁之白馬與屯之乘馬互明而馬之宜得宜喪可得明矣晉稱錫馬謂需二之晉五矣於是中孚六四與之互明月幾望謂上之三成需需下有乾所謂老馬也需下之馬既老晉上之馬尚亡亡猶喪也以需下之馬匹晉上所亡之馬而晉上乃得有馬而成否錫馬蕃庶之馬即此月幾望所匹之馬也匹猶合也有以匹合其亡則馬不亡矣繫辭傳云服牛乘馬任重致遠

以利天下。蓋取諸隨。隨四之蠱初與鼎四之初同。鼎成泰猶蠱成泰。泰以坤乘乾爲乘馬。上坤牛也亦車也。以牛牽車爲服。先三後五則輕。引而變通於否爲引重。舍既濟而遠與否孚。故致遠。裁成輔相。變而通之以盡利也。故利天下。

鴻楊

循按漸六爻皆取象於鴻。說者或以爲大雁。虞翻或以爲水鳥。王弼或謂隨陽鳥喻女從夫。李鼎祚然皆執鴻之爲鳥名耳。易之繫辭。每假借於聲音訓詁閒以爲之義。如豹則取於約。鮒則取於附。鶴則取於確。思而核之昭然無疑。因究爾雅釋詁之文云鴻代也。康誥乃洪大誥治。鄭康成注云洪代也。洪鴻二字通。鴻之爲代其義古矣。爻辭作於周公。釋詁亦周公所作。以周公之所釋。釋周公之書。則此鴻代之訓。以爲卽疏解漸卦之鴻可也。漸卽文言傳所謂由來者漸。漸而至於積不善有餘殃。由辨之不早辨。早辨何如。惟更變改悔以旁通補救之而已。代者更也。故六爻於漸之上皆用鴻字。無論漸于干漸于磐漸于陸漸于陵漸于木。皆宜變而通之。故云鴻漸。鴻漸者。變通其所漸。卽早辨其所漸也。傳於坤初六用漸字。於坤六二用代字，正贊此鴻漸也。爾雅訓鴻爲代，亦訓顯爲代，比九五顯比王用三驅，顯比卽是代比。比成屯而更變於鼎，以代有終，所以三驅也。又訓昏爲代，經五稱昏媾，皆由失道而更變，故云匪寇昏媾，由失是而致寇，由變更而和解，昏而媾，猶云變而通也。顯之義同於揚，代之義同於賡，爾雅釋詁又云賡揚續也。夬揚于王庭，謂更變而通於剝也。傳贊大有云君子以過惡揚善，揚善猶云繼之者善也。揚與楊通。詩揚之水釋文或作楊木之字，左傳解揚史記作解楊，左傳揚干漢書古今人表作楊干，廣雅釋言楊揚也。大過兩稱枯楊，枯猶苦也，楊卽揚也。枯而能揚，謂困成大過，剝成頤能更變而旁通

也惟能更變所以生稊生華徒以楊爲澤木鴻爲水鳥以索諸巽兌離坎之閒非聖人取象之妙也

果

循按說卦傳乾爲木果艮爲果蓏巽爲不果夬二之剝五而剝上之三成蹇下艮故云碩果夬二之剝五剝上成巽惟上之三乃得有果上未之三巽而不艮故巽爲不果剝成蹇夬成革相錯爲旣濟咸咸下艮卽蹇下艮但咸三爲艮互乾亦互巽巽爲木故乾爲木果夬二之剝五與蒙二之五同蒙傳云果行育德果卽碩果之果謂蒙成蹇也殺敵爲果（左傳宣二年）義同於

克故爲上之三之稱傳於果上加木字與於果下係蓏字互明蓏者瓜也姤二之復五而後上之復三姤成咸是爲以杞包瓜兼乾巽艮乾爲木果專爲此而贊艮爲果蓏明姤之瓜亦剝之果也又贊於解云雷雨作而百果草木皆甲坼作始也雷雨作謂解二之五成萃萃家人相錯爲觀革卽夬二之剝五之比例家人上之萃三萃成咸猶觀成蹇故云百果互巽故兼言草木草木卽木果之木數至百而定解成咸下艮爲果家人成旣濟六爻皆定爲百異乎剝成蹇夬成革之果而不百也

木

循按說卦傳巽爲木是經之取象於木必不離乎巽而乾爲木果離於木爲科上槁坎於木爲堅多心艮於木爲堅多節乾艮坎離之言木猶震坎之言馬馬必出於乾木必出於巽也離之爲科上槁何也槁猶枯也賁上之困三爲姤上之復三之比例姤上之復三成明夷則離也賁上之困三成大過則巽也困初六困于株木株指明夷木指大過株木由科上槁而成科本也見廣雅但存木之本而上誅滅其枝葉故枯槁而爲株木也科上槁三字贊株木之株卽贊枯楊之

枯。惟枯故槁。惟株故科上槁也。太過上兌。虞仲翔作科上折亦合。坎爲堅多心。艮爲堅多節。互文也。心即指坎之在上節即指艮之在下。節止也。艮亦止也。巽二之震五。而巽上之震三應之巽成蹇上坎爲心。即坎之維心亨也。下艮爲節。即艮之艮其止也。然何以爲堅。何以爲多堅即堅冰之堅。多即多故之多。巽二不之震五而上先之震三。震不成革而成豐。巽不成蹇而成井。豐上無心。井下無節。以井通噬嗑則井二之噬嗑五。井仍成蹇。井下巽也。以巽木化爲艮節。是爲艮之於木也。井二之噬嗑五同於履二之謙五履二之謙五則堅冰至故云堅多節以豐通渙則渙二之豐五豐仍成革渙上巽也上之三以巽木化爲坎心是爲坎之於木也巽二不之震五而成豐豐變通於渙爲多故故云堅多心渙二先之豐五而後上之三亦猶履二先之謙五而後上之三則多亦堅也坎成井而後通於噬嗑亦猶離成豐而後通於渙則堅亦多也用兩堅字贊經之堅冰而以兩多字與多故相鈎貫知其爲豐井之變通則知堅冰至爲謙夬之變通蓋以巽上之震三比例於離上之坎三皆成豐井在巽爲多故在坎亦多故也而以巽上之震三比

例於艮上之兌三則巽震成豐井艮兌成夬謙在豐爲多故在謙則堅冰傳以坎艮兩卦與巽木相參而以堅多兩字貫之其交錯互見之妙泛視之似屬平常深味之精妙疊著贊經之奇莫奇於此說卦傳震不爲木而爲蒼筤竹爲萑葦二者皆經所無也細測之則竹爲方策所用與書契互明謂剝成益益下有震也萑葦所以包魚包有魚則復成屯屯下有震也凡經所有而說卦傳不言與經所無而說卦傳言之俱有微義存乎其中測之當自得耳漸上之歸妹三則無上巽而有下艮故漸于陵漸初之歸妹四則無

下艮而有上巽故漸于木漸于木謂漸成家人也漸成家人則歸妹成臨鴻而代之則臨變通於遯而或得其桷矣巽上之震三成豐豐通渙則於木爲堅多心矣故刳木爲舟剡木爲楫舟楫之利以濟不通致遠以利天下蓋取諸渙震成豐巽成井不通者也三之上爲誅伐故云刳木說文刳判也謂剖渙上之三也爾雅釋詁剡利也說文剡銳利也銳與兌通老子塞其兌河上公作銳謂渙二先之豐五豐成革革上兌連於巽木巽木上兌是爲剡木井之巽木滅於坎水之下既不可與豐通豐變通於渙則木浮於坎水之上然木不剖不

可以爲舟舟非楫不可以利涉故先以二之豐五爲剡木之楫後以觀上之巽木刳而爲舟則利涉大川渙剖上一爻下爲兩坎象舟浮於上二之豐五爲楫則所以運舟者有主而兩坎之險亦化爲利矣中孚之利涉大川猶渙之利涉大川傳云乘木舟虛明贊一舟字中孚之舟在兌澤上猶渙之舟在坎水上二之小過五成咸亦剡木爲楫也成益益上之三亦刳木爲舟也斲木爲耜揉木爲耒耒耨之利以教天下何以取諸益謂无妄成益也无妄六二不耕穫不菑畬升成泰无妄成益益不通恒而上之三成既濟則

不耕而穫爲未富。益通於恒。益上巽木。上之三以巽木用而成坎。坎爲矯輮。輮揉同。是輮木爲耒也。荀慈明作橈木升下之木卽大過之棟橈說亦合耒之耕必以耜。耜爲耒頭金。恒二爲巽木。互乾金。以二之五是斲木爲耜。恒二以乾金耕於五。而益上以巽木輮於三。是耕而穫菑而畬矣。故爲耒耜也。同一枯木。可用爲舟楫。可用爲耒耜。一變通遂利於用。斲木爲杵。掘地爲臼。何以取諸小過。細測諸經文傳文。傳於豫六二介于石不終日云。斷可識矣。識卽大畜多識之識。先以小畜二之豫五。而後上之豫三。則斷可識。小畜二不之豫五而上之豫三成小過但斷而不可識小畜上巽爲木斷而之豫三是爲斷木豫下坤爲地小畜上伐而克之小畜成需上坎爲陷伐地而陷是掘地也斷木掘地其道窮矣乃以小過通中孚中孚二之小過五吾與爾靡之靡同摩切磋砥礪之義也以杵臼靡粟使之精熟猶朋友講習中孚二之小過五爲損二之五之比例亦兌二之艮五之比例又爲蠱二之五之比例爾雅釋器康謂之蠱昭公元年左傳穀之飛亦爲蠱中孚小過相靡切而與蠱二之五同則古稱康爲蠱固易之遺訓也歸妹二不之五而漸上之歸妹三即小畜上之豫

三之比例在豫成小過在歸妹成大壯小過通中孚取爲杵臼之利大壯通觀則取爲宮室上棟下宇以待風雨棟居中大壯二之五象之宇爲人所止觀上之三成蹇象之成蹇革則宜待故以待風雨歸妹成大壯一轉移遂用以爲宮室之棟而變穴居野處之習焉困于株木而成大過此棟所以橈大壯通觀而二之五成革猶蒙通革而二之五成觀大壯二之五爲棟蒙二之五亦爲棟困賁爲蒙革之相錯困二不之賁五而賁上之困三成大過卽蒙二不之五而上之三成升棟末升於五而在二故爲橈釋文橈乃教

反曲折也左傳成公二年畏君之震師徒橈敗注云橈曲也釋文亦乃教反說文無橈而有撓呂覽別類高陽應將爲家室匠對曰木尙生加塗其上必將撓韓非外儲亦載此作虞慶將爲屋匠人曰材生則撓塗濡則重虞慶曰材乾則直塗乾則輕以直對撓猶以輕對重撓爲曲橈撓古字通也剛當位於五則直直猶信也橈猶屈也巽木不信於賁上成家人而屈於困下成大過傳云棟橈本末弱也本謂初末謂上弱謂不壯大壯二之五則壯而棟升於上困二不之賁五而賁上之困三則不壯而弱然困二不之賁五

而賁上之困三末弱也傳兼言本弱者爲九四有他吝而贊也九四傳云棟隆之吉不橈乎下也末弱而成大過大過二變通於頤五則棟隆矣若大過二不變通於頤五而四又之初成需則橈乎下橈乎下則本亦弱矣彖辭言棟橈原兼此兩義故申云利有攸往亨亨則但橈於末不致又橈於本故傳以本末弱解之向秀以本末弱爲初上兩陰爻未能知易之微也鴻漸之木爲生木伐而成大壯乃變通以爲棟澤滅之木已成枯木一變通而橈者隆棟隆於上爲宮室棟橈於下則爲棺槨繫辭傳云古之葬者厚衣之

以薪，葬之中野，不封不樹，喪期无數，後世聖人易之以棺椁，蓋取諸大過，鄭康成以爻辰說之，說上六在巳，巳當巽位，與下巽兩木夾四陽，爲棺椁之象，然中四陽何以象死，則未能詳也，虞仲翔謂中孚上下兩象易，亦未善，賁成明夷，困成大過，困于株木，爲澤滅木，木之窮者也，變通於頤，頤爲夬四之剝初，爲隨四之蠱初之比例，大畜下之爻，即需下之老夫，中亡而在下，是已故之父也，大畜通萃，則有子而考无咎，頤通大過，則用此枯木以葬其考，而棟之橈，以變通爲棺之屋檮椁之抗折矣，大過二之頤五，有子以承父德乃得以棺槨送葬，而棺中之父，其德克彰，死而生矣，若頤不通大過而上之三成明夷，需二之明夷五，則死如棄如，明夷有坤野，而需無巽木，釋名云，不得埋曰棄，謂棄之於野也，漸上之歸妹三，即睽上之三，睽成泰，即歸妹成泰，在歸妹則夫征不復，婦孕不育而離羣醜，在睽則見豕負塗，載鬼一車，而致寇至，非弧矢之利，不足以威天下，故以泰變通於否，泰無巽木也，否三則互巽木，泰二之五，先張之弧，張之即弦木也，否上之三，後說之弧，說之即剡木也，否成咸，猶豐成革，皆巽木連兌，故皆爲剡木，所剡者此木，所張者亦此木非有此木泰五不可以言張非泰五先張否上亦不可言說所謂弧矢之利也同一巽木用爲舟用爲耒用爲矢用爲杵且用爲棟用爲棺槨皆因其失而裁成之而教人之法視乎此矣寧有棄材哉

林　莽

循按廣雅林衆也說文茻衆草也茻卽莽屯六三惟入于林中坤爲衆林卽指坤乾二先之坤五則坤有中是爲林中乾四又之坤初乾成家人上巽爲入故入于林中師二不先之五而同人上之師三成升升下巽木也亦草也上坤衆也故爲伏戎于莽鄭康成

云莽叢木也叢木猶云衆草同人上之師三爲貴上之困三之比例同人之莽即困之蒺藜葛藟也

莧陸

循按夬九五莧陸二字最不易明馬融王肅鄭康成皆云一名商陸子夏傳謂莧陸木根草莖剛上柔下宋衷謂莧莧菜陸商陸董遇謂陸之葉差堅於莧莧根小陸根大荀爽謂莧謂五陸謂三葉柔而根堅虞仲翔斥諸說爲俗而讀莧爲夫子莧爾而笑之莧云莧說也和睦也釋文亦云陸蜀才作睦親也通也仲翔似知經文假借取義之例然說睦之義謂大壯上

震變兌、則牽合非易義、試以經推之、莧陸爲商陸、當以馬鄭爲是、當時自有此草名、而所以取此二字者、則非在枝葉剛柔根莖小大、蓋猶箕子帝乙、原是人名、而辭如是、義不如是也、漸六三上九皆云鴻漸于陸、陸卽莧陸之陸、凡經有兩字彼此同者、卽其脈絡所貫、欲知莧陸之義、宜先求鴻漸于陸之義、陸者高平無水之處也、漸上巽爲高、上征於歸妹三成蹇、則有坎水、漸于陸者、漸成家人也、家人通解爲鴻漸于陸、陸字之義、於是可明、剝上先之三成謙、則夬二之剝五成蹇、蹇上有坎水而不可爲陸、惟剝上不之三而夬二之剝五成觀與家人上不之解三而解二之五成萃同觀革相錯卽家人萃則莧陸之陸卽是鴻漸于陸之陸比例之固無疑者夫陸旣明有漸之兩陸字爲之引申其云莧者何也莧卽見之假借也夬舍謙而變通於剝是爲見由變通而剝成觀上巽是爲見陸取草之名莧陸者爲見陸之借見陸猶云見沫見金夫見惡人緣見陸二字不貫故借莧爲見而云莧陸

蒺蔾　叢棘

循按小雅楚楚者茨言抽其棘茨與薺同蒺蔾也方

言凡草木刺人江湘之閒謂之棘蒺藜猶叢棘也坎二不之離五而離上之坎三爲寘于叢棘困二不之賁五而賁上之困三爲據于蒺藜凡三上先二五而行爲逆說文夆之訓爲啎啎之訓爲逆物之有刺者謂之夆草木有夆刺害人與以金刃擊害人同一例以坎成井困成大過下有巽木故爲叢棘蒺藜離成豐豐用獄故取徽纆而以叢棘爲議獄之地而類及之秋官朝士注左九棘右九棘故易曰係用徽纆寘于叢棘九家云周禮王之外朝左九棘右九棘面三槐司寇公卿議獄於其下困不言叢棘言蒺藜者蒺藜猶言疾也以賁上之困三失道害人則爲刺人之蒺藜以困成大過大過四尙末之

初。則仍疾使能變通於頤則得其女妻。惟入其宮不見其妻。則大過四爻之初成需。不復有疾矣。韓詩外傳引此爻辭說之云此言困而不見據賢人者也昔者秦穆公困于殽。疾據五羖大夫蹇叔公孫支而小霸。晉文公困于驪氏。疾據咎犯趙衰介子推而遂爲君。越王勾踐困于會稽。疾據范蠡大夫種而霸南國。齊桓公困于長勺。疾據管仲甯戚隰朋而匡天下。此皆困而知疾據賢人者也。夫困而不知疾據賢人。而不亡者。未嘗有也。韓氏易以疾字解蒺藜之蒺。同聲假借。爲易中比例之要。韓氏尚能傳之。惜當日僅傳其詩不傳其易而斷珪碎璧閒見於詩外傳者殊可寶貴也據者引也見廣雅貴失道引而通於困乃困不成咸而成大過故非所困而困即非所據而據惟大過四不之初即引而通頤雖非所據而困於石仍疾而據於賢人也若非所據於前又不疾據賢人死期至而其亡必矣韓氏以疾解蒺藜與黃氏讀豚爲遯此易學之留存一綫者也大過上兌爲附下巽爲木附於木上是爲葛藟壘子禹葬會稽桐棺三寸葛以繃之漢書楊王孫云昔帝堯之葬也窾木爲棺葛藟爲緘古用葛藟束棺三有約束之義大過取棺槨而三

束之則困于葛藟之象與

甁甃

循按井象云羸其甁九二云甕敝漏說文甁罋也罋汲甁也罋卽甕然則九二之甕卽發明象之甁乃變甁言甕有微義焉羸其甁則在井成需在噬嗑成明夷下離爲大腹其象爲甁上無巽繩則甁無所係故羸其甁若噬嗑成益則上有巽繩可以繘井井成需是爲井谷谷之言窮也井窮而成需需通於晉則射鮒甕敝漏三字申明射鮒之義晉五空虛需二填塞其空虛是壅之也甕之言壅也需二壅於晉五需下

成離亦是甕也。儆卽永終知儆之儆。歸妹成泰而通否，則泰二之五為知儆。井成需而通晉，則需二之晉五為儆漏。漏，下滲也，謂四之初。因豐四之井初而窮於泥，則无與。今改而射鮒，則有以儆其漏。儆通罷，義亦通於憊。說卦傳離為罷，卽離為儆。泰二之五成旣濟，下離也，知儆也。需二之晉五成旣濟，下亦離也，儆漏也。先漏而成需，需變通以儆其漏，成旣濟由二甕於晉五，是甕而儆其漏也。一甕字，明二之上塞於五，則義通於甕，明需下之成離，則訓同於瓶。瓶取於訓，而甕通以聲。易每以聲義兼取為引申，其常例也。釋文

載李軌於鐘反則讀若雍雍即壅也王弼解甕敝漏云水不上出而反下注不上出雍敝也下注漏也弼固讀甕爲雍尚合乎同聲假借之義耳

匕　鬯

循按詩大東有捄棘匕毛傳云匕所以載鼎實王弼本以注易是也然未知其妙也震來虩虩笑言啞啞謂成屯而通於鼎恐人不明特用一匕字以明之非鼎何以有匕鼎二之五則鼎有實匕以載之言匕明其通鼎而鼎二之五也又言鬯者何也詩江漢秬鬯一卣毛傳云鬯香草也築煮合而鬱之曰鬯春官鬯

人疏引王度記云天子以鬯諸侯以薰大夫以蘭士以蕭庶人以艾薰蘭蕭艾皆香草合而鬱之爲鬯分之則爲薰爲蘭艮六三艮其限列其夤厲薰心艮限列夤謂艮上之兌三成謙謙通履履二之謙五成蹇无妄蹇无妄相錯爲遯屯正爲鼎二之五之比例鼎下巽爲草二之五煮於鼎中三與五合而爲鬯稱鬯以其合也履二之謙五雖與鼎二之五同乃蹇三與五分是香草未合煮者故爲薰稱薰者以其分也傳則於同人九五贊之云同心之言其臭如蘭同人上之師三成升猶艮上之兌三成謙升通无妄而二之

五成蹇卽謙通履而履二之謙五之比例同心而如蘭則蘭其心卽薰其心是經以薰心發明匕鬯傳則以其臭如蘭贊噬嗑之滅鼻卽贊震之鬯艮之薰廣雅薰草蕙草也蘭蕙異物而相近故以蘭贊薰傳凡用一字皆必與經相翼非同漫設不然斷金蘭臭徒似詞人藻麗之浮豈所以贊經哉虞仲翔解薰心云古閽作熏字引說卦傳艮爲閽漢書百官公卿表光祿勳如淳注胡公曰勳之言閽也光祿主公門（後漢書百官志注引作胡廣）薰卽熏熏古通作勳勳之爲閽卽熏之爲閽古熏既作閽閽寺之閽卽是薰蘭之薰說卦傳以艮爲

闇。正贊此薰心之薰爲蹇。下艮。如以髮贊拔以顙贊桑之例也。闇連寺言之者。寺爲奄人。人而奄。猶豕而豶。大畜通萃成既濟咸。猶困通賁成既濟咸。豶聲通賁而義同奄寺。釋文引劉氏云豕去勢曰豶傳以闇贊艮之薰心。以寺贊大畜之豶豕。蓋大畜萃爲夬剝之相錯。當艮限列夤。在艮成謙。則在兌成夬。謙通履而薰心。夬通剝而宫人寵。即爲大畜之豶豕。闇寺並贊。明夬剝之同於履謙。大畜萃之同於夬剝。俾學者會而思之。知艮之薰。指謙通履。即知震之鬯。指屯通鼎。闇之聲通於薰而義合於寺。蘭之聲通於爛。而義合於鬯。贊經至此。

可謂極神奇之至矣

枕

循按枕所以薦首坎六三何以有枕之象以其成需也坎重險二不之離五則險未行險故在也離上之坎三爲入于坎而坎成井下巽爲木離四又之坎初成需下乾爲首首加於巽木之上是枕也鄭康成云木在首曰枕而實加於重險之上是險且枕也險謂二不之離五一枕字兼先以離上之坎三又以離四之坎初故云險且枕申上來之坎坎之義坎二來之離五所以離上亦成坎者由險且枕也所以險且枕者由入于坎窞

也。勿用者不可以需二之明夷五爲坎坎也。王弼以枕爲不安，干寶以枕爲安，皆非其義。

鞶帶　屨

循按鞶帶，白虎通分別甚明，云：所以必有紳帶者，示敬謹自約整也。續繒爲結於前，下垂三分，身半紳居二焉。此謂大帶也。又云：男子所以有鞶帶者，示有金革之事也。此謂革帶也。鞶从革，其爲革帶無疑。惟男子用革，女子用絲，故內則云男鞶革，女鞶絲。鞶爲革帶，別於紳帶。紳用絲，鞶用革也。女子則紳帶鞶帶皆用絲，而仍鞶之名，以別於紳也。雜記云：申加大帶于上注云申重也重于革帶也革帶以佩韍必言重加大帶者明雖有變必備此二帶此注言二帶之制極詳內則子事父母雞初鳴咸盥漱櫛縰笄總拂髦冠緌纓端韠紳搢笏緌纓以上整首飾也端者被元端衣也既衣則加韠韠即韍佩韍則繫革帶可知既韠而後紳是先束鞶後束大帶蓋鞶帶以鈎鈎之無所垂所垂者韍也大帶以紐結約之其末下垂爲紳而不用鈎者也訟上之三爲貢上之困三之比例取象於鞶帶遙與困之朱紱赤紱相貫上之三爲約爲束以其束困下之紱故云鞶帶困二剛揜爲紱繫於三

下。是束紱之帶也。訟上之三爲大過。大過明夷相錯爲革。自上而下爲錫。錫之自革。故爲革帶。虞仲翔以鞶爲大帶。昧於禮制。而易義亦隱矣。說文鞶大帶也易曰或錫之鞶帶男子帶鞶婦人帶絲與虞說同改內則兩鞶字爲帶失內則義矣杜預解左傳帶裳服舄云帶革帶也解鞶厲游纓云鞶紳帶也一名大帶亦非訟之取鞶帶。隱寓革卦。其義最爲微妙。而噬嗑取象於屨。其義亦寓於革也。噬嗑初九屨校滅趾无咎。干寶以屨校爲貫械。是以校爲屨。即屨即校爲罪人械足。然何以滅足。何以无咎。鬱塞而不可通。於是考古人屨制而始識取象之妙。天官屨人注云。複下曰舄。禪下曰屨。古人言屨以通於複。今世言屨以通於禪。蓋屨本禪複殊名、而亦通稱爲屨耳、方言扉屨、麤屨也、徐兗之郊謂之扉、自關而西謂之屨、中有木者謂之複舃、禪者謂之鞮、說文鞮革履也、曲禮大夫士去國鞮屨、注云無絇之菲也、士冠禮屨夏用葛、元端黑屨青絇繶純、素積白屨以魁柎之、緇絇繶純、爵弁纁屨黑絇繶純、冬皮屨可也、釋名屨拘也、所以拘足也、複其下曰舃、舃腊也、行禮久立地、或泥溼、故複其下、使乾腊也、齊人謂韋履曰扉、扉皮也、以皮作之、春官鞮鞻氏注云、鞻讀如屨、四夷舞者所扉、少儀國家靡敝、君子不履絲屨、正義云絲屨謂絇繶純之屬、不以絲飾之、玉篇。鞮。單履也。鞻。革鞮也。革底麻枲。通考諸文。蓋屨以革爲之。夏雖用葛而底亦用革。於革底之下複以木底。則名爲舄。於革之上用絲爲繶爲絇爲純。則稱絲屨。其無繶絇純者。第名爲鞮。亦名爲屝。以麻枲爲之。底猶用革。則革爲屨之體。或複以木。或飾以絲。或變以葛。均不離乎革而已。巽之成井也。趾已滅矣。乃變通於噬嗑。以井二之噬嗑五。井成蹇。下有艮趾。噬嗑成无妄。下有震足。因以噬嗑上之三成革。以革加足。非屨而何。一屨字。明井二已之噬嗑五。明噬嗑四未之井初。明噬嗑上從二五之三。如此改變。則前此

之滅趾爲无咎經言屨取其爲革與訟之取鞶帶同而各造於微且由易之象可以證古人鞶帶與屨皆用革也

衣裳

循按坤六五黄裳裳指坤黄謂乾二之坤五黄此裳也繫辭傳云黄帝堯舜垂衣裳而天下治蓋取諸乾坤上乾下坤象上衣下裳乾坤者否也垂即垂其翼之垂謂四之初諸卦至成既濟泰則窮窮則變變則通泰變通於否泰成既濟而否成益是爲垂衣裳而天下治也既濟六四繻有衣袽袽説文作絮絮緼也

廣雅訓綮爲塞。末濟上離猶未成乾兩剛夾一柔。是衣之末有綮縕者。以二之五成否。而成上衣下裳之象。二塞於五而成乾。即是以縕入衣。故云衣袽垂衣裳指否。於此益明。

簪 弋

循按士喪禮復者一人以爵弁服簪裳于衣。注云。簪連也。疏云。常時衣裳各別。今此招魂取其便。故連裳於衣。喪大記君裏棺用雜金鐕。大夫用牛角鐕。注云。鐕所以琢著裏。疏云。鐕釘也。說文。鐕可以綴著物者。釋名。簪兟也。以兟連冠於髮也。說文。兟兟銳意也。惟其銳能入物。而物因以連。故以銳合繒於棺謂之鐕。以銳合衣於裳謂之簪。因而笄之銳連冠於髮謂之簪。簪本訓連。故禮經言笄不言簪也。小畜二之豫五成萃爲得朋。小畜上又之豫三成咸三陽相合。而上兌爲銳象如衣之簪於裳髮之簪於冠。故云合簪。合以三陽相聚也。簪以上兌爲銳也。爾雅釋宮樴謂之杙。說文弋橜也。象析木銳衺著形。周禮牛人以授職人注云職讀爲樴可以繫牛。疏云置樴入地耑以木銳其下。使之連於地。其狀同於笄鐕之銳。名爲樴。亦名爲弋。弋杙字通。故以矢射物即爲弋。矢銳入物。猶檝銳入地也小過六五公弋取彼在穴小過之弋即豫之簪用弋字與簪字相貫即小畜小過同稱密雲不雨自我西郊之義也惟簪同弋弋即是檝虞仲翔作朋盍戠戠即檝也禹貢赤埴墳釋文埴鄭作戠考工記搏埴之工注云埴黏土也疏引書注亦云黏土黏土合土也弓人凡昵之類不能方注云故書昵或作檝杜子春云或爲䵒䵒黏也元謂檝脂膏膱敗之膱膱亦黏也合而考之識從戠而通職大畜傳云君子多識前言往行前言指萃上兌大畜二之五而上往萃三即朋盍簪故以識字贊之多學而識即是聚

會於心。多識正是合簪。繫辭傳又贊豫六二云。斷可識矣。斷謂小畜上之豫三。斷而可識。則豫先成萃而多識前言。兩識字可互證。傳之識卽經之簪。簪與戠同也。釋文引子夏傳鄭氏注並作簪。或謂王弼臆造非也。弼訓簪爲疾。本子夏傳。與鄭康成蜀才訓速義同。簪不訓速。而盍簪則以其成咸。咸速也。以合簪爲速。正是指其爲咸。當是商瞿以來所傳之遺訓也。

結繩

循按繫辭傳云。作結繩而爲罔罟。以佃以漁。蓋取諸離。又云。上古結繩而治。後世聖人易之以書契。百官以治萬民以察蓋取諸夬說卦傳以巽爲繩虞仲翔說罔罟謂離爲目巽爲繩目之重者爲罟此所謂巽繩謂互巽也然無以通於取夬之結繩仲翔謂夬與履上下易履三互離爲罔罟互巽爲繩罔罟旣取於離之重目履僅互一目與重目之說不合孔子作傳全本於經坤括囊罔罟亦囊也（爾雅釋器緵罟謂之九罭郭注云今之百囊罟毛詩疏引孫炎云九罭謂魚之所入有九囊也）坤成復之囊布所爲也罔罟則囊之結繩者也大壯九三君子用罔謂大壯二之五爲君子則以四之觀初爲用罔觀上巽繩初成益爲有底之囊囊而以繩是罔也經於晉初六爻自發明云晉如摧

如貞吉罔孚裕无咎。謂需成既濟。晉成益。猶大壯成既濟。觀成益。罔孚之罔。即用罔之罔也。而不云取於觀取於益。云取於離者。觀上之繩。舊繩也。作者始也結者交也。坎二之離五而離四之坎初。離成家人。坎成屯。相錯即益。下半有底之囊。入於坎水之下。上半巽繩牽於家人。是人以罔罟交錯通入水中。而水中之魚乃在包容之內也。經實自明之。乾四之坤初坤成復。有底爲囊。乾成小畜。上亦巽繩。但繩非交結。二之五乃爲交囊。不在水。不可以象罔罟。復通於姤。姤二之復五成屯。下雖有底。上亦有魚。乃姤成遯。未嘗結繩。則震之在下。第爲萑葦而已。故云包有魚。包者。包以萑葦也。少儀注苞苴謂編束萑葦以裹魚肉故必屯係於家人。而家人上之巽。又必先以二五相交。乃爲結繩。非離成家人坎成屯不足以爲罔罟所取。故取諸離也。經既於復之成屯爲包有魚。又於剝六五稱貫魚以明之。貫魚者。夬二之剝五而剝上之三成蹇也。剝先成觀。上結繩而下無底。非囊也。上之三。水中魚貫於繩。故爲貫魚。觀有繩而無底。爲以繩貫魚。屯有底而無繩。爲魚包於萑葦。則益有繩有底爲罔明矣。益爲罔而無水無魚。故必以屯家人之相錯爲益。又必離與坎交孚而爲屯家人也傳於以漁之上加以佃二字佃卽田釋文佃本亦作田乾成家人坤成屯所謂見龍在田也田如是漁亦如是矣於是以取離之結繩例諸取夬之結繩夬二之剝五成觀亦以交結而有巽繩在家人屯則爲網罟在剝成益在夬成旣濟則結繩而治治者夬成旣濟也後世聖人謂益通恆聘禮記云束帛加書將命百名以上書于策不及百名書于方周禮質人注云書契取予市物之券也其象書兩札刻其側曲禮獻粟者執右契蓋兩札刻而合之一持左札一持右札合其刻處以爲信約益與旣濟結繩而治矣然不相爭也故

變而以益通恆益上巽木方也下震竹策也恆上震竹策也下巽木方也兩竹兩木牝牡相銜恆二之五上兌爲言而益上之三以爲要約（詳見前）益成既濟則百官治恆成咸則萬民察察猶明也五柔則不明而爲愚民二先之五則有以牖其民也萬民者不一民也百官者不一官也察恆爲咸而益治察損爲益而咸又治乾上之坤三成謙夬不可以治以夬通剝爲結繩此上古聖人通變之治也夬成既濟剝成益不可以久又以益孚恆爲書契此後世聖人通變之治也書文也契約也物相雜爲文傳稱恆雜而不厭特用

一雜字。明其爲文，即明其爲書也。益上之三爲約。（詳見前）即知其爲契也。益恆咸損循環不已，則悠久无疆者其爲文治乎。

獄刑

循按：董子《春秋繁露》云：「獄，政之末也。」易之稱獄皆指三上。獄，确也。稱獄爲三之上，猶稱角爲三之上。三屬終，上處末也。離上之坎三，坎成井，離成豐。係用徽纆，寘于叢棘，三歲不得。用徽纆即是用獄。三歲不得，是用獄之不利而不能折獄者也。井變通於噬嗑，豐亦變通於渙。井二之噬嗑五，而噬嗑上之三，則利用獄。

渙二之豐五成革上兌爲折而後渙上之三則爲折獄傳云折獄致刑刑者㓝也㓝者成也王制豐成革渙成蹇革四不可之蹇初必變而通蒙蒙二先至五而後革四之蒙初革成旣濟是爲致刑致刑卽蒙初六利用刑人用說桎梏何以用說桎梏桎梏猶校也校通於交噬嗑初九屨校校謂井二先交於噬嗑五屨謂上之三成革若井二不之噬嗑五而噬嗑上之三仍成豐是爲滅耳何者負也井二不先之噬嗑五而負在初四三上之後故爲何校滅耳而能變通猶不爲凶滅耳而三上已先二五又成需明夷使初四亦

先二五二二五乃負於後而爲何校則凶矣先言何校者易辭每用到謂何校則其滅耳乃凶也桎猶至也梏猶告也以其屬於刑獄故加木用說謂革脫而更於蒙革通蒙必蒙二先至五而後革四之蒙初是用說而先至告也故傳以正法贊之正法卽噬嗑之敕法傳云雷電噬嗑先王以明罰敕法罰謂離成豐坎成井尙非大惡第罰耳大惡則成明夷末成明夷卽以懲而改變故爲明罰豐四之渙初成明夷明夷則近於死渙成中孚中孚上又之三則急於用獄而死速惟中孚通小過中孚二先之小過五成咸然後中

孚上之三爲議獄，議卽可用爲儀之儀，議而後獄，則小過不成明夷，中孚不成需，向以急緩而近於死者，以變通而用其緩於死矣，故君子以議獄緩死。賁傳云，君子以明庶政，无敢折獄，旅傳云，君子以明愼用刑而不留獄，何也，旅成賁，賁成明夷，則不明，賁而明則困二先之賁五也，旅而明，則節二先之旅五也，不留獄謂旅上之節三，卽噬嗑之用獄，節二之旅五爲井二之噬嗑五之比例，明愼用刑而不留獄，謂旣先二五，則三上可行也，利用獄，故不留獄，明愼卽發蒙用刑，卽利用刑人，困賁相錯爲革蒙，困二之賁五而賁上之困三爲明庶政，亦可云明愼用刑而不留獄，與豐較之，困二之賁五而賁上之困三，困成咸，上亦兌折，亦爲折獄，云无敢者，敢卽果也，无敢卽不果也，巽爲不果，賁先成家人，上巽而後上之困三，先不果而後折獄，故云无敢折獄，在渙上亦巽，然先折後獄無關於巽，故但言折獄，在困上雖有兌，而賁上先有巽，其上之困三，無關於兌，故言无敢折而獄无敢自指新交之巽而與折連文，與緩原指解而與死連文，同一妙義，若以无敢折獄泛解爲不可折獄，失之遠矣，豐中孚旅賁之言獄，皆贊噬嗑之用獄，豐由折獄而及致刑。謂成革通蒙。即贊蒙之利用刑人。固矣。而旅言不留獄兼言用刑。則贊鼎九四其形渥此形字九家易解作刑。刑與形通形乃謂之器。形刑皆言乎其成也。節二之旅五而後節成既濟。則明慎用刑即鼎二之五而後上之屯三也。鼎二不之五而四之初。則覆公餗其形渥。即旅五不之節二而四之初也旅四之初成賁。賁通困即革通蒙。蒙二之五而後革四之蒙初爲利用刑人。與鼎二不之五而四之初爲其形渥互相發明。傳於旅兼言刑獄。以不留獄貫賁之无敢折獄以用刑貫蒙之利用刑人鼎之其形渥贊易之神，非可以筆盡矣。

男廷琥孫授書授易授詩校字

易通釋卷十八 雕菰樓易學之三

江都焦循學

乾　離爲乾卦　乾行也　噬乾胏　噬乾肉

循按說卦傳乾健也象傳云天行健君子以自彊不息行而不息乃謂之健乃謂之乾二先行之坤五乾下成離爲同人故傳於說卦贊云離爲乾卦明乾二之坤五下成離也亦坎二之離五上成乾也又於同人贊云乾行也明乾成同人爲天行也二行而四從之成家人坤則成屯家人上之屯三則成兩既濟而終於日終於日則息非天行也在屯必反而爲鼎乾

二行於坤五，乾行也。鼎二行於五，亦乾行也。鼎二行於五，是由反而復，反復其道，則乾而又乾，乾而又乾，則天行不已。傳云「行事也」，又云「與時偕行」。乾成家人，不復有乾，而鼎二之五成遯，遯上又爲乾，故乾乾也。蹇通睽亦同。鼎二之五爲井二之噬嗑五之比例。鼎二不之五而四之初，卽井二不之噬嗑五，而噬嗑四之井初。噬嗑成頤，井成需，需不可與頤通，而通於晉，則需二之晉五，晉上仍成乾。乾六五「噬乾肉」，謂井二之噬嗑五成无妄，上乾也。九四「噬乾胏」，謂井成需，通晉成否，上乾也。肉取義於柔，釋名：肉，柔也。胏取義於積。廣雅：第，簀也。釋名：姊，積也。鄭康成解此胏亦爲簀。

晉五噬嗑五皆柔中。其成乾也皆由柔中而爲剛中。則皆噬乾肉。而九四以胏別之。正以胏之爲積也。小畜上九傳云德積載也。謂其成需而通晉也。大有九二傳云積中不敗也。大有比相錯卽需晉。大有二之五爲需二之晉五之比例也。積卽晉詳見後又於繫辭傳特引噬嗑上九爻辭贊之云。善不積不足以成名。惡不積不足以滅身。又云。惡積而不可掩。連用三積字以贊胏字。井二之噬嗑五則惡不積。而噬乾肉。井二不之噬嗑五而噬嗑四之井初。則惡積井成需而通晉。惡積而尚能改。故爲噬乾胏。噬肉噬胏。而仍不失爲天行故皆云乾乾健也健卽建也釋名健建也能有所建爲也屯豫兩彖辭皆云利建侯屯利建侯卽指鼎二之五是乾而又乾之建也豫爲小畜之旁通乾二不之坤五而四之坤初不成同人而成小畜非乾行也乃小畜通豫而小畜二之豫五仍無異於乾二之坤五屯通鼎乾而又乾小畜通豫不乾改而爲乾其爲利建侯同此示人當位失道同一變通也乾成小畜猶鼎成大畜卽猶井成需小畜二之豫五爲大畜通萃而二之五之比例卽爲需通晉而二之晉五之比例噬乾肉之乾與屯利建侯之建相發明噬乾胏之乾與豫利建侯

之建相發明。而說卦傳於震贊云。其於稼也爲反生。即申之云。其究爲健。反生。指家人通解。解上震。觀通大壯。大壯上震。大壯通觀。即小畜通豫之比例。而小畜二之豫五。即解二之五之比例。豫成咸。則所謂其究也。豫成咸互乾爲建侯。是知其究爲健。由上反生。申言之。所以贊豫之利建侯也。

坤

循按說卦傳。坤。順也。彖傳云。至哉坤元。萬物資生。乃順承天。又云。柔順利貞。君子攸行。先迷失道。後順得常。坤道其順乎。承天而時行。以順贊坤。以承天時行四字發明順字然則惟承天而時行乃所以爲順何爲時行變通是也何爲承天天者乾也乾之通坤或當或不當坤皆承而變通之是之謂順乾通坤而當則成屯成蹇坤承之不以屯三之家人上蹇初之革四而屯通鼎蹇通睽則不致以亢而窮也是時行也乾通坤而不當則成謙成復坤承之不以謙初之夬四復三之小畜上而謙通履復通姤則不致以害而窮也是時行也何以見之初六履霜堅冰至謂乾上之坤三成謙謙變通於履也傳則贊之云馴致其道馴卽順也（見九家易）文言傳則明指之云蓋言順也六四括

囊无咎无譽謂乾四之坤初成復復變通於姤也傳則贊之云愼不害也愼與順通與咸六二傳順不害同復姤相錯爲升无妄傳於升贊云君子以順德贊升正贊復也六三含章可貞或從王事无成有終謂坤成屯通於鼎也傳於比九五贊之云舍逆取順失前禽也又贊於大有云君子以遏惡揚善順天休命大有二之五爲乾二之坤五之比例比初應之成屯即坤成屯也由元而亨是爲休命若屯三仍之家人上則前禽不失有休命而不能順矣故以失前禽爲取順失前禽則舍而變通於鼎是顯比而揚善也是

順天休命也顯揚皆更代義詳見前然屯之通鼎仍以乾行爲主必鼎二之五而後三之鼎上爲貞是爲柔順利貞故彖云先迷後得主傳則贊之云後順得常蓋坤成既濟而貞俾亢窮而不能悔非順也俾乘馬而不能光亦非順也坤之所以爲順傳贊之已極詳明凡彖傳所言順多指卦之上下有坤比下順泰外順豫順以動臨說而順觀順而巽升巽而順明夷外柔順師行險而順惟兌革並稱順乎天而應乎人巽稱柔皆順乎剛旅稱柔得中乎外而順乎剛卦上下皆無坤蓋兌成革猶乾成革巽成蹇猶坤成蹇蹇通睽相錯爲旅節旅之順乎剛即巽之順乎剛旅傳明指出外字外謂

睽也坤不以蹇初之革四爲順而以蹇通睽爲順西北喪朋與屯通鼎同一利牝馬之貞也屯三既不之家人上而通於鼎家人自變而與解通蹇初既不之革四而通於睽革自變而與蒙通家人革之變通乾之變通也而亦爲坤之順屯蹇之變通坤之變通也而仍從乎二五則正爲乾之健故健與順相資非健無以見其順非順無以助其健以變通爲健正以變通爲順乃知專己非健而執一非順也於是蒙六五傳云童蒙之吉順以巽也蒙二不之五而革四之蒙初是先迷也故傳云勿用取女行不順也蒙成益猶

坤成屯也以通於恆爲順故傳云利用禦寇上下順也革上六傳亦云小人革面順以從君也此皆革通蒙之順也於是家人傳云六二之吉順以巽也富家大吉順在位也解二不之五而四之初成臨與歸妹四之漸初同斯時之臨又以舍家人而通遯爲順故漸傳云利禦寇順相保也或得其桷順以巽也臨九二傳云咸臨吉无不利未順命也言解成臨未順乃變通而更爲之命也解四之初成臨爲豐四之渙初之比例故渙傳云初六之吉順也明夷傳云六二之吉順以則也中孚通小過猶臨通遯也此皆言家人

通解之順也凡初四三上從二五而行爲應視其當不當而變通以消息之爲順寒往暑來而四時順布故屯三之家人上有剛而無柔不可爲順父前子後而五品順敘故屯三之鼎上以卑而越尊亦不可爲順屯成既濟謂之貞而不得謂之順故利而貞乃爲順荀子修身篇云以善和人者謂之順以不善和人者謂之諛又臣道篇云從命而利君謂之順從命而不利君謂之諂此坤之所爲順矣鼎成大畜猶解成臨亦猶睽蒙成損故損通咸則順不害大畜通萃則順天命屯大畜相錯爲需頤需通晉則順以聽頤六

五傳云順以從上與革上六傳同亦謂成益通恆成益以通恆爲順未成益以通大過爲順不待言矣

屯

循按序卦傳云屯者盈也又云屯者物之始生也象傳云剛柔始交而難生又云雷雨之動滿盈天造草昧宜建侯而不寧屯之義爲草木初生而傳則兼明兩義一乾二之坤五而初四應之乾成家人坤成屯是屯之由盈而成者也一隨四之蠱初大有四之比初隨比成屯蠱大有成大畜是屯之由難而成者也故傳既贊以盈又贊以難無論盈與難皆宜變通於

鼎而以鼎二之五爲始生鼎二之五則剛柔始交剛柔始交則由難而成者生矣故云難生由難而成者以始交而生由盈而成者亦以始交而生故傳申言之云雷雨之動滿盈謂盈也天造草昧謂難也宜建侯而不寧謂盈與難皆宜變通於鼎也凡卦皆有盈與難兩端傳於屯首發其例而全易不外乎是屯通於純毛詩白茅純束箋云純讀如屯純猶厚也鼎二之五而後上之屯三則厚若鼎二不之五而上先之屯三即爲坎二不之離五而離上之坎三之比例亦即乾二不之坤五而上之坤三之比例謙輕則不厚矣惟鼎成咸猶解成

咸解成咸則萃萃聚也聚故盈聚而盈故厚亦聚而盈故宜不寧屯又通於翳周禮鄉師注故書屯或爲翳翳爲上之三之名三上從二五則翳无膚三上先二五則翳困于株木屯猶翳也從乎鼎五則厚矣聚矣即同於純先乎鼎五則難矣文言傳云剛健中正純粹精也純即屯粹即萃解二之五爲萃而後家人上之萃三即猶鼎二之五而後鼎上之屯三故屯之訓亦爲聚而粹之訓亦爲醇醇亦純也純粹而後精精者靜也謂成既濟而不動純粹而後精是屯通鼎家人通解而後乾坤乃成既濟也

蒙　以蒙大難

循按乾坤下次以屯蒙乾元亨成屯亦成革利貞則屯變通於鼎革變通於蒙舉屯蒙兩卦而元亨利貞備矣序卦傳云物生必蒙蒙者蒙也物之穉也鄭康成云齊人謂萌爲蒙改革於彼則蒙芽於此是蒙通於萌幼穉則闇弱是蒙又爲蒙昧之蒙蒙而得所養則爲童蒙吉蒙而失所養則爲困蒙吝童以其穉也困以其昧也一名而兼兩義焉明夷傳云內文明而外柔順以蒙大難文王以之內難而能正其志箕子以之說者多傅會商之事而蒙大難一語或訓爲遭

鄭康成或指爲蔽，荀慈明以文王當九三，虞仲翔而於所以稱蒙者莫有了義。經傳中有一象關合一卦者，皆非泛設，況顯示以卦名乎。然其精微簡奥，誠不易明。苦思既久，既得內難箕子之義，而蒙字之義乃悟得之。明夷一卦，或由姤上之復三，即賁上之困三，復賁成明夷，姤困成大過。此與頤上之三同。或由履四之謙初，即豐四之渙初。謙豐成明夷，履渙成中孚。此與小過四之初同。中孚明夷相錯成家人。家人內也，故稱內難。中孚變通於小過，猶明夷變通於訟，故云能正其志。箕子以之，箕子即其子，和之之其子。明此謙豐所成之

明夷其通於訟也猶中孚之通小過也大過明夷相
錯爲革此明夷與大過相係故云大難難指明夷大
指大過既相錯爲革則明夷之變通於訟卽革之變
通於蒙故云蒙大難蒙以相錯言與內難指家人同
箕子與小過貫與大難與大過貫同蓋大過明夷爲
升革之錯升通无妄革通蒙合之卽大過通頤明夷
通訟經於革頤並云居貞吉傳於革稱順以從君於
頤稱順以從上於訟稱從上吉經或躍在淵指革通
蒙傳既明賛以乾道乃革於訟稱入于淵蒙之養正
卽頤之養正則明夷之蒙難卽蒙之童蒙其相比例

脈絡朊朊可尋、至明至確。蒙雜而著、物相雜爲文、文王二字、亦因蒙而假借、箕以爲論文王、論箕子、詎知經傳之妙乎、革傳言湯武革命、所以贊武人之武、指成革、說易宜如是、不得疑爲穿鑿也、

需　繻有衣袽　賁其須　歸妹以須　濡其首　濡其尾　若濡　賁如濡如

循按彖傳云、需、須也、何以名需、乾成需、坤成明夷、以需二之明夷五、成兩既濟、則無所待、故欲其有所須、不即成兩既濟也。說文、絮、絜緼也、易曰需有衣絮、袽即絮字、繻、說文訓繒采色、讀若易曰繻有衣、一引作

繻一引作需、許氏兼采衆說當時說易者、尚知繻即需之假借、故說文需繻並見此易義之精微可因此考見者、易之取象、多用六書假借、需待之需、可借爲繻帛之繻、又可借爲濡溼之濡、其義爲面毛之須、即可轉爲須女之須、繻濡之爲需、猶趾之爲止、祀之爲已、傳以其易明不必贅、而特以須贅需、則歸妹賁之須、即取於需也而繻濡之爲需、不待言矣、未濟二之五爲需二之晉五之比例、故云繻有衣袽、賁通困、困成需、在困爲困于酒食、在賁則賁其須、賁其、須即賁其需也、賁六二賁其須、九三即承云、賁如濡如永貞吉謂需二之晉五需成既濟也既濟未濟皆云濡其首濡其尾乾爲首首必指乾泰既濟相錯爲需濡其首即需其首也何爲濡其尾尾即虎尾遯尾之尾乾上之坤三成夬謙在謙爲虎尾謙夬相錯爲咸泰泰二不之五而咸四之初成既濟其相錯爲需與濡其首同但濡其首謂恆成泰益成既濟濡其尾謂損成泰咸成既濟爲既濟泰同爲相錯成需同而損成泰咸成既濟多此咸泰一層故變首而言尾其濡之爲需則一也咸泰既爲夬謙之相錯咸四之初正爲夬四之謙初之比例夬九三若濡有愠无咎夬成需需

通晉需二之晉五即是未濟二之五爲繻有衣袽在需二之晉五則爲有慍慍之爲怒猶緼之爲絮有慍與有衣絮互相發明剝上之三爲尾夬四又之剝初成需此若濡有慍之濡即濡其尾之濡也困四之初爲未濟四之初之比例賁上又之困三成需即損上之三之比例此賁如濡如之濡亦濡其尾之濡也賁之濡但比例損成泰而不見咸成既濟夬之濡但比例咸成既濟而不見損成泰合之以明未濟小狐汔濟之濡其尾而繻濡之爲需又何疑矣

循按說者執凶終之爻多以訟爲惡名乃讀諸爻之辭四爻皆吉一爻无眚而九五則直云訟元吉單舉卦名而以爲元吉者他卦無之也解者遂以九五爲聽訟之主（王弼云爲訟之主以斷枉直）然經文止有一訟字不得增爲聽訟且聽訟吾猶人也必也使無訟乎何遽以元吉許之此疑蓄之數十年乃得其義訟爲明夷之所變通明夷五失其位其初三以卑蔑尊以下陵上此曾公居乾侯衛侯奔郲之時也斯時欲復其位而平其難非以兵爭卽以言爭以言爭則訟是也訟與明夷孚二之明夷五則明夷之傷復所以訟則元吉訟而

復則不必以兵爭之故九二九四兩爻皆云不克訟不克上不之三也二以訟而歸固病已迎還之日亦房州復辟之年則丙吉之奏曾孫仁傑之定太子非元吉而何耿育冤訟陳湯曹鸞坐訟黨人棄市皆義所宜訟而特以相等之人爲之訟耳至於君主而人臣爲之訟則是自下訟上向非艱難冥晦何以有此故云患至掇也患謂憂患掇與剟通漢書王嘉傳掇去宋宏師古曰掇讀若剟削也削去其名也明夷剟削輕蔑之至故云患至掇謂憂患至於削蔑豈猶晏安觀望之時所以自下訟上耳所以訟不可成者戒其盈也訟則吉而終則凶也徒以尋常

爭訟說之，何以元吉哉。淮南泰族訓「訟繆胸中」，高誘注云：「訟，容也。」是訟與容通。旅成明夷，无所容，明夷通訟，則有所容，又可推廣而通者。

師　利行師　利用行師　勿用師　用行師　大師克相遇

循按：彖傳、序卦傳以衆贊師，雜卦傳以憂贊師。衆謂其當位上下應也，憂謂其不當位上下不應也。何以衆爲當位？二先之五，而同人四應之，爲出以律，爲長子帥師，爲開國承家，其成屯又通於鼎，而後成既濟，爲王三錫命，爲利執言。傳云「能以衆正」，謂此也。何以憂爲不當位。二不之五。而同人上之師三成升。則與尸凶。同人四又之師初成泰。則否臧凶。是也。明乎此而諸卦之言師。可得而知矣。同人上之師三成升。是爲大師克。師成升則宜變通於无妄。是爲相遇。何以明之。姤者遇也。升无妄相錯。即復姤。升通无妄而升二之五。即姤二之復五之比例。故相遇。若升不通无妄。而仍係於同人之成革。則二之五爲弟子輿尸矣。抑升二不之五而无妄上之三。則爲姤二不之復五而姤上之復三之比例。復上六所謂迷復凶有災眚用行師終有大敗也。云終有大敗。則姤四亦之初成需卽无妄四亦之升初升成泰卽是同人上之師三而四又之師初也泰二之五成兩既濟卽需二之明夷五成兩既濟於終有大敗上係以用行師三字明復成明夷而終卽師成泰而終也惟師成泰而終則有大敗故泰上六云勿用師自邑告命謂不可以師所成之泰係既濟而終宜變通於否而自邑告命也惟勿用師卽勿用復所行之師故於勿用師之上加城復于隍四字明指出復字以示引申鈎貫之例泰之勿用師貫於復之用行師而復之用行師貫於同人之大師克相遇脈絡所通不爽豪末者也然則豫

彖稱利行師何也小畜通豫猶復通姤復行師所以大敗者姤二不先之復五也姤二先之復五則相遇矣然後姤上之復三姤成咸復成既濟則利行師矣小畜二之豫五而後上之豫三豫成咸小畜成既濟與復成既濟姤成咸同彖於豫言利行師原用以爲復姤之比例卽爲升无妄之比例而簡奥不易明故爻辭於復反言以明之又於同人明以指之於泰指以貫之而豫之利行師指師成升而變通於无妄乃明矣然則謙上六稱利用行師何也謙履相錯爲臨遯臨爲同人四之師初所云乘其墉者也師成臨猶

成升也升則通无妄爲利臨則通遯爲利升通无妄同於復通姤故以復之用行師發明師之成升臨通遯同於謙通履故以謙之利用行師發明師之成臨且臨二之五猶姤二之復五也姤成遯臨成屯與屯通鼎鼎二之五同屯通鼎鼎二之五所謂利建侯也豫彖於利行師之上係以利建侯固以豫之成咸同於鼎之成咸而實以姤之成遯同於臨之成屯爲行師作融貫爻辭歷歷明之旣明乎爻辭諸言師之脈絡益歎彖辭之簡而該神而妙也然非爻辭莫能知也惟爻辭詳備故傳不多贅

比　遇其妣

循按彖傳云比吉也比輔也言比則吉也比何以吉以比之爲輔也既成比宜以大有二之五爲主而初爲之輔比不得自爲主也小過六二遇其妣妣即晉之王母在晉成否上乾爲王下坤爲母故云王母而需晉相錯爲大有比於小過變王母而稱妣明謂需通晉如大有通比也

小畜　大畜　畜臣妾　畜牝牛　畜衆

循按畜同於蓄有所蓄不盡之義也乾四之坤初成復小畜小畜二之復五上從之成兩既濟無所蓄矣

惟變通於豫豫五柔稱小是蓄在小而小者蓄也大有四之比初成屯大畜大畜二之五而上從之成兩既濟無所蓄矣惟變通於萃大畜成既濟萃成咸則有所蓄所蓄在萃萃五剛稱大是蓄在大而大者蓄也即此兩名觀之而易可明矣畜者聚也一成既濟一成咸則有所聚而不亂矣畜者容也養也已失道而變通以容之養之也離畜牝牛謂成家人而通於解解二之五成萃與大畜二之五同亦與小畜二之豫五同萃下坤爲牛自解成萃猶自豫成萃豫小解亦小故爲牝成咸則畜牝牛畜牝則畜者小也畜牛

則亦大畜之童牛也此一畜字兼大畜小畜而明之者也遯九三係遯有疾厲畜臣妾吉係遯與臨相係也有疾厲四不之初也畜臣謂臨二之五畜妾謂上之臨三臨成既濟而遯成咸故云畜與大畜互相發明何也大畜者大有四之比初亦鼎四之初鼎成大畜必通於萃而畜在萃若鼎四不之初而二之五爲遯則不必變於萃而第以上之屯三鼎自成咸而畜矣不言於鼎而言於遯者遯通於臨臨者解二不之五而四之初也家人通解解成萃乃畜牝牛今成臨則無所畜矣臨變通於遯畜臣妾仍不異畜牝牛也

傳於師贊云君子以容民畜衆容民即臨之容保民畜衆即遯之畜臣妾

履　履霜堅冰至　履錯然　跛能履眇能視　非禮弗履

循按履者禮也乾上之坤三無禮極矣何也二五之尊未行三上之卑陵越也變通於履無禮改而有禮無禮則輕有禮則謙繫辭傳云謙以制禮謂旁通於履也於是坤初六首明其義云履霜堅冰至霜謂乾上之坤三成謙謙通於履故云履霜坎二之離五猶乾二之坤五坎二不之離五而離四之坎初成節節

通於旅、爲謙通履之比例、何也、節二之旅五、節成屯、旅成遯、屯遯相錯爲无妄蹇、即履二之謙五、故離初九履錯然、明指出錯字、爲全易之例、傳贊云、履錯之敬、以辟咎也、又贊睽初九云、見惡人、以辟咎也、節旅相錯爲睽蹇、節二之旅五、爲睽二之五之比例、而睽二之五成无妄、正與履二之謙五同、以兩辟咎相貫、明履錯指旅節成屯遯、爲履二之謙五之所錯、經以履明旅、傳即以睽明旅、皆詳析無疑者也、又明其義於歸妹說文、眇、一目小也、蹇、跛也、凡卦成既濟、則有兩離爲兩目、履成革、止有一目、是爲眇能視、履二之謙五成蹇爲跛是爲跛能履歸妹則分跛能履於初九分眇能視於九二歸妹何以稱履謂四之漸初歸妹成臨也臨通於遯猶謙通於履於初明四之漸初乃有臨於二明臨二之五乃爲履二之謙五之比例若漸上之歸妹三成大壯蹇大壯通觀則不能相錯爲謙履故傳於大壯贊云君子以非禮弗履言歸妹成大壯與成臨同一非禮大壯通觀則弗履臨通遯乃履以大壯之弗履而知歸妹之跛能履指其不成大壯而成臨傳之贊經造乎微矣

泰

循按序卦傳云泰者通也六十四卦皆以通爲道而獨於泰賛之者天在下地在上初四三上先二五而行六十四卦中至不通之卦也恆成泰則浚恆貞凶蒙成泰則見金夫不有躬无攸利解成泰則負且乘致寇至歸妹成泰則夫征不復婦孕不育凶睽成泰則載鬼一車鼎成泰則乘馬班如大有成泰則比之匪人未濟成泰則小狐汔濟大畜成泰則萃如嗟如師成泰則否臧凶惟其一經變通而孚於否遂爲乾坤相錯之卦其泰二之五也卽乾二之坤五也其否成益以從之也卽坤成屯也其否成咸以從之也卽

坤成蹇也。此所以名爲泰也。泰之名，以孚否而名之。上六云，城復于隍，勿用師。城復于隍，二之五也。若由同人四上之師初三，未通於否，則二之五，仍是師二之五。是時同人成既濟，師二之五亦成既濟，故云勿用師。勿用師者，變通於否而自邑告命也。然則未變通於否，其由師而成者，仍是師，不是泰。推之未變通於否，其由恆損蒙臨等卦而成者，仍是恆損蒙臨等卦，不是泰也。泰之名，由變通於否而後名，此泰之所以爲通也。

否　否臧凶　利出否　小人否

循按易之言否者自否本卦外遯鼎師三卦皆言之所以互明否之爲否也師初六否臧凶臧卽藏字詳見前師二藏而不出而同人四上之師初三師成泰乃不謂之泰而轉謂之否則泰否兩義於此了然何也師二不之五以致初三先二五而行同人成既濟師成泰此泰也而實否也惟變通於否此否也而實泰也然則否何以名否以其否之匪人也不俟泰二之五而四之初卽不俟師二之五而同人四之師初也不俟泰二之五而上又之三卽不俟師二之五而同人上之師三也否成既濟卽同人成既濟泰仍是泰卽

師成泰。如是爲否。則乾下坤上之卦正是否。坤下乾上之卦正是泰。泰而轉名爲否。以其不能通也。否而轉名爲泰。以其能通也。明夷五之訟二。訟成否。而訟元吉。需二之晉五。晉成否。爲有孚光亨貞吉。未濟二之五成否。爲君子之光有孚吉。此皆泰吉之辭。可知名爲否者。不在明夷五之訟二。二轉在訟之成需。不在需二之晉五。轉在晉之成明夷。不在未濟二之五。轉在未濟成泰。本泰也。不能變通。遂至於否。本否也。一能變通。遂及於泰。聖人示人改過救敝之苦心。莫切於此矣。鼎初六鼎顛趾利出否。出否與否藏相對。藏則不出。出則不藏。顛趾者，鼎二先之五也。鼎二先之五，則不成泰。出否則不否，不否者，不成泰也。否藏則否。否者，謂其成泰也。師之否藏，未成泰先成臨。鼎之出否，不成泰先成遯。遯與臨旁通者也。遯通臨而臨二之五爲好遯，則君子吉。若不俟臨二之五而四之初成家人，仍同人四之師初也。家人上爻之臨三，臨成泰，遯成既濟。臨小人而猶是小人，不特否藏者成其爲否，即出否者，亦以不好而成否矣。故小人否也。

同人　上下交而其志同　二女同居其志不同行天地睽而其事同男女睽而其志通君子以同而異　二

女同居其志不相得　柔得位乎外而上同

循按同之義爲通通天下之志即同天下之志也乾二之坤五乾成同人九五文言傳云同聲相應同氣相求乾坤之志同則聲同氣同是同人之爲同以師二之五也師成泰志未同矣泰通否則泰二之五即乾二之坤五故泰傳云上下交而其志同也特用一同字明其與否孚與否孚乃爲乾二之坤五之比例惟乾二之坤五乃成同人爲其志同睽成泰猶師成泰上九載鬼一車是也先張之弧後說之弧謂泰通否也成泰則天地睽男女睽萬物睽通否則其事同

其志同其事類何爲以同而異同即同聲同氣之同同聲相應則坤成屯同氣相求則坤成蹇蹇革兩五皆剛志同矣而變通於睽睽五柔與蹇五異故同而異渙彖傳云柔得位乎外而上同柔得位乎外謂渙二之豐五成革上同謂渙上之三成蹇用一同字與同而異互明知上同之同爲蹇與革則知同而異之同爲蹇與革也

大有　大有得

循按彖傳云柔得尊位大中而上下應之曰大有序卦傳云與人同者物必歸焉故受之以大有雜卦傳

云大有衆也云衆云物必歸云上下應其義互明黎氏遂球周易爻物當名云謙稱師豫稱大有非無故也以豫九四稱大有得爲大有卦名與困蒙咸臨一例黎氏特識前人未有第謂初四三上變成大有則非易義惟豫九四用大有二字傳於小畜亦云柔得位而上下應之上下應三字卽是大有之上下應則大有得謂小畜與豫通也履上九頤上九皆云大有慶亦宜以此推之

謙

嗛於无陽

循按謙之名以通履而得也說者謂乾上之坤三爲

天道下濟，坤三之乾上爲地道上行。虞翻侯果皆如此說蔡景君謂剥上之三，其義亦相等，總全易推之，殊不可合。五未行而三先動，是以卑踰尊，故雜卦傳斥之爲輕。輕即剥之蔑，詎得以剥上之三爲謙？爲亨爲君子有終哉？夫己輕己蔑，不可以謙名。惟變通於履而以履二先之謙五，次以履四之謙初，三上已遜讓而不敢先，又依通於恒，恒二之五而後上乃之三，此所以謙而又謙而名以謙也。荀爽謂陽當居五，自卑下衆，降居下體，衆陰皆欲撝陽上居五位，此邪說也。五王也，三公侯也，五不可以下居三，三不可以上居五，無論三

五無往來之例試思以王者之尊自卑而就公侯之
位是豈得爲謙傳明示以尊而光卑而不可踰退讓
在卑不在尊爽以潁上布衣九十五日位至三公乃
假經術以售此邪說異日山陽遜位曲蠡勸進此眞
爽之所爲謙而論者多詡彧協規魏氏以傾漢祚君
臣易位實彧之由蓋其得之家學者已久也經學之
不愼貽禍家國爽之謂也坤文言傳王弼作嫌於无
陽釋文鄭作謙荀爽陸董作嗛謙卦之謙釋文云子
夏作嗛云嗛謙也漢書集注文選注皆以嗛爲古謙
字乾上之坤三成謙卦故云謙於无陽龍戰于野其

血元黃。此謙之所以輕也。

豫　君子以思患而豫防之

循按學記云。禁于未發之謂豫。廣雅。豫早也。乾四之坤初成小畜。復若不早辨。則小畜上之復三成需明夷。故小畜變通於豫。以其能早辨也。故名以豫。不變通而成需明夷。則患至掇。既濟傳贊云。君子以思患而豫防之。同一成既濟。有貞凶之既濟。有不貞之既濟。小畜通豫。二先之豫五而上從之。如是成既濟。則能豫防之。不然成明夷。則患矣。小過九三。弗過。防之。不防而小畜上之豫三。則成小過。弗過。不成小過也。

防之即豫防之也

隨　執其隨　不拯其隨　隨風巽

循按隨之義爲從行凡卦之元在此則入隨我在彼則我隨入隨字於蠱隨无事蠱有事則元在蠱而不在隨隨宜隨蠱而行此隨所以名隨也咸九三艮六二皆稱隨而傳於巽稱隨風巽以贊之何也巽二之震五則震成隨兌二之艮五則艮成隨兌艮相錯即是咸損兌二之艮五成隨兌二不之艮五則不成隨艮六二艮其腓不拯其隨謂兌二不之艮五不成隨而兌四之艮初成節也艮兌既相錯爲咸損則損二

之五。即兌二之艮五之比例。咸四之初。即兌四之艮初之比例。兌二不之艮五而四之艮初。爲不拯其隨。咸四不之初而損二之五。則爲執其隨。執者。咸四不之初。隨者。損二之五。傳云。志在隨人。所執下也。以隨屬志。則五也。以執屬下。則初也。易凡稱執。皆謂四不之初。遯六二執之。師六五利執言。遯謂成咸而通於損。執咸四不之初。而損二之五。爲用黃牛之革。師謂成屯通鼎。鼎成咸而不以四之初。爲執其上兌之言。皆與咸之執其隨同。惟其執。而損二之五乃相錯爲隨。是爲執其隨也。

蠱

循按序卦傳蠱者事也文言傳云貞者事之幹也貞固足以幹事幹蠱猶幹事也乾爲父坤爲母父母者有子之名八有子而後得爲父母得爲父母而後有子以幹其事何爲幹父之蠱隨四之蠱初成大畜下乾未有子也五亡是父沒也大畜孚於萃則二之五有子是爲幹父之蠱何爲幹母之蠱蠱上之隨三成升上坤未有子也五亡是母沒也升孚於无妄則二之五有子是爲幹母之蠱惟父沒乃稱考惟有子乃克配父於祖而稱考故云幹父之蠱有子考无咎若

大畜不孚萃，升不孚无妄，則無子，無子則不稱父母，第爲老夫老婦，何以明之，屯大畜相錯爲需頤，需得孚於晉，猶大畜得孚於萃，未孚則老夫也，孚則父也，頤孚大過，得其女妻也，升革相錯爲明夷大過，明夷得孚於訟，猶升得孚於无妄，未孚則老婦也，孚則母也，大過孚頤，得其士夫也，生稊生華則有子，頤大過相錯，卽隨蠱也，夫婦之道不定，則父母之名不正，有夫婦而後有父子，易重男女之别，以有子承考德爲吉，故蠱三言幹父之蠱也，

臨

循按序卦傳云有事然後可大故受之以臨臨者大也此大字爲遯小利貞而贊臨本小猶謙本輕謙通履則輕者改而重臨通遯則小者改而大惟通遯始得名臨猶通履始得名謙也臨之義爲視（見爾雅）臨遯相錯爲謙履臨二之五爲履二之謙五之比例故履六三眇能視指履二之謙五而歸妹九二眇能視即指臨二之五兩視字發明臨字也宣公十二年左傳知莊子說師之臨云不行之謂臨有帥而不從臨孰甚焉臨無不行之訓此以師成臨言之師二之五則帥師然後同人四之師初不成臨成屯是爲長子帥師

此二不之五而初先行、不成屯成臨、是不俟帥之行而從也、不行指師二不之五、此失道未通遯之臨也、故臨卽以不行爲義、別詳左傳補疏凡卦之名、每兼兩義、如謙以通履得名、而龍戰于野傳云、謙於无陽、此謙卽通於慊、禮記大學注謙讀爲慊禮慊而不進則銷、樂流而不反則放、見唐書武平一傳是慊於无陽、謂乾二不進於坤五也、與臨爲大又有不行之義同、否之名、爲不通而失道矣、乃序卦傳云、物不可以終通、故受之以否、此否卽有孚窒之窒、陽通於陰、陰虛、又必窒之以陽、名榮者兼以辱、名辱者亦兼以榮、識者詳之、

觀　觀頤　觀我朶頤　觀象也　觀于天文觀于人
文　貞觀
循按觀卽設卦觀象之觀、伏羲於六十四卦中、取蒙二之五之卦、名之爲觀而孔子卽於鼎賛之以象、於剝賛之以觀象、所謂設卦觀象、於此可明矣、乾成家人、坤成屯、則以通於鼎爲觀象、乾成革、坤成蹇、則以通於蒙爲觀象、若乾坤成謙夬、則夬通剝、乾坤成復小畜、則復通姤、觀象卽觀其變通革變通於蒙成觀夬變通於剝亦成觀此觀所以名觀而傳之賛剝所以云觀象也、夬二不之剝五而四之剝初、不成觀而成頤故頤彖云觀頤而初九云舍爾靈龜觀我朶頤夬之通剝成觀本以觀我乃朶而成頤則不能觀彖而凶矣惟既成頤旁通大過大過二之頤五仍不巽夬二之剝五是爲觀頤謂成頤而後觀之不觀於剝而觀於頤也賁彖傳云觀乎天文以察時變觀乎人文以化成天下困賁相錯爲蒙革困二之賁五爲蒙二之五之比例故以兩觀字明之觀之言示也彼有所終此有所示終則成形示才有象革將終而蒙示以始所謂天地之道貞觀者也

噬嗑　厥宗噬膚　朋盍簪

循按序卦傳云，可觀而後有所合，故受之以噬嗑。嗑者合也。卦以噬嗑兩字名，爻辭單出噬字，故傳特標嗑字之義以賛之。井二之噬嗑五爲噬，噬嗑上之三爲合。傳云：雷電合而章。章即豐六五來章之章。豐來章則成革。噬嗑先成无妄，上又之三乃成革，故合而章也。噬之義明於睽。睽二之五成无妄，與井二之噬嗑五同。睽六五厥宗噬膚，睽之噬膚即噬嗑之噬膚，以睽明噬，明井二之噬嗑五成无妄爲噬也。嗑之義明於豫。爾雅釋詁：盍，合也。盍即嗑。豫九四勿疑朋盍簪，謂小畜二之豫五爲朋，小畜上又合於豫三成咸三陽相連而上銳如以簪合之咸旣濟相錯爲蹇革卽噬嗑之噬而嗑也小畜六四傳云有孚惕出上合志也二之豫五爲志而上合之卽豫九四志大行之志上合卽盍簪也傳稱上合志者四升初六小畜六四大畜九三損初九小畜二之豫五成萃萃之志合於小畜乃旣成萃旁通大畜大畜二之五爲志而萃三往合之大畜九三傳云利有攸往上合志也謂所以利有攸往者由於合二五之志也革四之蒙初爲損猶睽四之蹇初睽不噬膚矣損通咸二之五成益上之三合之傳云已事遄往尚合志也損成旣濟咸仍是咸與大畜小畜成旣

濟豫萃成咸同故以上合志明其通咸不通咸而成旣濟則無所爲合矣升之通无妄猶井之通噬嗑升二之五而无妄上之三合之猶井二之噬嗑五而噬嗑上之三合之也初六傳云允升大吉上合志也明其通无妄也升不通无妄而成蹇則亦無所爲合矣

賁　豶豕之牙　渙奔其机

循按詩鶉之奔奔表記作鶉之賁賁呂覽壹行篇孔子卜得賁孔子曰不吉高誘注云賁色不純也詩曰鶉之賁賁漢書百官公卿表注云賁讀與奔同渙九二渙奔其机之奔卽賁卦之賁也賁困相錯爲蒙革

蒙二之五即困二之賁五之比例用一奔字明其爲豐成革革通蒙而蒙二之五也困二之賁五與大畜通萃而二之五同大畜六五豶豕之牙豶爲劇豕而聲同賁先以二賁於五而後上之萃三萃成咸下艮爲寺大畜成既濟上坎爲豕合之則豕之奄者又取於賁之聲故云豶也左氏襄二十四年傳象有齒以焚身服虔焚讀爲僨僨與賁同射義賁軍之將大學一言賁事賁即僨之省賁之爲焚猶焚之爲僨也離四之坎初成賁故云焚如旅四之初亦成賁故云旅焚其次旅焚其巢焚即指離旅之成賁以舍此而他

往則爲奔以失道而災凶則爲焚皆賁之借也

剝　孚于剝

循按乾上之坤三成謙夬二五不行而三上先動是爲失上下夬變通於剝而向之失上下有咎者今則剝之无咎所以消息盈虛全在乎此六三剝之无咎與訟九五訟元吉同一義謂明夷通訟乃元吉夬通剝乃无咎〔釋文作剝无咎無之字〕兌九五孚于剝有厲傳云孚于剝位正當也兌上之艮三艮成謙兌成夬惟兌成夬故孚于剝孚于剝則位正當此剝所以无咎也彖傳云剝剝也柔變剛也上剝指卦名下剝字釋卦名之義

而下卽申以柔變剛是此剝之義爲變也廣雅揄剝同訓脫揄猶渝亦變更之義廣雅揄脫也卽方言輸捝也廣雅又云輸更也夬舍謙變而爭於剝是以剝之柔變夬之剛其義卽爲剝脫卦之不善者能剝脫則善此剝之无咎卽脫之无咎亦卽變之无咎而剝脫爲剝卦之一義也序卦傳云致飾然後亨則盡矣故受之以剝剝者剝也以剝釋剝與彖傳同而彼中之以變則義爲剝脫剝之當者也此冠之以盡則義爲剝害剝之失者也盡之義同於備見禮記儀禮等注剝从彔彔爲刻木之名刻通於克故剝以上之三爲義剝猶祿也祿卽福也福亦備也以其

吉祥之備，則爲福祿，以其傷害之盡，則爲削剝，剝牀以足，剝牀以辨，剝牀以膚，爲滅爲災，而窮盡又爲剝卦之一義也，六書轉注相通，可於易得之。

復　反復道也　復自道　牽復　其來復吉　勿逐自復　復卽命　无往不復　城復于隍　夫征不復

循按復之爲復，解者多指初爻，鄭康成云復反也還也陰氣侵陽陽失其位至此始還何妥云復者歸本之名羣陰剝陽至于幾盡一陽來下故稱反復傳云復其見天地之心，惟五稱心，復者，復其五也，有反斯有復，坤五反乎乾，乾二之坤五則復，坤成屯，屯反爲鼎，鼎二之五則復，乾九三傳終日乾乾，反復道，是也，乾成家人，家人反身爲解，解二之五則復。解彖无所往其來復吉是也。坤成蹇。蹇反身爲睽。睽二之五則復。睽初九勿逐自復是也。乾二不之坤五而四之坤初。坤成復。反而未復也。故名雖爲復。而雜卦傳轉以爲反。猶名爲謙。而轉以爲輕也。惟變通於姤。姤二之復五。即不異屯通於鼎。而鼎二之五。故乾之反復道。即復之反復其道。鼎成遯。猶姤成遯也。復以變通於姤而復。小畜則以變通於豫爲復。姤二之復五。同於鼎二之五。小畜二之豫五。即同於解二之五。小畜初九復自道。九二牽復是也。屯反爲鼎。鼎復爲遯。家人反爲解。解復爲萃。一反一復。

道之正也。乾成小畜，坤成復，反而不復，失其道矣。乃一變通而小畜牽於豫，復牽於姤，仍合乎一反一復之道。其義明於歸妹。泰兌二之艮五成漸，漸反爲歸妹。歸妹二不之五而漸上之歸妹三成大壯、蹇，即小畜二不之豫五而上之豫三之比例。是不能牽復，不能復自道，是爲夫征不復。歸妹二不之五而四之漸初成家人、臨，爲婦孕不育。臨變通於遯而二之五爲姤二之復五之比例。臨不通遯而三之家人上成泰、既濟，即小畜上之復三之比例。不能反復其道，亦爲夫征不復。特用不復二字，與諸復字互貫。反而不復至於成泰，變通於否而仍得復泰。上六城復于隍，九三无往不復是也。歸妹成泰，猶復成明夷，復成明夷，反而不復也，故傳云迷復之凶，反君道也。明夷變通於訟，猶泰變通於否。訟二之明夷五，則亦復自道。訟九四，不克訟，復卽命，所以復明夷之心也。傷害凶災，至於明夷，而變通則復。聖人教人改過如此。過生於心，復惟在我。陽不居五而先行於初，賤陵貴，小加大，非禮也。復者卽復此禮。先五後初，禮也。先初後五，非禮也。說者以初爲復，是以非禮爲仁矣。去經義不亦遠乎。

无妄

循按序卦傳云，復則不妄矣，故受之以无妄。馬融云：妄猶望，謂无所希望。虞仲翔辨之云：妄，亡也，謂雷以動之，震爲反生，萬物出震，妄无者也。京氏及俗儒以爲大旱之卦，萬物皆死，无所復望，失之遠矣。有无妄然後可畜，不死明矣。虞氏辨是也。然何以爲无妄，第執本卦上乾下震爲說，終爲不切。傳明云復則不妄，復謂五，无妄亦謂五。妄之義爲虛而不實，故不知而作謂之妄作，孟子此亦妄人也已，趙岐注云：妄人，妄作之人，無知者。無驗而言謂之妄言。見法言問神篇。升无妄相錯爲復姤，升二之五，卽姤二之復五，

姤二之復五，則復升二之五，則无妄，故復則无妄，乾二不之坤五而四先之坤初，此妄也，師二不之五而同人上之師三，亦妄也，蹇通睽爲知喪，喪卽亡也，亡卽妄也，睽二之五爲自復，卽成无妄矣，蹇通睽而睽二之五，猶无妄之通升而升二之五也，

頤　頤中有物

循按，於噬嗑稱頤中有物者，明四之井初則成頤也，傳隨在示其例如此，頤之義爲養，而井成需，噬嗑成頤，相錯爲大畜屯，故頤通大過，大畜通萃，皆爲養賢，屯通鼎爲養聖賢，於是大過明夷爲升革之相錯，故

大過通頤革通蒙皆爲養正而明夷稱蒙難頤稱觀頤是大過二之頤五爲蒙二之五之比例至頤稱節飲食噬嗑稱頤中有物則大過四之初即噬嗑四之井初之比例而井二之噬嗑五亦大過二之頤五之比例矣故井稱井養一字引申思之而適勝於得誤書詎容大意觀之

坎

循按六十四卦彖辭惟坎卦於卦名上加習字彖傳云習坎重險也坎爲險兩坎相重爲重險習即重也序卦坎居六子之先於坎加習以例離震巽兌艮爻

辭於坤六二明之云不習无不利不習者乾二之坤五成比同人不爲重乾重坤坎二之離五成同人比亦不爲重坎重離若坎二不之離五則習坎猶是習也而以離上之坎三又以離四之坎初坎成需離成明夷是爲入于坎窞若更以需二之明夷五成兩既濟上皆坎故來之坎坎謂需上本有一坎需二來之明夷五又有一坎也習坎謂一卦上下皆坎坎坎謂兩卦上卦皆坎不習則无不利習則失道凶是宜乎不習矣乃經則云習坎有孚何也謂三畫卦宜重爲六畫也乾父坤母生六子爲兄弟不可爲夫婦故必

相錯爲六十四卦，然後旁通成夫婦，有孚，謂夫婦也。不習不可與離孚，習乃可與離孚，故云習坎有孚。既重爲六畫，又宜流行而不習，故又以不習爲利也。傳於習坎則云君子以常德行習教事，常謂後順得常，德行以變通言，謂成屯而通鼎，成蹇而通睽，坎孚於離而二之離五，教事也。鼎二之五，睽二之五，亦教事也。習坎則失道，習教事則得常，彖言習之宜，爻則言其不宜，傳又言其宜，互相明也。兌傳云君子以朋友講習，講猶媾也，謂兌二交於艮五，講而習，則講而又講，卽坎之習教事也。

離　疇離祉　飛鳥離之凶　非離羣也　猶未離其類也　離羣醜也　渙者離也

循按彖傳說卦傳序卦傳皆以麗贊離傳申之云日月麗乎天百穀草木麗乎土重明以麗乎正又於兌贊之云麗澤傳每以兩卦互見以兌之麗明離之麗麗者附麗也坎上之離五而三上麗之成革兌二之艮五而三上麗之亦成革革下離上兌故於離兌兩卦互明其義乾二之坤五則下成離二不之坤五而上之坤三成謙爲龍戰于野其血元黃乾成夬不成革夬下無離謙三上無所麗故云未離其類小過四

之初成明夷下離則云飛鳥離之凶乾成革通於蒙蒙成益益下無離故乾九四文言傳云進退无恆非離羣也夫征不復婦孕不育則歸妹成泰漸成既濟既濟下離故云離羣醜既濟有離而泰無離泰二之五成兩既濟泰有離則無疇類矣泰通於否否爲之應則有類泰二之五下有離否成咸下有祉不成兩既濟以祉元吉故云疇離祉渙何以爲離有精義焉坎二之離五初三乃有所麗坎二不之離五而離上之坎三坎成井離成豐無所麗與謙夬同惟豐變通於渙渙二先之豐五而後渙上之三仍有所麗渙之

義爲散。序卦傳云。說而後散之。故受之以渙。渙者離也。以散贊渙。即以散贊離。凡卦多兼兩義。離之義爲麗。彖傳明之。離之義爲散。則於渙傳補明之。離麗當位之離也。六二黃離是也。故離王公者吉。未離其類者窮。離散失道之離也。九三日昃之離是也。故離羣醜者凶。非離羣者无咎。

男廷琥孫授書授易授詩校字

易通釋卷十九　雕菰樓易學之三

江都焦循學

咸

咸臨　品物咸章　品物咸亨　萬國咸寧

循按彖傳云咸感也二氣感應以相與繫辭傳云易无思也无爲也寂然不動感而遂通天下之故感即孚也凡卦之元亨成家人屯蹇革凡卦之利貞成既濟咸既濟益成既濟咸寂然不動感於損而通或既濟益寂然不動感於恆而通上經乾坤之下首以屯蒙下經首以咸恆明此義也凡成兩既濟則不能感通故坤傳云咸亨姤傳云咸章乾傳云咸寧乾成家

八通於解而解成咸故云咸寧謂解成咸而乾之成家人者始寧也坤成屯通於鼎而鼎成咸故云咸亨謂屯三從鼎五而亨也乾四之坤初成復失道矣復通於姤姤成咸與坤成屯通於鼎同故坤品物咸亨姤亦品物咸章坤成復猶師成臨師成臨猶蒙成損損孚於咸而名咸臨孚於遯即爲咸臨臨二之五而遯上之臨三遯成咸故咸臨也

恆　利用恆　立心勿恆　貞疾恆不死　行有恆

進退无恆　以恆也

循按咸者謂其感通於損恆者謂其嗣續於益咸通

於損損成益益又通於恆恆二之五成咸而益上乃之三而終咸又通損故恆久而不已也不通於恆益上遽之三而終所謂立心勿恆凶有終無始所以凶也凡卦以旁通往來而成益者必變通於恆有如此家人雖通解屯雖通鼎家人上之解三則成恆鼎上之屯三則成恆成恆正是勿恆解二先之五鼎二先之五猶恆二之五正是恆心傳於家人贊云行有恆謂解二之五而後上之解三即同於恆二之五而後益上之三如是爲有恆是知恆之所以爲恆也豫六五貞疾恆不死傳云六五貞疾乘剛也恆不死中未

亡也貞疾猶疾貞謂小畜上之豫三成需小過猶姤上之復三成明夷大過需二之小過五明夷五之大過二雖成咸不可爲恆需明夷成旣濟第爲疾貞而己先已乘剛則疾貞不可惟需變通於晉而晉成咸乃爲利用恆亦惟小過變通於中孚而小過成咸乃爲恆不死需初九需于郊利用恆郊卽自我西郊之郊恆不死之恆與此利用恆之恆一貫者也歸妹初九歸妹以娣傳云以恆也以恆猶云用恆歸妹四之漸初漸成家人歸妹成臨臨通遯而遯成咸用恆也卽咸臨也家人通解而解成咸亦用恆也卽家人之

行有恆也。然則易以有恆爲重矣。而文言傳云。上下无常。非爲邪也。進退无恆。非離羣也。繫辭傳云。變動不居。周流六虛。上下无常。剛柔相易。是又以无常爲重。何也。易窮則變。變則通。通則久。惟變通乃得恆久。无常无恆者。變通之謂也。二進於五。爲有常。剛孚於柔。爲无常。惟无常而後有常。无常而不有常。則失常。需初九利用恆。傳云未失常也。是也。有常變而无常。爲反常。卽爲變常。歸妹九二傳云。未變常也。屯六二傳云。反常也。是也。需用恆則二之晉五成否。是爲不失常。鼎成泰。卽變通於否。反其類故爲反常。歸妹成臨卽通遯。臨成屯。是未失常。不必卽通於鼎。是未變常也。歸妹四之漸初。同於同人四之師初。歸妹三之漸上。同於比三之大有上。故歸妹漸成蹇大壯。同於成家人臨。而同人師成家人臨。卽同於大有比成大畜屯。屯通鼎而鼎成泰。爲家人通解而解成泰之比例。此十年乃字之反常。與師左次之未失常。互明也。大壯蹇相錯爲需小過。此利用恆之未失常。與歸妹以娣之以恆。互明也。利幽人之貞。指臨通遯。亦指家人通解。此歸妹九二之未變常。與師六四之未失常。互明也。惟大壯蹇爲需小過之比例。而家人臨又爲

大壯蹇之比例此需于郊與同人于郊所以互明也
微妙神通非筆所能盡矣

遯　遯世无悶　遯世无悶　豚魚

循按文王作卦辭名之爲彖彖即遯也遯謂挩而去也乾坤交而成屯挩去從鼎鼎二之五即名之爲遯遯以舍此就彼爲義即屯之從鼎可例其他矣傳於乾初九贊云不易乎世不成乎名遯世无悶此遯字指乾上之坤三成謙何也謙易世則通履謙履相錯爲臨遯臨之於遯猶謙之於履也乾二之坤五成同人比爲師二之五之比例乾二不之坤五而上之坤

三成謙，卽猶師二不之五而同人上之師三成升，謙通履，錯爲臨遯，升革則錯爲大過，大過通頤，與升通无妄同，卽與臨通遯同，故傳於大過亦贊云遯世无悶，所以於大過贊以遯者，同人上之師三成升，同人四之師初成臨，升革錯爲大過，家人臨錯爲中孚，中孚通小過，卽是臨通遯，中孚豚魚吉，釋文豚黄作遯黄謂晉黄穎也，李鼎祚亦言虞氏以三至上體遯，便以豚魚爲遯魚，經以中孚通小過爲臨通遯之比例，傳則以大過通頤爲中孚通小過之比例，明同人上之師三爲姤上之復三之比例，同人四之師初爲履四之謙初之比例，乃知兩遯世爲中孚豚字，而贅豚與遯爲假借，虞氏得之，鼎祚不知也。

大壯　女壯　馬壯　壯于前趾　壯于頄　剝牀巽在牀下　從或戕之

循按：壯之義同於莊。檀弓柳莊，古今人表作柳壯。釋名：莊，裝也，裝其上使高也。壯之爲壯，亦由幼學弱冠之年而加，與裝高之義同。方言：秦晉之閒，凡人之大謂之奘，或謂之壯，是也。傳云：大壯，大者壯也。四陽在下，以二之五，加於三四兩陽之上，故爲大壯。所謂小人用壯也。用壯則成革，與夬成革同。夬二之剝五爲大壯，二之五之比例乃初九壯于前趾，九三壯于頄，則指夬二之謙五。夬雖成革，而未通於剝，故爲咎爲凶也。姤二之復五，然後復三之姤上，姤上成咸，復成既濟，相錯爲革爲女壯。女指咸上兌下，勿用取女之女，卽此女。取女二字與咸相鈎貫，傳稱咸章，贊之甚明。若姤二未之復五，而復三先之姤上，則姤不成咸而成大過，上雖有兌女而不壯，故傳於大過以本末弱贊之。弱者，不壯也。大過則弱，咸則壯。咸者，速也，疾也。爾雅釋言以疾齊釋壯字。齊指二五，疾指成咸，此易師之遺訓也。馬壯者，中孚二之小過五也。豐四之渙初成中孚，中孚二之小過五。小過成咸。三四兩陽。加一陽於五。而成乾馬。故云馬壯。其稱壯何也。豐四之渙初成中孚明夷。小畜上之豫三成需小過。需小過相錯爲大壯蹇。小過通中孚。卽大壯通觀。故中孚二之小過五。爲大壯二之五之比例。大壯觀爲小畜豫之相錯。小畜二之豫五。卽大壯二之五之比例。乃小畜二不之豫五而豫四之初成復小畜。二不之豫五。而上之豫三成小過。皆不可爲壯。象於復通姤稱女壯。爻卽於小過通中孚稱馬壯。由不壯變通而仍壯。女壯馬壯。所以與大壯相發明。乃不明於小畜豫而明於姤。並不明於小過中孚而明於渙明夷，則經文鈎貫之奥然，比例求之，井然也。於是巽剝兩卦之言牀，以聲音假借求之，知其取乎壯也。釋名，牀裝也，所以自裝載也。牀與壯同聲同義。震四之巽初成小畜，復與豫四之初同。豫小畜既相錯爲大壯觀，則豫四之初，即大壯四之觀初。凡四之初爲下，大壯四之觀初，是爲壯下，壯下不辭，故云牀下。牀下即壯下也。夬二之剝五，本同於大壯二之五，若夬二不之剝五而剝上之三，即是大壯二不之五而觀上之三，亦即小畜二不之豫五而上之豫三，是爲剝壯。剝壯亦不辭，故云剝牀。剝牀即剝壯也。剝以上之三爲義。剝壯卽是壯上。壯下壯上。均非大壯。此又與女壯、馬壯互明者也。小過九三「弗過防之，從或戕之」。弗過則小畜上不之豫三。小畜上之豫三成小過。小過、需旣相錯爲蹇、大壯。則成小過卽是成大壯。但此卽剝壯。不可爲壯。故云戕之。戕亦从爿聲。爲壯字之假借。焦氏說楷云：剝卦初六剝牀以足，稽考牀乃戕之譌。似有見，而以爲譌則非。已變則稱馬壯。未變則爲戕之也。戕之訓爲傷。馬融、虞翻訓壯爲傷。此正古戕、壯相通之遺義。

晉

循按：卦名必合旁通兩卦始明。需之於明夷不可進者也需旁通於晉而後可進者也故需不進而晉進釋文晉孟作齊子西反義同子西則讀同躋震六二躋于九陵謂震成復通姤姤二之復五也漸上之歸妹三成大壯蹇猶小畜上之豫三成需小過大壯二之五爲需二之晉五之比例故壯之訓爲齊見爾雅大壯通觀蹇通睽合之即需通晉小過通中孚大壯通觀錯之爲小畜通豫蹇通睽錯之爲旅通節而小畜通豫爲賁通困之比例旅通節爲復通姤之比例此姤二之復五所以稱躋躋進皆晉也不進不躋則爲處處與晉相反即與齊相反旅九四旅于處得其資斧

釋文資斧，子夏傳及衆家並作齊斧。齊與處槩相呼吸。需二之晉五爲晉，則睽二之五爲進，亦節二之旅五爲進，節二不之旅五而旅四之初，非進也。節二不之旅五而旅上之節三，亦非進也，非進則爲處。旅于處，謂旅四之初也。其旅上之節三，與小畜上之豫三同。小畜上九既處，謂小畜上之豫三，即謂旅上之節三也。處而成需，小過則需通晉爲得其齊，齊即晉也。處而成賁，則賁通困亦得其齊，齊即晉也，故云得其齊斧。旅上之節三成需，小過，小畜上之豫三，亦成需小過。旅四之初成賁，豫四之初則成復，復通姤而躋于九陵即賁通困而得其齊斧也震四之巽初震成復巽成小畜復通姤爲躋于九陵小畜二之豫五成家人萃即困二之賁五之比例則亦得其齊斧乃小畜二不之豫五而上之復三復五不之姤二而三之小畜上成需明夷在復既無所爲躋在小畜亦無所爲得即爲喪其齊斧旅之得其齊斧承上旅于處連文而旅于處引申小畜之既處得其齊斧引申巽之喪其齊斧以巽在牀下之牀爲壯之假借女壯即躋于九陵思之思之其義躍然可見晉通於齊齊通於資資通於積說文嬪齊也嬪與嘖積同聲字通爾雅

釋魚蟦小而橢釋文蟦本作資說文穦積禾也詩曰穦之秩秩今詩作積之栗栗姊咨也白虎通亦積也既夕注古文第作茨是从朿从責之字與資通即與齊通故易稱積稱胏皆謂需二之晉五晉之爲積爲胏即齊之爲積爲胏也

明夷　匪夷所思　遇其夷主

循按序卦傳云進必有所傷故受之以明夷夷者傷也傷則不明凡稱幽不明聰不明不傷財亦以傷者可由是推矣豐四之渙初豐成明夷渙成中孚則失是而爲匪匪則成明夷故云匪夷所思匪則傷其所

思成明夷也明夷變通於訟訟二之明夷五爲明夷之主人豐九四遇其夷主謂豐成明夷而變通於訟也虞仲翔說遇其夷主謂四行成明夷是也

家人　不家　无家　子克家　承家　蔀其家

循按序卦傳云傷於外者必反其家故受之以家人家上用一反字與上九傳反身互明周禮小司徒上地家七人注云有夫有婦然後爲家家人旁通於解而後有夫有婦故稱家人初九閑有家閑謂解四不之初而二之五乃爲有家解四之初又將成屯家人係屯不可爲有家也屯通於鼎鼎四亦不可之初何

也鼎四之初成大畜大畜二之五仍是家人故不家食吉不家者鼎四不之初而二之之五成遯不成家人也大畜通於萃萃四不之初而大畜二先之五猶解四不之初而二之五故曰閑之閑與閑有家同也家人萃相錯爲革觀卽革通蒙蒙二之五蒙九二子克家用一家字明其爲二之五成觀而後上之三克之爲克家也渙二之豐五豐成革渙亦成觀豐渙相錯本爲家人解渙二之豐五卽解二之五之比例豐上六蔀其家蔀者齊同之也豐成既濟猶數之有減盡也渙則成益猶數之差較也蔀其家猶齊其家豐

渙本錯爲家人、齊同之成既濟益仍相錯爲家人也損成益咸成既濟、與蔀其家同、乃損既成益而利有攸往、謂益通於恒而上之三也、益通恒而上之三、則恒成咸益成既濟、既濟咸相錯、不爲家人、故得臣无家、此與蒙克家互明、弗損益之无咎、謂蒙不成損、節以蒙二之五爲无咎、弗損而益、則不成既濟、若蒙先成損、因而成益成既濟、欲其貞吉、則必利有攸往、欲利有攸往、則必得臣无家、弗損則有家而克之、損則克之而无家、經文互明之妙、思之自得、師上六、大君有命、開國承家、師二之五而同人四之師初、師成屯、同人成家人師二之五既開國矣於是同人四之師初成家人而屯三承之是爲承家禮運仕于公曰臣仕于家曰僕損上九得臣則无家旅六二得童僕則有家何也旅成賁而通困困二之賁五成家人不明言家而以童僕二字明其爲有家此經文極隱奥而未易明者也

睽

循按序卦傳云家道窮必乖故受之以睽睽者乖也乖者睽二不之五而四之蹇初成損上之三成大壯也彖傳云君子以同而異同謂蹇革兩五皆剛異謂

蹇睽兩五一剛一柔由同而異則蹇舍革而通睽也睽之義爲乖又爲異同而異則不窮異而又同則不匪異而不同則乖矣盍睽一名而兼兩義推之否匪則爲閉塞而凶否亨則爲顛窒而吉亦猶此也

蹇

循按蹇之訓爲跛跛者艱於行故傳以難贊蹇其行何以難以睽羣疑故也以初往革四固成兩既濟而窮而睽又失道而孤若不以爲難徑情以往欲免凶咎也鮮矣故其往也如跛之行宜後而不宜先宜待而不宜銳是以往蹇蹇初不可往革四一蹇也舍革

而通睽。睽二之五，五而初往從之，可不蹇矣。乃睽二不之五，而上之三成大壯，蹇初又不可往大壯四，是再蹇也，故六二云蹇蹇。

解

循按：序卦傳云：物不可以終難，故受之以解。解者緩也。緩必有所失，故受之以損。明解緩有兩義：家人上之屯三成兩既濟則急，變而通之於解則緩；若歸妹四之漸初成臨，家人此家人則有難之家人，得變通則難解。是解之宜解者也。若既變通，而二不之五，至於負且乘而成恒，成泰，則緩而慢矣。是解之失於解者也凡卦皆有當與失兩義不獨解也釋文以解卦音蟹緩也解而拇解悖佳買反而君子維有解又音蟹蓋以音蟹爲懈緩佳買反爲解釋卦名專爲懈緩爻辭雜兼兩義不知卦名已兼之古人義不以音分並不必分兩讀正義云解有兩音一音古買反一音諧買反解謂解難之初解謂既解之後乃即解之音蟹可悟蟹與解爲同聲假借說卦傳離爲蟹蟹即解解二不之五而負且乘成泰而後二乃之五是爲懈緩泰二之五下成離爲解即爲蟹泰二不之五下無離則天下无邦邦即爲蚌傳以蚌蟹並指離其義可見解不緩而二先之五下無離至成泰而二之五

下有離故爲懈緩亦惟泰通否而下有離是艱難至此而得解免離之爲蟹亦兼兩義矣晉書解系傳趙王倫以宿憾收系兄弟梁王肜救之倫怒曰我於水中見蟹且惡之借蟹爲解晉人且然

損益　天道虧盈而益謙君子以裒多益寡

循按序卦傳云緩必有所失故受之以損以失贊損損失則益得皆謂五也損何以失蒙二不之五而革四之蒙初也睽二不之五而四之蹇初也二不之五而四之初損如是臨如是復與節亦如是故損通咸爲德之修即復之修身也爲遠害即節之不害民也

損則虛益則盈由虛而盈爲盛盛之始由盈而虛爲衰之始益已盈而變通於恆則與利咸通損猶益通恆恆成咸猶損成益已盈而損之則利已虛而又損之則失損亦兼此兩義損之而利故損剛益柔同爲時也履二四之謙成益特於謙傳中標出益字明其與履旁通若不舍夬則壯于前趾何得有益

夬　夬履　藩決不羸　其君之袂不如其娣之袂良

兌爲附決　震爲決躁

循按彖傳云夬決也五陽相連不得爲決其以夬名者謂變通於剝而二之剝五也夬二之剝五與大壯

二之五同大壯九四藩決謂二之五大壯言決猶夬言壯也柔乘五剛則不能決故欲其揚于王庭以決而和虞仲翔謂與剝旁通以乾決坤是也三五兩爻皆言夬夬荀慈明謂兩爻俱欲夬上非易義也乾兌成夬二未決也以變通於剝而二決而之剝五是以夬而能夬也故云夬夬下夬字指乾上之坤三之夬上夬字指夬二之剝五之夬也夬二不決以四之剝初成需需二之晉五雖亦是決然是夬需非夬夬矣兩言夬夬謂宜以夬決於剝不可成需而決於晉也抑或夬二不決而剝上之三仍成謙夬二決於謙五

則決而不和爲壯于前趾矣故在謙不可以夬夬宜通履而以履二決而之謙五以履二之謙五則是夬履不是夬夬故履九五云夬履自夬通剝宜夬此夬自謙通履宜夬此履也說卦傳震爲決躁兌爲附決震兌之決所以贊大壯藩決之決何也大壯上震二之五則上成兌躁與燥同火就燥謂離火就兌金大壯二之五其決也以火就燥而成革離者麗也麗卽附也兌之附決卽震之決躁因決而成就燥之離亦因附麗而見觸藩之決決躁附決皆指革也歸妹九五其君之袂不如其娣之袂良此兩袂字亦夬也君

之袂謂泰孚否而二決於五娣之袂謂大壯孚觀而二決於五也娣之袂卽大壯之藩決傳云帝乙歸妹不如其娣之袂良也是知君之袂卽帝乙歸妹帝乙歸妹謂泰二之五則君之袂卽謂泰下乾決而成旣濟也當漸上之歸妹三歸妹成大壯漸成蹇不令大壯四之蹇初卽通觀而藩決爲娣之袂雖不免於失道尚爲改悔早速不致更失道成泰而乃孚否爲君之袂故泰雖帝乙歸袂不如大壯卽藩決之爲良也否垂衣裳故借袂爲決

姤　后不省方　后以裁成天地之道輔相天地之宜

循按彖傳序卦傳雜卦傳皆以遇贊之則其字通於遘薛虞記姤古文作遘乃象傳云后以施命誥四方又以后贊姤說文后繼體君也則兼先后之義凡象傳多稱君子概以柔進爲剛者言也其稱先王者七復比觀无妄噬嗑豫渙稱后者三姤復泰而復則先王與后並稱推之先王蓋指先甲也后蓋指後甲也每兩卦旁通俱有先後兩筮所謂原筮也復通姤姤二至復五而上之復三復成既濟下離爲日故云至日成既濟退藏於密故閉關是時姤成咸四不之初故商旅不行此先王也其姤之成咸則更變通於損爲繼體之君故爲后也若先成

屯家人家人後通解解二之五成萃相錯爲觀革即觀通大壯大壯二之五之比例觀通大壯大壯二之五爲省方今復不成屯而成既濟姤不成家人而成咸咸通恆不錯爲觀革故后不省方此后與先王並稱其義甚明无妄升先成既濟益則先王也觀大壯先成蹇革則先王也豫小畜先成既濟咸則先王也比大有先成屯家人則先王也噬嗑井先成蹇革則先王也否泰先成既濟益爲先王益通恆則后也財成天地之道輔相天地之宜指否之成益言故稱后姤上施而成咸然後通損以申命故稱后泰之通全

賴乎否復之復全賴乎姤姤實兼乎后之義焉後漢書魯恭傳案易五月姤用事李賢注云本多作后古字通

萃

循按彖傳序卦傳雜卦傳皆以聚贊萃謂其成咸也乾九五傳云飛龍在天大人造也釋爻造劉歆父子作聚飛龍謂成家人家人變通於解解二之五為利見大人解二之五成萃故大人聚非貫全經未易明一字也

升

升其高陵　天險不可升也

循按師二不之五而同人上之師三成升故云升其高陵坎傳云天險不可升也何爲天險謂離成同人同人上乾爲天不可升卽不可上之師三成升與升其高陵互明地險謂坎成比下坤爲地比五互艮邱也同人上之比三成蹇下艮山也陵也上坎川也由比之邱而爲蹇之陵是爲邱陵巽乎升之高爲蹇之陵不可升其高陵而宜其山川邱陵也其義微矣

困

困蒙　其義不困窮矣　其吉則困而反則也

循按彖傳云困剛揜也揜之義爲藏見廣雅藏者藏伏於二不見於賁五以致成需則困窮所以名困也旣困

窮而成需需能變通於晉則利以和義而不困窮故需傳云其義不困窮矣困未成需先初動則成節先三動則成大過大過明夷相錯爲革升與同人上之師三爲比例同人上之師三所謂大師克也升孚於无妄則相遇故雜卦傳以困爲相遇明困不必成需始困卽未成需而成大過己困也蓋困成需猶師成泰困未成需先成大過猶師未成泰先成升傳以困相遇與大師克相遇互明又於同人九四贊云乘其墉義弗克也其吉則困而反則也乘其墉謂同人四之師初師成臨同人成家人因同人上未克師三故

未成泰，然已困矣。所以明困成節之已困也。困賁相錯爲革蒙，蒙成泰即困成需，蒙未成泰先成損，則革成既濟，損既濟相錯即節賁，蒙上之三成升，爲同人上之師三之比例。故蒙六四「困蒙吝」，明困所以爲困，而傳則於同人贊之。神妙無方，不容以淺略覼矣。

井

循按：泉出於天，井鑿於人。無水可使之有水，水之在下者可汲之令上，水之在此者可遷之在彼，一井而裁成輔相寓焉矣。坎三不出中，而離上入於坎三，此水之伏藏於淵者也。一旦變通於噬嗑，用汲以食，而井養不窮泉伏於下以人力修而出之井之名本於坎水如此傳之贊井義亦有二雜卦傳云井通此謂井二通於噬嗑五惟通故養不窮此一義也序卦傳云困乎上者必反下故受之以井此以下字贊井字廣雅井深也豐井相錯爲恆既濟豐四之井初即恆四之初之比例恆初六浚恆謂四之初也傳以始求深贊之此深字贊浚字即贊井之下故井初六井泥不食即以下字贊之井泥不食謂豐四之井初也此又一義也說文井部刑罰辠也从井从刀易曰井法也說文引易蓋孟氏之遺故鄭康成亦訓爲法見釋文制

而用之謂之法，制而用則往來不窮，此井所以通也。噬嗑傳云，君子以明罰敕法，法字贊井字，是井得噬嗑罰乃明，法乃敕，而井養乃不窮，蒙初六利用刑人，傳云，以正法也，又云，山下出泉，用井九五泉字以贊蒙，故井養卽蒙養，利用刑人之刑，卽豐折獄致刑之刑，豐成革，通於蒙而後成既濟，爲致刑，噬嗑成革，通於蒙而後成既濟，爲正法，經言利用刑人，而傳贊以正法，似是以法字訓解刑字，不知法字鈎貫敕法法字，明同是革之通蒙，在豐成革如是，在噬嗑成革亦如是，故於豐言致刑，以貫經文之用刑人，而卽自以正法與敕法兩法字相貫、明其爲噬嗑之通井、即明乎噬嗑之成革、刑以言成法、以指井、正字贊刑字、徒以法爲刑字之解、淺之乎言易矣、

革　執之用黃牛之革　鼎耳革　乾道乃革

循按卦之名革、取更革之義、乾二之坤五、而上之坤三應之、坤成蹇、乾成革、革四不可又之蹇初、故宜更革以通於蒙、乾九四文言傳云、或躍在淵、乾道乃革、謂乾成革、改而通蒙、蒙二之五、山下出泉、泉即淵、故躍在淵、所謂乾道乃革也、蒙二之五居中爲黃、下坤爲牛、如是則革、故云用黃牛之革、蓋不更變於蒙而

以革四之蹇初則無黃牛無黃牛則非用革故傳云鞏用黃牛不可以有爲也謂不可以革四之蹇初也遯六二執之用黃牛之革遯何以稱革玩下莫之勝三字則承上遯尾而言遯尾則臨成泰遯成咸值此六二未變通而泰二之五成既濟爲夬二之謙五之比例夬所謂往不勝即此所謂莫之勝也既濟咸相錯爲蹇革咸四之初即是革四之蹇初故執之而通於損蒙二之五而後革四之蒙初即損二之五而後咸四之初也鞏即固也執之即不可有爲也經於遯稱執之傳於革稱不可有爲經於革稱鞏傳於遯稱

固志執之二字又與咸九三執其隨互明執其隨謂咸四不之初而損二之五相錯爲隨以執字與執其隨相鈎貫以用黃牛之革與鞏用黃牛之革相鈎貫以莫之勝與往不勝相鈎貫用黃牛則革矣革則說矣故云莫之勝說經既以執之二字鈎貫執其隨又於師六五稱田有禽利執言田有禽師成屯也利執言屯通鼎鼎成咸咸四不之初也鼎二之五成遯遯成咸卽鼎成咸故於遯稱執之用黃牛之革於師成屯通鼎稱利執言利者義也鼎不執言而成家人則鼎耳言兌也耳坎也鼎成遯執四不行而上行成咸

則有言而無耳，鼎成遯，不執四而四行，則有耳而無言，乃執言固宜用黃牛之革，不執言而鼎耳，亦宜以鼎耳革，執之用黃牛之革，遯成咸，通於損也，不執而鼎耳革，遯成家人，通於解也，解二之五成萃，萃家人相錯爲革，蓋言用革，謂由革而變通於他卦也（用卽庸，謂更變）。但言革，謂由他卦變通而成革也，遯之用革，謂遯成咸與旣濟相錯爲革，鼎耳之革，謂鼎成家人通解，解成萃相錯爲革，非明乎相錯，而比例求之，則遯之用革，鼎耳之革，將不知其何以稱革矣。

循按雜卦傳云：鼎，取新也。鼎之義爲新，以器能新物，故器名鼎。賈誼言春秋鼎盛，卽春秋新盛也。匡衡傳言匡鼎來，卽匡新來也。賈捐之言石顯方鼎貴，卽方新貴也。應劭訓鼎爲始，始亦新也。繫辭傳云：見乃謂之象，形乃謂之器。象能變化者也，形器不能變化者也。形器以成旣濟言，象以變通言。鼎是器，故序卦傳以主器器字贊鼎，而象傳不言器而言象，則謂屯方變通未成旣濟，以取新之義言也。

震　振恆　震用伐鬼方　振民

循按舜典震驚朕師，史記作振驚。恆二未之五而益上之三，爲振恆。振卽震也。恆益爲震巽之相錯，恆得上震。益得下震。恆二不之五。而益上之三。則益之震去。而恆之震存。云振恆明震之獨在恆也。傳云。振恆在上。明震之獨在上也。恆上有震。是未用震也。未用震。而益上卽伐三。故凶。用震而後伐。是爲震用伐鬼方。用爲更。變震用。則恆不振矣。史記魯世家周公作毋逸云。治民震懼。今尚書無逸作祗懼。盤庚爾謂朕曷震動萬民以遷。蔡邕石經作祗動萬民以遷。是震通祗。故復下震稱无祗悔。祗卽震也。漢書律秝志。東動也。說文。動。作也。作之義爲始。天道始於東。故震爲動。而卦屬東方。

艮

循按：傳以止贊艮，又以節爲止。明止爲節，非終止。故序卦傳云：物不可以終動，止之。又云：物不可以終止。成終於此，亦成始於此。是爲時止。行健在二五，時止在初四三上。若二五止而不行，初四三上行而不能待，則非時止而爲艮其限。艮其止，止其所也。艮其限，不止其所也。艮其止、艮其限，皆猶云艮其艮。止其所，則止所當止，爲時止。艮兌以乾坤三索，故經以三上之行爲義。當則成蹇革，失則成謙夬。艮其止，謂成蹇而初有待，因而兌成革，亦止而通於蒙。惟止於此，故說於彼止由於說說由於止所以爲時止也說文限阻也與艱義同易諸所稱艱難者是也艮兌成謙夬爲艱艮兌成賁節亦艱賁通於困則艱阻可解繫辭傳云困以寡怨說文恨怨也艮很也廣雅很恨也寡怨即寡恨寡恨即寡艱艱阻通則不復艮其限矣

漸 所由來者漸矣

循按序卦傳云漸者進也彖傳云漸之進也女歸吉也雜卦傳云漸女歸待男行也通而測之傳以晉爲進需爲不進女歸而以進字贊之明與需晉相關蓋歸妹征凶則漸上之歸妹三歸妹成大壯漸成蹇蹇

大壯相錯爲需小過在歸妹爲歸妹以須需須也需則不進蹇通於睽猶需通於晉漸之進也謂睽二進於五傳特以待字與蹇初六宜待互明於待男知漸成蹇於進知歸妹成大壯而漸之名漸可明矣文言傳云積善之家必有餘慶積不善之家必有餘殃臣弑其君子弑其父非一朝一夕之故其所由來者漸矣由辨之不早辨也易曰履霜堅冰至蓋言順也此因履霜堅冰之順而推及不早辨之不順而特用一漸字以贊漸卦之義乾上之坤三成謙謙通於履爲履霜履辨上下定民志則辨之早乾坤成謙夬不善

也，不能早辨，而夬四之謙初，成明夷、需，積不善矣，仍不能辨，而需二之明夷五，成兩既濟，寇至災成矣。歸妹成大壯，漸成蹇，猶乾坤成謙、夬也。此時大壯即反歸以娣，蹇即待男而行，不善能改，故女歸吉也。不能改，而漸成既濟，歸妹成泰，猶謙、夬成明夷、需，此時能改，而泰通於否，則帝乙歸妹以祉元吉，既濟通未濟，亦君子之光，與需通晉光亨同，皆可由不順改而為順。惟泰不通否，而二之五，明夷不通訟，需不通晉，而需二之明夷五，乃成大悖而不可救，是所謂由來者漸也。女歸待男，明其成蹇、大壯，若初四先行，則歸妹成臨漸成家人蹇大壯爲需小過之錯家人臨爲中孚明夷之錯家人通解既可解悖臨通遯亦咎不長傳於臨贊云剛浸而長於遯贊云小利貞浸而長也浸卽漸也漸而能長則不至於不順臨遯相錯爲履謙謙六五利用侵伐侵卽浸漢書薛宣傳注浸字或作侵利用侵則漸而能長傳用兩浸字贊謙之侵用一漸字贊漸卦之漸歸妹言跛能履以其成臨而通遯坤言履霜堅冰至以其成謙而通履經以歸妹成臨發明履卦傳以坤成謙發明漸卦如撫銅人之穴經絡相通尋星宿之原伏流可溯洵神奇之至矣

歸妹　帝乙歸妹　女歸　歸而逋　與人同者物必歸焉　天造草昧　日中見沬

循按卦以歸妹名，向第謂上震爲長男，下兌爲少女，男子謂女子後生爲妹見爾雅，二之五則兌在上，五自二歸，即妹之歸耳。及以彖傳及泰九五觀之，則不可合。泰上天下地，何兄妹之有，而亦云歸妹，於是解者或以爲互兌互震，或以爲泰三之四即成歸妹，泰三固不可之四，此卦變之說，置不必論，互兌互震，似矣，而於彖傳所云天地之大義，人之始終，究莫可通貫，細爲思之，凡卦之名，有就當位名者，有就失道名者，歸妹失道成泰。成泰而後變通。故名歸妹。泰六五與歸妹六五。同稱帝乙歸妹。此即確證歸妹二不之五而成泰。所以天地不交而萬物不興。歸妹成泰則漸成既濟。泰與既濟係。則二之五成兩既濟而終止。改而通於否。泰與否係。則二之五而否應之。終始之際。存乎變通。故云。歸妹天地之大義也。又云。歸妹人之始終也。歸猶復也。在漸。既以夫征不復婦孕不育。明其爲泰。在歸妹。即以女承筐无實士刲羊无血。發明彖之征凶无攸利。明白可見。泰既濟相錯。需明夷也。泰通否。猶明夷通訟。訟九二歸而逋。明以訟二之明夷五爲歸。卽泰通否而二之五爲歸。傳卽贊於同人云與人同者物必歸焉。同人師相錯爲明夷訟。經以訟二之明夷五之歸。明泰二之五之歸。傳卽以師二之五之歸。明訟二之明夷五之歸。而歸妹之所以爲歸於是乎可明矣。釋名。妹。昧也酒誥妹邦。卽詩沬之鄉。妹昧沬三字通。豐九三。日中見沬王肅音妹。鄭康成作昧。釋文引子夏傳薛注字林皆作昧王弼周易略例闇甚則明盡未盡則明昧明盡則斗星見明微故見昧釋文昧本亦作妹又作沬豐渙相錯爲家人解。渙二之豐五。又爲大壯二之五之比例。歸妹未成泰。而夫征不復則成大壯而漸成蹇。婦孕不育。則成臨。而漸成家人。皆昧也。不俟成泰而

大壯卽通觀家人卽通解則昧亦歸矣傳於屯以天
造草昧賁之隨蠱成大畜屯猶歸妹成家人臨傳於
屯通鼎云草昧所以賁臨之通遯也經於泰之稱歸
妹明歸妹之成泰於豐之稱見沬明歸妹之成大壯
傳卽以屯之稱草昧明歸妹之成臨見沬卽是歸妹
草昧卽是見沬經文自相贊與傳之贊經皆神奇之
至矣

豐

循按序卦傳云得其所歸者必大故受之以豐豐者
大也窮大者必失其居彖傳云豐大也明以動故豐

王假之尚大也王假謂渙二之豐五五本柔而化爲剛此所以爲大矣五不大而四行則成明夷明夷幽不明渙成中孚亦無震不動惟渙二先之豐五豐四後之渙初豐不成明夷則明渙成益下震則動豐以明以動得名則指豐成既濟渙成益即爲屯家人相錯屯盈也豐滿也見廣雅滿亦盈也屯盈則通鼎爲居貞益盈則通恒爲居貞不變通而窮則失其居以失其居與屯之不失其居相貫而豐之爲豐於是可見矣豐即丰毛詩子之丰兮傳云丰豐滿也邦从丰聲說卦傳以離爲蚌蚌即邦邦即豐渙二之豐五成革而豐四之渙初即蒙二

之五而革四之蒙初之比例。亦卽睽二之五而四之蹇初之比例。蹇成既濟。離在下爲正邦。革成既濟。離在四亦爲正邦。豐先成革而後成既濟。互離在四。與革通蒙成既濟合。亦與咸四之初合。故中孚孚乃化邦指二之小過五成咸。而咸四之初成既濟也。中孚二之小過五而小過四之初。爲損二之五而咸四之初之比例。損二之五而咸四之初成既濟。爲十朋之龜。龜指咸四之初成離。傳於離。稱爲蚌。爲龜。蚌取於丰。邦亦取於丰。豐亦取於丰。蚌邦豐一也。龜指咸二四成離。亦指夬下成離。靈龜邦指革四成離。亦指蹇下成離，亦指泰下成離，其義同，故相次以見義。羸之爲羸，則指明夷下之離，羸家羸其瓶與泰既濟下之離，羸其角羸之義爲瘠爲弱，故指失道之既濟。龜之言久也，丰之言盛也，故指當位之既濟。蟹之爲解，則兼失道當位言之。解成泰，通否而成既濟，則當位爲天下有邦矣；不通否而成既濟，則失道，爲羸其角矣。鼈卽敝，亦卽罷。井成需爲漏，需二之晉五成既濟，下離爲敝漏。歸妹成泰，泰通否而成既濟，則永終知敝。中孚成需通晉，或鼓或罷。罷與敝漏之敝同。鼈、蟹、羸、蚌四字，皆指成既濟有離。羸其瓶成需明夷，亦相錯爲既濟泰與龜指成既濟有離同，與龜爲類。故假借爲鼈蠃蟹蚌。其實鼈卽敝也。罷也。蠃卽蠃也。蟹卽解也。蚌卽邦也。豐也。始測得此義。亦咤其奇。未敢遽信也。測之既久。則誠見其爲然。確不可易故不憚煩復言之。以質諸好學深思之君子焉。

旅

商旅不行

循按復象傳云。先王以至日閉關。商旅不行。虞仲翔云。坤闔爲閉關。巽爲商旅。爲近利市三倍。姤巽伏初故商旅不行。以商旅屬巽。非易義。何也。旅卽旅卦也節二之旅五。節成屯。旅成遯。姤二之復五。復亦成屯。姤亦成遯。故復言旅也。姤二之復五。不獨同於節二之旅五。亦同於臨二之五。臨二之五爲至臨。姤二之復五。因而上之復三。即爲至日。與臨二之五遯上之臨三同。亦與節二之旅五節三之旅上同。商旅不行者。姤四不之初也。姤四不之初。即旅四不之初。故旅不行。商即兑九四商兑之商。兑二之艮五。四不之艮初。謂之商兑。月令盛德在金。其音商。兑爲正秋。二張於艮五。白虎通云商者張也兑下成震爲善鳴。秋而有聲。則商也。兑成節。猶坤成復。復通姤與節通旅同。節二之旅五而旅四不之初。即是兑二之艮五而四不之艮初。亦即是姤二之復五而姤四不之初。在兑爲商兑在旅則爲商旅。於復而云商旅不行。明復通姤。而姤四不行。即節通旅。而旅四不行也。旅不行而加一商字。明其爲四不行。同於兑四不行之爲商兑也。

巽　上巽也　順以巽也　順以巽也　順以巽也

循按：説卦、序卦兩傳，以巽爲入。經凡稱入，皆指巽。乾四之坤初成家人，則云惟入于林中。家人上巽也。離上之坎三成井，則云入于坎窞。井下巽也。賁上之困三成大過，則云入于幽谷，入于其宫。大過下巽也。履四之謙初成中孚、明夷，則云入于左腹。中孚上巽也。訟上之三成大過，則云後入于地。與賁上之困三同也需二之晉五晉四之初成益則云入于穴益上巽也姤四從二五之初成家人則云出入无疾家人上巽也訟傳云入于淵謂上之三成大過卽明夷之後入于地也傳稱巽者四大畜通萃成家人巽在上故萃六三傳云上巽也蒙二之五成觀巽在上故六五云童蒙之吉順以巽也歸妹四之漸初成家人臨家人六二傳云六二之吉順以巽也謂家人通解也漸六四傳云或得其桷順以巽也謂漸成家人通解也通解則解成萃蒙成觀與革錯亦爲家人萃傳三言順以巽皆以家人上巽而言說卦傳乾健坤順震動

巽入。坎陷。離麗。艮止。兌說。彖傳於巽獨不言入。直稱爲巽小畜健而巽。蠱巽而止。觀順而巽。恒巽而動。益動而巽。升巽而順。井巽乎水而上水。鼎以木巽火。漸止而巽。中孚說而巽。巽猶遜也。遜猶讓也。大抵八卦之名。各名一義。而義則相通。乾行健。謂初筮再筮不已也。坤順承。謂當位失道皆變通也。離麗謂初四三上附於二五而當位也。坎陷。謂二五爲初四三上所陷沒而失道也。震柔中。宜動者也。巽剛中。宜遜以從人也。艮止有所待也。兌說舍乎此以通於彼也。全易之義。八字盡之。入與出對。出主二五。帥衆者也。入屬初四三上。視二五之動以從之者也。彖傳以隨贊巽。巽隨震而有事。猶隨隨蠱。

而有事巽之无初即隨之无故矣

兌　用說桎梏　輿說輹　後說之弧　莫之勝說

循按彖傳云兌說也說之義爲解釋謂成革則舍而通蒙也蒙初六用說桎梏即脫去革以從蒙也革上兌用四之蒙初用兌即是用說凡卦稱說者固以卦有兌而兼用解脫之義小畜二之豫五豫成萃萃上兌故說輹說輹者萃四不之初下坤輿無輹也大畜二之五而萃四不之初即小畜二之豫五而豫四不之初之比例蓋乾四之坤初成復則有底小畜舍復而通豫是脫去有底之輹亦即脫去復輹即復也屯

之有底同於復大畜脫去屯而通萃猶小畜脫去復而通豫故均云說輹也睽成泰泰通否泰二之五爲先張之弧否上之三成咸爲後說之弧咸上兌固爲說而睽成泰即舍蹇而通否蹇上坎亦是弧蹇成既濟睽又成既濟兩坎在上坎坎即是弧弧故張其一弧而脫去一弧也遯臨相錯爲謙履遯上之臨三成咸泰咸舍泰而通損故云莫之勝說說指咸上兌亦兼脫去之義也

渙

循按序卦傳云說而後散之故受之以渙渙之爲散

與萃之爲聚五相發明。渙二之豐五成觀革。相錯爲萃家人。家人上之萃三成咸。三陽相聚。所以爲萃。相錯爲觀革。觀上之三成蹇。則兩陽分散。所以爲渙。說卦傳云。風以散之。正指渙上之巽矣。渙二之豐五。爲夬二之剝五之比例。傳以爛贊剝。爛猶渙也。延篤云渙爛乎其溢目。是也。見後漢書延篤傳注云渙爛文章貌渙通煥。論語煥乎其有文章。煥乎猶云渙爛乎。渙二之豐五則來章。與革通蒙。蒙二之五同。蒙雜而著。物相雜爲文。說文散雜肉也。渙爲散。散爲雜。其義亦同。

節 失家節 中節 剛柔節 不知節 節飲食

循按雜卦傳云渙離也節止也明渙所以補離之失節所以復艮之時也兌二不之艮五而四之艮初艮成賁兌成節不能止者也節通於旅旅四不之初而節二之旅五仍是艮其止故名爲節節所以達旅人節之名以旁通於旅名之也傳於家人蹇鼎頤未濟五卦皆稱節以贊之節旅相錯即爲蹇睽蹇九五大蹇朋來謂升二之五升通无妄而二之五成蹇猶蹇通睽而二之五成无妄无妄蹇相錯爲屯遯即節二之旅五傳以蹇无妄爲中節則節二之旅五成屯遯爲中節可知節二之旅五與屯通鼎鼎二之五同鼎

上九傳云。玉鉉在上。剛柔節也。鼎成遯。升成蹇。下皆艮止。若鼎四之初成大畜。猶解四之初成臨。家人九三。婦子嘻嘻。謂家人上之解三成恒。恒四又之初成泰。故傳云。失家節也。家人成既濟。解成泰。與益成既濟。恒成泰同。未濟上九傳云。飲酒濡首。亦不知節也。泰既濟相錯爲需。故濡首成需則失節。不成需則節矣。傳於頤贊云。節飲食。需爲飲食之道。噬嗑四之井初成需。頤爲鼎四之初之比例。頤舍需通大過。大過四不之初則不成需。故爲節飲食。委婉曲折以相贊明。非達乎相錯旁通之指。未知所謂也。

中孚 孚 有孚 匪孚 罔孚 斯孚

循按雜卦傳云中孚信也序卦傳云節而信之故受之以中孚彖傳釋豚魚吉云信及豚魚也革彖傳云己日乃孚信而革也豐六二傳云有孚發若信以發志也大有六五傳亦云厥孚交如信以發志也坎彖傳贊習坎有孚云行險而不失其信皆以信贊孚說文符信也孚一曰信也孚符古字通律書剖符甲索隱云符甲卽孚甲也訟履渙成中孚不能與明夷通宜變而通於小過聘義云孚尹旁達信也旁達猶言旁通符節兩片相合兩卦旁通似之故名孚訟成中孚猶晉成小過需二不

之晉五而晉上之三，則過矣。過而能改，則必旁通於中孚。小過旁通中孚，亦孚也。訟成中孚，亦過也。易六十四卦，惟大過、頤、小過、中孚專有旁通，故以小過名過，中孚名孚。過而能孚，仍歸無過矣。彖言有孚者五，需訟觀損坎言孚者二，革夬爻言有孚者十九，比初六小畜六四九五隨九五大壯初九益六三九五家人上九解六五萃初六革九三九四九五豐六二中孚九五未濟六五上九井上六言孚者九，泰九三六四大有六五睽九四解九四萃六二九五升九二兌九二一爻中兩見有孚者三。比初六益九五未濟上九坎、觀、訟三卦本無過，必有孚以通之，乃能終於無過。需、損兩卦已有過，必有孚以通之，乃能改而無過。孚上加一中字，明兩卦旁通。以二交五為孚，二不交五而四上先行仍不爲孚坎二之離五則有孚坎二不之離五離成明夷坎成需則不孚坎成需猶困成需所謂有言不信也需與明夷不孚而明夷變通於訟則孚需變通於晉則亦孚需有孚於晉則光亨訟有孚於明夷則窒惕中吉舉一坎以明八卦非孚則不可行舉一訟以明無過之卦必與有過之卦孚舉一需以明有過之卦必與無過之卦孚以我之不足受彼之有餘以我之有餘補彼之不足惟有孚而元亨利貞之德乃行故易重有孚象又於觀損兩卦稱有孚者觀與大壯孚者也損與咸孚者也睽四之蹇初成損與

睽上之三成大壯同一有過損有孚而元吉觀有孚而化舉一觀以見過在三上者之有孚也舉一損以見過在初四者之有孚也過在初四者爲損過在三上者爲大壯過在初四又在三上者爲需明夷舉需以例明夷舉損以例大壯舉觀以例咸舉訟以例晉故彖之言孚止此五卦而其義已盡需之孚於晉晉初六云晉如摧如貞吉罔孚裕无咎罔孚之罔即君子用罔之罔謂成益也需成既濟所以貞吉者以晉成益以罔孚也需二之晉五即未濟二之五未濟上九有孚于飲酒无咎飲酒需二之晉五也未濟爲既

濟所孚未濟成否猶晉成否爲飲食宴樂故有孚于飲酒无咎既飲酒而初四應之成益又宜孚於恒恒二之五而後益上之三則爲西鄰礿祭之時矣乃恒二不之五而四之初成泰益上之三成既濟是爲濡其首益雖有孚於恒仍爲失是是者時也失變通趨時之道也舉一未濟而諸卦可以隅反失是者不是也不是者非也非即匪也解二之五成萃萃九五萃有位无咎匪孚匪謂大有四之比初成大畜所謂无交害匪咎也大畜孚於萃即是匪孚於萃故云匪孚初六有孚六二孚乃利用礿皆謂此匪孚升九二亦

云孚乃利用禴。蒙上之三成升。亦失是爲匪。升旁通於无妄。亦匪孚也。彖於損稱有孚元吉。爻於井上六稱有孚元吉。明坎成井與未濟成損同。雖失是而能有孚。仍爲元吉。失是成損。又損成泰。失而又失而後孚。視損之孚更爲艱苦。泰九三勿恤其孚。損成泰則恤。泰孚於否則勿恤。否成益則戒。益孚恆則不戒。故云不戒以孚。益九五有孚惠心勿問元吉。謂益孚於恆也。有孚惠我德。謂恆孚於益也。坎孚於離成同人比。比不孚於同人而孚於大有。惟孚於大有。大有二之五而比。初比之則成屯。屯又有孚於鼎。故盈缶。一孚於大有再孚於鼎是爲原筮原筮者再筮也大有六五厥孚交如威如孚卽比之有孚謂比有孚於大有而大有二之五爲交如旣交而比初比之成家人家人上九有孚威如謂孚於解以威如二字與大有之威如相鈎貫睽九四遇元夫交孚睽孤則成損交謂損二之五孚謂孚於咸卽損而有孚遇元夫故元吉也家人孚於解所謂有孚于小人解二不之五而四之初成臨臨不可與家人孚變而孚於遯則爲斯孚斯卽漸漸而後孚故云斯孚臨通遯猶中孚通小過中孚通小過猶小畜通豫故中孚九五有孚攣如

无咎。小畜九五亦有孚攣如。六四有孚血去惕出无咎。與渙互明。大壯初九壯于趾征凶有孚。征凶卽歸妹之征凶。歸妹不成隨而成大壯。失是矣。此時不可不有孚。有孚者孚於觀也。大壯二之五成革。彖之單稱孚者惟革夬兩卦。革云已日乃孚。已日謂下成離日。四止而不行。以孚於蒙。孚於蒙則改命從蒙。故六二已日乃革之。惟孚乃革。故傳云已日乃孚。信而革也。九四有孚改命吉。九三革言三就有孚。革孚蒙。蒙成益。又孚恆。故三就也。蒙二之五爲大人虎變。虎所以變。以已日乃孚。九五未占有孚。占卽變也。未占爲蒙己占爲觀革與蒙孚不與觀孚孚於未變之先此示其例矣艮上之兌三成夬三先於五則號惟夬孚于剝是爲孚號兌三之艮上成夬則孚于剝兌二之艮五成隨則孚于嘉嘉者亨也隨孚於蠱蠱二之五而初四會之成家人孚于嘉也三上會之成革亦孚于嘉也若蠱成蹇隨成革革四之蹇初是爲隨有獲貞凶故必有孚在道以明有孚在道與有孚失是互明在道則不失是矣余學易悟得旁通之義測之既久乃知傳中旁通二字即經文所謂孚惟兩卦相孚而二五交上下乃應交而不應不孚故也此易所以

以孚爲重也

大過　小過　過旬　有過則改　赦過宥罪　天地以順動故日月不過

循按過之義亦有二其一爲過失之過賁復節小畜明夷需皆失道有過賁孚於困復孚於姤節孚於旅小畜孚於豫明夷孚於訟需孚於晉可以改過矣乃賁上之困三復三之姤上訟上之三成大過節三之旅上小畜上之豫三晉上之三成小過過而不改是謂過矣此卦所以名過也大過二五兩剛過在二故名大過小過二五兩柔過在五故名小過大小皆不

可過而過在柔尢不可故雜卦傳云小過過也其一爲過過度之過（說文過度也）義同於至（呂氏春秋異寶篇五員過於吴高誘注過猶至也）大過通頤而二至於頤五則爲大者過小過通中孚而五至於中孚二則爲小者過而亨彖以棟橈明大過九三言棟橈凶發明之此謂過失也上六過涉過謂二之頤五涉謂頤上涉大川此則過度之過矣小過彖以可小事明小過謂五可至中孚二也六二以過與不及並言九三九四言弗過上六言過之則皆過失之過矣傳以過贊小過以顛贊大過度而至乃顛也序卦傳云不養則不可動故受之以大過此以動贊過

有其信者必行之故受之以小過此以行贊過又云有過物者必濟則以過爲濟濟亦度也豐初九遇其配主雖旬无咎往有尚傳云雖旬无咎過旬災也地官均人豐年則公旬用三日注云旬均也讀如㽮㽮原隰之㽮易坤爲均今書亦有作旬者謂易書亦有作坤爲旬也易釋文云旬荀爽作均鄭康成解旬爲十日十亦坤數是旬是均皆指坤無疑離上之坎三成豐猶晉上之三成小過豐四之渙初成明夷爲小過四之初之比例明夷上坤由小過而有坤故云過旬明夷上坤下離小過上六飛鳥離之指其下離而

言此傳云過旬指其上坤而言旬上加一過字明其同於小過之成明夷則爲災雖旬无咎之旬不成明夷之旬也不成明夷何以有旬渙二之豐五遇其配主則渙成觀觀下雖亦有旬而非明夷之旬則爲无咎之旬而非有過之旬也小過者小畜二不之豫五而上之豫三也豫傳贊云天地以順動故日月不過不過卽是弗過謂不成小過也既成小過變通於中孚中孚二之小過五成益故益傳云有過則改小畜二之豫五與解二之五同解傳云君子以赦過宥罪赦過則不過謂解成萃爲豫成萃之比例解二不之

五而四之初猶渙二不之豐五而豐四之渙初赦過二字括不過弗過過旬諸過過字一以貫之若不深考視爲泛文聖人贊易之精微何由見哉

旣濟　未濟　天道下濟而光明

循按雜卦傳旣濟定也爾雅濟成也濟益也益以上之三成旣濟故濟之義爲益損成益爲興利之益益成旣濟則爲盈溢之益矣定即成也又濟謂之霽霽爲雨止之名（見說文）是濟有止義旣濟者旣止也未濟者未止也故傳云終止則亂明旣濟爲終止也謙傳云天道下濟而光明濟指旣濟也下謂履四下行之謙

初也。履二不之謙五而四之謙初成明夷，則不光明。惟履二先之謙五而後四之謙初，不成明夷而成既濟，故下濟而光明。下濟者，下行而成既濟也。贊易之妙，思之自見。

男廷琥孫授書授易授詩校字

清江都焦氏本雕菰樓易學三書

第七册

清 焦循 撰

山東省圖書館藏清嘉慶道光間江都焦氏雕菰樓刻《焦氏叢書》本

山東人民出版社·濟南

易通釋卷二十 雕菰樓易學之三

江都焦循學

易有大極　與時偕極　失時極　不知極　六爻之動三極之道也

循按繫辭傳云，易有大極，是生兩儀，兩儀生四象，四象生八卦，八卦定吉凶，吉凶生大業。虞仲翔以大極爲大乙，分爲天地，故生兩儀。此本禮運爲說，而乾鑿度則託孔子之說云，易始於大極，大極分而爲二，故生天地，天地有春秋冬夏之節，故生四時，四時各有陰陽剛柔之分，故生八卦。於是虞氏謂兩儀爲乾坤，乾二五之坤、成坎離震兌震春、兌秋、坎冬、離夏、故兩儀生四象、乾坤生於春、艮兌生於夏、震巽生於秋、坎離生於冬、故四象生八卦、此本乾鑿度而羼入納甲、乾坤生六子、今止生坎離震兌而艮巽遂不爲乾坤所生、已爲謬戾、而乾坤生坎離震兌、坎離震兌又生乾坤、又生坎離震兌而艮巽不生於乾坤、乃生於坎離震兌、統一八卦、摘其二爲兩儀、摘其四爲四象、顛到錯亂、全無條理、且坎冬離夏矣、又坎離生於冬、震春兌秋矣、又兌生於夏、震生於秋、不已乖乎、鄭康成注乾鑿度大極云、氣象未分之時、天地之所始也、其注易云、極中之道、淳和未分之道也、兩儀、天地也、此空言道之未分、以加於未有天地之前、卽韓康伯有必始於无之說所自起、聖人所不言也、馬融以大極爲北辰、大極生兩儀、兩儀生日月、日月生四時、四時生五行、五行生十二月、十二月生二十四氣、北辰居中不動、其餘四十九、轉運而用、此蓋以大乙爲北辰之神、大極既是大乙、自是北辰、又以京房合十日十二辰二十八宿爲五十、不能合於兩儀四象、變其說以四象爲四時、以配兩儀而增出日月五行十二月二十四氣、以合乎大衍之用四十九、野俚湊積、本不足議然以大極兩儀指揲蓍者自此起於是唐崔憬撰探元謂四十九數合而未分是象大極分爲二以象兩儀分揲其蓍皆以四爲數一策一時故四策以象四時乃揲蓍又有掛一以象三歸奇於扐以象閏與兩儀四象八卦參差不合憬既以四十九爲大極又以五十捨一不用者象大極虛中不用支吾遷就亦莫能定劉禹錫辨易九六論依一行大衍論以三變皆剛大陽之象三變皆柔大陰之象一剛二柔少陽之象一柔二剛少陰之象朱漢上合崔劉以解易以四十九未分爲大極以大陽爲乾大陰爲坤少陽

爲震坎艮少陰爲巽離兌鄭康成注乾鑿度以七八九六解大極分而爲二則是以爲兩儀而漢上以八卦括之則兩儀四象皆此八卦邵康節造先天之說謂一分爲二二分爲四四分爲八亦以大陽大陰少陽少陰爲四象而以陰陽爲一奇一偶以四象爲兩奇兩偶與一奇一偶一偶一奇與劉禹錫以三變爲說者不同近時毛大可駮之不遺餘力見仲氏易無庸更議易有大極四字於大極上明冠易字易者交易也交易乃有大極則大極豈是合而未分之名余謂欲明大極必先求大極二字之義大或讀泰其義則同極

中也大極猶云大中大極二字易書無之孔子用此二字以明時行之道傳中原自互相發明不必遠求而自得何也易之言大皆指陽易之言中皆指五傳中稱大者不一而足稱中者亦不一而足而大中二字惟見於大有傳云柔得尊位大中而上下應之曰大有此大中二字與大極二字遥遥相應柔得尊位則陽自二而之五爲同人於是又於坎九五傳贊云坎不盈中未大也明以中未大三字與大有傳大中二字互明中未大者坎二未之離五也坎二未之離五則中未大然則大有二之五爲大中可知又於乾

上九贊云亢龍有悔與時偕極亢則知進不知退知得不知喪知存不知亡有悔則家人通於解屯通於鼎鼎二之五解二之五皆大中與時偕極即與時偕中也變通所以趨時趨時則偕極趨時所謂易也與時偕極即是易有大極未濟二不之五而濡其尾傳云亦不知極也不知極即不知中二先之五則知極矣節九二贊云不出門庭失時極也節二之旅五爲出門庭不出門庭節二不之旅五也節二不之旅五則失時極時極猶云時中易而有大極時中之謂也何以時中惟易則有之易者變而通之也其先失時

極變而通之則有大極是謂易有大極儀字之義本漸上九其羽可用爲儀傳云其羽可用爲儀不可亂也繫辭傳云言天下之至動而不可亂也擬之而後言議之而後動擬議以成其變化議陸績姚信桓元荀柔之皆作儀因至動而不可亂是以儀之而後動可用爲儀正以其不可亂兩傳互明亂者剛柔相閒成兩既濟也成兩既濟則不宜儀者宜也儀字通於議亦通於義義亦利也變而通之以盡利儀亦變通之名乾二之坤五爲比比易而通大有兌二之艮五爲漸漸易而通歸妹歸妹二之五猶大有二之五以

歸妹大有互相比例大有二之五爲大中歸妹二之五亦爲大中乃漸上九鴻漸于陸則謂歸妹二不之五而四之漸初成家人臨歸妹二不之五則中未大中未大則未有大極未有大極則初四不可爲儀易而家人通解則解二之五爲大中是易有大極而家人上之解三爲儀若歸妹二先之五則成家人屯初四亦得爲儀試卽以大有言之大有二之五爲大中卽是大極大中而上下應之卽兩儀也上下一齊皆應成兩既濟而亂則不可爲儀上之比三爲上應比成蹇大有成革一儀也四之比初爲下應比成屯大

有成家人。又一儀也。羽用爲儀。羽有兩。故儀有兩。羽卽翼也。明夷初九明夷于飛。垂其翼。卽小過四之初。小過中孚相錯爲歸妹漸。於漸上九明其羽之用爲儀。漸上之歸妹三。爲中孚上之三之比例。則小過四之初。爲歸妹四之漸初之比例。然則歸妹四之漸初。漸成家人。歸妹成屯。亦羽之可用爲儀者也。中孚二不之小過五而小過四之初。成明夷。爲垂其翼。此翼之不可爲儀者也。卽歸妹二不之五而四之漸初也。亦卽大有二不之五而四之比初也。大有二不之五。卽坎二未之離五。坎二未之離五。則中未大。中未大則易而未有大極未有大極則不能生兩儀故同是羽也翼也而不可以爲儀也傳於中孚贊云君子以議獄獄者中孚上之三也議卽儀謂中孚二先之小過五而後上之三則議獄獄可用議卽羽可用儀也節二不之旅五則失時極節二之旅五則不失時極不失時極則易有大極傳云君子以制數度議德行易而有大極則有德行旅成遯四之初應之則爲儀德行節二不之旅五而旅成賁卽坎二不之離五而坎成節在坎爲中未大在節爲失時極矣小過云飛鳥遺之音不宜上宜下此兩宜字卽是儀惟宜上則

不宜下宜下則不宜上所以有兩儀經傳互相發明歷歷可證兩儀何以生四象大有有大極成同人四之比初爲一儀而比則成屯大有則成家人上之比三爲一儀而比則成蹇大有則成革屯家人蹇革是爲四象雜卦傳既以屯爲見繫辭傳則明贊之云見乃謂之象是明以象指屯舉一屯見而家人蹇革可以隅反矣傳又於鼎贊云鼎象也鼎者屯之所旁通也合而言之則屯通於鼎爲象因而靜推諸傳其言象也云在天成象在地成形變化見矣云象者言乎象者也爻者言乎其變者也云成象之謂乾效法之

謂坤云見乃謂之象形乃謂之器云八卦成列象在其中矣云夫乾確然示人易矣夫坤隤然示人簡矣爻也者效此者也象也者像此者也云易者象也象也者像也云八卦以象告爻彖以情言蓋二五交易爲大中爲大極所謂形而上者道也成既濟六爻皆定無復更改爲器所謂形而下者器也一陰一陽之謂道有從乎道者爲兩儀乃家人上之屯三革四之蹇初皆成既濟則皆爲器無復能變化故屯必通乎鼎家人必通乎解蹇必通乎睽革必通乎蒙則不致皆成既濟而乾知大始之道不息故成象屬乾而在

天成象玩變化見三字非成象無以見變化在地成形謂坤作成物如鼎成咸在天成象也屯成既濟在地成形也屯通鼎易也故易者象也變通則續終故象也者像此者也像猶似也謂似續之也屯家人蹇革皆八卦所成通於鼎解睽蒙蒙二之五則初筮告所謂以象告非變通於蒙則不能成象不能成象則非初筮之告故必變通於鼎解睽蒙乃以成象爲初筮也蒙二之五成觀與夬二之剝五同傳於剝贊云觀象也謂成觀卽爲象所以明八卦以象告卽所以明四象之生八卦何也屯通於鼎爲一象家人通於

解爲一象蹇通於睽爲一象革通於蒙爲一象象有四而屯鼎家人解蹇睽革蒙則爲卦者八故四象生八卦也第以屯變通鼎未及屯鼎之成既濟咸第以家人變通解未及家人解之成既濟咸第以蹇變通睽未及蹇睽之成既濟益第以革變通蒙未及革蒙之成既濟益故第謂之象所以別於形乃謂之器也乾坤坎離大中成同人比震巽艮兌大中成隨漸儀之於初四則比隨成屯同人漸成家人儀之於三上則比隨成蹇同人漸成革是八卦以有大極生兩儀恐其皆成既濟而無以續終則必以屯易鼎爲象蹇

易睽爲象革易蒙爲象家人易解爲象是爲以象告卽是四象生八卦傳明以見字贊象字又明以象字贊鼎睽屯鼎而家人解可隅反矣因蒙象初筮告而以觀象二字贊於剝又明云以象告是明以象贊蒙而剝之成觀必由於夬之成革以剝例蒙是亦以象贊革睽革蒙而蹇睽可隅反矣然則大有二之五卽是乾二之坤五坎二之離五歸妹二之五而後漸上之歸妹三卽是巽二之震五而後巽上之震三兌二之艮五而後艮上之兌三乃經之儀字不言於震巽艮兌而言於漸傳之大中而上下應不贊於乾坤坎

離而贊於大有何也大有者比所易也歸妹者漸所易也明易有大極是生兩儀也乾坤坎離震巽艮兌其爲大極生兩儀生四象固矣變而易之亦自有大極生兩儀生四象雖失道災凶苟能變易其有大極生兩儀生四象仍與八卦同故其羽可用爲儀不言於漸歸妹之成家人屯而言於漸歸妹之成家人臨聖人誘人改過之苦心與教人救敗之善術全在易有二字尊其名爲大極似乎夐然其莫可及不知一能轉移我即有之乾二之坤五爲比比易爲大有巽二之震五爲漸漸易爲歸妹此兩卦易之最先故經

於漸明儀，傳於大有明大中，而以中未大贊坎，此大彰明較著者也。旣云易有大極，又云易有四象，兩儀應大極，不俟變易而卽生，四象由兩儀而變易，必俟變易乃有之，故前云兩儀生四象，此直云易有四象。諸卦之變通，皆不外屯家人蹇革之易而爲鼎解睽蒙，故四象所以示也。下取大有上九爻辭與大有傳大中上下應之文相貫，而特指易有四象四字，與易有大極四字相發明。大極卽在四象之中，四象不離大極之外，四象一大極，玩兩易有，明白可見。下云八卦定吉凶，吉凶生大業，八卦何以定吉凶，卽所謂方以類聚物以羣分吉凶生矣四象旣生八卦由是鼎解成咸睽蒙成益則方以類聚屯家人蹇革成旣濟則物以羣分如是則吉若屯雖易而爲鼎而乘馬泣血家人雖易而成解而負乘寇至蹇雖易而爲睽而載鬼一車革雖易而爲蒙而金夫取女如是則凶故八卦定吉凶何爲吉凶生大業繫辭傳云有功則可大可大則賢人之業又云富有謂之大業富即富以其鄰之富功即出門交有功之功其吉也鼎解成咸睽蒙成益屯家人蹇革成旣濟固生大業其凶也鼎成恆大畜解成恆臨睽成損大壯蒙成損升甚至鼎

解睽蒙成泰，變而通之，有大極，生兩儀，生四象，仍生大業，故吉凶生大業，大業不言成而言生，何也？終則有始，乃爲大業，其爲既濟而終，謂之成，其爲咸益又變通於損恆而始，故謂之生，業卽事也，通變之謂事，舉而措之天下之民，謂之事業，易有大極，乃有大業，故業之大，屬生而不屬成，大極二字，並非實有一物，如大乙北辰之類，亦非虛无元渺，如老氏莊生之說，云易，云大，云生，云極，云是，云儀，云象，云業，孔子已一一贊明，本無疑義，說者不肯從經文傳文中求之，而各傳以臆說，宜其不可合耳，要而言之，大極元也，兩儀亨也、四象利也、大業貞也、聖人贊易、卽不離乎易、寧有一語出乎彖辭爻辭之外、四象所生之八卦、乃六十四卦中之八卦、非乾坎艮震巽離坤兌三畫之八卦、若三畫之八卦、尚未曾重、何有於易、父母六子、何吉凶之有、既云易有大極、已是六畫之卦、惟不知其爲六十四卦中之八卦、乃從三畫之上、求所爲四象、求所爲兩儀、求所爲大極、宜乎有邵氏之說、傳於揲蓍、已詳其分二掛一揲四歸奇云云、何必設立大極兩儀四象等名目、而沾沾如是哉、然則大極爲大中矣、何以六爻之動三極之道也、此正發明易有大極生兩儀四象之義、凡旁通兩卦十二爻、其動者有六、二五之動、大極也、初四三上之動、兩儀也、乃兩儀必視二五之動而動、則二五固極、初四三上亦極、故云三極、此義傳自明之、傳凡稱中、皆指二五、而於大有稱大中、於坎九五稱中未大、是二五之動爲大極之道、不必煩言以解、節初九不出戶庭无咎、謂四不之初、而二之五也、九二不出門庭凶、謂二不之五、而四之初也、傳云、失時極也、然則初四應二五、則不失時極、此初四之動所以爲極之道也、乾成家人、坤成屯、爲亢龍若有悔、則家人上不之屯三、而從解之二五之解三文言傳云亢龍有悔與時偕極然則上不從解五則失時極此言三上之動所以爲極之道也未濟初六濡其尾則二不之五雖易而無大極四之初又上之三成泰是初四之動既失時極三上之動亦失時極故傳云亦不知極也然則二五先初四三上而動一極初四從二五而動二極三上從二五而動三極初四三上先二五而動爲不知極二五從初四三上而動亦失時極失時卽失是故易有大極是生兩儀是字卽有孚失是之是是乃爲大極是乃生兩儀此爻之動有六而極所以有三也

天地之數五十有五　大衍之數五十其用四十有九

循按：天地之數五十有五，大衍之數五十，其用四十有九，三數不齊，說者牽合傅會。或謂大衍之數，略其奇五而言五十。（虞仲翔說。按經明云五十五、云五十、云四十九，非略言也。）或謂五行各氣并，氣并則減五。（鄭康成說。按生數成數相合，何以獨減其一？）或謂卦有六爻，六八四十八，加乾坤二用，凡有五十，初九潛龍勿用，故四十九。（荀爽說）或謂五十者，十日、十二辰、二十八宿，凡五十，其一不用者，天之生氣將欲以虛來實。（京房說）或謂大極生兩儀，兩儀生日月，日月生四時，四時生五行，五行生十二月，十二月生二十四氣，北辰居中不動，其餘四十九轉運而用。馬融說或謂參天從三始，順數至五七九，不取於一。兩地從二起，逆數而至十八六，不取於四。艮爲少陽，其數三；坎爲中陽，其數五；震爲長陽，其數七；乾爲老陽，其數九；兌爲少陰，其數二；離爲中陰，其數十；巽爲長陰，其數八；坤爲老陰，其數六。八卦之數總有五十，故云大衍之數五十。其用四十有九者，法長陽七七之數。崔憬說，李鼎祚已駁破之或以其一不用，爲易之大極。王弼說或謂五十有五減六畫之數而用四十九。姚信、董遇說實而按之，皆不可信。惟秦九韶數學九章首述大衍數術蓍法，表微其術，繇雜不必皆是，而所說大衍五十，其用四十有九之義於經爲合此必非秦氏之所創蓋有所受經生不明算數而其法傳諸疇人尚可考見焉五十有五爲天地之合數自天一地二天三地四天五地六天七地八天九地十相加所得之數也明云天數五地數五五位相得而各有合天數二十有五地數三十合一三五七九爲二十五合二四六八十爲三十又合二十五三十爲五十有五云二十五云三十云五十五皆是實數惟變化而行鬼神乃有大衍之數何爲變化在卦爻爲旁通在算數爲互乘衍字與演同周語水土通爲演漢書揚雄傳辭之

衍者注云衍旁廣也需二旁通晉五傳云衍在中也大衍之衍即衍在中之衍衍爲流通旁達大衍猶云大通乃由少而蔓延引申以至於廣大若減五十五爲五十何得謂之衍大衍之數五十者天一地二天三地四互乘之數也何爲互乘一乘二爲二二乘三爲六此一二三之互乘也二乘三爲六六乘四爲二十四此二三四之互乘也三乘四爲十二一乘十二仍爲十二此三四一之互乘也四乘一爲四四乘二爲八此四一二之互乘也合爲五十所謂大衍也彼此互乘蕃衍滋溢故得爲衍衍數自爲衍數合數自

爲合數大衍之數五十與天地之數五十有五各爲一數不能牽合者也大衍之數僅以一二三四互乘者何也傳云揲之以四以象四時四時春木夏火秋金冬水土寄於其中蓍法既準此以施其揲則必從四時之木火金水而衍之可知木火金水即一二三四也以數之生者衍之而得成數之六七八九生數能變成數已定不能變也是天地之數衍一二三四而得六七八九故相傳以爲五十不用者此也非不用大衍之數五十也其用四十有九者鄭康成謂五十之數不可以爲七八九六是也宋李泰伯郭子和

趙汝楳言之甚明。李云，五十而用四十九，分於兩手。掛其一，則存者四十八，以四揲之，十二揲之數也。左手滿四，右手亦滿四矣，乃扐其八而謂之多。左手餘一，則右手餘三，左手餘三，則右手餘一，左手餘二，則右手亦餘二矣，乃扐其四而謂之少。三少則扐十二，幷掛而十三，其存者三十六，爲老陽，以四計之，則九揲也，故稱九。三多則扐二十四，幷掛而二十五，其存者二十四，爲老陰，以四計之，則六揲也，故稱六。一少兩多，則扐二十，幷掛而二十一，其存者二十八，爲少陽，以四計之，則七揲也，故稱七。一多兩少，則扐十六，并掛而十七其存者三十二爲少陰以四計之則八揲也故稱八見易圖叙論在盱江全集中郭云蓍必用四十九者惟四十九即得三十六三十二二十八二十四之策也蓋四十九去其十三則得三十六去其十七則得三十二去其二十一則得二十八去其二十五則得二十四世俗多以三多三少定卦象如此則不必四十九數以四十五四十一皆初揲非五則九再揲三揲非四則八矣豈獨四十五四十一爲然哉凡三十三十七五十三五十七六十一六十五六十九七十三七十七八十一八十五八十九九十三九十七皆可

得五九四八多少之象與四十九數爲母者無以異獨不可得三十六二十四二十八三十二之策數故四十九爲不可易之道見朱文公易說蓋本其父兼山之言而詳之不載傳家易說中趙云以四十九策用之則初變有五有九策數得九者十二得六者四得七者二十得八者二十八儻用五十策則初變惟有六策數得九得七者各十六得八者三十二得六者闕故不得不用四十九惟不得不用斯乃理之自然見筮宗刻通志堂經解中三君之說皆足以發明鄭氏而得所以用四十九不用五十之故乃四十九而掛一則分之揲之歸之者四十八策而已何以必用四十

九用四十九者其微妙卽在掛一也用四十八則第一變所得非八則四與第二變第三變同蓋四十八者一一數之二二數之三三數之四四數之皆盡者也數之皆盡則左一右必三左三右必一左二右必二左四右必四每變四居其三八居其一合三變約之四居其九八居其三三變皆四爲十二得三十六三變皆八爲二十四得二十四三變兩四一八爲十六得三十二三變兩八一四爲二十得二十八此四十八策亦可得六七八九之數乃爲三十六者二十七爲三十二者亦二十七爲二十八者九爲二十四

者祇有一老陰之所得太少非其義也朱子著法考誤以此爲辨故用四十九爲一一數之二二數之三三數之四四數之皆奇一之數第一變掛一爲不用其奇而用四十八之偶數第二變第三變掛一爲不用其偶而用三十九四十三三十五三十一之奇數奇偶相生乃得三十六者十二得二十八者二十八得三十二者二十得二十四者四於是一三五七之奇數次弟皆以四爲等非如四十八策所得之參差不齊第一變之掛一正爲二變三變之掛一而設而四十九之數正爲三度掛一而用四十九四四數之奇一之數也奇

一則分而揲之左四右必一右四左必一或左二右必三右二左必三奇偶相遇皆得五不可以成變化行鬼神故掛其一而用四十八之偶則分而揲之右四者左必四右二者左必二右三者左必一右一者左必三用偶數則以奇遇奇以偶遇偶皆得偶數而成四數者三八數者一也一變之後扐餘四者歸奇其五四十九去五存正策四十四扐餘八者歸奇其九四十九去九存正策四十四十四四十四四數之不奇一適盡之數也不奇一適盡則仍以奇遇奇以偶遇偶皆得偶數而成四數者三八數者一也三變

皆用偶亦不可以成變化行鬼神故掛其一而用三十九四十三則分而揲之右二者左必一右一者左必二右三者左必四右四者左必三用奇數則奇與偶遇偶與奇遇皆得奇數而成三數者二成七數者二也二變之後扐餘三者歸奇共四於四十中去四存三十六於四十四中去四存四十扐餘七者歸奇共八於四十中去八存三十二於四十四中去八存三十六三十六四十三十二亦四四數之不奇一適盡之數也仍用二變之法掛一分揲得扐餘三扐餘七歸奇於三得四於七得八於是存四十者去四得

三十六，去八得三十二，存三十六者，去四得三十二，去八得二十八，存三十二者，去四得二十八，去八得二十四，傳於再扐之後，云乾之策二百一十有六，坤之策百四十有四，明示以三十六爲乾爻，二十四爲坤爻，七八九六以所存正策之三十六、二十四、三十二、二十八而得，揲者積也，見廣雅積之以一，則三十六，積之以四，則九矣，積之以一，則二十四，積之以四，則六矣，積之以一，則二十八，積之以四，則七矣，積之以一，則三十二，積之以四，則八矣，虞仲翔云奇所掛之一策，扐所揲之餘，不一則二，不三則四也，取奇以歸扐，扐并合掛左手之小指爲一扐已一扐復分掛如初揲之歸奇於初扐并掛左手次小指閒爲再扐而再閏又分扐揲之如初而掛左手第三指閒成一變則布卦之一爻此言分掛扐極詳唐張轅乃有初揲掛一次兩揲不掛之說李泰伯郭子和皆依之郭云第二第三變雖不掛亦有四八之變蓋不必掛也趙汝楳駁之然第云後二變雖有四有八却不容不掛不知其用四十有九全爲後兩掛而設謂不必掛者固未深求而謂不容不掛者亦非精核如後不必掛則初亦不必掛直用四十八策可矣不容一不掛似因初

之掛而引爲例以充四營之數者詎知後兩掛正不因初之掛以爲例而初之掛轉因後二掛而引其端也其用四十有九以奇一爲其閒變化之樞也然掛不掛之聚訟總由不知歸奇象閏與五歲再閏之義卽虞氏於再扐再閏亦未了然凡置閏前閏之後不能適盡尚有餘分存之積三年又有所餘乃合前所奇爲閏月掛一前閏餘分也扐三年所餘也揲得正策一歲十二會之正數也歸奇於扐卽合前後之餘故象閏也閏仍不盡又有所奇則二變三變皆掛一也始掛一象前之所餘既分爲二則正策有兩扐亦

有兩一掛，兩正兩扐，其數五，故象五歲，此五歲之中有兩扐，故象五歲再閏，再扐者，兩扐也。既分爲兩，則有兩正策，即有兩扐也。兩扐之後又掛，是五歲再閏仍有奇餘也。核傳文，則先以四十九策掛其一，然後分四十八策爲二，揲其一，則有一扐，又揲其一，則有再扐，先掛後分，分而揲，揲而扐，傳先言分兩，後言掛一者，以象三，必屬於象兩之後也。云再扐而後掛，不云再扐而後分，則先掛後分明矣。若已分，則此掛一，將取於左乎，取於右乎，必不然者也。自再扐之義不明，五歲之數莫指，而或掛或不掛之說乃紛紛矣。其用四十有九而必係以大衍之數五十何也其用即大衍之用也大衍者取天一地二天三地四而衍之爲五十也五十何以不可用其奇數不齊也其不齊何也一一數之奇一二二數之三三數之四四數之皆奇二奇不齊不可以用則必有以齊之齊之何如先齊其一二三四之等以爲無等也凡約其數奇一則無等以一約二約三約四皆奇一以二約三以三約四亦奇一惟以二約四則奇二仍有等必改二爲一以一約四乃無等（此秦氏之連環求等）於是以一一三四爲定母互乘之爲十二爲十二爲四爲三謂之衍數以一

約十二奇一以一約十二奇一以三約四奇一以四約三不可約乃用求一法求之得三共一一一三謂之乘率用乘衍數以初一乘十二仍爲十二以次一乘十二仍爲十二以次一乘四仍爲四以次三乘三得九共三十七加衍母十二爲四十九是爲用數所謂其用四十有九此秦九韶著卦發微大衍術也其術卽孫子三三賸二五五賸三七七賸二之術蓋相傳自昔孫子未詳其法而九章失載漢唐以來鮮言及者秦氏自言得諸隱君子而術以大衍名必文王周公遺法所流傳者也用其術以求易義而五十五

所以衍數爲五十用數爲四十九其四十九之用數所以必係於衍數之五十乃可得而言其揲蓍之法出於秦氏之傳會者不可從故取李郭趙之說而其所衍所用確有精義殊乎諸家之穿鑿湊砌故刪其揲法而取其衍法用法試申言之乾策三十六三其十二也坤策二十四兩其十二也四十八四其十二也此以十二爲等者也四十八既扐存四十四存四十存三十六存三十二存二十八存二十四此以四爲等者也四爲四時則十二卽爲十二會以四合十二成一歲故乾策三十六於十二爲三於四爲九用

九卽用三也。坤策二十四。於十二爲兩。於四爲六。用六卽用兩也。二十八爲四七之數。三十二爲四八之數。於十二之等不盡。則不能成歲。故用六用九而不用七用八也。揲餘之一二三四。卽天一地二天三地四之數也。其用以一二三四之生數。其得以六七八九之成數。易取生生。故用生數也。以生爲始。以成爲終也。必以奇一爲樞。乃得六七八九之數。故五十不可用。而用四十九。而此四十九。卽五十所約而得之。故四十九乃五十之用數。五十乃五十五數之衍數。衍而用之。乃成變化而行鬼神。五十者。一二三四所衍也四十九者約一二三四爲一二三四之所衍也一二三四之衍母爲二十四一二三四之衍母爲十二是半之也以其半衍而用之爲三十七仍加十二爲四十九仍以一二三四爲用也以一二三四之衍數不能奇一變化而爲一二三四之衍數一二三四之衍數仍不能奇一又變化而爲三十七之用數三十七不可以得六七八九又加衍母爲四十九是四十九與五十爲一二三四之所變通卽爲一二三四求六七八九之樞紐是術也超乎九章之外非聖人不能作豈虛中虛一之空言所能解哉求等求一所

以化不一者爲一皆自然造於微推而表之附於左

〇𝍠 〇𝍪 〇𝍢 〇𝍬 〇𝍤 〇𝍥 〇𝍯 〇𝍧 〇𝍱 皆以一爲等

〇𝍪 〇𝍣 〇𝍮 〇𝍧 𝍠〇 𝍠𝍪 𝍠𝍬 𝍠𝍮 𝍠𝍰 皆以二爲等

〇𝍢 〇𝍮 〇𝍨 𝍠𝍪 𝍠𝍭 𝍠𝍰 𝍡𝍩 𝍡𝍬 𝍡𝍯 皆以三爲等

〇𝍬 〇𝍧 𝍠𝍪 𝍠𝍮 𝍡〇 𝍡𝍬 𝍡𝍰 𝍢𝍪 𝍢𝍮 皆以四爲等

〇𝍤 𝍠〇 𝍠𝍭 𝍡〇 𝍡𝍭 𝍢〇 𝍢𝍭 𝍣〇 𝍣𝍭 皆以五爲等

〇𝍮 𝍠𝍪 𝍠𝍰 𝍡𝍬 𝍢〇 𝍢𝍮 𝍣𝍪 𝍣𝍰 𝍤𝍬 皆以六爲等

〇𝍦 𝍠𝍬 𝍡𝍩 𝍡𝍰 𝍢𝍭 𝍣𝍪 𝍣𝍱 𝍤𝍮 𝍥𝍢 皆以七爲等

〇𝍰 𝍠𝍮 𝍡𝍬 𝍢𝍪 𝍣〇 𝍣𝍰 𝍤𝍮 𝍥𝍬 𝍯𝍡 皆以八爲等

〇𝍨 𝍠𝍰 𝍡𝍯 𝍢𝍮 𝍣𝍭 𝍤𝍬 𝍥𝍫 𝍯𝍡 𝍰𝍠 皆以九爲等

右等數　按等即乘數之等揲蓍以三十六爲九三十二爲八二十八爲七二十四爲六皆四之等

〇𝍩〇𝍩無〇𝍪〇𝍩無〇𝍢〇𝍩無〇𝍢〇𝍪無〇𝍫〇𝍠無〇𝍫〇𝍡

有〇𝍫〇𝍢無〇𝍬〇𝍠無〇𝍬〇𝍡無〇𝍬〇𝍢無〇𝍬〇𝍣無〇𝍮〇𝍠

無〇𝍮〇𝍪有〇𝍮〇𝍢有〇𝍮〇𝍫有〇𝍮〇𝍬無〇𝍦〇𝍠無〇𝍦〇𝍡無

〇𝍦〇𝍫無〇𝍦〇𝍫無〇𝍦〇𝍬無〇𝍦〇𝍮無〇𝍯〇𝍠無〇𝍯〇𝍡有〇𝍯

〇𝍢無〇𝍯〇𝍣有〇𝍯〇𝍣無〇𝍯〇𝍮有〇𝍯〇𝍦無〇𝍨〇𝍩無〇𝍨〇𝍪

無〇𝍨〇𝍫有〇𝍨〇𝍬無〇𝍨〇𝍬無〇𝍨〇𝍮有〇𝍨〇𝍯無〇𝍨〇𝍰無

𝍠〇〇𝍠無𝍠〇〇𝍡有𝍠〇〇𝍢無𝍠〇〇𝍣有𝍠〇〇𝍬有𝍠〇〇𝍮有𝍠〇〇𝍯

無𝍠〇〇𝍯有𝍠〇〇𝍰無

右有等無等　按大衍用數四十有九以一一數之二二數之三三數之四四數之皆奇一奇一則無等故以一二三四求奇一必先求無等無等者奇一也故凡奇一者無等何爲奇一必一一數之皆盡二三以上數之皆餘一也假如九與七二一九如九一七如七假如二與五二一二如二一五如五皆以一爲等即無等也若四與十則以二爲等六與九則以三爲等推之八十一與九十九則以九爲等二百四十與一千零二十則以十二爲等大抵兩偶數則必有等兩奇數則或有或無如七與九則無三與九則有也一

奇數一偶數，則亦或有或無。如八與五則無，九與六則有也。無則用之，有則必求奇一變通而用之。求奇一，故必連環求等也。

𝍣三

○○

右兩奇　按九九數中，惟九與三兩奇有等。求其無等，則化三爲一。一與九則無等也。何以化三爲一？凡乘法可以互通，如一三爲三，以三乘一，則以三爲等可也；以一乘三，則以一爲等亦可也。以三爲等則有等，以一爲等則無等，故化三爲一。若九則三三如九，九以三爲等，改爲三，仍以三爲等，故不可用此兩奇之化法也。

𝍣二　丅二　𝍰〢　丅𝍣　𝍧𝍬　𝍰𝍮

右兩偶　按兩偶必有等。必約成一奇一偶。而後無等。如四二以二爲等。一二。如二可化二爲一。二二如四。不可化四爲二也。六八亦以二爲等。二三。如六。可化六爲三。二四如八。不可化八爲四也。化四爲二。與二仍以二爲等。化八爲四。與六亦仍以二爲等。秦氏所謂約奇弗約偶也。

⊥〣　𝍧⊥　丨〇　〇☰

右一奇一偶　按十數中一奇一偶有等者。惟六與三九與六十與五也六三九六皆以三爲等五十以五爲等一三如三二三如六三可化一六可化二三三如九二三如六六可化二九可化三三五得一十一五如五五可化一十可化二依約奇弗約偶之例則宜化三爲一化九爲三化五爲一然化九爲三三與六仍有等三三如九之不可化三猶二二如四之不可化二也化五化三爲一可化矣然見一恐其太多則不若化六爲二二與三九一奇一偶亦無等也此秦氏所謂約得五而彼有十則約偶弗約奇也大抵凡兩數疊乘之數無論奇偶皆不可化如二二如

四不可化二三三如九九不可化三四四一十六不可化四五五二十五不可化五六六三十六不可化六七七四十九不可化七八八六十四不可化八九九八十一不可化九是也凡乘之數有一無論奇偶皆不可多化如一二如二二三如三一四如四一五如五一六如六一七如七一八如八一九如九必不得已而乃化爲一也何爲不得已如兩奇數之九與三九既不可化三則三不得不化一也如兩偶數之四與二四既不可化二則二不得不化一也其一奇一偶可化一可不化一則不可化一也秦氏所謂求定

數勿使兩位見偶，勿使見一太多，見一太多，則借用繁也。

一二無等　一三無等　一四無等　一變

二三無等　二四有等　二變

三四無等　三變

右連環求等　按此以天一地二天三地四連環求之也。内惟二四兩偶有等，故化二二爲一。秦氏有積尺尋原，於連環求等之式，最爲詳明，錄於左而釋之。

金	石	絲	竹	匏	土	革	木
○	○	○	○	○	○	≡	○
三	二	一	○	丄	≡	‖	‖
｜	｜	｜	｜	○	○	○	○

先以木二十、與革二十五求等得五，乃反約木二十爲四，木四與土五十求等得二，以約五十爲二十五，木四與匏六十求等得四，約六十爲一十五，木四與竹一百求等得四，約一百爲二十五，木四與絲一百一十求等得二，約一百一十爲五十五，木四與石一百二十求等得四，反約木四爲一，以木一與金求等得一，不約，爲木與諸數求等約訖，爲一變。

金	石	絲	竹	匏	土	革	木
○	○	〥	〥	≣	〥	≣	〡
三	二	≣	二	〡	二	〢	○
〡	〡	○	○	○	○	○	○

次以革二十五與土五十求等得二十五，約五十爲

二。以革二十五與匏一十五求等得五約匏一十五爲三以革二十五與竹二十五求等得二十五約竹二十五爲一。又以革二十五與絲五十五求等得五約絲五十五爲一十一。以革二十五與石一百二十求等得五約一百二十爲二十四。以革二十五與金一百三十求等得五約金一百三十爲二十六。革與諸數約訖爲二變。按革二十五不與一變之土二十五約仍與原數土五十約者恐見一多也此秦氏故示人以活法耳。

金	石	絲	竹	匏	土	革	木
丄	〣	一	丨	三	〢	三	丨

川 二 丨 ○ ○ ○ 川 ○
○ ○ ○ ○ ○ ○ ○ ○

以土二與匏三竹一絲一十一求等皆得一不約以土二與石二十四求等得二反約土二得一又以土一與金二十六求等得一不約土與諸數約訖為三變

金 石 絲 竹 匏 土 革 木
丅 三 丨 一 川 一 ||||| 一
二 川 一 ○ ○ ○ 二 ○
○ ○ ○ ○ ○ ○ ○ ○

以匏三與竹一絲一十一求等皆得一又以匏三與石二十四求等得三約石二十四為八又以匏三與金二十六求等得一不約匏與諸數約訖為四變

金	石	絲	竹	匏	土	革	木
丅	𝍰	[illegible]	一	川	一	𝍣	一
二	○	一	○	○	○	二	○
○	○	○	○	○	○	○	○

次以竹一與絲一十一石二十四金二十六求等皆得一。竹與諸數約訖爲五變。按竹一與石八求等同於與二十四求等。秦氏省列前圖式故不云與石八。而仍前圖式爲二十四也。

以絲一十一。與石二十四。金二十六求等皆得一不約。爲六變。

以石二十四。與金二十六求等得二。約金二十六爲一十三。至此七變。連環求等約訖得數。爲定母。按

以石二十四與金二十六求等得二以石八與金二十六求等亦得二省前一圖式故不言八也秦氏故言此以示八

金	石	絲	竹	匏	土	革	木
𝍢	𝍰	𝍠	一	𝍢	一	𝍣	一
一	〇	一	〇	〇	〇	二	〇
〇	〇	〇	〇	〇	〇	〇	〇

右爲定母　按以一二三四連環求等化爲一一三四以此例之可明秦氏又有續等求法見推計土功亦詳釋於左

甲	乙	丙	丁
𝍫	𝍧	𝍫	𝍣
𝍣	一	𝍡	二
〇	〇	〇	〇

先以丁丙求等。又以丁乙求等。皆得一不約。次以丁甲求等。得六。約甲五十四爲九。不約丁。次以丙與乙求等。又以丙與甲九求等。皆得一不約。後以乙與甲九求等。得一不約。復驗甲九與丁二十四。猶可再約。又求等得三。以約丁二十四得八。復乘甲九爲二十七。

按秦氏例云。或皆約而猶有類數存。姑置之。俟與其他約徧而後乃與姑置者求等約之。蓋有兩數求等。彼此約之。皆不能無等者。則必續約之。非必約畢後乃知之也。如五十四。與二十四。一爲六九之數一爲四六之數。約二十四爲六。固有等。約二十四爲四亦有等約五十四爲九固有等約五十四爲二十七亦有等勢必再約一次乃得無等故先約甲五十四爲九後又約丁二十四爲八也約二十四爲八又以三乘九爲二十七者所以省求一之煩也何言之甲乙丙丁求衍數甲得三千八百乙得五千四百丙得四千一百零四丁得一萬二千八百二十五以丁定母八約一萬二千八百二十五奇一則不必更用求一術若不以三乘九爲二十七則甲母九乙母一十九丙母二十五丁母八求衍數甲得三千八百乙得一千八百丙得一千三百六十八丁得四千二百

七十五以丁母八約四千二百七十五不能奇一而奇三必用求一法求得天元併數三以乘四千二百七十五亦得一萬二千八百二十五與三乘甲母所得衍數同故豫以三乘之省後此之求一也試推言之如甲一十二乙六丙五丙乙丙甲無等甲與乙則必有續等既以三約十二爲四又必以二約六爲三既以二約六爲三又以二乘四爲八猶以三約二十四爲八又以三乘九爲二十七也甲定母八乙定母三丙定母五求衍數得甲一十五乙四十丙二十四以乙母三約四十奇一若不以二乘甲四則甲母四

乙母三丙母五求衍數得甲一十五乙二十丙一十二以乙母三約二十不能奇一而奇二必用求一法得天元併數二以乘二十亦得四十與二乘甲母所得衍數同故豫以二乘之省後此之求一也

一乘一得一又以三乘得三　一乘一得一又以四乘得四　三乘一得三又以四乘得十二　四乘一得四又以三乘得十二

右以定母互乘得衍數　按原數一二三四互乘爲大衍之數五十既求等化爲定母一一三四互乘得此數

一乘一得一　又以三乘得三　又以四乘得十二
右以定母連乘爲衍母
衍數十二以定母一約之奇一　衍數十二以定母
一約之奇一　衍數四以定母三約之奇一　衍數
三以定母四約之不足約以大衍求一術入之
右求奇數　按乘數必得奇一不得奇一必用求一
術求其奇一秦道古云凡奇數得一者便爲乘率今
衍數是三乃與定母四用大衍求一術入之置奇右
上定居右下立天元一於左上先以右上除右下所
得商數與左上一相生入左下然後乃以右行上下

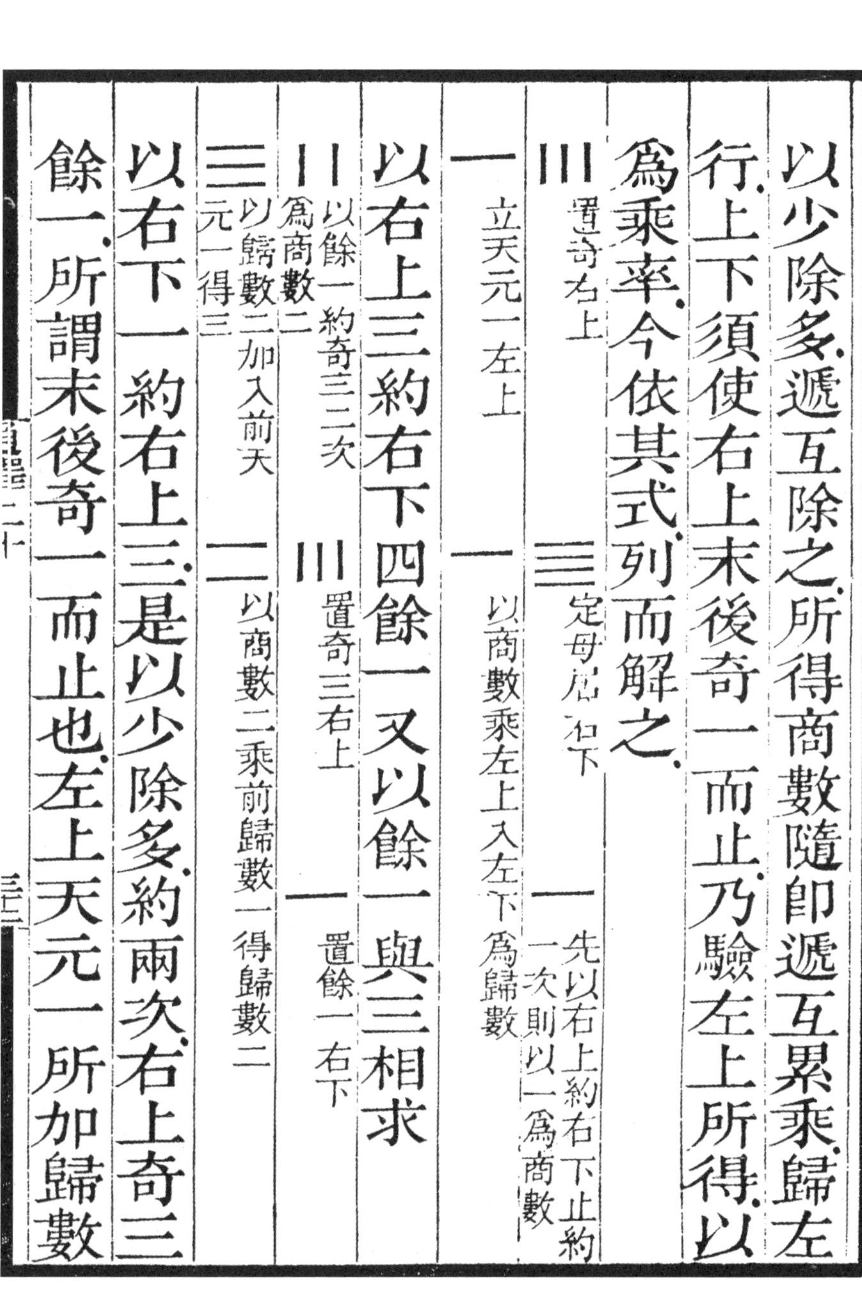

以少除多遞互除之所得商數隨即遞互累乘歸左行上下須使右上末後奇一而止乃驗左上所得以爲乘率今依其式列而解之

川 置奇右上

三 定母居右下

一 先以右上約右下止約一次則以一爲商數

一 立天元一左上

一 以商數乘左上入左下爲歸數

以右上三約右下四餘一又以餘一與三相求

〢 以餘一約奇三二次爲商數二

川 置奇三右上

一 置餘一右下

三 以歸數二加入前天元一得三

二 以商數二乘前歸數一得歸數二

以右下一約右上三是以少除多約兩次右上奇三餘一所謂末後奇一而止也左上天元一所加歸數

得三，卽爲乘率。先以右上約右下，次以右下約右上，故云上下以少除多，兩次卽止，則所謂遞互累乘者不繁。合前奇數爲一一一三，衍數之三，乃不可奇一之三。此三爲求一之三，同是三而用不同也。

以奇一乘衍數十二爲十二　以奇一乘衍數十二爲十二　以奇一乘衍數四爲四　以奇三乘衍數三爲九　合之得三十七，不可求六七八九，加衍每十二爲四十九

右其用四十有九　按衍者，衍一二三四爲五十也。用者，用一一三四爲四十九也。以五十用爲四十九。

其中轉折如此，此所謂成變化行鬼神，若漫於五十中去其一，有何妙理乎，更推而廣之於左

衍數二　母一奇一

衍數三　母一奇一約二次　母二奇一

衍數四　母一奇一約三次　母二盡約二次　母三奇一

衍數五　母一奇一約四次　母二奇一約二次　母三奇二

母四奇一

衍數六　母一奇一約五次　母二盡約三次　母三盡約二次

母四奇二不可求　母五奇一

衍數七　母一奇一約六次　母二奇一約三次　母三奇一約二次

母四奇三　母五奇二　母六奇一

衍數八

母一奇一約七次　母二盡約四次　母三奇二約三次

母四盡約二次　母五奇三　母六奇二不可求

母七奇一

衍數九

母一奇一約八次　母二奇一約四次　母三盡約三次

母四奇一約二次　母五奇四　母六奇三不可求

母七奇二　母八奇一

衍數十

母一奇一約九次　母二盡約五次　母三奇一約三次

母四奇二約二次　母五盡約二次　母六奇四

母七奇三　母八奇二　母九奇一

衍數一十　母一奇一約十次　母二奇一約五次　母三奇二約三次

母四奇三約二次　母五奇一約二次　母六奇五

母七奇四　母八奇三　母九奇二

母十奇一

衍數二十　母一奇一約十一次　母二盡約六次　母三盡約四次

母四盡約三次　母五奇二約二次　母六盡約二次

母七奇五　母八奇四　母九奇三

母十奇二　母一十奇一

衍數三十　母一奇一約十二次　母二奇一約六次　母三奇一約四次

母四奇一約三次　母五奇三約二次　母六奇一約二次

母七奇六　母八奇五　母九奇四

母十奇三　母十一奇二　母十二奇一

右求奇。凡奇一，則不必更求。凡不可求者，必先以連

環求等馭之。約盡則不可求其奇二以上，必求奇一，表於左。

衍數五　奇二　母三　商一　減餘一下行

天元一　歸數一

減餘一　商一　奇二　餘一上行

互乘一　併二

以併數二乘衍數得十，以母三約三次奇一

衍數七　奇三　母四　商一　減餘一

天元一　歸一
減餘一　商二　奇三　餘一
互二　併三
以併數三乘衍數得二十一以母四約五次奇一
衍數七　奇二　母五　商二　減餘一
天元一　歸二
減餘一　商一　奇二　餘一
互二　併三
以併數三乘衍數得二十一以母五約四次奇一
衍數八　奇二　母三

法同第一術得併數二乘衍數得十六以母三約

五次奇一

衍數八　奇三　母五　商一　減餘二

天元一　歸一

減餘一　商一　奇三　餘二

互一　併二

以併數二乘衍數得十六以母五約三次奇一

衍數九　奇四　母五　商一　減餘一

天元一　歸一

減餘一　商三　奇四　餘一

互三　併四

以併數四乘衍數得三十六以母五約七次奇一

衍數九　奇二　母七　商三　減餘一

天元一　歸三

減餘一　商一　奇二　餘一

互三　併四

以併數四乘衍數得三十六以母七約五次奇一

衍數十　奇三　母七　商二　減餘一

天元一　歸二

減餘一　商二　奇三　餘一

互四　併五

以併數五乘衍數得五十以母七約九次奇一

按以前次商互乘歸數皆一乘不長此以次商二乘歸數二得四與天元一相併爲五乃見互乘之妙

衍數一十　奇二　母三

法同第一術得併數二乘衍數得二十以母三約七次奇一

衍數一十　奇三　母四　商一　減餘一

天元一　歸一

減餘一　商二　奇三　餘一

互二　併三

以併數三乘衍數得三十三以母四約八次奇一

衍數十一　奇五　母六　商一　減餘一

天元一　歸一

減餘一　商四　奇五　減一

互四　併五

以併數五乘衍數得五十五以母六減九次奇一

衍數十一　奇四　母七　商一　減餘三

天元一　歸一

減餘一　商一　奇四　餘三

互一　併二

以併數二乘衍數得二十二以母七約三次奇一

衍數十一　奇三　母八　商二　減餘二

天元一　歸二

減餘一　商一　奇三　餘二

互三　併三

以併數三乘衍數得三十三以母八約四次奇一

衍數十一　奇二　母九　商四　減餘一

天元一　歸四

減餘一　商一　奇二　餘一

互四　併五

以併數五乘衍數得五十五以母九約六次奇一

衍數十二　奇二　母五

法同第三術得併數三乘衍數得三十六以母五

約七次奇一

衍數十二　奇五　母七　商一　減餘二

天元一　歸一

減餘一　商二　奇五　餘二

互二　併三

以併數三乘衍數得三十六以母七約五次奇一

衍數十二 奇三 母五

法同第五術得併數二乘衍數得二十六以母五

約五次奇一

衍數十三 奇六 母七 商一 減餘一

天元一 歸一

減餘一 商五 奇六 餘一

五五 併六

以併數六乘衍數得七十八以母七約十一次奇

一

衍數十三　奇五　母八　商一　減餘三下行

天元一　歸一

減餘二　商一　奇五　餘三上行

互一　併二

次餘二　初餘三　商一　減餘一下行

互二　併三以互二併前互一

減餘一　商一　次餘二　三餘一上行

互三　併五以互三併前互二

以併數五乘衍數得六十五以母八約八次奇一

按以前次商即奇一而止不用三商此次商減餘

數二。末奇一。故用三商四商。必減餘奇一乃止。以奇約母則下行。以母減奇則上行。母所減之餘多寡不問。而以奇所減之餘一不一爲行止。所求者奇一。故減奇餘一乃止。減奇未餘一仍不止。用上行下行者。別乎奇減母母減奇之不同也。

右十九條。皆依秦氏法推之。蓋求奇一之法有三。一則遞加衍數。假如衍數十七。以七七數之奇三。七爲母欲求奇一。則加一倍爲三十四。以七約之奇六。又加一倍爲五十一。以七約之奇二。又加一倍爲六十八。以七約之奇五。又加一倍爲八十五。以七約之奇一。凡加衍數共五倍而得奇一此一法也一則遞加奇數如衍數十七以七七數之奇三欲求奇一則於奇三加一倍爲六以母七約之不足又加一倍爲九以母七約之奇二又加一倍爲十二以母七約之奇五又加一倍爲十五以母七約之奇一凡加奇數共五倍而得奇一此又一法也一則秦道古求一法右十九條所推是也其法不用加而用減如衍數十七以七七數之奇三以奇三約母七二次（次數即商數也約二次爲商二）而得奇一（此下行所得即減餘一）又以此奇一約奇三二次而得奇一（此上行所得）以二次互乘二次得四（即以商二乘商二）加原有之一倍併爲

五是爲併數五以五乘十七得八十五與前遞加衍數五倍同以五除八十五得十七以三除十五得五與此互乘數加天元一同遞加則繁複互乘乃精簡天元一者原有之一倍也

男廷琥 孫授書 授易 授詩 校字

道光丙戌鐫

易話

半九書塾藏板

易話目録

卷上

卷下

易話上

江都焦循學

余旣成易學三書憶自壬戌以來十數年間凡友朋門弟子所問答及於易者取入三書外多有所餘復錄而存之得二卷目之爲易話以其言質無深奧云爾嘉慶戊寅三月三日

學易叢言凡十八則

伏羲之卦有畫無辭文王周公以辭指其畫之所之舍卦爻所之以觀彖辭爻辭覺其奧澀不可解孔子作傳亦以其未易質言也而翼之贊之舍卦爻所之以觀十

翼覺其平泛無所附知其爲指卦爻之所之得其引中比例之妙遂覺彖辭爻辭必合如是繫之十翼必合如是贊之小戴記經解稱易教潔淨精微淮南泰族訓謂易之義清明條達以引申比例推之乃歎潔淨精微清明條達八字確不可移

趙東山與朱楓林書稱洪氏說春秋云春秋本無例學者因行事之迹以爲例猶天本無度歷家即周天之數以爲度余謂易亦然其引申之迹可按而測矣

柯琴作傷寒論翼謂人但據一條之說不理會全書余謂歷來說易者亦多據一爻一卦而不理會全書也易

之義不必博采遠證第通前徹後提起一頭緒處處貫入便明其義有一處說不通則仍不是仍須別求解說余十年來稿屢成而屢易者此也譬如探星宿海河原已走萬里覺其不是又回家更走萬里又不是又回又走每次萬里不憚往返此非悉屏一切功名富貴以及慶弔酬應不能耐心爲此然爲山九仞功虧一簣眼漸昏髮漸白心血漸涸時時慮不能成亦惟盡此心力爲後人開此蠶叢自視遠過揚子雲之草太元世有桓譚當知我也

易中有世俗之解深中人心如不事王侯高尚其事以

爲巢由之隱遯幹父之蠱以爲蔡仲之象賢王臣蹇蹇匪躬之故以爲諸葛孔明之鞠躬盡瘁諸若此者不一而足不知自外面觀之其辭似如是而引而申之殊不如是說易者未容執一辭以望文生意也

小畜旁通於豫而有密雲不雨自我西郊之辭小過旁通中孚而有密雲不雨自我西郊之辭小畜二之豫五而後上之豫三爲中孚二之小過五而後中孚上之三之比例如此貫之易義明白了然譬如繪句股割圓者以甲乙丙丁等字指識其比例之狀按而求之一一不爽義存乎甲乙丙丁等字之中而甲乙丙丁等字則無

義理可說於此言密雲不雨自我西郊於彼亦言密雲不雨自我西郊卽猶甲乙丙丁等字之指識其比例也義存於密雲不雨自我西郊之中而密雲不雨自我西郊則無義理可說也若執雲雨西郊傅會於陰陽方位皆是望文生意聖人之言至實談者以空虛說之遂視爲莊生之寓言佛氏之禪語矣又如作琴譜者以勹乚廿皛等攢蔟成字一望似不可解乃一一按而求之其音之抑揚高下隨譜而傳讀易者當如學算者之求其法於甲乙丙丁學琴者之寫其音於勹乚廿皛夫甲乙丙丁指識其法也勹乚廿皛指識其音也易之辭指識

其卦爻之所之以分別當位失道也顧琴譜之勹乚卄晶算圖之甲乙丙丁非有傳授之者則必苦心虛衷不憚煩複以叩之否則茫然不知其何故說易者久無傳人而又不苦心虛衷但望文生意揣摹於形似之間遂自以爲得其義理誠何易易哉

伏羲畫八卦重爲六十四其旁通行動之法當時必口授指示久而不傳文王周公以辭明之即明其當日口授指示者也學者舍其辭但觀其卦則此三百八十四畫遂成一板而不靈之物如棊有車馬炮卒士相帥將按圖排之必求之於譜乃知行動之法其精微奇妙存

乎其中若舍去譜而徒排所謂車馬炮卒士相帥將者不敢動移一步又何用乎其爲棊也六十四卦車馬炮卒士相帥將也文王周公孔子之辭譜也不於辭中求其行動之用是知有棊而不知有譜者也

學易者必先知伏羲未作八卦之前是何世界伏羲作八卦重爲六十四何以能治天下神農堯舜文王周公孔子何奉此卦畫爲萬古脩己治人之道

孔子删書始唐虞治法至唐虞乃備也贊易始伏羲人道自伏羲始定也有夫婦然後有父子有父子然後有君臣伏羲設卦觀象定嫁娶以别男女始有夫婦有父

子有君臣然則君臣自伏羲始定故伏羲爲首出之君前此無夫婦父子即無君臣凡緯書所載天皇地皇人皇九頭五龍攝提合雒等紀無容議矣

淮南子直以伏羲神農爲泰古二皇是也稱三皇者或增燧人或增女媧或增祝融見白虎通潛夫論均不足以配易

博士淳于俊曰包犧因燧皇之圖而制八卦神農演之爲六十四黃帝堯舜通其變三代隨時質文各由其事高貴鄉公曰若使包犧因燧皇而作易孔子何不云燧皇氏沒包犧氏作乎俊不能答

莊子繕性篇云古之人在混茫之中與一世而得淡漠

焉當是時也陰陽和靜鬼神不擾四時得節萬物不傷羣生不夭人雖有知無所用之此之謂至一當是時也莫之爲常自然逮德下衰及燧人伏戲始爲天下是故順而不一按莊子不知易道不知伏羲之功者也飮食男女雖禽獸蟲豸生而卽知然牝牡無定偶故有母而無父自伏羲畫八卦而人道定有夫婦乃有父子有父子乃有君臣孔子贊易所以極稱伏羲之功也人道不定天下大亂何以得至一故無伏羲畫卦則無夫婦無父子無君臣而以爲陰陽和靜萬物不傷眞妄論矣阮嗣宗通易論云易者何也乃昔之元眞往古之變經也

庖犧氏當天地一終值人物憔悴利用不存法制夷昧神明之德不通萬物之情不類於是始作八卦引而伸之觸類而長之分陰陽序剛柔積山澤連水火雜而一之變而通之終於未濟六十四卦盡而不窮嗣宗亦莊生之流而論易則稱伏羲之功不拾漆園唾餘然謂利用不存法制夷昧似謂上古本有法制利用至伏羲時晦亂而伏羲氏復之則無稽耳

古者人與鳥獸相雜其害於鳥獸者凡幾不知火化其疾病疢毒於禽獸蠃蠬之肉者凡幾故人少於獸自人道定而生育蕃滋佃漁興而傷害去人乃日益蘩神農教

以稼穡示以藥品黄帝指明經脉詳以運氣而後民之命以延而免凶短折説者謂上古人多壽吾不信也言有古今之不同頼聖賢發明之文王繫易以利爲重其時所謂利以利物言故孔子贊明之曰利者義之和也利物足以和義葢至孔子時所謂利共以爲利己於是以放利而行爲利故孔子罕言利而以義爲利易以坤爲順孔子贊易屢以順言其時以輔弼匡君爲順荀子言臣道以從命而利君謂之順從命而不利君謂之諂是也至孟子時則徒以從君順指爲順故孟子斥爲妾婦之道孟子之斥順猶孔子之斥利也妻道猶臣道

妻之順夫當必有以調和而補救之惟妾婦婢媵之流徒以取容爲媚順耳

論語二十篇乃全易注腳而可以無大過一語足以括易之全又引不恒其德或承之羞斷之云不占而已矣占卽變也變卽改悔也傳云極數知來之謂占極數終也窮也知來始也通也終則有始此所爲窮則變變則通也不恒其德或承之羞由於不能變通能變通則可以無大過孔子舉此兩言以蔽全易猶舉思無邪以蔽全詩惟思無邪故可以興可以觀可以羣可以怨惟不恒其德不能變通故至於大過鄭氏注謂無恒之人易

所不占非其義也
算法之甲乙丙丁皆是借用而易辭有借用亦有實指
琴譜之勹乚廿晶皆是實指而易辭有實指亦有借用
不拘一例隨在以爲引申故靈妙不可臆度也說四聲
者不曰平上去入而曰天子聖哲其妙頗似易辭蓋天
子聖哲四字自成文理實平上去入之假借易辭各自
成文理而其實各指其所之揚子雲不明此義而擬爲
太元洵堪一噱
古者雖王公士大夫之子孫不能屬於禮義則歸之庶
人雖庶人之子孫積文學正身行能屬於禮義則歸之

卿士大夫荀子王制篇卿士大夫君子也庶人小人也貴賤以禮義而分故君子小人以貴賤言卽以能禮義不能禮義言也易中君子小人第以位之貴賤言之小人進爲君子卽庶人能禮義歸之卿大夫也君子退而通於小人其事有三一則心不忘庶人之疾苦一則能選舉庶人中賢者而進之一則教化小人使知禮義

秦漢以來二氏之說興士大夫晚年往往惑於佛豈非心有隱慝不能自安思乞憐於神鬼不知佛之懺悔虛而不可定易道之教人改過切實可憑此時此刻能改此時此刻卽化凶爲吉孤危而立遇元夫虎尾而頓旋

元吉虩虩之驚俄頃而成坦坦索索之視須臾而變蘇蘇災眚全消福祉並麗胸中鯱鯱如雲霧渙而日月光矣

李德裕稱李訓小人不宜引致左右帝曰人誰無過當容其改對曰聖賢則有改過若訓天資奸邪尚何能改帝語王涯别與官德裕摇手止涯帝適見不懌訓注皆怨即復召李宗閔輔政唐書德裕不知易教故有此失文帝言人誰無過當容其改是也且注訓固能改過者也注訓皆王守澄之門下而守澄與陳宏志等共成大逆當時大臣巨儒不聞申討賊之議而注訓特能殺守澄

宏志等元和之大義賴之以申若訓注者所謂能改過者也德裕能爭之通之則仇士良魚志宏等何難誅戮則唐室由此復振乃以爲小人以爲過何能改既以搆怨遂成甘露之禍訓注死唐遂不復可爲矣

余學易稍知聖人之教一曰改過一曰絜矩兩者而已絜矩則能通改過則能變惟能絜矩乃知己過惟知改過乃能絜矩

易辭舉要 凡九則

彖辭首一字舉卦名與下連貫爲義如乾健也行健則元亨利貞臨大也大則元亨利貞損失也失則不能元

吉无咎若有孚則元吉无咎睽乖也乖則不吉若小有事則吉其同人于野履虎尾否之匪人尢爲明白以此類推無不皆然

古人辭多倒裝易尢多此如見輿曳先輿曳而後見之先帥師而後長子先輿尸而後弟子其例同也君子終日乾乾夕惕若厲无咎傳云雖危无咎明所以厲而无咎以能夕惕故也夕惕則雖厲无咎若不夕惕則厲而不能无咎終日而不能乾乾矣推之婦三歲不孕終莫之勝吉謂能三歲不孕而終雖莫之勝亦吉也屨校滅趾无咎噬膚滅鼻无咎滅趾滅鼻不能无咎若屨校噬

膚則雖滅趾滅鼻亦得无咎也君子豹變小人革面征凶居貞吉言君子所以豹變者以小人革面若不豹變則征凶矣能豹變則居貞吉先八月而後至爲至于八月先十年而後至爲至于十年因喪而易因易而羊而云喪羊于易因喪而易因易而牛而云喪牛于易以此類推其辭之凊明條達信有然矣

易辭每相連兩字而實分指兩處夬彖王庭二字庭指剝五王指夬二復上六國君二字國指復成明夷上坤君指姤成需下乾帝乙二字相連帝指歸妹上震乙指泰上坤帝而乙謂歸妹成泰也高陵二字相連高謂師

成升下巽陵謂升成蹇下艮高而陵謂師先成升後成蹇也舉此數端可例其餘

易辭每一句中自爲轉折如大師克相遇同人上之師三成升爲大師克升通无妄升二之五即姤二之復五之比例爲相遇因克轉而爲相遇也履霜堅冰至乾上之坤三成謙爲霜謙通履爲履霜履上乾爲冰履二之謙五則堅冰至霜輕而不堅冰堅而不薄霜變爲冰則輕薄改而爲堅厚非冰與霜爲一事也

辭有一氣順說末以一二語反掉以申明之者如夬九四臀无膚其行次且牽羊悔亡謂夬二之剝五而剝上

應之成革革改通於蒙矣末反掉云聞言不信大壯九三小人用壯君子用罔貞厲謂二之五而後四之觀初應之矣末反掉云羝羊觸藩羸其角師六五田有禽利執言无咎長子帥師謂二之五而初應之成屯屯通鼎而鼎成咸所以无咎者以先帥師而長子此帥師也末反掉云弟子輿尸貞凶豐上六豐其屋蔀其家謂渙二之豐五而後四應之也末反掉云闚其戶闃其无人三歲不覿凶

坎九二求小得小一層得一層求一層小謂離成明夷得謂明夷通訟而訟二之明夷五求謂訟上下應之易

之句法多如此若順看則不可解凡稱求口實求昏媾求童蒙皆與求小得一例先有口實而後求口實先有昏媾而後求昏媾先有童蒙而後求童蒙先有我而後求爲求我先有得而後求爲求得先有王明而後求爲求王明舉一求字他可類推

向執卦變之説以雜卦傳臨觀之義或與或求謂卦之來自觀者爲求也如觀五之二爲蒙則求童蒙觀五之初爲頤則求口實觀上之二爲坎則求小得觀上之三爲屯則求昏媾自信爲獨得之奇持之五六年及推之恒井隨三卦所云求深求得求王明及益上九无交而

求不可通又推之臨之爲與亦不可通又久之灼然於卦變之非以全易通之毅然改去研求經義得一説爲難得一説久而覺其非卽舍去爲尤難如貨殖交易者操心勞力得有贏餘一旦覺其非而散去始而贏之既而散之均非易事此中甘苦眞能身歷者知之

易辭俱是舉一隅欲人反三孔子贊之則又增一隅矣傳云需飲食之道也乃是與訟之食舊德相贊明訟二之明夷五爲食需二之晉五亦爲食兩相發明則知凡兩卦相孚二之五爲食其不孚者不得爲食也中孚小過相錯爲歸妹漸歸妹二之五卽中孚二之小過五故

漸六二飲食衎衎而小過飛鳥離之垂其翼成明夷則中孚不與之孚便三日不食故井孚噬嗑則食井成需則井泥不食需二不食於明夷五而食於晉五故井成需不食而需需通晉爲飲食之道

兩卦旁通每以彼卦之意係於此卦之辭如明夷主人有言即訟之小有言而訟之小有言指需之小有言需之小有言即困之有言不信困二本是賁五之主人今賁成明夷困成需賁五之小未大而其主人尚伏於需二而有言故在需云小有言在明夷云主人有言睽旁通蹇蹇下艮爲鼻睽先成无妄上乾爲天然後四之蹇

初蹇成既濟下艮消去爲劓故云其人天且劓若專在明夷睽求之明夷無兌口焉得有言睽無艮鼻焉得云劓乾九二見龍在田見謂坤成屯龍謂屯下震田則地之已治者四字全指坤之成屯故雜卦傳贊屯爲見說卦傳贊震爲龍乾之六爻無震於是不信孔子震爲龍而徑以乾爲龍易之辭何由得通乎

性善解凡五則

性善之說儒者每以精深言之非也性無他食色而已飲食男女人與物同之當其先民知有母不知有父則男女無別也茹毛飲血不知火化則飲食無節也有聖

人出示之以嫁娶之禮而民知有人倫矣示之以耕耨之法而民知自食其力矣以此教禽獸禽獸不知也禽獸不知則禽獸之性不善人知之則人之性善矣以飲食男女言性而人之性善不待煩言自解也禽獸之性不能善亦不能惡人之性可引而善亦可引而惡惟其可引故性善也牛之力可以敵虎而不可使之咥人所知所能不可移也惟人能移則可以爲善矣是故惟習相遠乃知其性相近若禽獸則習不能相遠也

聖人何以知人性之皆善以己之性推之也己之性既能覺於善則人之性亦能覺於善第無有開之者耳使

己之性不善則不能覺已能覺則已之性善已與人同此性則人之性亦善故知人性之善也人之性不能自覺必待先覺者覺之是故非性無以施其教非教無以復其性

性何以善能知故善同此男女飲食嫁娶以爲夫婦人知之鳥獸不知之耕鑿以濟飢渴人知之鳥獸不知之鳥獸既不能自知人又不能使之知此鳥獸之性所以不善人縱淫昬無耻而已之妻不可爲人之妻固心知之也人縱貪饕殘暴而人之食不可爲已之食固心知之也是性善也故孔子論性以不移者屬之上知下愚

愚則仍有知鳥獸直無知非徒愚而已矣世有伏羲不能使鳥獸知有夫婦之别雖有神農不能使鳥獸知有耕稼火化之教人之不善者不能孝其父亦必知子之當孝乎己不能敬其長亦必知卑賤之當敬乎己知子之當孝乎己知卑賤之當敬乎己則知孝弟矣鳥獸不知孝其父亦不知子之當孝乎己不知敬其長亦不知卑賤之當敬乎己文學技藝才巧勇力有一人能之不能人人能之惟男女飲食則人人同此心故論性善徒持高妙之說則不可定第於男女飲食驗之性善乃無疑耳

性善之可驗者有三乍見孺子入井必有怵惕惻隱之心一也臨之以雷霆加之以鬼神禍福未有不悔而禱者二也利害之際爭訟喧囂無不自引於禮義無不自飾以忠孝友悌三也

孟子曰口之於味有同嗜也易牙先得我口之所嗜者也如使口之於味也其性與人殊若犬馬之與我不同類也則天下何耆皆從易牙之於味也此於口味指出性字可知性卽在飲食曰其性與人殊可知人性不同於鳥獸同一飲食而人能嗜味鳥獸不知嗜味推之同一男女人能好色鳥獸不知好色惟人心最靈乃知嗜

味好色知嗜味好色卽知孝弟忠信禮義廉耻禮義之悅心猶芻豢之悅口悅心是性善悅口亦是性善也

類聚羣分說

易曰方以類聚物以羣分此聖人治世之大法也上古之世人道未定不特人與人相雜亦且人與禽獸相雜人以禽獸爲食禽獸亦以人爲食男女無別人知有母而不知有父無長幼之序無尊卑貴賤之等人之行不知自別於禽獸伏羲氏治之先思有以聚之因人之性善定人道使男女有別各嫁娶以爲夫婦乃有家有夫婦而後有父子乃有類方者旁通爲定偶也類者父子

相繼續也由一家聚而爲一族由一族聚而爲百族互相爲婚姻於是人與人聚其力足以勝物物不能害人不方則不類不類則不聚矣人性同善而智愚賢不肖實不可以無等於是區而別之爲尊卑爲貴賤爲長幼爲上下交有等爲物以等而分則分而仍不失其羣尊卑分矣父子兄弟仍相親也貴賤分矣君臣上下仍相係也一家有君焉則父也一族有君焉則宗也一邑有君焉則大夫也一國有君焉則諸侯也天下有君焉則天子也分之爲一家一族之聚統之爲邑國天下之聚分其流品則士農工賈各以業聚而賢否勤惰有程焉

分其職掌則食貨祀司空司徒司寇賓師各以政聚而正師司旅府史胥徒有等焉聚以生仁分以生義互相經緯而天下治五穀之雜於草木也猶人之雜於禽獸也神農氏辨而聚之不特穀與穀聚而穀之中爲麥爲粱爲黍爲稷爲稻爲麻爲菽亦各以類而聚推之於果於蔬無不使以類聚其百穀果蔬之外又辨其性之所宜或用爲藥以治疾或用爲器以利用於禽獸之中辨其爲六畜雞豚狗彘可以養老服牛乘馬可以致遠惟聚而其種乃蕃惟分而其用乃當宜聚而散之宜分而紊之其道失矣伏羲氏盡人之性神農氏盡物之性治

世之法兩聖人盡之

說方上

天之道圓惟圓乃直後人以同流合汙爲圓非圓也地之道方惟方乃通後人以絶物忤世爲方非方也圓則自彊而無所依倚同流合汙則依倚不能自彊方則推廣而無所崖岸絶物忤世則崖岸不能推廣方之言旁也天旁通於地故地之德方處乎中東西南北在其四旁則爲四方并四隅言之則爲八方極而言之則爲萬方方非以隅角名之也自彊不息則得乎道之圓厚德載物則得乎道之方厚以載物則能旁通自彊成已也

載物及物也物在己旁而推而通之德施普矣普卽方也故絶物忤世者反乎方者也陽湖孫觀察惡道之不方也作釋方乃未悉乎方之道也因爲之說

說方下

形之有隅角者稱方何也隅猶言遇角猶言較有兩則遇亦有兩則較物折則一爲二故折而有隅角者爲方方者併也有兩乃可言併也天一也地配於天則二也故方屬地如母配於考則稱妣妣者比也比亦方也若以四旁言之詩云東方之日兮固指天而言是天亦可稱方天固無稜也地道方而形則圓夫何惑焉

說權凡八篇此錄其一餘載雕菰集中

法不能無弊有權則法無弊權也者變而通之之謂也法無良當其時則良當極寒而濟之以春當極暑則和之以秋此天道之權也故爲政者以寬濟猛以猛濟寬夏尚忠殷尚質周尚文所損所益合乎道之權易之道在於趨時趨時則可與權矣若立法者必豫求一無弊者而執之以爲不偏不過而不知其爲子莫之執中夫楊子之爲我墨子之兼愛當其時則無弊邇言不能皆善舜用之而當則惡隱而善揚中卽在兩端執而用之於民舜之權也治寒而用烏附治熱而用硝黄無弊也

用而當則烏附硝黃之惡隱矣苟惡其毒苦而擇不寒不熱和平無害之味投之鮮不誤矣故以權運法猶因病用藥以將來之有弊而致廢見在宜行之法不知權者也以前此之有弊而致廢見在宜行之法亦不知權者也

通變神化論

能通其變爲權亦能通其變爲時然而豪傑之士無不知乘時以運用其權而遠乎聖人之道者未能神而化之也大而化之之謂聖聖而不可知之之謂神神化者通其變而人不知之也惟人性靈故可教而使之善重

乎此則輕乎彼民趨所重則害生聖人有以平之而權生焉權而見其權通變而見其通變惟人性靈且有以窺之而害生焉權而不見其權通變而不見其通變百姓日用而不知神而化之也孔子曰民可使由之不可使知之孟子曰殺之而不怨利之而不庸民日遷善而不知所以爲之者通變神化之謂也通變而神化此堯所以民無能名舜所以無爲而治葢民知其爲而得而名之則必有所重有所重卽有所偏偏則害矣惟民善變故必通其變惟民窺上之所變以爲變故必神而化之不可使知之惟時時知其變而通之化之民乃爲上

變而上不資民以變惟上知民之變而民乃不知上之
通其變上通之化之而民不知故覺上之無爲而治欲
窺之而無從窺故名之而無可名無消詐之迹而詐自
消無息爭之形而爭自息如天日運於上寒暑晝夜風
霆霜露民安之而莫容測在天爲行健在聖人爲恭己
恭者敬也敬者無倦也無倦則時時知其變卽時時通
其變故修己以敬卽修己以安百姓此神化之實功也
伏羲作八卦以明治世之大法孔子贊之曰通其變使
民不倦神而化之使民宜之又曰易窮則變變則通通
則久通其變而能久神化之效也

小懲大戒論 丁卯呈郡守伊墨卿先生

客問於焦子曰孔子言道之以政齊之以刑民免而無恥若是乎刑之不足爲治也乃其贊易也則云小人不恥不仁不畏不義不見利不勸不威不懲小懲而大戒此小人之福也然則治小人不可不以刑何與焦子曰刑者聖人所不廢也殺人者不死傷人者不刑罪至重而刑至輕庸人不知惡也亂莫大焉荀子正論篇聖人不能去刑而不忍於用刑惟以通變神化之道轉移以寡天下之過故小懲而大戒也俗吏之於刑也慎其大而忽其小其大者人命之所關考課之所及黜陟之所在名

譽之所出故愼之不知惡積至於不可揜罪大至於不可解其端以小惡爲無傷而弗去也聖人知小人之罪大惡積由於辨之不早辨故於小惡而懲焉俗吏之忽於小也或苦其煩細而廢弛或閔其困敝而姑息二者皆爲不敬聖人修己以敬無微不至爲不厭誨不倦故勤其小以防其大今夫殺人者死傷人者刑是百王之所同也有虞氏封山濬川卽象以典刑典刑常刑謂五刑也象者似也以五刑之常法傳之自古似續之不改也常刑之中有宥之之法宥之以流亦古常法而象之者也然宥之以流流亦大罪雖免其死免其傷而不免

於放竄則其罪仍已至於不可揜不可解焉舜思寡天下之過而小懲之於是作爲官刑教刑贖刑鞭朴以厲之使出金以罰之使之知耻知畏以戒其不仁不義如是則民知改過改過則五刑乃不用並流宥亦可免矣五刑自古有之舜仍而不改故曰象官刑教刑贖刑前此無之舜所創始故曰作作此三刑以小懲俾民知小惡之不可不去不至於惡積而罪大斯不必廢五刑而不啻其除之乃小懲之而仍犯之者或眚災之所迫也民無恒産斯無恒心水旱疫癘之餘足以損其衣食而民之犯法猶可原也故赦之也惟是司空平水土而已

無災后稷播嘉穀而已無飢契敷五教使知父義母慈兄友弟恭子孝且諄諄於庶頑讒說而侯以明之撻以記之書以識之以期其改過而並生苟小懲而不知戒則冥頑不靈與禽獸何異賊而刑之可也故曰格則承之庸之所謂有恥且格也否則威之所謂怙終賊刑也官刑教刑贖刑不屬諸士呂刑曰伯夷降典折民惟刑折卽哲民愚降以典禮或猶不能從鞭扑以去其愚此刑之用於伯夷者小懲之也其屬之士者五刑有服五服三就常刑也五流有宅五宅三居流宥也皆象於古者益稷曰方施象刑惟明此刑之用於臯陶者所以待

罪大惡積者也前此禮與刑分自舜作官教贖三刑而刑寓於禮屬之宗伯民以小懲而格好生之德即在於刑故舜典連書三作字以明創始自舜自舜作此三刑而劓墨剕宮以漸除而不用此舜之變通神化繼伏羲神農黃帝陶唐以澤施萬世者也而其道即在於易舜作三刑以哲民之愚文王周公以發蒙利用刑人繫之孔子以小懲大戒爲小人之福質言以贊之惟不知小懲大戒或姑息或廢弛俾民以小惡爲無傷而不去漸至於不可揜不可解既不能不任之以刑於是法家者流但以慘刻威民使畏而苟免此孔子所以有免而無

耻之說也若小懲大戒正通變神化之用也乃說者不知通變神化之用不知小懲大戒之福即不知舜作三刑之德造爲蒙巾當墨草纓當劓菲履當刖艾韠當宮之說眞世俗之說也若舜作三刑之後小懲大戒爲用己神仍理墨劓剕宮議復肉刑是生今反古愚而好自用者矣是讀易而未知易亦讀書而未知書

陰陽治亂辨

陰陽非治亂也有陰無陽則消有陽無陰則亢亢與消皆亂也一陰一陽迭用柔剛則治矣故曰一陰一陽之謂道道以治言不以亂言也失道乃亂也聖人治天下

欲其長治而不亂故設卦繫辭以垂萬世豈曰治必有亂乎孟子言一治一亂總古今之事迹而爲言非一陰一陽之謂一陰一陽者日月也寒暑也晝夜也時也日往則月來月往則日來寒往則暑來暑往則寒來此天道所以長久而不已也聖人則天趨時故陰陽迭用仁義互通以成長治不亂之天下豈曰治必有亂乎聖人處亂則撥亂以反乎治處治則繼善以防乎亂反乎治防乎亂何從而亂乎故謂否極而泰泰極而否者此不知易者也謂治必有亂容容者得而藉口矣謂亂必有治汶汶者得而任運矣大抵氣化皆亂賴人而治治而

長治者人續之也治而致亂者人失之也無推步之術則寒暑亂無測驗之術則日月亂不勤耒耨田疇乃蕪怠於政教人民乃紊說者以陽爲治以陰爲亂則將暑治而寒亂乎日治而月亂乎故否泰皆視乎人不得委之氣化之必然也

道德理義釋

何爲道道者行也凡路之可通行者爲道則凡事之可通行者爲道也通而四達不窮者爲大道即爲達道雖通行而致遠則泥者爲小道其偏僻險仄孤危高峻不可通行者非道也何爲德德者得也得乎道爲德對失

道者而言也道有理也理有義也何謂理理者分也何謂義義者宜也其不可行者非道矣可行矣乃道之達於四方者各有分焉卽各有宜焉歸燕者行乎南趨齊者行乎西行焉而弗宜矣弗宜則爲失道失道非德也歸燕者雖行乎北而或達諸趙趨齊者雖行乎東而或止於魯行焉而猶弗宜矣弗宜則爲失道失道非德也故道必察乎其理而德必辨乎其義道而不德其失也愚理而不義其失也賊故傳曰和順於道德而理於義理於義者分於義也分於義則各正性命保合大和惟明乎天下所行之路而如其所宜者趨焉於是各得其

所而不亂而天下之命立於聖人故傳曰窮理盡性以至於命

易話上終

姪孫援禮經官校字

易話下

江都焦循學

說太極

禮運曰是故夫禮必本於大一分而爲天地轉而爲陰陽變而爲四時列而爲鬼神其降曰命其官於天也此本上繫傳而以大一爲大極大一爲北辰之神名鄭康成乾鑿度注爾雅北極謂之北辰故以大一當大極馬融直以大極爲北辰也然推禮運之言正可究尋易義何也北辰居天之中而名北極名大一今以大一爲大極是以大極爲中之名禮本於大一卽謂禮本於大中也分爲

天地謂兩卦旁通分陰分陽也轉爲陰陽謂反復交易迭用柔剛也變爲四時謂窮則變變則通卽陰陽轉運而不窮也用一轉字一變字兩儀四象之爲轉運變通之名可知也轉變卽是易上繫傳以易字貫下則有大極生兩儀生四象生八卦皆本轉變而言生兩儀便兼分而爲天地轉而爲陰陽兩句分乃有兩轉乃爲儀也變而爲四時便兼兩儀生四象四象生八卦兩句儀以通變而有四象以趨時而爲八也鬼神則吉凶也命言其分天言其運也記用易以明體而所以發明易者了然可見馬融直以北辰解大極固謬虞翻謂分天地卽

是生兩儀易固不曰大極生天地記亦不曰太一生天地分非生也呂氏春秋大樂篇曰音樂本於太一太一出兩儀兩儀出陰陽陰陽變化一上一下合而成章渾渾沌沌離則復合合則復離是謂天常天地車輪終則復始極則復反莫不咸當日月星辰或疾或徐日月不同以盡其行四時代興或暑或寒或短或長或柔或剛萬物所出造於太一化於陰陽此亦本易傳爲說而發明兩儀四象之爲變通轉運尤爲詳晳出猶生也出兩儀亦不言生天地天地車輪卽陰陽之變化天地可言分不可言生也天地未車輪可言分未可言儀也晚周

人剌取易義以著書尚可迹而求之

說當位

月令行爵出祿必當其位鄭康成注云使順之也坤順承天則當位易之當位正與月令同

素問五運行大論岐伯曰從其氣則和違其氣則病不當其位則病迭移其位則病失守其位者危尺寸反者死此當位以脉言六微旨大論岐伯曰非其位則邪當其位則正帝曰何謂當位岐伯曰木運臨卯火運臨午土運臨四季金運臨酉水運臨子此當位以運言子午卯酉四正也亦四中也然則惟中正乃當位易以五爲

中陽剛位五則中正說者以柔爻居二四上剛爻在初三五爲當位非其義也五運行大論云五氣更立各有所先非其位則邪當其位則正當位視乎所先尤與易合

呂氏春秋處方篇云凡爲治必先定分君臣父子夫婦六者當位則下不踰節而上不苟爲矣少不悍辟而長不簡慢矣當位二字本易此當時易經師所傳呂氏采之

說旁通

禮記聘義曰孚尹旁達信也旁達即旁通孚爲信旁通

則孚

管子宙合篇云天不一時地不一利人不一事是以著業不得不多人之名位不得不殊方明者察於事故不官於物而旁通於道此旁通與易同官主也不旁通則主於一物不主於一物故旁通也

書盤庚汝萬氏乃不生生暨予一人猷同心先后丕降與汝罪疾曰曷不暨朕幼孫有比按易大有與比旁通大有二之五爲同人是爲同心上下應故有比先后謂比五已定即先甲也幼孫謂大有五未定二之五則同心於先后而有比矣即後甲也

易林以一卦變六十四卦其辭古奧從來未有能治之者余嘗思於其同處求之（如乾之師同於坤之恒益之恒同於同人之蹇比之比）未暇也乃其中多用旁通爲義略舉其最明者數條謙云亡跛失履謂不與履旁通則不成蹇也（跛卽蹇）蹇云喪我元夫獨與孤苦明用睽遇元夫睽孤之辭以蹇旁通於睽也无妄云岐人悅喜用升亨于岐山之辭亨于岐山則无妄成革上兌爲悅喜字卽本六二傳有喜以无妄旁通於升爲孚乃利用禴也姤云往復示故乃无大悔明謂二旁通於復五則无祇悔也蓋以祇訓大韓康伯侯果以祇悔爲大悔固同乎此矣升之无妄云二國

合歡易以旁通爲夫婦升與无妄旁通故合歡也革云皆蒙福佑謂革旁通於蒙而得福佑也需之晉云咸陽辰巳長安戌亥辰戌巳亥亦以相當也訟云皆知其母不識其父干戈乃止訟無坤何得有母明謂與明夷旁通知卽知大始之知明夷上有坤五之訟二通之則知有母謂訟下成坤也訟成成否上之三應之上不復有乾故不識其父干戈戎器謂明夷下離卽戎而明夷則傷通訟訟成咸下艮故止也訟之需云王母善禱王母明用晉六二受福于王母也

春秋傳說易

易至春秋淆亂於術士之口謬悠荒誕不足以解聖經孔子所以韋編三絕而贊翼之也乃推而求之易義亦往往可見惜杜易服劉規杜均未克言其指也略述數條以待識者參攷

莊二十二年傳陳厲公生敬仲使周史筮之遇觀之否謂風行而著於土斷其不在此而在異國不在其身而在子孫且明決其爲姜姓爲陳氏得政於齊之驗此謬悠者也若何以知其在異國何以知其在子孫則易有例焉凡卦之舍此而通彼謂之有他他者異也凡卦有兩筮是爲原筮在先爲先王則先甲先庚是也在後爲

嗣君謂之后則後甲後庚是也觀國之光原指大壯征凶有孚大壯孚觀而二之五卽夬二之剝五孔子以其危乃光贊之正卽用此觀國之光光字爲比例漸上之歸妹三成大壯大有上之比三同與乾上之坤三成夬同一失道而危因危而改孚於他卦是爲觀國之光卽爲其危乃光爲遠適異國之象夬遠孚於剝而有光故云自他有耀也剝上艮下坤故云於土上山也剝成觀上艮化爲巽木木材也是爲有山之材來自夬下之乾故照之以天光於是乎居土上上謂本是山居土上今則木居土上也惟夬二之剝五爲揚于王庭故云庭實揚于王庭

而五有實也剝上艮爲山嶽而夬二適此故在異國必大嶽之後也適剝者夬也剝成觀以繼續夬剝之後故云猶有觀焉其在後乎剝已成觀而六四動爲否遂奉以玉帛而天地之美具故知其子孫必昌若謂互艮爲山則觀否皆有互艮否爲觀變則觀先於否何云觀在後乎大有比失道成大壯蹇猶乾坤失道成謙夬謙夬相錯爲咸泰大壯蹇相錯爲小過需需者中孚上之三也中孚二之小過五則其子和之子不和而上克三爲需陳人殺公子御寇之占也此左氏未言而可推而明之大有成大壯則克害征凶故以孚觀爲光大壯二之

五而觀四之大壯初卽夬二之剝五而夬初之剝四之比例亦需二之晉五而晉四之初之比例觀國之光以大壯通觀言而可通之以夬剝卽可通之以需晉晉成否上乾天也亦玉也否四之初上巽白也卽帛也奉承也故奉之以玉帛否四之初本觀四之大壯初之比例觀六四動以否四言之可也此易變通比例之法也左氏生孔子贊易之後剌取易義以飾爲周史之言耳杜氏何足以知此

閔元年傳畢萬筮仕遇屯之比辛廖占之曰吉屯固比入吉孰大焉其必蕃昌震爲土車從馬足居之兄長之

母覆之衆歸之六體不易合而能固安而能殺公侯之卦也公侯之子孫必復其始杜氏以屯險難所以堅固比親密所以得入又以震爲車坤爲馬比合屯固坤安震殺非也按屯三之家人上則不恒卽不固恒德之固也入者巽也屯之比則動在初九初九已定不可動故轉以比初之動而成屯言之比與大有通大有四之比初成屯大有成大畜不可爲巽入言比入者謂大有二先之五而後四之比初也大有比爲需晉之相錯需二之晉五而晉四之初爲錫馬蕃庶比例之故以大有二之五而比初從之爲車從馬卽爲震之蕃而知其必蕃昌坤

車乾馬無可移者大有既成家人比既成屯屯三乃不之家人上故固也屯三不動則通鼎以大有二之五而後四之比初言之卽鼎二先之五而後四之初之比例鼎二不之五而四之初折足也覆餗也今二先之五則不折足而足居之不覆餗而母覆之鼎二先之五則建侯故爲公侯之卦比成屯初筮也屯通鼎再筮也故知子孫之必復比成屯亦師成屯師成屯長子帥師也師衆也大有亦衆也師成比而初從大有成同人而比初從皆衆歸之也六體不易屯六爻不更有之也由師比合而成屯遂不動其三故合而能固穀謂等車從馬則

安而有等殺也其變通比例之用如此

閔二年傳季友將生筮之遇大有之乾曰同復于父敬如君所按大有二之五成同人故曰同凡五柔變而爲剛謂之復大有五柔二之五上成乾乾爲君爲父故復于父而敬如君所此於易義明白了然

以屯之比大有之乾兩者參觀之屯動在初屯初已定者也大有動在五大有五未定者也其未定直言此爻之動二之五爲敬如君所是也其已定轉以其未定之先而言其所由定如屯之比轉言比之成屯爲車從馬是也觀四已定故轉以否四言爲奉以玉帛當時術士

雖謬悠而比例之法變通之用不盡悖也
僖十五年傳秦伯伐晉卜徒父筮之吉其卦遇蠱曰千乘三去三去之餘獲其雄狐夫狐蠱必君也蠱之貞風也其悔山也歲云秋矣我落其實而取其材所以克也實落材亡不敗何待杜氏以爲卜筮書雜辭按此以內巽爲秦外艮爲晉內已而外敵也巽爲木材也二之五成漸則材木在上而五有實今六爻不動二不之五是材木在我而彼無實無材故落其實取其材也狐蠱指其君則千乘指本國之君隨蠱旁通千乘者隨也隨上兌爲正秋故云歲云秋矣秋在我故我落其實取其材

凡卦以上之三爲伐爲克此占伐晉以隨三伐蠱上蠱上艮爲狐上六剛爻是狐之雄者在彼二未之五在我三克其上彼艮變爲坤侯獲於我而車敗於彼矣因推之成十六年傳晉與楚戰筮得復曰南國蹙射其元王中厥目復與姤旁通晉內姤而外復猶秦我隨而晉蠱也隨三克蠱上則獲其君之雄狐姤上射復三則傷其元王之目何也復成明夷夷者傷也明夷下離南也亦目也離南坤國三爲公侯之爻而由我射之而三值明夷故南國蹙射其元王中厥目也二者皆伐國之事所筮得之卦爻皆不動皆以戰伐之事以三上占之皆以

五柔爲外五剛之卦爲我

僖十五年傳晉獻公筮嫁伯姬於秦遇歸妹之睽史蘇占之曰不吉其繇曰士刲羊亦無衁也女承筐亦無貺也西鄰責言不可償也歸妹之睽猶無相也震之離亦離之震爲雷爲火爲嬴敗姬車說其輹火焚其旗不利行師敗于宗丘歸妹睽孤寇張之弧姪其從姑六年其逋逃歸其國而棄其家明年其死于高梁之虛此以爲懷公殺于高梁之驗亦謬悠也乃其云震之離亦離之震者則有精義焉歸妹上六已定與觀六四同觀六四無可動故以否四之初爲大壯四之觀初之比例歸妹

上六无可動故睽上之三爲漸上之歸妹三之比例歸妹成大壯睽亦成大壯歸妹上震變而爲睽上離是震之離睽上離上之三成大壯上震是離之震此二句尚可尋究當時占易之法固未嘗究於易義也大壯即小畜豫之相錯車說輹用小畜辭不利行師本豫彖辭皆由歸妹成大壯而言也小畜二之豫五則利行師大壯二未之五故不利行師不利行師故敗于宗邱宗即睽厥宗之宗邱即渙其邱之邱大壯二之五亦渙二之豐五之比例也旗猶旆也豐其沛沛通於旆焚其旗敗于宗邱葢謂大壯二不之五也其辭傅會叢雜亦非盡違

易義而臆造者
僖二十五年傳晉侯納王筮之遇大有之睽曰吉遇公用享于天子之卦是卦也天爲澤以當日天子降心以逆公不亦可乎大有去睽而復亦其所也大有三動猶歸妹上動亦皆成大壯二末之五爲天子降心三爲公侯三先五而行故爲天子降心以逆公大有去睽而復謂先成大壯然後大壯二之五天子仍得其所此明以晉侯先天子而納王也與歸妹之睽可參看二末之五而三上先行以公侯越天子而以爲吉是則術士之妄言霸臣之邪說非聖人所取

宣十二年傳知莊子說師之臨云師出以律否臧凶執事順成爲臧逆爲否衆散爲弱川壅爲澤有律其如己也故曰律否臧且律竭也盈而以竭天且不整所以凶也不行之謂臨有帥而不從臨孰甚焉按此說易尚見古義師二不出於五而初成臨不順而逆矣逆由二不行故云不行之謂臨師二之五而後初從之爲長子帥師二五帥之初從之是從帥也初不從五故云有帥而不從上坤爲衆無帥故散弱風以散之散謂同人成家人上巽爲風二不行而五柔不勝故弱下坎爲川二不通於五壅塞於二成兌爲澤故川壅爲澤五本陽位二

宜往故云有律其如已如往也如已自歸本位也二不往則五空虚如隍之涸故云竭二先往而初從之成屯屯者盈也不成屯而成臨故云盈而以竭臨通於遯其義爲大今方自師成臨則失道之臨非能變通之臨也天者少也少卽小謂師二不之五故不整也此條不關占筮專以說易其明白如此

襄公二十五年傳崔武子取棠姜筮之遇困之大過陳文子曰夫從風風隕妻不可娶也其繇曰困于石據于蒺蔾入于其宫不見其妻凶困于石往不濟也據于蒺蔾所恃傷也入于其宫不見其妻凶無所歸也按困之

大過爲三動卽賁上之困三成大過雖由占筮而與易義相發明無容迂曲故易之本義說之最明緣困三往賁上賁成明夷困乃成大過夷者傷也故所恃傷若困二先之賁五而後三從之則賁成既濟今二不往而三往但見其傷夷不見其成既濟故往不濟二不之賁五故無所歸非旁通則此傳文不可解夫從風夫卽老婦得其士夫之夫二當之賁五爲夫今不之而任賁上隕而成巽風是夫從風也賁上之困三爲姤上之復三之比例故用姤有隕自天之隕以明此大過下之巽由於賁上之隕也文子以易義解之不雜當時術士之說明

析可考見易之古義

昭五年傳穆子之生也莊叔以周易筮之遇明夷之謙以示卜楚邱曰明夷日也日之數十故有十時亦當十位自王以下其二爲公其三爲卿日上其中食日爲二旦日爲三明夷之謙明而未融其當旦乎故曰爲子祀日之謙當鳥故曰明夷于飛明之未融故曰垂其翼象日之動故曰君子于行當三在旦故曰三日不食離火也艮山也離爲火火焚山山敗於人爲言敗言爲讒故曰有攸往主人有言言必讒也純離爲牛世亂讒勝勝將適離故曰其名曰牛謙不足飛不翔垂不峻翼不廣

故曰其爲子後乎吾子亞卿也抑少不終此術士之言最爲雜厖然云日之謙當鳥則比例也明夷初九已定與歸妹上六觀六四同故轉以謙初六爲比例履四之謙初成明夷卽小過四之初之比例小過四之初爲飛鳥故云日之謙當鳥日之謙謂履四之謙初成離日卽是離日之謙初當小過之飛鳥也明而未融履二未之謙五也云火焚山山敗可見先有山而後以火焚之見離不見艮乃爲山敗謂小過四之初及履四之謙初非謂明夷變謙正謂謙變明夷可見筮得之爻其已定者必比例而溯其未定也若據明夷變謙是火化爲山火

敗山未敗何言火焚山山敗乎
昭七年傳衛襄公嬖人婤始生孟縶足不良弱行婤始又生元孔成子以周易筮之曰元尙享衛國主其社稷遇屯又曰余尙立縶尙克嘉之遇屯之比以示史朝史朝曰元亨又何疑乎孟非人也將不列於宗不可謂長且其繇曰利建侯嗣吉何建建非嗣也又云弱足者居侯主社稷臨祭祀奉民人事鬼神從會朝又焉得居各以所利不亦可乎此與閔二年傳畢萬所筮同彼傳會於子孫故以屯固比入言之推及於大有二之五鼎二之五此以廢長立幼故直以屯初言之而弱足者居一

句實本易義葢論立長蓺自當立乃足弱則宜廢而立元故以易義傅會之何也屯初九己定以大有四之比初爲鼎四之初之比例鼎四之初則折足覆餗用以麗蓺之足弱必改變更新而以鼎二之五爲建侯以靈公名元直以元亨之元爲靈公之名此與陽虎占泰之需以帝乙爲宋之祖同一因文生意有如市俗神籤妖讖去古筮法遠矣

爾雅釋易

治爾雅者但知叙詩人之興詠不知釋詁中有關於易者尤多自易義不明而此類訓詁遂不可通葢周易一

書經文傳文自相訓釋其端倪存於爾雅者尚可考見
也
攻善也注云詩曰我車既攻按此詩傳訓攻爲堅堅猶
賢也賢猶善也內則注攻與工通楚茨工祝致告傳云善
其事曰攻周易同人九四攻吉惟善故吉
倫敕勞也按倫勞一聲之轉固矣乃聲轉之字多矣何
獨取乎倫之爲勞余謂轉注假借莫著於易說卦傳坎
爲弓輪姚信作倫倫與輪同聲通借也說卦傳又云勞
於坎是勞倫皆坎而勞謙之勞即曳其輪之輪也象傳
云木上有水井君子以勞民勸相雷電噬嗑先王以明

罰敕法井旁通噬嗑勞民卽是敕法以倫敕爲勞爲易言之也知倫之訓勞則知叀其輪卽勞謙矣知敕之訓勞則知敕法卽勞民矣推之君子以經綸綸與倫輪亦通借也賁者飾也蠱則飭也飾飭與敕亦通用也由爾雅而知易由易而知爾雅好學深思之君子自不難以三隅反耳

治古故也注云未詳按古故與蠱通序卦傳云蠱者事也彖傳云蠱元亨而天下治治訓事見淮南戰國策呂氏春秋等注甚夥故訓事治亦訓事則治之爲故其轉注也

鴻昬顯代也按說文代更也易鴻漸于干鴻漸于磐鴻漸于陸鴻漸于木鴻漸于陵其所由來者漸辨之宜早辨辨謂變通變通卽更代故借用鴻字爲代義也辨之不早至於爲匪匪則致寇至變通而更代之則和解而爲媾故云匪寇昬媾匪則致寇昬則相媾也此昬爲更代之義也比成屯更代於鼎爲顯比故顯爲代此皆解易郭氏所未知

神治也按繫辭傳云通變之謂事陰陽不測之謂神通變故陰陽不測

賡揚續也按賡通庚先庚三日後庚三日謂變更也繫

辭傳云繼之者善也繼卽續大有傳云君子以遏惡揚善揚善卽續善也夬變通於剝爲揚于王庭

凶咎也按易凡言有咎則凶无咎則吉

齊壯也按晉卦孟喜作齊讀子西反齊卽躋也壯卽裝也物之裝而上卽躋而上也大壯蹇相錯爲需小過需二之晉五爲大壯二之五之比例故二壯於五亦二進於五此易義之存於爾雅者也

滷苦也按說卦傳兌爲剛鹵所以釋苦節之苦也周禮鹽人共其苦鹽注杜子春讀苦爲盬苦卽盬鹽之盬滷卽鹽地之鹵

濟成也濟益也按既濟定也定卽成也益損上益下謂上之三成既濟

濟謂之霽按既濟初吉終亂傳云終止則亂濟有止義既濟者既止也未濟者未止也

戰國策引易傳

戰國策顏斶云易傳不云乎居上位未得其實而喜其爲名者必以驕奢而行倨慢驕奢則凶必從之是故無其實而喜其名者削無德而望其福者約無功而受其祿者辱禍必渥故曰矜功不立虛願不至此引易傳未知何人所作

陸賈說易

陸賈新語道基篇云先聖仰觀天文俯察地理圖畫乾坤以定人道民始開悟知有父子之親君臣之義夫婦之道長幼之序於是百官立王道乃生白虎通暢其說云古之時未有三綱六紀民人但知其母不知其父能覆前不能覆後臥之詓詓起之吁吁飢卽求食飽卽棄餘茹毛飲血而衣皮葦於是伏羲仰觀象於天俯察法於地因夫婦正五行始定人道畫八卦以治天下余讀陸氏之言乃恍然悟伏羲所以設卦之故詳見陸氏二圖略十三篇列於儒家遠承曾孟近比賈董誠不愧矣

賈董說易

賈誼新書容經云亢龍往而不返故易曰有悔悔者凶也潛龍入而不能出故曰勿用勿用者不可也龍之神也其爲蜚龍乎能與細細能與巨巨能與高高能與下下故曰龍變無常能幽能章此深得易義悔則吉化爲凶此云悔者凶也與易傳稱往吝窮也同一句法凶與窮皆溯其未悔未吝而言也往卽勿用有攸往之往返卽反往則成兩既濟而不旁通以反復其道矣西漢初賈董所聞尚有孔氏之遺說可尋而繹之又君道篇易曰鳴鶴在陰其子和之言士民之報也

董子玉杯云易本天地故長於數精華云詩無達詁易無達占春秋無達辭某義云天之氣徐故寒不凍暑不暍以其有餘徐來不暴卒也易曰履霜堅冰至葢言遜也然則上聖不踰等果是天之所爲弗作而成也今之所爲亦當弗作而極也凡有興者稍稍上之以遜順往使人心悅而安之無使人心恐此條深得易義所云有餘徐來不暴卒尤是又精華云其在易曰鼎折足覆公餗夫鼎折足者任非其人也覆公餗者國家傾也非其人猶云匪人鼎四之初成大畜與大有四之比初同所謂无交害匪咎匪即非其人

韓氏易

韓詩外傳引孔子曰口欲味心欲佚教之以仁心欲兵身惡勞教之以恭好辨論而畏懼鼓之以勇目好色耳好聲教之以義易曰艮其限列其夤危薰心詩曰吁嗟女兮無與士耽皆防邪禁佚調和心志又云故易有一道大足以守天下中足以守其國下足以守其身謙之謂也是以衣成則必缺衽宮成則必缺隅居成則必加拙示不成者天道然也易曰謙亨君子有終吉又云易曰困于石據于蒺藜入于其宮不見其妻凶此言困而不見據賢人者也昔者秦穆公困于殽疾據五羖大夫

蹇叔公孫支而小霸晉文公困于驪氏疾據咎犯趙衰介子推而遂爲君越王句踐困於會稽疾據范蠡大夫種而霸南國齊桓公困于長勺疾據管仲甯戚隰朋而匡天下此皆困而知疾據賢人者也夫困而不知疾據賢人而不亡者未嘗有也以疾據賢人解據于蒺藜則借蒺爲疾由此可悟易辭之比例詳見通釋漢書儒林傳稱韓嬰亦以易授人推易意而爲之傳於此可見其一端藝文志有韓氏二篇嬰與田何丁寬同時燕趙間傳其詩不傳其易易惟韓氏自傳其後涿郡韓生所傳韓氏易深於詩司隸校尉蓋寬饒本受易於孟喜見韓生說易好之更

從受焉然則韓易與孟易異其見於外傳者又云官怠于有成病加于小愈禍生于懈惰孝衰于妻子察此四者慎終如始易曰小狐汔濟濡其尾說亦有所會借其所爲二篇者不傳也余於其以疾解蒺悟得經文以假借爲引申如借祗爲底借豚爲遯借豹爲約借鮒爲附借鶴爲隺借羊爲祥借袂爲夬皆韓氏有以益我也

蓋寬饒奏封事引韓氏易傳言五帝官天下三王家天下家以傳子官以傳賢若四時之運功成者去不得其人則不居其位按五帝官三王家惟其宜也家之不可復官猶粒食之不可復茹毛飲血也生今反古災必及

身益氏學韓氏易其未知易之道夫

淮南說易

淮南繆稱訓云君子非仁義無以生失仁義則失其所以生小人非嗜欲無以活失嗜欲則失其所以活故君子懼失仁義小人懼失利觀其所懼知各殊矣易曰即鹿无虞惟入于林中君子幾不如舍往吝古人言義利如此惟君子知小人懼失利故因民之所利而利之孔子言君子喻於義即此懼失仁義之謂也小人喻於利即此懼失利之謂也屯通鼎爲義爲利詳見通釋故淮南引六三爻辭發明之人間訓云潛龍勿用者言時之不可

以行也故君子終日乾乾以陽動也夕惕若厲以陰息也因日以動因夜以息惟有道者能行之此言屯之陽變通於鼎之陰爲一陰一陽之道尤明齊俗訓云昔太公望周公旦受封而相見太公問周公曰何以治魯周公曰尊尊親親太公曰魯從此弱矣周公問太公曰何以治齊太公曰舉賢而上功周公曰後世必有劫殺之君其後齊日以大至於霸二十四世而田氏代之魯日以削至三十二世而亡故易曰履霜堅冰至聖人之見終始微言故糟邱生乎象箸炮烙生乎熱斗按尊尊親親非削弱也專於此而不變其究必至於削弱舉賢上

功非刧殺也專於此而不變其究必至於刧殺況其爲象箸熱斗乎尊尊親親必參之以賢功舉賢上功必參之以尊親象箸熱斗必早辨之而改過不能通變無論當位失道其究皆不可久也周公太公豈偏於一端易師假此以明通變之宜耳漢藝文志淮南道訓二篇注云淮南王安聘明易者九人號九師法其時去古未遠尚有遺義可繹乃九師不皆醇儒史記注引淮南要略曰養士數千高材者八人蘇非李尚左吳田由雷被伍被毛被晉昌此八人與淮南爲九或未能悉合耳又氾論訓云易曰小過亨利貞吉言人莫不有過而不欲其大也人間訓云孔子讀易至損益未嘗不憤然而嘆曰

益損者其王者之事與事或欲以利之適足以害之或欲害之乃反以利之利害之反禍福之門戶不可不察也繆稱訓云黃帝云芒芒昧昧從天之道與元同氣故至德者言同略事同指上下一心無岐道旁見者遏障之於邪開道之於善而民鄉方矣故易曰同人于野利涉大川

說苑論易

說苑引孔子曰困之爲道猶寒之及煖煖之及寒也唯賢者獨知而難言之也易曰困亨貞大人吉无咎有言不信聖人所與人難言信也寒及煖煖及寒謂通其變

獨知而難言之則神而化

高氏說易

呂氏春秋愼大篇引易曰愬愬履虎尾終吉高誘注云愬一作逆字讀如虩虩愬愬懼也居之以禮行之以恭恐懼戒愼如履虎尾終必吉也又安危榮辱之本在於主主之本在於宗廟宗廟之本在於民民之治亂在於有司易曰復自道何其咎吉以言本無異則動卒有喜高誘注云乾爲天天道轉運爲乾初得其位旣天行周帀復始故曰復自道也得自進退又何咎乎動而无咎故吉也乾動反其本纔復始無有異故卒有喜也高氏

此注語甚蹇澀然玩其云得自進退云動反其本進退
卽巽初六之進退巽成小畜通豫相錯爲觀大壯故進
退利武人之貞與觀我生進退相比例高氏於小畜初
九用進退二字實得解易之精微豫成萃則王假有廟
故云主之本在於宗廟在豫爲殷薦上帝以配祖考聖
人以順動故刑罰清而民服故云宗廟之本在民有司
從主命而行者也初四是也初四先二五成復小畜則
亂小畜通豫初四後二五成萃家人則治故云民之治
亂在於有司旁通之義此爲顯然乾動反其本卽復之
剛反動復爲德之本故云動反其本謂乾四之坤初也

反而未復則心不同而有異矣小畜變通於豫而二先之豫五是由反而復豫成萃小畜成家人兩五皆同故云纔復始無有異於是家人上之萃三家人成既濟爲卒卒即終也萃成咸則有喜小畜二之豫五而後上之豫三即大畜二之五而後上之萃三有喜二字用大畜傳高氏此注深得旁通比例之精矣孔子贊易之旨東漢時尚有遺訓可尊其解愬愬也居之以禮指履行之以恭指謙傳云謙也者致恭以存其位者也

呂氏春秋召類篇趙簡子將襲衛使史默往睹之史默即史墨說苑作史黯史默曰謀利而得害猶弗察也今蘧伯玉爲相

史鰌佐焉孔子爲客子貢使令於君前甚聽易曰渙其羣元吉渙者賢也羣者衆也元者吉之始也渙其羣元吉者其佐多賢也按傳云渙離也離爲明高誘注呂覽尊師篇云賢明也賈子云知道者謂之明是明卽賢以賢釋渙卽以明釋渙以明釋渙卽以離釋渙渙二之豐五爲渙其羣亦爲來章章亦明也

劉子說易

劉子北齊劉晝撰思順篇云蹇利西南就土順也不利東北登山逆也此以西南指坤東北指艮就土則順登山爲逆與易義合

目不相聽考 丙寅答汪孝嬰

說文目部云睽目不相聽也今汲古閣本如此宋本釋文引說文如此董眞卿周易會通引呂東萊音訓中所引釋文引說文亦作目不相聽惟通志堂所刻釋文改爲目不相視盧學士名文弨考正云作視乃妄人所改是也說者以目不可聽徑改說文聽作視或以聽爲順從不作耳聽解或以睽從目者訓目少精聧從耳者訓耳不相聽皆非也玉篇目部睽乖也目少精耳部聧耳不相聽也廣韻十二齊列睽於前云異也乖也外也引說文云目少精又列聧字於後引說文云耳不相聽引方

言云聾之甚者秦晉之間謂之聧說者或據此所引以爲說文本有睽聧兩字後人脫去耳部聧字而以聧字之訓譌入睽字下因改耳不相聽爲目不相聽愚考玉篇字之次序大率本之說文耳部聶字以上用說文者必明標說文曰三字較他部爲最詳獨聧字不標說文且遠附聶字之後其目部睽字與說文目部睽字次序相等又考說文目部云矔目多精也矉目精也眊目少精也矘目無精直視也此於目之有精無精詳備無缺而目少精之訓已有眊字不得又有睽字至廣韻所引方言今在第六卷云聾之甚者秦晉之間謂之聵吳楚

之外郊無耳者亦謂之矙其言矙者若秦晉中土謂墮耳者聑也矙字說文耳部中亦有之引方言吳楚句與玉篇同而玉篇目部於瞵字用說文於矔字則改爲轉目貌既字改爲目不明貌遂以目少精之訓移於睽字矣葢玉篇自唐末孫强之後屢經增改此必見目不相聽語晦難解不用說文别尋他說原非說文本如是也說文自在固不可誣廣韻自引玉篇而誤爲說文其書之增改出諸詞人釋氏本不足爲典要學者喜新而不耐推究信爲說文原本其誤甚矣愚謂說文中訓詁每深合乎易象之精微坎爲耳離爲目說卦傳云離也者

明也萬物皆相見南方之卦也聖人南面而聽天下嚮明而治葢取諸此也離目故相見聖人面南則立於北北方爲坎以坎聽離以離見坎正是以目相聽蹇兩坎睽兩離在蹇通睽睽所以相蹇凡卦之坎在上必孚於離在上之卦爲之輔相卽南面聽天下之義以目相聽則治目不相聽則睽謂失道成損成大壯成泰也此必古經師說易之遺文而許氏采之以爲睽字之訓若作目不相視耳不相聽顧耳自司聽目自司視何爲相矣

周易用假借論

六書有假借本無此字假借同聲之字以充之則不復

更造此字如許氏所舉令長二字令之本訓爲發號長之本訓爲久遠借爲官吏之稱而官吏之稱但爲令爲長別無本字推之而字訓面毛借爲而乃之而爲字訓毋猴借爲作爲之爲無可疑者也又有從省文爲假借者如省狎爲甲省旁爲方省杜爲土省虞爲吳或以爲避繁就簡猶有說耳惟本有之字彼此互借如麓錄二字本皆有者也何必借錄爲麓壺瓠二字本皆有者也何必借瓠爲壺疑之最久叩諸通人說之皆不能了近者學易十許年悟得此例引申之妙乃知彼此相借全爲易辭而設假此以就彼處之辭亦假彼以就此處之

辭如豹礿爲同聲與虎連類而言則借礿爲豹與祭連類而言則借豹爲礿沛紱爲同聲以其剛揜於困下則借沛爲紱以其成兌於豐上則借紱爲沛各隨其文以相貫而聲近則以借而通葢本無此字而假借者作六書之法也本有此字而假借者用六書之法也古者命名辨物近其聲卽通其義如天之爲顛日之爲實說文春之爲蠢秋之爲愁鄉飲酒義獄之爲确岱之爲代華之爲穫白虎通子之爲滋丑之爲紐律書卯之爲冒辰之爲振律志仁之爲人義之爲我春秋繁露禮之爲體禮器富之爲福郊特牲銘之爲名祭統及之爲汲公羊傳桑之爲喪士喪禮注栗之爲慄白虎

通踟躕之爲蜘蛛嘯賦洸瀾之爲芄蘭息夫躬絕命辭無不以聲之通而爲字形之借故聞其名卽知其實用其物卽思其義欲其夷平也則以雉名官欲其勼聚也則以鳩名官欲其戸止也則以扈名官左傳以曲文其直以隱蘊其顯其用本至精而至神施諸易辭之比例引申尤爲切要矣是故柏人之過警於迫人秭歸之地原於姊歸後漢書和帝紀注髮忽蒜而知算盡慕容紹宗事屐露卯而識陰謀晉書五行志卽楊之通於揚姊之通於秭也梁簡文沈約等集有藥名將軍名郡名等詩唐權德輿詩云藩宣秉戎寄衡石崇位勢年紀信不留弛張良自愧宣秉石崇紀信

張良即箕子帝乙之借也陸龜蒙詩佳句成來誰不伏神丹偷去亦須防風前莫怪攜詩藁本是吳吟盪槳郎伏神防風藁本即蒺藜莧陸之借也温庭筠詩井底點燈深燭伊共郎長行莫圍棋玲瓏投子安紅豆入骨相思知不知借燭爲屬借圍棋爲違期即借蚌爲邦借鮒爲附之遺也相思爲紅豆之名長行爲雙陸之名借爲男之行女之思即高尚其事爲逸民匪躬之故爲臣節借爲當位之高失道之匪也合艮手坤母而爲拇合坎弓艮瓜而爲弧即孔融之離合也樽酒爲尊卑之尊蒺藜爲遲疾之疾即子夜之雙關也文周繫易之例晦於

經師尚揚其波存其迹於文人詩客之口其辭借其義則質知其借而通之瞭乎明確乎實也或以比莊列之寓言則彼幻而此誠也或以比說士之引喻則彼詭而此直也卽以比風詩之起興亦彼會於言辭之外而此按於字句之中也易辭之用假借也似俳也而妙也似鑿也而神也願與好學深思心知其意者商之

易詁下終

姪孫授經校字

禮。官

道光丙戌鐫

易廣記

半九書塾藏板

易廣記卷一

江都焦循撰

余之學易也自漢魏以來至今二千餘年中凡說易之書必首尾閱之其說有獨得者則筆之於策可以廣聞見益神智因名之曰易廣記云嘉慶戊寅七月下弦記

宋龔鼎臣東原錄云或問李鼎祚解易以聖人設卦爲伏羲觀象繫辭焉爲文王是否予曰伏羲設卦觀示其象於人文王演易繫辭於卦下故孔子言繫辭焉者六皆不能有字著其上一曰繫辭焉而明吉凶二曰繫辭

焉以斷其吉凶三曰繫辭焉所以告也四曰繫辭焉以盡其言五曰繫辭焉以斷其吉凶六曰繫辭焉而命之然則豈容與設卦離其句哉

趙東山撰黄楚望先生行狀曰其於易以明象爲先以因孔子之言上求文王周公之意爲主而其機括則盡在十翼作十翼舉要以爲易起於數因數設卦因卦立象因象起意因意生辭故孔子曰易者象也立象以盡意居則觀其象而玩其辭聖人言易之爲教如此易不可廢象明矣由象學失傳漢儒區區掇拾凡陋不足以得聖人之意而王輔嗣忘象之説興至邢和叔則遂欲

忘卦棄畫雖以近代鉅儒繼作理學大明而莫能奪也作忘象辨有一卦之象有一爻之象或近取諸身或遠取諸物或以六爻相推或以陰陽消長而爲象學者猶可求也然有象外之象則非思慮意誠所能及矣而況於立例以求之乎李鼎祚綴緝於王氏棄擲之餘朱子發後出而加密丁易東繼之而愈詳聖人立象之妙終不可見作象略象學既明則因象以得意因意以得辭陰陽消長有一定之幾上下貴賤有一定之分善惡吉凶有一定之則位之當者孔子無由獨言其非卦與爻之小者文王周公固不謂之大然後知三聖人之易一

而已矣若舍象而求則人自爲易不期於異而自異作辨同論

胡雙湖周易啓蒙易傳稱李過字季辯興化人撰西溪易說十二卷慶元戊午自序晚喪明棄科舉授徒而譏其取毛漸三墳分文言傳附各爻下余摘其言之可取者云文王之易雖備然其理尚隱也越五百年而孔子生其潛心於文王非一日也於是盡得文王之心於韋編三絶之後始作彖象文言繫辭等以明文王之易使當時無彖象文言等傳後世學者欲求文王之易信難矣又云王用亨于西山自是隨卦之王王用亨于岐山

自是升卦之王何關文王若必以王爲文王則王用三驅王假有家亦文王耶又云漸卦二爻鴻漸于陸上爻亦鴻漸于陸先儒謂自初爻鴻漸于干以次進至於上爻當漸于天遂改陸爲逵曰逵雲衢也不知大易一書焉可改竄又云先儒說易有解釋不行處則曰占辭也殊不知三百八十四爻皆占辭也豈特解釋不行處便爲占辭近世言易者又盡以三百八十四爻併卦辭盡歸之占辭曰如此而有此占然易固卜筮之書亦不止卜筮之書夫子固曰易有君子之道四卜筮者易道之一端也

楊誠齋先生易傳自序云易之爲言變也易者聖人通變之書也其作也一得一失其究也一治一亂其窮理盡性其正心修身其齊家治國其處顯其傃窮其居常其遭變其參天地合鬼神萬事之變方來而變通之道先立變在彼變在此得其道者蚩可哲慝可淑眚可福危可安亂可治致身聖賢而躋世泰和猶反手也斯道何道也中正而已矣惟中能中天下之不中惟正能正天下之不正中正立而萬變通此二帝三王之聖治孔子顏孟之聖學也後世或以事物之變爲不足以攖吾心舉而捐之於空虛者是亂天下者也不然以爲不足

以遁吾術挈而持之以權譎者是愈亂天下者也然則學者將欲通變於何求通曰道於何求道曰中於何求中曰正於何求正曰易於何求易曰心按此序載經義考其說深有得乎易之本意遂求其書而閱之則大不爭於序說蓋易之所爲變通楊氏未能知也宋臣僚請抄錄此書狀云自淳熙戊申八月下筆至嘉泰甲子四月脫稿閱十有七年而後書成余見凡著書者動曰若干年然既從事仕途則此十七年中果一夕不暇乎余自弱冠即學易至四十歲此二十年中奔走於科場兼習他學未嘗專也而一無所得自四十至四十七此八

年專於學易始悟得旁通之旨然名利之心未淨其中修郡志者四年故雖有所得終不能融貫也庚午至今五年無一日不窮思苦慮一切功名仕宦交游慶弔俱不以攖吾心志乃日有進境譬如蕉葉之生一葉長於一葉其未得也甚苦其得也甚樂乃知學易前後三十年僅有此四五年也抑且四十以前學六書音韻之學學九章天元之學諸學既明於胸而此四五年中乃得空諸所有以研究其微然則楊氏之十七年未必能專一於此且未能先明書數以及諸經則其書之不逮其序固無怪也書此以示吾子孫

讀易餘言五卷明相臺崔銑著前有嘉靖庚子自序卷一上經卦略卷二下經卦略卷三大象說卷四繫辭輯卷五說卦訓自序云銑童丱居陝間蜀蘇氏茂之講易心樂之先君子亦篤好是經采長明訓咸出手錄及壯仕於京會友繹習官爲翰林得閲秘書至今五十年銑齒六十有三憂喜夷險履行體運無一日不體夫易也先儒解釋詳矣好奇者求異於象流爲詭誕飛伏納甲五行互體以彼小術蕪我聖典夫皇羲畫卦文王周公繫辭夫子作翼一也謂易道加詳可爾乃曰有羲易有文易有孔易支矣哉易有聖人之道四今尙象者亡其

裁尚占者失其法因夫子之贊明三聖之旨以貞夫變以正其履傳是者倡於王弼備於程子斯時之宜也易之要也爰述管見於篇以暢二氏之疑者云

易象解四卷寫本題南宮微山劉濂著有嘉靖三十七年巡按河南監察御史門人楊惟平序言先生以才柱史勁節高蹈林居晚年抱易自怡其自序云十翼之辭不盡出於聖門故其言多無謂余閱此序駭汗者竟日其書但爲彖爻辭作解屏十翼去之所解大率學究家言余始讀易於陽在下也德施普也反復道也進无咎也大人造也窮之災也云云亦疑其言之泛而不切自

壬戌以來精思十年乃悟得其妙甚歎前此讀十翼者未能窺其藩籬也若濂者妄人而已矣又何怪哉

朱謀㙔周易象通八卷亦不用十翼分下三爻爲貞上三爻爲悔或總數爻爲一解或專取一爻爲一解以太極圖爲河圖冠之卷首而八卦之序以天火風山地水雷澤以傅會於太極圖黑白多寡之數首有李維禎湯顯祖俞琳三序李序作於萬歷壬寅湯序作於萬歷癸卯俞序云黄梅瞿蘅夫今世鴻學通人也訪道南州一見象通卽擊節驚歎之不置以爲古今說易七十八家無足當彎儀者今閱其書拘牽强作解事無甚好處俞

亦標榜無實之言耳其讀謙謙君子上一謙字爲歉突如其來如下如字爲衍包无魚起凶起字誤當作任升元亨用見大人用當作利九二孚乃利用禴无咎爲與萃六二相滑而誤當云引升无咎疑震象震來虩虩笑言啞啞八字爲衍初九後字衍渙奔其机机即軌字轅端持衡之木凡此皆不根妄說

易原趙振芳著易或徐在漢著其概見於趙振芳合序云戊寅之歲予先授業於雲間元宇丁夫子稍指示圖學則疑日起而不得不辯辯日多而疑益不能已於是謀之徐子羅致傳注家凡二百餘種已卯相攜入黃海

絕人事而學草木棄智與故用志不分於是求之章句而不通卦畫則載鬼劓人靈龜飛鳥與睽頤小過之畫全不相似矣於是求之卦畫而不通圖數則河圖之十書何以九卦何以八蓍何以七絕不相符矣於是求之卦變而不通象變則一陰一陽即五陰五陽四陰四陽即二陰二陽三陰三陽即三陽三陰剛上柔下柔來剛往之說又與四千九十六卦互相矛盾矣於是求之卦圖而不通象圖則小大橫直各一其體方圓斜曲各一其用序互錯綜各一其變終日終挐而無所守矣予兩人乃多方以謀彷彿以遇原其辭原其象原其變原其

書原其數冀所以冥契者不得於此即得於彼故無所不疑則無所不原久之而天人象數理氣覺有同條共貫者則疑可釋也而疑乃日益甚葢一卦未通即六十四卦之未通一爻未通即三百八十四爻之未通一言可疑即言言可疑幾欲盡棄其可疑之言也又無所謂無疑之言於是合集諸家之長參以末議草創易原一書凡二十卷尚期增删定本使必無疑而後快也未幾予遊蜀楚攜笈萬里遂與徐子東西脩阻未幾閱歷滄桑屢遭烽燹丁亥業已全稿俱失原購死諜僅獲首卷圖說亦復殘落至於經義傳義杳無存眼穿落日心死

寒灰自謂已矣已丑寄跡黃州孫子棐臣相與問難雪堂亟勉珍重拉予補葺斷簡圖說僅成全帙餘志焉而未逮辛卯予再入西川丙申始遊劒南疾走尺一天都問徐子舊業而徐子則溘焉長往矣猶幸遺書尚存惟自困至未濟徐子以病劇未脫稿其餘經義傳義釐然畢與不異夙昔之講求而精深該核又過之且能獨開生面發前賢所未發自成圖說自成觀玩要領絕不同易原舊本特可謂徐子之易而非予所敢傅會也徐子先諱之裔號天章晚年隱其名號寒泉古歙之練溪人

按趙氏序所述說易之難讀易之法深中窾要然其書

首列河圖洛書用宋人旋毛甲坼之狀其古易則以繫辭鳴鶴在陰等節改入文言傳其書已不足觀矣惟引友人張聖初方圖之變本易辭益言恒履言夬為之恒益旁通夬履兩象易也圖分四層規而圓之內一層四卦以震對巽以恒對益次一層以離對坎以未濟對既濟以噬嗑對井以豐對渙以鼎對屯以家人對解又次一層以兌對艮以咸對損以革對蒙以睽對蹇以隨對蠱以歸妹對漸以大過對頤以中孚對小過以困對賁以節對旅外層以乾對坤以否對泰以履對謙以夬對剝以同人對師以大有對比以无妄對升以大壯對觀

以姤對復以小畜對豫以訟對明夷以需對晉以遯對臨以大畜對萃此圖極有會悟惜聖初全書未見未知所說何如

周易卦變圖傳六卷廣信呂懷著前有巡撫侍郎胡松序門人詹梗序胡序作於嘉靖癸亥詹序作於嘉靖乙卯又有百泉山人皇甫汸題辭稱爲巾石呂先生末有門人胡采跋作於嘉靖壬戌稱嘉靖壬子先生爲南太僕少卿門人石壟張森以周易質而卦變圖傳成又三年先生乞休隱居石塘山中婺源門人葉茂芝詹一麟以本義卜筮質更圖之合前分爲上下六卷今此寫本

首自題嘉靖乙卯下三卷自題嘉靖己未考懷中嘉靖乙未進士自壬子至乙卯三年則上卷成於官少卿時下卷隱石塘時作凡官二十四年而隱也其書專言卦變凡錯卦旁通反對皆以卦變目之以八卦爲八宮如乾上卦變坤爲泰變離爲大有此卽八卦相錯也以乾坤坎離大過小過頤中孚爲八正卦陰變陽陽變陰如大過變頤小過變中孚則旁通也然惟此八卦旁通其餘五十六卦則屯變蒙蒙變屯咸變恒恒變咸則反對也乃其變也以蒙上變屯上屯成益蒙成師以屯五上變蒙五上蒙成坎屯成頤屯四五上變蒙四五上屯成

頤蒙成坎屯三四五上變蒙三四五上蒙成頤屯成坎屯二三四五上變蒙二三四五上蒙成比屯成損屯六爻變蒙六爻則屯變蒙蒙變屯餘五十五卦放此其乾坤坎離大過頤小過中孚則乾成夬坤成剝乾成大壯坤成觀乾成泰坤成否乾成臨坤成遯乾成復坤成姤乾成坤坤成乾每反對兩卦互相變爲六十二似易林一卦變六十四而所以變者不同其說甚新乃細按之變必陰陽交易未有陽仍變陽陰仍變陰者如屯蒙之三四皆陰需訟二五皆陽其變爲頤坎也陰仍爲陰其變爲大畜解爲履井也陽仍爲陽其上卷以反對解彖

傳已開來矣鮮之先其說納甲改乾納壬坤納癸離納甲坎納乙是又殊乎虞氏矣虞氏納甲詳見圖略皆臆說也

上下經之序序卦傳言之矣元人蕭漢中更分之今撮其大略乾坤二卦爲首次以屯蒙需訟乾統三男而以坎爲用次師至豫十卦泰否爲乾坤交居中小畜履爲乾合長女少女互中女居右同人大有乾合中女互長女少女居左爲女正位乎內師比以坤合中男互長男少男居小畜履之右謙豫以坤合長男少男互中男居同人大有之左爲男正位乎外次隨至大過十二卦居坎離前以噬嗑賁剝復四卦居中以坤離合震艮右爲

臨觀以坤合巽兌左爲无妄大畜以乾合震艮隨蠱居臨觀之右頤大過居无妄大畜之左以上爲坎離前十二卦次咸至益十二卦居坎離後以晉明夷家人睽四卦居中爲坤統三女遯大壯居右蹇解居左爲乾統三男咸恒居遯大壯之右損益居蹇解之左以上爲坎離後十二卦共二十六卦坎離居中爲一大局次夬至鼎八卦夬姤爲巽兌合乾萃升爲巽兌合坤困井爲巽兌合坎革鼎爲巽兌合離次震至小過十二卦震艮居前巽兌居後豐渙以艮震包離居漸歸妹後以次震艮渙節以巽兌包坤居中孚小過前以次巽兌而漸歸妹中

孚小過則巽兑震艮之體也終既濟未濟泰否以前乾南坤北有坎無離泰否以後乾北坤南有離無坎謙前十五卦乾坤坎離多震巽艮兑少而乾坎又少於坤離豫後十五卦乾坤坎離少震艮兑巽多而震艮多於巽兑仍存上經主陽之義也合坎艮震仍爲純乾故上經屯蒙需訟乾統三男合巽離兑仍爲純坤故下經晉夷家睽坤統三女坤在下經隱持其權乾在下經雖尊各以一體合震艮兑巽不自用爲陰所用也故以遯蹇三對包晉家人四卦坤離唱而乾坎和也咸損二對復包之巽兑唱而震艮和也乾坤在上經十二體兑巽在下

經亦十二體二長二少並重於下經而二陽重於二陰咸損所以先恒益自夬至鼎所以有巽兌而無震艮也然咸恒仍互一乾損益仍互一坤豐旅以震艮包離而巽兌具焉三女全矣渙節以巽兌包坎而艮震具焉三男全矣自中孚至未濟六子之卦俱全亦同於上經之末四卦漢中字景元太和人元泰定閒著讀易考原三卷

蕭山來集之字元成著易圖親見七十二篇亦詳於序卦本漢中而充之者也作序卦大圓圖以上經三十卦居內下經三十四卦居外上經乾坤居南右旋與坎離

頤大過相續下經損益當之合八卦而乾坤坎離震巽兌艮備下經咸恒居東左旋與中孚小過既濟未濟相續上經泰否當之合八卦而乾坤坎離震巽兌艮備爲陰陽大會損益之會當以大畜泰否之會當以小畜乃知小畜大畜之名所位置之地井井不紊震艮居亥子之交艮巽居丑寅之交由內層乾左旋數至外層震爲第十四卦至艮爲第十五卦由內層坤右旋數至外層兌亦爲第十四卦至巽亦爲第十五卦惟家人睽宜對渙節而反得需訟同人大有宜對需訟而反得渙節豐旅宜對鼎革而反得謙豫臨觀宜對謙豫而反得鼎革

其所以相互之故序卦者必別有深微之旨難以淺窺作序卦大方圖以乾坤坎離震艮兌巽八卦不與諸卦例而以旣濟未濟屯蒙需訟師比小畜履泰否十二卦居南同人大有謙豫隨蠱臨觀噬嗑賁剝復无妄大畜十四卦居東頤大過二卦居東北隅咸恒遯大壯晉明夷家人睽蹇解損益十二卦居北夬姤萃升困井革鼎漸歸妹豐旅渙節十四卦居西中孚小過二卦居西南隅中孚小過頤大過兩隅相對爲兩界乾坤居界南六子居界北乾坤坎離之交列於南之兩旁震巽兌艮之交列於北之兩旁旣濟未濟與損益對泰否與咸恒對

其南卦坎多於離其北卦離多於坎其東卦震艮多於兌巽其西卦兌巽多於震艮以小過爲冬至以大過爲夏至泰否爲春分損益爲秋分大畜小畜爲圓圖之綱領大過小過爲方圖之綱領卦起中孚於此圖益信合上下經分爲三節乾坤至尊不在分節之內第一節泰否爲中前列八卦後列八卦第二節坎離爲中前列八卦後列八卦第三節震艮爲中前列十二卦後列十二卦說云泰和蕭氏取序卦上下經分作六節各有妙理初見之深駭其獨得而服其精至也及取序卦全圖再三披閱始覺分爲六節未免太碎夫所爲卦者乾坤六

子而已乾坤之尊無偶不與諸卦隸而以爲交之爲泰否者自立疆域於是分泰否爲一中而諸卦翼之分坎離爲一中而諸卦翼之分震艮爲一中而諸卦翼之而六十四卦之次序雖有巧手不能爲之上下於其間矣泰否爲乾坤之中坎離爲六子之中其專權制命分布庶職誰曰不宜震艮爲長少之男勢不得不合力以自置一座也震艮居中則巽兌自當從之其退而處於一隅不獨分之本然亦理之當然者矣又云泰初蕭氏取師至謙豫十卦則知泰否之足爲一中矣而未及於坎離震艮者惑於上下經之兩截也毘陵錢起新先生於

泰否則前至師比後至謙豫於坎離則前至隨蠱後至損益則既知泰否坎離之各爲中矣而未及於震艮者惑於震艮巽兌之兩抗不下也明初劉商卿論易謂卦名與卦序俱本自伏羲尋味无窮獨其所爲大業圖者未之有見意其布置必有可觀朱楓林取泰和蕭氏讀易考原置之卷首而近時何元子先生亦推尊之考原之圖眞所謂有功於序卦且有功於後之讀序卦者也黄石齋先生南政北政衡交倚交之作廣細悉該正變咸備矣予謂易有天道焉乾坤是也有地道焉坎離是也有人道焉震艮巽兌是也序卦之作且因其次弟而

次弟之乾坤統乎六十二不當降階與三才分治於是以泰否之交者代之混沌之初天地未交人不知有天也天地交而人知有天故立天之道必曰泰與否矣天道屬之泰否之交地道亦當屬之既未之交然而歸於坎離者剛柔攸分南北乃辨寒暑往來而人民以居故立地之道必曰坎與離矣巽兌者震艮之配也牝主握轡則削色須眉嫗相操國則力無肩荷故立人之道必曰震與艮矣夫横圖自復至乾自姤至坤一陰一陽一左一右自然流出聖人曷不依此以爲序葢天無工焉而惟恃造作雕鏤之巧聖人不爲也天已定矣而絕無

踵事增華之功聖人不取也惟夫或錯或綜或參或伍治天下之大法傳天下之大經盡於此矣依序分上下兩經上經以一陽之卦爲紀綱前後中閒各相去六卦首以師比爲紀綱乾坤屯蒙需訟居前小畜履泰否同人大有居後次以謙豫爲紀綱小畜履泰否同人大有居前隨蠱臨觀噬嗑賁居後次以剝復爲紀綱隨蠱臨觀噬嗑賁居前无妄大畜頤大過坎離居後下經以三陽三陰平交之卦爲紀綱前後閒以八卦中閒相去十卦咸恒爲紀綱相去遯大壯晉明夷家人睽蹇解八卦次以損益爲紀綱相去夬姤萃升困井革鼎震艮十卦

次以漸歸妹爲紀綱相去豐旅巽兌渙節中孚小過八卦而終以既濟未濟按元成明崇禎庚辰進士安慶府推官所撰易圖親見外又有讀易隅通卦義一得兩書余有其易圖親見寫本其二書見朱氏經義攷載其讀易隅通自序云予於易初無所解迨一官皖口寇至登陴司刑之官不問刑而問兵城之北最當阨要予與郡伯共汎其地傍城有池曰飲馬塘城之下池之上小屋Ｘ椽予退而休息者也寇信飄忽去來莫定於是挑燈讀易周六十四卦而畢每至漏盡昧爽而鈴柝依然孤城無恙喜可知也城周九里有奇爲雉堞者二千七百

有奇夜漏平分以其半巡城以其半讀易寇近則巡城時稽督之功密而讀易稍疎寇遠則讀易時研討之意多而巡城頗速如是者率以爲常及寇越江而南防守解嚴而予於易亦時有通悟處矣或從易而通之於人情物理或從人情物理而通之於易凡積數條則引紙而書之彙而名曰隅通嗟乎大江以北千百堅城無不靡碎而皖伯舊封峨然孤峙則讀易隅通之作雖未必有功於易而要未可謂全無功於皖也

汪鈍翁琬本蕭漢中卦序而演其說云乾坤純陽純陰屯蒙需訟合六陰六陽師比小畜履合六陰六陽泰否

三陰三陽自爲對同人大有謙豫合六陰六陽隨蠱三陽三陰與噬嗑賁三陽三陰對合六陰六陽臨觀二陽四陰與无妄大畜二陰四陽對合六陰六陽頤大過合六陰六陽坎離合六陰六陽咸恒三陰三陽自爲對遯大壯晉明夷合六陰六陽家人睽蹇解合六陰六陽損益三陽三陰與困井三陽三陰對合六陰六陽萃升二陽四陰與革鼎二陰四陽對合六陰六陽震艮與巽兌對合六陽六陰中孚小過合六陰六陽既濟未濟三陽三陰自爲對其夬姤則遥與復剝對爲六陰六陽漸歸妹三陰三陽自爲對與泰否亦遥合六陰六陽上經自

乾坤凡陰陽各十八而後有泰否下經自咸恒凡陰陽亦各十八而後有夬姤上經自乾坤凡陽爻三十六而爲剝復合老陽之數也下經自咸恒凡陰爻三十二而至漸歸妹合少陰之數也故泰否於夬姤剝復於漸歸妹亦遥對按卦序之說開始於漢中歷至來元成汪鈍翁踵而言之非不巧合然細按之終多牽合以泰否爲天道坎離爲地道杜撰也至紀綱相間上經用六下經用兩八而十中之及泰否夬姤剝復漸歸妹以畫數遥對有何義意以聖人之書爲兒戲矣陽爻三十六合老陽陰爻宜二十四合老陰何以不合老陰而合少陰偶

有所合非經之本義也備錄於此學者辨之
來元成云橫圖之後爲方圓二圖列於本義之前以爲易與天地準彌淪天地之道者其藴盡於此夫橫圖上一陽一陰層層棋累邵依之爲數而程子以加一倍法之四字該之斯言也夫人得而言之不待程子之積學深悟而後有與於斯也蓋自姤復而推於乾坤者橫圖之自然乃印板死煞之自然自乾坤達於旣未者序卦之自然則眞活潑通變之自然矣橫圖旣立乃更圓之以應上曰動而爲天方之以應下曰靜而爲地皆形模之見也此譏橫圖是矣而來氏自造圓圖方圖而以泰

否坎離分天地獨非形模之見乎

姪孫授齡校字

易廣記卷一終

易廣記卷二

江都焦循撰

宋楊簡易傳二十卷其說以易本乾坤爲陋而取連山首艮歸藏首坤謂不必首乾謂文言傳以元者善之長爲害道謂大傳非聖人作道之不明未有一人知大傳非者此言眞狂妄不知而作眞異端也然有確不可易之言如云六十四卦皆可以言元亨利貞聖人既於乾言之又於坤言之又於屯言之聖人於此謂學者可以意通之矣故自蒙而下或言其一或言其二或言其三至隨又全言之臨又言之无妄革又言之亦偶於此數

卦而復言非此卦之特異也亦恐學者執乾坤屯之卦異餘卦故復於此言之以破其疑又云易卦諸彖言大矣哉者十二卦而已豫遯姤旅言時義隨言隨時之義豈他卦皆無時義哉豈他卦之時義皆不大哉坎睽蹇言時用豈他卦皆無時用哉豈他卦之時用皆不大哉頤大過解革言時豈他卦皆非時哉豈他卦之時皆不大哉六十四卦皆時也皆有義也皆有用也皆大也聖人偶於此十二卦發其數非此十二卦與他卦特異也使每卦而言則不勝其言愚者執其言智者通其意此二條真冰雪聰明舉一隅而三隅反矣

杭氏堇浦撰林氏周易經傳集解序云慈谿楊氏福清林氏兩家之易皆爲朱子所不與黄中既與論易不合乃肆爲詆讕攻訐陷於鄭丙陳賈者流晚節之失儒者病之遂并其所論著莫或齒及夫論易不合之故學者鮮能指數惟朱子一嘗言其於卦體多倒逆矣與陳氏因張喙以助其讕而林氏之學世若羣指爲旁門邪説者之不可與於經術之列嗚乎是何不察其本末也黄中廷論和議攬權數大事皆足以振南渡廟堂孱守之習其於易解時一證明其説於震之六五云剛不至於犯難柔不至於畏人難九四之强暴莫能加焉此象之

所謂可以爲祭主者也於益之六二云惟龜筮之无違天人之咸助而能永保其貞斯人臣之吉矣於蹇之象云蹇難之時有聖人者出而靖之必先立於无難之地以受天下之歸然後可以紓天下之難其宏議碩畫可以敷陳者類皆若此又謂石介因聖德頌以斥死遠方爲壯于前趾往不勝之咎漢明德馬后引進同列保護章帝爲歸妹女之終援古證今辭達而理暢固非後儒之捃拾撏撦者可得比矣書在淳熙十三年表進時方以直寶文閣主管荆湖南路安撫司公事初名爻象序雜指解繼謂爻象二字不可以該三聖先設卦畫次繫

彖辭之意卽序雜二字亦未能概舉彖象繫辭文言說卦之分乃依先所撰進春秋經傳集解之例改今名中間辨王弼之非指陸希聲之謬疑晁以道商瞿易傳之僞大旨明白粹美頗於經窟有鐵擿三折之勤奈何以一眚之失因并其全書廢之夫黃中之學生前屢蒙御筆之褒歿後爲勉齋曲致推奬則史之所謂論易不合者特聖人畫卦之大旨文句意義之間固未嘗不渙然冰釋也全氏紹衣讀林簡肅公周易集解云崑山徐健菴開雕林黃中周易集解或告之曰是非糾朱子者耶尚書懼亟斧之其所見隘矣竹垞旁援勉齋祭文以雪

黄中之寃子謂黄中立朝風節卓絶其論朱子激於一時之勝心不過如東坡之排伊川耳若其說易則實有近於支離者黄中謂一卦皆含八卦謂之八象如屯則初震二坤三四爲艮坎三艮四坤五上爲震坎蒙則初坎二震三四爲坤艮三坎四艮五上爲坤震其前四卦以兩正體兼兩互體也其後四卦以兩反對兼兩互體也夫於反對之中尙欲求互則屯卽爲蒙蒙卽爲屯終何所別是所謂鹿旁求獐獐旁求鹿者也無惑乎朱子之斥其說也黄中又謂八卦皆互相包以爲六畫每卦取一互體留一互體一卦取上互則一卦取下互如乾

包坤則爲損益坤包乾則爲咸恒一卦包三十二卦八卦得二百五十六卦是其說於易之經傳全無所預且同一互也或取以致用或留以植體則又何也是朱子之所未辨而南雷黄氏以爲當日必因其不足辨而置之者也更有異者黄中主張三代不改夏正之說而謂十月乾亥不得言坤正月勾萌不得言泰三月微陽不得言壯舜典仲冬巡北岳不得言后不省方因謂正月爲復二月爲臨則豈有三代不改時不改月而反能改陰陽之氣直以六月爲乾者且謂至日閉關焉知非夏至何其任情强辨至於此乎厚齋馮氏反謂足破千古

之惑則好奇之過也黃中之書今所傳者皆無圖獨楊止菴傳易考中有之止菴葢猶得見其書而今止存集解一種矣故撮止菴所傳者附之以見其書之本有可斥非果朱子之力能詘之也黃中之人不當因其糾朱子而遽黜至其書則正不必以其有異於朱子而反稱之是吾持平之論也循按黃中自序云孔子讀易至於韋編三絶且曰加我數年五十以學易可以無大過矣可以易言之哉近世諸儒湛思未至燭理不明乃欲舍羲文之畫捐周孔之辭至於繫辭說卦序卦雜卦一切不取而自以其意言易之義是猶即鹿而無虞也其能

有得乎哉文王周公孔子三聖人者於此盡心焉學者不本是而言易妄也此言深得乎學易之旨黄中以一卦六爻爲太極中含二體爲兩儀通二互體爲四象又顛到通爲八卦朱子以其違邵康節也而破之今全氏亦以爲支離者也余謂與邵氏較之邵氏之太極無所著正不如黄中指一卦爲善蓋黄中以六爻旋而圓之自初左行至四爲四卦自上右旋至三爲四卦以其旋而圓之也故爲太極以六爻旋而圓之爲太極固勝於虚无所有而空爲一圓之爲太極也余向爲弟四次稿頗用其意而推之每卦六爻相旋卽含數卦如一陽之

卦相旋而復比謙豫師剝其一圜也一陰之卦相旋而
姤同人履小畜大有夬其一圜也二陽之卦則臨頤觀
萃小過升其一圜屯晉蹇解明夷蒙其一圜二陰之卦
則遯大過大壯大畜中孚无妄其一圜鼎需睽家人訟
革其一圜三陽三陰之卦泰咸恒否損益其一圜歸妹
賁渙隨旅井其一圜漸困豐蠱節噬嗑其一圜坎震艮
其一圜離巽兑其一圜既濟未濟其一圜乾坤各自爲
一圜惟歸妹賁渙隨旅井與漸困節蠱豐噬嗑左右交
互餘左右旋同此與无妄剛自外來爲主于内虞氏以
爲遯上之初大畜尚賢虞氏以爲大壯初之上合自丁

卯至己巳三年已成草稿三寸許求之於辭亦偶有合然以元亨利貞悔吝厲无咎有孚諸義求之多不能通庚午春遂决然舍去然損益地包天中故孔子以天地絪緼贊之旁通爲咸恒故以寒往暑來日往月來贊咸之往來黄中不知旁通謂坤包乾爲咸恒則非耳天可包地地不可包天損益可言天地咸恒但爲寒暑日月往來於天地之間也邵氏之説在同時伊川程子已疑之不用近時通人破之不遺餘力黄中深思苦慮以攻康節南宋説經諸家實爲傑出惜其未能融貫全經耳宋李季可松窗百説云有太極是生兩儀兩儀生四象

四象學者往往不能定葢元亨利貞也然以兩儀爲乾天坤地又不知太極之有有於易舉傳文不及易字非也然以元亨利貞言四象勝於他儒之說矣

鄭所南答吳山人問遠遊觀地理書云大過乃始乎巽陰終乎兌陰之卦以其初六上六之陰畫包乎內二三四五之陽體是拱其陽而聚之於內也能了父母送死之大事當以外拱其陰以包之內聚其陽以實之之地而葬焉則死者入而悅矣古者葬之中野聖人以棺椁取大過皆寓葬法於言外

蔡汝楠說易記一卷自序在嘉靖庚戌

錢塘張振淵石鏡山房周易說統十二卷其子師栻刻於萬秝乙卯所採宋元明說易者百十餘家既列正解於前又分附異附參附別附餘諸目於後按而核之不知何以正何以附又不知何爲異何爲別何爲參何爲餘也此書余家舊有之童時讀易卽閱此本閱之不下十數過愈閱愈不知經義之所在亦不知所說之何謂譬之村人觀劇不知何以紅面與黑面廝殺旁一村人指而說之侈陳三國志演義核之於劇非關張也旁又一人曰此戲也但看其情節不必知其爲何如人然則看劇終日不啻坐雲霧中此等說易之書眞村人之說

劇耳

楊廷筠玩易微言摘抄六卷易總一卷冠諸首朱氏經義攷稱楊廷筠易顯六卷存易總一卷未見而不言玩易微言其別一本耶廷筠字淇園仁和人萬秝壬辰進士仕至順天府丞其書載舊說於前末載己意謂之測言其說家人云世謂父嚴母慈此以育子之情言若論正家之道必父母俱嚴而後內外整肅不然雖有嚴父而閨閣隱微之地惡能及之哉又載張愼甫云或與或求二或字要重看臨非與觀非求而有或與或求之義耳隨无故革去故豐多故三故字一樣

唐鶴徵周易象義四卷首有劉曰寧序作於萬秝丁未稱奉常先生者荆川先生子也論者以不求文字爲弟一義諦余甚惑之漢儒既没人人妙悟人人捷徑於繫爻取象與夫說文之意略不相涉藉令得魚兔筌蹄可忘亦何可便不具也卷首有純白齋讀易法取林栗互體而不用其倒互以爲互卦最有關係傳云雜物撰德辨是與非則非其中爻不備此用互卦之意也又曰二與四同功三與五同功此論互卦之法也又謂倒體亦有關係聖人序易每以一正一倒相連如正視爲屯倒視爲蒙正視爲需倒視爲訟矣其有正視倒視總是一

卦者則以陰陽相反爲連如乾坤頤大過之類是也彖傳中往來上下内外全以此論其剛柔大小以卦論不以爻論以變卦之說謂自某卦來者非也此則俞石澗氏得之按以反對說易自石澗開之學者多用其說不特鶴徵也來知德造爲錯綜之名詡爲獨得之見其智出唐氏下矣

蘇紫溪濬易經生生篇七卷首有同安蔡獻臣序作於萬秝丙午云晉江蘇君禹先生以義經冠鄉書魁海內旣行其兒說然兒說帖括家言耳先生藩臬粵西時冥思發其所獨得至再三削牘名冥冥更名生生又云其

視學兩浙頗不得諸縉紳之意旣去十載歿又數載而浙人推督學之敏且公者先後無能及先生又云先生擢長黔憲卽上疏乞休又有東魯楊洵晉江李光縉溫陵黃文炳三序末有匡南吳道長跋然仍帖括家言耳其說利字云利者非一身之利也天下人之利也義是處天下之人使之各得其宜大學之所謂絜矩是也義行於家則家之人交相安而和義行於國則國之人交相安而和義行於天下則天下之人交相安而和和卽利也聖人之利利在天下故曰以義爲利後世之利利在一身故曰以利爲利此說利字甚明

廣漢周滿周易象義五卷經義攷作易象旨蓋本楊時喬而未見其書也書中多駁本義而稱伊川爲程先生亦時取虞翻馬融等說以臨卦八月爲兌甚合惜言之不能精又爲他說所擾耳滿字謙之號受菴嘉靖壬辰進士官至右副都御史巡撫南贛楊時喬述其自序云程子傳義精矣獨象未具故說容有出入朱子義旣專宗程子而別無所發明又概以占括之而象旨益晦余藏其寫本不載自序末有楊夢山罄兩札又富順黃壂隆慶二年跋稱夢山楊公屬壂刻之

倪元璐兒易內儀以五卷外儀十五卷內儀以錄象辭

爻辭而總論之於每卦之後外儀爲易冒易生易準易至易行易行易能易居易適易列易位易數易兼易倚易推易致易求易見易類易嚮易治易作易會易通易卜易初易相易教取十翼中一字說之辭采古艷惜不能貫通全經而精之耳易嚮篇云聖人之教人也教之爲善人毋爲不善卽是教之爲吉人不爲凶人今曰吉凶吾不知是善惡與吉凶離義聖人與蓍龜分教也且聖人之於來物何用知之內事纖曲比於飲食外事大舉無可得已者聖人不以卜不吉或廢飲食聖人不以卜吉爲所得已者也若尊逆覩肆求神靈則以聖人之

誠耳占目察觀器觀發測高測卑莫不如嚮者矣仲尼知人三死知禮十世系書知興審樂知變洞幽測微非假卜筮仲尼亦嘗疾病不必言不死不聞享祀仲尼亦嘗困阨不必言無憂不聞占候苟如仲尼信卜則必不辭禱仲尼敬蓍則必不毀蔡也若以卦象爻占鬼神憑告而南蒯坤五穆姜艮八得其良兆適足爲殃又若卜偃筮比敬仲占觀匪夷所思出乎象表又如城濮之兆其報在邲譬則假道者也喪雄之繇曰宜禦寇譬則要盟者也夫苟可反報以徵神援他以賀我巧者附益其義强者武斷其情則其爲蓍龜者不亦蕩然無憂安往

而不得如嚮者乎又以一龜一蓍並名神物而晉驪卜筮從違殊告範疇亦曰龜逆蓍從卽此二靈先須自訟定物之辭不離休咎一從一違必有一嚮今使兩端懸弋兩暘各執一端必有一獲者矣旣已兩端明者所擇則曰筮短宜從龜長如此何不廢蓍包羲爲空作易也故謂聖人之恃卜筮易之爲卜筮而作吾不信也且天下何據以易爲卜筮之書羲陳禍福原本陰陽陰陽之分非爲掛扐也姬繫文詞旁極事物事物之錯非爲營揲也必以美惡離義歸應繇占是則惠迪從逆書有吉凶良士謀夫詩言休咎洛誥其貞江沱後悔將亦詩書

並爲筮設矣凡易繇占皆詳事應聖人章教有若面謀豈須晉石憑言附靈草甲者乎卽以仲尼贊易因及蓍才一二之紀是明數原五行之求是明化緯其曰退藏是爲正德其曰利用是爲顯業知來藏往是言格物齊戒神明是言誠意神武不殺遠卜之詞探索鉤致求卦之事此皆倚乎學問畢其內謀豈爲蓍龜奔奏誘其精微于儵忽哉由此言之易之不爲卜筮而作章章矣右上篇故觀古之聖人動稱蓍龜然固未有親恃蓍龜者也何以明其然也舜命禹攝禹讓曰枚卜功臣舜曰朕志先定鬼神其依龜筮協從是則舜不得親恃蓍龜也禹

爲誠讓冀卜或不然舜爲誠命不敢恃卜必然也且舜以爲志定則蓍龜自從尊志而已何蓍龜之有也盤庚遷都慮民不承三誥之乃曰卜稽如台無敢違卜武王伐商慮民不昜三誓之乃曰朕卜協吉伐商必克夫河決大患也毒痡大亂也中賢處之亦在不卜且不聞盤庚先會卜遷武王先會卜戰及既舉事援此爲辭鬼神要前劓戮要後是則二王假以蓍龜定民非爲親恃蓍龜者也武王有疾二公請卜周公不可爲壇告於三王請以身代既乃曰請卽命于元龜爾之許我我其以璧與珪俟爾命不許我我乃屏璧與珪是則周公欲以氣

刼龜也以周公之聖多材多藝豈不能知武王享國年壽又豈不能切察武王病必罔害然而周公不能信龜必習吉故爲厲詞欲以誠動先王挾龜必從卽龜不從而天下猶或以公誠義無動葢公是時已虞管蔡耳是則周公尚疑著龜不爲親恃蓍龜也成王欲伐武庚大誥天下曰先王遺我大寶龜我有大事朕卜并吉又曰有指疆土矧今卜并吉葢言卜不吉猶將伐之是則成王以卜爲餘事明示其意不親恃蓍龜也成王營洛邑旣成召公誥曰旣得卜經營洛誥曰周公以圖獻卜昔當武王克商遷九鼎于洛粤瞻洛伊以營天室成王遵

志理無假卜且成王既以二月乙未朝步自周至豐以遷告廟夫國大事必謀定乃告廟也今曰三月戊申太保于洛卜宅厥既卜則經營卜乃在定謀之後是則成王君相皆不親恃蓍龜也春秋書卜郊不從三郊牛口傷改卜牛牛死不郊一鼷鼠食郊牛角改卜牛二改卜牛又食乃免牛一魯郊非禮上帝不歆書卜不從以懼魯也夫郊必歲舉二百四十年不從者三其從尚多是則魯龜嘗不能明帝意也若以不從免郊應有禍患是時閔襄則皆無禍患又郊卜牛者爲卜牛艮惡今牛中卜又傷改卜又死鼷鼠食角改卜又食龜尚不能知牛

生死傷害是則春秋亦不親恃蓍龜也詩曰考卜維王宅是鎬京維龜正之武王先欲營洛而卒不果者想由信卜成王立七年而遷洛去作鎬十二年耳鎬不久處庸爲吉也旣曰龜長何由不知其後而紀之謀而紀不能知三十七百安不誤乎詩稱武王烝哉是其詩作於成王之時或在遷洛以後其心必不親恃蓍龜也禮曰卜宅寢室天子不卜處太廟此言諸侯出行卜所處地太廟天子所必處故不卜又言大事有時日小事無時日有筮此言祭大神有定日不筮小神無定日則筮也以其大舉斷然則自制以其輕緩可通則使蓍龜制之

明乎禮之不親恃蓍龜也易曰蓍之德圓而神卦之德方以智夫決疑者之情必貴方而樂貞以爲可測也今曰圓神則兩在以兩在故卜卜又兩在何決之爲若以靈悟離義求之如南蒯穆姜之云則亦能在占者不在蓍龜矣曰方以智以方故智明言卦德之著貞邪甚確而審爲勝於蓍也是則雖以易之紛稱蓍德猶爲親恃其卦不親恃蓍龜也右中篇

夫聖人不親恃蓍龜而顧甚敬之易不爲卜筮作而聖人必用易以卜筮是則王天下者之謀也王天下之爲謀者謀民謀事謀己謀物謀世謀俗謀禮謀法其經有八其緯亦八是故冥民一也

明民二也隆事一也簡事二也抗己一也抑己二也利
物一也懼物二也華世一也穆世二也正俗一也和俗
二也因禮一也革禮二也扶法一也絀法二也示民非
常使必服上神道爲教蓍龜冥之蓍民陰陽使必窮義
泰筮有常蓍龜明之動必稱天言曰有命以矜其事蓍
龜隆之外屏盈庭內絕朋從靜而舉事蓍龜簡之天且
不違于我告猶誰曰藐予蓍龜抗之天子之尊亦必有
聽敢曰予聖蓍龜抑之齊戒謀始罔敢即淫制俗詭蕩
蓍龜正之諏擇賓士鬼神授謀俗莫尤怨蓍龜和之章
儀備辭嘉事之紀世情榮懷蓍龜華之徵邃引奥物循

其宗世風元遠蓍龜穆之稟吉而行利厥攸往善物之氣蓍龜休之怵惕憚憚恐益凶事震物而動蓍龜懼之禮之決者聖人從禮不敢瀆卜蓍龜因之禮之疑者聖人從卜不吉則已蓍龜革之凶厲之戒發占變顏法因以威蓍龜扶之惕悔補過出卜能穀法可以措蓍龜紬之凡十六者聖人之治天下錯其謀政刑之間以爲其神明者也若乃作易之聖人自爲其易謀者則又有五蓍道爲數聚人之情以研禍福瞭乎禍福愈知貞邪使易益正此一謀也蓍數爲令聚人之情以審順逆明乎順逆愈知典禮使易益嚴又一謀也蓍令爲務聚人之

情以揆日用循乎日用愈知物宜使易益親又一謀也
蓍務爲訓聚人之情以決趨避習乎趨避愈知醻酢使
易益通又一謀也蓍訓爲術聚人之情以務鑽揲逐乎
鑽揲愈知屈蟄使易益安又一謀也聖人以其十六者
陽謀天下以其五者陰謀其易其倚功致敬則皆在乎
蓍龜矣聖人欲人畏易不得不敬蓍龜聖人欲人敬蓍
龜不得不以易與蓍龜聖人懼人玩蓍龜不敢以不秘
易聖人欲自秘易不得不以蓍龜守易聖人以其易之
德爲蓍龜之才以蓍龜之才爲其易之教故曰成天下
之亹亹者莫大乎蓍龜也何言乎亹亹也內儀儀理外

儀儀數初營營占卒營營應握理疑數握數疑理握占疑應握應疑占得乎其數求致其務失乎其數求精其慮得乎其應求貞其度失乎其應求通其故惕若嗟若萃如紛如夫是之謂亹亹也右下篇此三篇奇博精奥可與顧亭林日知錄論卜筮一條參看日知錄此條余引入圖略原筮篇

豫章石閭劉先生周易八卦解略有自序題萬秝戊午春二月易亭主人劉一焜元丙甫題楊廷筠序稱石閭政事之暇進縉紳先生於書院發明攷亭姚江之學進孝廉青衿於幕府專談易蘊會移鎮婺州皐比始輟所講八卦自乾至比皆武林署中授受後有張元徵跋余

有寫本極精潔其說云說易者以高深言易不知聖人以易言易以爲易則易知簡則易從

燈下閱郭子和傳家易說文煩意淺殊爲悶悶雜卦傳說謙輕以爲輕己古人謙以制禮何嘗是輕己仁以爲己任不亦重乎若輕己爲謙則小人之諂而已盍望文以爲之說不明經義也惟說其用四十有九本其父兼山之言而詳之見於朱文公易說等書所引者極明晢宋人易而此書無之
通釋

周易爻物當名六十四篇總論一篇傳例一篇明番禺黎遂球美周著序於崇禎乙亥專取六十四卦爻辭爲

之解說每爻取變與不變二義如乾初九變則成姤不變則成復屯九五變則成復不變則成姤餘可類推以虞翻兩象易爲交卦其蒙稱困需稱恒訟小畜稱復泰睽稱復履稱夬泰稱歸妹泰同人謙稱師大有稱恒益稱恒臨稱咸咸艮稱隨遯稱畜損稱益夬稱壯鼎稱否稱革兌稱剝非無故也或言卦變或言卦交或因乎其類傳曰觸類而長之易自宋末以來至於明季漸有能悟者美周其一也困學紀聞引張眞父謂易無所不變舉困蒙夬履牵復云云美周蓋本之

易廣記卷二終

姪孫授齡校字

易廣記卷三

江都焦循撰

崑山吳修齡喬他石錄外編儒辨云易道無所不包離卻文王處憂患孔子無大過便非儒者之易此語胡朏明易圖明辨所引余未見吳氏本書未知其詳乃此二語深乎易矣

天津王又樸介山易翼述信十二卷前一卷讀法後一卷雜論中十卷解說經傳而主於孔子之十翼其說曰孔子周人也去文王數百歲而近何以其說非文王之說而朱子遠隔二千餘年未嘗別得羲文指授何以反

能知其爲文王之本意而特揭而著之也尋味爻卦各辭非彖象傳實有不能明者是孔子之說即文王周公之說并非孔子自爲一易矣若說易而不歸諸孔子則人各異說何所折衷而得其是況孔子贊易而世目之爲十翼者乃謂爲非三聖人之本意夫旣非其本意矣而又謂之爲翼則所翼者何等也今余年七十稿凡四易惟篤信孔子之言實所以發明三聖人之意而務求其相合者然究亦未嘗不合也於是名之曰易翼述信

介山此論極明弟其書本諸左傳蔡墨如乾之初九則爲姤九二則爲同人九三則爲履九四則爲小畜九五

則爲大有上九則爲夬推之諸卦如屯之初九爲比蒙之初六爲損需之初九爲井訟之初六爲履三百八十四爻變爲三百八十四卦而仍不出六十四卦而已較之焦延壽先生易林則隘矣何也易林以一卦變六十四卦用爲占法之繇此則一卦僅變六卦於占法且不完孔子學易之旨未如是也雜說多采安溪李氏介山所服膺也然書頗駁安溪序於乾隆十五年七月

新喻晏斯盛一齋云他經無聖人之注解故不妨異同獨周易則孔子爲之傳矣乃欲悖傳而別爲之解或謂大傳爲非聖人之書其得爲知言乎予往者周易翼宗

之作誠有所不得已也此段見易翼述信序惜晏所自
撰周易易宗未見
上元程廷祚綿莊撰易通四種曰易學要論曰周易正解曰易學精義曰占法訂誤序於乾隆庚申自稱盡去舊說以求合於孔子凡互卦卦變納甲等盡斥去之而當位應等義亦知其非尤斥程朱自以爲得三聖人設卦觀象之故然不信大象序卦而別爲序卦則亦孔子十翼矣何自相矛盾也其說之推尊十翼云詩書孔子不爲作傳而於易作之不欲遺後人以所難也然則易道無由入十翼其易之門乎

胡滄曉侍郎煦周易函書云六經孔子所定舍六經而求道舍孔子而釋經則已無經況周易者孔子假年學之韋編猶尚三絕此豈粗浮剽竊略觀大意所能懸揣而臆解者乎

羲里睡餘易編十卷信陽張綬佩宴亭著序於乾隆癸巳則三十八年也前有蒙古博明序云易先二用用既顯退乾坤正所以尊乾坤蔡墨傳附會不經其能變亂正義人信之者以其時屬春秋不知浮夸之目昌黎韓子已言之茲編惟於用字求實際故於義較嚴又云本義言有伏羲之易有文王周公之易有孔子之易要之

象由彖出傳又由彖象出孔子十翼之作乃所以爲此經傳注說者不詳往往離傳求經斯難免其遠而支也又云虞夏商周之書在周易前要其淵源自八卦來詩三百篇罔非易象特出之風雅而已孔子作春秋全用易例二論皆發明易蘊中庸專明性命之書神乎易用以善藏之孟子七篇原於易者十九韓子云孟子死不得其傳焉愚於易正云爾矣老莊諸人學邁後儒但其端既異不能相同更當嚴以辨之綬佩自言丙戌春客陳郡別駕史稼軒所陳郡故羲都太皥陵在郡城西北隅書作於是地故名

胡侍郎函書原文約以爻有四通爲見伏動變如乾初變爲姤坤初變爲復則乾之初坤之初復之初姤之初四爻相通需初變爲井晉初變爲噬嗑則需之初晉之初井之初噬嗑之初四卦相通其二三四五上之相通放此是亦以旁通說易

胡侍郎酷信圖書先天方圓等圖以爲伏羲本義如此謂六十四卦伏羲但有圖而無名其圖分六層間以黑白兩色而相連不斷至文王始斷開爲六十四卦各命以名引繫辭彰往察來微顯闡幽爲指伏羲之圖開而當名以下爲文王既開而後當名則未開以前有畫無

名其說開字爲斷開甚新然說蠱之先甲後甲見於彖辭巽至九五始言先庚後以九五一變即爲蠱也周易之書原無一字泛設亦無一爻不可旁通今解巽之九五似不知有蠱解蠱之六五似不知有巽豈二卦之義原不相通聖人姑繫之以辭乎夫孔子彖傳皆所以解文王爻辭者也彖傳云終則有始天行也此便是解卦辭中先甲二句今於蠱卦解爲辛丁於巽卦解爲丁癸比於終始之說天行之義與經文左矣此說先得我心洵爲學易者一洗唐宋以來之陋矣

無錫吳學士鼎易堂問目解七日八月云惟本卦震兌

取象之說爲明確引郝敬云兌正秋也八月秋金正王潮汐方盛澤水泛溢地上故謂八月之象

羲里睡餘易編云帝震卽甲乙其亞也借商帝之名立象與旣濟稱高宗一例後世或有摭拾帝乙致醮之辭而不知其爲謬附滄曉胡先生諸人皆能見惜未嘗明切言之又云箕子或曰紂叔父或曰紂庶兄以象論之前人有以箕子爲其子之說頗得象大意卦引人名其旨原自有在也張氏此說極精余向以帝乙之乙卽先甲之次以箕子卽鼎中孚之其子張氏竟先我而言之亟錄於此惜乎張此書太略亦未能明切言之耳

易心存古上下二卷山西曲沃張六圖師孔著序於乾隆二十五年依宋人太極河圖爲說最重三爻合六十四卦之第三爻而詳說之

周易理解六十四篇登封郜煜重光撰有平湖陸太史奎勳序作於雍正甲寅稱中翰河南郜公以戴禮擢高科而義經乃其家傳昔宰魏塘近以薇垣令望臨莅我湖當歲儉民貧之餘乃能敷政優優合人情宜土俗此亦周易之效也

錢少詹事濳研堂文集有周易讀易揆方序云海虞孫中伯氏默而好深沈之思尤邃於易撰讀易揆方若干

卷閲五寒暑三四易稿而後定予授而讀之曰悉乎哉中伯氏之善言易也易之道肇於羲皇演於文王周公而大備於孔子孔子讀易韋編三絶序彖繫象說卦文言以三聖人爲之經宣尼爲之傳此心此理先後同揆故舍十翼言易非易也後之儒者不以傳求經而以意汩之始疑經與傳不合於是分爲伏羲之易文王之易孔子之易甚且謂孔子之易不必合於羲文之易烏乎何其支離而害理歟中伯氏有憂之潛心十翼融洽貫串因其各指所之之辭揆其變動不居之方其詮解大義直而有要簡而不支而互體飛伏世應納甲之術俱

無取焉其論世所傳小象者乃爻傳非象傳當附彖傳之後又論揲蓍左扐得一得三爲奇得四爲偶皆獨有所得不苟同乎先儒竊謂先儒復生未能易其言也說易之書莫盛於南宋紹興乾道淳熙之間以易義經進者令秘書看詳敕所司給筆札繕寫上者除直館閣次者伸一官或差充文學教授今其書多不傳蓋其中未必無空疎雷同希世以求知者班孟堅所謂祿利之路然也中伯氏之說易自攄所學不汲求當世之名雖漢魏唐宋諸儒之言不欲强爲附會以示株守局促之士未必不怪之然當世豈乏之知子雲者於以知必傳之久

可執左旁也按此序稱潛心斗翼融洽貫串因其各指所之之辭揆其變動不居之方甚與余意相合惜未見其書俟托人於越中求之歲甲戌冬方購得此書內說揲蓍謂所得六七八九多寡不齊改爲左扐得三得一皆爲陽今右扐之一與三而並爲陽得四得二皆陰則右扐尙以四從四以六從六而並爲陰如是則太陽八太陰八少陽象震八象坎八象艮八少陰象巽八象離八象兌八依張轅二變三變不用掛一循按以四四數之所扐止有一二三四不得有六孫氏以右手得六於數爲不合矣得六則必留一四數不揲以合奇二爲六

夫奇者奇於母數也母爲四而子爲六子大於母何以爲奇揲之日法餘分以九十四爲日法未有以九十五爲餘分者也孫氏謬矣錢氏此序但舉左手所得不言右手則心固不以爲然而有是微辭歟錢氏文集外似和平内中每藏雌黄如此類固不一閱者審焉

黄岡萬年茂字少褱號南泉撰周易圖說正編五卷雜編一卷有自序題乾隆辛未有漳浦蔡葛山相國序稱萬泉　侍直日久又云南泉以失職去其説以乾坎艮震巽離坤兑之次爲正卦以宋人先天圖爲錯卦據天地定位山澤通氣雷風相薄水火不相射爲八卦相錯

也以周天三百六十五度奇地之上下各百八十二度半奇地上下四分之各九十一度奇地之顛在域中西北北極出其上南北去地上各九十一度奇北極縱則七政橫日月平列而寒暑皆不相推故域中迤北薄北極下地恒陰迤南薄中衡見南極恒陽若迤顛西北出其背北極南易陰陽俱反唯迤東南入域中北極北半下而四序推五行出矣故地自顛東南行萬一千二百五十里天移四十五度奇又東南萬一千二百五十里北極不見轉入地下故北極北上南極南下各四十餘度者域中之中也域中之地萬里而遙以廣南南北極

之度度之過域中之中約二十度奇其西北域不及中者亦可以是準之顧陽羸陰乏之耳此域中之徼也夫生土爲山北極北上則位山東北矣成土爲地南極南下則位地西南矣地之氣陽回於艮出震者日升乾也雨水後日躔娵訾陰轉於坤入兌者日下巽也處暑後日躔鶉尾唯乾巽之交陰陽和會五氣順布然後人受天地之中以生而五性具備故八卦在天地後也聖人體天在域中天地之中也泥於先天者謂乾坤退處西北西南隅孰是天地而退處孰是乾坤而不位西北西南隅也

南泉又云辟卦非古也漢儒以卦支不符一歲標十二

卦以主之實用乾坤六爻主十二月然易主十二爻不主十二卦其適合者如三月莧生五月瓜生或謂觀象者亦取焉要之旨不盡然矣復言至日臨言八月日象陽月象陰耳非特標十二卦而某卦爲某月也

周易顯微四帙第一帙首易卦交推圖上經三十卦第二帙下經三十四卦第三帙十翼一之四爲上彖傳下彖傳上象傳下象傳第四帙十翼五之十爲文言傳繫辭上傳繫辭下傳說卦傳序卦傳雜卦傳末爲分篇圖說雜卦序義圖說易卦名義蓍法寫本極精潔題大興方繻補之氏訂共三百八十四頁以應爻之數葢近時

人未詳其履歷說經頗知引伸觸類如引姤之勿用取女以說蒙之勿用取女引利用恒立心勿恒以說豫之貞疾恒不死引泰否姤之稱包以說蒙九二之包引童牛童觀童僕以說童蒙引富家消不富未富不富以其鄰說小畜之富以其鄰引敦艮說敦復引毒天下以說遇毒引休否以說休復引頻巽以說頻復引小畜之輿說輻以說大畜之輿說輹引承筐无實實受其福以說自求口實引日中則昃以說日昃之離引往不勝莫之勝說以說終莫之勝引渙之用拯馬壯吉說明夷之用拯馬壯吉引日閑輿衛說閑有家引大有之威如說家

人之威如引坤之含章說姤之含章引王用亨于西山說王用亨于岐山引否臧凶說利出否引同人先號咷而後笑說旅人先笑後號咷引先甲三日後甲三日說先庚三日後庚三日引剝牀以說巽在牀下引萃之王假有廟以說渙之王假有廟引小畜之血去惕出說渙其血去惕出引小畜有孚攣如說中孚之有孚攣如引小畜之密雲不雨自我西郊說小過之密雲不雨自我西郊凡此皆别用小字附見正解之後葢能窺見比例之指而未能了然且仍以卦變爲說而於元亨利貞之義尚未貫通故詳述其大義如右至以匪人之匪爲篚

帝乙之乙爲燕箕子之其爲竹器聖人取象雖非一端可盡而此則太虛泛無憑矣

王淑易一說十二卷自序乾隆十四年己巳有許道基序稱王申主試河南得武安王淑善思年六十華髮白髭而容睟然後有乾隆癸酉付梓自跋稱乾隆丙寅授徒族人之須友堂欲子侄輩講易以爲寡過之資纂輯成帙便於塾中之誦讀耳

濟齋周易補注十卷易圖解一卷宗室德沛著易圖解自序題乾隆元年補注自序題乾隆六年

海寧查慎行周易玩辭集解十卷慎行學易於黃宗羲

故於河圖先天卦變皆不用其自序作於雍正甲辰言於聖人之辭字字求著落詮釋又云吾讀易不敢輕改一字每閱朱子本義於卦爻象辭往往有某字當衍某字當作某字鄙意竊不謂然愚按字字求著落詮釋此真學易至要之法至某字當作某字此必明乎六書假借通用乃能定之如否臧凶臧爲古藏字咸其腓之腓即肥遯之肥爲其嗛于无陽嗛即謙字又如日閑輿衛之日不可作曰字曰動悔有悔之曰不可作日字非通貫乎全經而得其比例之妙未可論定也

查悔餘云互卦既分上下則上下亦有中位正體則二

五居上下卦之中所以多譽多功互體則三四爻爲内外卦之中所以多凶多懼故曰非中爻不備也

凝園讀易管見十卷乾隆丙戌年刻題愼齋羅典徽五氏定稿無序目

江都張問達易經辨疑府縣舊志皆載之朱檢討經義考亦列其目余有其寫本文言傳説卦傳兩帙亦蝕爛不完其上塗改乙抹葢草本也其説以六爻初與上對二與五對三與四對亦可備一説

惠半農禮説云蠱象先甲後甲巽五先庚後庚甲木爲仁庚金爲義更之言庚也甲爲始庚爲續先甲後甲者

開其始先庚後庚者續其終其易說則以此爲說者之言又引太元斷首之次七云庚斷甲我心孔碩乃後有鑠測曰庚斷甲義斷仁也日在甲爲早庚从貝爲續古文早作皁續作賡甲者開其始故彖傳云終則有始庚者續其終故爻辭曰无初有終此所見甚合乃周易述絕不引及殊不可解

周易參解二十四卷余有其寫本缺前五卷題虞山徐淑稿有塗乙處

經義考周氏漁加年堂講易自序云易者羲文周孔四聖人明道覺世之書也孔子旣沒秦漢以來易學名家

者指不勝屈而近代儒生則大都奉朱子本義爲定說漁不敏童而習之長而不能無疑焉朱子之言曰易爲卜筮作非爲義理作伏羲之易有占而無文與今人用火珠林起課者相似文王周公之易爻辭如籤辭孔子之易純以理言已非羲文本意某解易只是用虛字去迎過意來便得然則孔子當日何用三絕韋編而所稱加年無大過者豈終日把定一束蓍草耶嘗置本義而求之於程傳又置程傳而求之於古今凡言易之家或言理而不貫或取義而不專或一爻偶合而全卦則歧或一卦偶通而全經則窒未敢信以爲然乙未春杪下

第歸丁先孺人憂讀禮之暇取程朱傳義閲之向來之惑滋甚乃屏去淨掃一室顏曰加年堂置一牀一几錄周易白文一册正襟危坐日夕參尋經半月忽會得謙豫兩卦大意葢從乾至大有仍襲先儒注疏闕疑闕殆而至謙豫則諸解尢不足信即此而參亦即從此起悟乃知羲畫文辭周爻孔傳本一意貫通取象立言皆有著落自是每拈一卦參究如前或數日通一卦或數月通一卦或數年而通一卦貧於此而不知憂病於此而不知苦老於此而不知哀官罷於此而不知恤自乙未迄今甲寅閲歷二十年稿凡四易而六十四卦之解已

畢有學於漁者集加年堂而問焉每集講一卦因名其編曰加年堂講易云是講也與朱子本義程子傳及古今言易之家大相違戾不無驚世駭俗爲習聞習見者所疑議而吾黨之內有窮年學易而不得其解并不信先儒之解易者一聞是講莫不歡忻鼓舞而聽受之謂能發數千百年所未發漁不敢當也若謂羲文周孔四聖人明道覺世之旨不終晦於天下假吾之心慮口宣以代爲發之也是則何能辭也哉時康熙十三年甲寅秋按此序所說學易甘苦眞不我欺也急欲得其書讀之而不得惜竹垞文士不知經學不能摘其書之梗概

以明之也然云或數月或數年而通一卦則與余異六十四卦一以貫之一卦中有不能通卽六十四卦不能通故余每稿成一次以一二處之疑則通身更改一次其成之之艱較周氏又有甚焉

黄梨洲作朱康流先生墓志云其言象數不主邵子之說別爲先天後天八卦圖以爲諸儒言易詳於所變而不詳於所未嘗變變者象也未嘗變者太極也時唯適變道必會通不察其適變則微彰剛柔有拘墟之患不觀其會通則屈伸往來有臨岐之泣求諸物而格之反諸身而體之究其大要不越乎知幾精義二者而已先

生諱朝瑛字美之晚又號罍菴海寧之花園里人

金榭山作黃宗炎墓表云先生憂患學易一書其目曰

周易象辭十九卷尋門餘論二卷圖學辨惑一卷其辨

先天八卦方位曰邵子引天地定位一章造爲先天八

卦方位謂天地定位者乾南坤北也山澤通氣者艮西北兌東南也雷風相薄者震東北巽西南也水火不相射者離東坎西也夫所謂定位者卽天尊地卑而乾坤定之義何以見其爲南北也山能灌澤成川澤能蒸山作雲是謂通氣何以見其爲西北東南也雷宣陽風盪陰兩相逼薄而益盛何以見其爲東北西南也水火燥

溼違背然又有和合之用故曰不相射何以見其爲西東也葢邵氏所謂乾南坤北者實養生家之大旨謂人身本具天地但因水潤火炎失其本體是故損乾之中畫以爲離塞坤之中畫以爲坎乃後天也今有取坎塡離之法浥坎水一畫之奇歸離火一畫之偶如所謂鍊精化氣鍊氣化神者益其所不足而離復返爲乾如所謂五色五聲五味鑿竅斁喪魄者損其所有餘而坎復返爲坤乃先天也養生所重專在水火比之於天地既以南北置乾坤不得不移坎離於東西亦以日月之方在東西也火中木水中金之說葢取諸此然而東南之兌

西北之艮西南之巽東北之震直是無可差排勉强位置緣四卦者在丹鼎爲備員非要道也奈何以此篤三聖八而上之乎其辨横圖曰八卦既立因而重之得三畫卽成六畫得八卦卽成六十四卦何曾有所謂四畫五畫十六卦三十二卦者四畫五畫成何法象十六卦三十二卦成何貞悔之體何不以三乘三以八加八直捷且神速乎焦氏之易傳數不傳理其分爲四千九十六卦實統諸六十四卦是一卦具六十四卦之占非别有四千九十六卦之畫也兩間氣化自有盈縮陰陽或互有多少夫物之不齊物之情也造化之參差義理之

所由以立也如邵子是一定之易也非不可典要之易也故曰邵子乃求爲焦京而未逮者也其辨圓圖云邵子以乾一兌二離三震四爲已生之卦數往順天左旋巽五坎六艮七坤八爲未生之卦知來逆天右旋鑿空立說分卦背馳數當以自一而下爲順今反以四三二一爲順以自八而上爲逆今反以五六七八爲逆又曰易數由逆成若逆知四時之謂然則震巽兌乾無當於易是冗員也易道非專爲秝法而設秝法亦本無取乎卦氣至日閉關偶舉象之一節耳今必以六十四卦配入二十四氣則亦須一氣得二卦奇而後適均也乃自

冬至之後閱頤屯益震至臨凡十七卦始得二陽已是卯半爲春分矣又閱損節中孚至泰凡八卦始得三陽已是巳初爲立夏矣從此閱大畜需小畜而爲大壯之四陽是巳半爲小滿矣乃閱大有即爲五陽之夬是午初之芒種即比連於六陽之乾是午半之夏至六陰亦然何其不拘也邵子蓋欲取長男代父長女代母之義以震巽居中震順天左行自復至乾三十二卦遇姤而息巽逆天右行自姤至坤三十二卦遇復而息夫兩間之氣運循環其來也非突然而來即其去而來已豫徵其去也非決然而去即其來而去已下伏焉得分疆別

界如此此其辨方圖曰方圖之說曰天地定位否泰反類山澤通氣咸損見意雷風相薄恒益起意水火相射既濟未濟蠱所謂十六事者但取老長中少陰陽正對稍比諸圖可觀然何不確守乾坤一再三索之序而演之為勝也且以西北置乾東南置坤又與先天卦位故武不同何也宗炎黎洲弟

半農先生易說云極者中也極爲天樞極星雖動天樞不移天之中也洪範曰皇建其有極建極所以行中繫辭曰易有太極大中謂之太極按以大中二字解太極至當不易而周易述亦不用而以太極爲太一述馬融

而不述父何也錢少詹事說太極云易上繫云易有大極是生兩儀有易而後有太極非太極在天地之先也陸子靜疑太極圖說非濂溪作又謂極訓中不訓至合於漢儒古義較朱文公似勝之

吾里中徐坦菴先生名石麒字又陵以詞學名而論學之書頗多精卓嘗論易云周易六十四卦可一言以蔽之曰見善則遷有過則改非遷善無以趨吉非改過無以避凶坦菴生明季隱處北湖歿於康熙間

張閎中問程伊川易傳不傳伊川曰易傳不傳自量精力未衰尚覬少進爾然亦不必直待身後覺老耄則傳

矣書雖未出學未嘗不傳也第患無受之者耳伊川又云某於易傳已自成書但逐旋修補期以七十其書可出更期以十年之功看何如循於此經用力久矣旋修旋補旋又有疑處然年甫逾五十而精力已漸衰先祖父年皆不及七十循豈敢以七十自期故屏去一切晝夜聚力於此偶閱伊川所言不覺自感

姪孫授齡校字

易廣記卷三終